# 本を読む。

松山巖 書評集

西田書店

本を読む。松山巖書評集

目次

◎新聞書評◎

❖読売新聞1987年—1989年

## ❖毎日新聞1992年—1993年

## ❖読売新聞1994年

## ❖朝日新聞1998年―2001年

## ❖読売新聞2003年―2005年

## ❖読売新聞2008年―2016年

## ◉雑誌書評◉

### ❖AERA2006年―2007年



### ❖カメラ毎日1983年―1985年

### ❖文學界1990年―2005年

*その他の雑誌1985年―2011年

# 本を読む。

松山巖書評集

# 凡例

一、本書は、著者が一九八三年より二〇一六年にかけ、新聞及び雑誌に寄せた書評を集成したものである。
一、本書編集に際し、新聞掲載と雑誌掲載に大別し、新聞は発表年順としたが、雑誌は、一部構成を加えた。
一、用字・用語は明らかな誤記と思われるもの以外は掲載紙（誌）に準じた。
一、雑誌書評の大見出しは掲載誌を転用した。
一、本書中の紹介書籍の定価はすべて掲載当時のものである。

◉松山巖書評集◉

# 新聞書評

## ❖読売新聞1987年―1989年

### 『町工場の磁界』

小関智弘 著

一九八七年一月一二日

著者は作家として知られるが、何よりも三十五年間、町工場で働き続けてきた熟練の旋盤工である。小さな町工場は、華やかな脚光をあびることこそないが、日本の産業の底辺を支えている。

それだけ、時代の変化のあおりを受けやすい。高度成長期には、ベトナムで使われたジェット機エンジンの超耐熱鋼を削ったり、オイルショックには工場倒産と失業といった経験をもつ著者が、ここ数年の間に今までとはまったく異なった危機に町工場がみまわれていることを実感する。

小さな町工場に押し寄せているのは、機械類のハイテク化である。数年前まで使われていた機械を押しのけて一台で三台の機能を併有し、プログラムさえ完備すれば一人の工員が三台や四台も同時に扱うことができる新しい機種が導入されつつある。それは、やがて町工場の無人化や工員のロボット化につながる。

それだけではない。大工場がこうした機器を導入して二十四時間操業すれば、下請けや孫請けの町工場はその存在さえ危うくなる。

かつての不況ならば、景気の回復を待てば仕事が再び回ってくる機会もあるが技術革新はその機会さえ奪いかねない。

このように紹介すると、本書はハイテクの波に追われる町工場を感傷的にレポートしたものと受けとられそうだが、著者は仕事を通じて知り合った熟練工や町工場のオヤジと出会い、彼らの中にハイテクの洗礼を受けながらもしたたかに生き抜くたくましさを見ようとする。

町工場には磁石の磁力のような磁界があるという。親工場と下請けという関係ではなく、一つの製品を通じて小さな町工場が互いの独自性を認めながら横につながる力があるという。また、熟練工とは単純に同じ仕事を長い間繰り返してきた者ではなく、新しい技術の波をとり入れる柔軟性をもつ。そこに著者は、これからの町工場と働く人の在り様を探る。

面白いのは著者と熟練工との対話。熟錬工たちの言葉は、彼らがしたたかに生きた人生を伝えてくれる。

（現代書館　１６００円）

## 『生体廃墟論』

伊藤俊治 著

一九八七年一月一九日

伊藤俊治は三年前『写真都市』で主に二十世紀前半の写真家たちの作品を新鮮な感受性で論じて登場した。その後『裸体の森へ』『ジオラマ論』とあいついで、二十世紀後半の写真芸術を捉える力作を発表して、いま最も注目されている若い評論家のひとりである。

普通はニューアカデミズム派として、学者的な書き手に分類されているが、この人の特長は学者的ならぬ実にしなやかで美しい文章をもっていることだ。そのために他の人が書いたら、イカガワシイ挑発になってしまいかねない現代視覚芸術の最前線の達成――しばしばアングラ的なクレイジーな芸術家たちの試みも、すんなりと信頼感をもって読める。

テクノロジーの急発達によって、いまわれわれが否応なく突入しつつある現代という一種奇怪な時代の感覚を、最も敏感に、最も誠実に捉える貴重な書き手である。

たとえば本書のあとがきで、こういうことを記している――『裸体の森へ』で八〇年代の「身体感情」をある程度展望できたと思ったのに、一年余の間に、自分の予感をはるかに越える新しい状況が急速に進展して、さらにこの本を書かねばならなかった、と。

建築家ライト、デュシャン、写真家モリニエから、ニューペインティングの画家たち、ウィトキン、ツィヴニール、シャーマンらのすさまじい写真表現、画家ギーガーなどが論じられているが、それらを通じて、いまわれわれは単に感覚と思考だけでなく、肉体そのものが変容しつつあることを、著者は静かに語ってゆく。

最もスリリングなのは終わりに近い「宇宙船人間編」という一章で、機械と合体しはじめた人間、現実と非現実の境界が溶けはじめたわれわれの現実、一個のメディア網となりつつあるこの地球という現代の最も尖鋭な事態が、淡々と捉えられている。単なる絶望でも非難でもなしに。

変わった造本で写真が豊富。われわれがどんな時代に入りつつあるかを、しみじみと感じとるための恐るべく楽しい書物である。

（リブロポート　3200円）

---

## 『タウト　芸術の旅』

**土肥美夫** 著

一九八七年一月二六日

本は表紙を開いて読むものだが、もし読者がブルーノ・タウトについて余り馴染みがないならば、まず裏表紙を開いてページをめくっていただきたい。アルプス建築と題してタウトが一九一六年に発表した三十枚のスケッチを見るはずである。

アルプスの峡谷や氷河の上に、山頂にガラスの結晶で出来たような建築が構想され、最後には、星全体、星雲が一つの建築としてイメージされている。無論、タウトはこのアルプス建築が現実性をもっているとは考えていない。宇宙が生み出した地球の自然と建築との融和した姿を、超現実的なスケッチの中で求めようとしたのである。第一次大戦後の荒廃した都市の現実と同時期に生まれた機械的な都市文化に対するタウトの根本的な異議であった。

タウトほど日本人に知られた建築家はいないだろう。一九三三年にナチスの手を逃れ、日本に亡命し三年間滞在した後、トルコで客死した悲劇的な運命と共に、桂離宮を世界的な建築と讃えたことが日本人の感性に訴えるのであろう。著者は、彼がなぜ桂離宮を讃えたのかをかつてスケッチしたアルプス建築の中に見ようとする。タウトは桂を「第二のアルプス建築」と名付け、自然と建築とが融和した姿を見いだしたのだという。

著者がタウトに求めているのは、現在我々が直面している均質な近代主義からの出口である。タウトは思索にふけっていたばかりではない。ドイツで一万二千戸もの共同住居を設計した実務家でもある。けれど、彼が設計した共同住居は、コルビュジエが唱えたような住居を単に「住むための機械」とはしないものだとする。

シェーアバルト、カンディンスキー、グロピウスなど世紀末から生まれた前衛活動の中でタウトを捉えることで、改めて二十世紀初頭の精神を浮かび上がらせている。同様に、タウトが来日した際における日本の文化人の反応をもう少し追って欲しい気もするが、ともかくドイツ、トルコを訪ねて振幅の大きかった一芸術家の軌跡を丹念に調べている。

（岩波書店　２２００円）

## 『盛り場のフォークロア』

**神崎宣武** 著

一九八七年二月一六日

湯島天神といえば、今ごろは合格を祈願する受験生で賑わう季節だが、その東手にあたる天神下がかつては東京有数の花街のひとつであったことは意外に知られていない。この本は、はじめはフリの客として天神下の盛り場にまぎれこんだ著者が、しだいに民俗学者の本領を発揮して、フィールドワークをまとめあげて行く、いわば生成する記録《ドキュメント》である。

故宮本常一門下として農村や漁村の調査にたずさわってきた著者は、もともと旅に生きる行商人に強い関心をもっていたが、湯島天神下の盛り場で最初に接触することができたインフォーマント（情報提供者）も、我孫子から毎晩スナック相手にタマゴを売りにあらわれるかつぎ屋のお婆さんだった。敗戦の年から四十年間もこの商売をつづけている八十一歳の志水フクさんである。フクさんの聞き書きを通じて、私たちは焼け跡闇市時代の上野界隈の情景にはじまって、昭和五十年前後を境にかつての花街が飲み屋街に変貌して行くこの盛り場の生きた歴史を教えられる。フクさんの行商を成り立たせてきたものが、マチとムラの日常的なつながり、また地縁の網の目が縦横に張りめぐらされている天神下の特性を明らかにしているというのだ。

　外部からの眼を代表するフク婆さんの語りと対照的にとりあげられるのは、この盛り場の内部に生きてきた三人の生活者の証言である。天神下の芸者から転身したスナックのママ、地縁性の息苦しさに反感をかくさないピンクサロンのホステス、土地の顔役として盛り場の秩序の維持に一役買っている不動産業者。この三人の聞き書きから、春日通りを南北にはさむ盛り場の生態と構造が立体的に描きだされる。

「あとがき」で著者がいうように「下世話な話題《スキャンダラス》」が回避されている節度の正しさはちょっと物足りないが、それはルポ・ライターの領分だろう。これまでとかく軽視されてきた都市民俗学の試みとして、また異色の東京論として、この本はつつましいながらハッキリした顔立ちをもっている。

（河出書房新社　1500円）

## 『私の名はリゴベルタ・メンチュウ』

**エリザベス・ブルゴス 編著**

高橋早代 訳

一九八七年二月二三日

鮮烈な印象が読後に残る。読者は感銘と共に自己の生活を改めて問い直す気持ちになることだろう。

　編著者のエリザベス・ブルゴスがインタビューしたのはリゴベルタ・メンチュウという二十三歳のグアテマラ、マヤ＝キチェ族インディオの女性である。日本人ならば大学卒業した程度の年齢だが、彼女の人生には圧倒される。生まれた村は、彼女の両親が一九六〇年に仲間と共に開拓した土地である。自動車も馬車も通わぬ奥地の村の生活は苦しく、一年のうち八か月はコーヒーの農場に出稼ぎしなければならない。リゴベルタも八歳から一人前の働き手としてコーヒー豆を摘んでいる。

とはいえ、彼女はインディオの生活の貧しさを嘆いている訳ではない。むしろ、インディオの自然と一体となった風習や掟、誕生から死までの共同体内のしきたりを実に誇りをもって語っている。彼女が証言するのは、このようなインディオの生活と文化が根こそぎ奪われて行く事実である。だから、読者は淡々と彼女が語る言葉の裏に、激しい怒りと深い悲しみが含まれていることに次第次第と気づきはじめる。

両親と仲間が開拓した土地を地主が騙して奪うことが発端である。抵抗して土地を守ろうとした父親は投獄され、釈放後は軍事政権と結んだ地主と闘うために地下活動へ。けれど、そのために弟は拷問され生きながら焼き殺される。父親は一九八〇年のスペイン大使館占拠の際に死に、母親も同じ年の四月に拉致され拷問のはてにジャングルに遺棄される。リゴベルタ自身も秘密警察に追われ、ようやく国外脱出に成功する。

リゴベルタが告発するのは、両親や弟、友人が地主や軍によって殺されたことに止まらない。彼女は豊かだったインディオの文化が殺されたことを述べるのである。しかし、同時に読者は貧しいインディオたちがどれほど人間としての誇りをもって闘い、強く生き抜いたかを知るであろう。欲望と傲《おご》りに狂奔する多くの日本人に読んでもらいたい。高橋早代の訳文はケレン味がなく読み易い。

（新潮社　1700円）

---

## 『女たちの〈銃後〉』

加納実紀代 著

一九八七年三月二日

〈元気印〉などとよばれる女たちのいきいきとした生活態度は、今日に限られたことではない。灰色に塗りつぶされていたようにみえる十五年戦争の間でも、〈銃後〉を守った女たちは、いまの娘や孫娘の世代に負けず劣らず、張り切って立ちはたらいていた。著者は過去十数年、〈銃後史〉のグループ研究を続けながら、戦時下の女性に関する資料を掘り起こし、彼女たちの心性を追及してきた人である。女性は戦争において一方的な被害者だったのではなく、同時に協力者、加害者となる運命を避けられなかった、と著者は強調する。

「兵士たちの銃剣の先の血に、女たちも無関係ではない」――女性の戦争責任を問うその厳しさ、はげしさは、読者に衝撃を与えずにはおかないだろう。

とりあげられているのは、銃後の女性の典型像をつくった国防婦人会のほか、奥村五百子、高群逸枝のように銃後意識や皇国史観を説いた思想的リーダーたち。対照的に、体制批判をつらぬいたアナキスト、八木秋子等の少数派。そしてむすびでは、戦争責任についての自覚のなさと戦後の天皇観とのかかわりが、論じられている。

国防婦人会をめぐる文章には、当時の女たちの精神構造がするどく分析されている。白いかっぽう着を制服に、庶民階級の主婦から女子労働者、遊廓の女まで結集させたこの団体は、良家の女性を中心としていた愛国婦人会を追い抜いて、巨大組織に成長した。

どの女も同じかっぽう着姿の愛国者となって、家庭や職場の外に出、〈戦意高揚〉につとめた。女たちはそこに〈解放〉と〈平等〉を夢見たのである。そうした銃後のはたらきに支えられて戦争は続き、生命は失われた。その責任を問う著者の出発点には、五歳のときの、広島での被爆体験がある。

女の戦争体験をまったく新しい角度から照らし出したこの本を、多くの女たちに読んでもらいたいと思う。〈元気印〉のエネルギーが、ふたたび、危険な水路に導かれないためにも。

（筑摩書房　1500円）

---

## 『空間〈機能から様相へ〉』

**原広司** 著

一九八七年五月四日

一九七〇年代に入ってから、新宿西口の淀橋浄水場が撤去された跡地に、京王プラザをはじめとして、野村ビル、三井ビルなどの超高層ビルが相ついで建設された。光りかがやくガラスの外壁をめぐらしたこれらの建物は、シカゴやニューヨークの景観と共通する国際的な都市に東京が変貌したことを強く印象づけた。

こうした高層ビル群の意味するものをもっともはやい時点で理論化した論文の一つが、この本の巻頭におかれた「均質空間論」(一九七五)であることはいうまでもない。超高層ビルが理念として打ち出した空間の形態は、意味性や場所性を捨象して、自然から空間を切断したところに現れる操作可能な空間であり、それは近代社会の支配と管理の理論から生み出された究極の空間概念である。

この特性を欠いた空間の意味するものを要約した〈均質空間〉という言葉は、すでに市民権を獲得しているが、その後の原広司氏の思索は、ル・コルビュジエに代表される機能的な近代建築への批判をこめながら、〈均質空間〉を超出する新しい空間概念を模索するジグザグの軌跡をたどったように思われる。

その成果は、今回新たに書き下ろされた「機能から様相へ」に結実しているが、この論文に抽出されているのは、かたい機能の概念とやわらかい様相の概念との対比の図式である。オーロラ、虹、雲、霧などの変幻自在な自然現象と親近性をもつ「場の理論」、つまりは揺らぎをもったあいまいで多義的な空間こそが、二十一世紀に向けて開かれている空間だというのである。

このほか、東洋的な「無の場所」を考察した「〈非ず非ず〉と日本の空間的伝統」、文化人類学が開発した境界や中心と同縁の概念を住居を編成するエレメントから問いなおした「境界論」など、密度の高い論文を収めている。

この本は、一般の人にとってはやや難解ではあるが、最近まれに見るオリジナルな著作であり、国際的な評価にも耐えうる異色の空間論といっていいだろう。

(岩波書店　2200円)

一九八七年五月一一日

---

## 『パリのメスマー』

ロバート・ダーントン 著

稲生永 訳

「この小さな書物には大きな目的がある。それは、大革命前夜におけるフランスの知識人たちの精神構造を検討し、彼らが思い描いていた世界がいかなるものであったかを……捉えようとすることである」と著者ダーントンは序文で述べている。

知識人たちの心を捉えてフランス革命に重要な影響を及ぼし、そしてフランス革命の成功と共に変質し、やがて忘れ去られていった世界、それは端的にいえば、一種奇妙なオカルトの世界である。

この世界は一七七八年にパリに登場したたった一人のドイツ人医師メスマーによってもたらされたものであった。メスマーは、あらゆる存在物を貫流し、そのまわりを取りかこむ超微細な流体を発見したと宣言し、その流体を制御する「動物磁気催眠術」なるものによって、ノイローゼその他の治療を行ったのであった。

著者ダーントンは、このメスマーの「動物磁気催眠術」を手がかりに、それがいかに革命前のフランスの知識人や大衆の間をそれこそ流体のようにかけめぐり、フランス革命の少なくとも精神的な導火線のひとつとなるほどまでに成長していったかを描き出す。

啓蒙主義の時代の人々の精神を、味気ない文献研究によって「外から」描くのではなく、意表をつく角度から、生き生きと「内から」描き出す著者の手腕のみごとさは、すでに翻訳された『猫の大虐殺』でも立証済みなのだが、本書では、それがいっそう雄大な構想のもとで展開されている。

このオカルトが「科学」として熱狂的に受容され、やがてそれが急進的な政治思想にまで変質させられてゆく様を、読者は、この時代の目撃者であるかのように眺めることができるのである。そしてフランス革命をもたらしたものは、ルソーの『社会契約論』ではなく、メスマーの動物磁気催眠術だったといわんばかりの著者の野心的な主張に、幾分抵抗しながらもつい引きずり込まれてしまう魅力的な本である。


（平凡社　２４００円）

## 『ジャングル・クルーズにうってつけの日』

生井英考 著

一九八七年六月二九日

ベトナム戦争が終わってもう十二年になる。サイゴンのアメリカ大使館から最後のヘリコプターが飛び立って以来、四千日以上が経過した。この歳月の間に明らかになったのは、あれがいかにも奇妙な戦争であったことと、敗北からアメリカ側が受けた衝撃が予想以上に深刻だったことである。

　アメリカの敗因は、結局、ベトナムという地域とそこに住む人々を正しく理解できない点にあった。この戦争が政治史以上に文化史の分野での整理と理解を迫ってくる理由もここにある。アメリカ文化にとってベトナム戦争とはいかなる体験だったのか、本書はこの遠大なテーマに正面から取り組む、果敢な本である。

　方法において、これはきわだって編集的な本だ。多くの書物や、映画、写真、テレビ番組などを、たいへんに鋭い読解で分析し、認識の空隙《くうげき》に生まれたいくつものイメージや概念や映像の力学を探る。大統領から一兵卒まで、スーザン・ソンタグからジェーン・フォンダまで、広くアメリカ人たちの頭の中でベトナムという言葉をめぐって何が実際に起こっていたのかを再構成してゆく。

　巧みな引用と精緻な解析が執拗に積み重ねられる点は、ほとんど当時の米軍の「サーチ・アンド・デストロイ」という作戦用語を想起させるほどだ。われわれが未整理のままに知っていたベトナム戦争の諸相を、本書はより高い解像力で見せてくれる。本書の文体はそういう一種の快感に満ちている。結論の書ではなく過程の書であると言ってもいい。

　問題があるとすれば、それは本書があまりにアメリカ人の視点に終始していて、翻訳書かと錯覚させることである。外からの透視図はまったく不要なのだろうか。例えば、当時の日本という国はあの戦争を理解するのに相当に有利な観測点であったはずだが、一、二の短い引用を別として、その利点を著者はあっさりと放棄している。

　日本社会の重心も、次第にベトナム戦争を知らない世代の方へ寄ってゆく。実感ではなく史料の分析から生まれたこのような本で、あの戦争が学ばれる時代なのだろう。その意味でも、これは広く読まれるべき労作である。

（筑摩書房　２８００円）

## 『東京路上博物誌』

藤森照信／荒俣宏著　春井裕構成

一九八七年八月四日

東京のド真中に猛獣が棲息しているという。丸の内にライオン数十頭、ワシ数羽の他、イタチ、ウマ、タヌキ、ペリカン、シカ、ブタも棲んでいる。はて、丸の内に動物園があったろうか、と不思議に思う方はぜひ本書を一読されたい。もっとも、丸の内で発見されるのは生きた猛獣ではなく、昭和初期に建てられたビルの周囲や内部に取り付けられたライオンの彫刻であり、ワシの装飾なのだが。

とはいえ、この発見は面白い。丸の内周辺のビルにこれほどまで多種の動物たちが隠されていたのか、と驚かされる。その上、著者たちは、本物の猛獣が東京でどの程度飼育されているのかについても怠りない。その報告によると、彫刻や装飾の猛獣がビルの建て直しで減少しているのと同様に、本物の動物も周囲の居住者に嫌われて数が少なくなるばかりらしい。

このように著者たちが唱える「路上博物学」とは、これまであまり対象にならなかった「新種」や消えつつある「稀少種」や「絶滅種」を誰もが行くことのできる路上で採集しようとするものである。その極めつけは二宮金次郎像の調査であろうか。かつてはどの小学校にも建てられていたが、今では「稀少種」になってしまった金次郎像を探し、その顔が年代によって微妙に異なっていること、金次郎がタキギを背負って読む本もまた違っていることなどを調べている。他に、東京に散在するミニチュア富士、下水道など地下施設、銭湯、あるいは大正や昭和の初めに富豪たちが自分の土地を解放して作ろうとしたユートピアの現在など踏査している。

富豪の土地解放にしても、二宮金次郎像のブームにしても、猛獣の装飾のあるビルにしても、いずれも大正から昭和初期のものである。それ故、著者たちの仕事は華やかで熱狂的ではあるが、どこか不思議な時代を誰もが見ることのできる資料を通じて分析したものといえるだろう。著者二人の語り口は時にはふざけ過ぎの印象もあるが笑わせるし、何よりも、春井裕によるイラストや地図が博物誌風で楽しく効果的だ。

（鹿島出版会　２８００円）

## 『庭園の詩学』

ドミトリイ・S・リハチョフ著

坂内知子 訳

一九八七年八月三一日

「庭園の詩学」とは聞きなれない言葉だが、著者はヨーロッパ、ロシアの庭園の展開をたどりながら、庭園の意味論を分析しているのである。古代・中世において庭園はどこでも楽園をあらわす小宇宙であり、その限りで永続的で不変のものであった。ルネサンスの庭園がはじめて美の不変原理を示すものとされ、常緑樹を中心として構成されていた。ロマンティシズムの時代にはそこに動的要素が加わり、散歩する人の目には風にそよぐ樹の葉や波打つ水面が映るようになる。

重要なことはこうした庭園のそれぞれの展開が、どのような理念にしたがってなされてきたのかを著者が諸芸術の相互の関連のなかで読み解いていこうとしている点である。庭園は人間の社会的活動や文芸と密接な関係をもっており、風景式庭園といわれる庭園はイギリス・リベラリズムによって生み出されたものであり、造園家や建築家ではなく、哲学者や作家によってつくられたのである。ひとつの社会のイデオロギーは庭園のなかに最も早く現れると考えられているのである。

ところで世界でも有数の庭園文化をもつはずのわが国の庭園論と比べてみるとき、諸学芸との連関のなかで庭園を位置づけようとする姿勢がわが国の庭園論には弱いことに気付かざるをえない。平安時代の造庭法とされている「作庭記」のなかに石のたて方について「石のこはむほどを」とある。つまり石が望むようにたてるべきだというのであるが、このような姿勢はヨーロッパ、ロシアにおいてはロマンティシズムのなかではじめてあらわれ、造園家ボロトフは一八世紀末に「その地形の教えてくれること、土地にとってより都合がよく可能なこと」を行うべきだと述べている。英国の詩人アレクサンダー・ポープも庭園造営については「あらゆる点で地霊に相談する」ことをすすめている。このような造園芸術論の時代の差をどのように理解すべきか、「作庭記」の再検討も含めて本書はそのような問題をも提起しているとよむことができる。著者は庭園を最初の姿に再建することは不可能と考え、あるべき修復の形についても論じ、注目すべき視点を示している。

（平凡社　5200円）

## 『現代棄民考』

今川勲 著

一九八七年九月一四日

山谷という地名は、釜ヶ崎と共に誰もがよく知っている。けれど、山谷はどのような場所かと改めて訊くと、怖ろしい、汚い、といった言葉だけが返ってくるのではあるまいか。実情はよく分からないのに、そのようなイメージだけが固定されている。

山谷に関する著作も決して少なくないのだが、その多くは労働者の生活をことさら哀れんでみせるか、もしくは表面的な自由さを謳うといったものである。怖い、汚いとは反対のように述べながら、山谷をやはり特殊な区域として固定して捉えている。

本書は、山谷を行政側が戦後しばしば行ってきた「浮浪者対策」や「環境浄化」施策と関連づけて考えることで、東京という大都市の戦後を合わせ鏡のように映し出してみせる。特に、東京オリンピック直前に大々的な「浮浪者狩り」が行われ、精神病院に強制入院させられた事実の指摘は衝撃的だ。そして、オリンピックが過ぎると一気に精神病院で次々と事件が起きたという。開業一年で二十五人の死者を出した朝倉病院事件、患者が看護職員のリンチで殺された報徳会宇都宮病院事件などはまだ記憶に新しいが、これらの精神病院にも、山谷にいた労働者が「アル中患者」としてかき集められ、強制入院させられていたという。

行政側は山谷を分散させる方向、いわば臭いものに蓋式の対策を戦後続けてきたのだが、東京オリンピックの時にしても、現在にしても、東京の建設ラッシュを支えているのは山谷の労働者である。つまり、著者は行政側が治安対策に終始し、本質的な山谷の問題に触れていないことを鋭く突いている。

その一方で、山谷に入る活動家や革新政党の動きにも批判を向けている。それだけ、この種の著作によくあるような生硬な表現もなく、読み易い。浅薄な東京論が多い中で、貴重なものであろう。

しかし、不満がない訳ではない。同じ指摘が幾度か繰り返されるのは、やはり気にかかる。文章を整理し、その分定価を少しでも安くするよう努力すべきではないか。多くの人に読まれて良いだけに惜しまれる。

（田畑書店　３０００円）

## 『アート・キッチュ・ジャパネスク』

井上章一著

一九八七年九月二一日

タイトルだけでは、一体何をテーマとしたのか分かりにくいが、実は一九二〇年代末から四〇年代における日本の建築デザインを語ったものである。

二〇年代末、つまり昭和初期に日本各地で和風の瓦屋根をのせたコンクリート造りのビルが建てられる。例えば東京帝室博物館（現東京国立博物館）、軍人会館（現九段会館）などが現在も残っていて、当時どれほど流行したのかをしのばせる。この瓦屋根をのせたデザインを建築史では帝冠様式と呼ぶ。このように呼ばれる理由は煩瑣なので省くが、帝冠様式は日本ファシズムの建築であり、この様式を採用した建築家は直接軍に加担しなかったとはいえ、その責任が問われるというのが建築界では半ば常とう的に語られる。

ところが、著者は瓦屋根をのせるデザインは様式といえるものではなく、日本ファシズムとも関係ない単なる「日本趣味」ではなかったのかと異議を唱える。和風屋根＝帝冠様式＝日本ファシズムという図式は、装飾のない合理的な近代建築を標榜する当時の若手建築家たちが、老大家の好む日本趣味に対抗するために仕立てたのではないのか。むしろ、合理的な近代建築、モダニズムこそ物資を欠く戦時の要請に合致すると論を進める。そして戦犯ものとまで称される神社風建築「大東亜建設記念営造計画」などを提出した丹下健三こそモダニズムを超えようとした前衛なのだという。

実に面白い。それは戦時下の建築理念を探っていながら、戦後を風靡したモダニズムの禁忌に触れているからである。が、疑問も残る。著者はモダニズムの神話を壊そうとするあまり、逆に帝冠様式＝キッチュ（まがいもの）、丹下＝ポストモダンという図式をかつてのモダニスト同様に仕立て過ぎてはいないか。モダニストが実の所で戦争責任を回避していると見るならは、その辺りは具体的に検証すべきだろう。

にもかかわらず、本書が狭い世界で観念をもてあそんでいるがごとき建築界に風穴をあけることは間違いない。

（青土社　2200円）

## 『廃墟への映像』

**粉川哲夫** 著

一九八七年一〇月一二日

著者によれば「映画を見るということは、ある意味では、映画館のなかでつかの間〝メディア病〟にかかることにほかならない」という。確かに映画にはそうした魔力がある。ただし「この〝病〟は、映画館を出て、外のまぶしい光にあたると、たちまち快癒してしまう」程度のものである。ところが「テレビやヴィデオの普及は、こうした転換——ある世界から他の世界へ踏み越えること——を不可能にしはじめた」というのである。映像の中の非日常と日常との境が極めて曖昧になりつつあることを著者は指摘する。

例えば、グリコ・森永事件の犯人逮捕のために放映されたヴィデオ。スーパーの防犯ヴィデオが二分十三秒撮ったものを、最新技術を駆使して四分五十秒に編集しなおしたものである。誰が撮ったものでもない、しかも何のドラマもない日常的なヴィデオが意図的な映像作品をはるかに圧倒して私たちの眼を奪った。テレビの映像は「われわれの脳髄と感応」し、電気を切ってもどこかで意識とつながっている。グリコ・森永事件のヴィデオにはおびただしい情報がよせられたがみなまちまちで役立たなかったのもこの状況を表している。

著者はヴィデオに代表される新しい映像文化が私たちの生活に入り、考え方や感じ方をも変えつつあることを指摘する。それは当然、旧いメディアにも影響を与える。ヴェンダースやウッディ・アレンやマルコ・フェレーリの映画をそのように分析するが、特に面白いのは映像作品よりも俳優のミッキー・ロークと歌手のマドンナを論じた文章である。彼ら二人は新しい映像文化に属するスターだという。

マドンナは「声から『肉』の部分を排除しているのである。といって、それは、機械の声になることではない。(略)マドンナは肉声を、いかにも電子装置で作ったという人工性を強調するやり方で用いる」。彼女は「いつも『ライク・ア・ヴァージン』なのだが、そこには〝乙女〟の雰囲気は全くないのだ」とする。後半少し難解になるが、著者ならではの創見が随所にある好書だ。

(青土社　1600円)

## 『色彩のアルケオロジー』

小町谷朝生 著

一九八七年一〇月二六日

色彩について語るといえば、美術の授業で習った三原色や補色、彩度や色相といった言葉を思い出す方が多いだろう。そして、そのような知識が現実に見たり、感じたりする色彩の世界とズレていると気付くであろう。色彩は決して記号ではないからだ。

著者は色彩についてまったく違ったアプローチで考えようとしている。というより、実に正当な疑問、色をみる、感じるとは一体どのようなことかといった問題に答えようとしている。まず最初に著者は、人間が眼だけで色彩を見るのではなく、身体によって色彩を感ずることを明らかにする。例えば「日焼けは躰による太陽光の見方だとも言える」ようにである。人間には日常の眼と別に第二の眼というべき身体の働きがあるのだという。

著者は一貫して色彩を人間の身体を通じて考える。あるいは逆に、色彩を通じて人間の身体を根本的に捉え直そうとする。それ故、著者は自ずと色彩と身体とがより直接に反応していた古い時代を対象化する。古代のエジプト人、アッシリア人、インド人は各々異なる色を好んで使い、その色が彼らの信仰に深く結びついていること、日本の万葉人が赤や青に特別の感応を示したことなどを神話や歌謡を読みつつ論及している。同じ色彩でありながら、風土や時代によって見え方や感じ方が違うのである。

著者は色彩と人間との関係を心理学、生理学、化学、生物学など諸科学の成果を踏まえた上で文学や美術、生活の中で解き明かそうとする。このような方法を採った結果、本書は色彩をある色として成立する枠組みを探究した精神史としても読めるだろう。そして、著者が現代の都市景観を「分断的、閉鎖的空間」とし、色彩はその中で「高刺激的、主張的、孤立的」にならざるを得ず、「われわれの感受体制は破綻してしまうに違いない」と述べるのも説得力をもっている。

著者は実に幅広い分野を横断するから、決して一般の読者にとって読みやすいものではない。けれど、色彩をこれほど多彩に語った著作は珍しい。実に異色だ。

（勁草書房　２２００円）

## 『路上の人びと』

**川名隆史／篠原敏昭／野村真理** 著

一九八七年一二月七日

社会が大きく転換しつつあるとき、すべてのものが動いているかにみえる。そのようなとき、どこに視点を定めたり、その社会の根本的な変化の様相をとらえることができるのだろうか。社会思想史家として独自の境地を開いた故良知力氏は病をえて他界する前にこの問題について貧困の底にあった大衆や流民に目を向け、一八四八年革命期のヨーロッパの社会と思想をとらえようとしていた。本書は良知氏の編集計画にしたがって一九世紀のヨーロッパの大衆の実態を当時のビラや絵入り新聞などを用いて明らかにしようとしたものであり、良知氏の死後弟子たちが師の志をついで書きつづけたものである。

本書においては主としてヨーロッパの都市に集まった大衆の姿が多くの図版を通して描かれている。叙述を貫くモチーフは良知氏の構想であるが、執筆者が複数であるだけに異なったトーンもみられ、大衆のさまざまな生活のあり方が描かれている。マッチ売りの少女の図版をみるとアンデルセンの書物で知られたマッチ売りの少女の実態にふれたような想いがするであろう。遍歴職人や工場労働者、乞食や売春婦などが辛うじて生きてゆくあり様が図版によって私たちにみえてくるのである。これらの一九〇点におよぶ図版は言葉や文章のたりないところを十分に補ってくれるのである。

貧困の果てに生きるギリギリのところまで追いつめられていた労働者や流民たちは一八四八年の革命のなかでたちあがった。しかしながら彼らは結局国民軍や市民軍の手にかかって殺されていった。革命が終わったとき、貧民たちは忘れ去られ、一八五〇年代以後貧民街も取り壊され都市は近代化していった。狭い道路は大幅に広げられていったのである。それも大衆の反抗・バリケード戦を封じるための処置であった。私たちが今みる近代都市のたたずまいも革命のなかで死んだ貧民の戦いの結果でもある。本書は一九世紀の貧民の生活を描くことによって一連の著書の背景となった大衆の世界を読者の前にみせてくれるのである。

(日本エディタースクール出版部　3200円)

## 『郊外住宅地の系譜』

山口廣 編

一九八七年一二月一四日

本郷西片町、神田三崎町、音羽、目白、洗足、田園調布、成城、国立などの町が本書の中に登場する。まるで東京の高級住宅地ばかりを紹介した本のように思われるかもしれないが、扱われた町はすべて明治の中ごろから大正、昭和初期にかけて新しい住宅地として開発された所なのである。

もとより明治以降、東京周辺で住宅地として新たに造成された町は限りない。人口が集中し、東京は外側に町を続々と開発しながら膨張してきたからである。そうした数多い郊外住宅地の中から、本書は特色のある町を取り上げ、開発された順に並べてその町の歴史と近代日本の町作りの歴史を、十三人の建築史家らが追っている。

これらの町に共通した特色は、いずれも明確な理念や理想によって計画されたということであろう。福山藩阿部家の中屋敷だった西片町は当初から店舗や下宿は認めず小学校や広場を計画し、旧藩士や同郷人、学者や高官を歓迎して住ませたために住民には強いコミュニティー意識が生まれた。神田三崎町が三菱会社により副都心として計画されたことも興味深い。煉瓦造りのアパートの他に劇場や勧業場、ビアホールなども明治中ごろに建てられた。タイプライターで知られる黒沢商会は博愛主義に基づく工場村を蒲田に建設した。堤康次郎は落合に佐伯祐三や安井曽太郎らが住んだ目白文化村や大泉、小平、国立などの学園都市を開発分譲している。

石井柏亭や野上豊一郎、弥生子夫妻など文化人が住んだ日暮里の渡辺町。学者町と呼ばれた駒込の大和郷。山形県人たちが組合を組織して作り上げた城南田園住宅。また田園調布や成城、玉川学園は渋沢栄一や小原国芳の理想主義が生み出したものだという。

本書を読むと、きちっと計画し、生活のルールも定められた町はその後も健全に発達し、その後も高く評価されたことがよく分かる。しかし、反面そのような町は数少ないからこそ今や高級住宅地と化している訳で、日本の住宅政策の貧しさを見るようでもある。土地が騰貴し、これらの町からかつての住民が追い立てられる事態を知ると一層そうした思いにかられる。

（鹿島出版会　３８００円）

## 『マニエリスム都市』

三宅理一 著

一九八八年二月二二日

ヨーロッパ都市の市民生活と建物、都市計画、医学、学問とのかかわりが今日のような形をとるまでには、さまざまな紆余曲折をへている。地上の出来事のすべてが、人体の機能も含めて大宇宙の影響によってきまっていると考えていた中世の人びとの間で、理念によって自然に接しようとする姿勢が強まってくるにつれて、人間とモノとの関係のすべてが大きく変化してくる。本書はその変化の様相を一都市シュトラースブルクを舞台にして解きあかそうとした魅力的な書物である。

シュトラースブルクの巨大な天文時計は中世の静的な時の計り方と違って、天体の運行をあらわす壮大な装置をもち、同時に人間の生と死のドラマをも示すひとつの世界認識のあらわれであった。著者はこの大時計が十六世紀につくられる経過を中心において、この時代のシュトラースブルクではじめてギムナジウム（高等学校の一種）がつくられ、市民病院に医者がおかれ、解剖学が盛んになっていった事情などを詳しく説明している。

中世を通じて病人のための施設はあったがそこには医者はいなかった。この町ではじめて医学と医療施設が結びついたのである。しかもおりからの宗教改革の進行のなかで病院の礼拝堂が解剖学教室に転用されてゆく。このように宗教を中心とした人びとの価値観が大きく転換していった時代にさまざまな学問の実験がおこなわれていた。中世以来の占星術的な枠組みから完全に解放されていたわけではないが、健康がひとつの思想としてはじめてこのころに定着し、健康を守るための場所が浴場や公共井戸という形で登場してくる。

公共性という思想が世俗的な建物や施設として具体的な形をもってあらわれてくるのもこの時代のことである。そこでは伝統から自由な理想都市のモデルがつくられ、ヨーロッパ文化の近代の発展を先取りしている。これらの営みの全体は人間の歴史のすべてを示すものとしての大聖堂の天文時計に象徴的な形で示されている。わが国における自然と人間の関係と異なったヨーロッパ文化の展開を知るうえで興味深い書物である。

（平凡社　2200円）

## 『時の震え』

李禹煥《リウファン》 著

一九八八年二月二九日

著者はすでに長く日本で暮らし、国際的に活躍している韓国の画家である。著者には一九七一年に出版され若い画家たちに強い影響を与えた評論集『出会いを求めて』があるが、この本はその種の正面切った美術論ではない。さまざまな機会に新聞や雑誌に発表された随想的な短文を集めたものである。

著者が二十歳のころまで過ごした韓国についての思い出や感想、日常のなかでの季節や風景や出来事をめぐる随想、旅行中の見聞、自作や美術に関する考察、さらには散文詩的な文章など、内容はまことに多岐にわたっている。だがそのことによって散漫な印象を受けることはない。二重三重に屈折した意識と抑えようのない激情とがからみあった著者の個性が、どの短文にもなまなましくあふれかえっていて、読む者にまっすぐ突きささってくるようだ。

この著者は、きっちりと整理され配列された平板な日常を内側から突き崩そうとする根源的なものの力に対する異常な嗅覚をそなえているようだ。これは著者の絵や彫刻をつらぬくものでもあるが、このような嗅覚を通して、日常そのものが不安にゆれ動き始める。在日韓国人という立場が著者の文章のあちこちにかげを落としてはいるが、著者はいかなるイデオロギーにも身をゆだねることはない。それどころか、ある一定の考えのうえで身を落ちつけることさえないようだ。

「信じたり、裏切ったり出来る思想は、どこか毒花に似ていやに美しすぎる。いつの時代でも雑草やうじ虫を蔑む真理観ほど怖いものはない」と著者はある文章で書いているが、著者の文章はつねに雑草やうじ虫として歩み始めるのである。

このようにして、あの根源的なものの力が著者のなかで生き始めるのだが、この力もまた安んじて身をゆだねうるものではない。それはひとつまちがえば、著者を混沌とした無のなかに解消してしまいかねないものだ。

著者はのっぺりとした日常を嫌悪すると同時にこの危険な力を恐れる。言わば、日常からもこの力からもしめ出されてもいるのであって、こういう状態のなかでの著者の意識と感性の動きは現代美術の危機と光栄をおのずから示している。

（小沢書店　２０００円）

一九八八年三月一四日

## 『聲』

川田順造 著

もちろん、歌をきくというような場合は別だが、われわれは声に対して、意味を伝える手段以上の役割を与えなくなっているようだ。つまり声の文字化という傾向が見られるのだが、著者によれば、「声は人間の生理の、深くやわらかな部分に直結」したものであり、さらにまた「体内の私的な部分から息に乗って分泌されるものでありながら、口を出た瞬間、他人の息と混りあって、私と人、人と人とをつなぐ公けのものになる」という性質をそなえている。

本書は、著者が深く通じ、実際にそこで生活もしたアフリカの無文字社会でのフィールドワークを中心とし、時としてそれを日本や他の国々での声のありようと比較しながら、声の持つふしぎな生を描き出したものだが、まことに興味深い。

この本を読むことで、われわれのなかの声が、枯れかけていた生命を刻々によみがえらせるような印象さえ受けるのである。

本書にあふれている無数の興味深い発見や分析をいちいちとりあげる余裕はないが、アフリカの無文字社会においては、「言語のうちにそもそも固有名詞という領域が存在しない」という指摘ひとつとっても実に刺激的である。子供の名前も生まれたときの状況や誕生に先立つ出来事や身体的特徴によって普通名詞によってつけられるが、不能のうわさを立てられていた父親の子供が「どうだやっぱり」という名をつけられるなどという話をきくと思わずにやりとする。

　これらの名前は精霊や隣人などに対するメッセージという働きをそなえているのだが、当然それは、声でもって呼ばれることを前提とする。これらは親からつけられた名前だが、長じたのち自分で自分につける名前があり、自分が頑固者であることを示すために「石を煮ても湯気が出るだけだ」という名前をつけたりする。こういう名前を互いに呼びあっている情景はいかにも魅力的である。その他、「口三味線」が示すようなわが国の「口唱歌」とアフリカの「太鼓ことば」の比較、さまざまなオノマトペの分析など興味がつきない。

（筑摩書房　1600円）

## 『スティル・ライフ』

**池澤夏樹** 著

一九八八年三月二一日

自分が何処にいるのか分からず、何をしているのかもはっきりしない。このような惑いを現代人ならば誰もが多かれ少なかれ抱いているだろう。日々の生活が忙しいほど、何かに流されているという思いは膨らむ。けれど違和感をもちながらも周囲の世界に慣れようとする。いや、世界を自分の秩序で解釈しようとする。しかし世界は自分の思い通りに出来上がっていないし、各自がそのように思い込めば衝突してしまう。ならばどうするか。

「大事なのは、山脈や、人や、染色工場や、セミ時雨などからなる外の世界と、きみの中にある広い世界との間に連絡をつけること、一歩の距離をおいて並び立つ二つの世界と呼応と調和をはかることだ」芥川賞を受けた表題作のはじめの方に出てくる一節である。作品のテーマを要約すれば、この言葉になるだろう。作者が語ることは決して難しいことではない。外の世界を謙虚に見ること、つまり人は誰も独りだが、同時に独りでは生きられぬことを知れば呼吸しやすくなるということだ。

　表題作のほかにもう一篇「ヤー・チャイカ」が収められている。二篇は別個の作品だが、いずれも主人公が奇妙な人物と出会い、二人の対話によってストーリーは進行する。「スティル・ライフ」には自分が公金横領犯と打ちあける男が、「ヤー・チャイカ」には主人公を冗談めかしながらもスパイに誘うロシア人が現れる。もとより冒険小説ではないから彼らが本当に犯罪者やスパイであるのかが重要な訳ではない。むしろ彼らが社会のシステムからはずれているためにかえって静かな生活を得ていることが作者の意図であろう。というと、喧噪な現代社会を風刺しているように思われるかもしれないが、小説の世界はもう少し広い。

特に「ヤー・チャイカ」はいくつかのテーマを重層化させながら、最後に主人公の娘、高校にかよう少女が自立しようとする気持ち、即ちかもめとなって飛び立とうという意識を寓話風に描くことで、読者を未知の、もう一つの明るい世界への目覚めに誘う。作者の意志的な出立を感じてさわやかである。

（中央公論社　９５０円）

# 『薔薇と幾何学』

下村純一　著

一九八八年三月二八日

ル・コルビュジエといえば近代建築運動を推進した張本人であり、ピロティ、屋上テラス、自由な平面、横長の窓、自由なファサードを「近代建築の五原則」として標榜したことはよく知られている。この五つの要素によって、それ以前の閉鎖的で暗い石積みの建築を否定し、開放的で明るく軽やかな空間こそ近代建築なのだと主張したのである。そして、この五原則にのっとって設計されたサヴォア邸、パリ郊外に建つ白い住宅こそ近代建築の手本とみなされてきた。

ところが、著者はサヴォア邸を訪ねて、この住宅は外へ開放された建築ではなく、むしろ強い閉鎖性を意図して設計されていることに気付く。水平の横長の窓でさえ理念とは異なって、あたかも銃眼のようにうがたれているという。しかも、このように内部を外側から拒絶するような空間の扱い方はサヴォア邸だけではなくル・コルビュジエの作品に共通していることを指摘する。

ここで、著者は理念と実践との間の違いから設計家を責めようとしている訳ではない。家とは元来、閉鎖的な空間である。急進的な思想に基づいて作られた建築の中にも「変わりようのない、人間の根源的な空間意識」を見ようとするのだ。著者は近代建築が単純に装飾を棄て、幾何学的な明晰さだけを求めてきたことに疑問を呈すのである。

本書の中では二十世紀の初頭に建てられた十の建物が対象となっている。その中には従来の建築史では余り顧みられなかったドゥメネックのカタルーニャ音楽堂、チェコのキュビスム建築、フルーフトのファン・ネレ煙草工場などが採り上げられている。が、興味深いのは、著者の視点が知られざる建築に照明を与えていることではない。近代建築そのもののようなガラスばりのファン・ネレ煙草工場の中で簡潔な装飾や色彩を見いだし、アール・ヌーヴォーの代表作オルタ邸では即物的なボルトやねじが装飾として使われているのを見つける視点である。建築写真家ならではの楽しい発見から、知らず知らずのうちに建築の本質とは何かを問いかけている。

（平凡社　2400円）

一九八八年四月一八日

## 『三溪　原富太郎』

**白崎秀雄** 著

著者は『北大路魯山人』や『鈍翁・益田孝』などで知られる通り、明治大正期に生きた型破りの人物を好んで描いてきたが、三溪 原富太郎はその中でも最も浮世離れした人物であるかもしれない。

原三溪といえば、まず戦前の代表的な生糸商人として名高いが、どれほど生糸で富を得たかを知るには、彼が庭木一本にいたるまで選び抜いて作り上げた横浜本牧に現存する三溪園を思い浮かべればわかりやすいだろう。五万一千余坪の広大な敷地に三重塔、臨春閣、聴秋閣など彼が各地で買い求めて移築した建物が点在する。大半が重文指定である。建物ばかりか原コレクションと呼ばれた数多くの書画骨董を所有していた。その中には後に国宝の指定を受けたものもある。また、下村観山、今村紫紅、小林古径など日本美術院の画家に援助を借しまなかったことから、彼こそは「近代日本の代表的、かつ理想的パトロン」であるという評価も定まっている。

が、これだけであれば原三溪は金にあかして美術工芸をめでた趣味人でしかないだろう。著者の説く三溪像は異なっている。

まず、彼は生糸商人という言葉から連想されるような古い体質の経営者ではなく、何事も合理的に判断する近代的な財界人であり、しかも三井の後を継いで経営した富岡製糸工場では女工の待遇を改善し、震災後には自らも大損害を受けたにもかかわらず横浜の復興にすべてをささげた無私の精神の持ち主であったという。さらに著者は三溪が単なる古美術愛好家ではなく、のこされた自筆の書画と造園や茶に対する見識から彼自身が芸術家であったとする。つまり三溪こそ合理的精神と芸術的な天賦に恵まれた偉大な教養人であったと主張するのである。

したがって、著者による魯山人伝や畸人伝に親しんだ読者の中には、原三溪が少しも狷介な性格をもたず、あまりに理想的な人物として描かれているのに戸惑うかもしれない。けれど、著者の三溪像を疑ってもはじまらない。富と美と尊敬の三拍子を得た男の話は、現代のお伽話として読まれるべきだろう。

（新潮社　1400円）

## 『ペテルブルク浮上』

**海野弘** 著

一九八八年四月二五日

十九世紀末の世界の中心はパリである。しかし同時に、世紀末の様相とは中心を見失った世界のはじまりでもあった。ならば、むしろ中心よりも辺境の都市、たとえばロシアのペテルブルクから〝世紀末〟を眺めることができるのではないか、と著者は書き出す。

魅力的なテーマである。なぜなら、ペテルブルクは十八世紀初頭、ピョートル大帝がネヴァ川の河口に突然建設したまったく人工的な、不自然な都市であり、その上二十世紀に入るとペトログラード、レニングラードと二度も名を変えて、いわば消えてしまった都市でもあるからだ。世紀末都市と呼ぶにふさわしい。

著者はペテルブルクに関係のある三人の男女をまず紹介する。十九世紀中ごろ、この街にやってきて二十年間も商売を続け、世紀末に古代都市発掘をはじめたシュリーマン。ペテルブルクに生まれ、今世紀のはじめミラノでバレエを学び帰国したアンナ・パヴロワ。同じころアメリカからヨーロッパを通って、この街を訪れ、魅せられてゆくイサドラ・ダンカン。男は失われた過去を憧憬し、女たちは新しい自己表現と革命にひかれてゆく。著者はペテルブルクが、世紀末都市であると共に二十世紀の世界へのつなぎ目としての役割を果したのではないか、というのである。

それから、著者はひとたび十九世紀に戻り、ゴーゴリやドストエフスキーやチェーホフが、この都市から何をつかみ、どのように表現したのかを時代の流れにしたがって読みとってゆく。「鼻」や「外套」で外見ばかり気にする下級官吏を描き、次第に都市の悲惨さに触れざるを得なくなるゴーゴリ。犯罪者や陰謀者など都市の地下世界に目を向けたドストエフスキー。すべてが飽和して理想を見失った世紀末の風景を見たチェーホフ。この辺りの読みは長年、都市と文学を語ってきた著者ならではの切り口で読んでいても楽しい。

そして再び、この世紀末都市の文化がロシア・アヴァンギャルドへの流れを生んだことを示唆するのだが、ディアギレフがヂャーギレフと表記が変わったり、「芸術世界」の刊行期間が前後で食い違うのは折角の興をそぐ。

（新曜社　２２００円）

## 『さらば気まぐれ美術館』

洲之内徹 著

一九八八年五月九日

タイトル通り著者の最後のエッセイ集である。著者の死を念頭に置かずとも、これまで書かれた〝気まぐれ美術館シリーズ〟とはいささか異なる読後感を読者は受けるのではあるまいか。絵を見る楽しみや絵のある生活を飄々として語ってきた著者の文章が、本書では少し重いのである。

この本は歌手友川かずきの絵についてのエッセイからはじまるが、絵よりも音楽について語る文章が多いことにも驚くだろう。著者は部屋にラジカセすら置かなかったのに、友川からテープをもらって以来、一気に音楽にのめり込んで行く。フォーク、クラシック、ジャズ、モダンジャズ、ロック、あらゆる音楽をつかれたように聴き続ける。母親がなくなるが葬式にも行かず、ひたすら洒を飲んではレコードを聴くのである。この文章は痛切である。

とはいえ、もちろん、著者は音楽を聴きながら絵のことが頭から離れることはない。音楽を聴き、そこから絵とはなにか、芸術とはなにかを絶えず問いかけている。まるで死を予感しているかのように、その答えをもどかしく、性急に求めるのである。

けれど、著者の絵に対する姿勢は、音楽のように自分の内面に響くものでなければ評価しなかったから、この点では一貫しているのであろう。だからこそ、自分の論理にひきつけて絵を解釈するような評論にはあからさまに反撥したし、逆に画壇的な常識にとらわれることなく埋もれた画家を次々と発掘し得たのである。

この本の中でも、ゴッホをめぐっての評論にかみついているし、また佐藤哲三、吉岡憲、小泉清、小野幸吉など一般的には知られることの少ない絵かきの画風と人柄について語っている。最後のエッセイが、一九三〇年代の画家として再評価の機運がある藤牧義夫に関するのも、著者ならではと思わせるのである。

画家、原精一が死んで、絵かきらしい絵かきがいなくなったと著者は嘆くが、彼の死は画廊主らしい画廊主を失ったこと、抜群の見巧者を失ったこと以上の意味がありそうだ。

（新潮社　２５００円）

## 『わがままいっぱい名取洋之助』

三神真彦 著

一九八八年五月一六日

面白い伝記である。その面白さの多くは名取洋之助というユニークなキャラクターに負っているが、いまひとつは、彼が切り開いたフォト・ジャーナリズムがすぐれて現代の文化を作り出しているためであろう。

昭和三年、十九歳の名取洋之助は素行不良と成績劣等のため慶応の普通部から大学予科に進むことができない。そこで、彼を溺愛する母親に連れられてドイツへ留学。グラフィックデザイナーの才能に目覚める。ライカを手に入れたことから恋人の励ましもあってフォト・ジャーナリストとして身を立てようとする。いわば、親のすねかじりでマザコン、そのくせうまいものと女性には目がない、どうしようもない道楽息子が、まじめな人々を尻目に新しい世界に挑戦していくのである。

帰国してからの活躍ぶりは眼をみはる。木村伊兵衛、原弘、伊奈信男らと日本工房を起こしたのを皮切りに、昭和九年には日本文化の宣伝誌「NIPPON」を創刊し、さらに戦時色が強まると内閣情報部をバックに「SHANGHAI」、「南支派遣軍」などグラフ誌を刊行していく。これらの雑誌のレイアウトは斬新なものであり、戦後になって彼が「ライフ」の日本版を目指して発行した「週刊サンニュース」や彼が監修した「岩波写真文庫」に引き継がれているのである。

といっても、フォト・ジャーナリズム史ではない。名取学校とまで呼ばれた数多くの、彼が育てた写真家、デザイナー、漫画家たちとの出会いと確執、母親と二人の妻など彼をめぐる女性たちのかっとうを通じて〝わがままいっぱい〟に昭和史を生きた男の生涯を描いている。著者はあきれながらも、名取の自由に生きる意味を探ろうとする。

確かに独りの魅力的な男の伝記という点では不満はないが、あまりに無邪気に国策宣伝を行った戦時中の活動と戦後の仕事については、単純に名取洋之助の才能やエゴに帰すことができないだろう。今日の写真週刊誌などジャーナリズムの在り様を考える上でも、もう少し醒めた眼が欲しい気がする。

（筑摩書房　２２００円）

## 『戦争のグラフィズム』

多川精一著

一九八八年五月三〇日

戦争が勃発してすでに三か月、あらゆる物資が不足しているにもかかわらず、昭和一七年二月の紀元節の日に、A3判、特すきの上質紙にグラビア印刷、六十四ページといううきわめて贅沢な雑誌が創刊されている。表紙は若い水兵の顔のクローズアップ（本書の表紙に、そのまま使われている）。朝日の中、眉をひそめて遠くを望む兵士の横顔は、来るべき戦いへの強い、確固たる意志を感じさせる。そして、その上方に橙色の横文字で「FRONT」とタイトルが記されている。

参謀本部の要請で発行された対外宣伝誌「FRONT」は、創刊号の「海軍号」から「陸軍号」「満州国建設号」「落下傘号」「空軍号」「鉄号」「華北建設号」「フィリピン号」「インド号」、最後の「戦時下の東京号」まで十回刊行されている。「海軍号」と「陸軍号」は中国語、英語のほか、露語、アラビア語、蒙古語、ビルマ語まで十五か国版が作られ、六万九千部刷ったとさえ伝えられる。おそらく当時は最大部数の雑誌であったろう。

が、この雑誌が伝説的に知られているのは錚々たるメンバーが参加したことである。東方社という民間会社が製作にあたったが、理事長には山内光という芸名の映画俳優であった岡田桑三、理事には林達夫のほか、民族学者の岡正雄、岩村忍らの名があり、後に中島健蔵も入る。また写真部と美術部の主任には木村伊兵衛と原弘がなり、二人を中心とした写真とアートディレクションの見事さは、戦後GHQが彼らの責任を問わずに、むしろ仕事を依頼したほどだという。

著者は原弘にさそわれ、版下書きから「FRONT」の製作に参加している。名ばかり高いこの雑誌がどのように作られ、東方社がどのような組織であったか、自らの回想、インタビュー、数多くの資料によって知られざる興味深い事実を掘り起こしている。

著者は「国家宣伝という、むなしくはかないものに取り組まざるをえなかった悲劇」がこの雑誌の歴史だったと述懐する。が、それだけだろうか。宣伝や広告が氾濫するいまこそ、じっくり読み、考えて欲しい本である。

（平凡社　２５００円）

# 『地図を作った人びと』

ジョン・ノーブル・ウィルフォード 著
鈴木主税 訳

一九八八年六月二七日

私たちは日常、実にさまざまな地図を使っている。見知らぬ場所へ行くには案内図が必要だし、車に乗るならばロードマップは欠かせない。バス路線図や地下鉄マップもよく見ることだろう。いや、一枚の世界を眺めるだけで、自分の中の世界が広くなった気にもなる。それはなぜだろう。地図の上で知らぬ都市や国を自由に旅行し、踏み入ることもできない山や砂漠、海や川を気ままに探検できるからかもしれない。

そうであれば、一枚の地図はそのまま見知らぬ土地や海を調べ、探検した人々の歴史が刻まれていることになるだろう。そればかりか、どのように調査したか、その方法や道具、図示の仕方の歴史も積み重ねられているはずだ。この本は古代から現代まで、人々がどのように地図を考え、作ってきたかを多彩なエピソードを織りまぜて平易に解説してくれる。

全体は四部に分かれていて、第一部はどこまでも平らであると思われていた地面が実は丸い球体であり、しかもそれをいかにして平らな紙の上に表示しようとしてきたかを、プトレマイオス、コロンブス、メルカトルの仕事をたどりながら説明する。第二部は山や海の高さ、大きさ、位置を正確に知るために新しい方法や器具を、発見し発明した人々と未踏の地でそれを使った技師たちのこと。第三部は、航空写真、レーダー、潜水艦、音響測深器の開発で、奥地や海底までも地図に描けるまでになった過程。そして最後の第四部は、人工衛星や宇宙船による地球外からの地球を測定する科学や月面図や火星図など最新の地図について触れている。

地図を作った人々は単なる測量技術者たちではない。天文学者であり、数学者であり、物理学者であり、なによりも探検家である。この本は六百㌻近い大部なものだが、ナイル川上流の井戸に年一日だけ太陽の光が射し込むことから地球の円周を計算したエラトステネスの逸話から、火星探索のマリナー九号のことまで知の壮大なドラマを読むようであきることがない。図版がもう少し見やすければ興味は一層増したであろう。

（河出書房新社　3800円）

---

## 『ヒッチコック』上・下

**ドナルド・スポトー 著**

勝矢桂子 他 訳

一九八八年七月一八日

まずこの本の中にあるヒッチコックらしいエピソードを二、三紹介しよう。彼は無類のいたずら好きで、完全電化のキッチンを自慢するカメラマンには二トンの石炭を送りつけ、ある女優には誕生日に四百匹の薫製ニシンを贈ったという。女優は臭気をがまんしつつ、ニシンをどう処理するか悩まねばならなかった。ロンドンのホテルでは、スープからマスや桃、アイスクリームにいたるまでブルーに色づけしてディナーパーティーを開いている。これなど序の口で、もっと意地の悪い冗談を彼は繰り返している。

子どものころ、コッキー（生意気）と呼ばれたヒッチコックの一面を物語るが、著者はこうした話で彼の奇人ぶりを際立たせようとしている訳ではない。また彼は、アカデミー監督賞に五回もノミネートされたが、受けずじまいに終わった。彼はこのことに平静を装い、無表情であったが、実は不満を抱き続けていたという。しかし、著者は彼の屈託した感情を暴露することで満足してはいない。むしろ、悪ふざけをする心理、あの無表情の裏にある感情を明らかにしようとするのである。

ヒッチコックは日記やメモを残さなかった。病的なほど秘密主義であった。ところが著者はそこからある事実を発見する。日記は書かなかったが、彼の映画こそ何よりも雄弁に彼の心理や感情の軌跡を語っていることに気づく。

この本は、ヒッチコックをめぐる膨大な資料と著者のインタビューを駆使しながら、彼が生涯撮った五十三本の映画と二十本のテレビ映画の構造を読みながら、彼の複雑な人間像を浮かび上がらせて行く。イギリスの中流紳士の気どり、ブロンド女性への憧れとおそれなど、彼が隠そうとした心理の奥に光を当てている。彼の映画こそ自分自身がもったイメージや夢、恐怖を多くの観客の心理に訴えかけるよう昇華していったと著者は語るが、これはこの本の面白さにもあてはまる。著者はヒッチコックを通じて、人間の内奥にひそむ不可解な心理をも掘り当てている。彼の映画にも劣らぬスリリングな出色の伝記。


（早川書房　各2400円）

## 『棒馬考』

E・H・ゴンブリッチ 著
二見史郎・谷川渥・横山勝彦 訳

一九八八年八月一五日

本書は著者が一九六三年に出版した論文集であって、冒頭の「棒馬　あるいは芸術形式の根源についての考察」のほか、一九五〇年代から六〇年代のはじめにかけて発表された論文や講演十四編をおさめる。

冒頭の論文でいう「棒馬」とは、棒の先に馬の頭をつけた子供の玩具をさすが、著者は、子供がそれを馬と見なすのは、それが現実の馬に似ているからではなく、馬の「代替物」であるからだという興味深い観点を提出している。そして、棒が馬の代替物となるための必要条件として、その形が馬乗り出来るようなものであることと、乗ることがわれわれの欲求の焦点となっていることとをあげている。そしてこのような代替物を作り出すことをわれわれの芸術表現の根源に置いているのだが、これは具象と抽象といったあいまいな通念を打ちこわす新鮮な着眼であると言っていい。

著者のこのような芸術観は、芸術を感情のコミュニケーションであるとか、芸術家の自己表現であるとかする芸術観とははっきりと対立するものだ。著者は「芸術上の価値の視覚的隠喩」という論文で、「ビロードの音質」とか「黒い低音」とかいう「共感覚的隠喩」や、「俗悪な」色の組みあわせとか、「品位のある」形とかいう判断とかに見られる隠喩の働きを踏まえながら、芸術とその享受者とのかかわりようを精妙に分析している。

こういう隠喩が力とひろがりを持ちうるためには、そういう隠喩を生み出しそれを支える社会的約束が生きていなければならないわけだが、それは絶えず変動し、それによって享受者も芸術家自身も微妙な作用を受けるのである。

その他、精神分析の方法をたくみに美術史に援用した「精神分析と美術史」、静物画というジャンルの形成を独特のシンボル理論によって明らかにした「西欧の静物画における伝統と表現」、風刺画というこれまでほとんど美術史ではとりあげられることのなかったジャンルをあざやかに照らし出した「風刺漫画家の兵器庫」など、いずれもまことに刺激的である。

（勁草書房　２８００円）

## 『空間の経験』

イーフー・トゥアン 著

山本浩 訳

一九八八年九月一九日

『空間の経験』とは奇妙なタイトルだが、それなりに理にかなっている。ただし原題は「空間（スペース）と場所（プレース）」。私たちは空間と場所という言葉を混同して使うが、著者によれば人間は両者に異なった感情や観念を持って接しているという。

単純にいえば「空間」は「場所」より広く、曖昧で、抽象性を帯びている。人は自然のなかの幾何学的な図形を認識して空間を把握してゆき、感情や心象や思想を空間として表現しようとする。それが彫刻であり、建築であり、都市計画である。それに対し場所は対象としてあり、空間を限定してゆく認識である。私たちは場所を行動や知識によって認識するばかりか、においとか音などすべての感覚を通じて現実性を獲得するという。

もちろん、空間と場所を認識してゆく過程はそれぞれの人間の与えられた環境によってさまざまであり、こどもなのか、大人なのか、どのような知識をもつか、どのような文化に属しているか、によって異なるだろう。著者は認識してゆく過程を「経験」と呼んでいるが、決してそれを文化の型や通俗的な心理学に答えを求めずに、実に広範な材料を用いながら問題を検証してゆく。たとえば、幼児はどのようにして空間を認め、場所を得るか、人は左右、上下、東西南北、距離をどうして把握するのか、ある民族には空間は自由を意味するのに別の民族にとりなぜ恐怖の象徴なのか、観光地はなぜすぐに飽きてしまうのか、など興味深い問題を出しつつ空間と場所、経験の意味を探る。高度な問題を扱っているため、あまり分かりやすいとはいえないが、自ら問題を少しずつ確かめてゆく文章は上質のエッセイである。

そして、読み続けるうちに著者の問題意識が次第に明らかになる。それは近代の都市計画や建築が曖昧な空間を作り出したが、居住者は自己がいる場所を把握することができなくなってはいないか、という疑問である。著者はありきたりの空間論のように数量的な指標に還元するといった安易な解答を導くことはしないが、空間と場所の基本となる問題を考える糸口を読者に与えている。

（筑摩書房　２４００円）

---

## 『消えるヒッチハイカー』

J・H・ブルンヴァン著

大月隆寛・菅谷裕子・重信幸彦訳

一九八八年一〇月一七日

現代のアメリカ社会で、たとえば職場や教室、寮、ディスコなどで人びとの口から耳へと語り伝えられて流布していく、だれもがいかにもありそうだと思うさまざまな話、それが現代のフォークロアの下位クラス、つまりアメリカの民俗学者のいう「都市伝説」である。

この本には実に多くのこうした都市伝説が紹介され、さまざまな角度から検討が加えられている。だが、一般の読者は、著者の考察よりも、まずは豊富な都市伝説を読んで楽しんだ方がいいだろう。というのは、聞き慣れないこの都市伝説という言葉の中身は、私たちもどこかで聞いたことがある話が多いからである。

たとえば、書名に選ばれた「消えるヒッチハイカー」。ヒッチハイカーを望む所まで送ってきて振り返ると消えている。調べてみると、彼（彼女）はもう数年前に亡くなっていて、ちょうどその日が誕生日にあたっていたという、日本でいえば幽霊を乗せたタクシーによく似た話である。このほか、洗った犬を乾かそうと電子レンジに入れたところ調理されてしまったという「オーブンに入れたペット」をはじめとして、「ベビーシッターと二階の男」「ケンタッキー・フライドラット」等々、この本には興味深い話がいっぱい載っているのだ。

著者は、このようなさまざまな都市伝説のなかに、時の流れに従って変化してゆく人びとの関心と夢のインデックスを見いだす。自動車、ペット、電子レンジ、ベビーシッター、コーク、ケンタッキー・フライドチキン、ドラッグ、不倫……。こうした現代を象徴する事柄が都市伝説の主役であり、その主題は「現代の状況と伝統的ライフスタイルのある部分との軋轢」を描き出すことにあるとみる。つまり、新しい文化物への不信感がそれとなく表明されているというわけである。

古い田舎の習俗を掘り起こして記録するのが民俗学だというイメージが日本では定着しているが、海の向こうでは、こんな刺激的な民俗学的現代文化論が展開されているのを知ることができるだけでも、この本を一読する価値があるだろう。

（新宿書房　3000円）

---

## 『江戸の都市計画』

鈴木理生 著

一九八八年一〇月二四日

東京湾岸の計画が盛んに各方面から出されている。ウオーターフロントなる言葉もいつのまにやら定着したようである。計画の数を挙げると五十を超すというほどのかしましさである。と同時に、江戸や東京をかたった著作も数多い。著者は以前より『江戸と江戸城』『明治生まれの町　神田三崎町』などで江戸と東京に関する実証的な、篤実な研究を発表してきたが、本書もまたそうした成果の延長にある。

著者は江戸の都市計画を説明するのに古代の地形や渡来人の動きからはじめ、鎌倉、室町時代の江戸の様子も検証する。それはいかにこの地が水運とともに進展してきたかを明確にするためである。特にその発展の核になった江戸前島の変転を追っているのがユニークで、いかに時の施政者が水と地形を巧みに利用してきたかを探っている。

江戸にいたって、そのメーン・ストリートが屈折して配された点についても水路を使う下水処理を最優先した結果であって、都市計画史家たちがしばしば言及し、話題ともなったような四神相応説によって「の」の字型に江戸を発展させていったのでもなく、筑波山や富士山などを眺望にとらえるために道路を曲げたわけでもないことを明らかにしている。神話や景観に基づくロマンチックだが、現実味の乏しい論をただしてゆく、このあたり実証性のある展開は小気味良い。その一方でニューヨークなどの海外の都市が車ばかりでなく、現在も水路と船を使っていることを説き、江戸の道路率が運河をふくめると約二六%にも達し、現在の区部の一五・九%をはるか凌駕していたと指摘する。

説明には適切な地図を配しているから、実に分かりやすい。著者の意見を要約すれば、多くのウオーターフロント計画が今日提案されているものの、大半は陸路の拡張に過ぎず、川や海はみせかけの修景としか利用され、把握されていないことへの異議であり、東京湾を埋め立ててゆく施策への警鐘である。口当たりの良い東京論や江戸論が多い中でこうした地道な著作はもっと読まれるべきだ。

（三省堂　1800円）

## 『20世紀写真史』

伊藤俊治 著

一九八八年一〇月三一日

二十世紀も終わりに近づき、さまざまな視点から今世紀は今後回顧され、また一体どのような時代であったのかが解読されることであろう。本書は写真という十九世紀に生まれ、二十世紀に開花した新しいメディアを通じて今世紀をとらえ直そうと試みている。

まず二十世紀に入って、写真のあり様が変わる。十九世紀における写真は絵画の延長のメディアと考えられて、写真家たちは写真を絵画表現に近づける努力を続けたのだが、写真は別のメディアとして脚光を浴びる。まず一つは都市をとらえるまなざしとして、いま一つは写真こそ人間の眼そのままではなく、人間の見ない世界を見る〝機械の眼〟であることが改めて認識されるのである。ただし、そのように考えられたとしても一様に写真は発展し、展開してきたわけではない。アジェのように失われゆく十九世紀の都市を写した者もあれば、スティーグリッツのごとく都市と自然とをともにとらえようとした者もある。またマン・レイのように機械の眼としての写真から新しい表現を探った者もいるし、かえって写真に身体的な感性を求めようとした者もいる。その多彩さは驚くばかりだ。

本書は都市とテクノロジーが立ち現れた今世紀の文化を、写真家たちがどのように自己表現と結びつけ、模索していったかを、アジェ、スティーグリッツから、バウハウスやグラフジャーナリズムの動き、ウォーカー・エバンスやロバート・フランク、アーバスやシャーマンなど各時代を代表する仕事を対象にして考察してゆく。そして八〇年代に至り、写真表現が黙示録的なにおいを強く込めはじめている点に注目して、それがこれまでの人間概念の終末を意味するのではないか、さらには、写真は二十世紀に起きたさまざまな変容、言い換えればさまざまな死を確認してきたのではないか、と問いかけるのである。

これまでの著書のモチーフやテーマと重なる部分は多いが、写真は常に人間の無意識の世界を否応もなく写し取ってきたのだ、という著者の主張が明瞭に打ち出され、数多い写真の図版にも裏づけられた好書である。

（筑摩書房　２２００円）

## 『ヴィドック回想録』

フランソワ・ヴィドック 著
三宅一郎 訳

一九八八年一一月七日

バルザックやユゴーの小説の愛読者なら、バルザックの有名な登場人物であるヴォートランや、ユゴーの『レ・ミゼラブル』のジャン・ヴァルジャンやジャヴェール警視のモデルであったとされるフランソワ・ヴィドックという人物の名前を眼にしたことがあるかも知れぬ。

一七七五年にアラスのパン屋の息子として生まれたヴィドックは、おさないころから身を持ち崩し、家出をして怪しげな連中と付きあううちに、公文書偽造という無実の罪で八年の懲役に処せられることとなる。生来の大胆さと緻密な頭で脱走に成功するが、以後官憲に追われ続け、くりかえしつかまり、くりかえし脱走する。追及をのがれるために、フランスばかりではなく、オーストリアやイギリスの軍隊に加わり、海賊船の乗組員にさえなる。そういう経験を通して、人生の裏街道で生きる人びとの生態をいやと言うほど知りつくすのである。

だが彼は、やがてそのような生活に嫌気がさし、一転してパリ警視庁の密偵となり、次いで正式に特捜斑の斑長となる。そしてそれまでの経験を生かして敏腕をふるい、犯人たちの恐怖の的となる。警察を辞めたのちは、前科者を助けるための製紙工場を始め、それに失敗すると一種の私立探偵事務所を開き、一八五七年貧困のうちに世を去るのである。

本書は、そういう人物が、生い立ちから特捜班長時代の経験までを事こまかに語った自伝だが、めっぽう面白い。彼は「私には、生まれつき心ならずも何かに引きずられてしまう癖があり、しかも知らず知らずのうちに、いつも運命を自分で制御しようとするのに逆らう人間や事物に近づいていく」と述べているが、これはそのまま、彼の文章の特質でもある。彼の筆は、あいまいな観念や中途半端な道徳とはかかわりなく、人びとが現に生きている姿に直截に近付く。骨の髄までの悪人も、小心なこそ泥も、残酷な看守も、生活そのもののなかから、なまなましく浮かびあがる。かくして本書は、フランス革命から王政復古までの激動する社会を最底辺から照らし出すのである。

（作品社　５８００円）

---

# 『プロ』

F・ベアード／D・シャープ 著
小鷹信光・関根克己 訳

一九八八年一一月二一日

「私はアーノルド・パーマーではない。ジャック・ニクラウスでもない。プロ・ゴルフ・ツアー界にいるきわめて少数のスーパー・スターのひとりでは決してない」。二年間も勝利から見捨てられた三十歳のプロ・ゴルファー、ベアードは一九六九年の日記の前書きをこう書き出している。

ベアードはスーパースターではないから、ニクラウスやパーマーのように自家用飛行機で試合先を飛び回ることはできない。妻と二歳と一歳のこどもを連れてステーション・ワゴンで移動しなければならないし、泊まるのはモーテル一部屋、食事はファスト・フードの店。専属のキャディーを雇うこともできず、大抵はその土地の学生を見つける。その上、細君のおなかのなかにはもう一人こどもがいる。ニクラウスより一つ年上なのに、腹には充分脂肪がつきダイエットの心配をしなければならない。勝利から遠のいているせいか、ゴルファーとしてはおいぼれだと感じている。できるなら早く金を稼いでツアー・プロから足を洗いたい。こんな心境のなかでベアードの一九六九年は始まる。

この年も彼には勝利の女神はなかなか訪れない。スーパースターのようにメジャーの試合だけを目指して、休息をとることなどできず、試合が終わればすぐに次の土地へ旅立つ。遠征地でも朝は生まれた子のおむつとミルクを買いに駆け回らなくてはならない。前日まで首位で回って、今度こそはと思うとかえって調子を崩し、二位に甘んじてしまう。しかし、彼はダイエットを気にしながらもあきらめるわけにはいかないのだ。哀しくもおかしい日々の暮らしがつづられてゆく。華やかにみえるプロの裏の生活は、実のところどこにでもいるお父さんにも似て、中年の読者には共感を誘うだろう。

が、彼は「プロ」である。未勝利に辛抱しながら、シーズンの後半にいたって最も賞金額の高いトーナメントで優勝し、この年彼は賞金王となる。事実は小説よりも奇なり、いやアルバトロス。

（東京書籍　1700円）

---

## 『香水』

パトリック・ジュースキント著

池内紀 訳

一九八八年一二月二六日

実に面白い物語。短篇ではないが、おそらく読者はページをめくるのももどかしく、最後まで一気に読み続け、しかもこの話をだれかにすぐにでも語りたくなるのではあるまいか。小説の面白さの一つは奇譚にあるが、これほどユニークで精妙に考えられたものは珍しい。ヨーロッパで三年前に刊行され、いまなお高い人気を誇っているというのもよくわかる。

一七三八年のパリ、下水道もゴミ処理も完備されず道も広場も川も悪臭を放つ都、そのなかでも一際強烈なにおいが立ちこめる共同墓地のある一画で主人公、グルヌイユは生まれる。母親は魚屋に働く寡婦、それまで四人の子を生んだが、いずれも墓地かセーヌに投げ込んでしまった。ところが今度は生み落とした途端、見つかって嬰児殺しで獄門送り、おかげで主人公は助かるが、どの乳母も彼を嫌う。なぜといえば、この赤ん坊にはあの甘酸っぱいにおいがないから。幸か不幸か全く臭覚のない女に育てられ成長した彼は、どのようなにおいもかぎ分けられる異能な才能の持ち主であった。

彼は花の香りも、獣のにおいも、町のにおいもたちどころに分別できるばかりか、人さえも言葉や身なりよりもいち速くにおいで見分けることができるのだ。なめし皮の職人のもとに徒弟奉公するが、やがて香水作りの店に働くことになる。彼が作る香水はいずれも大ヒットするが、彼自身は飽き足らず、至高の薫りを求めてパリを出奔し、……この後は実に奇想天外な事件と結末が控えているが、それはいわぬが花、いやかがぬが鼻であろう。

ゴーゴリの「鼻」がばかばかしい階級制度に対する風刺であったように、一言いえば鼻男を主人公にしたこの物語がフランス革命の前夜に当たるディドロやダランベールの活躍した啓蒙主義の時代に舞台をとっているのは、そのような百科全書派への、言い換えれば理性や文字を中心にして生み出されていった近代に対する批判や皮肉をこめているとも考えられる。が、そのような注釈は全く抜きにして本篇は十二分に楽しめる。冬休みへのうれしい贈り物。池内紀の訳も生きいきしている。

（文藝春秋　1600円）

## 『満州国の首都計画』

越沢明 著

一九八九年一月二三日

戦前、現在の中国東北部は「満州国」と呼ばれる植民地とされたことがあった。この本は満州の都市経営、特に満州の首都となった「新京」（現在の長春）におけるその成立、計画立案、実施にいたるまでの過程を戦後ほとんど省みることがなかった資料を駆使し、机上の計画のみならず道路や施設を作る上での実際的な問題をも掘り起こし、いかにして「新京」という都市が生まれていったのかを立体的にとらえ直している。

まず著者は明治以降の東京において考えられた都市計画について概説する。なぜなら、いくつかの先駆的な試みがあったにもかかわらず、周囲の無理解により東京の都市造りが理念とはかけ離れて、中途半端なもので終わってしまい、それゆえに「新京」は都市行政にたずさわる者たちにとり、長年の夢を実現する格好の地となったからである。日本内地の都市に先立って下水道を完備、車の通行に耐えるように道路の幅員を広げ、川や池を新たに設け緑の多い公園を配置したことなどにその夢の成果がうかがわれるだろう。

また当時の日本で活躍していた建築家と満州建設にあたっていた者とのズレ、内地で建築家の戦争責任を取りざたしていた建築家が大陸においては計画を推進していたこと、さらに日本のファシズムを表現したごとくみなされる建築の帝冠様式が、じつは抗日を標榜していた中国にあってもしばしば見られるものであり、むしろアジア様式というべきデザインではなかったか、といったことなど興味深い指摘もあるが、著者が当時の計画で最も評価する点は土地の騰貴を抑え、都市計画をスムーズに行うために法の整備がなされたことであり、そこから未来の東京における都市経営の在り様を見ようとする。

東京の未来にこの都市計画を重ねて見ようとすることにはいささか無理があるように思えるが、そうした議論を含めて感傷や大時代的な夢に惑わされることなく、事実関係はよりいっそう明らかにされるべきだろう。このテーマをきりひらいた本書は今後さらにその重さを増すに違いない。

（日本経済評論社　2200円）

## 『ルネサンス彫刻家建築家列伝』

ジョルジョ・ヴァザーリ 著

森田義之 他 訳

一九八九年二月二七日

先にジョルジョ・ヴァザーリの『ルネサンス画人伝』が翻訳されたが、このたび森田義之ら九人の手によって本書が訳された。本書は歴史的資料としての価値が高く、文学作品としても重要であるから、まずは辛抱強く翻訳に携わった方々の労苦をたたえたい。訳文は実に読みやすく、また訳注もきわめて丁寧で親切だ。

ヴァザーリが扱っている彫刻家建築家はアルノルフォに始まりブルネレスキ、ドナテルロ、アルベルティ、ブラマンテらの巨匠が続き、レオーネ・レオーニまで章にそえば二十四人だが、他にもパラーディオのような大物がわき役として現れる。彼らの活躍期は十三世紀末の初期ルネサンスからヴァザーリ自身が生きた十六世紀前半のルネサンス最盛期までの三百年にわたっている。それゆえ本書は彼ら彫刻家建築家がフィレンツェやローマをいかにして作り上げていったかという都市史の視点から、また彼らとパトロンとの関係はどのようであったのかという観点から、そして彼らはどのような理念をもって作品作り上げたのか、ルネサンス理念の流れを探ることから読むことはできる。

しかし、そのようなことは本書の適切な解説に譲ろう。私がなによりも読後改めて感じたことは、彫刻にせよ、建築にせよ、技術的特徴が実に具体的に触れられていることだ。それはヴァザーリ自身が建築家としても画家としても優れた仕事を残してきたからに他ならない。描写が具体的なためスケールの大きさ、仕事の困難さ、その革新性がよく理解できる。しばしば美術家や建築家について書かれたものが、観念的で抽象的な記述に終始してしまうのとはまったく質を異にする。そしてなによりも楽しいのは、ここにすこぶる面白い逸話とヴァザーリ一流の警句とがあふれていることである。それは時に温かく、時に辛辣だ。

ブルネレスキがサン・ピエトロのクーポラを完成させるために策をろうしてまでライバルを蹴落とし、職人たちを強引に指導したかという話があれば、サンソヴィーノがバッカス像を作ることに熱中し弟子を冬でも裸で立たせたため、ついに若い弟子はそのポーズのまま気が狂ってしまったといった話もある。「優れた人間がその故郷で誰からも愛され、尊敬されるということは、非常に稀にしかない」といった怖い言葉も吐く。

彼が熱っぽく語るのは自分の才能を信じ、目標をもって生きる人間たちの美しさであり、それがローマやフィレンツェなどの都市を作り上げてきたということである。だから、画人伝を含めて若い人たちも読めるような廉価版が待たれる。いや、金銭に踊る昨今の芸術家や建築家に、「世間の安逸をむさぼりながら栄えある地位を得ることができるなどと考える人は、まったく誤解もはなはだしい」いう彼の言葉を読ませたい。

（白水社　５８００円）

一九八九年三月二〇日

# 『エピキュリアンたちの首都』

三宅理一 著

フリーメーソンといえば何やら怪しげな秘密結社を思う方が多い。しかしながらこの組織は閉鎖的でありながら他方で平等と友愛の思想を説き、神秘主義に与しながらも科学的知見を支持するという矛盾を抱えて生まれた。それゆえ、十八世紀のイギリスで発展したフリーメーソン運動は、やがてフランスでは革命前夜の思想に、アメリカでは独立運動の理念に大きな影響を与えたといわれる。

本書は十八世紀後半のパリに誕生した数多いフリーメーソン運動が、必ずしも隠された秘儀の世界としてあった訳でなく、現実世界にも投影されていたことを探りだす。

フリーメーソン運動は古代中世の石工組織を範とし、万物の創造主としての神を「宇宙の大建築家」と呼んでいた。これは単なる比喩ではなく、著者は十八世紀の建築史を研究する過程で当時フランスで活躍した建築家の多くがこの組織に参加し、その理念に啓示を受けていたことを発見する。建築家の仕事のなかに見られるヘルメス主義、ニュートン主義、廃墟趣味、エジプト趣味といった世界像を解読し、その底に流れている原初的世界への憧れ、アルカデアへの希求を明らかにし、こうしたユートピアへの指向が革命の基調となったことを裏付ける。豊富な図版を眺めるだけで、彼らの息吹が伝わってくる。

決して読みやすくはないが、淡々とした解説を重ね、最後に地下水脈のごとき彼らの理想が革命にあって浮上して行く記述は劇的だ。巻末のパリのフリーメーソン・ロージュ（集会所）と参集していた建築および美術関係者の一覧表だけでも、本書がこの分野で類のない研究だということが分かる。ただし、ルドゥーやブーレーという建築家すら一般的にはなじみがないのだから、人名や事件についての簡単な注釈が必要ではなかったか。

（学芸書林　3800円）

# 『ブリューゲルの「子供の遊戯」』

森洋子 著

一九八九年三月二七日

一九六〇年以降のフランスで、それまで隠れていた三種類の人間が発見されたといわれる。フィリップ・アリエスが『〈子供〉の誕生』で子供を発見し、ミッシェル・フーコーが『狂気の歴史』『監獄の誕生』で狂人と囚人に光を当てた。アリエスは、中世から近世初期まで子供は「小さな大人」として扱われ、共同体における子供の意識は欠落していたと主張した。

本書は、そのアリエスの解釈を修正する意図をもち、ブリューゲルの「子供の遊戯」（一五六〇年）という作品の分析を通して、中世から近世における子供の存在を確認しようとする。総数二百四十六人の子供（男百六十八人、女七十八人）が描かれているといわれるこの絵には、九十一の遊びが数えられる。お手玉やシャボン玉、竹馬など私たちになじみのものもあれば、豚の膀胱を使った風船遊びや洗礼ごっこのように、肉食、キリスト教社会に独特の遊びも見られる。

本書の三分の二は、ブリューゲルの描いた遊戯の解説であるが、同時代の銅版画、ボスの油彩画、フランスの時禱《じとう》書などに描かれた類例を豊富に取り入れ、当時の人々が子供の遊びに少なからぬ関心を寄せていたことを証明する。この作品に描かれなかった冬の遊びを、ブリューゲルは「雪中の狩人」その他に組み入れている。このように精力的に子供の遊びを題材とするひとりの画家を知るだけでも、当時の「子供の存在」が十分に認識されてくる。

十七世紀になるとプロテスタントの思想家が、子供の遊戯を大人のための教訓の寓意に利用しはじめ、画家もその使命を感じていた、という指摘に絵画における思想の流れを見る。

図版も多く楽しく読みながら、著者の幅広く資料にあたる姿勢がうかがわれた。難点をひとつ。九柱戯に関し、「ところで興味深いのは、この遊びは十六世紀のイギリスにおいて禁止されていたことである」としながら、その説明がない。

## 『江戸の小さな神々』

宮田登 著

（未来社　７５００円）

一九八九年四月三日

「江戸の切絵図類をみていると、屋敷や町家が立ち並ぶ間に、火除地があって、そこにかならず稲荷の小祠が祀られている」と、本書は書き出されている。この火除地は町の外側の道からは自由に出入りできない、内に閉じられた空き地である。そうであれば、そこにある稲荷は周りの土地と密接な関係をもっていることになる。もともと稲荷は土地所有の変更や住居改築の際に祀られることが多い。土地や家屋に変化をあたえた後に、なにかの災禍が起きると、土地を守る稲荷のたたりとして考えられたからだという。

稲荷は土地の霊なのである。稲荷ばかりではなく、子供の守り神とされる地蔵も村の境や辻に祀られるように土地と強いつながりをもつ。番町皿屋敷といった伝承は、家屋を壊してさら地にしたため、つまり土地を皿にしたために生じた話なのである。著者は江戸が都市として開発されて行く過程で、こうした土地霊が現れたことに注目する。その時折に流行ったり廃れたりする小さな神々は、とるに足らぬように思われがちだが、都市開発への不安や危惧、素朴な願望など生活感情を素直に反映している。

本書は著者の短文を集めただけに、いささか散漫な印象は免れない。もう少し構造的に教えてくれないか、という不満も残る。しかしそれだけに、稲荷、地蔵、梅若伝説、貧乏神、福の神、富士講や木曾御嶽の山岳信仰、それに落語のなかに見られる民間信仰、酉の市や藪入りといった行事、ミソギなど水の力への信頼など、暮らしの様々な面に現れる神さまたちを通じて江戸庶民のいきいきとした生活ぶりに気楽に付き合わしてくれる。

そして何よりも、著者が昨今の地価高騰、地上げ屋の暗躍によって、江戸以来したたかに生き続けてきた小さな神々の聖域をも人間が犯しはじめているのではあるまいか、という危機感には共感する読者も多いだろう。

## 『倶楽部と日本人』

**橋爪紳也 著**

（青土社　１８５４円）

一九八九年四月一七日

倶楽部と書いてクラブと読ませるのだが、この言葉は会員制のサロン、リゾート・クラブからカフェ・バー、居酒屋、果ては雑誌の名まで広く使われている。接客や社交を目的とする半ば私的な、半ば公共的な場にこの字句を付けるらしい。

欧米で十八世紀から十九世紀にかけて発達したクラブは明治初頭に、外人居留地の社交クラブなどを通じて紹介され、輸入されたが、日本では独特の進展をみる。当初は共通の目的をもった人々が苦楽を共にするという本来の意味で苦楽部という字を当てていた。ところが、皮肉にも欧米のクラブを模して作られた鹿鳴館が、夜会騒ぎのために享楽の施設と人々に思われることもあって、クラブは倶に楽しむ場という意味の倶楽部という字に代わって定着する。そして明治二十年代以降一気に大衆化して行く。

特に発展したのは関西で、大阪今宮村の商業倶楽部は複合的なレジャーセンターとして作られている。この試みの成功が次々に新しい娯楽施設を生み、流行や新しい風習までも作り上げることになる。著者はこのように関西で倶楽部が独特に進展したことを、単に近代になってエリートたちの施設が大衆化しただけとは見ないで、伝統的に根づいていた町衆文化の会所や浄土宗寺院のもっていた惣堂にそのルーツを考え、それと輸入されたクラブ文化とが折衷していったのではないかと推論する。

欧米のクラブの歴史に関する研究書はあるが、日本で発展した倶楽部について書いたものは少ない。それ以上に本書が面白いのは、近代の日本人を娯楽と公共意識を軸にしてとらえながらも、一方で娯楽施設の流れの源に町衆の伝統を抑えるというユニークな、関西論、大阪論になっている点である。都市というと東京が取り上げられるが、もう食傷気味で、遊びはやはり関西と溜飲をさげる読者もあるだろう。

## 『エロシェンコの都市物語』

（学芸出版社　１８５４円）

藤井省三 著

一九八九年六月五日

私たちがエロシェンコの名を聞いて真先に思い起こすのは、中村彝が一九二〇年に描いた「エロシェンコ氏の像」であろう。亜麻色の長い髪、柔和で若々しい頬、思索を秘めて堅く閉じられた両眼。一度見たら忘れられない表情だ。

彼がモスクワから単身、バラライカと盲人用タイプライターを携え、初めて日本を訪れたのは一九一四年。エスペラント語と英語をマスターしていた彼はすぐに日本語で童話を発表するまでになるが、二年後にインド、タイへ放浪の旅に出る。それから三年後、第一次大戦を通過して大都市に変貌しつつあった東京に彼は再び姿を現す。彼の活動はエスペラント運動を助ける程度のものであったが、すぐに要注意人物として警戒されている。やがて危険思想の持ち主として日本を追放されるのだが、著者によればその要因は、彼が圧政と抑圧のない世界を詩や童話で説いたことよりも、彼の容貌とコスモポリタン的な性格が作り出すイメージによるものだった。つまり人々は彼の姿に別世界への夢を託し、それは当局にとってはなによりも恐れることだったのだ。この分析は興味深い。

彼はその後、東京を離れ、上海、北京と一九二〇年代のアジアをさまよう。魯迅、周作人の兄弟などの知己を得るが、世界革命への彼の夢はボルシェビキ台頭下の中国では受け入れられず、絶望を抱いて帰国する。

著者はエロシェンコを通じて、あるいは彼の心情を最も深く理解していた魯迅の眼を通して、彼らが生きた時代の理想と現実の大いなる乖離をとらえようとする。ただ、魯迅を除くと彼をめぐる人物たちの像がはっきりとしない。そのせいかタイトルほどには三都市の姿が浮かび上がらない。丹念に資料を探すだけでなく、エロシェンコを直接知っている人物にインタビューをも試みた力作だけに惜しい気がする。

# 『芸術家伝説』

（みすず書房　２８８４円）

エルンスト・クリス／オットー・クルツ 著
大西広・越川倫明・児島薫・村上博哉 訳

一九八九年六月二六日

たとえばこんな話を聞いた方は多いだろう。画家雪舟はこどものころに寺で修行したが、身が入らず師僧の怒りにふれ柱に縛りつけられる。しばらくして僧がもどると雪舟の周りにはネズミが走り回っている。僧は驚いてネズミを追い払うが、いっこうに逃げない。よく見るとネズミは雪舟が足の親指を使い、自分の涙で板の間に描いたものであった。

芸術家はさまざまな伝説に包まれる。本書は古今東西の芸術家にまつわる伝説を検証し、その変容を探り、そこから芸術という分野がどのようにして人々に受け入れられたか、を考えている。なぜならこのような伝説が生まれるには、社会が芸術作品を実際的な機能だけで評価することがなく、独立した創造活動の一分野として認めなければならぬからだ。

著者二人によって示される芸術家の伝説、逸話は幅広い。彼らが勤めていたヴァーブルグ研究所の膨大な資料を渉猟したことがよくわかる。ある時代には英雄として、別の時代には神として、また魔術師として、時には神々に嫉妬される存在として芸術家はとらえられる。神の啓示を受けた者、性的に放埓な人物、孤独な存在、ライバルとの葛藤、奇行の持ち主……。そしてある芸術家独自の物語と思われているものにも、ながらく語り継がれてきた普遍的な形や系統、起源があることを著者は明らかにする。

本書はユニークな視点で解読された実に魅力的な芸術史、精神史といえよう。初版は一九三四年に刊行されたものだが、決してテーマは古びてはいない（ちなみに一九七九年にクルツの増補原稿を加えた英語版が出版されている）。共訳者の一人、大西広は本書の問題意識にひかれ、また事例を補遺する目的で、本文中には数が少ない日本と中国における芸術家伝説八十七例を集め、巻末に付記している。これだけでも貴重な資料であり、日本人にテーマがより分かりやすいものとなった。

（ぺりかん社　３０９０円）

## 『楽園のデザイン』

ジョン・ブルックス著

神谷武夫訳

一九八九年七月三日

建築物だけでなく造景や造園も、その時代その社会の人々の「心のかたち」と切り離して眺めることはできない。それは丁度服装というものが、個人の趣味だけでなく、時代の流行にどうしても制約されてしまうことと似ている。本書は風土や生活様式を念頭に置きながら、イスラム地域の庭園のデザインに焦点をあて、その理念を具象的に探ろうとしている。パラダイス（paradise）という英語は、古代ペルシャの「囲われた庭園」（パイリダエーザ）に由来するというから、イスラム庭園にはもともと「地上の楽園」を実現しようとする願いがこめられていたといえる。

偶像崇拝を厳禁したイスラム世界では、人間をふくめ生きとし生けるものの姿を石の上に描くことはできなかった。そのかわり、ヨーロッパ世界には類を見ないような抽象度の高い幾何学模様が、建築デザインにおける美的表現として発達した。本書の特色は建築史において従来あまり注目されなかったイスラムの造景と造園を、正面から本格的に取り上げた点であろう。それは建築物で仕切られることによってはじめて生み出される不思議な空間なのである。

砂漠世界で希少価値をもつ植物の位置、壁で囲むことの意味、水利技術との関係、園亭、柱廊や回廊の構造とリズム、こうした点を、ペルシャ、スペイン、インド、エジプト、シチリア、トルコ、そして現代のイスラム諸国に足をはこび読み解いてゆく。歴史書としても十分読みごたえがあるだけでなく、説明がおしつけがましくないのがいい。著者自身が造園家でもあるためだろう。

ページを繰っていると、十字軍時代のキリスト教徒の驚きが伝わってくるようだ。ヨーロッパ人は当時のサラセン文化の洗練された高度さを発見し、ヨーロッパが半野蛮状態にあることを知らされた。西欧以外のところにひとつの自己完結的な文明が存在することを視覚的に学べる意味でも大変良い本だ。

（鹿島出版会　５６６５円）

一九八九年八月二一日

## 『ミナト神戸　コレラ・ペスト・スラム』

安保則夫 著

本書は明治期の神戸における被差別部落問題を扱っている。というと、当時の被差別部落の生活実態を明らかにした著作と思われがちだが、そうではない。「部落」というだけで触れにくいという考えに対して、著者はその点を疑うことから出発する。

著者がまず注目するのは、一見被差別部落問題と無関係と考えられるコレラとペストへの明治期における防疫対策である。ミナト神戸はこの伝染病の猛威に幾たびかさらされる。行政側は当初、都市全般の衛生整備に力を注ぐが、経費節減の理由から方向転換を余儀なくされる。ここに浮かび上がったのが著者が本書でいう「貧民部落の撲滅作戦」であった。

ところが、やがて行政や新聞の論調は防疫目標が単なるそこでいう「貧民部落」解消ではなく、被差別部落への攻撃に変わって行くのである。ミナト神戸にとって当該地区住民はかけがえのない労働力である。そのため住民を選別し、行政に都合の悪い住民だけを市内から締め出す方策をとる。結果、市の周辺部にスラムが生まれ、それを被差別部落と重ねて見るようになったためである。著者は都市スラムの形成をたどりつつ、どのように差別意識が生まれていったかを丹念に資料を読んで検証する。

衝撃的なのは、神戸のスラムに入り込み、その解放のために闘ったとされる賀川豊彦に対する論及である。被差別部落の住民への彼のまなざしが、運動の過程で敵対意識に変わったと指摘する。無論、賀川の見解は彼一人のものではない。また神戸に限った問題でもない。差別意識はこうしてあたかも自然の、確固たるものとして人々の意識に定着する。幾つものタブーを打ち破ろうとする著者の意志と熱意が淡々とした文章の端々に感じられる。多くの人に読んでもらいたい。

（学芸出版社　３２９６円）

## 『蒼老《そうろう》たる浮雲』

残雪《ツァンシュエ》 著
近藤直子 訳

一九八九年九月四日

最初の数㌻読み始めて、私はほとんど声に出して呟いた――本当に中国でこんな小説が書かれているのか、ことし三十六歳の女の作家が五年前に書いたのか。

外国のものでも国内のものでも、小説を読んで衝撃を覚えるということは近来滅多になくなったが、この中篇小説はショックであった。美的完成度においてではなく、作品にこめられた文学的想像力の濃密さとエネルギーによって。

政治も共産主義も民主もない。まるで世界が生まれた翌日のように、歴史も親子の情も隣人愛もない。夢と現実の境界もまだなく、亀の群と蛾と靴と人間が一緒にうごめいている。経済発展と秩序とヒューマニズムが吸いあげてしまう前の、世界と人間の原初の力が渦巻いて黒光りしている。

中国のどこか小さな貧しい町、隣り合って住む男と女が主要人物だが、要約できるような筋もドラマもない。親子も隣人も人間はすべて互いに「のぞき屋」である。何かにとりつかれたように、あるいは何の明確な動機もなく、人たちは絶えずごそごそと動きまわり、悪態をつき、夢をみ、妄想にふける。

その夢のような日常、現実のような幻想の記述が、実に生き生きと魅惑的なのである。掘り出したばかりの石炭のように艶やかな本ものの才能の輝きが、ここにある。まだ磨きはかかっていないけれども。

訳者の紹介によると、作者の両親とも革命の英雄で、文革のとき迫害されて一家が苦難をきわめた。多分少女時代のその体験がこのように悪夢的な世界感覚を育てたと思われる。作品の発表に困難もあるが、学生層に熱狂的な読者が増えているといわれ、すでに台湾で作品集、アメリカでも短篇が翻訳されている。日本訳もよく幻想のリアリティーを伝えている。

（河出書房新社　１８００円）

## 『夢の住む家』

鈴木博之 著

一九八九年九月一一日

近代を定義づけるとなると、各々の分野でいろいろな言い方がありそうだ。著者によれば、近代とは職場と生活の場が分離した社会の登場ということになる。つまりオフィスと専用住宅が生まれ、現在の私たちの暮らしの基本となった、そこで、二十世紀に建てられた十二の住宅を選び、この暮らしの変化を眺めようというのが本書の、まず第一の狙いだ。

こうしたテーマが面白くなるか否かは、どの住宅を選択するかが肝要だろう。その点、著者の選択はなかなかに目くばりがきいているし、欲張りでもある。単純に近代建築史において名の知られた作品ばかりを挙げ、その造形美をほめれば事足れりとはしていないからだ。無論、ライトやコルビュジエらの仕事も採り上げるが、ライトの落水荘からはアメリカ人の原像である開拓者の森の生活を、コルビュジエのサヴォア邸からは都市の勤労から離れた郊外生活を、見ようとする。いずれも郡市の進展がもたらした逆説的な夢だ。

ガウディが奇妙と思える形を作り続けたのは、都市を第二の自然と考えたためで、彼が設計したカサ・ミラは都市での棲息地のイメージであり、ミースはアパートにオフィスで働く単身者の暮らしを想定したという指摘は卓抜だ。その一方、すべてを与え管理することで、ユートピアを実現しようとしたニュー・ラナークやプルマン・タウンの現実を実に冷静に観察している。住まいに託された夢は必ずしも甘いままとは限らない。

日本からは、高谷宗範の松殿山荘と安藤忠雄の住吉の長屋が選ばれている。この二つの住まいは対照的だ。前者は広大な敷地に、後者は狭小の土地に建てられているが、違いは別の点にある。著者は、いかにも和洋折衷の古いデザインと思える高谷の山荘に実験的なラディカリズムを見て、いかにも現代的な安藤の仕事に京都の町屋の伝統を感じる。

十二の住宅すべてに自らの足を運んでいるから、どこにも生き生きとした発見がある。二十世紀という奇妙な時代を考える上でも、興味は尽きない。

(平凡社　2680円)

## 『ケルト／装飾的思考』

**鶴岡真弓** 著

一九八九年九月一八日

私たちはヨーロッパの文化、特に美術を考える時、端正なプロポーションに支えられたギリシャ・ローマの建築や彫刻、遠近法にのっとって描かれたイタリア・ルネサンスの絵画を思い浮かべてしまうだろう。しかし、実はそのような表現とは対照的な文化がヨーロッパに存在する。

古代においてケルト人はローマ帝国を脅かしたほどであったが、末期には西の辺境に追われた。それゆえ、ケルトの文化は蛮族のものとしておとしめられてきた。アイルランドに残されたキリスト教写本の装丁、装身具や武具の装飾、十字架の浮き彫りなどに見られるケルト美術は、たしかに地中海世界の美術からはまったく逸脱している。ケルト美術は表面的な装飾である。しかもその装飾は渦を巻き、反転し、増殖し、うつろい、ゆがみ、明確な中心をもたない。人間や動物までも立体的に描くことはせず、組み紐文様の中にとりこんでしまう。一つの秩序に閉じられ、運動が停止することを恐れてさえいるかのようだ。

著者はケルトの文様をときほぐして、ケルト人の世界像は一つの問題に一つの答えを出すような思考ではなく、複数の概念をさまざまに組み合わせて行くことにあり、彼らの思考は文様の中によってのみ認識されることを明らかにする。むろん、装飾的思考はケルト美術に限らない。それは美術の世界に絶えることなく流れる、もう一つの原理なのだ。だから世紀末のアールヌーボーのごとくケルト装飾は繰り返し復活する。

図版が多く、見るだけで楽しい本だが、それだけこの世界をとらえるのは難しかったと思う。資料が少ない上、今や美術史学の常識となってしまった図像学的な方法では分析できないからだ。単純なシンボル論や構造論では解けない。著者は、生き物を観察するようにケルト文様の動きを徹底して追っている。このオーソドックスな方法がかえって新鮮な美術論を生み出した。若々しい知的探求心に満ちた本。

（筑摩書房　３９１０円）

---

## 『大歌謡論』

平岡正明 著

一九八九年一〇月九日

タイトルの大仰さに負けぬほど分厚い本。試しに計ってみたら厚さは四・五センチ、重さは一・一キログラムもあった。しかも序章から二十一章まで活字が並ぶ。しかし文章は決して重いものではないから読破することはさほど難しくはない。

タイトル通り、内容は明治以降の日本の歌謡曲の流れを追う。歌謡曲の前段としての新内、浪曲からはじまって都々逸、東京音頭、軍歌、そして戦後のブギウギ、美空ひばりと古賀メロディーまでをたどる。とはいえ、この著者におなじみの読者ならピンとくるであろうが、単純に歌謡曲を通時的に分類し解説を加えるといったことはしない。

まず、最初に注目するのは、幕末にはやった「富士の白雪ゃノーエ」で知られる「サイサイ節」である。この歌詞の最後の方に、「オッピキヒャラリコノーエ」という奇怪な言葉が入るが、これはブラスバンドの口三味線、つまり西洋楽器が奏でる音を聞いて、擬音化したものだという説を出す。実はこの面白い指摘は本書全体のテーマに通じている。

著者によれば、江戸において日本人の音感は高度に洗練され、それは明治以降も日本人の音楽に対する感性の原質となり、変わらないものとして存在する。ところがその後、この伝統的音感に教育としてクラシック音楽がのり、ジャズがぶつかり、そして朝鮮メロディーが入り込んで日本人の第二の天性というべき音感が出来上がる。

これが戦前に生まれた歌謡曲、艶歌《えんか》だという。それだけではない。このような歌謡曲に似た混血音楽はアジア全域に広がるというのが、著者の仮説だ。

実証的研究ではないが、妙な説得力をもつ。それは圧倒的な文章量のせいではない。後半部にいたって話の合間合間に記述される著名自身の音楽的な生い立ちが、そのまま明治以降の日本人の多く、いや多くのアジア人たちが否応もなく過ごしてきた音楽環境だからである。ナツメロ風だが著者のコブシはいまだ健在。

（筑摩書房　５９７０円）

一九八九年一〇月一六日

## 『写真幻論』

**大島洋** 著

大島は昨年、写真集『幸運の町』を発表し、今年は個展「ナダール・テレビジョン」を開いた。いずれも見る者に、一体写真というメディアは何なのかと、心にしみいるような静かさで問いかけてくる仕事であった。彼はいまもっとも注目すべき写真家のひとりといえるだろう。

本書はこの十年間に折にふれて、彼が書いたエッセイをまとめたものだ。報道写真、家族の記念写真、心霊写真など時に応じて話題となった写真について語り、木村伊兵衛やアベドンやアッジェといった写真家の作品について触れる。かなり以前に書かれた文章もあるが、決して古びていない。むしろ新鮮な印象をもたらすのは、この写真家が常に写真の根底にはらむ力、視線と距離、記憶と想像力、コピーとオリジナルといった問題を考え続けているからに他ならない。

写真のみならず、テレビ、ビデオと私たちの周りには様々な映像があふれている。しかし、それだけ映像は制度や言葉によって枠づけられ細分化されてしまっている。売れるとか珍しいとかショッキングだとかいう価値がそのまま写真的価値と思われてしまう状況がある。いや、それを支える欲望すら映像の奔流の中にあって萎えてしまっているかのようだ。だから、たとえば著者は世紀末のパリの路地をひたすら撮ったウジェーヌ・アッジェの作品の重要性、つまりいまだ細分化されていない写真世界への関心を認めつつも、一方でアッジェへの評価が常套化し、固定化してしまうことを恐れざるを得ないのだ。

かつて写真家中平卓馬は戦闘的な写真論「なぜ、植物図鑑か」で、写真にまとわりつく私性や物語性を排除せよと熱っぽく語った。それから十数年たち、中平が戦おうとした世界すら曖昧で希薄になってしまった。いわば大島はその後の映像世界の変容を静かに見つめ、いま隘路を切り抜けようとしている。


（晶文社　２０００円）

## 『眼の神殿』

北澤憲昭 著

一九八九年一〇月二三日

幕末から明治初頭にかけて、日本人は実に多くの文物を西欧から受容した。油絵もその一つである。この時期に活躍し独特の洋画をのこした画家に高橋由一がいる。彼の代表作「鮭」「花魁図」などは、その後、西欧に留学した洋画家たちの作品とはかなり質が異なる。日本の伝統と西欧画とが奇妙に合体している印象がのこる。

それゆえ由一を通して、新しい時代を迎えた表現者の格闘を見ようとする論は、芳賀徹の浩瀚な仕事をはじめとして決して少なくない。ところが著者は、多くの論者が見落としてきた由一の「螺旋展画閣」の構想に注目して、実に新しい論考を展開する。

螺旋展画閣とは、ニューヨークにあるグッゲンハイム美術館のように建物の幅が、らせん状の回廊を成していて、その回廊をそのまま絵の展示スペースとするという案である。著者は、この実現されることはなかった美術館のアイデアの生まれる過程をさぐることで、由一が単に油絵の表現技法だけを西欧から取り入れたのではなく、そこに、「美術」という概念を国家の「制度」として受け入れようとした政治的な意志があることを見いだす。この論によって彼がなぜ県令三島通庸に近づいたのかもよく理解できる。

著者は、日本に「美術」という言葉が移入された時、なにが排斥され、なにが祭りあげられていったのかを見ようとする。だから、由一たち洋画家がやがて日本画再興を標榜したフェノロサの登場によって、舞台のわきに追いやられてしまったというような通念化した図式を捨て、実は両者には美術を芸術の中心に置き、制度化し、権力化しようとした意識が同じように働いていたことを立証する。

著者によれば、こうして制度化された美術の概念はひとり歩きし、現在の美術界の閉じられた、空虚な構造を形づくってしまったのだという。この鮮烈な問題意識に支えられた労作。

（美術出版社　２９００円）

---

## 『ギュスターヴ・エッフェル』

アンリ・ロワレット 著
飯田喜四郎・丹羽和彦 訳

一九八九年一二月一一日

以前、羽田空港に降りた外国人観光客の目に東京タワーが入ると皆笑ったという。真似のうまい日本人がエッフェル塔までも……と思ったからだ。そう感じるのもエッフェル塔はパリのシンボルというだけでなく、西欧文化の象徴でもあるためだろう。

そのエッフェル塔も誕生して百年たった。ところが、作った人物、ギュスターヴ・エッフェルについては知られていない。自由の女神像の基体部分を作ったことすら知る人も少ない。

彼は十九世紀の半ばに鉄橋の技師としてスタートした。当時世界最大といわれたガラビ橋など巨大な橋を建造したほか、どこにでも簡単に組み立てられるイージー・オーダー型の橋も設計している。

これらの橋は今日見ても実に美しく、力強い。短期間に、廉価に建造物を作り上げられるかを見通した彼の合理精神に基づいているからだ。この実務家の才なくして三百㍍の塔は立ち上がらなかったであろう。

本書には彼の仕事にまつわるエピソードも図版や写真をまじえて盛り込まれている。塔への芸術家たちの反対運動や現場の人々とのいざこざ。一方でこの塔に新しい空間の誕生を見たスーラやドローネたち画家の作品。そんなことおかまいもなく、塔を模したロウソクやブローチを作って売り出す者たち。エッフェル以前の提案された高塔計画案や博覧会後にこの塔を利用するために考えられた改造案なども眺めるだけで面白い。

彼の生涯をおいたちからたどったものだが、おのずと十九世紀の時代精神が浮かび上がる。ただ建築家シャルル・ガルニエとの論争などについては、読者になじみがないだけに訳者の簡単な解説が欲しかった。

彼は晩年、パナマ運河の施工を行っている。工事は中断されたが、彼の設計の正しさは後にアメリカの技師たちによって立証されたという。

進取の気性に富んだ人物を活写した好書。訳は正確で読みやすい。

（西村書店　２８８４円）

## ❖毎日新聞1992—1993年

### 『芸術とは無慚なもの』

三田英彬 著

一九九二年二月三日

鶴岡政男といえば、彼が戦後描いた「重い手」や「人間気化」を思い起こす方があるだろう。一般的にはなじみは薄いとはいえ、独得のブラックユーモアを漂わせた作品に、惹かれるファンも多い。

いま二つの作品を挙げたが、その画風は全く異なっている。一方は具象であり、他方は抽象である。鶴岡はいつも自分の作品を完成させると、そこから脱け出し、新しい世界を求める画家だった。

ところが、この資質は彼の場合、単純に美術に限らなかったようである。出生の秘密からはじめ、昭和五十四年に七十二歳で没するまで、鶴岡の生涯を綴った本書を読むと、彼が実生活においても、決まりきった枠からひたすら脱出する男だったことがよく分かる。

彼の場合、何事であれ徹底している。たとえば戦前、釣りの味を覚えると、それが高じて黒鯛釣りの竿まで自分で造るようになる。この腕で戦時中、戦後の飢えをしのぐこととなる。戦後も三畳と二畳二間のなかで一家五人が暮らしながらも、彼は水アメを作り、だんご、大福をアメ横で売る。この貧苦にあっても絵を手離すことはない。「重い手」はどん底生活から生まれたのだ。七輪を二つ重ねて、即席の窯とし、陶器やテラコッタの制作にはげんだのもこの時期である。

名が知られるようになっても、鶴岡は、変わらない。貧苦をするりとかわすように、家族からも離れ、若いヒッピーと気軽につき合っている。

著者は家族、友人、知人から生の声を引き出し、この諧謔、自虐、反逆を旨とする一人の男を浮かび上がらせる。鶴岡は女性によくもてたが、男を惹きつける魅力もある。著者が鶴岡に惚れ抜いて、この伝記を描いたことがよく分かる。

書名は彼が遺した「作家は無頼不逞に生き、芸術とは無慚なもの」という文から採られている。そのまま、昨今の金にまみれた美術界への重く苦いイロニーとなっている。

（山手書房新社　２０００円）

## 『東京映画名所図鑑』

冨田均 著

一九九二年三月二日

十三年前、冨田均は『東京徘徊』という過激な本を出した。どこが過激か。この本は二十七歳であった彼が、朝から晩まで一年半にわたり、ひたすら東京の中を歩き回った記録だったからだ。

荷風の「日和下駄」の後日譚という体裁をとりつつも、冨田の東京歩きは徹底していて、東京の路地や崖、橋や坂などを彼が独断でランク付けをしても、読者にうむをいわせない迫力があった。文章の一行一行に失われて行く東京の風景への過剰な思いが込められていた。

その後、冨田は東京歩きを本に幾つかまとめた。それぞれが東京への思いによって綴られていたが、いささか叙情に傾いていた。それが評者には少し不満であった。

本書は冨田本来の過激さ、過剰さに溢れている。内容を一言でいえば、東京の各地を背景にした映画の場面を特定し、その場所を歩いたものである。

こう紹介すると、新宿や銀座を舞台にした映画を数本程度は思い出し、たいしたことはないと思われる方もあるかもしれない。

しかし考えれば、映画はフィクションである。映画の中では、たとえば神田の路地となっていても実は別の場所をロケしていることなど日常茶飯事である。すべてセットの中で撮影されることも多い。冨田の凄い点は、映画のワンシーンを観て、その場所が一体どこであるか、種明かしまでしてしまうのだ。しかも映画の中で役者たちが、どこを歩き、どの店に入ったかまでいい当てる。

そればかりか、映画に映し出された風景を時代順に並べて、東京の風景の変遷をも語る。たとえば、銀座四丁目角に建つ服部時計店は銀座のシンボルであり、最初の

『ゴジラ』もこの時計台を目指してあらわれた。が、昭和三十年代後半から銀座をロケした映画でも、時計台の姿は見えなくなる。この〝時計台外し〟を実行したのは、植木等主演の『ニッポン無責任時代』ではなかったかと冨田は指摘する。これは高度経済成長期に入って、人々の風景を見る眼が変わったことを意味する卓見だが、冨田は小難しい理屈は述べず、さらりとこんな発見を随所に披露する。

名作や話題となった映画ばかりではない。日活ロマンポルノなどマイナーな映画までよく見ている。何度繰り返し同じ映画を観たことだろう。そして映画のシーンから東京の場所を見つけるには、どれほど歩いたことだろう。過激な映画と東京への情熱にただただあきれるばかりだ。

もとより冨田にも映画の好みはある。スターは裕次郎。監督は小津安二郎、黒澤明、川島雄三といったところだろう。いずれも日本映画の全盛期のスターや監督たちである。

私たちは東京のみならず、世界各地の都市をバックにした名作映画の数々を知っている。この映画少年は東京の映画を採り上げながら、衰退気味の日本映画を過激に叱咤している。

（平凡社　１９５０円）

# 『俳優論』

**草野大悟** 著

一九九二年三月九日

草野大悟が急逝してはや一年。

少し垂れた大きな眼と不精ひげ、あの表情にはとぼけた愛嬌があった。野太いながらも口跡の良い声には、聴く者を快くさせる張りがあった。何よりも彼には舞台やテレビに登場するだけでも、雰囲気をかもし出す独得の存在感があった。

あの草野大悟にこれだけの文才があったとは。

彼の師にあたる芥川比呂志も文章家として知られたが、草野の文章は芥川のそれとは異なる。独得の風貌と存在感と同様に、とぼけた味と快い張りがある。

本書には彼が人に見せることなく書き綴った俳優としての覚え書きと、生前、週刊誌などに書いた短いエッセイがおさめられている。エッセイは芝居のこと、父親のこと、好きだった祖母のこと、故郷鹿児島のことなど彼自身の身辺にまつわる話である。とりわけ多いのが酒を呑むこと。よく呑んでいる。というよりもひたすら呑んでいる。

結核で入院しても呑み、路上の浮浪者とも呑み、フラッと旅に出ても結局は酒。要するに世の中と少しはぐれ、それでいてどこか人恋しい、そんな中年男の行状が軽いタッチで綴られる。この生き方は彼の芝居への姿勢と通じている。

未発表だったノートの文章はいずれも数行の短文。「いいかい、決して本物になっちゃいけないんだ。あくまでニセモノでいられるのが本当の役者ってもんだぜ」。「つっこみだけが積極ではない。うけてたって見せろってんだ。それだけでも人生凄いと思うよ」などなど。

優しい男だったのだろう。しかし彼は本当に「うけてたって見せ」るだけの役者だったのだろうか。読み終えてみれば、言葉と裏腹に本物の芝居、本物の役者を求め続けた彼の呟きが残るのである。やり残したことも多かったろう。つくづく惜しい俳優を失ったものだ。

（晶文社　1700円）

---

## 『断崖の年』

日野啓三 著

一九九二年三月二三日

静かな目覚めが少しずつ確かな手ごたえとなってくる。そんな印象を抱かせる短篇集だ。

作者はアフリカ旅行を思いたち、軽い気持ちで健康診断を受ける。しかしその結果、自覚症状もないにもかかわらず、腎臓が悪性の腫瘍に、つまりガンに冒されていることを知る。ここに収められた短篇はいずれも腫瘍摘出手術の前後のことが綴られている。

こう紹介すると、病に苦しみ、立ち直って行く作者の闘病記を想像するかも知れない。しかし、これら短篇のなかには、闘病記にありがちな、病者特有の傲慢さはない。むろん、作者は病気の進行を知り、悩み、苦しむ。たとえば巻頭の「東京タワーが救いだった」は、検査のため造影剤を注入された後、「死はすでに視界の中に入ってきているのに次々とこんな身体的、神経的苦痛を受け続けることが何んとも無意味なこと」と考える。

けれども、作者の描こうとしたことは、病者の悲惨さではない。むしろ病を得ることによって知ることができた、別の世界への目覚めである。

別の世界といっても、それはことさらに奇矯なものではない。「東京タワーが救いだった」で作者が見るものは、どこにでも茂る雑草であり、夜の駅に出入りする見知らぬ人たちの顔である。そして夜になると照明がつけられる東京タワー。それまで漫然と見えていた世界を一つひとつ生きている証として作者は受け入れて行く。

この一篇や「屋上の影たち」に描かれている通り、手術後、薬の作用から幻覚を見、幻聴さえも感ずる。が、このような幻覚すらも受け入れる。

もともと日野啓三は幻想的な作風で知られている。都市が生み落とす幻覚をモチーフとして、ここ数年小説を発表してきた。が、この短篇集に現れる幻想は、これまでの世界と向きを変えている。恐怖や畏れではなく、幻はやすらぎに変わっている。

いずれもエッセイと思われるほど、淡々としかし深く自己の心理を見つめている。いや五篇とも小説が本来もつべき、確かな衝迫力をそなえている。その力はどこから来るのか。モノトーン風の淡い光景のなかから、一点鮮烈な色が現れるところにあると思われる。

先の二篇では、東京タワーのオレンジと銀色の輝き、赤っぽい土を剝き出した空き地とその上の青空がそれにあたる。手術前に珍しく出かけた渓流の風景を描いた「牧師館」では、釣り師たちの竿の動きが作る、白い楕円の輪。「断崖の白い掌の群」はタイトル通り、テレビで見た、血塗られた赤い崖に残された白抜きの掌の跡。そして「雲海の裂け目」ではジャンボ機から眺めた雲間に輝くオレンジ色。いずれも印象深い。

むろん、これらの色は作者の内に湧き上がる生への希求と呼応する。静かな驚きがさざ波のように繰り返される短篇集。読み終えてみれば波が喧噪と汚れを洗い流し、確かな生の手ごたえが感じられる。

（中央公論社　１３００円）

一九九二年四月六日

# 『水の神ナーガ』

スメート・ジュムサイ著
西村幸夫訳

近頃、私たちは心身共に乾いているようだ。その証拠にウオーターフロントや親水公園から温泉や公衆トイレまで、水への関心は高まっている。水についての本も多い。けれども親水公園や公衆トイレが、いかにもメルヘンチックで書き割り風なのと同じように、水に関する本もおざなりなものが大半だ。

これでは私たちの乾きはおさまらない。

本書はそんな乾きを癒してくれるどころか、突然水をかけられたような驚きをも与えてくれる。

まず著者は、先史時代、東南アジアにおいて一つの文明があったという説を立てる。この説はヘイエダールとバックミンスター・フラーの仮説に基づいているが、十分な説得力をもつ。なぜなら、氷河期、いまより海面がずっと低かった時代には、アジア大陸は南はバリ島から東はフィリピン諸島までひとつながりであり、東南アジアは、中国大陸に匹敵する広がりをもっていたからだ。

しかもこの文明は大地に根ざすものではなく、水によって生まれたのである。この文明のシンボルが水の神ナーガ。ナーガは日本にあっては竜に形を変えるが、元来手足がなく水中に生きる蛇である。

著者はバンコク生まれの気鋭の建築家である。そのせいか、ナーガ信仰がアジア全域に広がるという文化人類学的な分析だけでなく、水の文明が生みだした建築構造をきちっとおさえる。陸の建築はモニュメンタルで重い。いわば圧縮力を利用するのに対し、水上の建築は柔らかく伸張性に富む素材によって作られる。これは建築の常識をくつがえす卓見である。

都市への視点も同様、タイのアユタヤやバンコクは洪水にも耐えるように、いや水と共に生きてきた水上都市であった。ところが西欧文明が浸透し、かえって洪水の被害に悩まされるようになったと語る。

大胆な仮説とみせかけて丹念に新しい資料や学説を紹介し、ナーガの世界へ読者を巻き込んで行く。訳も丁寧で読み易い。

（鹿島出版会　4017円）

# 『めがね絵新考』

岡義正 著

一九九二年五月四日

少し前まで縁日にのぞきからくりという見世物が廻ってきた。大きな箱に取り付けられた凸レンズのなかを覗くと、立体感のある画像が見え、口上役の語りに応じて次々と場面が転換した。少しいかがわしくも懐かしい仕掛け。が、あののぞきからくりの小さなレンズの先は、実に大きな世界を映し出していたのである。

日本の浮世絵、とくに広重や北斎の作品が印象派の画家の仕事に影響を与えたことはよく知られている。なかでもゴッホは広重の版画を題材にして油絵を描いている。彼らが浮世絵に引かれたのは、西欧画にない大胆な構図と色彩のためだといわれる。が、それだけだろうかと著者は疑う。広重の東海道五十三次のシリーズには西欧に発達した遠近法を用いた作品があり、ゴッホが題材とした二図も誇張はあっても遠近法を外してはいない。とすれば、ヨーロッパ人が浮世絵を受け容れたのは「西洋の遠近法構成と日本の装飾性に富む伝統が折衷した作品だから」ではないか。そう著者は考える。

それでは広重はどこから遠近法を学んだのか。もう少し広くいえば、広重以前、日本の画家たちはどのようにして遠近法を受容したのだろうか。

まず著者が思いついたのは、キリスト教伝来と共に渡ってきた聖画の類。ところが、これらの作品には遠近法を用いたものは少なく、しかもこの系譜はキリスト教禁制によって途絶えてしまう。

次に注目したのは一七四〇年代、延享から宝暦にかけて、突然のように流行した浮絵《うきえ》。浮絵とは、芝居小屋内部などの風俗を画材にし、庶民たちが集う空間の奥行きを強調した新しいタイプの浮世絵である。ここには明確に遠近法が用いられている。では、浮絵はなぜ現れたのか。

浮絵には軸装されないで残された比較的小さなものが

ある。これら初期の浮絵を著者はめがね絵として鑑賞したものではないかと推理する。めがね絵といっても判りにくいが、実はのぞきからくりのために描かれた絵である。

のぞきからくりは、もともと中国から伝来し、からくり人形の動きを覗くものであった。ところが、十七世紀ヨーロッパで生まれた風景や聖書の物語を再現する「のぞき眼鏡」、簡単なパノラマ装置が、中国を経て、日本へやってきたのである。その画像はルネッサンス以来、遠近法を使った絵画を通俗化したものである。各地の名所をいながらに再現する装置は、ヨーロッパ人ばかりか大都市に発展した江戸の人々の眼も魅了した。魅了した理由は遠近法にあった。こうして、のぞきからくりの小さなレンズは、日本の浮世絵を革新する。

めがね絵の作者でもあった円山応挙は浮世絵に風景画という分野を拓き、その流れはやがて広重へと継承される。ヨーロッパの庶民の娯楽として生まれた、のぞきからくりとめがね絵は、日本の画家のみならず、明治に先立って日本の庶民の眼をも大きく変えた。鎖国下に現れた小さなレンズは世界に結びついていたのである。

著者はめがね絵の資料を求めて、日本各地ばかりかオランダまで旅をする。ただ苦言を呈せば、考証の記述が煩雑で一般読者には論旨の見通しがつきにくい。ユニークで篤実な研究だけに一層惜しまれてならない。

（筑摩書房　３５００円）

## 『世間入門』

荒川洋治 著

一九九二年五月一一日

世界というと捉えどころがない。けれど人それぞれ世間をもっている。世間には思いもよらぬ仕事をしている方もいる。ゴジラのぬいぐるみを着る怪獣役者、馬の装蹄師、紙芝居屋、家出したペットを捜す探偵などなど。世間にはいつの間にか消えた言葉もある。茶の間、風呂敷、シミチョロなどなど。世間は広いと思い、また狭いとも思う。そんな世間のことをあれこれ詩人荒川洋治は考える。

短いエッセイ集。気づくのは男の眼で書かれていることだ。男の眼というと鼻白む人もいそうだが、男は男の子ではない。少し世間を知っている。知っているからこそ、日々きちんと仕事をし世間を渡っている人を敬う。恥じらいや謙虚さをもっている。だから身勝手で、いい大人の男の子や女の子に辛口になる。世界を知っていると称し、国際的と自称する日本人の世間の狭さにあきれる。あたり前のことを平易に語っているにすぎない。けれど、どうしてそれが新鮮に響くのだろうか。

（五柳書院　1800円）

『サウンド・エデュケーション』

R・マリー・シェーファー 著
若尾裕・鳥越けい子・今田匡彦 訳

一九九二年六月一日

音への関心は高まっている。ビル工事の音やボリュームいっぱいの宣伝カーの音に悩まされる。アパートやマンションに暮らせば、階上や隣から響く足音、排水の音、洗濯機の音にも神経をたかぶらせる。

しかしこの本を読むと、私たちはむしろ今まで音に対して余りに無神経で無関心ではなかったのか、そんな気持ちになりはじめる。

サウンド・エデュケーション、音教育。耳なれぬ言葉だ。音楽の本とは、少し違う。作曲された音よりもずっと広い範囲の音について考えて行く。

薄い本である。音に関してちょうど百の問いが載っている。どの設問も短くて簡潔。答えのヒントとなる文章を合わせても三百字から六百字ほど。たとえば第一問。

簡単な課題から始めよう。聞こえた音をすべて紙に書き出しなさい。時間は二、三分でいい。聞こえた音のリストをつくろう。グループの場合は各自の違いに気をつけながら、それぞれのリストを読み上げてみよう。

いわれた通りやってみた。ビル工事の音、小鳥の声、人の話し声、自転車の軋む音、何か叩く音、電話の声、風の音。はじめはビル工事の断続的な音しか耳に入らなかったが、注意すると鳥の声や風の音も聞こえて来た。工事の音も作業の違いで、その質が変わることに気づく。問題に対する正しい答えはない。「リストはひとりひとり皆違うはず。なぜなら聴くという行為はとても個人的なことだから」

少し問題を並べてみよう。第六問「聞こえる限り最も遠くの音を聴きとってみよう。それは何の音？　どのくらい離れた音か、その距離や方向を推測できるだろうか」。第十六問「・今朝、目がさめて一番最初に聞いた音？　・昨夜、眠る前一番最後に聞いた音は？」。第十七問「あなたの人生で経験した最も心に残る音は何だろう？」。

どうも答えられない。「あなたの皮膚の下の音に耳を傾けなさい」（第二十五問）とか「ひっかくような響きで始まって最後は鐘が鳴るように終る音を探しなさい」（第四十二問）といった質問もある。答えの見つからぬ設問が多いが、問題集を考えているうちに、次第に音について目覚め、自然に学習していることに気づく。

著者の主著『世界の調律』は六年前に訳されている。神話の時代から現代まで人間は音をどのように捉えてきたか、その変貌を幅広い資料のもとに綴っていた。ただ著者のテーマであるサウンド・スケープ・デザイン、音環境のデザインという言葉がいまひとつ摑めなかった。日常、聞こえてくる音までデザインされては、という気持ちで、どこかなじめなかった。しかしこの小さな問題集は、音環境のデザインが「上からのデザイン」ではなく、誰にも可能で、しかも誰もが考えなくてはならぬ「内側のデザイン」であることを具体的に判り易く学習させてくれる。

かつて小泉八雲は虫の声や石畳に響く下駄の音を愛でる日本人の耳に感嘆した。が、どこかズレて大切な音を失ったようだ。著者は問題の後に読者に呼びかける。「今度はあなたが、……私たちの仕事を、豊かな想像力を使って自由に展開する番である」と。

（春秋社　1700円）

## 『庭の歴史を歩く』

大橋治三 著

一九九二年六月一六日

贅沢な本だ。まず全ページに付けられている庭の写真。いずれも四十年に亘って日本の庭を撮り続けた著者ならではのきちっとした仕事。小さなカット写真なのがもったいない。次は採り上げた庭の選択。その数は百に近い。構成力が良く、いまも手入れが行きとどいている庭ばかり。つまりいまも生きている庭だけを選び抜いている。それでは日本の庭を紹介するだけのガイド・ブックかといえば一味二味違う。贅沢なのは内容である。

大分県薦《こも》神社の神池からはじめて、まずは日本の庭の起源を探る。生活にとって欠かせぬ水への信仰、築山や石積みの技術を生んだ古墳、これらは後の日本の庭を作り出した源である。ときには松島や熊野灘も登場する。なぜなら、日本の見事な自然は浄土の庭の手本となったからだ。やがて儀式の庭、人工美の庭へと日本人の庭はダイナミックに変遷する。だから定型化した江戸中期以降の数多い日本庭園は採り上げない。まことに贅沢な一冊。

（三交社　１９００円）

## 『東京イワシ頭』

杉浦日向子 著

一九九二年六月二二日

タイトルの「イワシ頭」とは「イワシの頭も信心から」に由来する。人間は奇妙な生き物で、つまらぬものでもありがたがる。そんな「イワシ物件」を求め、著者は若い女性編集者と連れだって東京中を歩く。

みみず、サソリ、もぐらの黒焼きを売る店。受験合格祈願の弁当を作る人。ダイエット一日コース。高級エステ。人面魚のお寺。前世占いなど二十四の物件に名を隠して体験する。なかでも面白いのは、信心の熱中度の高いものだろう。五木ひろしのディナー・ショー、女子プロレス、変身フォト・スタジオ、ストリップショー。

軽いノリの文体でイワシ頭に群がる人を描写する。が、熱中のなかでどこか醒めている。といって美しさや健康さ、幸福や興奮を願う人たちを突き放している訳ではない。漫画家杉浦日向子は怪談噺をよく描く。人間の奥深い闇こそ、じつは抜けるような青空を求める気持ちに通じていることを知っているからである。


（講談社 1400円）

## 『創られた伝統』

E・ホブズホウム／T・レンジャー編
前川啓治・梶原景昭 他訳

一九九二年六月二九日

私たちは「伝統」という言葉に弱い。

たとえば小錦問題のとき、外国人横綱をめぐって賛成反対のいずれの立場からも出てくる言葉は、「伝統」であり「国技」であった。しかし相撲が国技として認められたのは、伝統と思われるほどに古いことであったのか。

ホブズホウムは本書の「序論」で語っている。君主国家であるイギリスでとり行われる儀礼は「古色豊かで、はるか遠い昔にその起源を遡るもの」と思われているが、「それは十九世紀後半ないし、二十世紀に創り出されたもの」であり、伝統とは「その実往々にしてごく最近成立したり、また時には捏造されたものもある」と。しかも、伝統の創り出された日付まで特定できるという。

これが本書のテーマである。ホブズホウムは現代イギリスを代表する歴史家である。本書は彼が中心となってまとめた歴史家と人類学者六人による論文集。だから難しい部分もあるし、日本人にはなじみの薄い固有名詞も頻出する。けれどもテーマの明解さと各々の方法論のユニークさが読み難さを押し切る。ページをめくる毎に眼からウロコが落ちる思いがする。

スコットランドといえば、すぐにタータン柄のキルトとバグパイプを思い浮かべる。しかし、ヒュー・トレヴァー＝ローパーによれば、それらは「近代の産物」である。十八世紀末から十九世紀初めに「創られた伝統」なのだ。

もともとキルトは、アイルランドから流れてスコットランド高地に住んだ人たちの衣裳であった。貧しくて低地用の衣服が買えない実用品。ところが十八世紀に入って、スコットランドの高地人こそローマ軍に対抗したカレドニア人であるという伝説が浮上する。この伝説は、それまで停滞していたスコットランド文化を活気づかせる。それに応じてキルトも民族衣裳へと仕立てられて行く。氏族によって柄が異なるという尾ひれまでつくが、これは頭のよいキルト製造業者の創作でありロマンティックな学者があたかも古くからそうであるように著述し、後押ししたのである。

ウェールズも同様である。古くからエイステズヴァド（吟遊詩人の詩のコンテスト）が行われ、民族音楽が歌われ、ハープがかなでられる「歌の国」と思われている。古代ケルト人が祖先であり、ウェールズ語は世界最古の言語と信じられている。が、これらの伝統や伝説は十八世紀になって浮上したとプリス・モルガンは論及する。

ローパーもモルガンも、何時、誰がスコットランド、ウェールズの「伝統」を創り上げたか特定する。執拗と思えるほど資料を挙げてデッチ上げた過程を暴いて行く。小気味良いが、この後の論者には凄味も加わる。

イギリス王室の戴冠式や婚礼式についてディヴィド・キャナダインは検討する。十九世紀後半に至るまで王室の儀礼は壮麗でもなく、むしろジャーナリズムが茶化すほどおざなりなものだった。ところが王室が政治の実権から遠ざかるにつれ、儀式は華美で豪華なものへと変わり、ジャーナリズムもまた、それを支持するようになる。彼の分析は自身が述べる通り「十九世紀および二十世紀の権威たちを驚かせること」であるばかりか、現代のイギリス人をも驚かせる筈である。彼は今日、王室の行事が威風堂々としているのは「衰退しつつある英国の自負への強壮剤」とまで言い切る。事実は権力を透視する。

イギリスで創られた伝統はそのまま植民地に導入され、権力側に都合良いモデルを与えた。

一八七七年、ヴィクトリア女王がインドの王であることを知らしめる儀式がデリーで催される。インド諸侯ら八万四千人が女王代理のリットン卿のもとに参集した「皇帝会合」をバーナード・S・コーンは逐一再現し、いかにして、この盛儀がインド統合のモデルとなったかを証す。ガンジー登場までインド民族運動家たちは、この儀式を会合で伝統の如くに模倣した。

アフリカ植民地ではヨーロッパに生まれた新しい伝統が支配の構図を創り出したばかりか、日常の生活にも浸透する。長老の発言権や男の優越性は、実は伝統でもなく新しく生まれたものだとテレンス・レンジャーは述べる。そして最後の章でホブズホウムはヨーロッパの「創られた伝統」は中産階級の出現と共に生まれ、それがナショナリズムという「世俗的信仰」の基盤となったことをディテールを積み上げげて解析する。

そう、六人の論者はナショナリズムという幻想にメスを入れているのだ。とすれば、この問題提起は今日、世界各地で起きている民族紛争のみならず、日本国家のタブーにも鋭く反響する筈だ。ただ私にはそれ以前のことが心に響いた。歴史家と人類学者が専門分野という枠を超えつつ、しかも自らの方法を崩さず、ねばり強くタブーへ挑戦する姿勢に感銘を受け、また実に羨ましかった。


（紀伊国屋書店　4900円）

## 『日本軍隊用語集』

寺田近雄 著

一九九二年七月一三日

大将と幕僚長、軍艦と護衛艦、戦車と特車、敵軍と対抗部隊。この違い分かりますか。前者は旧日本軍、後者は自衛隊で使われている。

旧日本軍の用語はすでに死語である。皇軍、元帥、大本営、近衛、白兵、肉弾、金鵄勲章、員数、脱柵、千人針……。一三四の死語が登場する。著者は単純にその意味を解説するだけではない。一つの言葉が生まれるにはそれなりの背景がある。どのようにして、いつ生まれたか、外国の軍隊用語とはどう違うのか、自衛隊用語と対照すれば、と実によく調べ上げている。

たとえば皇軍とは日本書紀などにある「すめらいくさ」を漢字に当てた言葉。明治憲法で登場し、日中戦争で定着する。中国人は「蝗軍」ともじった。天皇の軍隊というプライドは日本軍内部だけの「主観的意識」にすぎず、その「民族的独善が、結局その民族さえも犠牲にした」と著者はいう。とすれば自衛隊用語もどうやら「主観的意識」ではあるまいか。

（立風書房　2200円）

## 『蚤の市の迷路』

竹永茂生 著

一九九二年七月二〇日

骨董道楽といえば、どうしても老人臭い。ところが、この著者は三十四か五のときに骨董の虫となり、蟻地獄にはまってしまったらしい。土日になると朝早くから東京近辺の蚤の市に出かけ、平日でも暇があれば骨董屋をのぞく。まあ、この年齢になれば男もいろいろと疲れを感じるものだが。

骨董狂いとは、どうやら死体を蘇らせる喜びらしい。古道具や蚤の市の片隅に置かれ、ひっそりと死んだように眠っているものを息づかせる。だから地獄と極楽を行ったり来たり。偽ものをつかまされて怒り、ゴミの中から宝を見つければ愉悦に浸る。これがたまらなくてパリやミラノ、バンコクの蚤の市まで出かける。

骨董自慢は傍目には嫌味とさえ感じる。そんなところがないわけではない。が、嫌味と見せないのは、まずは飯田安国の写真。著者の集めた骨董が見事に美しく、ウムと感得。そして何よりも文章のうまさ。憑かれた男の悲哀まで滲んでいる。

（マガジンハウス　2000円）

## 『東京下町親子二代』

高田行庸 写真　小沢信男 文

一九九二年七月二七日

さて夏休みです。でも忙しくて休めぬ方も、帰省するにも帰る故郷のない方もいらっしゃる。そんな方たちにこの写真集を薦めたい。

写真家高田行庸は東京本所生まれの本所育ち。いまも本所で写真スタジオを構えている。いってみれば町の写真屋さんだ。

　この写真屋さんが一九七八年、自分の家から半径三〇〇メートルに暮らす親子の姿を撮った。薬局、鉄工場、魚屋、メリヤス縫製業、洋食店、八百屋、不動産業、花屋、住職、石工、大工……。多彩な職種だが、すべて親子二代にわたって、その家業を継いでいる。こうしてご近所の親父さんとせがれさんが一緒に並ぶ三十組の写真が生まれた。

　それから十二年後の一九九〇年に、もう一度、同じ家族を撮った。本をめくると、見開きの右ページには一九七八年の父と子、左ページには一九九〇年の家族がいる。その間に十二年の時間がある。

　奇を衒《てら》った写真ではない。ハイ、一枚といって撮った様子が伝わってくる。その感じが楽しい。十二年前に大笑いしている親子は変わらずに笑い、照れてムスッとした親子は十二年経っても同じ表情。父親と息子はどうしてこんなに似るのだろう。若々しかった息子が親父さんそっくりになっている。仕草も似ている。父親が首をかしげていると、その隣で同じように息子がかしげている。いや単純に親子だから似ているのではない。父親の仕事を継いでいるからこそ、体型や癖も似てくる。

　十二年の間に町は変わった。二階屋ばかりの町にもビルが建ちはじめた。父親は引退したり、亡くなられたりで十二年後には姿が見えない場合もある。仕事の内容も少し変わり、工場や仕事場も改造されている。けれど、どの家族も健気に生きている。

　写真に添えられた小文によると父親のほとんどが戦時中に徴兵徴用にとられている。この小さな町の小さな家族にも大きな時代の波は、時に応じて無縁ではないのだ。

　銀座生まれの小沢信男が本所の歴史をゆっくりと語っている。明暦の大火に逃げまどう人々は橋のない隅田川を越えられず、数万人が焼死した。遺体を供養するために回向院が建立され、両国橋が架けられる。これが本所のはじまり。この本所に芭蕉が住み、北斎や勝海舟が生まれる。小沢はこれらの人物を通して、本所っ子気質を「川の西のご城下の秩序に組み込まれない、という心」と見ている。やがて明治。幾つかの工場が建ち、この地は文明開化を裏で支える。気質と土地柄は現在へと繋がっている。

驚いたのは、歌誌「アララギ」を発行した伊藤左千夫が、本所で牧場を経営していたこと。さらに伊藤の没後、「アララギ」を編集し、後に「川波」を主宰した歌人高田浪吉こそ、実は写真家高田行庸の伯父に当たるという。小さな町の歴史は一つの家族の縁と重なってくる。

いまひとり本所出の大物がいる。高田の中学校の同級生が王貞治。世界のホームラン王は、この写真集に「少し時間をさいて思い出にふけってみるのも」と帯に短文を寄せている。なにも本所っ子に独占させる写真集ではない。親子二代、同じ町に生き、家業を受け継ぐ。つつましいが確かな故郷の肌ざわり。ふと時間が止まり、暑さを忘れる。

（童牛社　３０９０円）

一九九二年七月二七日

## 『サンカと説教強盗』

礫川全次 著

大正十五年から昭和四年にかけて、東京中を荒らした怪盗がいる。神出鬼没に警察もほとほと手をやいた。押し入った家の者に「犬を飼いなさい」「戸締まりが弱い」など防犯の心得を犯行後に説いた。この型破りの手口で説教強盗の名がついた。命名は当時の朝日新聞記者三浦守、後の三角寛。三角は戦後、サンカ研究で知られる。

三角がサンカ研究に入ったのはこの事件がキッカケであった。説教強盗こと妻木松吉はサンカ出身ではないか、という俗説が立ったからである。著者は警察の失態を暴きつつ、その俗説が警察側から出されたことを明らかにし、一方でなぜこの時期にサンカを犯罪者の集団とするような説が浮上したのかを探っている。警察のみならず三角らの研究者によってサンカ像は歪曲されなかったのか、と。
いささか臆測が多いのが気にかかるが、華やかな帝都の裏の闇、いや闇として漂流民を切り捨てた時代そのものを照らし出している。

（批評社　１９００円）

## 『暗闇のレッスン』

**西井一夫**著

一九九二年八月一〇日

このエッセイ集はワルシャワからアウシュヴィッツへの一ヵ月の旅にはじまる。著者がワルシャワで思いをはせるのは、ナチス政権下、ユダヤ人の同胞の姿を一万六千枚の写真に収めた、ローマン・ヴィシュニアックである。彼は写真家ではない。が、ユダヤ人社会が抹殺されるとき、すべてが忘却されぬために、彼は写真家になったのだ。
ヴィシュニアックをはじめ、エゴン・シーレ、アバカノヴィッチ、サルガド、増山たづ子、田中一村、アンゲロプロス、鴨居玲、小池征人、アーバス、中平卓馬など、登場する写真家、映画監督、画家、造形作家は、その方法は異なるけれど、いずれも経済や政治の圧倒的な力のなかで、手離せない、わずかなものを抱き、静かに表現してきた。著者はこれら有名無名の表現者たちの内奥と対話しながら、自分が生きている現代社会を見つめ直すためのレッスンを繰り返す。とすれば、より一層静かに、呟くように記すべきではなかったか。

（みすず書房　２２６６円）

## 『家主《いえぬし》さんの大誤算』

**鈴木理生**著

一九九二年八月一八日

江戸・東京について語る者は多い。だが、大半の論は現状を批判するために、過去をことさらに甘く見る傾向がある。そうした論者にとって著者鈴木理生はいささか怖い存在である。

たとえば江戸の道筋が日本橋を境に大きく弧を描くことについて。その理由を、ある論者は四神相応説にしたがったため「の」の字型に道路が発展したと説明し、別の論者は富士山などの眺望を得るためだと解釈した。いずれもロマンティックな視点で成程と思わせる。だが鈴木は前著『江戸の都市計画』において、道路の屈折は下水処理を最優先した結果だと喝破した。

本書をまとめるに当たっても、同様のキッカケがあったようだ。私たちはテレビや映画のせいか、江戸の町民たちをあまりに現代に近づけて考え易い。その結果、江戸の町民も武士も金さえ積めば、自由に土地が買えたと判断しがちである。だが、著者はこれを独断ときっぱりとはねつける。

まず武士は、大名が絶えず領地を変えられた通り、決して自由に家屋敷をもつことはできなかった。すべては将軍から〝与えられた〟屋敷地であり、幕府の人事移動で移転させられ、土地に根づくことはなく、「植木鉢」の如く江戸のなかを動き廻ったのである。

では町人はどうか。


たしかに町地は武家地や寺社地と違い、売買の対象であった。だが、その売買には地主たちの厳しいチェックがあった。土地をもつことは単に地主になることを意味せず、お上から「人格」を認められ、訴訟・出願権をもち、ときには苗字帯刀を許される「最高の名誉と実益」であったからだ。

権利には義務が伴う。もし地主の一人が不法行為をすると、その罪は町の全地主が連座して責任を負わねばならない。だから、町の全地主のうち一人でも反対すれば、どれほど千両箱を積んでも地主になれなかったのである。町や村は運命共同体であった。

もとより、著者は訳知りの江戸研究者に小言をいうために本書をまとめた訳ではない。より大きく語るべきことをもっている。

江戸の地主たちが負うべき責任は、いまでは考えられぬほど大きい。第一は所有する貸地・貸家の住民管理の責任、第二は納税事務とその負担、第三は消防・水道・祭礼などの維持管理。ところが、地主がこれらの業務すべてを行うと、自家の商売にも障りがでる。そこで事務執行の事務員を雇うことを考える。このアイデアが進んで地主代行業が専門職となり、同業組合を作る。これが本書の主題である「家主」なのである。

このため家主は、地主のもつ特権と責任をそのまま委ねられた。こうして江戸の自治組織は厳しい身分制度のなかで確立される。だが、この自治制度は寛政の改革と明治維新によって崩され、自治を管理していた家主は義務だけを負わされ「大誤算」を喰うことになる。

著者が語るのは、じつはこの先のことだ。江戸の自治組織の伝統が消えたために、地主の権利のみが横行し、肝心の義務はなおざりになる。自治組織は日本だけではない、どの国にも存在する。だから土地漁りだけに目がくらむ日本人は当然嫌われるのだと。

厚い本ではないが、史料を渉猟し、聞き書きによって裏づけられた、著者面目躍如の一冊だ。

（三省堂　1500円）

## 『大神島』

勇崎哲史 写真

一九九二年八月三一日

小さい、夢のように小さい島。

大神島は東西四〇〇メートル、南北六〇〇メートル。もし平坦ならば、オリンピック選手ならずとも一分程度で走り抜けられる。面積〇・二七平方キロ、沖縄本島から西南二八〇キロに位置し、宮古島の北端約四キロの沖合いに浮かぶ離島である。

二十一年前、一九七一年の夏、写真家を志す学生だった勇崎哲史は、ある写真家の助手としてはじめて沖縄の土を踏む。北海道生まれの、この写真家の卵は沖縄に魅せられ、仕事を終えた後、島々を旅する。とくにひかれたのは、宮古島北東部の狩俣、島尻と大神島、池間島である。単なる旅行者ではなく、それぞれの島に下宿しながら写真を撮りつづけた。ちょうど本土復帰に沸いていた前後の時期で、彼は結局、一年数ヵ月を過ごすことになった。

それから十八年後の一九九〇年、さらに二年経た一九九二年に大神島を訪れ、写真を撮り、それを写真集としてまとめた。

このように紹介すると二十年間の沖縄の離島の変貌をカメラを通して表現したものと思われるかもしれない。が、この写真集が語るのは、変貌ではなく、むしろゆったりとして変わらない島の暮らしである。

読者が写真集から見るものは、離島の生活の困窮さや辛さではない。写されているのは、大神島に暮らす二十三の全家族の肖像、それも私たちが予め沖縄というと思い浮かべる、海と共に生きるとか、知られざる宗教の儀式とかいった惹句で括られるものではない。一九七二年と一九九〇年と一九九二年に撮った、二十三の家族がカメラのレンズのほうを向いているだけの、いってみれば記念写真を見るだけである。

二十三の家族の写真。十八年、二十年の時を隔てて三葉一組の写真が並べられている。むろん、その間には変化がある。老人は亡くなり、子どもたちは成人し、多くは島を出ている。この二十年間、日本は物質的にも精神的にも大きな変貌をとげた。大神島も一六〇人から七〇人へと人口は減少した。この数字だけを見ると過疎化の典型のように思える。が、一九九二年の写真は正月のもので、どの家族のもとにも、子どもたちが帰ってきている。成長した子どもたちは、二十年前の自分とそっくりな、小さな子どもを抱えている。その分、写真のなかの顔はかえって増えているのである。

写真家が好きだという、沖縄出身の詩人山之口貘の詩、「うしろを振りむくと／親である／親のうしろがその親である／その親のそのまたうしろがまたその親の親であるといふやうに／親の親の親ばつかりが／むかしの奥へとつゞいてゐる／まへは子である／子のまへはその子であ る／その子のそのまたまへはそのまた子の子であるといふやうに／子の子の子の子の子ばつかりが／空の彼方に消えいるやうに／未来の涯までつゞいてゐる」そのままだ。

大神島の変貌を伝える写真を撮らなかったわけではないだろう。が、写真家は悠々として変わらぬ家族の姿こそ、この島の本質と捉えた。こんなエピソードを伝えている。十八年ぶりに訪ねた島では、どの家でも彼が撮った写真が五枚ほどずつアルバムに残されていた。ところが、誰が撮影したのか、知っている者は数人しかない。写真家の名は忘れられても、家族の写真だけは大切に生き続けていた。

ここで写真家は自分の撮った写真に十八年ぶりに出会ったばかりではなく、写真の原点と向き合い、大神島の人々の心情とも向き合ったのだ。どの写真のなかでも、家族はきちんと背すじを伸ばし、ときには正装して写真家の方を見ている。写真集をめくれば、何よりも二十三の家族と写真家との間に通い合う、幸福な瞬間に気づくはずだ。結果、写真家は再び家族の写真を撮り、一冊にまとめた。この選択が本写真集にくっきりとした輪郭を与えている。

私たちは沖縄に独自の文化が営々と流れていたことをすでに知っている。が、それだけに沖縄文化として一括りにし易い。この写真集が示すものは、沖縄も、さらに小さな世界によって作られ、生み出されてきたということだ。いや、写真に添えられた素晴らしい小文を読めば、一つひとつの家族には、素潜りの名人がいたり、島唄と三線《サンシン》の名手がいたり、島中の人の髪を刈った人がいたりと、ささやかだが大切な記憶が生き続けていることを知るだろう。

これは、じつの所私たち誰の心にも残っていたものだ。けれど気ぜわしい現実の変化のなかで私たちはそんな当たり前のことを見失う。

小さい、夢のように小さな島の家族。それだけに現《うつつ》よりもはっきりとした〝記憶の家族〟を誰の気持ちにも映し出させてくれる。

（平凡社　４５００円）

---

## 『ガイアナとブラジルの九十二日間』

イヴリン・ウォー著
由木礼訳

一九九二年九月七日

じつに面白い旅行記。紀行というよりも探検。といって華々しい冒険譚があるわけではない。作家イヴリン・ウォーは一九三二年十二月南米の、当時の英領ガイアナ、ジョージタウンにやってくる。そこからベルビス川を遡り、奥地へと進む。予定はなく、とりあえず国境を越え、ブラジルのボアビスタからマナオスへ抜けようと考える。

九十二日間の旅は辛酸をきわめる。馬に乗り、舟に乗り、ときには徒歩で、食料に悩み大きな砂蚤などに苦しみながら、密林やサバンナを通り抜ける。その度に伝道師、牧場監督官、ダイヤモンド採集者、インディオたちが現れる。いずれも奇妙な人物たちだ。

この紀行文は事実を記しているだけなのに、妙に空間がねじれている。その理由はガイアナが当時もう見棄てられたイギリスの植民地であるためだと読者も次第に気づく。荒涼としたボアビスタの町の描写など、ウォーならではの皮肉で冷徹な眼が光っている。

（図書出版社　２５７５円）

## 『渋谷天外伝』

**大槻茂** 著

一九九二年九月二一日

藤山寛美が没した後、どうなるのかと思っていた松竹新喜劇も天笑が三代目渋谷天外を襲名し、ようやく華やぎが戻ってきた。むろんこの伝記は三代目の父、脚本家舘直志でもあった二代目の天外伝。

惜しむらくは著者が天外の舞台を観ていないこと。そのため彼の芸風と演出について、著者自身の評がないのは寂しい。けれど、それを補って余りあるほど、舞台評の記事を蒐め、生前の天外を知る人たちに精力的に取材している。結果、彼の出生の秘密、浪花千栄子との別れ、兄貴分でライバルでもあった曽我迺家十吾との確執、天才ゆえに私生活では破滅型であった寛美への愛情と喜劇観のズレなど、伝説的な逸話を追って天外像に迫っている。とくに岡田嘉子と共にソ連に亡命した杉本良吉との繋がりを調べた部分は、天外の知られざる一面を伝えている。十吾や寛美とは違って、天外は喜劇を役者の個性ではなく脚本や演出に求めた。新生の新喜劇はどの方向を目指すか。

（主婦の友社　２５００円）

## 『音楽と社会　兼常清佐随筆集』

杉本秀太郎 編

一九九二年一〇月五日

カネツネ・キヨスケ。音楽美学者というが聞かぬ名前だ。妙なことを冒頭から語る。

ピアニストは音譜にしたがい、ピアノの音を弾くことを使命とする。だから「極端に言えば、外に何も知らなくとも、何も考えなくとも、何を感じなくとも、とにかく与えられただけの多くの譜を正確に、誤なくピアノの音にすれば、それで名人の一資格はとれる」。つまり「燕尾服を着た自動機械でありさえすればいい」。

ピアニストならずとも音楽愛好家は当然反駁するに違いない。演奏家は機械的に楽譜を音に変えるのではない、深い感情と大きな思想を込めている、と。

けれど兼常はこの程度の反論では挫けない。ベートーヴェンもリストもショパンもみな当代第一流の名ピアニストであり、自分の曲に合わせて自ら弾いた。もし楽譜が完全に音の強弱長短までも正確に、数量的に記述できたならば、演奏家はどこに自分の存在理由を求めるだろう。もし機械ピアノが発達し、作曲家の思い通りに演奏できたならば、その曲の印象も表情も固定され、名演奏家なる者は消えざるを得ない。

この論にはまだ反論する向きはあるだろう。では、こんな話はどうか。日本で天才と騒がれた女性ピアニストが兼常の滞在していたベルリンに留学した。彼はその演奏から欠点を聴き分ける。しかるべき先生について基礎から勉強すべきと忠告する。が彼女は耳をかさず難曲を弾くことに気をとられ、日本での名声にかえって追いつめられ、やがて自殺する。この事件を兼常は「過渡期のニホン楽界の犠牲である。本当にピアノを理解しなかった過去のニホンは知らず知らずこの哀れな天才を弄んでいた」、「罪は私共ニホン人全体にある」と悼む。

一方でピアニスト無用論を語り、他方で基礎的な技倆をもたぬピアニストの悲劇を見る。一見矛盾しているようだが、兼常の眼と耳は一貫している。単純なことだ。名人天才といった惹句ではなく、教養としてではなく音楽そのものを愉しみなさい、そこから自分たちの音楽を創造しようと語っているのである。

さて、以上いかにも現代的な話だ。だが、兼常のエッセイはすべて半世紀前のもの。自殺したピアニストとは、大正一三年にウィーンで没した久野久である。

兼常は語る。国民歌謡という修身の如き曲を与えても子どもたちは音楽に反発するだけだ。虫の音は美しい、「工場の機械の音が虫の声のようなものだったら」。自由奔放なチンドン屋から新しい日本の音楽は生まれるのではないか。人々の間で培われてきた民謡をなぜ保護しないのか。「私はナチではないドイツ語を愛し、ナチでないドイツ思想を愛し、ナチでないドイツ音楽を愛する」

どのエッセイにも明晰たらんとする精神が脈打つ。彼はモノマネから脱し得ぬ日本文化に絶望していたに違いない。が、それだけに夢を、アイロニカルで上質なユーモアをもって語らざるを得なかった。

忘れ去られた兼常を甦えらせてくれた編者に感謝したい。編者は文学美術のみならず音楽にも造詣は深い。私は音楽についてはまったく無知である。ひょっとすると、兼常のユーモアは音楽について両極にある者が味わえるのではないか。そんな気がした。

(岩波文庫　670円)

---

## 『スラムの環境・開発・生活誌』

ホルヘ・アンソレーナ／伊従直子 著

一九九二年一〇月五日

アジア、ラテン・アメリカ、いわゆる第三世界ではスラムはますます広がっている。著者の一人アンソレーナは十六年間にわたってスラムを調査し、スラム住民の運動を組織化するために働いてきた。

飽食で肥え太り「貧困」の実態を知らぬ日本人にとってスラムは無縁なのか。著者たちはまずスラムが生み出された過程を歴史的に捉え直す。決してスラム住民が怠け者だから生まれたのではない。長い間の植民地政策と政治的な独立後も先進工業国による新たな収奪とに原因がある。日本の繁栄の裏でスラムが生まれる訳だ。しかしだからといって著者たちはスラム住民に日本人がもっと同情を寄せろなどと安易なことは説かない。

タイ、フィリピン、南ア、アルゼンチン、ウルグアイ、ペルー、韓国など、そして日本と世界各地で住民たちが自立的に、非公式に作り上げた組織を報告し、そこにこれまでにない町づくり、住宅づくりの可能性を見ようとする。

（明石書店　２４００円）

# 『アユと日本人』

秋道智彌 著

一九九二年一〇月一九日

アユを語ってこれほど幅広い、かつ面白い日本文化論が描けるとは。まずアユの分布。この魚は日本列島にサハリンと台湾を加えた、五千キロに及ぶ「一大列島」が主なすみかである。古くから日本人に親しまれたアユは、世界的に見れば限られた分布をしている。

次は生態。アユは川にのぼり、夏から秋にかけて産卵し、その後浅海を下り、わずか一年で一生を終える。実に特異な生態をとるが、著者はアユがどこまでさかのぼるかまで、飛騨の川を例にして検証する。けれど著者の本領はさらに先にある。アユの美味さと特異な生態は多彩な漁法を生み、食文化を作り出しただけでなく、特権化したしきたりや輸送網までもそれぞれの時代に作り出した。

あたかもアユが川をのぼるように、著者の視点は近世、中世、古代へ遡行して行く。稲作文化の東漸とアユ漁法の拡大との関連、アユを媒介にした山の民と海の民の交流の可能性など、野心的な文化論である。

（丸善ライブラリー　６２０円）

## 『壁の向こう側』

ロバート・キャパ 他著

一九九二年一〇月二六日

東欧・ソ連の政治的崩壊にともなって、同時にこれらの国々を作り出した理想も歴史も急速に忘れさられはじめている。本書はマグナムの写真家たち、キャパ、ブレッソン、クーデルカ、サルガドたち四十五人の写真家が撮った東側の光景を年代別に構成し、一冊の写真集としてまとめたものである。

報道写真というと、ドイツの敗戦から、一九五六年のハンガリー動乱、一九六八年チェコ侵攻、一九八〇年のポーランド「連帯」の動きなど大事件を扱ったものと考えられ易い。しかしマグナムの写真家たちは、それら大文字の事件のみを撮ってはいない。コルホーズに働く農民や路上に遊ぶ子どもの姿を追い、地下新聞やレニングラードの刑務所の囚人を追い、ジプシーやグルジア人やアルバニア人を追い、歴史の片隅に忘れられがちな人々の姿を写している。

ここには理想があり、挫折があり、苦悩と喜びがあり、冷徹な事実だけが伝える歴史の重みがある。

（毎日新聞社　４８００円）

## 『図書館炎上』

ヴォルフガング・シヴェルブシュ 著

福本義憲 訳

一九九二年一一月二日

シヴェルブシュの『鉄道旅行の歴史』が刊行されたとき、一読して思わず唸った。

単純な鉄道史ではない。鉄道が誕生し新しい交通網が地表をおおうようになって、人々の意識がいかに変貌したか、じつに幅広い史料を的確に読みこんで、これまでにない歴史を切り拓いていた。続いて香辛料、コーヒー、煙草などの嗜好品を歴史的に捉えた『楽園・味覚・理性』、照明技術の変化から人間の心性史を描いた『闇をひらく光』、フランクフルト学派の創まりからナチによる抹殺までを軸にして知識人の変貌を浮かび上がらせた『知識人の黄昏』が翻訳された。いずれも、通常の歴史書が見逃してしまうモノや出来事を論じ、しかもスリリングな面白さがある。読むたびに唸り続けた。

今回の本は四十葉余りの写真がはじめに並べられているが、いつもに比べて本に収められている図版が少ない。その上、対象はベルギーのルーヴァン大学図書館。世界の大図書館として指に折られるような、蔵書を誇る図書館ではない。地味な本というのが最初の印象。が、ページをめくるにつれ、どうしてどうして。

訳者は図書館の炎上事件を扱った本書を、エーコのミステリー『薔薇の名前』と比較し、「歴史ミステリーという言葉がふさわしいかも知れない」と紹介する。その通り、フィクションではなく史実を解きながら、ここには二転三転どころか、九転十転のドンデン返しがある。衒《げん》学《がく》趣味の多い『薔薇の名前』よりも私には、事実を執拗に追った本書の方が面白かった。まさに事実は小説より奇なり。

幕開きは第一次大戦。一九一四年八月十九日、ドイツ軍はベルギーのルーヴァン市を占領。無血占拠だった。

ところが二十五日にベルギー車がドイツ軍を攻撃して事態は一変。ドイツ軍は報復のため二百名以上の市民を絞殺する。その最中、ルーヴァン大学図書館は火をつけられ、数日間燃え続け蔵書もろとも灰塵と化す。

図書館炎上事件は歴史的に見れば数多い。六四一年にアラブ人がアレクサンドリア図書館の書物を六ヵ月もかけ、燃やし尽くした事件が最も名高い。著者は、まえがきで千三百年前の事件に言及する。史実の上からすれば全く信憑性がないにもかかわらず、必ず野蛮が文明を滅ぼしたシンボルとして語られる。一方、シーザーがアレクサンドリア図書館を炎上させた事実は、歴史家でさえ彼の責任を問わない。つまり、同じ図書館破壊でさえ状況が異なれば語られ方も違う。

ではルーヴァン図書館の事件はどう語られ、どのように扱われたのか。

ドイツの敗戦により、ルーヴァン市民絞殺は世界の世論の標的となり、図書館炎上は象徴的な事件としてジャーナリズムに報道され、灰に帰した図書館とその蔵書は以前にも増して評価が高くなる。

賠償をめぐってのドイツとベルギーとのかけ引き、蔵書を手離さざるを得ないドイツの各図書館の対応、古書店界の思惑など、著者は一つの事件が及ぼした輪の広がりと水面下の動きとを、残された文書や供出された書籍を調べ上げることで浮かび上がらせる。文書の言い廻しや小さな物件さえも見逃さない。

ここまでは当然の成り行きだったともいえる。が、戦勝国側はドイツ側の賠償だけでは収まらず、ルーヴァン大学図書館支援をキャンペーンに仕立てる。これに乗じたのは、各国の文化人たち。まさに野蛮に対する文化による報復として正当化され、支援活動は文化的顕示欲の争いへと変貌して行く。

多彩な人物が登場する。それぞれ個性的だが、いずれも何かの幻影にあやつられている印象がある。なかでもアメリカの三人は、この事件に強い色彩の幻影を与える。

アメリカも支援活動に加わるが、本を送るだけでなく、図書館そのものを再建すると提案する。提案者は後のノーベル平和賞受賞者にして共和党の黒幕ニコラス・マリ・バトラー。がバトラーをもってしても基金が集まらない。すると、今度は後の大統領フーヴァーが登場。さらに建築家ウォレンが図書館を戦争記念碑へと仕立て上げる。富による正義と文化の押しつけ。

一人の人物が現れ、時が経過して行くたびに、知識の殿堂、文化の砦たる図書館は一冊の本の如くに手あかにまみれて行く。著者が語り、暴き出すのは、知識と文化の名のもとに自らを貶めて行く知識人、文化人の姿である。そして彼らの戯画的な行動はそのまま二十世紀という奇妙に歪んだ時代の縮図となって浮かび上がる。

シヴェルブシュの描く図は苦く辛い。結末はさらに皮肉である。紆余曲折を経て再現されたルーヴァン大学図書館は一九四〇年五月一〇日、再びドイツ軍の砲火で壊滅される。しかも、戦後はベルギー国内の民族問題のあおりを受け大学は二分され、図書館もまた……。

（法政大学出版局　２４７２円）

# 『「日曜娯楽版」時代』

井上保 著

一九九二年一一月三〇日

日曜日の夜八時半。夕食の後かたづけも終わり、ちゃぶ台の上にお茶を並べて、ホッと一息つく。タンスの上のラジオにスイッチを入れる。

「リンリン、リンリン」と新聞の売り子の鈴の音。続いて「日曜娯楽版、にちようごらくばあん」と三木のり平の高い声が響いてくる。さて今夜は何が飛び出すやらと、家庭はちゃぶ台の周りに集まって耳を傾ける。昭和二十年代、敗戦後の日本で見られた、つつましやかな光景。私は一九四四年生まれの著者と同世代に属するから、「日曜娯楽版」をしっかりと記憶しているわけではない。それでも、のり平の声も、「もしもしあのね、あのね」ではじまる「冗談音楽」のテーマソングは思い出すことはできる。何よりも家族たちが、このラジオ番組を心待ちにしていたことは、はっきりと覚えている。五十歳以上の方には懐かしい番組だろう。

「日曜娯楽版」は昭和二二年一〇月、まだGHQの管理下にあったNHKから放送がはじまると一躍人気番組になった。人気の秘密は、番組後半十分ほどの「冗談音楽」。世相諷刺と歌とコントでスピーディに進んだ。たとえば「新憲法解義」と題したコント。

A「新憲法の解説をいたします」

声（わたしは陰の声であります）

A「新憲法においては、何人も居住の自由を有する」

声（その答えは、ただし家がない）

A「すべての国民は、健康で、文化的な最低限度の生活を営む権利を有する」

声（ただし、ヤミ屋か、強盗に限る）

A「第三十条、国民は法律の定める所により、納税の義務を負う」

声（全条文のうち、唯一の現実的条文である）

A「両議院は三分の一以上の出席がなければ議事を開き、議決することができない」

声（出席簿を備えつけねばならぬ！）

政治と生活を笑いでくるんで見せる諷刺の手腕。日本中が笑いころげた。

著者は大きく二つのテーマを本書に課している。ひとつは「冗談音楽」のコントを軸にし、そこに盛られた事件や世相を通じ、また一方でマスコミの変化を追いながら、占領下の日本を描き出すことである。占領が終わると共に突然、打ち切られたこの番組はたしかに格好の素材だ。収録された数多くのコントを読むだけで鮮やかに当時の肌ざわり、匂いまでも甦ってくる。

いまひとつは、「日曜娯楽版」といえば三木鶏郎の名のみが喧伝されたが、はたして成功は彼個人に帰すべきか、この疑問に応えること。三木の才能だけが番組を支えたわけではなかった。三木グループの前身、ミッキー・トリオ（後に三木鶏郎の個人名に）を抜擢したNHKの丸山鉄雄。番組を検閲する立場にいながら辛い諷刺すら容認したフランク馬場。トリローグループの他にコントを書いた作家集団があったこと。全国の投稿者たちの存在。のり平や丹下キヨ子らのアクの強い出演者と音楽家、効果係のアンサンブルの妙。これらすべての人たちが番組を作っていたことを調べ上げている。

ただ大きくなりすぎた三木の名を正すにしては、番組打ち切りの経緯の記述は少々憶測が多い。著者の言葉を借りれば三木に取材しなかったのは「民主的」ではない。全篇、三木への畏敬に溢れているだけに気にかかった。

（晶文社　2600円）

# 『チャプリンが日本を走った』
千葉伸夫 著

一九九二年一一月三〇日

チャプリンは日本びいきであった。一九一七年から十八年間も彼の秘書を務めたのは、日本人高野虎市である。この高野にともなわれ、はじめて来日したのは一九三二（昭和七）年五月一四日。彼の来日は全国放送で、しかも四十分の特別番組を組むほど、日本人にとって大事件であった。

チャプリンは暗殺されかけた。といって彼を殺すのが目的ではなく、歓迎会が催される首相官邸を襲撃しクーデターを起こす予定。ところが歓迎日程が狂い、難を逃れる。即ち五・一五事件。二度目の来日は二・二六事件から一週間後。不安定な日本の世相をチャプリンはどう見たか。また日本文化をどのように考えたか。合計四回の来日の際の言動を再現、日本人に愛されたチャプリンがどう日本を見たのかを浮き彫りにする。

彼の滞在は三十四日と十五時間十分だが「日本について考えた日々は、はるかにそれを超えていたはず」と著者は結ぶ。

(青蛙房　2300円)

## 『欲望のオブジェ』

アドリアン・フォーティ著
高島平吾 訳

一九九二年一二月七日

サブタイトルに「デザインと社会　一七五〇－一九八〇」とあるように、私たちの周辺の様々な品物のデザインが、どのような理念のもとに生み出され、同時に人々の生活や精神に影響を及ぼしたかを論じている。

歴史的といっても、著者の関心は具体的な製品がかもし出すイメージにある。近代という時代は、進歩が合言葉である。しかし、だからといって、すべての人がそのイメージをすんなり受け容れるとは限らない。かえって、そのはじまりにおいてアンティークなデザインが家具や什器にほどこされ、人気を得た。「それらが近代的なプロセスをへながらも質は古いものと変わらない、いや、それ以上にすぐれたものもある、ということを納得させ」たのである。

著者の視点はユニークで、しかも具体的で判り易い。またデザイナー個人の才能に重きを置いた、従来のデザイン史の枠から離れ、誰もが読める社会史になっている。訳もこなれている。

(鹿島出版会　5047円)

## 『近代和風建築』

初田亨／大川三雄／藤谷陽悦 著

一九九二年一二月一五日

「近代和風建築」といっても一般的にはなじみの薄い言葉だ。明治に入って西欧の建築が移入され、伝統的な日本建築は古く、新しい時代には似つかぬものと考えられた。けれど、和風建築が消えてしまったかというとそうではない。

かえって伝統を自覚して作られたものもあり、西洋文化を採り入れながら新しい和風建築を作り上げようとする動きもあった。昭和初期に至ると神社や寺ばかりでなく、劇場や駅までも和風のデザインで設計されたものも多い。これら近代和風建築の幅広い流れを現存する建物を調べ、成立したいきさつを追って系統的に論じている。

飯田鉄・清水譲・宮本和義三人の写真が華やかな装飾や職人技術の力を大型本の特性を生かして伝えている。

このような建築が日本各地にあったのかを知るだけで価値がある。

注文をつければ、現在、これだけの和風建築が作られぬ理由を明確に語って欲しかった。

（建築知識　１８、０００円）

## 『江戸文化評判記』

中野三敏 著

一九九三年一月四日

本書のなかに江戸人が個性ある人物を愛し、その個性を「癖」ととらえて斜めから評価したという話が出てくる。この江戸人の好みになぞらえても、著者は一癖も二癖もある。

教科書的な固い江戸像を、柔らかくもみほぐし、関節を外してしまう。元禄・化政期を江戸文化のピークと見ず、一八世紀、上方文化がしだいに江戸文化に移行する過度期こそ成熟期ととらえる。この時代こそ前期の「雅」と後期の「俗」とが融和したからである。江戸っ子の代表格、助六は武士への抵抗意識が生み出したのではなく、「町人の武士願望の姿」である。江戸中心といっても三浦梅園、松浦静山、松平忠房、売茶翁など文人は地方にいた、などなど。

江戸の「遊女評判記」を論じるかと思えば、話は中国やイギリスの同種の本に及ぶ。二流の人物こそ「伝記屋」の楽しみと、忘れられた奇人をさらりと記す。江戸論ブームにソッポを向きながら、後で江戸人と手をしっかりにぎり合っている。

（中公新書　600円）

# 『名作文学に見る「家」』

**小幡陽次郎 文　横島誠司 図**

一九九三年一月一一日

本書の発想は実に簡潔明瞭。まえがきによればこうなる。

〈あの小説の主人公はどんな家に住んでいたのだろう。あの名場面の部屋はどんな間取りになっていたのだろう。文学的表現で表された「家」を、二次元の図面に起こすことはできないものであろうか。素朴な疑問を探究するために、文学好きの建築家と建築好きの読書家が、大いなる好奇心と互いの専門知識を持ち寄った。〉

なるほどとうなずく方も多いだろう。たとえば漱石の小説は「猫」であれ、「坊っちゃん」であれ、「それから」であれ、主人公の暮らす家が細かく描写され、筋の展開にも大きく係わっている。判り易いテーマ。といって小説中の家を解説するだけの薄手の内容ではなく、幾つもの仕掛けがあって読者を飽きさせない。

第一の仕掛けは、小説選びの妙。漱石の「三四郎」、荷風の「すみだ川」からはじまり、水上勉の「雁の寺」まで六十余篇。「ロビンソン漂流記」やポーの「モルグ街殺人事件」など外国文学も含まれる。これらの小説は単に家や建物の描写があるというよりも、その家が主人公の心理や行動に深く触れあった作品ばかりである。

それだけに解説は短くとも、家の間取り、廊下や階段、門や庭、障子やドアなど、読み落としてしまいそうな描写を通じて、主人公の性格や生き方、さらに小説全体を見通そうという意欲に溢れている。家は小説のもう一人の主人公だという視点で貫かれている。

それを裏づけるのが、小説の適切な引用。文体の違い、家の描写の違いから作家が主人公に何を語らせたかったのかが判ってくる。ここまでは読書家の功が大きいが、実は本書をより特徴づけているのは、建築家による家の作図である。

断片的な家の描写から、間取りを起こし、窓や障子やドアのかたちを考え、立体的に表現し、小説の主人公たちがどのような家で暮らしたのか、一見して判る仕掛けになっている。易しいようで難しい。作家は家の描写を目的で小説を書いたわけではないからだ。したがって大半は建築家は、想像力と考証の知識とを駆使して再現しなければならない。

これが見事に成功している。むろん、なかには別の家も描けるかな、と思うものもあるが、小説の時代設定に合わせ、各時代の住居の典型と重ねている。眺めるだけで、明治以降の住宅がどのように変わったか、外国の家とはどう違うかが一見で判る。しかも、作品中に描写された家具や什器まで、手書きで丁寧に書き込んであるため、何より大事な小説の雰囲気をつかみとることができる。

読者はこの図を眺めて、いろいろ思いを巡らすだろう。「夜明け前」の半蔵は、こんな奥の小屋に幽閉されたのか。吉行淳之介は子ども時代、これほど大きく奇妙な家に住んでいたのか。「野菊の墓」の政夫と民子は襖一枚へだてただけで暮らしていたのか。ロビンソンとフライデーの関係は、といった具合。

けれど、これを自宅設計の参考にしようとしても役立たない。あまりに巨大か、小さいか、どちらかだから。人はわずか一世紀の間でも、これほど多彩な家に暮らし、それが小説という夢の棲み家を生み出してきたのである。いずこも同じ2DK暮らしは、文学を豊かにできるものやら……。


（朝日新聞社　2800円）

## 『思い出のなかの寺山修司』

萩原朔美 著

一九九三年一月一一日

芝居、詩、エッセイ、映画、競馬評論と多彩な仕事を残した寺山が逝って、すでに十年。昨今、寺山再評価の兆しがあり、ちょっとした寺山ブームだが、著者はそれに乗じて寺山論をまとめたわけではない。

一九六七年、寺山三十一歳、著者二十歳。演劇実験室・天井桟敷の旗揚げ公演「青森県のせむし男」で、著者は美少年役で参加する。在籍したのは、わずか三年間だが、その後もつかず離れず。身近だった著者が思い出を書くと、寺山賛美になりそうだが、筆致を抑え、自分の二十代の軌跡に重ねて、在りし日の寺山の姿を追っている。

寺山の仕事からすれば、粘着的な性格と思うが、この中では意外なほどさらりとしている。彼は集団を好み、現場を重視したにもかかわらず、どこかで距離を保っていたようだ。演出家タイプではなく「具体から抽象へ作業する」人という分析も、「やはり寺山さんの子供は言葉だった」という指摘にもうなずかされた。

（筑摩書房　１６００円）

## 『自画像との対話』

黒井千次 著

一九九三年二月一日

私には子どもの頃、こんな記憶がある。母親からマフラーを買ってもらい、嬉しくて嬉しくて鏡に自分の姿を何度も映した。鏡を見るだけではあきたらず、マフラーを首に巻いた自分の顔を絵に描いてみた。

この絵はもう残っていないけれども、幼稚な絵とはいえ、その自画像には嬉しさが描き込められていたはずである。大人になると、こうはいかない。嬉しいときがあっても鏡に自分の顔を映すのは、なぜか恥ずかしい。まして自分の顔を描くのは。絵心のある方なら、なおさらだろう。自分の顔を描けば、そこに自ずと自分の屈託を見ることになるからだ。

その反動か、美術展に自画像が並ぶと他の絵より興味深く覗き込む。あの陽気で上気嫌な絵ばかり描いた、マチスでさえ自画像はどこか苦し気に見える。そこには画家の秘密が感じられるのである。

著者はもとより小説家だが、優れたエッセイの書き手でもある。日常のささいな出来事や人間関係をとり上げて、自分の生の存り様を省みる。決して滑らかな物語とはならないが、かえって身辺への断片的な呟きや語りが、小説の網の目では掬いとれない感覚や気持ちを伝えてくれる。作家のエッセイと画家の自画像とはどこかで通じ合う。とすれば、著者が画家の自画像にひかれるのも判るし、また関心のもち方も理解できるだろう。

美術評論家なら、自画像であろうとも、画家の画法を見、美術史の上での位置づけを試み、それを解説するだろう。だが、著者の関心は絵の様式や美術史での位置よりも、なぜ自画像を描いたのか、という点に集中している。

エゴン・シーレ、ゴッホ、ゴーギャン、ムンクから、ミロ、熊谷守一、スーチンまで十八人の画家の自画像が採り上げられている。

美術史の上から見れば、より重要な画家もいるし、よく知られた自画像もある。けれど著者は、すべて画集ではなく、自分の眼で実物の自画像を確かめている。これは素朴にみえて、実は著者にとって外すことのできない約束事だろう。なぜなら、画法を見るのではなく、その絵が語りかける肉声を聴こうとするからである。

自画像を描き続けたシーレもいれば、ロートレックのように生涯一枚しか自画像を描かなかった画家もいる。一枚の自画像、そこから、それぞれの画家の自負を見、韜晦《とうかい》を嗅ぎ、孤独を感じ、悲惨を読みとり、より強く生きようとする意志に触れる。言葉にすれば、こう紹介する他はないのだが、むしろ著者の姿勢は、言葉にもならぬ、いうにいわれぬ、自画像でしか表現できない、画家個人の内奥に迫ろうとしている。

最終章の「ドラマとしての自画像」で、スターリンの粛清で追われ、収容所に入れられた人々の絵のエピソードを語っている。鉛筆による人物画が大半だが、自画像はない。鏡が排除されたためである。ここから著者は自画像のいま一つの意味を見い出す。

「自画像とは危険な絵画なのである。……自己を外界に向けて曝そうとするためである。と同時に、描く本人をもまた、危険な人間とせずにはおくまい。おそらく自己を深く掘る人は、他人をも掘り、外界をも掘削する」。この種の人間は権力にとり危険である。

自画像を語りながら、小説家の声が鏡に反射して響いてくる。

（文藝春秋　３８００円）

---

## 『イエロー・フェイス』

村上由見子 著

一九九三年二月二二日

以前、イタリアへ留学した友人から妙な体験談を聞かされた。イタリアのB級映画に出演したという。丁度、よど号ハイジャック事件の記憶が残っている頃で、彼は飛行機乗っ取り犯の日本人に扮した。衣装を見て驚いた。鎧兜。彼はサムライとなり刀を振りかざして乗客を脅す役であった。さすがに日本で公開されないことを繰り返し確かめたという。

これは極端な例、と思っていたが、本書を読むとそうでもないことがよく判る。

本書は著者が偶然にも抱いた違和感を大事にして、その違和感の根をねばり強く、あきらめることなく検証した力作である。違和感とは、アメリカ人なら誰でも知っている有名な東洋人チャーリー・チャンやミスター・モトについて全く知らなかったことだ。

実はチャーリー・チャンもミスター・モトも戦前ハリウッドで製作されたB級映画の主人公。ミスター・モトは日本人スパイであり、フリッツ・ラング監督作品『M』でおなじみのピーター・ローレが演じ、シリーズになるほど人気を博したが日本で公開されることはなかった。が、アメリカ人が日本人をイメージするとき頭の片隅に浮かんでくるのが、ミスター・モトなのだ。

そこで著者は「ハリウッド映画に見るアジア人の肖像」とサブタイトルにある通り、ハリウッドが戦前から製作した映画のなかで、日本人をはじめ、中国人、韓国人などアジア人がどのような姿で描かれ、演じられたのかを徹底的に洗い出しはじめた。なぜ日本人に限定しなかったかといえば、アメリカ人にとって東洋人は国籍不明だからである。いまでもブルース・リーは日本人だと疑わないからだ。

戦前ハリウッドで活躍した日本人俳優といえば早川雪洲と上山草人がいる。彼らの役柄は残忍で好色。他のアジア系の俳優も活躍したが、やはり狡猾で無表情、何を考えているのか判らない人物という演技が強いられている。逆にローレのように白人俳優がメイキャップをほどこして東洋人に扮した映画も多い。日本人からすれば、とても東洋人とは思えない。が、黄色いドーランを塗り、吊り目にすればアメリカの観客は満足する。彼らは東洋人をそのようにしかイメージできないからである。

ハリウッド映画を追いながら、アメリカ人がイメージする東洋人の像とは、というのは本書のテーマ。第二次大戦前後、ヴェトナム戦争前後、そして日米間で経済摩擦が生じている現在まで、イメージされた東洋人の変化を検証する。変化、いや、おしなべて東洋人のイメージはさほど変わらない。

巻末に著者の観た映画のリストが載っている。三百本に近い。これだけの量の映画、日本未公開の映画も多いのになぜ観ることができたのか。ビデオ店で手に入り、テレビで放映され続けているからである。東洋人のイメージは繰り返し再生産され、ステレオタイプ化されている。

といって著者はそこに見られるアメリカ人の東洋人への差別意識を告発する訳ではない。戦時中作られた映画について。〈戦争映画の日本人像の多くは今のアメリカの日本観にそのままぴたりとあてはまる。顔のない群れ。奇妙な集団行動。アンフェアー。ポーカーフェイスの政治交渉。表面は礼儀正しく丁寧だが内心なにを考えているか分からない、……〉。つまり、本書の矢は私たち日本人に向けられている。

（朝日新聞社　1300円）

## 『細胞都市』

山本理顕 著

一九九三年四月一九日

著者は、内外で作品が注目を浴びつつある建築家である。

建築家の文章といえば、高邁な作品論か、間取りの方法やインテリアのアイデアを通俗的に解説したものと思いがちだが、本書はいずれでもない。いま私たちに相応しい住居と家族のことを考え、解答を求め、実践に移すまでの論理展開をエッセイで綴っている。だから、薄いブックレットでありながら、内容は決して薄手の本ではない。むしろ私たち誰もが考えねばならぬことに触れている。

〈実は集合住宅の計画というのは、それ自体自己矛盾である。

もし、家族＝住宅という単位が社会的な単位として十分に自己充足的なら、その家族＝住宅単位がさらに集合する契機をそれ自身の内側に含んでいないはずである。

逆に、もし、家族＝住宅という単位が、集合する契機をその内側には含んでいるなら、その家族＝住宅単位の自己充足性がどこかで破綻しているということである。

だから、集合住宅の計画というのは家族＝住宅単位の自己充足性を前提として、それを容認した上で、その集合の契機を家族＝住宅単位の内側にではなく、外側に求めるという方法である。〉

この指摘は重要だし、コロンブスの卵のような発想だ。コミュニティー作りを建前に建てられてきた団地や集合住宅の矛盾をつく。つまり、著者は家族を社会の最小単位として集合させるなら、個人が社会と結びつく可能性の芽はかえってつまれてしまうのではないかと問いかける。

この問題意識の背景には、結婚後も働く女性たちや単身者の増加、母子家庭や父子家庭が一般化してきたこと、子どもの世話にならずに老後を生きようとする夫婦、一人暮らしの老人や身障者など、従来では〝家族〟とはみなし難い家族が顕在化してきたことがある。家より個人を重視するという考え方が一般的になったこともあるだろう。

〈自立することのできない個人、子供とか老人とか、そうした個人を共同的に支えるために、家族という集団の存在意識があるのだとしても、それでは何故、家族という集団がその自立できない個人を支えなくてはならないのかという根拠を説明することは、これは極めて難しい。今のところは〝夫婦の愛情〟ということになっている。〉

が、〝夫婦の愛情〟が破綻すれば、どうなるか。すべてが破綻しかねない。この矛盾に解答を与えること。そこで著者は個人を単位とし、同時に家族という単位をゆるく認め、しかも共同性を保つという集合住居を提案し、実践した。二つの集合住居と一つの住宅が図面と写真で紹介されている。

個室から直接外へ出られる。ダイニングなど家族共有の部屋と共同の広場とは繋げられている。つまり、通常の団地がまず広場を通り、住戸へ入り、個室に辿りつくという構成とは逆なのである。この結果、女だけで暮らしても、男だけで生活することも可能だし、外と広場とに直接繋がっている住戸は、「自立できぬメンバー」のための福祉施設に変えることもできる。

この若々しい提案と実践には、まだ乗り越えねばならぬ問題もあるだろう。家族を考えることは建築家だけの責任でも義務でもない。多くの可能性を秘めているだけに論議も交わされるべきだ。著者も望んでいる筈である。

（ＩＮＡＸ／図書出版社　９２７円）

## ❖読売新聞１９９４年

### 『「ことば」を生きる』
ねじめ正一 著

### 『俳句のユーモア』
坪内稔典 著

一九九四年七月一八日

この頃書店に出かけると、眼が自然と詩集や句集などを探している。詩集や句集を揃えている書店は本当に少なくなった。そのせいか詩歌の本が見当たらないと、喉が渇いた感じすら起きる。

私は詩歌に長年親しんできた訳ではない。たまに手にとる程度で、詩集なども自分の書棚にはさほどの量はない。それが近頃急に詩歌を読みたいと思うようになった。きっかけはある。明治以降のうわさの類を調べたことだ。風聞や流言、スキャンダルや巷言は、はかなく刹那的な言葉だ。それだけに、そうしたうわさは飛び交った時代の気分をよく表している。うわさの類を蒐め、読みとることで明治以降の日本人の気分を考えようとした。そのとき、私はうわさとは対照的な言葉、折々の気分も表しながらも、現代に通じるような言葉はないかと考えた。注目したのは詩歌である。

いわば私は詩や歌を史料のように探し、読んだわけだが、読みはじめると興味がつのった。それだけではなく、刹那的に現れては消えるうわさの類と、いまも口ずさまれる詩歌とは対照的でありながらも、もしかすると九割は似ているのではないかと思った。そう思ったのは、いずれもその時代の人々の感情を圧縮した言葉だからである。

しかし、こう考えても、あとの一割がどう違うのか、その違いに興味をもった。

ねじめ正一の『「ことば」を生きる』は、彼がどうして詩を書くようになったのかを綴っている。彼は子どものときから、「禰寝（ねじめ）」という姓名が、他人から一度もすらすら読んでもらえたためしがないことが言葉に興味を抱いたきっかけではないかといっている。なるほどと思ったが、私がもっと面白く読んだのは、彼が小学生のとき「ダジャレ王」と呼ばれるほど、ダジャレを連発していたというエピソードだ。

ねじめは決して国語の成績が良かったわけでもなく、また詩歌に子どものときから親しんでいたわけでもない。中学のとき、クラスが八人ずつ班に分かれ、班ノートをつけなければならず、彼にいわせれば、ダジャレに毛が生えたような文章を書いた。それを読んだ先生が、面白がって詩を書くように推めたという。ダジャレ好きの少年が詩人に成長したのである。

坪内稔典は『俳句のユーモア』で松永貞徳のダジャレのような句を冒頭に紹介している。「かきくけこ　くはではいかで　たちつてと」。熟柿を出されたとき即興的に作った一句。この柿を食べないで、どうしてここを発とうか、食べてから帰るよ、と作ったのである。

ねじめも坪内も、詩歌は言葉遊びや機知から生まれたものであって、解釈も自由だといっている。坪内は芭蕉の幾つかの句を諺として読むとも語っている。

たとえば、「名月や池をめぐりて夜もすがら」、「やがて死ぬけしきは見えず蟬の声」、「秋深き隣は何をする人ぞ」などである。たしかに、私もいろいろな場面に出会うと、こうした名高い句が諺のように口から出ることがある。「名句とは諺に近いものではないだろうか」と坪内はいう。ここまで読んで、うわさが詩歌に九割近いと思ったのも間違いではないと思った。うわさも諺のように、人々の記憶を甦らせる機能があるからだ。言葉遊びで人を笑わせることもある。

では私はなぜ詩歌に惹かれるのか。

ねじめは乾物屋だった父親、ねじめ正也の「市喧騒ちくわの穴に蠅ひそみ」という句を取り上げ、「日常が裏返っている」と評し、それから、この句の通り父親は自分の肩幅から世間を見ていた、その姿勢を自分は学んだと語っている。

ねじめの詩や坪内の句に私が惹かれるのも、この一点だ。通俗的なうわさや諺に似ていても、最後のところで日常が裏返る。それは自分の身丈にあった言葉で私自身を裏返して見つめたいためだ。(同紙「本の散策」掲載)

(『「ことば」を生きる』講談社現代新書　583円)
(『俳句のユーモア』講談社選書メチエ　1600円)

## 『ギリシャ哲学者列伝』上・中・下

ディオゲネス・ラエルティオス 著
加来彰俊 訳

一九九四年八月一六日

暑い。暑いという言葉を禁句にしたいほど、強い陽射しが路面を照りつける。

こういったときは、思いッ切り浮世離れした本が読みたいと、書店を探したらディオゲネス・ラエルティオスの『ギリシャ哲学者列伝』の下巻が平積みになっていた。ようやく私の手元に三巻揃ったと思った。加来彰俊訳の上巻が岩波文庫に入ったのは十年前。それから五年経って中巻が出た。さらに五年後に下巻。十年がかりで翻訳が完成した訳で、これほどのんびりとした刊行ペースはいまどき珍しい。

もっとも私が上巻を初めて読んだのは七年前である。その頃に同じく岩波文庫から出た、プルタルコスの『食卓歓談集』(柳沼重剛編訳)がめっぽう面白くギリシャ哲学者に興味をもった。哲学者というから小難しい話をするかと思っていたら、『食卓歓談集』のなかで、彼らは「宴会の幹事はどういう人物であるべきか」「鶏と卵ではどちらが先か」「女の体質は男より冷たいか熱いか」「性交に適した時」「アルファはなぜアルファベットの始めにあるのか」といった、現代人から見れば、どうでもいいような話を、酒が入っているからといっても長々とおしゃべりするのである。詭弁もこじつけもある。馬鹿馬鹿しいほどにただならぬ印象を受けた。

『ギリシャ哲学者列伝』はタレスからエピクロスまで八十二人の哲学者がとり上げられている。それぞれが何をし、どのようなことを話したのかが綴られている。といって、一向にドラマティックではなく、哲学者のエピソードがあるかと思えば、突然著者がその哲学者を諷した詩が登場し、哲学の解説が入り、著作一覧が出て、その哲学者が生涯書いた文章の行数が計算され、同じ名の人物は何人いたかということが記述されるという具合でまとまりがない。が、そのまとまりのない記述をそのままのんびり読んで行くと、個々の哲学者の姿よりも、ギリシャという都市国家全体の呼吸が伝わってくる。

あえていえば、上巻で私が惹かれたのは哲学者たちの死の迎え方である。

死と生は同じだ、同じだから生きているのさといったタレスは、オリンピックを見物しながら死んだ。暑熱と渇きと老いのためである。ペリアンドロスは自分の埋葬場所を人に知られたくなかった。そこで二人の若者にある道を進み、出会った人物を殺して葬れと命じた。その二人を四人に追わせ、二人を殺せと命じ、さらに四人を大勢で殺させた。そして最初の二人に自分は殺されるように仕組んだという。ソクラテスは死刑の判決後、自ら毒を飲んでいる。

中巻を読んで特に気になったのは性のことだ。酒樽を住居とした、犬のディオゲネス（著者とは別人）が、こんなことをいっている。あるとき彼は、広場で手淫に耽りながら、「ああ、お腹もまたこんなぐあいに、こすりさえすれば、ひもじくなくなるというのならいいのになあ」。

ヒッパルキアという女が出てくる。彼女は哲学者クラテスに惚れた。クラテスは彼女をあきらめさせようと、目の前ですべての衣服を脱ぎ、財産はこれだけだし、同じ仕事にたずさわらないと配偶者になれないといった。が、彼女は即座に彼を夫に選んだ。「そしてその後は、同じ衣服をまとって、夫と一緒に歩き廻ったし、また人前で公然と夫と交わったり、宴席にも共に出かけたりしたのであった」。著者はさらりと記しているが、凄いものだと私は感心した。

下巻は読みはじめたばかりだ。訳者が十年かけた本なのだからのんびり行こう。冒頭にピュタゴラスが出てきた。ディオゲネスとは対照的に自己抑制の権化の如き男だと知った。彼が決めた戒律はむやみに多いのである。冗談もいわず酔うこともない男。これも凄い。

酷署の道ばたで、ソクラテスがおしゃべりし、ディオゲネスは樽のなかで眠り、ヒッピーの如きヒッパルキアは男と性交し、ピュタゴラスは汗もかかず考え事をしている。（同紙「本の散作」掲載）

（岩波文庫　上下各1020円　中960円）

## 『南イタリア周遊記』
ギッシング 著
小池滋 訳

## 『生きていたパスカル』
ピランデッロ 著
米川良夫 訳

一九九四年一〇月一〇日

友人たちに誘われて、イタリアのシチリアを旅行することになった。私を含めて八人が二台の車に分乗し、シチリアの町々を観て廻るという。友人の中にはイタリア語が堪能な者が二人いる。私は車の後ろの席に座っているだけで良いと聞き、連れていってもらうことにした。

成田からまずローマまで十五時間ほど飛行機に乗らねばならない。どうせ、その間は眠れないだろうと、文庫本を二冊持っていった。ギッシング著『南イタリア周遊記』とピランデッロ著『生きていたパスカル』を選んだ。

私はまず機内でピランデッロの小説を読みはじめた。ピランデッロは一八六七年にシチリアに生まれている。私は彼を「作者を探す六人の登場人物」といった前衛劇の作家として知っていた。ノーベル賞作家だが、彼の長篇小説は未読であった。シチリア生まれのパスカルが主人公である。彼は五歳で父を失い、その父親が遺した土地と家で母親と弟と暮らしている。遺産を受け継いだせいで、三人とも生活力に乏しい。この辺りの描写はいささか単調で、なかなか頭のなかに入らず私はこの本を一旦措いた。

ギッシングの紀行文を読み出した。ギッシングはピランデッロより十歳上のイギリスの作家であり、一八九七年に一カ月間滞在した南イタリアでの見聞をまとめている。ただし彼はシチリアには旅していない。イタリア半島は長靴の格好をしているが、そのかかとからつま先の部分に当たる土地を旅している。シチリアは長靴が蹴った小石（実際は地中海最大の島で広い）に当たる島である。彼はシチリア島が望める半島のつま先で旅を終えている。

ギッシングの旅行記は特異である。はじめにナポリから船に乗る。朝起きて、彼はこう呟く。「イオニア海を以前のように汽車や船から見るのではなく、じっくり眺めるのだ。古代にタレントゥム、シバリス、クロトン、ロクリと呼ばれた海岸を眺めるのだ。人間誰しもが知的欲求を持っているが、私の場合は、現実の生活を逃れて、少年時代の楽しい夢だった古代の世界の中へさまよい入ることだった。ギリシャやラテンの古名は、他とは違った魅力を持っていた。」

つまりギッシングは南イタリアの寒村を訪ねながら、古代の大ギリシャ帝国を偲ぼうとするのである。だから彼は細い小川を見つけ、それが古代のガラエスス川だと知ると胸を躍らせるのである。

彼は全財産を鞄につめて、いってみれば現実逃避の旅をしている。それにしても十九世紀前のイタリアはギッシングが育ったヴィクトリア朝の大英帝国と比べると何と貧しいことかと思う。それが彼に古代世界を追慕させるのだが。

ギッシングの紀行を読み終えて、彼が歩いた貧しい南イタリアで生まれたピランデッロの作品を再び手にした。主人公がある日、故郷を飛び出し、モンテカルロの賭博場で、思いがけぬほどの大金を手にした辺りから急に物語が動きはじめる。彼の故郷で偶然水死体が発見され、自分が自殺したと誤認される。そこで主人公は、それまでの自分を捨て、大金をもって新たな人生を生きようとするのである。

しかし、その人生も失敗し、彼は故郷に戻るが、妻はすでに再婚し、彼が見たのは自分の墓であった。ピランデッロはギッシングが眺めた貧しい南イタリアにも近代の流れ、即ち資本の渦が入り込み、そのなかで人間が自己を喪失してしまう状況を描いている。

二冊が書かれてから、すでに一世紀近い。いまの南イタリアではどのような表情をして私を迎えてくれるのか、そう思いながら少し眠った。さて、私がシチリアで見聞したものには、ギッシングが夢見た古代もあり、ピランデッロが直視した近代もあった。が、いまは旅行直後だけにまだ整理がつかないでいる。（同紙「本の散策」掲載）

（『南イタリア周遊記』岩波文庫　５２５円）

（『生きていたパスカル』福武文庫　７５６円）

## 『風呂屋の富士山』

町田忍／大竹誠 著

## 『母なる自然のおっぱい』

池澤夏樹 著

一九九四年一一月七日

『風呂屋の富士山』を読んだ。まとめかたが少し雑だ、という印象をもったが、著者二人が銭湯の背景画について、いろいろな角度から論じているのがともかく珍しく面白かった。

著者の一人、町田忍によれば銭湯の背景画はさほど古いことではなく大正元年がはじまりだという。背景画が描かれるようになった理由はいくつかある。まず関東大震災以後に都市に人口が集中し、銭湯が増えたこと。銭湯といえば唐破風をつけた入口と、天井の高い浴室脱衣場を思い浮かべるが、あの建築デザインも震災以後に現れ、急速に広まったのである。このおかげで湯舟の後ろの壁も大きくなり、広い画面が登場した。加えて美術界では、西洋絵画の技法、遠近法が一般化し、それが背景画に応用された。銭湯が増え、背景画を専門とする広告会社も出来て、一気に富士山を描いた背景画が、どの銭湯でも見られるようになったのである。

ここまで読んで、そういえば小泉八雲が日本人の富士山観について語ったエッセイを思い出した。日本人は富士山を現実よりはるかに高くそびえ立つように思い込んでいると、八雲は指摘していたはずだ。ところが八雲の本が見つからない。あきらめかけ、池澤夏樹がより丁寧に、日本人の富士山の見方を論じていたことに気づいた。池澤は『母なる自然のおっぱい』のなかで、銭湯の富士は、静岡県沼津市三津長沼の海岸で眺めた富士ではないかといっている。もっとも「銭湯の富士はもっとずっと大きい」とし、そこから論を進めて、なぜ富士が測量される以前から日本一だと思われたのかを考えている。もし日本一の高さとするならば、日本中の山の高さを検証しなければならないのに、すでに「竹取物語」以来、富士は日本一という称号を誇っていたのである。

池澤はまず「第一に富士山はいやに目立つ山」だといっている。周囲にいかなる山もなく、裾野が見えることを挙げている。面白いのは明治十二年の日本地図である。この地図には山の高さが書いてある。単位は丈であるがメートルに直してみると、「不思議なことに、富士山以外の山はすべて今の数字より二、三割少なくなっている。そして、富士山だけが今より五〇〇メートル以上高い」。どうやら測量という概念が登場しても日本人はどうしても富士を日本一にしたいと願っていたらしい。池澤は、そこから人間が自然を認識する際にどれほど誤謬を犯すか、と論をしぼり込んで行く。

池澤の論をなるほどと思った。が、銭湯の背景に富士が描かれるのは、また別の理由もあるだろう。『風呂屋の富士山』のもう一人の著者、大竹誠はきわめて簡単に理由を「スカッとさわやか」だといい切っている。高温多湿のなかで、「雲を被った富士山はそれだけですがすがしい」のである。

大竹は、背景画が描き直されたとき、最初に気づくのは子どもたちだという声を聴きとっている。キッチュに違いないが、あの巨大な絵は町の活気を生み出すのである。面白いのは、絵師が背景画を描く作業を分刻みでドキュメントしていることだ。それによれば絵師は、朝九時から足場を作り、午後二時前に完成させている。修正はほとんどせず短時間で一気に描き切る。大竹が大道芸を見るようだとしているのはよく判る。その筆のいきおいも「スカッとさわやか」な気分を作り出すのだろう。

絵師のなかには、富士山を描かぬ人もいる。よく題材を求めて旅行する人もいる。もともと画家だった方もいる。同じ構図と色調かと思っていたが、背景画は絵師それぞれの個性に支えられているのである。しかし絵師は現在、東京に四名、神奈川に一家族（三名）がいるだけである。

銭湯に行きたくなった。が、私の家の近所では、ここ数年の地上げ攻勢で五軒すべての銭湯が消えた。スカッとさわやかな気分になれぬのが口惜しい。（同紙「本の散策」より）

（『風呂屋の富士山』ファラオ企画　1500円）
（『母なる自然のおっぱい』新潮社　1262円）

# 『写真で見る日本生活図引』全九巻
須藤功 編
# 『地球家族』
ピーター・メンツェル 著

一九九四年一二月五日

ロラン・バルトは、亡き母の記憶と重ねて綴った特異な写真論『明るい部屋』のなかで、写真の魅力は部分的な対象にこそあると語っている。彼はアメリカの黒人一家の写真を例として挙げる。礼儀正しい黒人一家が写されている。良きアメリカ、家族主義というイメージが溢れている。しかし、彼の眼を惹くのは写真全体が醸しだす情感以上に、黒人女性の豊かな腰であり、「小学生のようにうしろでに組んでいる手と、そしてとりわけ、ベルト付きの靴である」といっている。

たしかにバルトのいう通りで、私も有名写真家の写真よりも、無名の人が撮った写真のなかに写った部分に惹かれることが多い。街を撮った写真の背後に小さく写っている物干し台や、記念写真の端に坐っている女性の下駄に、眼が吸い寄せられるのである。

この無名の人が撮った写真の魅力を十分に活した本がある。『写真でみる日本生活図引』。須藤功の編集による第一期の全五巻の刊行が好評で、第二期の刊行がはじまっている。このシリーズはふんだんに写真が盛り込まれているが、なにより面白いのは写真に写っている物を端から端まで番号をふって、その一つ一つに解説が付けられていることだ。たとえば農家の家族団欒の写真がある。家族それぞれにも番号がつき、父と母、姉、弟、妹、客が判る。中央にある囲炉裏の上には飯台が置かれ、鉄鍋がのせられている。それにも番号がついて説明がある。玉杓子がある。「アルトマイト製。汁を掬う」と解説される。電球が輝いている。それには「笠（白乳色、硝子製）の下につく（ソケットを嵌める）」と記述がある。

このように子どもが遊んでいる姿を撮ったスナップであれ、農作業風景であれ、写っているものはたとえ小さな牛小屋でも、一枚の貼り紙でも、おはじきでも端から番号を打って説明が付けられている。

もはや見ることのない遊具類を見いだす。季節に応じて行われた仕事や儀礼を思い出す。子どもの遊び、女の仕事、老人のいる場所を一枚の写真のなかにある、ささいなものを見て記憶を甦らせる。一枚の写真がこれほど豊富な事実を語るものか、と感嘆してしまう。

同じようなことを、このほど刊行された写真集『地球家族』を眺めても感じた。「日本生活図引」とは対照的に極めて意図的な写真集である。写真家ピーター・メンツェルが世界三十か国を巡って、各々の国の平均的な家族を撮った。ただ家族の肖像を写したのではない。「申し訳ありませんが、家の中の物を全部、家の前に出して写真を撮らせて下さい」と頼み込んだ。これはコロンブスの卵というべき発想である。

アフリカのマリの一家も、スペインの一家もイタリアの一家も、ボスニアの一家もブラジル、キューバ、タイ、インドの一家も家中の物を家の前に並べ、笑顔を浮かべて写されている。勿論、日本の家族もいる。

マリの一家は第一第二夫人がいて、子どもがいるから十人という大家族だ。家の屋上にかめ、うすときね、ふるい、かご、自転車、農具、なべややかん、魚網や農具、衣服などが並べられている。クエートの一家の家の前には高級車四台と二十四人用ソファーが置かれている。アイスランドの一家は写真に入りきれないので写っていないが、アクロバット飛行機二機と馬四頭を所有する。逆にブータンの一家は儀式で使う楽器やテーブル、お腕や経典を前にする。家財道具は少ない。物と家と背後の風景を眺めるだけで世界は広いと思う。

さて日本。建売住宅らしい家の前に、溢れるばかりの家財道具が山積みである。車、テレビ、コタツ、衣服と本当に多い。この本には巻末に、人口密度や出産率、乳児死亡率や平均所得などのデータを載せている。客観的な数値によれば日本人はかなり豊かな生活をしていることになるのだが、やはり物ばかりをギュウギュウに詰めた家を眺めると、どこか怖くなる。（同紙「本の散策」掲載）

（『写真で見る日本生活図引』弘文堂　各５２００円）

（『地球家族』ＴＯＴＯ出版　１８９３円）

## ❖朝日新聞1998年―2001年

### 『潜水服は蝶の夢を見る』

ジャン・ドミニック・ボービー 著

河野万里子 訳

一九九八年四月五日

ベッドの上で四十三歳の男は目覚め、左眼だけまばたいた。何が起きたのか、また目覚め、まばたきをしてようやく自分の体で自由になるのは左眼だけだと悟った。

彼は世界的なファッション誌「ＥＬＬＥ」の編集長だった。流行の最先端を作り、自分もシャレた衣服を着こなし、スポーツカーに乗り、料理にうるさく音楽と文学を愛した。Ｆ１レースとサッカーの大ファンで、いつもジョークを飛ばし、友人も多い。しかも二人の子どもがありながら妻と別れ、新しい恋人と暮らしていた。が、羨むような働き盛りの彼は突然、脳出血に倒れ、医療の進歩で奇跡的に命はとりとめるものの、ロックトイン・シンドロームと呼ばれる、全身の機能を奪われる状態に陥ってしまう。

左眼と、わずか九〇度だけ動かせる首だけが、自由になる自分の体だ。全身は重く、栄養もチューブで補給する他はない。ただ意識も思考も元通りだから、彼はまるで「潜水服」を着込んだままだと感じる。その彼が二ヵ月間かけて一冊の本をまとめた。文字を書いたわけではない。アルファベットを一文字ずつ読み上げてもらい、表したい文字のところで、左眼をまばたく。このまばたきを二十万回以上繰り返して、プロローグと二十八の短いエッセイをつづり、そして没した。

こう紹介すると彼は苦しみ、悲しみ、嘆き、闘病記を記したと思われかねない。また流行の先端にいた自分の人生を恥じ、悔いあらためた手記を書いたと誤解するかもしれない。が、彼は自分の人生を手離さない。プライドを捨てない。ユーモアを忘れない。彼がつづったのは、左眼のまばたきで得た本当の目覚めである。

このエッセイを身障者の手記と読むだけではつまらな

い。「生きている限り、呼吸をする必要があるのと同じように、僕は、感動し、愛し、感嘆したい。する必要がある」。この思いは私たち誰にも共通する。病院内と近くの海岸。限られたなかで見た人々のふるまい、ささやかな物、感じた小さな音、匂い。それを手がかりにして記憶を呼び戻し、目覚め、頭のなかで彼は「蝶」のように舞って、旅をし、愛しい人を抱きしめる。あくまで軽やかで静かでユーモアたっぷりの文体。しかし生への激しい飛翔の記録だ。

（講談社　1600円）

---

## 『グリーンマン　ヨーロッパ史を生きぬいた森のシンボル』

ウィリアム・アンダーソン 著
板倉克子 訳

一九九八年四月二六日

俺はグリーンマンだ。エッ、知らないって。オイオイ、日本人はあれほどヨーロッパに来ているではないか。一体、何を見ているのか。お前らの目は節穴か。

俺の仲間は多い。ヨーロッパで数千に上るだろう。木の葉で顔を覆った奴。口、耳、目から植物を吐き出している奴。果実や花で顔を作り上げた奴。大別すれば仲間はこの三種だ。ヨーロッパの教会を探してみろ。柱頭や持ち送り、墓石、植物と一体となった俺の仲間の顔が潜んでいる。建築装飾の一モチーフじゃあないかって。まあ残念ながらそう見なされてきた。しかもパブや宿屋の看板にも仲間はいるから、ヨーロッパ人も俺たちをさほど注視しなかったんだ。

が、奇特な人間はいるもので、写真家と共に詩人が俺の仲間を丹念に訪ね歩いてくれた。写真を見てくれ。素朴な顔、しかめっ面、笑顔、残忍な面。仲間もいろいろだ。しかも詩人は神話や伝承、各地の祭りまで調べ、俺たちの歴史を辿ってくれた。

俺の先祖は古代オリエント、エジプト、ケルトなどで信仰された地母神、森の神につながる。人間たちは大自然を畏怖し、俺の先祖、樹木神を敬った。が、キリスト教が先祖の立場を一変させる。人間は森を切り開き、宗教も人間中心に変わった。おかげで俺の先祖は異教とされ、一時、姿を隠した。

しかし俺たちは絶えたわけではない。ロマネスク、ゴシック期に、俺たちは教会のあちこちに現れる。自然を支配する人間、それを表しているのが植物を口から吐き出している仲間の顔だ。人間は勝手だ。十八世紀後半、植物を科学的に分類するようになると俺たちに見向きもしない。その癖、グロテスク趣味が十九世紀末に流行すると、奇抜な顔だと復活させる。一九二〇年代、機械文化がまた俺たちを消した。

詩人は森の一本一本の樹と対話するように仲間と出会い、植物と一体化した俺たちが長い歴史のなかで人間に何を伝えようとしたか、その声に耳を澄ませてくれた。だから彼は環境破壊が問われる現代にこそ、俺たちグリーンマンが復活しつつあると結論するのだ。

＊　＊　＊

読了後、私の頭のなかに緑色のまあるい地球が浮かび、そこに困った顔のグリーンマンを見た。

（河出書房新社　２８００円）

## 『艶隠者——小説　石川丈山』

中薗英助 著

一九九八年五月一七日

今時分、刈り込みのつつじが盛りだろう。秋は前の山の紅葉。幹太の山茶花から白い花がこぼれるのは初冬か。京都一乗寺の詩仙堂といえば、簡素な建物と庭がまず思い浮かぶ。が、いまでは創建した石川丈山に思い馳せる観光客は数少ないのではあるまいか。

一九八三年の生誕四百年の頃か。評者もいくつか丈山に関する文を読み、遅ればせながら、彼が武芸に長じ、忠義と武勇をもって徳川家康の側近くに仕えた三河武士だと知った。大阪夏の陣では敵将ら三人を斬る猛将であった。この先登の功は軍令に反したとされ、かえって蟄居の命を受ける。

彼の大伯父は徳川家重臣、本多正信。正信のとりなしに従い、再出仕すれば末は大大名となる栄進も夢ではなかった。けれど丈山は蟄居を命ぜられると髪を切り、以後、武を捨て、詩文の道に入った。

人生には誰にも転機がある。とはいえ前途の見えぬ転身は賭けである。宮武外骨は『明治密偵史』の前史の項で、没百余年後の随筆を引き丈山隠密説を記す。こんな俗説が流れたのも、江戸期に漢詩人として声名は高まる一方で、その転身は謎とされたからだ。

『艶隠者《えんのいんじゃ》』は丈山の、この転身からはじまる。評伝の骨法をおさえながらも、ここには小説ならではの奥行きと揺れる陰影がある。というのも作者は、自身若き日にエリートコースを捨て、中国に渡り、やがて日中戦争に巻き込まれた記憶、その遠い日の情動と挫折を光源として、丈山の後半生を照らし出すからだ。

丈山は詩仙堂に詩仙三十六人を二人一組対にして画像と詩を四壁に掲げた。これに習い、漢詩の対句の妙に習い、ライバル林羅山、師説心和尚、藤原惺窩との交遊、朝鮮通信使の詩学教授・権侙《ごんちょく》との文戦を描き、作者は身のうちにあった中国への憧憬、文学への志を、あの鹿おどしの如く、丈山の心理に共鳴させる。「政は刃の力を借りてことを決する強権へと突っ走るものだ」。従軍時、中国兵捕虜を刺殺できなかった作者は、丈山にこう語らせ、彼の転身の謎に迫った。

丈山の葬送の折、一乗寺の村民大半が集まり、「不可思議だが村人に優しかった老人の死を悲しみ悼んで泣いた」。この結語で、老いて狷介に孤立しなかった隠者を作者は追慕する。すなわち「艶隠者」。

（新潮社　1700円）

---

## 『三つの小さな王国』

**スティーブン・ミルハウザー 著**

柴田元幸 訳

・

一九九八年六月七日

ミルハウザーの小説をはじめて読み、活字から眼を離せぬまま読了した。そこで、これまで翻訳された彼の作品をいくつか読んでみると、一作一作趣向を凝らし、題材も手法も文体も変幻自在であるのに感嘆し、どのようにでも書ける腕力と鋭い感性、それを裏打ちする教養とを備えた作家だと了解した。

「千夜一夜物語」、シェークスピア、ホフマン、アラン・ポー、ディケンズ、ルイス・キャロル、T・S・エリオット……。こう挙げると判じ物のようだが、じつはこれらの物語、作家詩人にミルハウザーは黙礼しつつ、彼らの作品を下敷きにした小説をいくつか書いている。といってパロディーではない。

極端にいうなら「面白い作品は時代を超えて面白い。作品だけが残る」といった強い自負を感じる。先行する幻想文学と自分の作品世界を共振させ、読者の想像力をより拡大させる。いうなれば「理解に色濃く染まり、説明と洞察と愛情が鬱陶しくみなぎる世界にあって、……定義を逃れることを欲し、神秘的で不可解なままでありたいと願っている」(「夜の姉妹団」)という態度はどの作品にも一貫している。

『三つの小さな王国』もまったく趣向が異なる三篇なのだが、夜の闇のひっそりとした味わいがある。

「J・フランクリン・ペインの小さな王国」は、一九二〇年代、新聞社で漫画を描きながら、深夜独りで手作りのアニメーションを製作する男の話。「王妃、小人、土牢」はいつともどことも分からぬ町の、美貌の王妃の苦悩を綴る。「展覧会のカタログ」は十九世紀前半、妹と暮らし独自の世界を描き続けた画家の生涯。いずれも作中、漫画とアニメ、王宮をめぐる流言や噂、絵の色調や構図を執拗ともいえるほど細部にわたって描写する。その描写が登場人物たちの愛の物語と絡みあい、謎がさらに謎を呼ぶように仕掛けられ、読者は闇の底で様々な声を聴く。

なかでも「J・フランクリン・ペインの小さな王国」は飛び切りの逸品。おそらく作者の心的体験と呼応しているのだろう。中年男の孤独な夢を紡ぎながら、凍りつくような、哀切なラストを用意している。

それにしても柴田元幸って、なんと上手い訳者なんだ。

(白水社　2000円)

## 『数秘術——数の神秘と魅惑』

ジョン・キング 著
好田順治 訳

一九九八年六月二一日

森鷗外は『椋鳥通信』のなかで二組の数式群を紹介している。左記はそのうちの一組。

$$
\begin{aligned}
1\times9+2 &= 11\\
12\times9+3 &= 111\\
123\times9+4 &= 1111\\
1234\times9+5 &= 11111\\
12345\times9+6 &= 111111
\end{aligned}
$$

（以下続く）

「数の妙な関係」と鷗外は記すのみだが、同じ数式群は本書にも登場する。何度見つめなおしても不思議な、それでいて明瞭な強さを感じる。しかも本書にはこれ以上の「数の妙な関係」が次々示される。

古代文明にはじまる数の発見の歴史を語り、自然と数との対応、たとえば花弁や巻き貝に見る数学的秩序から黄金比やフィボナッチ級数が説明される。素数、虚数、完全数など、さらにコンピューターを駆使して得られた現代数学の成果についても、著者は根気よく評者の如き数学オンチにもわかるよう解説する。

しかし本書は数学パズルの本でも、数学の初歩的啓蒙書でもない。古代人の数の概念、ピュタゴラス学派の数学を辿りつつ、著者は数が単なる計算の道具ではなく、宇宙、人間、事物と対応されるシンボルとして、現代にいたるまで捉えられてきたことを明らかにする。先述の数式群も「9」が変化、不完全を表す数、その一つの証しだとして挙げている。

宇宙と人間生活とが数学的秩序によって関係すると見るカバラ。その基本、数と文字、言葉とが対応すると考えるゲマトリア。これらの体系を詳述し、それに数学の成果を導入して、著者は最後に、姓名、生年月日、電話番号などから個人の人生に影響を与える数を読み取る法を明示する。要は占い。こうなると半信半擬だが、流行り廃る思想とは別の思想が、人間の長い精神史の底に流れてきたことに気づかされる。

思い出したのは鷗外ではなく幸田露伴。デビュー作『露団々』に魔法陣を採り入れただけでなく、彼には数や易に触れた文が多い。代表作『運命』の冒頭、人間の運命を数になぞらえる。「世おのづから数《すう》といふもの有りや。有りといへば有るが如く、無しと為せば無きにも似たり」。この一節がそのまま私の、本書の読後感想。

（青土社　2800円）

## 『火の山――山猿記』上・下

津島祐子 著

一九九八年七月二六日

やがて来る新しい世紀にあって、構えの広い懐の深い、この豊かな長篇小説はどう読み継がれるだろうか。

地質学者有森源一郎による荘重な文語体の、富士山調査記録からはじまるが、軸となるのは、源一郎の息子勇太郎の回想録である。八人兄弟の末っ子、中年生まれの彼は敗戦直後、アメリカに渡り、四十年経って七十を過ぎ、幕末からの有森家の歴史を書き出す。

作者はこの回想録を通じて、殊に昭和初期から戦中戦後まで、当時の風俗を丹念に濃《こま》やかに盛り込んで家族の帰趨を描く。切迫した時代のなかで有森家に様々な事件が起きる。ただ作者は単純に時間を追う構成を採らず、前作のラストで、いくつもの声を重ねたポリフォニーの手法を、自覚的に全篇に及んで用いた。

記憶のなかで回想録そのものが揺れ、その間に時代も話者も異なる手紙、日記、電話の声が挟み込まれる。加えて一族に伝わる伝承、昔話や唄などが折々に現れ、過去と未来が重なり、生者と死者と二十一世紀の子孫とが応答し、現実と夢が錯綜し、動物と人間が交歓し、事件に応じ人間の声々は響き合う。

そうした人間の営みの背後に、源一郎により記述される富士山が聳える。しかしこの富士は不動ではない。太古から噴火を繰り返す火の山である。自然が絶えず生成するならば、まして人間世界は定まりがない。作中、日本人に戻れずアメリカ人にもなりきれぬ勇太郎が焦燥するように、男たちはなべて脆い。

しかし弱いはずの女たちは強く叫ぶ。「子どもが産める！　それで自分が死んだってうれしい！　生まれた子どもが死んだってうれしい！」「たとえ、フランスや日本という国が消え失せたとしても、この海、この陸地、この植物、この動物が、……あなたに喜びを与えつづけていてくれますように！」

勇太郎の姪に作者自身を重ねる読者は多いだろう。が、作者の分身はフランス人となった勇太郎の孫のために、回想録翻訳を手伝う二人の日本女性なのだ。

火の山の国、日本の内と外に身を置き、作者は日本人の行く末を見つめ、過去から未来へ繋がる一瞬一瞬に生きるべき現在があることを、未来の若者に手渡そうとする。最後に「アロー」と二十一世紀から明るい声が届く。作者の祈りだ。

（講談社　各2200円）

---

# 『謝花昇集』

伊佐眞一編　解説

一九九八年八月二三日

謝花昇《じゃはなのぼる》。この人のことを思うと、沖縄のカンカン照りの、闇より深い青空の下で、ポツンと独り、前を睨んで突っ立っている姿が浮かんでくる。この姿は辛い。しかし彼の名さえ、多くの日本人は忘れ去っているのでは、そう考えるとさらに辛い。

一八六五年、日本の元号でいえば慶応元年、謝花は沖縄本島南部、東風平《こちんだ》の農民の子として生を享ける。当時の沖縄は、薩摩藩の支配を受けつつも、清国へ朝貢を続ける独立国家琉球であった。が、明治十二年の琉球処分により、日本に統合され、謝花個人の運命も変えた。十八歳のとき東京へ留学。農学を学び、沖縄初の農学士となり、県高等官として帰島する。

小農の苦しみを肌で知っていただけに、明治国家による沖縄開墾に寄せる彼の期待は大きかった。しかし彼が見たのは日本本土の政治家・実業家が県上層部と癒着し、ほぼ無制限に土地を占領する事態であった。謝花は県庁を辞し、仲間と民権運動に賭け、中央政界に働きかけ抵抗する。田中正造らの支援を得たものの本土の沖縄蔑視と沖縄旧支配層の反対により、職と財産を失い、沖縄を追われる。そして職を求め、神戸駅に着いた明治三十四年五月、彼は突然、発狂する。

それからほぼ一世紀が過ぎ、ようやく、本当にようやく謝花の肉声が集められた。「東京留学日記」、卒業論文、講演記録、唯一の著書『沖縄糖業論』など二十八点。これら文章からはフィールドワークに基づいた冷静な分析力と小農へ注ぐ情熱とが浮かび上がる。それだけに最後の文が病気全快の新聞広告であるのは痛ましい。精神の病は、広告文とは裏腹に治らぬまま、彼は明治四十一年に没した。

編者による年譜、解説も力作。政敵の論をいたずらに斥けず、検討し、そこに謝花の論を対峙させ、彼の予見に満ちた洞察を読み解いた。何より悲劇の人に閉じ込めず、最後まで希望を失わぬ楽天的な面貌を摑み取り、これまでの謝花像を一新した。

ただ、明治三十年代の政治状況は一般読者にわかり難い。沖縄の矛盾を一身に背負わざるをえなかった謝花、彼の発した問いは現代へと繋がるだけに、より視線を低くした謝花伝が編者によりあらためて書かれることを切望する。

（みすず書房　５７００円）

## 『1941年。パリの尋ね人』

パトリック・モディアノ著
白井成雄訳

一九九八年九月一三日

モディアノは、すでにフランスでは確固たる地位を獲得した小説家である。しかし、この思索に満ちた作品で彼は私たちの記憶に深く残る作家となった。

一九四五年生まれの作家は偶然、自分の生まれる四年前、一九四一年十二月三十一日付の新聞をめくり、わずか八行の〈尋ね人の広告〉に眼を止める。尋ね人は十五歳の少女ドラ・ブリュデール。探しているのは彼女の両親。名前に心当たりはない。ただ、少女の両親が住む場所は子どもの頃からよく知っていた。これだけで八行の広告は作家の心を捕らえる。

「彼女の正確な誕生日が、一九二六年二月二十五日だとわかるのに四年かかった。出生地がパリ12区だと知るのに、さらに二年必要だった」。言葉通り、作家は名しかわからぬ少女の痕跡をあせらずに追う。

少女の両親はパリに流れ着いたユダヤ人であった。一九四一年、パリはすでにドイツ軍に占拠され、少女の一家は隠れるように暮らし、そして同じ時期、同じパリでユダヤ人であったモディアノの父も警察の手を逃れ、生き延び、やがて息子を得る。少女が残した痕跡はわずかだ。彼女が入った寄宿学校の名簿、区役所、警察の記録。作家はこれら記録を父親の記憶と交錯させながら読み取り、あの時代のパリの重く暗い空気を再現していく。

驚くほど素っ気ない文体。しかしそのそぎ落とした文章は、夜のパリを逃げる少女の、足音、吐息、悲鳴を否応もなく想像させる。なにより無味乾燥な役所の記録に読者を対峙させ、そして収容所の文書に注視させる。少女と父親は一九四二年九月十八日、「他の千人の男女とともに、アウシュヴィッツ向けの列車に乗せられた」。が、作家は直截な告発なぞしない。

少女が限られた日々をどう過ごしたのか、結局わからない。その彼女の「哀れな、しかし貴重な秘密」をモディアノは握りしめる。「収容所も、歴史も、……彼女から奪い去ることのできなかった秘密であろう」。この結語は歴史を忘却し、生きる意味を見失いつつある、私たちに向けられている。

（作品社　1800円）

## 『トオイと正人』

瀬戸正人 著

一九九八年九月二七日

四年ほど前、東京・四谷の小さなギャラリーで瀬戸正人の写真展を観た。東京に暮らす若い日本人、働きに来たアジア各国の人々、彼らの姿を住む部屋のなかで撮り続けたシリーズであった。

奇妙だったのは、写真をワンカットずつ展示せず、長いロールの印画紙にそのまま現像し、一繋がりに見せたことだ。このシリーズは写真集『部屋』にまとめられたが、やはり写真は屏風風に折り畳まれ、繋げられていた。私にはこのこだわりが理解できなかった。

ところで『トオイと正人』は写真集ではない。

福島出身の瀬戸の父は、昭和一七年に出征し、ラオスで敗戦を知るが、タイの東北部ウドーンタニに隠れ、ベトナム人社会のなかで生き延びた残留日本兵であった。母は父を受け入れてくれたベトナム系タイ人の娘。生まれた息子は「トオイ」と名づけられた。

トオイは父に連れられ、八歳のときに日本の土を踏み、「正人」となる。雑誌連載を読み、驚いた。特異な半生を綴ったからではない。しなやかな感性で記憶を一つ一つ噛みしめ、紡ぎ出した筆力にだ。福島の桑畑、桃畑の香り。バンコクの路地の喧騒。叩きつけるスコールの匂い。皆、あざやかに写し取る。

手先が器用で、写真館をウドーンタニで経営し、プミポン国王の肖像を撮影したために成功した父。日本に帰ろうと思いたつが、大使館になかなか入れない父。報せを受け、タイまで和服で駆けつけた祖母。醤油と喋れず、ソースばかり買ってくる母。ベトナム戦争のテレビ画像に泣き崩れる母。いじめを撥ね返す正人。二十年ぶりの母方の家族との再会。再び別れとなれば、四十㌔の道を追って見送る家族。どの話もおかしく、そして情に溢れ、切ない。

中国系タイ女性と結婚し、得た娘〈ひかる〉を抱いて瀬戸は呟く。「ベトナム、日本、タイ、中国の血がそれぞれ少しずつ溶け合い流れていて、のぞいた瞳にはそのどれでもない、ただアジアが見ようと思えばそこに見えるのだった」。読後、私はいま一度、一繋がりの写真について考えていた。

（朝日新聞社　1800円）

---

## 『逝きし世の面影　日本近代素描Ⅰ』

渡辺京二著

一九九八年一〇月一八日

大げさでなく、ページをめくるたびに眼は覚め、視界は拡がる。そんな思いを久々に味わった。

著者の問題設定とその方法はきわめて明瞭である。「昭和の意味を問うなら、……開国以前のこの国の文明のありかたを尋ねなければならぬ」。そのためには「異邦人の証言に頼らねばならない。なぜなら、私たちの祖先が……自覚すらしなかった自国の文明の特質が、文化人類学の定石通り、異邦人によって記録されているからである」。

オールコックの『大君の都』、チェンバレンの『日本事物誌』、バードの『日本奥地紀行』など、幕末から明治にかけて訪日した欧米人の文章に親しんだ方は多いだろう。著者は未邦訳のものを含め、これら外国人の訪日記を徹底して調べ、読み込んだ。

外国人すべてが「親和と讃嘆」の眼で日本を眺めたわけではない。「違和と嫌悪」をあらわにした者も少なくない。けれど彼らは一様に驚き、眼を見張っている。

陽気で、ものおじしない人々。身分制度のなかでも自由に生きる底辺層。遊ぶように仕事をこなす職人たち。彼らが作り出した日用品の美意識の高さ。つましく、礼節を知る生活。大人とは違った世界を共有する子どもたち。伸びやかに一生を全うする女たち。田園、森、動物が作り上げる風景の美しさ。数多い訪日記から著者が掬い上げたのは、こうした世界だ。

反論があるだろう。欧米人は優越感を抱き、色眼鏡をかけ、日本を絵のように描き出さなかったか、と。

著者は、西欧人の色眼鏡を暴き出したE・サイードの『オリエンタリズム』を批判的に読解し、それを近代以前の日本に適用することをいましめる。当初、疑問もあった。しかし読むうちに、かつての日本に「有機的な個性としての文明」があり、培った心性と共に、ユニークな文明が近代化により滅んだことを感得した。

狭隘な日本人論の類《たぐい》ではない。著者は一九四五年までの、「日本近代を主人公とする長い物語」を書く予定だという。発端である本書を再読しつつ、続巻をゆっくり待ちたい。

（葦書房　4200円）

## 『変身　放火論』

多田道太郎 著

一九九八年一一月一五日

まず眼のつけどころに感心した。

井原西鶴の『好色五人女』のうちでもよく知られた八

百屋お七の一話。中里介山『大菩薩峠』の「禹門《うもん》三級の巻」、神尾主膳が自分の屋敷に火を放つ件。続いて三島由紀夫の『金閣寺』と村上春樹の「納屋を焼く」こう並べてみれば、どれも放火文学だ。

次に読みはじめて、変化自在な語り口に感嘆した。

エロス探究者梅原北明主催による昭和二年の「お七祭」の逸話からはじめ、江戸に戻ってお七の実説と浮世草子、浄瑠璃などに登場するお七像との違いを語り、西鶴を語り、かと思えば落語「火事息子」に触れ、江戸の火事を論じ、男色女色を述べ、また一転して坂口安吾の『白痴』、ボードレールの『巴里の憂鬱』、ジッドの『法王庁の抜穴』へと話を飛ばす。

どの章もこんな具合。要するにドーンと元手をかけた知識を惜しげもなく取り出し、あちこち話を転がし、放火を語るように見せて、その実、人間の心のなかで燃え上がる火の行方を著者は追うのである。

少女お七の物語からは一途な恋を、近松門左衛門『曽根崎心中』の道行場面からは、ちらちら燃える人魂が示す浄土の意味を、そして神尾主膳のハチャメチャな放火騒ぎからは人間の業を読み取る。これら物語のエロスも死も荒々しく、切ない。

では現代は。三島の『金閣寺』の炎上場面。著者はこうつぶやく。「この炎は小さいなァ。弱々しいなァ。火事という名にも値しないなァという感じがするんです」。火村上の『ノルウェイの森』の火事を眺める場面では、「お七の放心的な恋心の放火というものから、火事を一種お酒のつまみみたいな格好に見たてて、そしてそれを背景としながら男の反応を確かめるという女の求愛の仕方へ……色恋の大変身といってもいいでしょうか」。著者ならずとも「やれやれ」だ。

読者の心に火をつけ、けむに巻きながら、その癖、著者はあとがきで「放火願望の爆発は『ヒステリー』に似た擬死（うそ死に）である」とひんやりしたことといって火を消す。大人の芸である。

（講談社　２５００円）

## 『林檎の礼拝堂』

田窪恭治 著

一九九八年一一月二二日

美術家田窪恭治が、フランス・ノルマンディーの小さな町ファレーズに妻子と移住し、廃墟と化した礼拝堂を再生する。こんな話を聞いたのはずいぶんと前だ。

彼には廃材に金箔を張ったシリーズがあり、また取り壊し寸前の廃屋を表現対象にした作品もあったから、その延長上の仕事なのかと理解したものの、規模も違い、なにより日本から遠く離れているだけに、突拍子もない実践としか思えず、いぶかった。

三年の計画は結局十年に延びた。それでも田窪は見事に礼拝堂再生を成功させ、そしていまも彼はカルバドスの原料として育てられ、土地の木というべき林檎を礼拝堂の壁に描き続けている。本書は十年にわたる実践の、折々の報告である。

まず添えられた写真に眼を見張る。草を食む羊、馬。樹々の間をこぼれる光。樹齢五百年を超えるイチイの大木。その脇にある、荒れ果てたとはいえ、一六世紀に建てられた簡潔で美しい礼拝堂。この田園風景と礼拝堂の佇まいに田窪は心を打たれたのだと納得する。

当然ながらいくつもの困難があった。計画がファレーズの人々に理解されること。外国人として暮らす家族全員の精神的緊張。建築工事の技術的な問題。そして資金不足。読むうちに、こうした難問を一つずつ解決したのは、家族と町の人々の協力、資金を援助した人々、つまりすべてが手作りの人との繋がりだとわかってくる。

そしてまた礼拝堂が息を吹き返すにつれ、田窪自身が蘇生し、すべての過程で美術の本質に触れていることに気づく。田窪の言葉を引く。「新しい風景（世界）とは……今まで通りの日常の中に潜んでいる」。彼が向かったのは「ハードな『あきらめ』を超えてでてくる、『ユーモア』の世界だったりするような気もします。そして、その『ユーモア』の場所を楽しめるのは私たちではなく、私たちの子孫なのでしょう」。

礼拝堂と周囲の田園の、光と風に身を晒したくなる。巻末に町へのアクセスまで案内されているからなおさらだ。

（集英社　1800円）

# 『阿片』

マーティン・ブース著

田中昌太郎訳

一九九九年一月一〇日

「火の利用から原子の分裂まで、人類が行なったありとあらゆる発見には、善い面と悪い面があった。阿片も変わらない。それは痛みを止め、……それを使わずに医療を行なうほど非情な医師はほとんどいない。数百万の人がそれによって救われた。だがそれは数百万の人命を破壊し、文化全体を奴隷化し、いずれ人類を没落させるかもしれないのだ」

この大部な本は最後にこう締めくくられる。この言葉は内容を簡潔に説明すると同時に、著者が本書をなぜ書いたのか、執筆動機を明らかにしている。

前半を読み、阿片の文化史かと思った。有史以前に発見された阿片が古代ギリシャ、ローマから人間の苦痛を和らげる薬として用いられ、やがてロマン派の詩人や作家の想像力に影響を与えたことなど、冗長と思えるほどゆっくりと語られるからだ。

しかし後半に入り、阿片戦争に至るほどイギリスが阿片で中国から利をむさぼった内実、その方法を日本の軍部が受け継ぎ「侵略の具」とした事実、阿片が世界へ拡まった過程を記述する辺りから筆致は高まる。

肝要な点は二つ。一つはなぜ、常用が人体に危険なのか、文化を奴隷化するのか、歴史上の実例をもって答えたこと。用いたはじめは人をリラックスさせる。しかし常用すると体を弱め、病気を併発し、想像力を高めるどころか悪夢にさいなまれて死ぬ。「それは人を縛りつけて、演奏することも歌うこともできなくする」歌手ビリー・ホリデーの言葉だ。

いま一つは戦争、貧困、民族差別といった現代の問題と麻薬が結びつくことを明らかにした点。ベトナム戦争で米中央情報局（CIA）は反共の名目でヘロイン製造を黙認し、今日の麻薬禍の主因を作った。そして現在、世界中の国が麻薬びたしとなっている事実を、多国籍企業になった密売組織の実態を暴き、列記する。最後の章で徹底した阿片栽培禁止策から、逆に取り締まりのすべてを放棄する案まで対策を探る。が、どれも行き詰まる。「いずれ人類を没落させるかもしれない」という難問だけが残る。

（中央公論社　３２００円）

---

## 『ウィルソン氏の驚異の陳列室』

ローレンス・ウェシュラー 著
大神田丈二 訳

一九九九年一月三一日

分類すれば本書はノンフィクションだろうが、話はどこか過剰で変でタガが外れ、読み終えても謎と著者の皮肉なユーモアが余韻として漂う。つまり〝奇妙な味〟のミステリーをワクワクして読んだ気分だ。

ロサンゼルス郊外のカルバー・シティーに、ジュラシック・テクノロジー博物館という小さな個人経営の博物館がある。ひっそりとした建物の扉を押し、なかに入り、暗い陳列室をめぐり、眼を凝らしたとき著者は、ここは一体何だと叫んだ。これがはじまり。

オレンジ色の針のような突起物を額に生やした大きなアリ。鉛の板の間に閉じ込められたコウモリ。このコウモリは通常の壁など擦り抜けると説明されている。針の穴、その小さな穴を覗けばローマ法王の姿が彫られている。ほかにもイギリス女性の額に生えていたという角など、妙な陳列品がぞろぞろ。

当然、著者はこれは本物なのかと疑い、博物館の創設者にして館長のウィルソン氏に、博物館の意味と由来を、続けて氏個人の経歴を聞いた。ところが、小柄で、ウィルソン夫人によれば「ネアンデルタール人そっくり」という風貌もさりながら、氏の説明も常識外れで核心は曖昧でとらえどころがない。

そこで著者は調べる。どうやらウィルソン氏の語ることは本当らしい。やがてこの博物館こそ近代のはじめ、ヨーロッパ各地に存在した「驚異の部屋」、つまり人々に驚きを与えるものならあまねく蒐集しようとした博物館の原形を受け継ぎ、さらに現代の科学が生む驚異まで陳列していることも明らかになる。

ここで読者の驚きは終わらない。著者が巻末につけた「注」と「出典」を読むとき、いかに驚異にとりつかれ、不可思議な制作や研究に没頭した人が多いことか、とびっくりするだろう。そして、この本そのものが偽書ではないかと疑問をもつかも知れない。

いや、この疑問こそ著者の意図なのだ。驚きと疑いこそ知への情熱。ウィルソン氏の博物館こそ画一化した現代人の知識と、どこかの国にも多い形骸化した博物館や美術館への痛烈な皮肉なのだ。

（みすず書房　3200円）

## 『後日の話』

河野多恵子 著

一九九九年三月二一日

「十七世紀のトスカーナ地方のさる小都市国家で、結婚生活二年にして、思いもかけぬ出来事から処刑されることになった夫に、最後の別れで鼻を嚙み切られ、その後を人々の口の端にのぼりながら生きた、一女性についての話である」

こう冒頭に記される。作者はのっけから手の内を明かすのだが、これが絶妙な仕掛けになっている。さらに作者は巻末に「この作品は、ブラントームの『ダーム・ギャラント』（鈴木豊訳）の或る一頁との出会いから生まれた」とネタまで付記している。

たしかにブラントームの本には、フランス王に仕えた、やきもち焼きのアルバニア人が処刑される寸前、妻の鼻を嚙み切った話がある。しかしわずか一枚半の小話に過ぎない。その小話を作者は大きく膨らませ、ワクワクドキドキする物語に仕立て直した。

舞台設定のうまさ。場所は海辺にある小都市国家、主人公の家は富裕な蠟燭屋。男たちは商売に励み、女たちは奥向きの暮らしを支える。谷崎の『細雪』に似た舞台となった。港町の市民は噂話を楽しむ。富裕な一家のことは常に話題に上る。しかも一家が商う蠟燭は教会や貴族の館に納められ、聖なる火を点す。主人公は聖と俗の狭間に生きることになる。

そして作者は女主人公に際立った性格を与えた。子供の頃からなにかにつけて「それはそうなんだけれど」という口癖。彼女は物事を自分の生に引きつけて考え、すべてを実証しなければいられない。

物語は冒頭の一文から一転してさして奇でもない日常風景に変わる。が、冒頭の言葉が効き、読者ははじめから緊張感をもって読む。事件後も同様である。ゆったりとした、しかし緊張度の高い文章で描かれた「後日の」日常のなかで、やがて生きることを実証せねばいられない主人公の欲望に飽和が訪れ、あっと息をのむ結末へと読者は自然と導かれる。

余韻は深く残響し、読者は物語のさらにその「後日」を考える。つまり作者の見事な達成に私はうなるばかりであった。


（文藝春秋　1905円）

## 『死者の百科事典』

ダニロ・キシュ 著

山崎佳代子 訳

一九九九年四月四日

いままたユーゴスラビアは戦火の只中にある。

二十世紀は戦争の世紀であった。国際政治の歪みはこの国を繰り返し戦場と変えた。一九八九年パリで客死したダニロ・キシュ。このユーゴスラビアを代表する作家は、第二次大戦中に父親が強制収容所へ送られ、還らぬ体験をもち、彼自身も民族主義が高まるなか、故国解体の予兆を感じつつ死んだ。

はじめて邦訳された『若き日の哀しみ』には、大戦下を苛酷に過ごした、少年のころの記憶が強く刻印されていた。それでもノスタルジックな抒情が漂い、ユーモアと明るさもそこにはあった。

ところが最晩年に書かれた『死者の百科事典』は一転して暗く、苦いアイロニーに満ちている。ただ、その暗さは一様でなく、多彩な色調をもち、謎めいた混沌とした光を放っている。

九つの短篇と作者自身による作品注釈ノートから構成され、表題通り、時代も場所も異なる死者をめぐる物語が、それぞれ文体を変えて綴られる。聖者の時代、異端者として生き、異端者として死んだ男を伝説仕立てで語る「魔術師シモン」。急死した娼婦の天真爛漫さを、愛した男の回想で紡いだ「死後の栄誉」。表題作である「死者の百科事典」は、無名の男の生涯がもれなく記載された記録が残り、その記録本を娘が読むという夢の形で。他には、一冊の書がヨーロッパ全土を巻き込み、全体主義を生む悲哀劇をミステリアスに描いた「王と愚者の書」など。

「歴史は勝者が書く。伝承は民衆が紡ぎ出す。文学者たちは空想する。確かなものは、死だけである」。が、その死を語るべき死者たちは九篇のなかでも沈黙したまだ。ここに苦いアイロニーがある。逆に浮かび上がるのは、愛する者を失った恋人や家族の悲しみ、理不尽な痛み、全体主義への怒り、故国の歴史の非情さ、そこに生きる人間の混沌とした生。

キシュの空想の光は読者の、死者への想像力を、死と生への普遍的な目覚めをうながす。いままた彼の故国は戦火の只中にある。

（東京創元社　1900円）

## 『古代人と死　大地・葬り・魂・王権』

**西郷信綱** 著

一九九九年四月一八日

『詩の発生』以来、西郷信綱の著作を読むことは私の楽しみである。私のごとき記紀や万葉についてズブの素人にも、この碩学は古代人の歌や言葉を解き明かし、彼らの心性、生活を、そして古代風景をリアルに生き生きと喚起させ、日本人の古層へ導いてくれた。

『古代人と死』は二十七年前に刊行した『古代人と夢』の姉妹編である。この間に『古事記注釈』全四巻を完成させ、続いて『壬申紀を読む』を出した。

『古代人と夢』は「夢にも固有な歴史があった」とい

うユニークな命題を立て、その夢の歴史から、古代と中世との間に日本人の精神史上、大きな変革があったことを指摘したが、この論中に「黄泉の国と根の国」の章がある。ここですでに西郷は、古代人があの世に抱くイメージに触れている。

しかし『古代人と死』はこの論考を単に大きくふくらましたわけではない。イメージであった他界の像が本書では、出雲、壱岐・対馬、伊豆諸島、諏訪といった中央ヤマトから離れた、遠い土地の神話まで視野に入れ、古代人がそれらの地名に託し、明確に意識していた此岸と彼岸の境界、いいかえれば仏教伝来以前の彼らの世界像、宇宙観へと論は展開される。

前著が夢によって垂直に古代人の精神史をとらえたとするならば、本書はそこに水平軸を広く加えたといってよい。それだけに論考はより精緻となり、ときには本居宣長や柳田國男など先達の論を批判的に読み、ときには他分野の諸学と対話しながら一歩一歩進めるからはじめは全体のテーマが読みとりにくい。

しかし、古代人の死との交渉を描きつつ次第に明らかにされるのは、大和朝廷が地方を平定し、王権を確立する過程である。論中の白眉は終章の「天皇天武の葬礼」。天武天皇が没してから二年二ヵ月にわたって続けられた葬礼を「一つの政治的劇場」として解読し、聖武天皇の大仏造営をもって神話時代の終焉期を俯瞰する。一つ一つの言葉の見事な解釈もさりながら、西郷の、スケールの大きな思考、大胆な姿勢にあらためて感嘆した。

（平凡社選書　2500円）

## 『名画とファッション』

**深井晃子**著一九九九年五月二三日

卓抜なアイデアが読みやすい、楽しい本を生んだ。

十五世紀から十七世紀にかけ、美術史の上ではマニエリスム、バロックと呼ばれる様式がヨーロッパで開花した。その時代から二十世紀初頭までの絵画、それも美術史にさして興味のない方でもどこかで見たはずの、飛び切りの名画を時代順に並べ、そのなかに描かれたファッションを読み取ってゆく。

最初に登場するのは、クラーナハの「ユディト」。ユディトは伝説の美女だが、クラーナハは彼女に深紅のベルベットを着せて描いた。一五三〇年ごろベルベット、つまりビロードが大流行したからだ。

しかも、肩やひじの切れ目から下着を見せているのには驚く。この切り裂き装飾（スラッシュ）も当時、大流行した。同じクラーナハの肖像画「ザクセンのハインリヒ敬虔公」には全身、スラッシュ・ファッションに身をかためた領主の姿がある。

ページを追えば、名画から美女たちがシースルーやプリーツをまとい、下着ファッションやユニセックススタイルで登場し、あたかも絢爛たるファッションショーの趣がある。男もまけじとピアスをし、ストッキングをつけて現れる。昔の人はずい分大胆だったと考えるか、現代のファッションに通じると思うか。私などはつい、次の評言を思い出してしまった。

「怪しからん事だ。十四世紀頃までは彼等の出で立ちはしかく滑稽ではなかった、やはり普通の人間の着るものを着ておった。それが何故こんな下等な軽術師《かるわざし》流に転化してきたかは面倒だから述べない」。百年ほど前、苦沙弥先生が飼っていた「猫」の言葉。

皮肉屋の猫は述べないが、本書の著者は軽術師風の、いやいや面白いファッションが、なぜ十五世紀以降に流行したか、素材や仕立て、あるいは人間の考え方の変化から、きちんと一つずつ説明する。

なにより決まり切った絵の見方から解放し、名画に楽しく接する方法を著者は教えてくれる。絵が好きだった苦沙弥先生、漱石もこの見方には大いに賛同しただろう。

（小学館　１７００円）

一九九九年六月六日

## 『裸足と貝殻』

三木卓 著

この長篇小説は昭和二一年、中国からの引き揚げ船の船首に、少年が張りついている場面からはじまる。

「腕は船首にはりついて石のようだ。けれどもなお、波をわけて進んでいくところを見ていたい。その一瞬一瞬が、自分たち引揚者を死から遠ざけていく前進だからだ」

この一節から、かつて作者が書いた短篇連作『砲撃のあとで』を、思い出す読者は多いだろう。あの作品で作者は少年の眼を通し、敗戦直後、中国に残った日本人の姿を描いた。無法、飢え、病、誰もが死と直面し、少年自身もその過酷な世界を必死で生き抜く。

連作の最後「朝」は、病で相ついで死んだ父と祖母の骨を背負った少年と家族が、引き揚げ船を目の前にしたところで終わっていた。だから本篇は「砲撃のあとで」の続きだともいえる。しかし先の連作の主人公は単に「少年」とされていたのに対し、本篇では「加納豊三」という名が与えられている。また作品から受ける印象も先の連作とかなり異なる。

それは少年と家族が「死から遠ざ」かり、舞台が戦後の日本に移ったということだけではないだろう。

豊三は祖父、母、兄と共に引き揚げ列車に乗り、静岡の親戚の家にひとまず身を寄せ、学校に通いはじめる。世の中は次第に落ちつくが、一家は自活しなければならない。母は働き口を変えながら家族を養う。兄も、豊三もまた気楽ではいられない。

作者はしかし、引き揚げ者一家の苦労よりも、レッドパージなどの世相を織り込みつつ、中学卒業時までの主人公の変貌に力点を置く。なにも持たなかった豊三は級友たちとつき合いながら、文学に、性に、社会の矛盾に目覚めてゆく。この目覚めは当然ながら、痛みをともなう。まさに「裸足と貝殻」。

つまり本長篇は先の連作の続篇というより、主人公豊三の、精神の成長を追う、新たな物語の第一部なのだ。暗くなりがちなテーマだが、タイトル通り、明るい青空を感じさせるのは、作者が戦後の希望を豊三に託しているからである。

（集英社　２２００円）

## 『シャボン玉の図像学』

森洋子 著

一九九九年六月二〇日

シャボン玉。空に舞い、キラキラ輝く、あのシャボン玉を描いた絵画が、本書には次々登場する。これにまず驚かされる。著者によれば、集めたシャボン玉の図版は約百六十点。本書には関連図版を加えて約二百二十点が収められている。こう紹介するとなにやらシャボン玉マニアの本に思われかねない。

しかし著者は九年前、大著『ブリューゲルの「子供の遊戯」——遊びの図像学』を出し、ブリューゲル作品に描かれた、多彩に遊ぶ子どもたちの姿に光を当て、ヨーロッパ中世近世の子どもの実像に迫った。

本書はその続編であり、「子供の遊戯」にも描かれているシャボン玉遊びに焦点をしぼり、数多い絵画資料を時代順に並べ、そこからシャボン玉に託された意味の変化を追うという極めて正統的な、しかし類書のないユニークなイコノロジーの試みである。

一五〇〇年に刊行されたエラスムスの『格言集』、そのなかの格言「人間は泡沫なり」が世に知られ、十六世紀初頭、この格言の図像表現としてステンドグラスや寓意画に、シャボン玉は現れる。エラスムスの格言は、中世以来の格言「死を想え」と結びつき、死を表す頭蓋骨などと共に、シャボン玉は描かれた。

つまり束の間の人生、名誉や富といった地上の快楽のはかなさ、空しさとしてシャボン玉は表現された。この意味は少しずつ変容しながらも十八世紀まで継承される。が、十九世紀に入り、その意味は曖昧になり、シャボン玉と戯れる子は、無垢のイメージとなって石鹸会社のコマーシャルに使われるに至る。

これが大筋だが、著者はそこから近代の意味を問うといった性急な結論は避ける。また日本のシャボン玉図像も歴史的に追い、日本の場合、シャボン玉は空しさの象徴にならなかったと指摘するが、すぐに和洋の心性の違いを見るといった独断を下すことはない。

ではこの誠実な美術史家はなぜ、かくもシャボン玉に惹かれたのか。絶えることのない遊びの楽しさ。多彩に変わる美しさ。描写技術の難しさ。それを見つめる眼が本書の端々にキラキラ映っている。

（未来社　5800円）

## 『天池』

日野啓三 著

一九九九年七月一一日

病を得て書き出された『断崖の年』からか、日野啓三の小説は一作ごとに激しさを増し、しかも精妙さを加えている。

最新作『天池』の舞台は、深い山々に囲まれた北関東の、小さな湖の畔に立つ「伝説の古城のようにさえ見え」る古く大きな館。この館は祖先伝来の山林を守ってきた老人の家なのだが、いまは改造され、次女夫婦が経営する民宿になっている。一家はほかに独身の長女と麓の町の高校にバス通学する三女。

季節は初秋。その館に客として、まず若いカップルが、続いて次女と高校時代同級生だった教師と彼の友人で新聞社の校閲記者が、そして予約なしでベトナム戦争などの現場を歩いてきたフリージャーナリストが訪れ、計十人が顔を合わせる。

秋の天候はめまぐるしく変わる。一日目が明けると翌朝は深い霧。その夜は強風が吹き荒れる。三回目の夜は月が明るく昇る。四日目は激しい雷雨。大自然の変化に応じ、湖畔の民宿は「いろんなことが剝き出しになる奇妙な場所」となってゆく。

過去の重さにさいなまれている者。過去を捨てた者。将来が見えぬ者。欲望にしがみつく者。知識だけを頼りにする者。それぞれの過去と現在と未来が混ぜ合わされ、雷雨のなかでクライマックスを迎える。

古びた館を舞台に、大自然が登場人物たちを再生へと導く物語といえば、この作家はすでに十七年前『抱擁』を発表している。『抱擁』は私小説を書いてきた作家が、物語へと大きく一歩を踏み出した作品だが、『天池』もまた野心に漲る長篇である。

なにより主人公を一人にしぼらず、登場人物十人それぞれの眼と心理を通じ、交互に発話させ、物語を進行させる方法を採ったため、互いの心理のズレが陰翳を作り出し、また物語を六日間に限定したことで、古典劇を思わせる張りつめたドラマとなった。

細部にいたるまで言葉は練られ、なおかつ実験的な手法も用いられている。独断ながら日野啓三の最高傑作だと思う。


（講談社　２０００円）

## 『竹林の隠者――富士正晴の生涯』

大川公一　著

一九九九年八月二二日

時折、富士正晴の言葉にふれたくなる。

散文でも詩でも、世の中の変化に動ぜず、笑い、遊ぶ彼がそこにいて、彼の作品の書名を借りれば「せいてはならん」という気にも、「心せかるる」思いにもなり、まあ、「どうなとなれ」と楽になる。


富士正晴は大阪の茨木市安威《あい》の、竹林に囲まれたボロ屋に三十五年ほど住み続け、晩年は主宰する同人雑誌「ＶＩＫＩＮＧ」の会合に出かけるぐらいで、トカゲや鳥と遊び、気の向くままに文を、絵をかき、音楽を愉しみながら十二年前の夏、七十三歳で没した。

この「竹林の隠者」と呼ばれた、妙な、しかし肚《はら》の据わった人の評伝は、理科と文科それぞれに在籍しながら、結局は四年間を一年生のままで過ごし、退学してしまった三高時代からはじまる。

生涯の師となる竹内勝太郎との出会い。竹内の指導で野間宏と桑原静雄とはじめた同人誌「三人」のこと。竹内の急逝後、師の遺稿を整理し、すべてを刊行。その後に陸軍二等兵として中国へ出征する。

出征前に「戦で決して死にはしない」「女を強姦しない」という「鉄の規則」を自ら定め、附則として「大いに飯を食う」「無理な仕事を避けよ」を加えた。ここに彼の生き方の真骨頂がある。

そして復員し、「ＶＩＫＩＮＧ」を創刊した。

若いころの彼はあちこちに出没し、「富士旋風」とアダ名がついたようで、この評伝にも、伊東静雄、三島由紀夫、吉川幸次郎、島尾敏雄、開高健、久坂葉子など多彩な人物が登場する。誰もがときに反発しながらも、富士に魅かれる存在の大きさ、面白さ。

彼がいなければ、竹内勝太郎も久坂葉子も忘れ去られ、桂春団治や大河内伝次郎の人間性も知られず、多くの作家も芽が出なかったはずである。だから富士の評伝は待たれていた。しかし不満もある。

「富士は竹林の中で……戦争を生き続け、人知れず魂の血を流し続けていた」という点をさらに深く。なにより著者にはもっと地声を発してほしかった。富士はなに事であれ地声で語ったのだから。

（影書房　2200円）

**『別冊太陽　発禁本——明治・大正・昭和　城市郎コレクション』**

**米沢嘉博 構成　城市郎 他文**

一九九九年九月一二日

発禁本といえば、ワイセツなポルノの類を連想するかもしれない。しかし発売禁止や削除処分を科された出版物は、政治や思想にかかわるものも多い。

城市郎は明治以降の発禁本を書誌学的に研究し、『発禁本』や『発禁本百年』などを著している。彼が蒐集した発禁本は一万数千冊に及ぶ。本書は、その蔵書から米沢嘉博が選りすぐり、時代順にテーマをもうけ、解説をつけて構成したものである。

ページをめくるとカラーで撮られた発禁本が次々現れる。退色した表紙、染みを滲ませた挿絵、あるいは伏せ字だらけのページ、警視庁による「発売頒布禁止」の印がそのまま写されていて生々しい。

その一冊ずつに各々の処分内容を、「即日風俗禁止」「印刷中押収」「十五頁削除」などと城が短くコメントをつけているが、そこに城のコレクションにかけた執念を感じ、圧倒される。

と同時に、これら発禁本の装幀やカットがじつに力強く、美しく、自由闊達であることにも驚かされる。出版元の情熱が伝わってくる。

その出版人や著者が時代ごとに紹介されている。著作の大半が発禁となった青柳有美からはじまり、宮武外骨、梅原北明、酒井潔、伊藤晴雨といった著名人もいれば、凸凹寺法主・久保盛丸や谷村黄石洞、山路閑古といった知る人ぞ知る反骨人も登場。そして城に発禁本研究を託した、先達の斎藤昌三。

「いかなる検閲も弾圧も、反対ですね」「見捨てられるものへのいとおしさ。そこには血と涙の叫びが聞こえてくる気がします」。巻末のインタビュー記事のなかで、こう城は米沢に語っている。反骨と虐げられたものへの深い情。じつは思想書であれ、ポルノ本であれ、この表現への信念と情は、発禁本を作った人々に通底する思いなのだ。

本書をまとめるにあたり、出版社からかなり多くの掲載不許可の返事がきたらしい。表現の自由は確保されたかに見え、出版への信念と情はかえって希薄になりつつある現在が透けて見える。

（平凡社　２８００円）

## 『〈忘却〉の文学史』

ハラルト・ヴァインリヒ 著
中尾光延 訳

一九九九年一〇月三日

明治二十年代中頃、記憶術が大流行する。新知識が入り、立身出世が合言葉になったからなのだが、同時に『忘却法』『失念術』といった本も刊行された。

情報を順に蓄えるには、不必要な知識は忘れなければと考えたからである。では忘却術は可能か。

さて、妙なタイトルの本書。この本の成立過程にも同様の問題意識が働いたようだ。ヨーロッパでは記憶術は古代ギリシャまで遡る、長い伝統をもつ技芸である。この記憶術をめぐって記号論学者ウンベルト・エーコ（後に『薔薇の名前』などを書く）は、忘却術の方は存在しないと学術会議で講演した。

このエーコの問題提起に応え、訳者の解説によれば著者はまず、『忘却術は存在するか？』を発表した。記憶術自体のなかに記憶と忘却が深く介在し、筆記道具を含め、手、体、記号、文字、言葉、心像などが記憶と忘却を構成するという趣旨であった。それから三十年余経って、再度世に問うたのが本書。

記憶術の創始者とされる詩人シモニデスが、将軍テミストクレスにその術を教えようとすると、将軍は忘却術こそ最大の関心事だと答えた逸話からはじめ、著者は、忘却術とは「ホメロスの昔から今日に至るまで、人々がここかしこで遭遇し続けているものだ」という仮説を立て、ホメロス、ダンテ、ゲーテ、フロイト、クンデラ、ボルヘスと膨大な古今の文学から、想起と忘却が織りなすドラマを描いていく。

ダンテ『地獄編』には古代の記憶術が背景にあった。モンテーニュは記憶による知識を批判した。記憶術の芸人はどうして物事を忘却しえたか……。

読了すれば、いかに西欧は記憶の文化、知識によって形成されてきたかとまずは感じる。その文化が揺れ動いたとき、プルーストは大作を生み、またアウシュヴィッツ体験が忘却の問題を浮上させ、エーコや著者が記憶と忘却にあらためて関心を寄せたに違いない。

そしていま一つの動機は、二十世紀末に記憶と忘却の矛盾が露出したことか。終章のタイトルは「コンピューターに蓄えた、すなわち忘れた！」。

（白水社　３５００円）

## 『人はなぜ傑作に夢中になるの』

アメリア・アレナス著
木下哲夫訳

一九九九年一〇月一七日

美術の秋。各地の美術館がさまざまな企画展をはじめている。現在では海外の美術館の収蔵品展示も多く、よほどの大物でなければ話題にならなくなった。

しかし、著者が本書のなかで取り上げた美術品が日本で公開されたなら、どうだろう。

アルタミラの洞窟絵画。ミロのヴィーナス。ダ・ヴィンチの《モナリザ》。ボッティチェリの《ヴィーナスの誕生》。ミケランジェロの《ピエタ》。ベラスケスの《ラス・メニーナス（宮廷の侍女たち）》。ドラクロワの《民衆を導く自由の女神》。そしてピカソの《ゲルニカ》など十四点。いずれも実物を見ずとも写真でおなじみの作品ばかりである。

見学が制限されているアルタミラの洞窟はともかくも、どの美術館でも観客は他の作品など眼中にないかのように、これら美術品の前で群をなす。

著者はこの十四点すべてを見て回った。ミロのヴィーナスには両腕がない。《モナリザ》は未完成。《ヴィーナスの誕生》は「描き方にどこかしら幼稚さがある」。それでも人々はこれら傑作に夢中になる。

著者はその秘密を大胆に解釈してゆく。ミロのヴィーナスは「両腕のないことが……性の感覚を刺激してはいないだろうか」。ヴィーナスは切り取られた父の性器が海に投げ入れられたとき、生じた泡から生まれた。この神話の通り、ミロのヴィーナスに人々は男根をイメージするのでは。《ヴィーナスの誕生》はファッション画、ファッション写真の先駆では。

カラヴァッジョの《バッカス》が訴えるのは、戦争映画や恐怖映画がかもす現実とは異なったリアルさ。ドラクロワの絵はプロパガンダポスターのはしり。ムンクの《叫び》は「未開の民が悪霊を欺くためにこしらえる呪物」と同じく現代人のための魔よけ。

つまり、これら傑作に心を奪われるのは、そこに現代の大衆がマス化社会の幻想を付与するためだ。だから本書を読了すると、むしろ写真や広告を含め、現代美術の問題が明らかになる。訳文もこなれ、著者のウィットのある語り口をよく伝えている。

（淡交社　２０００円）

## 『地中の廃墟から　〈大阪砲兵工廠〉に見る日本人の20世紀』

河村直哉 著

一九九九年一一月七日

阪神大震災とオウム事件から一年半ほど経ったころ、大阪城公園では排水管埋設工事がおこなわれ、地中から黒ずんだレンガがおびただしく出てきた。

通りかかった著者は、そのレンガが戦前にそこにあった大阪砲兵工廠の残骸だと気づいた。アジア最大規模の兵器工場。陸軍の大砲のすべてを製造したが、敗戦の前日八月一四日に空襲にあい、壊滅する。しかも戦後すぐには跡地に埋もれた金属類を求め、「アパッチ族」が出没。開高健『日本三文オペラ』などの小説で「アパッチ族」は知られている。

一週間後、著者は再びレンガの山を見に出かけた。しかし「なんの痕跡も残さずきれいに埋め戻されていた」記憶を辿るべきものは、戦争にせよ震災にせよ、こうして瞬時に消されてゆく。これがはじまり。

著者は工廠に関係した人を探し、インタビューを試みる。工廠で働いていた人。武器を研究していた人。製造した大砲を中国の戦地で実射した人。空襲をうけたとき、遺体を処理した人。「アパッチ族」だった人など四十五人に話を聞く。

途中で工廠では毒ガス弾も作っていたことが明らかになる。そこで著者はガス弾製造にかかわった人にも、また瀬戸内海の大久野島で毒ガスを作っていた人にもインタビューする。

こう紹介すると本書もステレオタイプの戦争ものと思うかもしれない。が、著者が聞き、考え、ためらいがちにくりかえし問うのはその先だ。

工廠は「会社」だったと答える人も、「うしろめたさ？　なかったねえ」と語る人もいる。著者の問いに「お国のため」と答えた人は少ない。多くの人は家族のため、自分が生きるために砲弾、大砲を作り、ガスを作り、それを発射した。そしてその経験は。

著者のためらいは、それらの答えがいまの自分と同じではと思うからだ。だれもが「善良にあの時代を生きた。……そして戦後、だれしもが善良に仕事に励みながら、あの時代を忘れていったのである。だとすればこれはいまとまったくおなじではないか」。

（作品社　２２００円）

## 『江戸のヨブ――われらが同時代・幕末』

野口武彦 著

一九九九年一一月二八日

大きな地震だった。市街地は一瞬のうちに瓦礫の山、焼け野原に変わり、多くの死者を出した。

奇特な女がいた。彼女は身を売っていた。その稼ぎから震災直後、煮炊きにも困っている人たちに大金をはたき、多量の鍋を買い、寄付した。当然、話題になる。しかしこの美談には裏があった。

公務員になるべく猛烈に勉強していた男がいた。ツキのない男だった。十五歳から慢性の下痢に悩まされ、それがおさまると脚気になった。だから受験は自分の運命を変えるチャンスだった。仲間と勉強会をはじめた。そこに大地震が起きる。

家屋は倒壊。建て直したものの、彼の庇護者だった祖父は寝込み、そのまま死去。勉強のスケジュールは狂った。試験当日、疲労と緊張から下痢が再発。しかも大型台風が来て、睡眠不足。でも彼は合格した。だが彼は公務員になぜか登用されなかった。

阪神大震災のときのことか、と思うかもしれない。ところが、じつは幕末の江戸を襲った安政大地震が起こした悲喜劇なのである。

先の話は吉原の遊女黛にまつわる美談だが、その裏には遊女屋や彼女のイロの思惑や仕掛けがあった。後の話は当時の公務員試験「学問吟味」に受かりながら、出世できず、生涯「世を呪い、人を恨み」、「書くことで意趣を晴らすのが生き甲斐」となった大谷木《おおやぎ》醇堂《じゅんどう》のこと。著者は「江戸のヨブ」と名づける。

夷斎先生こと石川淳にも似て、著者はいつも思わぬ切り口からひょいっと読者を江戸へと遊覧させる。

今回は幕末。人心は倦み、スキャンダルに湧く。大地震とコレラ、インフレと黒船が追い打ちをかける。女も富士登拝に熱中し、子どもまで米屋酒屋を打ちこわす。太鼓を鳴らし米をせびる貧窮組が登場。やがて「ええじゃないか」と人々は踊り狂った。

まるで現代のようだが……踊狂騒ぎは六十年周期で起きていた。が、明治に入って消える。著者はヨブの如く

「今や資本の景気循環に取って替わられた」と呟き、締めくくる。

（中央公論新社　1900円）

# 『ハーン、モース、グリフィスの日本』

R・A・ローゼンストーン著
杉田英明・吉田和久 訳

一九九九年一二月一二日

著者はアメリカ近代史の研究者だが、九州大学で一年間、教鞭をとり、その際「教師がしばしば教えるのと同じくらい学ぶものだという事実を発見」。とくに「日常生活の数限りない邂逅」から多くを学んだ。

日本人にとって当たり前のことでも外国人には謎。逆もある。誤解はちょっとした事件になるが、素晴らしい体験にもなる。この異国文化との交流の難しさと楽しさを、明治初期に来日した、三人のアメリカ人の姿を追うことで伝えようと著者は考えた。

宣教師グリフィス。生物学者で大森貝塚を発見したモース。『怪談』などの作者ハーン。三人を選んだのには理由がある。宗教と学問と文学。彼らが背負った文化は西欧を支えてきた。しかも三人は日本の土を踏み、人生を「自分自身さえ十分気づかないほどにまで大きく変」えてしまったからだ。

彼らは互いに顔を合わせることはなかった。だから交遊を描くわけにはいかない。そこで著者は、この評伝にユニークな方法を採用した。

「上陸」から「回想」まで五部構成とし、各章のなかで三人の足跡をわざと並列して筆を進める。来日時も、滞日した期間も場所も、立場も、眼にとめた事物も、接した人物も異なる。にもかかわらず彼らの生活、希望も挫折も交互に追うことで、彼らが異文化に出あった衝撃をいかに内在化しようとしたか、いわば著者自らの問いを重層化させて見せた。

なにより日常生活の細部を描いたために、彼らの性格もくっきりと浮上し、その変貌も見えてくる。

もとより異文化との交流は一義的ではあり得ない。著者は時折、自分の声を織り込み、異文化体験を定式にまとめるよりも、むしろ語り得ない多彩さに迫ろうとする。「真の問題は、日本が理解できないということではなく、むしろ言葉によってはそうした目標の途中までしか達成できないという点なのだ」

著者の問いは国際交流が深まる日本人の問題でもある。訳者はじつに詳細な訳注をつけた。著者の熱い語りへの応答のように。

（平凡社　4600円）

---

## 『フランスの遺言書』

アンドレイ・マキーヌ 著

星埜守之 訳

二〇〇〇年二月二〇日

一枚の写真。汚れた灰色の綿入れをまとい、耳当てが垂れ下がった男物の帽子を冠り、赤ん坊を抱きしめた女。主人公の少年は、その写真を、ロシアの広い草原の端に独り暮らす祖母の家で見つける。

少年は祖母に若い女は誰かとたずねる。が祖母は答えをはぐらかす。この自伝的要素の濃い長篇小説はこうしてはじまる。

少年の眼を通して語られるのは、祖母の数奇な運命である。ロシア人を父にフランス人を母に、シベリアで生まれた彼女は、父の死後、母と共にベル・エポック時代のパリに暮らす。が、母はシベリアに戻り、彼女も革命時に母の後を追う。結婚し、子どもを産んだものの、夫はスターリン独裁下、獄に入り、拷問の傷がもとで病死。そして再び戦争に巻き込まれる。

この小説はだから、二十世紀のロシアに起きた政治上の大変動を背景に、その過酷な政治の波に翻弄されたフランス女の人生を追っている。

しかしそれだけではない。彼女は孫に華やかだったパリの暮らしを、記憶と、捨てなかった新聞の記事と、好きな詩とを織りまぜ、フランス語で語り続ける。少年は当然ながら、フランスに憧れ、祖母の語ったことを記憶に刻みつける。祖母がそうであったように、相次いで父母を失った少年もロシアとフランス、二つの国、二つの言葉のなかで揺れ動く。

自分が自分であるとはなにを根拠にするのか。家族か、故郷か、記憶か、国籍か、それとも言葉なのか。テーマは重層化して綴られる。やがて少年は成長し、祖母に別れを告げ、フランスへ旅立つ。

表題は、パリに独り暮らす主人公の許に届けられた祖母の手紙を指す。届けられたとき祖母はすでに亡くなっていた。内容は主人公の、それまでの人生の根拠さえ崩しかねなかった。このラストは衝撃的だ。

それでも彼は祖母が書き遺した事実を、一枚の写真と共に静かに受け入れようとする。読後、スケールの大きな歴史のなかで、女たちと少年の、震える心の軌跡がくっきりと浮かんで消えない。

（水声社　２６００円）

## 『賢者の食欲』

里見真三 著

二〇〇〇年三月五日

「『飲食を語るなけれ』そんな躾けを明治人は受けたと思いがちだが、その楽しさを情熱的に論じた人士も意外に多い。彼らは漢籍で学んだ豊かな語彙を駆使して、説得力ある文章を綴った」

著者は彼らを「賢者」と呼ぶ。その人士は獅子文六、正岡子規からはじめて、内田百閒、徳川夢声、長谷川伸、秋山徳蔵、斎藤茂吉、子母沢寛など二十一人。著者が俎上にのせた、彼らの食べ物談義は滅法面白く、なるほどと唸ったが、それを調理してみせた著者の腕も見事だ。各章ごとに私は旨い旨いとうなずきながら味わった。

食べ物になぞらえれば、本にも旨い、不味いはある。旨い本とは、まずテーマが明瞭で、視線が高いものだ。食を語れば、どうしてもグルメ話に陥りやすいが、著者は香味をきかせた。「文は人なり、食も人なり」。賢者たちの食を語りながら、彼らの人生にサラリとふれる。文に香りが立った。

　たとえばラストエンペラー溥儀《ふぎ》の弟、愛新覚羅《あいしんかくら》溥傑《ふけつ》が通った寿司屋の話から、握り寿司について語るかと思えば、店の改築祝いに溥傑が書いた杜甫の詩編に着目し、彼がなぜその詩を選んだかを考える。そうして悲運だった溥傑夫妻、杜甫の生涯へと思いを馳せる。

　こう紹介するとなにやら高級そうだが、著者のいわんとするところは、賢者は皆、自分の身の丈に合った食を大いに楽しんだ、これに尽きる。沖縄出身の徳田球一が述べるイモ料理法に感嘆し、B級グルメ元祖古川ロッパの健啖ぶりにも、山本嘉次郎の純正親子丼再興論にも共感し、自らミルクワンタン、コーヒーラーメンといった珍な食に舌鼓を打つ。

　戦後の食糧難時代なればこそ、青木正児が夢見て作り上げた架空の料亭を思い浮かべつつも、高級料亭には足を向けず、喫茶店のハムトーストをぱくつく。

　著者の胃袋と財布はいたって健康なのである。

　ただしダイエット中の方には薦めない。A級B級を問わず、著者が情熱をこめて紹介する食に、ゴクリと生唾を飲むだけでは収まらなくなる。

（文藝春秋　1619円）

## 『妖怪の肖像　稲生武太夫冒険絵巻』

倉本四郎 著

二〇〇〇年三月一九日

　二百十一年前の寛延二年（一七四九年）七月。場所は広島・三次《みよし》の稲生《いなお》家。十六歳の稲生平太郎はとんでもない怪異に次々に出あった。

　七月一日の夜、一つ目の一本足の巨人がまず登場。二日の晩は行灯の火が天井まで噴き上げたかと思うと、畳から水が湧き上がる。三日には、女の生首が天井から逆さになって現れる。夏にもかかわらず四日目は、氷が張り、半紙が部屋中をヒラヒラと舞う。

　当然、市中の話題となり、稲生家には見物客やら化け物退治の名人まで押しかける。ところが怪異はいっこうに収まらず、昼も夜も一カ月間出現した。

平太郎は長じて武太夫と改名。彼が語った話は『稲生物怪《もののけ》録』にまとめられ、国学者平田篤胤が跋を添えて出版。こうして事件は世に知られ、百十一年後には絵巻一巻に描かれた。

前置きが長くなったが、本書はその絵巻を解読した、ユニークなイコノロジーの成果なのだ。

著者は事件当時の時代状況を調べ、三次に残された伝承や習俗を探り、地形を考え、絵巻に描かれた什器や建物を検証する。はたまたさまざまに変化《へんげ》して登場する妖怪の原型を求め、日本の説話や神話はもとより西欧や中国の神話をも追う。そして妖怪のオンパレードに対抗するかのように、シツコイと感じるほど論証と推理を重ねる。

では「妖怪の肖像」からなにが見えたか。日本古来の製鉄技術タタラを伝える金属民の存在や、紙と鉄の専売に抵抗する一揆や水路管理の問題が隠されていた。モノが大量に生産される時代が始まり、絵巻全体も当時、隆盛した芝居仕立てだ。要はアニミズムが息づいていた近世から、消費社会の近代へと移り変わる時点で、怪異は新たに語られ、描かれた。この著者の解読は現代の私たちに響き、届く。

妖怪は、少年のエロティックな夢に彩られているという指摘も説得力があるが、怪異にたじろがぬ少年こそ、頻発する猟奇事件さえ平然と見送る現代人そのままだ。妖怪は消えていない。

（平凡社　３８００円）

## 『セックスの哀しみ』

バリー・ユアグロー著
柴田元幸訳

二〇〇〇年四月一六日

いきなり現実ではありえない設定ではじまり、記憶にある父親と昨日見かけた美人とがないまぜに現れ、おかしな展開へ進み、窮地におちいる。声にならぬ叫びを上げる。その瞬間、奇妙な光景は中断する。

貴方が昨夜見た夢の話ではない。いや、本当は見た悪夢かもしれないと思わせるのが、ユアグローの世界だ。

前作『一人の男が飛行機から飛び降りる』には原稿用紙で一枚から三枚ぐらいの、ごく短い物語が百四十九本も収められていた。どれもおかしくて奇想天外で、それだけに心の奥底に眠っている光景をリアルに引き出し、主人公と共にドキドキする。

ユアグローの奇想は、本篇でも枯れることがない。ガールフレンドにキスすると、そこから花が一輪ずつ生え、いつの間にか部屋中は花でいっぱい。愛らしい花もうっとうしく感じた「私」は……。キューピッドを背におんぶして好きな女の子を、「私」は追いかけまわすが……。酔っ払って象二頭を家に連れて帰ったものの……。と、まあこんな調子。

ただし前作は一話ずつバラバラで、どこから読んでも良かったが、今回の九十本の掌篇集は、十一章に分かれている。といって各篇に明確な繋がりがあるわけではない。前の話に浮かんだイメージを、次の話はうけつぎながらも、場面も展開もがらりと変わっている。まるで連句のようである。

それでも順を追って読んでみれば、たしかにテーマは「セックスの哀しみ」。恋の予感の楽しさ、激しい高まり、愛のかけひきのもどかしさ、喜びの絶頂におとずれる不安、恋人とのくいちがいのせつなさ。後半になると、失った愛への悔恨の色が濃い。もっともヘンテコな話なのは変わらない。

いってみれば、不定形で歪んだ夢のかけらをはめこんでゆく、愛と性をめぐるジグソーパズル。このパズルは一旦、はじめたら止められない。なにしろ主人公は、美女とのセックスを四六時中夢見ている、どうしようもない男、つまりどこにでもいる、貴方によく似た男だからだ。

（白水社　1900円）

二〇〇〇年五月七日

## 『木村蒹葭堂のサロン』

中村真一郎 著

評伝を読む楽しみは、山登りに似ている。書き手のガイドにしたがい、対象とする人物の足跡を辿り、なした仕事の高さをたしかめ、やがて人物が究めた峰に立ち、裾野に広がる光景を味わう。

　中村はすでに『頼山陽とその時代』『蠣崎波響の生涯』を著している。この二作では彼は大筋、通常の評伝の構えを採ったが、評伝三部作の最後にあたり、遺作となった、この二段組みで七百ページを超える大作からうける印象はいささか異なる。ガイド役である中村自身がときに道を外し、わざわざ脇道へ深く踏み込み、別の峰々に登っていくのである。

　では読者はこのガイドに戸惑うかといえば、むしろその逸脱に気持ちの良い驚き、「精神の運動」を味わう。向かうべきは一人の人間がなした高い峰ではなく、数多くの人々が集った「『社交人』的文化的『共和国』」という場所だからだ。

　木村蒹葭堂《けんかどう》。十八世紀に生きた大阪商人でありながら、博物学者にして画家。書籍のみならず動植物、鉱物をおびただしく蒐集し、研究分類した。彼の仕事の一端は東洋文庫『本草綱目啓蒙』で知ることができるが、そのコレクションと博学を頼り、数多くの同時代人が出入りした。学者、画家、詩人、学僧。奇人もいれば憂国の士も女俠もいた。

　名を挙げれば切りがない。大半の人物がいまも名を知られる高い峰々である。中村はあせらず一人一人を紹介し、彼らと蒹葭堂との友誼を語り、自らその共和国に遊ぶ。しかしこの遊びは生半可なものではない。

　彼はくり返し戦時戦後の、あるいは七十歳すぎての孤独を吐露し、それを慰籍したヨーロッパ文学者と彼らのサロンに言及する。そうしてその思いを蒹葭堂が生んだ場に重ねた。だから彼は江戸期の文献のみならず、先行する研究書を手許に蒐め、研究者とも対話を楽しむ。「Vale!（さらば）」で締め括られた、この大著は中村自身の、夢のサロンなのだ。

　行間から、近代、いや現代日本は知的な交流の場を失ったのではという、切実な声が響く。

（新潮社　5600円）

## 『庶民列伝』
野本寛一著

二〇〇〇年五月二八日

読者の心を打つ本がある。資料価値の高い本もある。どちらも本の大切な使命だが、両方の価値を備えた本は少ない。本書はその稀有な一冊だ。

民俗学者である著者は、調査のため様々な仕事にたずさわる人々に話を聞き、整理し分析する。が、一九七五年、著者は次のように考えた。

「こうした体験談に耳を傾けているうちに、私は、いわゆる学問が宿命的に背負う『隙間』を気にしはじめるようになった。いくら鋭い分析をしても、どんな論理的な体系を構築しても、その分析や体系の間から血の通った人間を漏らしてしまうことがある」

そこで著者は、「血の通った」「個人の生き方や人生に注目し、そこを原点として日本の民俗を見つめ」直した。五年間かけ、あらためて生まれ故郷の静岡に暮らす三十人以上の、多くは明治生まれの古老たちから「生き方や人生」を丁寧に聞きとった。

まず驚かされるのは、手仕事の多彩さ。海女、製塩業、紙漉き、杜氏、鰹節づくり、和船を造る舟匠、馬に鉄沓《かなぐつ》を打つ装蹄師、牛飼い……。しかも一つの仕事だけに従事したわけではない。一年の間には杜氏は夏に茶師となり、塩を作る人は砂糖を作り、漁をし、畑仕事も行う。

手仕事には季節と結びついたリズムがある。静岡に地域を限ったことで、かえって川、海、谷、山と豊かな風土に根づいた生業と「生き方」が見えてくる。著者は仕事の作業過程、労働歌もきちんと採集した。

七〇年代後半は、日本が経済大国へと登りつめた時期だ。それだけに今では消えた手仕事もある。

しかしその資料性の高さより、本書の価値は、鍛え上げた技術で生き抜いてきた古老たちの「人生」を明晰な文章で綴った点にある。最後に登場するのは著者の曽祖母だが、どの人生も悲惨な戦争さえ乗り越えてきた、逞しさと明るさに満ち、忘れがたい。

本書はじつは二十年前、通信販売で僅かな読者の手に渡った。復刊は時宜を得た。人生に迷う若い人たちへ手渡すべく。

（白水社　２８００円）

二〇〇〇年六月一八日

# 『鳥の水浴び』

## 庄野潤三著

ここ数ヵ月のことだが、本の話を若い友とした折、何人かが庄野潤三の作品をあげたのには、少し驚いた。

庄野は結婚五十年を迎えることになった、一九九五年一月から『貝がらと海の音』を雑誌に連載しはじめた。以来、子供は大きくなり、妻と二人きりとなった日々の暮らしを文芸誌に綴り、毎年一冊ずつ刊行してきた。『鳥の水浴び』はその五作目である。

波乱のある物語ではない。中年にさしかかった子供たち、孫たちの成長、近所の人たちとのつき合い、季節の草花、庭に集まってくる鳥や虫の姿、そして旧友阪田寛夫との交遊、亡くなった父母や兄や先輩たちとの思い出……。前四作に描かれたのは、そうした何気ないことばかり。それは本篇でも変わりはない。同じ話もまどろこしいほど繰り返される。

本篇の軸を強いて探せば、長女の長男、つまり孫の婚約から結婚にまでいたる話だろうか。その孫は「ぼくは無口だから、よくしゃべる、明るい人がいい」と祖母である、庄野の妻に結婚相手探しを依頼する。すると偶然、似合いの娘が見つかり、結婚へと進む。

いまどき祖母に結婚相手を見つけてもらうような若者がいるか、見つかるのも偶然に過ぎる、互いに事情はないのかと勘ぐる読者もいるだろう。しかし妙なくらい、そんな若者たちも偶然も不思議でないのが、庄野の描く小さな、しかし明るい世界だ。

若い頃に親しんだ『エリア随筆』の作者チャールズ・ラムに触れる件がある。ラムは人間の暗い部分を描かず「われ愚人を愛す」と語るほど人間好きだった。庄野も変わらない。心配事がないわけはないだろう。亡友を思い出せば淋しさは去来するはずだ。が、その思いはほとんど吐露しない。

本篇では依然にも増し、「よろこぶ」「おいしい」「ありがたい」「うれしい」といった言葉が頻出する。幸福だからこれらの言葉を記すのではない。「うれしい」という言葉を発して人は幸福となり、周囲に伝わる。若い読者もここに惹かれるのだろう。庄野は老いを勁く生きている。

（講談社　1700円）

## 『尾行者たちの街角　探偵の社会史①』

**永井良和 著**

二〇〇〇年七月九日

眼のつけどころが冴え、しかも推理を働かせ、証拠を積み重ね、事件を解明する。名探偵のことではない。本書の、少なくとも前半部はワクワクする面白さ。

眼をつけたのは、一九〇八年三月に起きた「出歯亀事件」。女湯などをのぞき、楽しむ変態男を意味するデバカメという蔑称は、この事件から生まれた。

東京・西大久保の原っぱで、銭湯帰りの女性が暴行された上、絞殺される。すぐに女湯のぞきの常習犯、池田亀太郎が逮捕される。彼は出っ歯で、日ごろデバカメと呼ばれていた。この異名が報道され、以来、広く知られることになる。

著者は、まず亀太郎が無実ではと推理する。実際、彼は自白したものの、裁判では犯行を否認。冤罪を証拠立てる弁護士もいた。警察はまだ足跡や指紋を調べることはなく、自白を強要したのである。

次の推理は、デバカメという言葉は、なぜひとり歩きし、変態の代名詞となったのかという点。事件前、男の女湯のぞきはさして奇異な行為ではなかった。それが事件後、取り締まりの対象となる。人々の意識を変えたのは、のぞきが犯罪となり、さらに大正期、心理学や犯罪学の分野で窃視症が変態性欲と見なされはじめたからだ。亀太郎君は冤罪を晴らすどころか、性犯罪者の、格好の症例に仕立てられてゆく。

つまり、出歯亀事件は「自白中心で、カンにもとづく捜査が主流だった時代の最後」に起きた事件であり、同時に「その行為は、法的逸脱（＝軽犯罪）か、あるいは病的な症状（＝変態）と見なされる時代」を到来させた。

著者はそこから、指紋などを調べる科学的捜査への変化、さらに民間の興信所、探偵事務所が成立した過程を論述する。

しかし後半部は、業界史を読むようでいささかワクワクさに欠ける。著者は、日比谷焼き打ち事件や大逆事件、米騒動など、警察機構も、人々の他者への意識も変えた大事件については詳述しない。あえて避けたとすれば、出歯亀事件と拮抗する、科学的捜査を象徴する事件を発掘して欲しかった。

（世織書房　２５００円）

## 『東京私生活』

**冨田均** 著

二〇〇〇年八月六日

東京歩きの本は多い。しかし、地図を塗りつぶすように歩いた熱情と、路地や坂や崖、樹や水や橋など街々の小さな風景への心情溢れるこだわりとなれば、一九七九年に冨田均が発表した『東京徘徊　永井荷風「日和下駄」の後日譚』をしのぐ著作は見当たらない。

それから二十一年。本書を開き、ああ、冨田はまだ東京歩きを続けていたのか、そんな感慨をはじめは強く覚えた。彼はその後もくり返し東京中を隈なく歩いていたのだ。そしてページを追うにつれ、本書は前著のさらなる「後日譚」でもなければ、まして単なる街歩きの本でもないことにも気づいた。

都電、菓子屋、八百屋、商店街、銭湯、原っぱ、運河など四十三項目。前著以上に、街の片隅にとり残されたようなモノや建物、自然を自己の半生と重ねてこと細かく記述する。しかしどの文章からも、添えられた写真からも浮かび上がるのは、冨田の偏愛した風景が、この二十余年に消失してしまった事実だ。彼はその一つ一つを確認しつつ、また歩く。

それが読む者の記憶を目覚めさせ、感傷へと誘う。しかし冨田はこう述べている。

「東京嫌悪、もしくは東京倦厭《けんえん》の人々には、著者の東京ライフスタイルがあまりに楽天すぎると見えるかもしれないが、過去においていやになるほど風景との別離を体験してきた者には、もうさほど〝喪失〟は切実なテーマではなくなっている」

驚くのは、項目中の旅館、アパートであれ、酒屋、豆腐屋、食堂、喫茶店であれ、大半を冨田は眺めるのではなく使っていることだ。豆腐は歩きながら食べるために買う。東京中を歩くために旅館に泊まり、アパートを移る。食堂や酒処も同様。だから気に入った店の品書きと値段を詳述する。つまり冨田にとり、東京歩きは即「東京私生活」なのだ。

喪失の果てを味わう楽天的な生活。この転倒した意識とヤケとも見える生活が、読後、別の感傷をもたらした。彼はこれからどこを、いつまで歩き続けるのかと。とまれ類のない記録文学だと思う。

（作品社　２８００円）

---

## 『からだことば』

立川昭二著

二〇〇〇年八月二七日

長い間、病や医療について文化史の視点から考えてきた著者ならではの、ユニークな洞察と鋭い問題意識に支えられた一冊。

「からだことば」とは、「『手』とか『足』とか、からだの部位の名称を含んでいることばです」「たとえば『手』ですと、『手先』とか『相手』といった熟語、そして『手を抜く』とか『手が出る』などの慣用句」なのだと著者は説明する。

なるほど、日本語には「目」だけでも、目方、目的、役目、面目といった熟語もあれば、目尻を下げる、目頭が熱くなるといった慣用句もあり、日常私たちは、こうしたからだことばを使い続けてきた。

ところが、このからだことばが消えはじめてきたと著者は語る。怒ったとき「十代ならば『むかつく』、三十、四十代ならば『頭にくる』、六十代以上になると『腹がたつ』という。このように世代がきれいに分かれる」。つまりいまの十代は「腹がたつ」という言葉を使わない。ではそれは言葉だけの問題なのか。

「腹がたつ」「頭にくる」は体のなかで怒りを受けとめていた。しかし「むかつく」は「全然からだに入っていない」、「他者とのあいだが、いろいろなかたちで『切れて』しまっている」。それが「キレる」という行動様式になったのではと著者は述べる。

このように「目」「腹」「胸」「頭」「気」「息」「肌」「唇」「肩」「腰」などを用いたからだことばの変化を検証しつつ、むしろ現代日本人の「からだ」を取り囲む状況を追究する。

かつてからだことばに注目したのは、「気質《かたぎ》」「気（け、き）の日本語としての変遷」といったエッセイを書いた中井正一だった。中井は「気質」という言葉から、日本人の思考や行動に「かた」への志向があると指摘した。著者はしかし、その「かた」が崩れているのが現代日本ではないかと考える。

漱石などの近代文学を援用しつつ、じつに平易な語り口で、いまの日本人の日常を捉えながらも、切実な問いを私たちに投げかけている。

（早川書房　1700円）

## 『鏡川』

**安岡章太郎** 著

二〇〇〇年九月一七日

安岡章太郎には、どうしても彼が書かねばならなかったナと思わせる小説がある。デビュー作「首斬り話」「海辺の光景」「流離譚」そして本篇。

母方の親族をめぐる物語。こう紹介すると、父方の一族の幕末から明治までの帰趨を描いた大作「流離譚」に繋がる作品と思うかもしれない。この小説も一人の男の流離を辿った話に違いない。しかし受ける感触からは「首斬り話」「海辺の光景」を思い出す。

まず作者はいくつかの川を連想してゆく。少年期を過ごした市川の真間川。母が育った大阪の淀川。かと思えば、淀川べりの村に生まれた蕪村の句を引き、彼の生い立ちにもふれる。ハテと思わせるはじまりなのだが、じつはこれも小説の底に響く伏流なのだ。

　応挙が描いた黒い犬の絵に寄せた、蕪村の「おのが身の闇より吠えて夜半の秋」を引き、「この『おのが身の闇』といふ句にも自己の不安を託するところはあるだらう。しかし同時に、蕪村には、その自己の中心の暗さには脅えてゐられないといふしたたかな反発力もあつたはずだ」と述べる。

　こう語っておいて、母の実家から眺められた高知の鏡川へと、そして母方の一族、祖父入交《いりまじり》千別《ちわき》と彼の義弟片岡直温《なおはる》、やはり一族の丸岡莞爾らが維新後にどう身を処していったかへと筆を進める。そうして次第次第に、川を遡るようにして、血縁のなかで母からも「箸にも棒にもかからぬ怠け者」と聞かされた西山麓へと焦点を合わせてゆく。ここは叙述の妙。

　漢詩人としての才に恵まれながら、葬式の旗持ちへと零落する西山麓の姿を、作者ならではの深刻さと滑稽さを同居させる眼で見つめる。たとえば女房に電球と入れ歯を持ち逃げされる件。漢詩教師の職を断る件。身を崩した元女房に出くわし、一心に逃げる件。

　そこには「おのが身の闇」が沈んでいる。しかし彼はその闇に「脅えてはゐられない」と「したたか」によく生きた。亡母からそうはなるなと諭された西山麓の物語ながら、作者の数多い私小説以上に「私」を表出した作品だと思う。

（新潮社　２５００円）

## 『野良着』

**福井貞子** 著

二〇〇〇年一〇月八日

以前、この著者の『木綿口伝』を読み、感嘆した。聞き書きを下地に、丹念に集めた遺品と資料を重ね、木綿文化の盛衰を篤実に織り上げていた。本そのものから、しっかりとした手作りの香りが立っていた。

　本書でも印象は変わらない。一行一行に聞き取りと、実物の野良着を検証した成果が息づいている。

「半世紀にもわたって身体にまとった布は、その人の皮膚となって共に呼吸し、喜怒哀楽を共にして生きてきた。そのことが野良着の中に現れている。……女性たちは、布を織って縫う針仕事に明け暮れてきた。女性たちの衣生活の実態を描くとともに、民間伝承による紡績工程や縞織りや絣のデザインなどの生活文化を、浮き彫りにして明らかにしたい」

著者の、この意図にそって私たちは、本書からじつに多くのことを知ることになる。

女たちは野良着を、麻や木綿、売り物にならぬ屑繭、ワラやイグサやフジ蔓まで利用して作った。仕事に応じ、暑さ寒さのために、前掛け一枚にも襷《たすき》一本にも、こまやかな工夫を凝らした。藍に染めて布を強くした。作った着物は「元の糸になるまで着る」どころか、ボロになれは、そのボロを利用して新しい着物に何度も仕立て直した。しかも女たちは野良着でもちゃんとオシャレを忘れなかった。

労働は過酷だった。それは著者が収集した、明治初頭から昭和四十年代までのボロボロの野良着からもよくわかる。しかし読むうちに、そのボロが「なんとおおらかで絶妙な」衣服なのかと思えてくる。

著者は単なる研究者ではない。鳥取に生まれ、長年農業を続け、倉吉絣を織ってきた。この経験も本書の端々に生きている。しかし本書が爽やかなのは、より学びたいという著者の謙虚な姿勢のせいだ。

「野良着の再生術にすぐれた女性たちが、ボロを縫ったという、それだけではない、野良着によって家族をまとめ、勇気づけた女性のパワー、この作業こそが文化の伝承であった。私は老女たちからたくさん学ばせてもらった」

(法政大学出版局　2900円)

二〇〇〇年一〇月二九日

---

## 『小屋の肖像』

**中里和人** 著

この写真集のページをめくるにつれ、なぜかホッとし、次第に気持ちがなごむのを感じた。

写真家中里和人は四年間かけて、北海道から沖縄まで、海辺や川岸、田畑や林、山裾や路傍にちょこんと建つ小屋を撮り続けた。特別な小屋ではない。どこにでもある変哲もない小屋ばかりだ。

ポンプを収めた動力小屋。農機具小屋。作業小屋。鶏小屋。建材を収納した小屋。りんご小屋。土木作業の小屋。消防小屋。漁師の番小屋。昆布漁の小屋。船小屋。造船所脇にある風呂小屋。

石を積んだり、コンクリートで造った小屋もあるが、大半は板材、トタン板、ビニール板を打ちつけて作った粗末なものだ。ありあわせの古材を張りあわせ、壁がパッチワークのようになった小屋がある。使い古しのバスを再利用した小屋がある。

小屋は住宅ではない。蔵でもない。だから頑丈ではなく凝ったデザインもされず、忘れ去られ、ポツンと建っている。多くは風に吹かれて飛ぶような軽さ。けれど、壊れたらすぐに作り直される。

写真家は小屋の、そんな軽さ、ペナペナの感じを奇を衒わずあざとい演出などせず、素直な眼で向かい合った。そのおかげでかえって小屋は、それぞれじつに多彩な表情をしていることに気づく。どうしてこんな壁になったのか、なぜこんな形に作ったのだろうかと自由に空想できる。子どものころ隠れん坊をして遊んだといった記憶を蘇らせることもできる。

小屋は体を使って働くために、そうして得た小さな暮らしを守るために作られた。そんな小さな幸福の証であり、町や村の歴史というほどの重さはないが、働く人々の大切な記憶を刻んできた。

だからこの写真集の小屋たちに、恥ずかしがり屋だった幼なじみが、ちょっと照れながら、昔のままの顔をして出てきたのに会ったような嬉しさを味わい、ときに懐かしく、ときに可笑しく、しみじみとなりながら繰り返しページを追った。

（メディアファクトリー　３２００円）

## 『釋迢空ノート』

富岡多惠子 著

二〇〇〇年一一月一九日

折口信夫は柳田國男と共に、日本民俗学を創出し、国文学、国語学にも大きな足跡を残し、その仕事は折口学と呼称される。と同時に彼は、釋迢空の名で短歌を、詩を詠み、名品『死者の書』などの小説を書いた詩人であった。

この巨人は多角的にきらめく才能に加え、没後に弟子たちが彼のセクシュアリティー、同性愛を語りはじめたため、謎めいた人物に見られてきた。

本書は折口の評伝ではない。評伝ならば彼が築き上げた高い峰、業績を見上げようとするだろうが、著者は学者折口ではなく、詩人釋迢空の方から、彼の見えにくい内面の深さを掘削しようと試みた。

まず著者は釋迢空という筆名そのものに注目した。直感でこれは戒名ではと考えた。それは事実であった。とすれば、この戒名を自らの名とした二十三歳のとき、彼に生を捨てると思うほどの事件が起きたはずである。そこから彼が詠んだ詩歌、書いた小説、そして晩年に語った自注を頼りにしながら、謎に迫っていく。

恋した教え子を追い求め、養子春洋の出征と戦死を身もだえてうけとめる彼の姿。さらに彼の母がじつは生母ではなかったのではないかという疑い。そうして、この著者の室生犀星や中勘助らの評伝に親しんできた読者にとっては、ときに重苦しいと感じる筆づかいで、彼が隠し続けた若き日の事件を推定する。

この掘削作業を無用と思う読者もいるかもしれない。しかし著者が見つめるのは、生まれ故郷大阪がなぜ「世の中から嫌はれ」、またなぜ同性愛が世間から嫌悪されるのか、一身でその差別を背負った一人の詩人の原像であり、差別ゆえに詠まなければいられなかった詩歌、その生成の現場である。

だからこそ終章にあたる「ノート10」で、著者は自身の詩の先生であり、閉じられた「短歌的なるもの」を批判し続けた詩人小野十三郎の論と、じつは小野の中学の先輩で、彼の詩の理解者であった釋迢空の短歌論とを切りむすばせることにより、詩歌の現在、ひいては「世間」の現在を問うのである。

（岩波書店　2800円）

二〇〇〇年一二月一七日

# 『恥辱』

J・M・クッツェー著

鴻巣友季子訳

優れた小説は読者の心を揺さぶる震源を物語のなかに秘匿しているものだが、この『恥辱』の震源は深く、揺れも強い。読者は読みはじめていくつかの軽い予震を感じ、やがて強震に出遇い、読後もなお、忘れがたい震動を感じ続けるはずだ。

舞台は南アフリカのケープタウン。主人公は五十二歳の大学教授。文学を教えている。離婚歴は二回。娘が一人いるが、いまは独り暮らし。週一回、若い娼婦を買い、「セックスの面はかなり上手く処理してきたつもり」。この男は教え子と強引に関係を結ぶ。が、その学生から告発を受け、辞職する。スキャンダルにまみれ、彼は片田舎で農園を営む娘の許へ。

ここまでは予震。平穏を取りもどした彼と娘に、突然ある災禍が襲う。これが強震。彼はあがくが、さらに大きな余震、予期せぬ宿命が待ちうける。

その心は密かに驕って彼の耳を押し／余人のせぬことをさせり／誘惑の時／この衝動が彼を／おなじく罪へと導きぬ

主人公が大学で講じるバイロンの詩句。この詩句そのままに、罪を犯し、「〝彼〟には孤独という裁きがおりる」。つまりこの小説のテーマは人間の転落であり、徹底した孤独へと堕とす裁きである。

修飾を排し、現在形で押しきる簡潔な文体（訳者の功績大）。予断を許さぬスピードで展開するストーリー。前半部を裏返したような後半部の対応。バイロンと愛人の物語を重ねた構成。すべてじつに巧みだ。しかしアパルトヘイト撤廃後の不穏な南アフリカの状況を背景にしたこの小説が、一見安穏とした日本人にも強く反響するのは、ドン底まで堕ちる人間を冷酷に、あくまでリアルに描ききった点にある。

最後の最後で、主人公はちいさな、優しい魂にふれるが、作者は彼にそれを拒絶させる。救いはないのか。いや、それは現実を直視せよ、そこを生きろという作者のメッセージであり、どうしようもなく生きる人間たちへ指し示した救いなのだ。ドン詰まりの二十世紀末に読むべき秀作。


（早川書房　2000円）

## 『ナボコフ短篇全集I』

ウラジミール・ナボコフ 著
諫早勇一 他 訳

二〇〇一年一月二一日

短篇小説は短い。そこで、テーマも浅いと思う向きもあるかもしれない。しかしこの全集を手にすれば、そんな考えはひっくり返る。もとよりナボコフの代表作は長篇『ロリータ』『賜物』だろう。ところが彼の文学の核はむしろ短篇にこそとさえ思えてくる。

ナボコフは生前、いくつかの短篇集を自ら編んだ。しかし今回の全集は息子ドミトリイにより、未収録の作品も集められ、執筆年代順に並べ替えられた。それだけにこの全集Iではじめて、ロシア革命後、亡命したナボコフがケンブリッジ大学時代に発表した「森の精」をはじめ、卒業後に居を移したベルリンでロシア語で書いた初期短篇も読むことができる。

「ひょっとすると、大切なのは、人間の苦しみや歓びなどではまったくなくて、むしろ、生きた肉体の上での光と影の戯れや、この特別な日の特別な瞬間、またとない独特な方法で集められた些細なことがらの調和のほうなのかもしれない」

本全集中の「けんか」にある一節だが、そのまま彼の短篇の魅力とその創作の秘密を伝える。

「人生の苦しみや歓び」を無視しているわけではない。「独特な方法で集められた些細なことがら」に注視し、積み重ね、亡命者たちの寥々たる生活を浮かび上がらせる。しかし彼の短篇は、そうした政治的な状況をも超えて、人間が出会う「特別な瞬間」の奇妙さ、滑稽さを、残酷な味つけをして描き出し、普遍的な人生の深部に読者を向き合わせる。

所収の三十五作品に連作はなく、物語も手法もすべて異なる。あたかも「光と影の戯れ」のように、次々と色調は変化し、驚くほど多彩だ。これは凄い。だから一気に読まず、せいぜい一日に二、三篇ずつ、それぞれの色調をゆっくりと味わって欲しい。

そうして集められた短篇群を読了するとき、亡命地で孤独に、しかし文学に信頼と野心を賭けた一人の作家の苦闘する姿がほの見えてくる。つまり私は全集Ⅱの刊行を待ちわびるほど、心おどる十数日をおくることができたのだった。

（作品社　3800円）

## 『自転車乗りの夢』

佐々木幹郎 著

二〇〇一年二月二五日

自転車レースやサイクリングのファンの期待は裏切るけれど、本書は、日本の詩人・作家二十五人について詩人が語ったエッセイ集。

表題のエッセイは冒頭にすぐ登場する。不器用だった萩原朔太郎が自転車に挑戦した。転倒をくり返し、車輪を曲げ、打ち傷。前橋市内では老婆にぶつかる。それでもめげず、ついには二十キロ離れた国定村まで遠乗り。こうして生まれたのが、漢語調の詩「国定忠治の墓」一篇。ここまではまだ前段。

著者は国定村を訪れる。二十キロは遠かった。かの詩人は上州名物「空っ風」をついて必死でペダルを踏んだはずだ。朔太郎好みの虚無感ゆえか、むしろユーモラスでは。忠治の墓を見てびっくり。巨大な石碑があり、その横に高さ一メートルほどの石柱。こっちが本物の墓。ところが朔太郎は当時すでにあった石碑も石柱の墓も無視し、詩のなかでは「一塊の土塚」と詠んだ。なぜだろう。あれこれ考える。「水と緑と詩のまち――前橋けいりん」なんて看板を眺めながら。

こう要約するとわかる。朔太郎の癖や性格から、詩人が詩に見ようとした風景、そして観光資源となった詩の置かれた現在まで、短文ながらサラリと浮かび上がらせる。どのエッセイも切り口がユニーク。

中原中也がくり返し聴いたレコードを実際にかけてみて。山頭火の句碑が百基以上もあるのは。高見順が小説を書くあいまに広げたスケッチブック四十冊の内容は。寺山修司が著者と最後に交わした問答とは。はじめて会ったとき谷川雁が示した態度とは。中上健次が自己の考えを主張するときの口癖は。

といった風に、作品が生まれた現場へ出かけたり、会った詩人たちの物言いやしぐさを思い起こしたり、フットワークは軽く、眼と耳はきびきびと動く。

「自転車乗りの夢」とはピッタリの題だ。スイスイと詩人たちに近づき、ちょっと停車して彼らの肖像を活写する。卓抜なデッサン力。いや、対象とした詩人たちを敬愛し、詩への夢を託せばこそだ。だからときに苦く、厳しい夢もある。

（五柳書院　２５００円）

## 『メイプルソープ』

パトリシア・モリズロー著
田中樹里訳

二〇〇一年四月八日

ふつう伝記は読了すれば、主人公の人生が栄光に満ちていようと悲惨であろうと、ああそうだったかと納得する。

しかしこの伝記からうける感触は異なる。主人公はただ背徳を積み重ねたのか、それとも彼の生涯こそ現代の栄光なのか、判断がつかず混乱する。つまり主人公であるメイプルソープの写真を見たときの感触そのままだ。

サディスティックな金髪美女。性器を露出した黒人男性のヌード。メイプルソープの写真はＳＭセックスやゲイセックスがモチーフだっただけに、いつも物議をかもした。しかし単なるポルノならさほど話題にもなるはずもない。

著者ははじめて彼の写真を見たとき「キリスト磔刑図を思い起こさせた」と語る。たしかに彼の写真は花の写真であれ、セルフポートレートであれ、生の痛苦、死の影を感じさせる。あの暗さは彼の内面の発露か。ここに秘密がある。しかも彼は一九八九年にエイズで死に、その死が彼の写真の値を高騰させた。

だから読者の伝記への期待は、彼の「暗い秘密」とスキャンダラスな死の暴露にあらかじめ集中する。通常の伝記とは前提からして違う。著者はこの期待に応えるどころか、ヘキエキするほど執拗に彼の四十二年の生涯を追った。

典型的なカトリック中流家庭に育った少年期。十代後半に自分のホモセクシュアリティーに気づくが、家族には死ぬ間際まで告白せず芸術で名声を求めようとする。ここまではわかる。凄まじいばかりのドラッグとセックス。ゲイのパトロンを得て、成功へと駆けのぼる。これもまあ。しかしエイズとわかってからも数多くの黒人男性と関係したとなると。彼は規範をすべて過剰に逸脱する。

むろん卑劣な屑野郎と見なすこともできる。実際、証言者の多くはそう発言し、父親は墓に息子の名を刻むことを拒否した。にもかかわらず罵倒さえも栄光に思える不思議。彼は現代社会の生け贄だったのか。この伝記はメイプルソープの神話をさらに再生産した。

（新潮社　3200円）

## 『山の郵便配達』

彭見明《ポンジエンミン》 著

大木康 訳

二〇〇一年四月二二日

中国の中央に位置する、湖南省の農村に生まれた作家の短篇六本。中国の現代文学といえば、都市部出身の反体制色の強い作家が注目されがちだが、ここには別の中国がある。題材も語り口もすべて異なるものの、ともかくどれも巧い。

長い年月、郵便袋を天秤棒に結びつけ、肩にかけ、犬を連れ、三日がかりで山岳地帯の村々を歩き、郵便の集配を続けてきた老人。犬は登り道では首にかけた皮ひもで彼を引っぱる。だからペットではなく仲間だ。しかし老人の足は痛む。そこで息子に後を託すため、彼は息子と犬と最後の郵便集配の旅へ出る。この数日間を書いたのが表題作。

映画化され、現在話題だ。ただ映画は原作にない挿話も多く、いささか牧歌的に仕上がった。息子はすんなり苛酷な職を継ぐ。これをデキスギと思う方もあるだろう。原作ではじつは息子も「十数歳の時には否応なしに」、農夫となり「黙々と牛のように働」いてきたのだ。

といって苛酷さを声高に語らない。文章は抑制され、展開はスピーディー。だから膨らみがある。厳しい自然を人々は受け入れ、生きてきた。それ以上語るべきことがあるか、これが作者の視線だ。

二篇目の「沢国《たくこく》」。嫂と毎日、湖に出て漁をする少女。早朝に網を仕かけ、夕方に引上げる。巨大な青い湖、壮大な落日。乱舞する蝶。銀色に輝く魚群。波音だけの静けさのなかで少女の心は揺れる。このまま嫂のようになるのか。が、そんな惑いさえ大自然は溶かし込む。作者の原風景だろう。秀作。

他の四篇。都会へ出ようとする娘に悩む老人。世に受け入れられぬまま餓死する私塾の教師。心臓の弱い女をめとり、抱くこともならぬ鉄道員。都会生活になじめず、女の愛にも気づかない青年。悲惨な話になりかねないが、主人公たちの生真面目さが明るさを点す。

どれも小さな物語。しかしその小ささのなかに、人間の矜持と欲望、老いと若さ、大自然と都市化、と普遍的なテーマがつまっている。

（集英社　1600円）

## 『友情の文学誌』
**高橋英夫** 著

二〇〇一年四月二九日

友情は文学のテーマだった。けれど現代文学に友を描いた作品はなぜか少ない。こんな問いから語り出される。

李白と杜甫、ゲーテとシラー、西行と西住らの友誼の諸層にもふれるのは著者ならではだが、本書の軸は日本の近代文学に表れた友情だ。

漱石が『猫』の文中に亡友子規の手紙を引用したのはなぜか。鷗外は十三歳下の福間博とも、七歳上の賀古鶴所とも友としてつき合った。賀古との書簡は互いに候文を用いた。候文こそ彼らの友情に相応しい文体ではなかったか。「友情が精神の発動、文化のエレメントである場合、友情は文体を帯びるだろう」。こんな卓見が随所に。

しかも漱石から芥川、白樺派へ。芥川から堀辰雄へ。堀から小林秀雄、白洲正子、吉田健一へと連想を進ませ、友情の水脈をごく自然に辿る。いずれも著者が長年親しんだ文学者たちだ。本書には、友情の水脈への思いと、著者自身の文学への友情とがこめられている。


（岩波新書　740円）

## 『逆立ちする子供たち　角兵衛獅子の軽業を見る、聞く、読む』

**阿久根巖** 著

二〇〇一年五月一三日

「逆立ちする子供たち」とは、角兵衛獅子のことである。大佛次郎原作の、というよりアラカン主演の映画「鞍馬天狗」シリーズに登場する杉作少年や、美空ひばりの「越後獅子の唄」をすぐに思い出す方も多いだろう。

ところで、なぜ子供たちは頭に小さな赤い獅子頭をのせていたのか、角兵衛獅子とか越後獅子と呼ばれるのはなぜかといえばわからない。「越後獅子の唄」の通り、彼らはみなし子で親方にしごかれたのかとなるとさらにわからない。

じつは源流は獅子舞にあり、芸には厄払い、祝福の意がこめられていた。江戸中期に至り、新潟県月潟村を本拠にした、白山神社奉納の座が、江戸に上る。農閑期だけの門付け芸であったが、村の十余組が全国を巡るまでになる。幕末には海外でも人気を博した。

ところが明治に入り、法が変わり、児童虐待だ、可愛そうと世間の目は急変。おかげで月潟村は冷たい視線を浴び、村の組織は消え、親方は知らぬ子を集めるようになり、やがて芸も消滅。

著者は文献を丹念に渉猟し、伝承と史実を検証して芸の帰趨を辿る。篤実な研究者らしく、決して曖昧な推測を書くことはない。しかしサーカスや曲芸が本当に大好きなのだろう。子供たちは悲惨だったという、一面的なイメージを覆そうとする。これが本書の眼目だ。

芸には進歩があり、そこに喜びもある。子供は養成され、さらに一人前の軽業師になろうとしたのではと考えた。

なによりこの仮説を立証するのは本書中の百点近い図版。うち四分の一ほどは著者自身が収集している。並の情熱ではない。その図版から角兵衛獅子の晴れの芸は、単なる逆立ちではなく積み上げた升や木枕の上での逆立ちであり、軽業師ともなれば、宙に張った破れ易い紙の上でも、背より高く積んだ木枕の上でも、芸を披露したことを解き明かす。

図版を眺めるだけで、著者ならずとも本当にこんな芸があったのか、見たい！　とワクワクした。

（小学館　２３００円）

## 『火山に恋して　ロマンス』

スーザン・ソンタグ著

富山太佳夫訳

二〇〇一年六月三日

スーザン・ソンタグは、ナチズムに、ベトナム戦争に、エイズに対する偏見にと、つねにアクチュアルな問題へ攻撃的で容赦のない批評を発表してきた。しかしだからといって、小説となれば話は別だ。理屈っぽい作品ではと危ぶんだ。

ところが、この大部な小説はそんな危惧を見事に裏切る。読みはじめ、ぐんぐんとひきこまれ、一気に読んだ。

時代はフランス革命前夜の十八世紀末。舞台はイタリアの、ヴェスヴィオ火山を望むナポリ。主人公は、ナポリに赴任した英国公使カヴァリエーレなのだが、冒頭すぐに彼が、用を足すナポリ国王に付き添う場面が登場する。たらふく食べ、異様に太った国王は便器で力みながら、主人公と会話する。醜悪でなんとも可笑しい件り。じつは登場人物すべてどこか過剰で、タガが外れている。

カヴァリエーレ自身は火山研究者として後世に名を残す。古代遺跡に造詣も深く、なにより美術蒐集にとりつかれている。つまり、理性と啓蒙の時代、百科全書派、考古学ブーム、ピクチャレスクの世紀を体現した人物だ。

その彼に、遊びしか頭にないナポリ国王、王の子を次々と宿しながら権力にしがみつく王妃、音楽の才能に富む彼の夫人キャサリン、キャサリンと互いにひかれ合うベックフォード（巨万の富の持ち主で、後に大寺院建設を企てる）、さらに未来を予言する巫女もからんでくる。と紹介しても、まだ第一部なのだ。

第二部にいたり、キャサリン没後に主人公の妻となる絶世の美女エマと、英国海軍史上、最大の英雄ネルソン提督が現れる。エマは下賤の出ながら、天性の美貌と才覚により、宮中の華となり、権力者王妃にとり入る。しかもエマと提督は熱烈に愛し合い、主人公は二人の関係を認めるという奇妙な三角関係が生まれ、折からフランス革命も勃発し、火山も噴火。

加えてサド侯爵、ゲーテ、ピラネージ、ウォルポールら歴史上の人物もちらりと顔を見せるし、ナポリを占拠した革命派を徹底して粛清する架空の警察長官も暗躍。要するに山田風太郎の〝明治もの〟を壮大に、華麗にした小説といえなくもない。哄笑と悲惨、祝祭と革命、権力と情欲、虚実入り乱れ、しかも絢爛たる王宮、奇想の館が盛り込まれ、火山も噴き上げているのだから。

しかしこの作者の真骨頂は、最後の最後に唐突に置かれ一文だ。この一文こそ、闘う批評家ソンタグの面目躍如。火山のように激しく強く、登場人物たちの価値を一気にひっくり返すどころか、凡庸な悪が充満している現代社会をも射し、挑発する。

（みすず書房　4000円）

## 『私の一世紀』

ギュンター・グラス 著
林睦實・岩淵達治 訳

二〇〇一年七月一日

「私の一世紀」というタイトルから、読者は政治にコミットし、発言し続けるグラスの二十世紀論だと思うかもしれない。ところが本書は短篇集である。

一九〇〇年から一九九九年まで一年毎に、その年に関係のある事件や事象を背景にした百の短篇を綴る。一九〇〇年なら、その年に中国で起きた義和団事件を征圧するために北京へ向かった志願兵の「私」が、義和団員の処刑を眺めた話。一九〇六年なら、ドイツ海軍初のUボートの進水式に中尉として参加した「私」の、四十年後の回想。といった構成で、一話ずつさまざまな「私」を登場させ、二十世紀全体を見つめ直す。

はじめはとっつきにくい。日本人にはなじみの薄い事件や風俗も扱われている上に、大半の短篇は、その年を何十年後かに回顧するスタイルを採っているからだ。ある年を登場人物「私」に証言させるだけではなく、その人物がその後、どう行動したか、記憶の中で事件は変質したのかまで描こうとする。

愛国者もいる。社会主義者もいる。政治に無関心な者もいる。ナチス時代を懐かしむ者も。息子たちを戦争で殺された母親も。ユダヤ人虐殺を報道できなかった記者も。戦後、過激派に賛同しながらテロを許せなかった者も。ベルリンの壁を越えてきた少年に恋した少女も。そして愛国少年だったグラス自身も。

読むうちに、かつて日本にあった怪談会、百物語を思い起こした。ロウソクを点した部屋に人は集い、一人ずつ怪談を語ってはロウソク一本を消す。本篇もまた怪談集なのでは。戦争、アウシュヴィッツ、核戦争の記憶さえ変質し定かでない、より複雑でグロテスクな。

百物語はロウソクすべてが消え、闇で終わる。グラスもまた百物語に幽霊を登場させる。亡き母を蘇らせ、こう語らせる。「二〇〇〇年がやってくるのも楽しみだわ。……また戦争にさえならなきゃね……すぐそこの下でも世界中どこでも争いはいやね……」。残るのは闇ではなく希望だ。

（早稲田大学出版部　4800円）

## 『ふくろうの声　魯迅の近代』
中島長文 著

二〇〇一年七月二二日

冷徹であくまでもリアル。既成の枠組みを信じず、思いもかけない視点から問いを発し、論証を積み重ね、網をしぼるようにぎりぎりと核心に迫る。

魯迅の文章を評したわけではない。本書の著者の姿勢だ。魯迅に関してはこれまでに多くの論考がある。管見ながらしかし、この本ほど彼の生の深部に肉薄した作業はないのでは。

まず著者は、一九〇二年から七年間の、魯迅の日本留学時代を考える。彼がこの時期を回想した文章は少ない。ところが当時、留学生仲間の雑誌には文を発表している。その文章を検証すると姉崎嘲風と斎藤信策（高山樗牛の弟）の論に文意も構成も酷似する。「悪くいえば盗用し」たのである。

だが、著者の本意は盗用云々にはない。魯迅は日本の文学者を通じ、個人主義を学び、西欧近代の知と理想に共鳴し、旧弊な中国を変革する論理を摑んだのだ。にもかかわらず「狂人日記」を発表するまで彼は十年間沈黙する。

帰郷した若き理想家を待っていたのは、母の命じる見知らぬ女との婚礼であった。求める道とは正反する。けれど彼は「孝子として」「母の贈り物」を受け入れる。著者は魯迅の妻朱安に光をあて、彼と別れた後も妻として黙々と家を支えた生涯を辿る。魯迅の身近に彼のために「奴隷的習性」から脱せぬ女がいた。彼女の存在は彼が拠って立つ近代の論理をつき崩す。魯迅もまた、母から差し出された「人肉を食べる」者であった。彼はこの矛盾を一身に背負う。

描かれるのは一人の人間を取り囲む地獄図だ。弟周作人との突然の絶縁についても傍証を重ね、謎を追う。そこに現れるのも家族にからむ悲劇である。それでも魯迅はなおも声を発する、低くくぐもらせながらも。彼は文弱の徒ではなく、革命に殉じる文人、中国伝統の、一個の「士」であり続けたからだ。
ここには伝統社会の倫理と近代の知とにひき裂かれながら、夜明けを望む、血まみれた裸の魯迅がいる。

（平凡社選書　２７００円）

## 『真名仮名《まなかな》の記《き》』

森内俊雄 著

二〇〇一年八月二十六日

左手を見ると人さし指の爪が剥がれ落ちそうになっている。激痛に襲われる、そう予感したとき、夢から醒める。

森内俊雄には狂気をモチーフにした作品が多い。それだけにこの作家らしい書き出しなのだが、その後の趣向は異なる。夢から逃れるため、書棚から伝藤原伊房筆『源氏物語絵巻』を取り出し、その見事な書跡を眺め、気を鎮める。そこから自身五十六歳になってはじめた書の話へと進んでいく。

「書を学ぶことも、また狂ではなかろうか」とまずは記す。たしかにこの連作小説には、書をめぐって憑かれたような人が次々と登場する。彼らは書を語り、硯や筆を愛で、印材や墨にこだわって倦むことがない。作家もまた六年間、一日も休まず、いろは歌を半紙二枚に小筆で書き続けてきた。小筆だけですでに八十本をもつ。それでも筆を求め、東京の各店を歩き、筆の生産日本一を誇る広島の熊野町まで足を延ばす。

その地で蜘蛛の糸で実用の筆を作ろうと試みた筆司がいたことを知る。蜘蛛を飼い、実験を重ねたものの成功はしなかった。しかしタンポポの胞子の筆が、スピッツの毛の筆が、少女の金髪の筆がある。久しく絶えていた紀州松煙の墨を復興した墨工房も訪ねる。作家はまた自ら石を探し、木と竹を求め、篆刻も試みる。一時預かった透明な石印材を眺めるうちに、石の精霊さえ幻視する。

すべて狂といえば狂である。だからといって陰湿な話ではない。明るく、寛《ひろ》やかな印象を残す。

それは作家が歩き、声を聴き、ものを味わい、五感を覚醒させるからだ。なにより手の力だ。愛用の小筆の筆管が割れ、籐椅子屋のおばさんに直してもらう。その安価な筆管は作家に書を書く喜びを回復させる。最後もまた手である。手に握るのは、礼文島の土産物店で文鎮に使うつもりで買った瑪瑙《めのう》の原石だ。

書を学べば狂に至ることもあるだろう。しかしまた書は狂から人を救うのである。

（講談社　２０００円）

## 『至福の味』

ミュリエル・バルベリ 著
高橋利絵子 訳

二〇〇一年九月一六日

よくある素材を用いながら、着想と材料の組み合わせと味つけで、びっくりするほど美味しいものが出来上がる。

料理の秘訣ではなく小説のことだ。

死を目前にし、人生最後になにを食べたいか。食を語れば、よく出る話題だ。では世界一の美食家なら、そのときなにを選ぶか。これが着想の妙だ。

主人公は世界的な名声を得た、六十八歳の料理批評家。贅をつくした晩餐のほとんどに出席し、彼の評価で料理店の人気は左右される。世界中の美食を味わい、ワインも浴びるほど飲んできた。ところが突然、友人の医師に余命はあと四十八時間だと宣告される。

死の床のなかで主人公は考える。「人生でいちばんはじめに味わったもの」はなにか。まだ料理を批評することもしなかった時代に口にした〝至福の味〟を求め、彼は失われた記憶をまさぐりはじめる。祖母が作ったジャガイモ料理か。子供のころに食べた子羊のクリーム煮か。モロッコで味わった肉料理か。祖父が焼いたサーディンか。日本人の板前に供された刺し身か。どれも違う。

巧みなのは、主人公の回想と交互に家族、友人、愛人、使用人、そして飼い猫と、彼を取り囲む人間やペットに、彼の人間性を語らせた構成だ。多彩な声によって、名声を得た代わりに家族にも見放された、彼の孤独を浮かび上がらせる。

大事な味つけは、主人公の言葉に利かせたアフォリズムの風味である。

「晩餐のテーブルにつくとき、わたしは一国の王となる」とは冒頭の一句。「〝郷土《ふるさと》〟は、現実には存在しない、失われた世界なのだ」。「食事としての役目を果たさない朝食など、神への冒瀆にも等しいものだ」。「自分が本当に望んでいることは、心の奥、人には見えないところにじっと潜んでいる」。皮肉にも次第次第に、彼の言葉は美食にかぶれた現代の食文化への警句となる。

　では彼の選んだものは。読者はその答えに満足するだろう。後味の良さも格別である。


（早川書房　1500円）

---

## 『寄席切絵図』

六代目三遊亭圓生 著
山本進 編

二〇〇一年九月二三日

落語の中興の祖、圓朝が没した一九〇〇年に、六代目圓生は生まれた。この事実を圓生は強く意識していたに違いない。圓朝の名こそ継ぐことはなかったが、彼には落語界を背負う気概があった。忘れられた噺を発掘し、全集を完成し、芸の伝承を託した。

　いま一つの仕事は明治大正昭和の寄席を語って史料として遺した〈寄席四部作〉だ。本書は四巻目の復刊。義太夫語りとして子どもの頃から高座に上がっただけに、東京のみならず北海道から九州まで、驚くべき記憶力で寄席の姿を一軒ずつ語っていく。大きな席、路地裏の席。癖の強い席亭。寄席のしきたり、仲間との交流。どの話もあの歯切れの良い口調で実体験を語る。しかも喜多川周之が文献を調べ、東京・横浜の寄席の位置を特定し、切絵図にして添えた。大変な労作だ。

　それにしても関東大震災前には東京市内で九十軒、郡部あわせて百三十軒の寄席があったとは。この席数に圓生の芸と気骨の生まれた理由がある。


（青蛙房　3000円）

## 『W氏との対話』

K・オプホルツァー 著
馬場謙一・高砂美樹 訳

二〇〇一年一〇月七日

一九〇〇年にフロイトは『夢判断』を出版し、精神分析の途を拓いた。十年後、二十三歳のロシア貴族が彼の許を訪れ、四年間治療をうけた。フロイトの「ある幼児期神経症の病歴より」で〝狼男〟と名づけられた患者だ。本書のW氏、「ヴォルフマン」である。

狼男というとしかし、狼に変身する男をイメージするかもしれない。だから本書に限っては、巻末の「訳者あとがき」をまず読むことを勧める。

彼は四歳の誕生日前に狼の群れに食べられそうになる夢を見て以来、恐怖に苛まれ、閉じこもった状態にあった。フロイトは精神分析を行い、彼の深層心理を解明した。そのため彼は、フロイトの理論と治癒成功の症例となった。

七三年著者は、当時八十六歳の彼を探し出し、七九年に死去するまでインタビューを重ね、彼の死後に本書を刊行する。じつは著者が会ったときも、彼は精神治療をうけ続け、薬も飲んでいた。亡くなる一年前に倒れ、主治医に強制的に精神病院に入院させられ、そこで没した。では治っていなかったのか。

だが、対話によって明らかになるのは別のことだ。フロイトの高弟や精神医学者たちが、彼を精神分析の成果として、囲い込んできた事実だ。彼についての研究書、自らが語ってまとめたはずの回顧録でさえ、彼に覚えのないことも記載していた。病んでいるのは彼なのか。

彼にも問題は多い。医者になんでも頼る。コンプレックスといった用語を使って自己を説明する。老いても女性問題に悩み、著者に愚痴をこぼし続け、愛情を求める。してみると、なんだ、彼は現代人の典型じゃあないかと思いつつ、優柔不断さにイライラする。しかしなにかが気にかかり、結局読み通した。

そのなにかとは、彼も二十世紀という激しい時代の中で日常を生きてきたという単純なことだ。現在、精神医学も遺伝子研究により高度化している。しかし本書は、人間は個々違う人生を生きることをあらためて考えさせる。

（みすず書房　３６００円）

## 『あたりまえのこと』

倉橋由美子 著

二〇〇一年一一月四日

ページをめくる毎に、ああそうかと納得し、よくぞいったと溜飲を下げ、比喩と論理展開の巧みさに笑いころげた。

つまりは久々に面白いエッセイである。期待はしていなかった。倉橋はタイトル付けの名手である。『パルタイ』『スミヤキストＱの冒険』『ポポイ』。一度聞いたら忘れられない。比して本書のタイトルはなんだと思った。

二部に構成されている。一九七七年から七九年にかけて発表した「小説論ノート」と、九六年から九八年までに書いた「小説を楽しむための小説読本」。「小説論ノート」は二十余年前の文章だが、少しも古びていない。むしろ現代にこそ強く新鮮に響いてくる。

「この懺悔という方式はまともな人間が倣うべきものではない。かつての文壇のような特殊な世界ならいざ知らず、世間を相手に小説を書いている人間が自分の生活の存立にかかわるような重大問題に直面したら小説を書くどころではないはずである」。藤村の『新生』を例に挙げた、告白文学への一撃だ。

「問題は、露伴以後の小説家に、この賢婦に語らせ、その才を躍らせるに足る名文が書けなくなったことにある。愚婦、淫婦等々を描くことがやさしいのは、大根役者でも娼婦、やくざ、兵隊に扮してそれらしく見せることがやさしいのと事情を同じくする」。現代小説に登場する女性像についての指摘だ。

引用すればキリはない。なにしろ全篇が凝縮された散文、要はアフォリズムで現代文学を、批評を、読者までをバッサリと斬るからだ。異議もある。しかしそんな反論など有無をいわせぬ気合がある。ところが近年に書いた後半は少し体温が低い。文体を「ですます」調に変えたからではない。「あたりまえのこと」も通じぬ時代と現代文学に愛想を尽かした趣があるからだ。

　だから最後は小説を楽しむにはまず上質の文章に親しめと祈るように語る。その例文は小説ではなかった。ならば私は言おう。本書を読めと。


（朝日新聞社　１４００円）

## 『アンセル・アダムズ写真集成』

**J・シャーカフスキー** 解説
原信田実 訳

二〇〇一年一一月一八日

　アンセル・アダムズ生誕百年を記念した写真集。峨々たる山なみや雪渓、奇岩やねじれたまま立つ枯木などを撮ったモノクロ写真が次々に現れる。だから、カレンダーに使われるような風景写真だなと思う人は多いだろう。

　無理もない。そうした風景写真の分野を切り拓いたのがアダムズなのだから。それだけに、後の風景写真家が秘境を対象にした写真とは異なった、新鮮な眼の驚きがある。あくまで静謐な画面だが、ときに荒々しく、ときに親し気だ。じつは彼の撮った風景は眼られていて、生まれたサンフランシスコ近くのヨセミテ渓谷とハイ・シエラの山なみが大半である。

　湧き立つ雲、根雪、瀑布、水辺、隆起した岩、枯木、花を咲かせる野草。彼が見つめたのは太古から続く大自然の輪廻である。代表作は一九三〇年代、四〇年代に集中する。多くの写真家が激動する世界を報道した時期に、悠久たる時間と対話した男がいた。不思議な感銘をうける。


（岩波書店　１６、０００円）

## 『橋はなぜ落ちたのか』

ヘンリー・ペトロスキー著
中島秀人・綾野博之訳

二〇〇一年一二月二日

あの同時多発テロでニューヨークの高層ビル群は脆くも崩壊した。旅客機が飛び込むとはまったく予期せぬ事態だったとはいえ、救助に向かった消防士や警察官の多数の死は、ビルは絶対に堅牢だという思いこみが起こした悲劇だ。

静岡県の浜岡原発の監視装置は、すでに七月から異常を報せていた。だが中部電力は技術者の判断でそれを見逃してきた。狂牛病に対する対応の遅さも、おそらく同じ根から生じている。

失敗や過ちは常に起きる。むしろ本当の失敗はその過ちを認めず、ときに隠蔽したり、忘れてしまうことにある。

本書は一九四〇年に崩落したアメリカのタコマ海峡橋などの事例を検証しながら、なぜ橋が落ち、なぜそのような橋梁設計がなされたのかを解き明かす。工学の本だからとっつき難いと思われるかもしれないが、じつに平明であり、著者の視点は工学の領域を超えて今日的な問題に大きく係わっている。

著者の辿る失敗の歴史は、紀元前一世紀にウィトルウィウスの書いた『建築書』や、ガリレオの『新科学対話』まで遡る。基本的な問題は現代と変わらないからだ。過ちは理論やモデルをそのまま現実に適応できるとしたために生じる。失敗は時代的な風潮に流され、成功例ばかり積み上げ、根本的な疑問点に立ち戻らなかったために起きる。

だから著者は一方で、近代のすぐれた橋梁技術者は成功よりも失敗から多くを学んできたことも列記する。

過去一世紀半に起きた橋の崩落事故を調べると、ほぼ三十年毎だという説の紹介にはドキッとする。なぜなら次に橋が落ちるのは二〇〇〇年前後になるからだ。著者はこの論を鵜呑みにしていない。しかし三十年経てば、人は先の失敗を忘れるという説は説得力をもつ。

最後に著者は、いま工学系の教育が技術史を軽視しがちな傾向に強く警鐘を打つ。進歩だけに眼がくらみ、歴史をなおざりにする愚は、工学や技術の世界に限ったことではない。

（朝日選書　1300円）

---

## 『小さな箱　鎌倉近代美術館の50年　1951―2001』

**神奈川県立近代美術館 編**

二〇〇一年一二月二三日

このところ美術館行政と運営についての記事や本をよく眼にする。バブル期を通じて陸続と建てられた美術館も経営は苦しく、美術作品も変化したからだ。美術館に収まらない作品も多くなった。

ならばいまは、原点に立ち戻って美術館を考えるべきではないか。この思いは本書を読み、いっそう強くなった。

「鎌倉近美」の通称で親しまれている神奈川県立近代美術館は一九五一年十一月に開館し、先日五十周年を迎えた。日本ではじめての公立近代美術館だった。

この五十年を、現館員とかつての学芸員の回想を軸に企画展の際の新聞雑誌記事や、観客であり支援者であった川端康成ら鎌倉文士の文章を再録して辿っている。記憶に残る展示が多い。それだけにこの美術館が戦後の美術、美術界に果たした役割の大きさはよくわかる。

生々しいのは開館して間もない時期の話だ。副館長土方定一の構想と指導のもとにはじめられたことは知られているが、かくも人とモノが不足していたとは。学芸員という言葉も組織もなかった。資料保存室、燻蒸《くんじょう》室、解梱《かいこん》室、講堂もなく、美術専門の運送車は存在せず、カタログも一枚刷りの粗末さだった。だからこそ館員たちは工夫を重ね、資料と情報を集め、学び、企画を考え、一歩一歩美術館を作り上げていった。熱意と奮闘と希望とが伝わってくる。

展示した美術家の声も欲しかったが、書名の「小さな箱」の意義をより強く打ち出す論がないのは残念である。

本書に記載はないが、あの本館の鉄骨は面積比で通常の鉄骨建築の四分の一ほどに減量されている。設計者坂倉準三は低予算を逆手にとり、新しい構造と工法を実現させた。その削ぎ落とした形と創意が、その後に建てられた多くの美術館にはない美しさと品格を与えた。
巨大な美術館を作れば、美術作品も巨大化する。量だけを誇る作品も多い。だから逆に「小さな箱」こそ良いという論もあるべきだ。箱があって美術が生まれるわけでもない。

（求龍堂　２５００円）

# ❖読売新聞2003年―2005年

## 『美麗島まで』

与那原恵 著

二〇〇三年一月二六日

この本を手にした読者は、まずカバーの写真に見入るはずだ。黒い瞳の、セーラー服姿の美しい少女。カバーを外すと少女が六歳のときの姿がある。幼い彼女は行儀よく立っているもののなにかに驚いたらしく、瞳を大きく見開いている。この姿もじつに愛らしい。

少女は著者の母である。末っ子の著者が十二歳のときに亡くなった。著者はついでさして時を経ずして父も失っている。両親は著者の姓でわかる通り沖縄出身。ところが著者自身は東京の池袋に近い椎名町で生まれた。こう紹介すればわかる通り、著者は母から聞いた話、遺されたアルバムと手紙を頼りに、父母とそれぞれの一族がどう生きてきたのかを辿りはじめる。

聞いていた不思議な話。医師であった祖父は森鷗外に会った。祖母は舞台女優だった。母はラジオで童話の朗読をしていた。すべて事実であった。鷗外の日記には祖父の名があり、大正六年の芸術座公演パンフレットには松井須磨子と共に祖母の名があった。では母が結婚するまで過ごしたと聞いた台北の家は。こうして著者は美麗島とも呼称される台湾へ向かう。

自分の一族を描くことは容易いと思われるかもしれない。家族の周囲には、古波蔵保好、山之口貘、比嘉春潮、藤田嗣治、火野葦平といった著名人も登場。それだけで物語になる。しかし著者は文章が独りよがりになるのを怖れたのだろう。客観的に家族を見つめることができるまで、機が熟するのをじっと待った。

日本と沖縄と台湾の歴史を学び、その現場も歩き、肉親の原像を探す旅を大きく膨らませた。結果、家族の帰趨を描きながら、戦前から戦後、日本と台湾の間で揺れ動きながらも生き抜いた沖縄人たちの姿を、沖縄に生まれなかった自身の気持ちを通して多層的に紡ぎ出した。

それでもなお揺れる想いの底には母の姿がある。「美麗」とは母の面影に違いない。

（文藝春秋　1600円）

## 『滑稽な巨人　坪内逍遙の夢』

津野海太郎 著

二〇〇三年二月九日

坪内逍遙の評伝。もとより彼は近代の文芸史に大きな足跡を残した巨人である。『小説神髄』と『当世書生気質』で近代文学の緒を切り拓いた。東京専門学校（後の早稲田大学）に文学科を創設した。新しい演劇運動を早くから指導した。そしてシェークスピア全集の単独訳を完成し、昭和十年に七十七歳で没した。

しかし彼の小説の読者はいまほとんどいない。逍遙訳のシェークスピアはあまりに古風。いまさらこの巨人を描く意味はあるのかと疑った。ところが彼の生涯は無類におかしい上に、読み了えて壮快な気分にさえなった。

逍遙は一言でいえばヘンな人だった。若き日の彼は、名古屋育ちでありながら江戸の通人を気取った。この演技癖は生涯を通じて随所に現れ、シェークスピアの講義にも発揮された。歌舞伎役者の身ぶり声色を交えハムレットを読んだ。一世代後の文学者からはだから、もはや古臭い、滑稽な人物と見なされた。

彼は飛び切りのエリートでありながら娼妓を妻にした。当時スキャンダルになったし、後年には松本清張が妻の育ちと無理解に逍遙が悩まされたという説を発表した。しかし著者は、彼が真面目に恋をし、妻を愛し続け、妻も彼の夢を理解し、支え続けたことを立証する。

逍遙は一途に夢を追った。新しい舞踊劇創造のため四人の養子を育て、彼らに芸を教えた。二度も私財を抛って自宅に劇場を作った。金のない書生たちをいつも寄宿させ、対等に議論した。明治天皇を敬したが、教育勅語には反対。晩年には素人たちが歌い、踊るイベントまで実践した。夢は時代を超えて新しかった。

しかし彼はこれらの実験すべてに失敗した。だが、失敗は彼の行動を滑稽としか見なかった枠組みだらけの、滑稽な社会にこそあったと著者は切り返す。彼の失敗に閉塞した時代を開く鍵があると見る視点は新鮮だ。

（平凡社　２４００円）

## 『ミッキー・マウス』

カルステン・ラクヴァ 著
柴田陽弘 監訳　眞岩啓子 訳

二〇〇三年二月二三日

今年の一月、アメリカの連邦裁はアニメのキャラクターなどの著作権保護期間を二十年延長する法を認めた。「ミッキー・マウス法」と呼ばれる、この法はミッキー・マウスの著作権が今年期限切れになるため制定された。なぜかくも強引なのか。ドイツ人がディズニー映画をどう受容したのかを辿った、本書を読むと理解できる。

二点において斬新なディズニー論を展開する。一点はディズニー映画とナチスとの関係。ヒトラーもミッキー・マウスの大ファンで、ナチス指導者はアメリカ参戦後もひそかにディズニー映画を楽しんだ。非政治的なストーリーよりも保守的なイデオロギーが隠されているせいだ。ウォルト・ディズニーの言葉からそれを著者は明らかにする。

もう一点はディズニーの経営戦略。いまやキャラクターは巨大な富を生む。保守的なイデオロギーと国益。ドイツよりもむしろいまのアメリカの顔が浮かび上がる。

（現代思潮新社　２８００円）

## 『ゴヤ　最後のカーニヴァル』

ヴィクトル・I・ストイキツァ／アンナ・マリア・コデルク 著
森雅彦・松井美智子 訳

二〇〇三年三月二三日

推理小説の面白さと評すれば、安易な仮説をデッチ上げた論と誤解されかねない。それと承知で、本書から久しぶりにそんな興奮を味わったと伝えたい。骨太な問題提起があり、細部を精緻に検証する実証性があり、読者を思いもかけぬ地平へ導く構成力に富むからである。

冒頭からスケールの大きな謎を著者は提示する。ミハイル・バフチンはカーニヴァルの諸相を解読し、ルネサンスの民衆文化を明らかにしたが、ではその文化は具体的にいつ終わりを迎えたのかと。こう問いかけて著者は、政治秩序を逆転したフランス革命こそカーニヴァルそのものであり、以後祭りは変質し、民衆文化も近代へと移行したと指摘する。

では、この一八〇〇年前後に起きた〝カーニヴァルの死〟事件を、同時代人はどう認識したのか。目撃者として登場するのが、ゴヤである。彼の作品にカーニヴァル性を見る論は珍しくはない。仮面、異装、遊戯、夢、幻滅。あらゆる価値の反転が彼の絵に溢れている。著者は詳細に論ずるが、そこに止まってはいない。

一七九九年、十八世紀最後のカーニヴァル、しかも最終日（灰の水曜日）に、ゴヤが世間の常識に逆らう、機知と風刺と諧謔に富んだ銅版画連作をわざわざ街なかの雑貨店から売り出したことを実証する。本書の白眉。ゴヤは世紀の終わりに自覚的にカーニヴァルの死を演出した。ところが王家の肖像画では、逆に当時の風刺を反転したり、さまざまな象徴を操作して王の永遠性を描いた。彼はしたたかである。

終章では、ゴヤが最晩年に描いた、ブランコに乗り、薄く笑う老人の絵に着目する。自画像である。彼は世界を見下して笑っている。本書はゴヤの評伝ではない。しかし近代と前近代、民衆と宮廷、二つの世界に揺れ、戯れる生身のゴヤの姿をくっきりと浮上させ、絵画の力を深く問う。

（白水社　5600円）

---

## 『漁撈伝承』

川島秀一 著

二〇〇三年四月六日

「本当の漁師とは『魚を捕るという仕事を通して神信心することだ』という考え方をもつ漁師は多く、これは中世の『神人《じにん》』のありかたに等しいものであると思われる」

本書末尾にある言葉だが、内容と共に、著者の、研究に対する姿勢もよく表している。漁師の信仰については個別的な調査は多いが、まとめて論じた研究は珍しい。

著者は三陸地方に暮らす漁師への聞き採りを核にしながらも、全国の漁師を訪ね歩いている。そのために豊漁不漁時の言い伝え、四季折々の行事、舟新造の際の儀式、祭りにおける女たちの役割、子どもたちが豊漁の「モノマネ」をする祭りの意味などなど、漁師の多彩な信仰を明らかにしたばかりか、信仰も海流に乗って伝わったこと、土地により伝承も少しずつ変容したことを実証した。

著者は、豪放と見られがちな漁師こそ「自然に対して、謙虚」だと語るが、本書はその漁師に長年、謙虚に向かい合ってきた著者の姿勢の成果だ。

（法政大学出版局　３２００円）

## 『伝記ガウディ』

ヘイス・ファン・ヘンスベルヘン著

野中邦子訳

二〇〇三年四月一三日

ガウディと彼の建築についてはすでに多くの論がある。彼の建築をゲテモノとする評も含め、過剰な装飾を銅細工職人の家系からの伝承と考える論も、装飾を見ず構造の明晰な解決に近代建築の定型を見る論もある。彼を偏屈な奇人と考える話も、孤独な聖者と崇める向きもある。それぞれ的を外しているともいえない。

しかしならばこそ、多彩な論議の向こうにガウディが一貫して執着した世界があるはずだ。と同時に、いかなる人物も変転する時代の流れのなかを生きる。孤立したと見える者ならば、なおさら時代を強く意識したに違いない。

この伝記はさして注目されなかった、少年時代の逸話から書き出される。ガウディは二人の親友と共に、故郷周辺で遺跡を発見しようとする。彼らはシトー会修道院の廃虚に魅了される。修道院修復にカタルーニャ文化の再興を夢見ただけではなく、三人は野菜を育て、家畜を飼い、製材業を興し、ワインを醸造し、ホテルも銀行も置く計画を立てる。自給自足のコミュニティーを作ろうとした。後年、実際に友の一人は修道院修復財団に係わっている。

時代は少年たちが協同組合の夢を抱くほど逼迫していた。著者がより大きく扱うのは、ガウディが建築家として出発した時期に起きた一八九八年の米西戦争と、一九〇九年にバルセロナで修道院や教会が焼き打ちされた〈悲劇の一週間〉である。スペインは領土を失い、経済も国民意識も失墜したにもかかわらず、上流社会や教会は腐敗していた。ガウディは激動する社会のなかで、禁欲生活を深め、他方、集合住宅に、公園に、そして未完の聖堂サグラダ・ファミリアに、理想郷を具現化しようとした。

彼は頑固であったが、孤立したわけではなかった。彼の建築になぜ強く惹きつけられるのか、本書はその謎を解く鍵を用意し扉を開いた。それだけに一時流行のポストモダニズムと結びつける見解には納得できない。

（文藝春秋　３５２４円）

二〇〇三年六月一日

---

## 『蟹の横歩き』

**ギュンター・グラス著**
池内紀 訳

ギュンター・グラスはアクチュアルに現代社会を挑発してきた。この新作のテーマは前作『私の一世紀』と同様に、戦争の記憶である。とはいえ、老練なグラスは、重い主題をユーモアを漂わせた軽妙な、しかし辛辣な筆致でミステリアスな物語に仕立てた。

語り手役は中年のフリー・ジャーナリスト。右翼系左翼系どちらの新聞社でも働き、それなりの記事を書いてきた。その癖、リベラルを気取る。つまりはインテリの典型。その彼がインターネットで、かつてのナチ指導者ヴィルヘルム・グストロフを殉教者と称えるネオ・ナチのホームページを読む。そこから物語は始まる。

グストロフは一九三六年二月に、ユダヤ人の青年に射殺される。死後英雄に祭り上げられ、その後、ナチスが誇る豪華客船に名を冠された。ところがそのヴィルヘルム・グストロフ号は一九四五年一月にバルト海で沈没。九千余名の死者を出し、タイタニック号事件よりも大惨事でありながら、当時の複雑な国際状況下でこの事件は事実の解明もなされず、戦後ドイツでは語ることさえタブーとなっていた。

グラスはこのタブーに挑戦するが、もとよりノンフィクションではない。やがて語り手の中年男こそ船に乗り合わせた、妊娠八か月の母親から奇しくも遭難時に生まれた人物であることが明らかになる。しかもインターネットでネオ・ナチを表明しているのは、彼の一人息子であった。別れた妻も忙しく、母に預けた我が子。祖母は一体、孫になにを伝えたのか。ここから物語は急展開し、さらなる惨劇へ。

情報化社会のなかでは歴史も恣意的に解釈される。記憶すら捏造される。「蟹の横歩き」とは、その危うい現代のなかで、右に左に這いずりながらも、なお問いを発し続ける作者の姿勢である。だからグラスはこう締め括る。「終わらない。決して終わらないのだ」。


（集英社　２１００円）

## 『権現の踊り子』

**町田康** 著

二〇〇三年六月一日

町田康の小説の魅力は、一言でいえばファルス、つまり諷刺でも揶揄でもない、ナンセンスな笑いにある。この六篇の短篇集も笑いに溢れているが、しかし不気味な感興をもたらす。

表題作は軽妙で最も笑いを誘う。安アパートに暮らす若い男は朝起きて顔を洗うが、剃刀がない。管理人でもないのに管理人室に居座るおばはんから、権現市に行けば、なんでも手に入ると教えられる。出かけてみれば、すがれた商店街。市もやっていない。主催者と称するやくざ風の男に、市は来週だと聞かされ、ついでに市のリハーサルにつき合わされる。まずい料理を食わされ、男が暴力を揮って教えた、女たちの下手な踊りを見る羽目に。ほめるべきか。正直にいえば男は暴力に訴えてくるかも……。

こう筋を紹介しても面白みは伝わらない。たとえば「額に吹き出物、そこいらじゅうに青い斑点ができているのも嫌嫌嫌」といった、過剰な冗舌体のリズム。この文体に乗り、非合理さえも納得する奇妙な展開。そうして気づいてみれば、抜き差しならぬ立場に置かれた主人公の可笑しさ。ここに笑いが生まれる。

他の五篇も、ほぼ同様の趣向だが、不気味な感触はより濃厚である。「鶴の壺」「工夫の減さん」には無意味な死が、「矢細君のストーン」「ふくみ笑い」には狂気と理不尽な暴力が、仕掛けられているからである。その結果、読者は笑いの向こうに、社会批評や時代分析を超えた、生々しくも軽々しい、ナンセンスな死と暴力と狂気に戦慄せざるを得ない。

巻末の「逆水戸」はテレビでおなじみの時代劇水戸黄門のパロディ。黄門様一行は悪代官を探すが都合良くはいかない。逆に助さん格さんはひょんなことで人を斬る。彼らは代官配下に取り囲まれ、鉄砲に撃たれる。黄門様も打ち首。首は三尺も飛ぶ。こうなれば笑う他ないが、生首さながら、ここにもナンセンスな死に溢れた現代がゴロリと剝き出しにされている。

（講談社　1500円）

# 『ホテルと日本近代』

富田昭次 著

二〇〇三年六月八日

たとえば学校という施設がなかった時代に、一つの学校が生まれれば、教育制度は大変革を起こしたはずである。デパート、映画館、野球場の誕生は大衆化社会の到来を意味する。

では旅館や旅籠《はたご》ではなく、日本にホテルが生まれたのは、いつ、どうして、誰が企画し、誰が建物を設計し、建設したのか。そしてホテルの出現は日本社会をどのように変化させたか。

本書は幕末から明治、大正、昭和初期までのホテル史を、エピソードと図版を丹念に蒐集し、日本近代の変貌と重ねて描いた。

日本人ではじめてホテルを建てた清水喜助とは。迎賓館ホテル、鹿鳴館はなぜ失敗したか。西洋料理を供した苦労と評判は。日光や軽井沢でリゾートホテルが生まれた経緯は。旧満州での植民地経営はホテル建設から。昭和初期にホテルブームが起きた訳は、などなど。

できればラブホテルやカプセルホテルにも言及し、現代日本を鋭く切って欲しかった。続編に期待したい。

（青弓社　2000円）

二〇〇三年六月二二日

---

## 『昭和名せりふ伝』

斎藤憐 著

この書名なら誰もが、『上海バンスキング』などの舞台を生んだ劇作家が昭和期の演劇から名せりふを選択したと思う。ところが著者は現実の名せりふ、各時代を的確に表した二十一の流行語を採り上げ、その言葉から六十四年に亘る時代相を切ってみせた。

こう紹介するとなおさらよくある世相史と考える向きもあろうが、一味も二味も異なる。

最初の言葉は、昭和二年に築地小劇場が山本安英主演で上演した、藤森成吉作の「何が彼女をさうさせたか」。主人公の少女は、父親の死後、母親に見捨てられ、社会の底辺をもがきながら生きるも、心中の果てに収容所に入れられる。が、最後は収容所に火を放つ。この戯曲が映画化され大ヒット。題名は大流行する。

著者はこの流行語を、同時期に起きた、連続殺人と放火を犯しながら逃走を続け、報道合戦となった「鬼熊事件」に共振させる。つまり何が鬼熊をそうさせたのか、何が警察になかなか鬼熊を逮捕させなかったのか、報道を過熱させたのかを明らかにし、昭和初年の村社会の閉塞性とモダン都市東京を対比する。

じつはこの方法は全編に通底している。何が日本人を「ぜいたくは敵だ」と戦争に駆り立てたのか。何が昭和天皇に「堪へ難キヲ堪へ　忍ヒ難キヲ忍ヒ」と玉音放送で語らせたのか。戦後に入り、何が天皇の戦争責任を免れさせたのか。六〇年安保のとき、何が岸首相に「声なき声」といわせたのか。何が横井庄一に「恥ずかしながら」と声を上げさせたのか。何が「Xデー」前後に報道や番組を自粛させたのか。

後半になるにつれ、同時代を生きた著者の半生が重ねられる。それだけに戦争と天皇に迫ろうとした著者の覚悟と気迫が、文章の端々に滲み出る。にもかかわらずどこか懐かしい。昭和が終わり、すでに十五年も経ったせいか。タブーさえも切る強い流行語がもはやないせいか。何が現代をそうさせたのかを改めて考えさせる。

（小学館　１８００円）

二〇〇三年七月二〇日

## 『関東大震災』

武村雅之 著

関東大震災は、死者釣十万五千人であったという事実だけでも、日本の歴史上、ワースト1の大災害である。ところが肝心の地震学の立場から、一般の読者に関東大震災をきちんと説明してくれる著作はこれまでなかった。

本書は、新たに史料を発掘し、体験談を解読し、現代の地震学の成果を重ねて、なぜ未曽有の被害をもたらしたのかを分析したばかりか、なぜこれまで本書のような研究が成されなかったのかについても明解に答えている。

まず著者は、地震のマグニチュードは、本当に7・9だったのかと疑う。この数値で建物の耐震基準は決められてきたが、阪神大震災でも多くの建物が倒壊したからだ。当時の地震計の大半は計測不能。それでも新型の地震計と海外の地震計は計測していた。それらの記録を分析すると、7・9はほぼ正確であった。

ではなぜ被害は大きくなったのか。当日は、台風が能登半島近くにあり、関東は進路から外れていたものの、強風が吹き、正午の地震のため大火災を起こした。マグニチュード7以上の余震が、翌日までに五回、翌年一月に一回、計六回も襲った。家屋の倒壊状況から東京都心部の地盤の揺れを、細かく推定すると大きく揺れたのは、沼や池を埋めた土地に集中する。しかも元来の地名は、それらの土地が沼や池であったことを明瞭に示していた。当然ながら著者は現在も盛んな地名改変の愚を指摘する。

愚行はそれだけではない。震災後、地震学者の報告書でさえ未完成のままであった。責任逃れから、官僚が研究者をリストラしたり、研究組織を変えてしまった。だから大局から細部からの、その後の研究を困難にしたのだ。

著者は大地震の恐怖をことさら煽る訳でも、地震予知の可能性を楽観的に綴った訳でもない。それ以前に過去の真実に学ぶことの大事を語っている。いま全国に一つもない地震博物館設立を訴える著者の提案も納得できる。

（鹿島出版会　２３００円）

## 『柳宗理　エッセイ』

柳宗理 著

二〇〇三年八月三日

バブル期には、モノは使い捨てられたが、いまや様変わり。建売住宅やマンションから、椅子やテーブル、食器、家電製品まで、デザインへの関心は高まっている。とはいえ、コマーシャリズムにデザインが先導されている状況はさして変わっていない。消費者の眼は、デザイナーにもより厳しくなるべきだろう。

ところが多くの人はデザイナーがどのような過程を経て、デザインを決定しているのかさえ知らない。著者は、日本に於けるプロダクト・デザインの開拓者であり、ティーポット、グラス、やかん、ミシン、椅子、照明器具、衛生陶器、歩道橋など、私たちに身近なモノをデザインし、いまも現役で活躍中。それだけにデザインとは何かを具体的に説明する。長い間使われ、なお古びることのないデザインを、ジーンズや野球のボールで語るのも著者の真骨頂だ。

著者の父柳宗悦は民芸運動の創始者。著者の原点に、民芸への眼とこころざしがあったことにも気づかされる。

（平凡社　２４００円）

## 『小鳥たち』

アナイス・ニン 著
矢川澄子 訳

二〇〇三年八月一〇日

この短篇集を読者は、作者よりも昨年没した訳者、『不思議の国のアリス』の訳者でもあった詩人矢川澄子に惹かれて手にするのでは。

表題作は画家が妻の反対を押し切って、テラス付きの屋根裏部屋に転居する。アトリエに良いというのが理由だが、本音はテラスの向こうに学校があり、女学生たちがいつもテラス下で遊んでいるからだ。彼はテラスで熱帯の鳥を飼い、妻の留守中に少女たちを鳥を見に来ないかと誘う。じつは自分のペニスを少女たちに見せたくてたまらない。ではその顚末は。

少女たちの輝くばかりの肢体。小鳥のような囀りとクスクス笑い。未分化のエロス。いかにも矢川好み。じつはこれらの短篇が書かれた経緯も、一時はモデルで活躍したアナイスの美貌を思うと、エロティックで謎めく。

矢川の「解説」によれば、「一九四〇年から翌年にかけて、パリにあったアナイス・ニンは、親友ヘンリー・ミラーのすすめである老人コレクターのために、エロティックな短篇小説を匿名で数々書いた。彼女のまわりには貧しい芸術志望者たちが大ぜいいて、老人の払ってくれる巨額の報酬はそれらの友人たちをうるおすのに大いに役立った、という」のである。

要するにポルノ小説。アナイスは原稿のコピーを秘匿していたが、死を前にして「男の独擅場であったこの分野に、女も挑んでみようという努力のささやかな兆しが見えれば」と出版を決意し、彼女の没後に発表された。

ポルノは男の視線で書かれてきた。嫌がる美女を男は犯し、ついに喜悦の声を上げさせるといった常套句な筋に、男の脳は刺激される。本十三篇にはそんなありきたりの物語はない。だから興奮しないという男の読者もいるだろう。しかし読者は繊細で脆く、ゆえに激しい一瞬のエロス、男と女の肌のずれ、そして人生の深さを味わうはずだ。老コレクターに独占させては勿体ない小さな文学の束を矢川も遺した。

## 『ZOO』

乙一 著

（新潮社　2300円）

二〇〇三年八月三一日

この作者はゲームを愉しむかのように、読者の意表をつく手を次々と繰り出す。しかも自ら紡ぎ出した物語に、若々しく戯れている印象で、それがかえって新鮮だ。といって収められた十短篇は決して愉しい物語ではない。いずれもアッケラカンとした残酷な死が溢れている。

冒頭の「カザリとヨーコ」は、母子家庭の母と双子の姉妹の話。母は妹カザリを溺愛する。その反面、姉ヨーコを徹底して嫌う。ヨーコは食物さえ与えられず、妹の食べ残しで飢えをしのぐ。部屋もなく彼女は台所で寝起きをしている。母はなにかと彼女に皿をぶつけ、煙草を押しつけ、包丁を投げる。いずれ母に殺されるに違いないと彼女は感じている。そこに事件が起き、彼女はある思いつきを実行する。

こう要約してしまえば、お伽噺の典型である双子譚かと思うだろう。そうには違いないがしかし、双子に生ずる不和に作者の主眼はなく、まったく理由もなく母が姉だけを苛め抜くところにある。そこが生々しく今を感じさせる。

しかも他の九篇には、より童話に近い短篇もあれば、密室トリックを用いたミステリーも、SFもありで、このバラバラの作風も読者をケムに巻く。しかし十篇には共通する趣向がある。なべて主人公は、逃げ場のない状況に、しかも理由もわからぬまま閉じ込められている。

「血液を探せ！」は、事故で脳に障害が残り、痛みを感じず、脇腹を包丁で刺されていても気づかない老人を巡るドタバタ劇。恋人を殺したものの、犯行現場に繰り返し立ち戻らざるを得ない男の行動を追ったのは表題作「ZOO」。巻末の「落ちる飛行機のなかで」は、乗っ取り犯に占拠された飛行機に乗り合わせた女の話。

つまり十篇はバラバラで奇矯に見えて、じつはどこにでもいる現代人の妄想のかけらである。読了すれば、あたかもジグソーパズルのように殺伐とした現代の構図が浮上する。意図しなかったにせよ、これも作者の才能である。

（集英社　１５００円）

## 『シェル・コレクター』

アンソニー・ドーア著
岩本正恵訳

二〇〇三年九月七日

収録された八短篇を読了し、本当に作者はまだ二十代なのか、これがデビュー作なのかと驚嘆した。緊密で、力強く、スケールが大きい。日本人ではとても書けそうにもないと慨嘆もした。しかしそんなことより、余韻を愉しみ、小説によって得る解放感を久々に味わった。

登場する主人公たちはなべて孤独で、都会生活から外れている。巻頭の「貝を集める人」は孤島で貝を拾いながら、独り暮らす盲目の老貝類学者。「ハンターの妻」は、モンタナの山奥で猟をする男。ところが彼らの意に反し、不可思議な事件が生じ、静かな生活は波立ち、混乱して行く。「たくさんのチャンス」「七月四日」などでは、人間関係のもつれを皮肉なユーモアを利かせて猫いている。しかし全篇を通じて、作者のモチーフはそうした人間たちの葛藤やドタバタ騒ぎだけにあるのではない。どの物語の背後にもいま一つの主人公が悠然と控えている。人間の苦悩、孤独、恐怖を包み込む自然である。ナチュラリストであろう、作者の筆は自然が壮大になるほど冴えてわたる。

リベリアの内戦下、行方不明になった老母を探し歩く男の運命を追った「世話係」や、野性そのままのアフリカ女とアメリカの化石ハンターとの結婚生活の帰趨を描いた「ムコンド」では殊に自然描写は美しい。主人公たちが見つめ、触れ、嗅ぎ、走るたびに精妙に変化する。その蒼古の大自然のなかで、人間たちの物語も自ずと神話性を帯びてくる。そうして読者は五感を呼び起こされながらも、最後はフッとため息をもらすだろう。男と女が永遠の刻のなかで安らぐ、じつに静かな結末が待っている。

人間同士がもつれ合い、ドタバタしようが、作者はどの物語でも人間を肯定する眼を失ってはいない。と同時に、ケレン味のない筆致で、短篇でありながら、小説に大きな物語を回復させようとする意志を強く感じた。

（新潮社　1800円）

## 『アジア都市建築史』

**布野修司** 編

二〇〇三年九月二一日

アジア全域に亘り、伝統的な民家型式の変遷から、宗教建築、各国の都府の成立過程、西欧列強と日本による植民地都市及び建築、そして現代の状況まで、十三人の研究者が長年の現地調査を踏まえて報告した成果だ。

これまでイスラム圏、漢字文化圏、あるいは仏教建築、ヒンドゥ建築、チベット・モンゴルなどと範囲を区切って研究書は発刊されてきた。それだけに類書もなく意図は壮大だ。

大部とはいえもとより、本書一冊で細かい事象まで知ることは難しい。しかしときに建築の背後にある宗教観を遡り、ときに古建築の保存にも触れ、全アジアを俯瞰し、写真図版を用いて、その多様さを提示した意味は大きい。

建築と都市は、風土、宗教、政治、経済とあらゆる文化を端的に示す。今日、中国では日本建築家による巨大プロジェクトも進行中。中国のみならず今後、アジアは大変貌する。アジアの過去と未来の文化、当然ながら一員である日本の最重要課題だ。

（昭和堂　3000円）

## 『やさしく読み解く日本絵画』

**前田恭二** 著

二〇〇三年一〇月五日

雪舟から広重まで十一人の画家の作品と生涯をじつに丁寧に辿る。なぜ、その画題を選んだのか。どうしてその構図と技法を採用したのか。画家のテーマは、遊び心はどこに隠されているのか。新しさはどこに。図版を多用し、多角的に解析し、しかも画家たちの生涯を活き活きと描き、画風の変化も読むから、ページをめくる毎に目を開かれた思いになる。

著者にはいくつもの意図がある。まず日本画という呼称を外し、「日本絵画」と大きく構えた。冒頭には、中国で水墨画を学び、戦乱の世に生きた雪舟を置いた。いずれも「日本絵画」を世界と対峙させようとする意図だ。最新の研究を惜し気もなく紹介し、なにが現代で問題になっているのかをわかり易く解説した。美術を見る眼を、誰もが広く共有して欲しいという意志だ。おかげで日本の画家たちは、かくも自由闊達に筆を揮い、生きたのかと理解できる。

だから本書は西欧絵画や現代美術を見る上でも大いに役に立つ。

（新潮社　１４００円）

## 『不完全都市　神戸・ニューヨーク・ベルリン』

平山洋介 著

二〇〇三年一〇月一九日

大地震に見舞われた神戸、同時多発テロに襲われたニューヨーク、政治体制の違いから高い壁で分断されてきたベルリン。本書は、これら特異な事件、歴史をもつ三大都市を採り上げているが、むしろ三都市の個別的な問題と特異な変貌を細かく追ったために、今日の大都市が抱える問題の普遍的な根を明らかにした。

著者はあらかじめ決められた都市像を設定しない。ノスタルジックな分析も、夢のような未来都市も提言しない。都市をさまざまな力が競合する空間として捉える。「中央政府、地方政府、政治家、ディベロッパー、投資家、企業、地主、借家人、エリート、貧困者、建築家、社会運動家……は相互に異なる欲求をもっている」。これら異なる欲求がせめぎ合い、しかも相互に正当性を主張し、結び合ったり、断絶したり、摩擦し合う空間として考える。

読みやすい本ではない。文章は簡潔でわかりやすいが、三つの大都市で、どのような欲求が、どのような力で働き、競い、摩擦し合ったかをほぼ半世紀のなかで、その変化を具体的に検証するからだ。力関係は錯綜し、時流と資本によって絶えず動く。しかし著者の解読によって次第に明らかになるのは、大きな力が行使されれば、かえって大きな矛盾が生じることだ。

たとえば震災前の神戸はどう力が働いて、市街地は拡大したのか。火災が起きた地域の力関係は。震災後、復興ムードのなかで、なにが整理され、なにが建ち上がり、なにが残ったのか。著者が危惧するのは、正当性が一方的に強調され、互いの力を緩和する透き間が消え、大きな破綻に陥ることだ。「不完全都市」とは否定的な意味ではない。著者はこう問いかける。

「都市は完璧な『統合』には至らず、完全には『分裂』せず、その意味において不完全な空間でしかありえない。そして不完全である限りにおいて、都市の空間は異議と挑戦を寛容に受け入れ、新たな可能性に向かって開かれる」。

（学芸出版社　4000円）

## 『モランディとその時代』

**岡田温司** 著

二〇〇三年一一月二日

十四年前、鎌倉の近代美術館ではじめてジョルジョ・モランディの絵に出会ったときの印象は忘れ難い。古典に見えて新しく、印象派か立体派に見えて、それとは異なる独自の、静謐な世界があったからだ。単純に「静物」と題された連作は、白い壺、青い壜、インキ壺、燭台、白い器などが並べられ、描かれているだけなのだが、淡い色調、光と影の微妙なタッチの変化を見つめているうちに、永遠の時のなかへと自分が目覚めて行くような気分を味わった。

それだけにボローニャのアトリエに独りこもって、お気に入りの壺や壜を描き続けた画家が、「孤高の画家」「僧房の隠修士」と呼ばれることに、少しの疑いも抱くことはなかった。

著者はモランディにまつわる、そうした神話を解体する訳ではない。そうではなく、モランディ自身が美術史家、批評家と共に、いかにして、その神話を作り上げて行ったのかを検証して行く。従って伝記のスタイルは採らない。

四つの謎が提示される。「最晩年にモランディが、長年のあいだ親交を結んできた美術史家＝批評家の手になる自分のモノグラフの出版を、圧力をかけて差し止めてしまったこと。戦中、反ファシズム運動の廉《かど》で当局に引っ張られたこと。戦後、抽象主義とリアリズムとのかまびすしい論争の最中、無言のうちに作品をもってその論争に応戦しようとしていたこと。そして、晩年のある時期、半世紀近くも前に描いたみずからの初期作品を破毀してしまったこと」。

この四つの謎に著者は、モランディ自身の手紙、批評家たちの文章と手紙、そして絵を読み解き、時代を追いながら迫って行く。

じつにスリリングだ。ある時期は批評家と手を組み、批評からの影響で画風を確立し、晩年は気に入らぬ批評は切って捨てるという、あの静謐な画面からは想像できぬ画家の心奥の振れの激しさを生々しく描き出したからだ。著者は批評とは何か、とも問いかけている。

（人文書院　４８００円）

---

## 『銀座』

岡本哲志 著

二〇〇三年一一月二三日

「〇〇銀座」と名のある商店街は全国で五百近くあるらしい。ギンザは繁華街の代名詞である。それだけに本家本元の銀座について、これまでも多くの歴史的分析がなされてきたが、著者のアプローチはじつにユニークだ。着目し、分析し、追求したのは土地と建物。

不思議なことに幕末に作られた道路、敷地割りが現在の銀座にそのまま残り、街の骨格になっている。それは何故か。違いもある。銀座には路地が多い。いつ路地はどうして生まれたのか。では土地はどう統合され、分散したのか。地主の商いは。消えた地主は。

時代を追いながら、明治期に多かった新聞社、花街、質店、米商の行方。大正期のビルブーム。震災後と空襲後の復興状況。そして現在までの街の刻々とした変貌を、地図を使って正確に示し、写真を用いて明確に伝える。大労作。

それだけ銀座は魅力的なのだ。土地の力。銀座に生きた人々の街への愛情。それが銀座を常に新生させる。

（法政大学出版局　6000円）

---

## 『シンセミア』上・下
### 阿部和重 著

二〇〇三年一二月一四日

この長篇小説の舞台は、山形県神町。作者の故郷である。作家が懐かしい郷里を舞台に選ぶのはなにも珍しいことではない。しかし本作品での故郷の扱われ方はかなり異質である。


なにしろ二十世紀最後の年、二〇〇〇年の夏に、東北の小さな町には似つかわしくない殺人事件、産業廃棄物処理場の設置反対運動リーダーの自殺、地元では名うての走り屋の事故死、と三つの不穏な事件が起きたことから物語ははじまり、やがて露呈するのは町の深部に淀み、潜む、どうしょうもない腐敗だからだ。

ここに作者の覚悟がある。長年想を練って、一九九九年の秋から雑誌連載をはじめている。つまり、作者はあえて近未来の故郷を舞台とし、虚実ないまぜのミステリーに挑んだ。

三つの事件を核にし、次第に登場人物たちを結ぶ接点が浮上する。市長選挙や産業廃棄物処理場をめぐる利権争い、敗戦直後から町を裏で支配した権力者の二世たちの確執、不倫、あるいは彼らの息子たちが結成した盗撮グループの暗躍と権力争い、不良少年少女の一団、麻薬、警察の堕落、UFO騒ぎ、町のオカルティックな伝承と怪しげな宗教。登場人物たちは飽くなき欲望にせかされてせわしく離合集散する。

加えて作者は、東京に起きた毒ガス事件や大事故をからめ、地震や洪水まで展開に添えて、「神町」を名称に反した災禍の町へと追い込んで行く。要するに作者は、小さな町を舞台に、現代日本を丸のみにして描こうとした。

展開は目まぐるしいが、細部を丁寧に描き込んでいるから、読み出せば止められぬ面白さ。

しかしこの面白さに瑕瑾《かきん》も感じた。終わりに近づくにつれ、いくつもの仕掛けられた謎が解き明かされるが、途中から展開は予測がつくし、終章においては、それまで間近に肌に感じていた世界が歴史の一コマにうまくはめこまれ、急に遠退く思いがした。まれに見る骨太の、渾身の力作だけに、心残りの一点であった。

（朝日新聞社　各1700円）

二〇〇四年一月一一日

## 『都市のかなしみ』

鈴木博之著

建築史家である著者は、現代建築を冷徹に分析する数少ない信頼できる批評家でもある。

ところが読みはじめ、常の論理的な文ではなく、自分の感性を前面に出したエッセイであるのに少々驚いた。といってつまらないのではなく、むしろ実に面白い。本書中に「随筆的論考の精神」という短文があるが、まさにその愉しさ。想いの流れに応じ、論は自在に展開する。この思考は「文化に関する判断は、正解がひとつではない」ことの大切さに由来する。

旅をする。街を歩く。建物を眺める。人に出遇う。歩きつつ考え、歴史を振り返り、体験を思い出し、立ち止まりまた考え、都市と建築の行く末を著者は見つめる。この思考のリズムのなかで、読者も自ずと生きている都市の「かなしみ」を感じ、建築の再生の難しさを知り、都市は「経済空間化」し、「官」の空間はあるが、「公」の空間は消えて行く状況を悟るだろう。著者の建築と都市への想いが切々と伝わってくる。

（中央公論新社　2600円）

## 『雪沼とその周辺』

堀江敏幸 著

二〇〇四年一月二五日

近ごろの小説は、ハリウッド映画のように刺激は強いものの、読後の余韻を味わえないと思う方に、この短篇集を勧めたい。七篇読了後に、雪が降り積もった朝のように、静かだが張りつめた空気のなかに読者を佇ませる。

冒頭の「スタンス・ドット」は廃業前夜のボウリング場が舞台。妻と死別したオーナーは、その夜、客もなく、五レーンしかない店を閉じようとする。そこへトイレを借りに若いカップルが現れる。オーナーは二人に無料でゲームをするよう申し出る。若い男はゲームをはじめるが、テンフレーム目はオーナー自身が投げることを求める。オーナーは応じて投げる。

これだけの話だが、強く共振する。最後の一投という一瞬までの過程に、主人公のそれまでの人生と記憶を重ねて描き出すからである。

他の六篇の主人公も、フランス料理店、レコード店、製函工場、書道教室、定食屋、消火器の販売を営んできた人たちで時代に遅れ、ある人は妻を、ある夫婦は子を、別の人は恋を、友を失っている。誰もがなにかを失い、その失ったものを追慕しつつ、死を予感する年齢に達しながらも、生きる誠実さを求めている。

こう紹介するとなにやら説教じみた話と思うかもしれないが、作者は普遍して声高に語ることもなく、誰にもふっと訪れる人生の分岐点の、小さな一瞬を精妙な筆致で映し出す。

堀江敏幸の小説はこれまで作者とほぼ等身大の主人公が隣町を、異郷を歩く話であった。それだけになぜ作者は父母の世代を書くのか疑問も湧いた。「雪沼」という架空の、谷あいの小さな町には、人間の生臭い欲望や葛藤は、白い雪の下に埋められたように見えない。現代日本ではもはや失われた、懐かしい世界だろう。

最後の一篇「緩斜面」だけは、作者と同世代の男が、自作の凧を飛ばす話。しかし舞い上がるのは凧ではなく青いシート。懐かしさの向こうに深い喪失感が大きな凧のように現れる。

（新潮社　1400円）

# 『角の生えた男』

ジェイムズ・ラスダン 著
谷みな子 訳

二〇〇四年二月八日

この小説はただならぬ恐怖を漂わす。といって幽霊が出てくるわけでも、血みどろの殺人が執拗に描写されるわけでもない。

主人公はニューヨーク郊外の大学に勤めはじめた講師でイギリス人の男。彼は研究室で本を読みかけるが、ドアを叩く音がして中断する。しおりを挟む。翌朝、その本を取り出してみれば、しおりの位置が大きくズレている。

数日後、電話料金のリストを眺めると身に覚えのない通話記録がある。誰かが研究室に忍んだのだろうか。自分のカン違いなのか。いずれにせよ忘れてもいい瑣末なことだ。しかし奇妙な事件は続き、主人公は自分の記憶を確かめつつ、謎を探ろうとするが、やがて……。

些細な事件に大学の同僚との人間関係がからみ合い、主人公は記憶を次第に遡行して行く。自己証明のために書類を提出した移民局の光景。突然、彼の許を去った妻の行方。再婚した亡き母の愚痴。養父に入れられた上流社会のクラブから追い出された少年時のこと。一角獣の神話研究に没頭した実父。どの記憶のなかでも彼の立場は脆く、彼は置き去りにされている。

今回の事件も同様か。誰かのワナか。同僚なのか。妻が関係するのか。事件と記憶は連鎖し、現実と妄想の境目は曖昧になって行く。

加えて作者はカフカ、ギリシャ悲劇などの物語を重ねるから、時空間は歪み、自明なはずの主人公のアイデンティティーは、彼がもがくたびに剝がれ落ちる。最後に彼は郊外の遊園地跡の廃屋に独り暮らすが、これも妄想で、廃屋は精神病院でも、元の研究室でもおかしくはない。堂々めぐりの妄想なのか、わからぬままだが、我が身にも起きそうな気に襲われる。

ニューヨークが舞台とはいえ、華やかで乱痴気な光景は一瞬、扉の向こうに見えるだけ。そこでも彼は置き去りにされる。冬枯れの棄景のなかで喧噪に満ちた大都会を遠く眺める主人公の最後の姿はリアルで一層怖い。

（DHC　1700円）

---

## 『落日礼賛』

ヴェチェスラフ・カザケーヴィチ 著
太田正一 訳

二〇〇四年二月二二日

このエッセイは平易で読み易いが、故国ロシアを遠く離れ、日本で暮らす詩人の眼と感受性がなければ、生まれなかった特異な作品だ。

十のロシアの言葉で各章は成り立っている。

第一章はサート（庭）。自身が育った故郷ベラルーシの家の庭から語り出される。幼い頃に眺めた懐かしい庭。ところがすぐにロシア人の間に伝承されている、おとぎの園の話へ移る。かと思うと、千年前にロシア人が受け入れたキリスト教の楽園について、ロシアの庭と日本の庭の違い、あるいはロシアの近代化を進めたピョートル大帝が作った庭園、ロシアの詩人たちが詠《うた》った庭、共産主義の作り出した庭のイメージが、どれも断章風に語られ、その合間に自身が触れた庭の記憶から、実家の庭の帰趨までがやはり断片的にはさみ込まれる。

この構成は、サートに続く、ローヂナ（母国）、ニャーニャ（乳母）、トスカ（ふさぎの虫）などの各章でもほぼ踏襲されている。一つの言葉が喚起する自身の記憶と、ロシアの伝承、自然、歴史、文学、夢が呟きのように綴られ、日本との相違が織り重ねられる。だからはじめは個人的な感傷を盛り込んだロシア文学論、ロシアと日本の比較文化論かと思った。むろんそう読んでも十分な面白さを備えている。

しかし全篇を通じて、この著者がねじれた政治体制のなかで、どうもがき、どう逃避しようとしたのか、その心情が浮かび上がる。ときに自虐的にときに軽薄に。しかしだからといって暗く重いトーンはない。ユーモアを絶やさず、誠実に自己を、故国を見つめている。

殊に私小説のような「ニャーニャ」、「ブラット（兄弟)」の章は心に残る。無学でおしゃべりだった乳母。なにをやっても失敗する弟。お互いに人生を決定づけた二人。著者はいくらかの悔いと哀しみを感じながらも、まぶしいほどの懐かしさで、彼らにロシア人の、いや人間の素型を見ている。

(群像社　2400円)

## 『椅子と日本人のからだ』

矢田部英正 著

二〇〇四年三月一四日

なぜ日本の椅子は座ると疲れるのか、人間工学に基づいてデザインされているにもかかわらず、腰痛に悩まされる者さえいる。著者は、まずこう問いかけるが、この後の発想が、元体操選手で長らく身体技法を研究してきた人らしい。

椅子のデザインの良否以前に、日本には椅子に座る文化はなく、西欧には椅子に座る身体の技術があったのではと問いを切り返す。

ではなぜ、日本には椅子の文化は育たなかったのか。いや、日本には床に坐る文化があったはずだ。ならばどう坐るのが楽なのか。その姿勢を現代日本人はもはや知らないのではないのか。いくつもの疑問を重ね、その謎を解き明かしながら、日本の椅子こそじつは、座る姿勢を拘束し、楽にさせていない事実に気づく。

そうして著者自ら、きちんとした姿勢をとれば疲れない椅子をデザインし、いまでは一人一人の身体に合ったオーダーメードの椅子作りに挑戦中だ。日本人の身体を具体的でユニークに考察する。

(晶文社　1800円)

## 『集合住宅物語』

植田実 著

二〇〇四年四月四日

二月末に国交省は、全国のマンション管理組合と居住者に対する昨年度調査を発表。四八パーセントがマンションに永住すると答えたという。居住者の約半数が、マンションを終のすみかに選んだ。日本人の居住観は変化しつつある。

本書は、東京近辺に戦前から建てられたさまざまな集合住宅を、七年かけて訪ね歩いたドキュメントである。戦前の集合住宅といえば、関東大震災直後に建設された、同潤会の鉄筋コンクリートアパートが名高いが、著者は同潤会によって建てられた木造のアパートも訪ねている。戦前のものだけでも、銀座や九段に建てられた当時は最新型の民間アパート、浅草寺の支院が集合したお寺のアパート、月島の長屋、本郷や早稲田に残る下宿館、大学の寮、社宅、老人や障害者のための集合住宅などを探しては、自分の眼と肌で確かめつつ歩き続けた。

戦前の集合住宅は二十四例、戦後のものが十五例、合わせて三十九例。著名な建築家の設計したものも大工の手になるものも、公団など公共機関が作った団地も、長屋形式の飲み屋街もある。著者は成立過程、建築家の新しい提案やデザインを検証するばかりか、居住者たちが共同生活と個人の暮らしを守るために生み出したルールやつき合い方、改修の工夫など、それぞれ個性的で豊かな生活の物語を聞き出した。

添えられた鬼海弘雄の写真も、建物と住み手が長い年月のなかで積み重ねて、作り上げてきた空間の愉しさをケレン味なく伝えている。

七年間にはすでに取り壊されたものもある。その後に建設された集合住宅の大半は高層ビルタイプらしい。著者は声高に語らないが、戦前から戦後にかけ、建築家が企画者が、そして居住者が作り上げた、デザインの美しさ、暮らしの多様性を採り出し、現在の集合住宅はむしろ画一化しているのではと批判の眼を向けている。本書には過去の集合住宅にこそ未来への答えがあるという主張がこめられている。

（みすず書房　３８００円）

## 『消去』上・下

トーマス・ベルンハルト 著
池田信雄 訳

二〇〇四年四月一八日

「電報」「遺書」二巻からなるこの小説は、ローマに住む作家で四十八歳の主人公の男（これらの素性は次第に明らかになる）が、オーストリアの故郷からの、両親と兄が死んだという電報をうけとるところからはじまる。

では主人公が、肉親を失った悲しみを語る物語か、といえばそうではない。全篇を通じて綴られるのは、家族に対する呪詛である。肉親の死は、子どものころからの記憶を呼び戻す。折々に、家族がどのように行動したか、彼らの凡庸さ、悪趣味、歪んだ人格を執拗に主人公は独白し続ける。そうして「電報」の終わり近くで、家族のすべてを消去する意図の作品「消去」を書くつもりであると吐露する。

ここにこの小説の二重構造がある。家族の死も作品のなかの世界かと読者に改めて疑わせ、外側の現実に向き合わせる。

主人公が呪う家族は土地と財産に囚われ、自己保身に汲々としている。が、主人公が葬儀のため帰った故郷を描く「遺書」では、父とナチスとの関係、母とカトリック大司教との不倫が明らかになり、自身も大司教の庇護の下にあることが語られる。作品「消去」を完成するには、彼は自身も消去、死なねばならない。

連綿たる愚痴の羅列とも読める。にもかかわらず魅了されるのは、改行のない緊密な構成が登場人物のささいな言動にも読者を注視させ、しかも主人公を含めて登場人物の言動や身ぶりをいささか誇張し、戯画化しているため、かえって彼らがどこにでもいる現代人に思え、苦いユーモアさえ感じさせるからだ。

作者は意図的に、父と母、兄と主人公、二人の妹、使用人の猟師と庭師、元ナチスと大司教を対照的な人物として描き、彼らを生んだ故国や宗教、現代社会までも、主人公が放つアフォリズムを借りて厳しく断罪する。救いのない物語だが、それだけに救済されるべき現実とはと読者に強く問いかける。

（みすず書房　上２８００円　下３０００円）

## 『東京を騒がせた動物たち』

林丈二 著

二〇〇四年五月二日

二年前にアザラシのタマちゃんが突如出現し、東京中どころか日本中の話題になった。カルガモ騒動も毎年くり返され、その一方で、カラスは大量に駆除される。

著者は明治の新聞から、東京で話題となった動物の記事を蒐集し、その動物がどこに出現したのかを地図上に示した。

まずは雷獣と狐狸《こり》。雷獣は雷と共に落ちてきた。狐狸は人に化け、人にいたずらをする。そんな動物などいないと笑うだろうが、明治の記事には登場する。狐、狸、貉《むじな》、獺《かわうそ》、鼬《いたち》、鼡《ねずみ》、馬、牛、鹿、鶴、鷲、山椒魚、など二十九の話題。わかるのは百年前には、架空動物も含め、大半の動物が東京に棲んでいた事実だ。眼に浮かぶのは、海は近く、森林も川もあり、田畑は散在し、夜には深い闇に沈む東京の姿である。

そして彼らを百年かけて、駆逐してきた人間の身勝手さである。読了すれば、人間と自然の共生なんて言葉は軽々しく使えなくなる。

（大和書房　２０００円）

## 『年老いた子どもの話』

ジェニー・エルペンベック 著

松永美穂 訳

二〇〇四年五月一六日

夜の道に少女が立っていた。警官が尋ねても名前も家族も記憶にない。ただ少女は十四歳だと答えた。丸い大きな顔、肩幅の広いその女の子は養護施設へ送られる。施設のルールは守る。が、授業では教えても覚えない。スポーツも駄目。ゲームのルールも知らない。仲間外れにされても、椅子もなく床に座らされても、男の子にいたずらされても奴隷のように扱われても、彼女はなすがまま。友だちもできない。

ところが、かつて町が空爆を受けた体験を所長が話しだすと、少女は食欲を失う。体も動かせず、入院する。痩せ、急に年をとりはじめる。みんなは少女がどこまでも年をとるかと思っていたのだが……。

最後に卓抜なドンデン返し。この寓話は読者にいくつもの問いをかける。少女は作者の故国東ドイツを単に表しているだけなのか、子どもとは、教育とは、戦争とは、大人とは、そして現代社会とは何かと。

（河出書房新社　1400円）

## 『あなたのマンションが廃墟になる日』

山岡淳一郎 著

二〇〇四年五月三〇日

団地やマンションに暮らしている人、これからローンを組んでマンションに住戸を買い、永住しようと考えている人は、本書を読まぬ方がいいかもしれない。怖い事が書かれている。

あなたが永住覚悟でマンションに入居してもローン完済時には、そのマンションはどうなるのか。建物は老朽化してゆくが、補修すれば長い寿命を保つはずである。にもかかわらず現在の日本ではなぜか次々に取り壊される。

二つの事例がドキュメント風に報告されている。一例は、一九六八年千葉の埋め立て地に住宅公団が建設した「稲毛海岸三丁目団地」。この団地も老朽化に伴い、バブル期に住民の間から、住棟の建て替えの話が持ち上がる。補修して住み続けたいという少数の意見もあったが、それを押し切るように建て替えの計画は進んでゆく。が、バブル崩壊。では計画は頓挫したのかといえば、住民が当初思いもしなかった開発計画へと変貌してゆく。その顚末は。

なぜ居住者の意向とは異なる方向へ計画は進むのか。著者は、多くの人の気がつかぬところで法律は改悪され、自治体もデベロッパーも建設会社も、より高層のマンションへと建て替えるしかないように迫るカラクリを、戦後の政治手法まで検証して細かく追っている。

二例目は、阪神大震災で被災した神戸市灘区のマンション「六甲グランドパレス高羽」。じつは構造学者も地震による損傷は建て替えるほどではなかったと指摘していた。ところが行政も企業も学者も、居住者の意志を無視して、建て替えへと強引に方向づけてゆく。こうして建て替えられたマンションには、貯えのない居住者は再入居できない事態も多い。結局は金もうけ。この状況は他人事ではないはずだ。

著者はしかし、一方で集合住宅に長く住み続けるための実践活動や提案や制度を日本のみならずスウェーデンやドイツでの諸例を紹介しつつ、新しい可能性に光をあてている。

（草思社　１８００円）

# 『トリアングル』

俵万智 著

二〇〇四年六月一三日

この小説は読者の気持ちをたえず静かにふるわせ続ける。主人公の心が、眼が、舌が、肌が、体が微妙に、ときに激しくゆれると、それに読者も共振するように綴られているからだ。

筋はむしろ単純である。主人公はフリーのルポライターで三十三歳の独身女性。彼女は妻子ある四十五歳の写真家Mと七年間つきあっている。とはいえ、二人は「ドロドロやゴタゴタからは、ほど遠い」関係を保っている。Mの家庭を壊す気はさらさらない。ところが彼女は七つ歳下でフリーターの男とも愛しあいはじめる。こうなればよりドロドロになりそうだが、そうはならぬまま、歳下の彼とはズレが生じ、別れ、いつかMの子を産みたいと考える。

まことに身勝手な話だと思うだろう。にもかかわらず、読者が共振するのは、三人が互いを傷つけぬよう気づかう関係を崩さず、主人公はためらいつつも、自己の快楽を自覚的に肯定しながら、女として成熟してゆくからである。

三人の関係のみならず、MとMの妻と主人公、歳下の彼と主人公と彼女の親友と、いくつもの三角関係が物語を織りなすが、卓抜なのは、主人公の語りによる地の文、登場人物の会話に加えて、とき折、歌人である作者の短歌がはさみ込まれる構成だ。言葉の三角関係。短歌は主人公の心理を詠んでいるようでいて、少しズレる。むしろ主人公より十歳近く歳上の作者が主人公と自分自身とを見つめている印象だ。

だから読者は物語の展開に応じ、短歌を読むことで、小さく息を吐いたり、より強く緊張したり、主人公の心理のゆれや、しばしば登場する食事とセックスの快楽を増幅して感じ、たえず快く気持ちをゆさぶられるのだ。

思えば作者がデビューした歌集『サラダ記念日』は、二十歳の女が恋と失恋を嚙みしめながら成長してゆく物語であった。作者初の、この長篇小説はだからその続篇でもある。さらなる女の成熟を今後どう作者は紡ぐのだろうか。

（中央公論新社　1400円）

## 『繁華街の近代』

初田亨 著

二〇〇四年六月二七日

長らく日本の近代建築史は、エリートの建築家がデザインした建物を対象とし、近代都市史も行政側が法を定め、計画をどう実施したのかを辿ってきた。この歴史観に対し著者は、東京に暮らす人々がどのような建物を求め、「為政者によってつくられた都市を、どのようにつくり変え、自分たちのものにしてきたか」という視点で近代都市を読み直す作業を続けてきた。

たとえば明治初頭、為政者は東京・銀座をレンガ造りの街にしようとしたが、人々は伝統的な土蔵造りを選ぶ。著者はさらにその土蔵造りが地方都市へ伝播した過程を追っている。東京の繁華街は、時計塔やショーウインドーやデパートなどを生み出し、流行をつくり、各地へ発信した。

近代都市東京にはその力があった。しかし東京全体が繁華街化し、さらに巨大な高層ビルでおおわれはじめた現在、人々に自ら都市をつくり直す余地と力はあるのだろうか。

（東京大学出版会　３２００円）

## 『都市に自然を回復するには』

野村圭佑 著

二〇〇四年七月一一日

日本の都市から自然が、さまざまな生きものが消えつつあるのは自明だろう。しかしなぜ消えてゆくのか、その仕組みについて多くの人は知らないのではないか。

著者は自身が子どもの頃から暮らしてきた、東京でも最も緑が少ない北東部（足立区、荒川区、墨田区、台東区）を中心に、江戸時代から現代に至るまでの緑と川と虫など生きものの変化を追いかけた。地域を限定した上に、著者自身が荒川と隅田川の自然回復運動に取り組んでいるから、草木にせよ、虫や魚や鳥にせよ、なぜどの種類が消え、なぜどこに生き残ったのかなど、じつに具体的で、都市開発と自然との相互関係もわかってくる。自然を回復するための提案も、実践的で説得力に富む。

じつは本書は怒りに満ちている。勉強不足で、問題を先送りし、ときに名目だけの自然保護で誤った方向へ進み、著者らの活動を阻害する行政への批判。この怒りはまっとうだ。

（どうぶつ社　２２００円）

## 『I・W――若林奮ノート』

若林奮 著

二〇〇四年九月二五日

現代美術はわかりにくいといわれる。昨年の秋に没した若林奮の、鉄、銅、石膏、塩、硫黄など地球を構成する物質でつくられた彫刻は、その最たるものだろう。しかし彼の作品には見る者の意識を集中させる力があった。

本書は若林の自作解説書ではない。じつにユニークな空間論。しかし読み進めれば、彼がなにをつくろうとしたのかは理解できる。

「今年〔一九九九年〕の七月中旬頃、私はラスコー洞窟の壁の絵を見た。二五年前、フランスとスペインにある旧石器時代の多くの遺跡を見ていたが、その時はラスコーを見ることは出来なかった。」

冒頭の一節。この言葉通り若林は、旧石器時代の「洞窟の壁に残された絵や浮彫、遺跡で発掘された石や骨角の制作物」にこだわり、二度の探訪と幼時からの空間体験の記憶を重ね、覚え書を綴った。だから旅行記とも読めるが、ユニークなのは彼が、「旧石器時代以後の約一万年間に作られた総てのものは、いっさい無視してもよい」という姿勢を貫こうとしたことだ。もとより洞窟の周辺には人家があり、道路があり、風景は大変貌している。にもかかわらず彼は、地質学者のように地層を調べ、直観と記憶を頼りに想像力を駆使し、自分の眼と肌を旧石器人に近づけようと試み、思索を続けた。

この試みは、現代のタレント化したアーティストとは次元が違うほど遠く独り佇立し、現代文明を断罪し、皮肉ったりする美術家の眼とも異なっている。残された言葉が示すのは、人類がいかなる瞬間にはじめて美を発見し、美術を生み出したのかを感じたい、その現場に触れたいという希求であり、問いである。

この希みに対する彼の答えは彫刻を見る他はない。しかしいくつもの問いを深く刻んだ思索は、彫刻作品から離れても、あたかも洞窟の絵のように、読む人にさらなる謎を誘い、各人に解読されるのを待っているかのようだ。


（書肆山田　２８００円）

## 『樹から生まれる家具』

**奥村昭雄** 著

二〇〇四年八月一日

著者は、椅子こそ「最も人間の近くにある道具」と語っている。建築家であり、OMソーラーの発明者としても知られる著者は、四十年に亘って木曽の工房で六十種に及ぶ木製家具を自ら作り出してきた。

木製家具は単に木で椅子やテーブルやキャビネットを作れば良いというわけではない。つくる家具の要求に応える樹木をまずは選択し、安い原木を求め、無駄の出ないように製材し、その一方で日本人の体に合致し、軽量で使い易く、それでいて壊れない工夫を案出し、「使い込んだときの色艶」まで想定し、デザインしてつくる。

この試行錯誤をくりかえした製作過程を著者は、写真と図版をふんだんに添えて丁寧に説明するから、読者は家具のことばかりか、樹の性質の違いから日本人の身体寸法の特徴までを自然と理解できる。

なにより使い込まれた家具の木理と木肌がじつに美しい。家具作りの愉しさ歓びが伝わってくる。

（OM出版発行　2667円）

## 『藤森照信の特選美術館三昧』

藤森照信 著

二〇〇四年八月一五日

美術館ガイド本は数多いが、この本は展示品ではなく美術館の建物を案内する。日本各地に散在する美術館の中から個性的なデザイン二十七棟を選び、戦後建築史の考察も織りこみつつ、設計者の意図、ディテールの巧みさを軽妙な語りで説明。藤塚光政の写真もデザインの見どころを伝える。

美術館なら誰もが訪れることができ、建築の面白さを味わえる。しかも展示も愉しめ、一石二鳥。

私も、藤森建築探偵とは違う立場から建築と都市について考え、『建築はほほえむ』（西田書店）と『住み家殺人事件』（みすず書房）を出版したばかりです。

（TOTO出版　2500円）

## 『大浴女――水浴する女たち』

鉄凝《ティニエン》 著
飯塚容 訳

二〇〇四年八月二九日

この長篇小説は、中国の首都北京のインテリ夫婦の間に生まれながらも一九六六年に始まった文化大革命に巻き込まれ、下放した両親の許で地方都市に育った少女が、幼いときのトラウマを抱きつつ、恋をし、成熟してゆく物語だ。

こう紹介すると、運命に翻弄される女といった常套的な筋を思い浮かべるかもしれない。しかし登場する女たちは主人公を含め、なべて逞しく、人を裏切ることも臆せず、必死で自分の幸福を摑み取ろうとする。「大浴女」という題は、直接には内容を表してはいない。訳者によれば、作者がセザンヌの「大水浴」に触発され、「女たちの裸体が健康で、率直で、自然で、樹木や大地と融け合っているところが小説の内容と呼応する」と考えて名付けたらしい。

印象深い場面がある。主人公と親友二人が親たちに秘密で料理をつくる。一人は美貌と肉体で不良団のボスを懐柔し、日常手に入らない材料を蒐め、もう一人はソ連の雑誌からレシピを覚え、天才的な料理の腕を示す。彼女たちは暗い時代でも、貪欲に美味しいものを求め、着飾ることを求め、性に目覚めれば恋を求め、互いに競い合い、嫉妬を燃やし、栄達を求める。

ところが、文革が終わり、世の中が豊かになるにつれ、女たちは次々に失調してゆく。

「やきもちを焼いたり、他人にやきもちを焼かせたりするには、多くの時間と精力が必要だ。やきもちという辛辣で鋭い、また同時に細やかで脆い感情には、原始的で一途な愚直さがある。……九〇年代にはもう、やきもちが活躍する余地はない。九〇年代は何もかもが間に合わせの時代だ」。

主人公の述懐。時代は変わり、彼女はアメリカ人と結婚した妹も驚くほどの生活と最愛の男まで手に入れるが、結局は独りで生きる。

読後、中国人のイメージは一新し、身近に感じるはずだ。これも細部まで現代中国を見据えた作者の眼力と構想力の凄みだ。

（中央公論新社　2900円）

## 『創造のつぶやき』

瀧脇千恵子 著

二〇〇四年九月一二日

故バルテュス、ミケル・バルセロ、フェルナンド・ボテロ、ジェラール・ガルースト、ポール・ギヤマン、アンゼルム・キーファー、田淵安一。いまやヨーロッパ美術界を主導し、日本でも人気の高い七人の美術家へのインタビュー集である。

とはいえ、キーファーのように立ち話程度の場合もあり、総じて彼らの言葉は断片的で「つぶやき」に近い。しかしだからこそ身構えることなく、彼らは自身の生い立ち、影響をうけた作家、模写した絵、画廊との関係、制作の意図などを吐露する。

バルテュスは「個人のヴィジョンとか、精神性を意識して表示しようと思っていない」と話し、田淵は「（日本と違い）ヨーロッパは思想で戦わなければ」と語る。

対照的な言葉だが、いずれも強い自負を感じる。パリ在住の著者は、彼らの多彩な声と活動を紹介しつつ、彼らを支えるヨーロッパ美術界の雰囲気と包容力とをわかり易く伝えている。

（求龍堂　2200円）

## 『日本人の死のかたち』

波平恵美子 著

二〇〇四年一〇月三日

本書では二つの大きなテーマが検証されている。一つは、こと細かく定められ、日数もかけて行われてきた日本人の死者儀礼の急激な変化である。現代では儀礼の簡略化が進む。にもかかわらず日本人は単に死者を死体と見なすことはなく、いまも死者は生きているという感受性を持ち続けている点を明らかにした。これは著者の粘り強いフィールドワークの成果だ。

いま一つは、戦死者に対する国家の扱い方の問題。太平洋戦争下、戦死者はどう葬られたかを兵士の手記や県史などを渉猟し、戦友や家族の死者への思いを浮上させる一方で国家が死者儀礼を形骸化し、拡大化し、靖国へと誘導した道筋を読解した。二つのテーマを結ぶのは「死の政治化」。

著者の主張はよくわかる。しかしだからこそ、かくも蒐めた資料を用い、二冊に分けるべきではなかったか。いまや「死の政治化」、死の管理化は靖国問題一つに限らない。


（朝日選書　１２００円）

## 『近代日本の身体感覚』

栗山茂久／北澤一利 編著

二〇〇四年一〇月一七日

書名から判断して、読者は明治以降の日本人の視覚や聴覚などの変化、あるいは身体寸法や身ぶりの変貌を江戸時代と較べて調査した研究と思うかもしれない。

収められた論考は十二。なかには視覚の変化を追った論もあるが、多くの論者は、近代に入って日本人の間に生じた病名さえ曖昧な病に着目した。冷え性、頭痛、鬱病、ストレス、そして過労死。これらの病はいつ発見され、なぜ話題となったのか。日本人固有の病なのか、本当に近代が現代が生んだ病なのかを検証した。

その一方で病に対し、戦前の日本人は民間療法でどう対応したのか、現在ではなぜ栄養ドリンクは飲まれるのかを調査した。つまり身体そのものの変化よりも、身体にまつわる近代の言説を採り上げ、整理してユニークな視点を提示した。

ただ各論は拡散している。テーマをしぼれば、近代日本を切る新たな精神史が描かれたのでは。

（青弓社　３０００円）

## 『大江戸の正体』

**鈴木理生**　著

二〇〇四年一〇月三一日

著者は、江戸幕府を成立させた「鎖国とは不思議な言葉である」とまず語りはじめる。

徳川家康は国を閉じた訳ではなく、明からの絹製品を独占的に輸入する体制をつくり、しかも支配階級の正装は絹と定め、世の中が絹中心で動くカラクリを生み出したのである。おかげで金銀銅は大量に海外へ流出。それでも幕府は輸入の利鞘を求め、絹の国産化は進めず、最後には貿易決済もできなくなり、外国からはならば開国せよと武力で迫られた。一方、各大名は領内で養蚕を奨励し、力を蓄えた。こうして大政奉還以前に江戸幕府は瓦解する。

眼の覚める鮮やかな解析だが、これは本書のプローグにすぎない。書名はケレン味が強いが、ページをめくれば私たちが常識だと思い込んでいる江戸の姿を、著者はたしかに剝ぎ取り、爽快なまでに大江戸の正体を暴く。

たとえば「藩」という言葉は、明治になり「廃藩置県」で公式用語となるまで、幕府の公文書では使われなかったという。各大名は「諸家」であった。あるいは、ヘアスタイルは武士町人の身分証明であったから髪結床は町内の人別監視役であり、同時に火災時には町奉行所内の書類を持ち出し確保する「駈付人足役」の責務を負っていたという指摘。つまり幕府の行政を大名管理から町人管理まで、史料を基に密度濃く、経済、行事、流行、性生活に亘って描き出す。

武家の最下層に位置し、領地（封）を受けず正確には武士といえない与力・同心の生活実態は現代のノンキャリアの役人に通じる。彼らはグループで宅地とはいい難い谷間や三角の土地に住んだが、困窮し、町人や寺に土地を貸す。その土地がやがて悪場所と変わり、さらに時代は下って現代では大規模開発の用地となる。

存外江戸は近い。著者は金銀を浪費し、バブルと大不況を生み、果ては問屋組織を解体し、参勤交代制を緩和し、取り返しのつかぬ状況をつくった無責任政策の愚を見つめている。

（三省堂　1900円）

## 『ペンギンの憂鬱』

アンドレイ・クルコフ 著

沼野恭子 訳

二〇〇四年一一月一四日

この小説の舞台はソ連解体後の新生国家ウクライナの首都キエフ。政治も経済も不安定である。主人公は売れない作家で、恋人に逃げられた彼は、エサ代に事欠く動物園が手放した皇帝ペンギンを貰い受けて一緒に暮らしている。

彼は新聞社の依頼でＶＩＰの死亡予定記事、つまりまだ死んでいない政財界の大物や軍人の追悼記事をあらかじめ書く仕事をはじめる。資料を読み、政財界の腐った内実も知り、皮肉を加えた記事を執筆する。ところがその大物たちが次々と不慮の事故などで死ぬ。追悼記事と関連するのか、主人公の身辺には不穏な影も。

ここからさらに不可思議な事件が続き、物語は二転三転する。こう紹介するとサスペンス物のようだが、そうはならない。人間たちが右往左往する様をペンギンがキョトンと見つめている。ヨチヨチ歩くペンギンそのままに、作者はむしろ飄々とした筆致で血腥《ちなまぐさ》い事件も描く。そのズレがじつに可笑しく、笑いを誘う。

政財界の腐敗やマフィアの暗躍も盛り込まれているから、ユーモアで包んだ上質の諷刺文学ともいえるが、作者はより普遍的なテーマを織り込んでいる。テーマの核は孤独なペンギン。ペンギンは故郷南極を離れ、独りぼっち。だから鬱病に罹っている。テレビで仲間を見れば体をすりつける。同じように主人公も、この小説に登場する人物もなべて家族と縁が薄い。

新聞社の編集長は妻子と離れて独り暮らし。途中から主人公が預かる四歳の少女も母親は逃げ、父親は行方不明になる。少女のために雇うベビーシッターはキエフに来たばかりで友達もいない。つまり彼らは自分の居場所を見失い、孤独にあえぐ、今や世界中どこにでもいる淋しい現代人であり、憂鬱症のペンギンは、人生に疲れ、出口も見えない現代人の鏡なのだ。

主人公は最後に奇矯な行動に出て、なんとも不思議な結末に至るが、彼の脱出への奇妙な言動に読者は共鳴するはずだ。

（新潮クレスト・ブックス　２０００円）

## 『舞踏（BUTOH）大全』

原田広美 著

二〇〇四年二月二二日

大労作。土方巽が創始した暗黒舞踏の流れを、先達である大野一雄、六〇年代に土方と共に舞踏を創り上げた元藤燁子、石井満隆、笠井叡、玉野黄市、芦川羊子、加えて七〇年代に活動を開始した麿赤兒の「大駱駝艦」などのグループ、八〇年代の田中泯らのダンス、いまや海外まで「ＢＵＴＯＨ」と知られるに至った経緯と各ダンサーの軌跡を追い、全体像を俯瞰した。

著者は土方没後に舞踏への関心を高めたらしいから、記録やビデオの探索から取材まで、観ることもなかった公演を丹念に再現する作業は困難を極めたに違いない。そのせいか整理され過ぎた印象も残る。

新宿騒乱事件など社会的状況から「直接的な」影響を受けた公演はないとしているが、中嶋夏の公演は日本の軍国化を挑発していたし、何より土方の舞台は敗戦直後の風景が突如出現したかのユーモアと悲哀があり、種村季弘らの共感を呼んだのではなかったか。

（現代書館　５２００円）

## 『家宝の行方』

小田部雄次 著

二〇〇四年一二月一二日

明治になり、日本の古美術品が海外のコレクターに買い漁られたことは知られている。国宝制度を定めたものの、対象から個人の所有物は外されたためになおも海外流出は続いた。

昭和七年、『吉備大臣入唐絵巻』がボストン美術館に買われ社会問題化した。すぐに国宝以外の重要美術品も海外に出ぬよう法を改正したほどだった。しかしボストン美術館は秘密裡に買った訳ではなく、この絵巻は九年前に酒井家から売りに出され、古美術商は買い手を待っていた。高額とはいえ日本人のコレクターは絵巻が超国宝級の美術品と知りつつ、自由に買えたにもかかわらず、なぜか買わなかった。

本書はこの謎解きからはじまる。著者は『入唐絵巻』の「絵が中国風であり、茶道具に適さないこと」、つまり当時の美術市場は茶席に適した絵画などを中心に動いていたと指摘する。その上で、ではなぜ大正末に酒井家は家宝を売ったのか、財政逼迫なら、他の華族はどうだったのかと論を進める。果たして大正末から昭和初めにかけ、じつに多くの華族が続々と家宝を美術市場へ売りに出していたのである。

著者の視点がユニークなのは、美術品売買のために造本される売立目録についての先行調査を駆使して、美術市場の好不況を年代順に整理し、どの名家がどの家宝を手放し、誰が買ったのかを検証し、そこから時代相や華族の内実と制度を捉えた点だ。家宝の売り買いを眺めると、日清日露戦争で巨利を得た政商や第一次大戦で生まれた成金たち、つまりコレクターの栄枯も、華族となった公家や大名家や軍人たちの盛衰も、戦後不況や大恐慌の実態もよくわかる。「美術品売買の背景には、明治維新以来の内外の戦争と、その結果もたらされた富の偏った集積があった」という結論にも納得する。

ただ不満もある。美術市場がなぜ茶道具中心だったのかを構造的に分析して欲しかった。日本の政財界の特殊性が明確になったのでは。

（小学館　2200円）

## 『若い読者のための世界史』

E・H・ゴンブリッチ 著
中山典夫 訳

二〇〇四年一二月一九日

表題通り、この本を若い読者が読んでくれたらと思うだけで、嬉しくてワクワクする。

著者は、人類誕生から現代までの人間の歴史を一人の少女に語りかける。それは長い長い話だから、この本はとても分厚い。その厚さに読むのをちょっとためらうかもしれない。

でも勇気を出してページを開いてみよう。

まず「昔、むかし」のずっと「昔、むかし」とはなんだろうと考える。それが歴史。絵も入っていて、どの時代も具体的に眼に浮かぶよ。

わからない出来事が書かれていて、読むのをそこで止めようと思うかもしれない。でも次のページに進んで。次のページを読むと理解できる。新しい時代から昔を振り返るからね。

「歴史の流れというものを想像してみよう」

著者のこの言葉をいつも頭に入れて。

突然に車や飛行機やテレビが生まれたわけではない。人間は言葉を、文字を、数字を、計算を、紙を、舟を、いろいろな便利なものを発明してきた。読み進むとどんな人たちがなぜそれを必要とし、発明したのかもわかるだろう。

戦争や侵略の記述が多い。ヨーロッパ人がアフリカや北米や南米の先住民にどれほど悪辣なことをしたかも厳しく書いてある。だから人間は戦争ばかりしてきたと思うかもしれない。

でももっと大事なことを教えてくれる。

民族や国家は対立しても、すぐれた発明や発見は互いの人々に伝わり合い、新しい歴史を生み出し、人間の愚かな行動に対し、どう人間は生きるべきかを考え、いろいろな哲学や信仰、素晴らしい美術や音楽もつくったのだ。

さて実は、この本を著者は二十五歳で書いた。びっくりかな。でも巻末の「五〇年後のあとがき」には、より心を打たれるはずだ。

歴史家は過去に学ぶだけではなく、「よりよい未来」への希望を若い読者に託しているからだ。だから二十年後、五十年後にもう一度きっと読みたくなるよ。


（中央公論美術出版　３８００円）

## 『木のぼり男爵』

イタロ・カルヴィーノ 著
米川良夫 訳

二〇〇五年三月二八日

『木のぼり男爵』を読みはじめたときはびっくりした。なんたってカタツムリ料理を食べたくないといって男爵家の少年は木にのぼり、それ以来、生涯を樹の上ですごす物語なのだ。

読み進んでワクワクした。なんたって主人公は木から木へ自在に飛び移って旅行もするし、恋もするし、悪者を退治したりする。木にのぼれないダックスフントが愛犬なのも愉しい。木の上で印刷して本も作るし、革命にも参加するのだ。木のぼりが苦手だった私は、木の上はなんて自由なのだと憧れた。

でもやっぱり不自由なのだ。なんたって主人公は死ぬときだって地面に降りないのだから。どうしてそんな結末になるのかは読んでのお愉しみ。読んでちょっと考えた。なにかを成し遂げる人間もエライけれど、本当にエライのは、主人公が意地でも地面に降りなかったようにプライドに合わないことはどうしてもしない人間なのでは。とても難しいことだけどさ。（同紙「名作、ここが読みたい」掲載）

（白水Ｕブックス　１９４４円）

## “新しき猿又ほしや百日紅”

渡辺白泉

二〇〇五年九月三日

今年は戦後六十年である。そして私も六十歳になった。

私は昭和二十年七月に生まれている。その後に広島と長崎に原爆が投下されたのだから、私は生まれたというより運良く生き残ったのだという思いが頭の隅にこびりついている。なにしろ生まれてからずっと、節目の年齢になれば、その度に戦後何十年とマスコミが喧伝するから、そう考えざるを得なかったのだ。

とはいえ敗戦時は赤ん坊だから、空襲の怖さも飢えの凄まじさも覚えているはずはない。それでも甘い菓子などは大変な贅沢品だった貧しさは記憶にある。だからその記憶とズレたところで、毎年八月になると繰り返される論議にはリアリティを感じず、違和感が残る。

私が八月になると思い出すのは、右の渡辺白泉の句だ。彼は軍艦に乗務し、敗戦を迎えたときにこの句を詠んだ。

白泉の句といえば、戦前の「戦争が廊下の奥に立つてゐた」「憲兵の前で滑つて転んぢやつた」などが知られているが、敗戦の日の「新しき猿又ほしや」は匂うばかりのリアルさで忘れがたい。しかも「猿又」と「百日紅」のゴロ合わせが、切に漂う無念、断念、諦念といった切実な感情を超えたアッケラカンとした笑いを生み出している。それが何もなく、青空と笑いしかなかった、あの時代に私を戻してくれるのだ。

もっとも私は、この句を仕事でアイデアにつまったときや湯上がりのときにもよく思い出す。まるで格言のように口ずさむ句である。（同紙「言葉を生きる」掲載）

## 『江戸東京《奇想》徘徊記』

**種村季弘** 著

二〇〇五年九月一〇日

どうもいけない。つい小さいものへ、小さいものへと目が行きがちになる。

種村季弘さんが亡くなってちょうど一年になる。とてつもない物知りで、博覧強記という言葉がぴったりの人だったが、興味の好みは明確で、不思議なもの、いかがわしいもの、弱いもの、そして「小さいもの」であった。

亡くなる半年ほど前に『江戸東京《奇想》徘徊記』を著した。気の向くまま東京のあちらこちらを歩きながら、江戸随筆を渉猟し、記憶も重ねて、それぞれの土地に伝わる不思議な物語を解読してゆく。池袋に生まれ、東京だけでも十回は引っ越した種村さんならではの著作だった。ところがかつて住んでいた土地を訪ねはじめると記述に慨嘆が多くなる。なにしろ記憶にある風景は消え、高層ビル群に変わってしまった場所ばかりだからだ。

だからこそ両国界隈で、覚えていた駄菓子屋がまだ健在で、子どもたちが近くで遊んでいると大いに喜ぶ。そして以来、種村さんは「小さいものへと目が行きがちになる」のだ。しかし結局、小さなものはなかなか見あたらず「もう成長はいい加減たくさん」と嘆くのである。

さて、現在の状況はさらに凄い。八月の日曜日、私は都市計画を学ぶ若い友人たちと都心を三時間ほど歩き、超高層ビルと巨大ビルの乱立状況を見て回った。これらはなじみの風景を消しただけではない。巨額投資の産物だから百年二百年は醜くとも残る。未来をも喰っているのだ。種村さん、見ないでよかったよ。(同紙「言葉を生きる」掲載)

(朝日新聞社　1728円)

---

二〇〇五年九月一九日

## 『ノア・ノア』

ポール・ゴーガン 著

前川堅市 訳

「おい、人間を作る人間おいで、一緒にめしを食おう。」十九世紀末、タヒチに渡った画家ゴーガンは、島の男に、こう呼びかけられている。奇妙な言い方だが、じつはおかしくはない。

ゴーガンはヨーロッパの文明に疲れ、自らを野生の美と官能のなかに解放し、そこから新たな創造を生み出そうとした。彼は大胆な色彩とタッチで大自然のなかを生きる島の女たちを描いた。

島には神話的世界を表現する絵画も彫刻もあった。島の人は日常使う物や衣服を美しく飾った。音楽も愉しんだ。つまり島にも芸術はあったが、芸術家とか画家といった職業も言葉もなかった。だから人の姿を描いて過ごすゴーガンを、島の人は「人間を作る人間」と呼びかけたのだ。

だから奇妙ではない。しかしそれでもなお、この「人間を作る人間」という言葉が、私はずっと気になってきた。人間は本来、「人間を作る人間」として生きるのではないのか、という思いがあるからである。画家や音楽家だけではない。農業や漁業に働く人も、サラリーマンも役人も、教育者も医者も主婦も、人間ならそのように生きたいのではないだろうか。

むろん、こんな考えは甘い。人を潰し、倒す人間でなければ生きてゆけぬ現実がある。しかしだからこそ、この言葉と、南の島に没したゴーガンの大作の題名がチクリと心に痛い。彼は私たち文明人に呼びかける。「われわれはどこからきたのか、われわれは何者か、われわれはどこにゆくのか」(同紙「言葉を生きる」掲載)

(岩波文庫　325円)

## 『病牀六尺』

正岡子規 著

二〇〇五年九月二四日

いろいろに工夫して少しくすんだ赤とか、少し黄色味を帯びた赤とかいふものを出すのが写生の一つの楽しみである。神様が草花を染める時もやはりこんなに工夫して楽しんで居るのであらうか。(八月九日)

この明るく愉しい言葉の背後には、驚くほど強靭な精神の働きがある。なにしろ正岡子規は没する、およそ一と月前にこの文章を書いているのだ。

九月十九日は敬老の日だったが、百三年前に三十四歳の若さで亡くなった子規の命日でもあった。彼は死の二日前まで新聞「日本」に「病牀六尺」を書き続けた。結核による長い闘病生活で、ときに激痛に苦しむ。「人間の苦痛はよほど極度へまで想像せられるが、しかしそんなに極度にまで想像したやうな苦痛が自分のこの身の上

に来るとはちよつと想像せられぬ事である」（九月十三日）

この凄絶な状態でも、彼はモルヒネで苦痛をやわらげ、絵筆をふるい果物や草花を写生して楽しむ。外への関心を失わず、食物から子どもの教育、政治や外交問題まで自在に論じた。「病牀六尺」は病苦に対する切実な表白と明るく旺盛な好奇心とが混在した織り物で、そこがたまらない魅力だ。

私は春から少し体調を崩し、病院で検査を受けた。思えば同世代の友数人がここ二、三年であちらの世界に入った。私はこれから先、果たして子規の明るい文章を思い出すか、それとも暗い記述ばかり頭に掠めるか、どちらか、面白くも怖くもあるとぼんやり考えた。（同紙「言葉を生きる」掲載）

（岩波文庫　583円）

## ❖読売新聞2008年—2016年

### 『月光に書を読む』

鶴ヶ谷真一 著

二〇〇八年四月二七日

「いつの頃からか、読書の日々の効用とは、情報でも知識でもなく、しばしの平穏を与えてくれるところにあると考えるようになった」。こう述べているとおり、著者は無類の読書家だが、博覧強記のタイプではない。これまで著作からはなにかこだわりを秘めている印象を受けた。

　まずは表題のエッセイ。中国は斉の時代、江泌という青年は貧しさゆえに昼は木靴をつくり、夜になると、月が出るのを待って、屋根にのぼり、月光に照らして書を読んだという。日本にもヨーロッパにも同様の人物が逸話となって残っていることも明らかにし、当然ながら、蛍雪の故事へと話題は移るが、さらに灯火の話から蠟燭の絵を描いた画家の話へと進んでゆく。

　この展開は、めまぐるしいと思われかねないが、そうではない。ゆったりとした筆致で、書と読書家をめぐる逸話が綴られてゆく。無理に資料を集めた様子もなく、思いつくまま読書の記憶を確かめるように記す。論を立てるわけでもない。にもかかわらず、鳥の声を聴き分けた人たち、読んだ本をすべて覚えていた人物たちなど東西の逸話が響きあって記憶に残る。

　続いて二人の随筆家を描く。岩本素白と柴田宵曲《しょうきょく》。いずれも著者の敬愛が滲み出た文章だが、それだけではないようだ。散歩を好んだ素白の文章の良さは繊細な風景描写にある。風景にユーモアを、愛惜を込める。著者も同様である。古今の本をいわば散歩して、一幅の画になる人間を見出す。月光を浴び、書を読む青年の姿も、鳥の声に耳を澄ます姿もだからこそ忘れがたい。宵曲の評伝は寒川鼠骨《そこつ》、三田村鳶魚《えんぎょ》、林若樹、森銑三などとの友誼を軸に、控えめに生きた人柄をよく伝える。彼は文章にさえ「わたし」という代名詞をほとんど使わなかった。これもじつは著者の文章に当てはまる。
本は時代も国も超えて人と人を繋ぐ。情報や知識よりも無垢な喜びを著者は味わっている。読書の第一の効用、つましい幸福がここにある。

（平凡社　２０００円）

## 『久生十蘭――「魔都」「十字街」解読』

**海野弘** 著

二〇〇八年五月一一日

日比谷公園の、噴水の鶴が突如歌う。殺人、安南皇帝の失踪、二大コンツェルンとヤクザの抗争と事件は輻輳し、唐突に丸の内での市街戦で終わる。一九三七年、久《ひさ》生《お》十《じゅう》蘭《らん》が発表した『魔都』。ワクワクする。が、なんとも奇妙で、作者はなぜ、この小説を書いたのかという謎は残る。

この謎に著者は挑戦。登場人物、建物、事件のモデルを特定する。物語は荒廃する現実を揶揄したのだ。
市街戦は一二年前に火力発電所建設を巡って数百人が衝突し、死者まで出た「鶴見騒擾《そうじょう》事件」がモデルであり、さらに一年前の二・二六事件を描いたのではと推理する。当時、書くことはタブーだった。戦後に発表した『十字街』の題材、三四年にパリで暴動となった疑獄事件も、すでに『魔都』へ濃い影を落としていた。
政治嫌いに見せて、かくも骨太の小説をノンシャランと書き、読者を挑発した、十蘭の不敵な面魂が浮かび上がる。

（右文書院　２６００円）

## 『岩佐又兵衛　浮世絵をつくった男の謎』『奇想の江戸挿絵』

**辻惟雄** 著

二〇〇八年六月八日

『岩佐又兵衛《またべえ》』は新書とはいえ、辻惟雄が長年追い続けた研究の集大成である。思えば三八年前、辻は最初の著作『奇想の系譜』により江戸絵画史をがらりと変えた。

採り上げた若冲《じゃくちゅう》、蕭白《しょうはく》、蘆雪《ろせつ》、国芳《くによし》の奇抜さ、大胆さ。いまや若冲をはじめブームである。しかし辻がもっとも力を込めて検証したのは岩佐又兵衛だった。

又兵衛は、戦国大名の子であり、生母と一族は信長に殺される。京都、福井、江戸と流浪した生涯も暗い印象が残る。このためどうしても彼の画から血腥さを見ようとする。実際、又兵衛の描いた絵巻物には眼を背けたくなる描写が多い。一方でしかし、彼こそ風俗画の名手〈浮世又兵衛〉であり、歌舞伎の〈吃又《どもまた》〉のモデルになったという伝承がある。〈浮世〉とは現世肯定の、刹那的に生きる明るい気分である。又兵衛の内面とは一致しない。二人は別人なのか。この難問が三八年前には解決されなかった。

鍵は、「舟木屏風」と呼ばれる「洛中洛外図屏風」。画面の人物は享楽的。そこで辻は、この屏風を又兵衛風であっても真筆と認めなかった。

『岩佐又兵衛』では、画に即し又兵衛の特徴と題材をあらためて検討する。龍の鼻毛は伸び放題、眼はおどおど。人物の頬は膨らみ、頤《おとがい》は長い。虎の目つきもマンガ的。長大な絵巻物や屏風絵を人はアニメのように楽しんだはずだ。ならば「舟木屏風」は。人物すべてが明るいわけでもない。馬の描写は又兵衛の手だ。傍証も重ね、辻は見解を翻し、「舟木屏風」の作者を又兵衛とし、これを浮世絵の元祖と特定する。

浮世絵は菱川師宣《もろのぶ》以降、洗練され、木版画によって大衆化する。では又兵衛の野性的な、血腥い画風は消えたのか。江戸後期に華開いた読本挿絵にその流れを見たのが『奇想の江戸挿絵』。生首は飛び、妖怪は跋扈《ばっこ》する。自然も人も自在に運動する。奇抜さと技法はマンガや劇画、アニメに繋がる。その迫力には驚く。この二冊、なにより辻の眼が輝き、笑い、楽しんでいる。

(『岩佐又兵衛』文春新書　1200円)
(『奇想の江戸挿絵』集英社新書　1000円)

『止島《とめじま》』

小川国夫 著

二〇〇八年六月二二日

「所詮《しょせん》小説は言葉による実験です。なにを書いたっていい、…だから甘えが出てしまい、かえって本来の厳密さを見失ってしまうのです。」

『止島』には十短篇が収められている。「未完の少年像」は、精神障害者施設での作家の講演からはじまる。この作家の言葉は小川本人の小説観といっていいだろう。さらに彼は語る。手紙には宛先がある。では小説は誰に。まず死者に宛てて、次には自分宛に書く。そして「遂には、自分さえも相手にすることなく、読者のいない小説を書くことです。」これは謎である。

表題作は作者の祖父母をモデルとし、彼らの生と死を描く。細部は事実とは異なり、しかも作者自身の眼ではなく、祖父の仕事仲間の息子、中学生の少年が語り手。少年の、大人の世界への憧れと惑いを通して、心根を太くして生きた人物がくっきりと見えてくる。死者への小説か。

各篇の舞台はいずれも作者の故郷、静岡中部であり、同時に戦争の影がある。「葦枯れて」は、高天神の戦いに敗れた武田軍の落武者が、従弟を殺し、その仇で殺される凄惨な話。この一篇を冒頭に置くことで土地に流れる、血腥い記憶を深く呼び起こすのだが、だからといって、声高な叫びがあるわけではない。落武者に武術を教えた元武士の僧の語りで綴られ、信仰者の告白を思わせる。自己宛の小説だろう。

じつは、各篇は登場人物の語り、話し言葉で記述される。たしかに甘えのない「言葉による実験」である。選び抜かれた平明な言葉。死者と話者との多声的な交感。なにより話者は不条理な試練に遭い、その悲哀と淋しさの底から、現代では失われた人間の業、徳、誠実を浮かび上がらせ、人間の原初的な営みさえ想起させる。すべてが「読者のいない小説」なのだろうか。問いの先には厳しい仕事が遺された。若き日の心境を描いた「潮境」のエピグラフにあるカトリック賛美歌の一節が、いまは胸に響く。

〈ただよふ小舟波を枕、われいづこ……〉（講談社　1700円）

## 『提言！　仮設市街地』

仮設市街地研究会 著

二〇〇八年六月二九日

ミャンマーの洪水、四川大地震の被害の凄まじさに慄然とした折、岩手・宮城内陸地震が起きた。被災者の悲しみと心細さは、他人事ではなく、危機感を抱いた方も多いはずだ。

十三年前の阪神・淡路大震災では、仮設住宅に暮らす高齢者の引きこもり、孤独死、自殺という悲劇も生じた。被災地から遠い距離に仮設住宅は建設され、入居は抽選で割り当てられた。このため震災前の近所付き合いは分断され、悲劇の因となった。しかも住宅以外の生活関連施設は建設されず、必要に応じた仮設住宅の増改築も許されなかった。被災者にはいつまでも、与えられた「仮住まい」を受身で使う思いが付きまとい、自身たちが「復興の主体」だという感覚は生まれなかった。

研究会のメンバーは、震災後も現地に通い、新潟県中越地震、トルコや台湾でも震災復興を調査した。その現場の実態から復興は、住宅だけでは不十分で、被災地近くに被災者の町を、近隣コミュニティによる〈仮設市街地〉を、災害以前から想定する必要があると結論づけた。

トルコではテント村に子どもの家、女性のアトリエ、ユースセンター、コーヒーショップがつくられ、台湾では診療所、託児所、コンビニ、図書館などが整備された。ところが日本では、中越地震の際に床屋さんが営業しようにもなかなか許可が下りなかった。その一方、神戸では自力建設の活動もあった。研究会はその活力を評価し、計画的に支援しようとする。被災者の元気が一番。

まっとうで熱意溢れる提言だ。

しかし本書の意義は、用地、組織、法改正などを検討し、仮設市街地づくりの難問を明らかにした点にある。阪神・淡路大震災後、行政は都市計画事業を進める意図で被災地に建築制限区域を敷き、行政と住民の間に軋轢が生じた。ここはより具体的に記述して欲しかった。被災者には知らないことが一気に押し寄せる。行政、医療関係者、建築士、都市プランナー、弁護士など専門家の役割も大きい。それ以前に現在の近隣の在り方も問われるだろう。読者と専門家の論議を本書は待っている。

（学芸出版社　2000円）

## 『世界の測量　ガウスとフンボルトの物語』

ダニエル・ケールマン 著
瀬川裕司 訳

二〇〇八年七月二七日

天才と努力の鬼。天才は八歳で、一から百までの整数をすべて足し算せよ、という問題を三分で解いた。近代数学のあらゆる分野に影響を与えたガウスである。努力の鬼は九歳で、自ら避雷針を作り、屋根に取り付けた。ドイツでは二番目の早さ。近代地理学の祖、フンボルトである。両者が一八二七年、老いを感じる歳になり、はじめて会う。なら退屈な偉人伝か。と思いきや、この長篇は終始笑いに溢れている。

フンボルトはアマゾン川とオリノコ川の分岐点を踏査し、当時、世界最高峰とされたチンボラソも登山した。一方、彼は、ベルリンでの科学者会議にガウスを招く。ガウスは旅嫌い。出発日の朝もベッドから離れず、妻子に起こされると、悪態をつき、壺を叩き割る。フンボルト邸では写真の発明者ダゲールが待ち構え、写真撮影をはじめるものの、警官の尋問で画像は霧散。当時のドイツは連邦制ながら、各邦国はバラバラで、フランス革命の余熱も燻り、警察の取り締まりは厳しい。この時代背景を浮かび上がらせつつ、ドタバタ騒ぎの幕開けだ。

二章以降は、二人の生い立ちと仕事ぶりが交互に描かれる。フンボルトは洪水に遭おうが、高山病で幻覚を見ようが、調査を続け、死体まで蒐集する。売春婦の虱の数さえ統計に取る。ガウスは新婚初夜に惑星軌道の計算をはじめ、ナポレオンにも戦争にも気づかない。二人は無類の行動、頭脳で「世界の測量」を続けてきたが、共に周囲に無頓着。だから笑いが湧き立つ。この笑いは不自然ではない。細部に及ぶ時代考証、会話と語りを一体化した独特の文体のためだ。

十一章になって冒頭に戻るが、二人の会話はチグハグ。にもかかわらず友情が芽生え、そこからもう一波乱。友情の根には互いの孤独がある。老いばかりでなく、彼らの心奥には、やがて時代は個人の力を弱め、世界は狭まり、凡庸な組織ばかり肥大するという予感がある。作者の時代を透視する眼が全篇に光る。

（三修社　1900円）

## 『林達夫・回想のイタリア旅行』

田之倉稔 著

二〇〇八年八月三一日

『昆虫記』『笑い』の訳者、『世界大百科事典』の編集長。知の人、林達夫は三十七年前、七十四歳の夏、はじめてヨーロッパ旅行に出かける。本書はイタリアでの旅の間、運転手役を務めた著者の回想記である。

フィレンツェの薬草園に興味を抱く逸話は、戦時中、園芸を慰めにして生きた林らしいが、なお興味を惹くのは、彼がこの時期に道化論を構想していたと、著者が記憶を辿っている点だ。愛書家過ぎる彼は、旅の間は本購入を自ら禁じた。それでもフェリーニ著『道化師たち』を目ざとく見つけ、演劇青年だった著者に教えている。ロッセリーニが聖フランチェスコを題材にして映画「神の道化師」を撮ったことにも共感を示した。だから著者は巻末で、「三つのドン・ファン」と題して林が行った講演を、解説を加え検証する。

林こそ知の世界の道化師（トリックスター）だった。そんな感慨が去来する。

（イタリア書房　1800円）

二〇〇八年九月七日

## 『白秋』

高貝弘也 著

前略。この本は、白秋に、読者に宛てた十一通の手紙形式で、やさしい言葉で綴られています。そこで私も一読者として手紙で応えたい。

高貝さんの詩から日本の古謡やわらべ唄を思い出します。あなたが、残念ながら今は休刊した詩誌「るしおる」で「白秋」の連載をはじめたとき、なるほど、影響をうけた詩人は北原白秋か、と得心しました。白秋は「赤い鳥小鳥」「揺籠《ゆりかご》のうた」「この道」「あわて床屋」など、童謡をたくさんつくりました。どれも耳に馴染んでいます。あなたは白秋の詩のなかで「なぜ童謡が、――またはそれに通じる作品（抒情小曲や小唄など）が、現在のわたしたちのこころにもっとも直截に響くのか」と問いかけ、引っ越し魔だった白秋ゆかりの土地を歩き、問いを深めてゆく。

控え目に語っていますが、ずいぶんと発見がありましたね。「赤い鳥小鳥」は北海道帯広に伝わる子守唄「ねんねの寝た間に」が元にある。彼が訳した『まざあ・ぐうす』の「一時」、原文の擬音とは違えて「いっちく、たっちく、おうやおや」としたのも、わらべ唄から採った。白秋は亡くなる直前まで、わらべ唄を蒐集しておかねばと『日本伝承童謡集成』六巻に心血を注ぎ、弟子に後を託しましたね。彼の熱意に感嘆します。

「からまつの林を過ぎて、／からまつをしみじみと見き。」にはじまる「落葉松」はすべて五七調で書かれているが、じつは冒頭の二句も五・四・三、五・五・二のリズムであって全編複雑な音数律で成立し、「絶妙なリズムと音韻のすきまに、詩のかそけさが、詩の生命が、宿っている」。

これは詩人ならではの指摘だと感じ、白秋が和歌でも俳句でもない短詩を、音韻の実験のようにつくっていることも知り、驚きました。かつて抒情詩は格が低いとされたのを、「白秋の出発点から、いかに抒情小曲・抒情詩が主流であったか！」と記しているのも小気味良かった。

そうそう、白地に青と金、この美しい装丁も白秋への思いですね。季節の変わり目、ご自愛を。　不一

（書肆山田　２５００円）

二〇〇八年九月二一日

## 『宿屋めぐり』

町田康 著

「空は美しく嘘くさかった。美しく、嘘そのものであった。」作者が四年前に発表した『パンク侍、斬られて候』の結びの一句である。

ほぼおなじ時期に書き出され、七年かけて完結した本長篇の主人公は、主の命をうけ、大権現様へ太刀を奉納する旅をしている。とこが、謎のくにゅくにゅの皮に呑みこまれまさに嘘の世界に入る。それでも、彼は嘘の世界にも太刀を奉納する大権現様はあるのではないか、と考える。旅のあいだ、騙されて、稀代の凶状持ちになるかと思えば、突如、大金を得たり、超能力を得たりで、ジェットコースターに乗るが如く、彼の運命は上昇すれば一気に下降する。

『パンク侍、斬られて候』が中里介山の『大菩薩峠』を、三年前に発表した『告白』が河内音頭「河内十人斬り」を下敷きにしたように、本篇も広沢虎造でおなじみの浪曲「石松代参」のもじりだが、全篇に亘り、時空間は滅茶苦茶、馬鹿馬鹿しさは底が抜け、痛快この上ない。

ファルス（道化）である。かつて坂口安吾が復権を唱え、「諦めを肯定し、溜息を肯定し、何言ってやんでいを肯定し、と言ったようなもんだよを肯定し」、「乱痴気騒ぎに終始するところの文学」（「FARCEに就て」）としたファルスであり、しかもスケールは大きい。

『パンク侍、斬られて候』には、オウム真理教事件の影があった。ならば本篇はそれ以後の現代と呼応する。嘘でかためられた、生きにくい世界。結局「宿屋めぐり」は、果てしない「地獄めぐり」に他ならない。それでも主人公は人間である限り正しい道があると信じ生きるしかない。安吾の「堕落論」を引けば、「人は正しく堕ちる道を堕ちきることが必要なのだ」。いや、理屈抜きでこの大怪作を完成した力技に驚嘆。もう一度、安吾のファルス論を引こう。

「肩が凝らないだけでも、仲々どうして、大したものだと思うのです。」

（講談社　1900円）

## 『別役実のコント検定！』

別役実 編著

二〇〇八年一〇月五日

悲劇は書きやすいが、喜劇は難しい。悲劇は時代や国を超え人間の苦悩を描くだけに理解され易い。が、喜劇は世代を違えるだけで笑えぬこともある。共通認識が必要で、同時にそれを裏切る登場人物が必要。

コントの脚本集。コントは寸劇と訳される通り、その短さのなかで観客の笑いを得る。別役実の芝居は不条理劇と称せられるが、本質は喜劇。その彼が喜劇の基本、コントの作者を育て、優秀作品を選び、自身の四作と筒井康隆原作の短篇を翻案した二作を含め、三十五作品を収める。

各作品は意表度、不条理度、ナンセンス度、ブラック度、風刺度それぞれ五段階で採点され、読者の笑いの感受性を検定する仕掛けもある。これこそ「でたらめ」と編著者は断っているが、広く喜劇作家を求めるためで、コント作術の格好の入門書である。どの作品も観劇したい。上演料は無料公演なら千円、有料なら三千円と格安。

（白水社　1900円）

## 『構造デザイン講義』

内藤廣 著

二〇〇八年一〇月一九日

建築家やデザイナーの著作は注意して読むべき。彼らの仕事はファインアートとは異なり、地域や社会との関わりが深い。にもかかわらず、自作を正当化しようと、観念的な芸術論で逃げたり、専門用語で専門家風を装ったりする。

では建築家である著者の姿勢はどうか。建築や土木の構造を学生たちにやさしい言葉で教えつつ、仕事の社会的役割を一貫して訴える。

構造といえば、まず思い起こすのは耐震偽装事件だろう。北京オリンピックをテレビ観戦した方なら、鳥の巣と呼ばれる国家体育場や、透明な泡状の壁と天井でつくられていた国家水泳センターを思いだし、あれはどのような構造になっているのか、と考えるかもしれない。

どちらもコンピューターの発展が大きく係わる。かつて構造計算は手作りであり、建築土木には構造へのセンスや現場での経験知が必要であった。ところがコンピューター処理が進み、奇矯なデザインが可能になった反面、構造への想像力が欠落し、偽装事件や建造物の突然の倒壊が起きるようになったと著者は指摘する。

そこから組石造《そせきぞう》、鉄骨造、コンクリート、木造の歴史を辿り、それぞれの特性を明らかにしてゆく。二〇〇一年九月十一日に航空機テロにより世界貿易センターは脆くも崩落したが、その「一番の原因は、経済性と効率性とを極限まで追求した結果もたらされた、完結度の高い合理性だったのでは」とし、超高層ビルは「バラックだ」という構造学者らの意見も紹介する。コンクリート打ち放しもファションに過ぎず、コンクリート本来の表現ではないと語る。

むしろ著者は木造にあたらしい可能性を見る。木は鉄と異なり、力の流れを効率性だけでは単純化できない。構法上、組み合わせ部分に矛盾を含む。しかしその「多矛盾系」にこれからの構造の在り方を考える。危機意識を抱きつつもユーモアを忘れず、次々と最新の建築を例証し、好き嫌いを明確に語る言説も小気味よい。

（王国社　1900円）

---

## 『過激な隠遁　高島野十郎評伝』

川崎浹 著

二〇〇八年一〇月二六日

高島野十郎は近年再評価が高まっているとはいえ、多くの人は蠟燭の絵を描き続けた特異な画家と知る程度かもしれない。彼は、蠟燭の絵ばかりを描いていたわけではない。にもかかわらず、奇矯さが取り上げられるのも、彼の画業が世に知られたのは、一九七五年に彼が八十五歳で亡くなってからかなり後であり、彼は無名の画家として生きたからだ。

今年の三月に、一三三点（カラー図版一二九点）の作品を収録した『高島野十郎画集　作品と遺稿』（求龍堂刊）が出版された。図版は晩年のものから初期の仕事へと遡る構成で、最晩年の作品として「からすうり」を挙げる。年譜によれば、生前最後の個展に発表された絵だが、じつは制作年は不詳。彼が大事な絵は手放さなかったためだろう。この絵だけでも、彼が対象に向き合い、写実を超えた写実というべき世界を求め続けた、不断の意思が伝わってくる。

いずれの作品も静謐である。と同時に見る者を異界へといざなう不思議な迫力と厳粛さがある。

『過激な隠遁　高島野十郎評伝』の著者川崎は、野十郎と五四年から翌年にかけ、偶然三度も会う奇縁から近しくなり、四〇歳の年齢差がありながら、野十郎が没するまで二十年間「基本的には対等に」つきあった。それだけに本書には、画家の生々しい声と生き方が折々に思い出され、記されているが、描かれた野十郎の姿は、静謐な絵とは裏腹に、ときに激しく、ときに痛苦な呻きに満ちている。

彼は東京帝国大学農学部水産学科を首席で卒業したにもかかわらず、独学で絵の道を進み、画壇とは無縁に生きた。画業を選んだ当時の自画像には引き裂かれた自身の姿が描写されている。しかし本書で知る「過激な隠遁」とは、画家の晩年を襲った理不尽な不運であり、それに抵抗した姿である。

著者が知りあって数年後、東京オリンピックのために、当時、東京の青山にあった野十郎のアトリエは道路拡幅予定地に入り、解体を迫られる。七十歳の彼は工事がはじまると「家を壊す気ならおれを殺してからやれ！」と叫んだ。その後、彼は千葉の増尾に家を建て、アトリエを完成。上下水道も電気ガスもない。井戸、ランプ、七輪の生活で、畑を耕し、隣家の田圃の隅を借り、池を掘り、睡蓮を咲かせた。「睡蓮」と「月」「蠟燭」の連作の一部は、この自給自足の暮らしから生まれた。

ところが、この地ですら安住できず、団地建設のため不動産業者に、八十に近い彼は再び立ち退きを求められる。本書は野十郎本人が綴った、業者の恐喝やインチキ振りを記録した「小説　なりゆくなれのはて」を収録する。工事により睡蓮の池も木々も草花までも埋め立てられる。最後の一文は「生命の危険が感じ始められる」。

著者はこの「生命」という言葉を広く捉える。「野十郎は開発と伐採に終の棲家を追われて絶滅する鳥獣類の代弁者となる。かれは姿を消す生類のなりゆくなれのはての記録を残しておきたかった」。この指摘の正しさは彼が見つめ、描いた絵が明瞭に答えている。蠟燭の絵もじつは世話になった人たちに無償で手渡された。手渡したのは、いのちではなかったか。最晩年の彼は、体は衰えたが特養ホームへの入居に抵抗し、柱にしがみつき離れず、「だれもいないところで野たれ死にをしたかった」といって涙し、二ヵ月後に没した。折々に彼が記したノートの最後にある歌。

「花も散り世はこともなくひたすらに／たゞあかあかと陽は照りてあり」

（求龍堂　２４００円）

# 『鉄の時代』

J・M・クッツェー著

くぼたのぞみ 訳

二〇〇八年一一月九日

クッツェーは一作毎に作風を変える作家だが、一貫して世の中に隠されている現実を暴き、挑発する。

南アフリカに独りで暮らす元大学教師の老女は八六年八月、癌再発を知り、アメリカに住む一人娘に手紙を綴りはじめる。手紙がそのまま小説という体裁で、家のガレージに住み着いた浮浪者に、彼女は死後にこの遺書を娘に送るよう依頼する。

彼女よりも国家は病んでいる。アパルトヘイト体制が崩れ始め、白人と黒人の抗争は激化し、知り合った黒人の少年二人は殺される。彼女の抗議の言葉も、手紙に綴る名誉や慈悲、気遣いや善良といった言葉も無力だ。だが、その弱く脆い言葉が強者のみ生き残る「鉄の時代」に隠された、国家の欺瞞や暴力、人の心にある様々な差別を露わにする。

結局、彼女を助けるのはより無力な浮浪者であり、結末はさらに残酷だが、それが主人公への救いとなって余韻を響かせる。


（河出書房新社　２０００円）

## 『ビルキス、あるいはシバの女王への旅』

アリエット・アルメル 著
北原ルミ 訳

二〇〇八年一一月一六日

まずは本書のカバーを飾る絵を見ていただきたい。一五世紀中頃、イタリアのちいさな町アレッツォの聖堂に、ピエロ・デッラ・フランチェスカが描いた「シバの女王の聖木への礼拝とソロモン王との会見」。このフレスコ画を、私は今年の七月に眺める機会を得たが、格調の高い、厳しい美しさには感嘆する他はなかった。

作者は、この絵が生まれるまでを小説にしようと試みたのだが、実在の画家はさして波乱に富む生涯を送ったわけではない。そこで作者は卓抜なアイデアを史実に吹き込んだ。

画家に架空の妻シルヴィアを配した。彼女はシバの女王ビルキスの物語を書き、それを夫に語り、画題に迷う彼に霊感をあたえる。だからこの長篇は、ピエロ夫妻と女王の二つの物語が時を超えて交互に綴られる構成。

「旧約聖書」にある伝説を下敷きにしてはいるが、シルヴィアが語るのは、むしろ、ビルキスがソロモン王に出会い、女としては愛しながらも、権力者の権謀に疑問を抱き、自身が王として生きる自覚を得る過程である。それが表題にある「旅」。

ビルキスの葛藤は、愛人をもち、権力争いに巻き込まれかねぬ画家の夫を、家と絵に繋ぎとめるシルヴィアの心理と次第に重なり、後半は二人の女の悲痛な運命が交錯し、やがて一気に響き合い、美しくも切ない旋律を奏でる。

この切なさを際立たすのは、いまひとつの主役、光だ。ピエロの絵が青空と柔らかい光に包まれているように、各場面で光は多彩に変化し、登場人物に降り注ぎ、陰翳をつくり、それぞれのためらいや心の震えと呼応させた。
　芸術家小説は東西を問わず、主人公が試練を乗り越えて作品を成就するのが眼目だが、この小説自体、ピエロの絵に見合う壮麗さが要求されるはずである。そうでなければあのフレスコ画を知る読者は納得するはずがない。作者自身が、この困難な試練を乗り越え、じつに見事に美しい物語を紡ぎだした。

（白水社　２４００円）

---

## 『カバに会う』

**坪内稔典** 著

二〇〇八年一二月一四日

アンパンとカバが大好きな俳人は、還暦を機に日本全国のカバを訪ねようと思い立つ。二十九ヵ所に六十頭。しかも一時間は眺めると自らに課すが、相手は昼寝の最中だったり、水から出なかったり。
　酔狂な旅だが、何故かカバを眺め、吟行する仲間は増える。著者の紹介するカバをモチーフにした詩歌や小説も多彩だ。たとえば「いんことカバはこいよ／だんしはカバもいかんな／きびんなカバにいかせまい」（下からも読める）にはじまる、まど・みちおの詩、中島敦の漢詩、小川洋子の小説。人はカバに、世知辛い世を悠然とユーモラスに生きる知恵を見ようとするらしい。四年かけ、カバめぐり達成後、「バカにされたり見過ごされたりしているもの」に「こだわって愛するとき、気分がわくわくする」という述懐は卓見。
　著者の句も挙げよう。「桜散るあなたも河馬になりなさい」。

（岩波書店　１６００円）

## 『こどもたちが学校をつくる』

ペーター・ヒューブナー 著

木下勇 訳

二〇〇八年一二月二一日

産業の衰退、若者の減少、小中学校の統廃合、そして過疎へ。この悪循環の只中で日本の各地方は喘ぐ。

本書はこの流れに抗した実践報告。残念だが日本ではない。かつての炭鉱の町、ドイツの西部の都市ゲルゼンキルヘンも高い失業率、外国人労働者の増加、深刻な環境汚染と問題は堆積。そこで、この地区の教会は、地域と教育の再生の核として、様々な国籍と宗教を認め合う総合学校（五年生から十年生）新設を決め、設計コンペを九三年に実施する。

建築家の著者は、生徒自らが教室の設計施工に参加するという提案をする。新入生たちは毎年、アイデアを討議し、模型をつくり、職人を手伝い、地域と学校の関係、物の作り方、日光や雨水の利用法などを体全体で学ぶ。

当時の州首相が「おとぎ話」とした計画は十年かけて完成。日本と制度は異なるが、なにより違うのは夢の大きさと意志と実行力か。

（鹿島出版会　３０００円）

## 『あまりに野蛮な』上・下

津島佑子 著

二〇〇九年一月二五日

二〇〇五年の夏、五十代半ばの女は東京を発ち、台湾で一人旅をはじめる。母の遺品から、自分と顔がそっくりだといわれた伯母の手紙と日記を見つけ、七十年前に伯母が過ごした台湾の記憶を辿る。伯母は手紙では本名の美世ではなく、みずからミーチャと呼んでいた。ならば自分も日本から離れ、名をリーリーとしよう。リーリーはミーチャの手紙と日記を補い、会うこともなかった伯母の心理を想像し書く。

だから本長篇は一九三一年のミーチャの手紙と日記、

リーリーの補った文章、そして七十年後のリーリーの旅が交互に綴られて進行する。

三〇年代の日本はモボモガの時代。ミーチャの手紙もはじめは性愛を謳歌する甘い喜びに溢れる。ところが高等学校の講師として台湾に赴任した夫と共に台北に暮らしてから、彼女は精神的にも肉体的にも疲れてゆく。家事、狭い付き合い、酷暑、姑との確執、夫の無理解、そして流産。ふたたび子を得るが子は病で死ぬ。他方リーリーも幼子を失い、十七年経っても身の置き所がない。

子を失った母親の苦しみを、この作家は幾篇か書いてきたが、舞台を台湾にしたことで、本篇は文明批判の相を帯びた。台湾は終戦前植民地であり、現在も国際法上は国家ではない。反面、住民や言語は多様だ。伝わる神話も多い。その混沌とした強《したた》かなエネルギーを梃子《てこ》に女たちの悲劇を未来への道に反転させる。

ミーチャは、三〇年に起きた原住民による抗日蜂起「霧社事件」が気にかかる。彼らは「野蛮」とされ、抑圧され、事件後次々に自殺した。しかし本当に「野蛮な」のはなにか。物語は後半にいたって速度を増し、ミーチャの悲劇が飽和に達すると、折からの酷暑のなかでリーリーの思いは熱風となって溢れ、同時並行していた物語を溶解させ、「霧社事件」の背後にある原住民の神話とも一体化して噴出する。内向きな日本の文学を核心から揺さぶる「あまりに野蛮な」意欲に溢れた力作。


（講談社　各2000円）

二〇〇九年二月八日

---

## 『ポトスライムの舟』

**津村記久子** 著

本書に収められた二篇のうち表題作は今回芥川賞を受けた。主人公ナガセは、二十九歳で奈良の化粧品工場に勤める派遣社員。しかも友人のカフェでバイトをし、パソコン教室講師もしている。テーマは話題の派遣切りに絡まると思われかねないが、作者の意図は別にある。

ナガセは工場の掲示板で二枚のポスターを見る。「世界一周のクルージングと、軽うつ病患者の相互扶助を呼びかけるポスター」。うつ病のポスターには目を逸らすが、世界一周のポスターに惹きつけられる。代金は一六三万円。彼女は工場での年収と同額だと気づき、一年間バイト代だけで暮らすと決心し、以来倹約に努める。ところが、今一人の友人が離婚覚悟で子どもを連れ、母と同居のナガセ宅に転がり込む。出費も増え、思うように貯金できないのだが、……。

じつはうつ病のポスターを見ないのは、彼女は「新卒で入った会社を、上司からの凄まじいモラルハラスメントが原因で退社し」、その後一年、働く恐怖が消えなかったからだ。このハラスメントを扱ったのが併録の「十二月の窓辺」。この短篇には作家のこれまでの作品同様、人間の卑俗な憎悪が渦巻くが、主人公は退社直前「(上司が)自分に信じ込ませようとしたほど、世界は狭く画一的なわけではない……ここから離れて、その感触に手を差し伸べに行くのは自由だ」と思う。つまり表題作はその後篇で、得ようとした感触の答えと読んで良いだろう。

友人も工場の同僚も母も濃密な人間関係が生む憎悪を知っている。女たちは互いに傷つかぬよう思いやり、生活が不安定だからこそつましい関係を保つ。世界が画一的ではないという感触は世界旅行で得るわけではない。ナガセが食糧にもならぬポトスライムを育て、心を慰めるように、金銭上は役立たぬ互いの気遣いにある。生きにくい世にあえて女の友情や関係をフラットに描き、各々の思いのズレから自ずと生じるユーモアによって奥行きをつくりだした。

(講談社 1300円)

# 『猫を抱いて象と泳ぐ』

小川洋子 著

二〇〇九年二月一五日

少年は唇を閉じて生まれた。手術で口を開き、唇に脛の皮膚を移植したせいで、唇に産毛が生える。寡黙で孤独な彼の友は、現実にはいない小さな女の子のミイラとデパート屋上の象。巨体のため動かせず、屋上ですでに死んだ象だ。

ある事件がきっかけで、廃バスにポーンという名の猫と暮らす巨漢の元運転手からチェスの指導をうけ、才能を開花させる。が、元運転手も象同様に巨体のために死ぬ。以来少年は、「大きくなること、それは悲劇である」と思い、背丈は十一歳のまま成長を止める。やがて彼はチェス台の下に小さな体を隠し、からくり人形を操作してチェスを指し、自動人形は「盤上の詩人」といわれた名棋士アリョーヒンに因み、リトル・アリョーヒンと呼ばれるのだが、……。

本長篇はこの作家らしい無国籍で人工的な寓話である。エドガー・アラン・ポーの『メルツェルの将棋差し』に想を得ているが、もとより趣向はまったく異なる。ポーは、チェスを指す自動人形はありえず、チェス台に人間が隠れていることを論理的に証明するが、読了すれば自動人形の不思議さより、闇のなかに閉じこもる人間の謎を浮かび上がらせていた。ならば闇に身を隠し続けて生きた少年を描いた本篇は、どのような寓意を浮かび上がらせたのか。

チェスの駒には各々寓意がある。思慮、自由、飛翔、力、勇気。主人公の好きなビショップは孤独な賢者。彼はチェスの棋譜に美しい詩を刻もうとし、相手の棋士たちも個性的な手を打つ。それだけに物語も人間の生きる意味に結びついて展開する。しかし物語を動かすのは次々に訪れる死であり、死者への追憶である。

母、象、巨漢のマスター、祖母、棋士たちの死。主人公も壊れた自動人形のようにあっけない死を迎える。だからといって悲痛な印象は残さない。たった一枚の棋譜が彼の生きた証となる。ここに一瞬一瞬の生の輝きと虚しさ、そして追憶の力による救いを作者は見ている。

（文藝春秋　1695円）

---

二〇〇九年三月八日

## 『描かれた技術　科学のかたち』

橋本毅彦 著

「ああ、文字を使って書く者は、ここで描かれたものほど完璧に表現することができるだろうか」。こう述べてレオナルド・ダ・ヴィンチは絵の重要性を説き、彼はまた橋や都市、機械の設計図も遺した。その図は今も彼の思考を生き生きと伝える。

デカルトは地球や宇宙の生成、人間の器官を図によって説明した。ダーウィンの進化論を象徴したのは小さな鳥の嘴の変異を描いた図であった。中谷宇吉郎は雪の写真をおよそ三千枚も撮り、分類し、図表化した。このように科学者や技術者の発明発見も、図に描かれて研究は客観化され、同時に広い影響を及ぼした。

本書は他にも細菌、鉄、雲、音、渦、地質、匂いなどを図示して考えた先人たちのアイデアと労苦を、豊富なエピソードと図版を交えて追っている。コンピュータの出現は視覚表現の重要性をさらに高めた。科学を目指す若者たちに読んで欲しい一冊。


（東京大学出版会　２８００円）

## 『サミュエル・ベケット証言録』

ジェイムス＆エリザベス・ノウルソン 編著
田尻芳樹・川島健 訳

二〇〇九年三月二二日

二〇世紀文学に衝撃を与えたサミュエル・ベケットの作品だが、わかるか、わからぬか、それが問題だ。

原著はベケット生誕百年（二〇〇六年）を記念して刊行。ベケット自身の証言を含め、幼馴染、同級生、友人知人、演出家、俳優など、彼への証言をそのまま載せ、年代順に構成した。すると当然ながら、証言者の記憶と評価にズレが現れる。

彼は一時、大学で教えたが、やる気のない教師と見た者もいれば、素晴らしい授業だと記憶する者もいる。多くはスポーツと音楽を愛し、孤独癖のあったベケットに理解を示す。ところが戦時中に抵抗運動に参加した彼を自宅に匿った作家ナタリー・サロートは、彼の語彙には「感謝」という言葉がないようだと批判。どう演じるのか、わからなかったと困惑を隠さない俳優も多い。

これぞベケット劇そのままでは。登場人物は各々なにかを知っている。互いに理解し合っているようでいて、誰もが部分しかわからない。全体は謎。代表作『ゴドーを待ちながら』は様々に演出されるが、むしろ多彩な解釈を生むところに魅力と破壊力がある。

つまり本書は著者二人の敬愛を込めた、ベケットと作品への解釈なのだ。

解釈といえば、終身刑を受け、仮釈放され恩赦を受けるまで刑務所内でベケット劇を上演したクルーチーの証言には奇妙な感動を覚える。

クルーチーは「(刑務所には)世界中のどの場所よりも、ここには真のベケット的人物が住んでいる。見捨てられた者たち、狂人、路上の詩人、システム全体に『ミンチにされた肉』たちのすべて。現代の荒地の真の住民」と語る。「われわれサンクウェティンの囚人にとっては、芝居の状況はまったく普通のものだった。そう、われわれは待つことを、無を待つことを理解していた!」。

観客を困惑させるベケット劇が囚人たちには明瞭な状況であったとは。ならばベケット作品に理解が進む現代とは?


(白水社　6000円)

## 『神器《しんき》　軍艦「橿原」殺人事件』上・下

奥泉光 著

二〇〇九年三月二九日

小説に読者を積極的に参加させようと考えるならば、作家はミステリーの形式を選ぶだろう。なぜなら読者は、作家の仕掛けた謎を解き明かそうと考えながら物語を読み進むからだ。

本長篇は、この作家がこれまでの作品でもこだわり続けてきた太平洋戦争が舞台。昭和二〇年初頭、主人公石目上等水兵は軽巡洋艦「橿原《かしはら》」に操舵員として乗船する。彼は艦内に出る幽霊の話を聞き、すでに三人の変死事件が起きていたことも知り、探偵小説好きの彼は当然、謎に巻き込まれてゆく。しかし事件は解決されるどころか、密室である艦内では鼠の大量発生と共に、奇怪な事件はさらに次々と起き、天皇にまつわる噂や憶測も飛び交い、謎は深まる。

この始まりはミステリーの定番といっていいいし、読者に小栗虫太郎の『黒死館殺人事件』などを想起させる仕掛けもある。ところが、やがて時空間を超えて、「毛抜け鼠」なる茶髪の、現代の若者が鼠に変身して登場するに及んで、ミステリーの形式からも物語は逸脱する。

物語の構成は、主人公のペダンティックな語りといい、戯曲形式を挟む構成といい、最終章で一節が引用されるメルヴィルの『白鯨』が明らかに下敷き。主人公の名も『白鯨』の語り手イシュメールに因む。メルヴィルは作中、捕鯨船の乗組員を様々な人種にして人類を代表させ、その上で彼らを大自然の象徴たる白鯨と戦わせ、はたしてどちらが悪かと問いかけた。それに倣って本篇では南方へと孤立して進む軍艦と乗組員が日本と日本人そのもの。では彼らが戦う相手はなにか。敵国アメリカなのか。

これが作者の仕掛けた大きな問いだ。後半になって超国家主義や神秘主義、偽史やトンデモ科学を登場人物たちに語らせつつ、戦争末期の日本と日本人を、いやあらゆる思想と価値をない交ぜにし、相対化してしまった現代日本を、つまりは豊かだが淋しい「鼠国ニッポン」を撃ち、読者参加どころか、読者を過激に挑発する。

（新潮社　各1800円）

---

## 『シュルレアリスムのアメリカ』

**谷川渥** 著

二〇〇九年四月一二日

自由や解放を唱える主義ほど自由と解放を拘束する。政治の世界ではない、現代美術の問題。

著者はまず一枚の地図を紹介する。シュルレアリスムの主導者アンドレ・ブルトンが「シュルレアリスム宣言」を発表したのは一九二四年。その五年後に描かれたのが「シュルレアリスムの世界地図」。描き手もわからぬ、この地図ではロシアもアラスカも太平洋の島々も大きい。が、アメリカも日本もない。つまりシュルレアリストの関心のある土地だけを記していた。

ところが四〇年、ナチスのパリ占拠によりシュルレアリストたちは、皮肉にも関心皆無のアメリカへ亡命し、ここで彼らの主張はアメリカ絵画に影響を及ぼす。これが通説だが、著者はこの状況を実証的に精緻に捉え直した。

ブルトンの主張はすんなり受け入れられなかった。アメリカにはモダニズム批評の大家、クレメント・グリーンバーグがいた。彼はシュルレアリスムを認めず、「芸術に注意を向けさせるための芸術」を、絵画の自立と解放を目指した。抽象表現主義である。だから著者は起きた事態を「ブルトン対グリーンバーグ」という新地図で語るのだが、ことは単純ではない。

グリーンバーグにはルネ・マグリットの作品は価値がない。ところが検証すればマグリットの仕事は彼のテーゼそのまま。あるいはダリ。誰もがシュルレアリスムの代表と思う、この画家をブルトンもグリーンバーグも彼のスキャンダラスな言動から拒否。しかし論証すれば、彼の作品こそ均質化した世界を攪拌するというモダニズムの理念に一致する。抽象表現主義の巨匠ポロックはグリーンバーグの盟友だが、彼こそシュルレアリスムから出発し、晩年は主義から外れた。読了後、本書の重要な脇役であるレヴィ＝ストロースの言葉を思い起こした。「絵画が刷新されるようにと加えられた不統一な圧力に、絵画というジャンルそのものは殺されてしまった」(『はるかなる視線2』)。

(みすず書房　4800円)

## 『ロスコ　芸術家のリアリティ』

**マーク・ロスコ 著**

中林和雄 訳

二〇〇九年五月三日

「今日の社会では芸術に関する限り真理は趣味に取って代わられてしまった。面白いと思われる趣味が無責任に選び取られ、それは帽子や靴を取り替えるようにしょっちゅう交換されるのだ。(略)苦悩の中で芸術家は、かつてないほど多くの形を用いて、かつてないほど冗長で喧しいおしゃべりを発している」

この言葉を発したのが当の芸術家、抽象表現主義を代表する画家マーク・ロスコであれば、アイロニーを感じざるを得ない。抽象画こそ訳のわからぬ芸術と思われているからだ。

現在、彼の展覧会（川村記念美術館　六月七日まで）が開催され、合わせて画集『MARK ROTHKO』（淡交社刊）も出版された。展覧会のメインは代表作「シーグラム壁画」。大画面に様々な色調で矩形が描かれる。たしかに言葉とは裏腹に単純で力強く、包み込まれるような静寂に満ちた連作だ。彼はしかし、当初から抽象画を描いたわけではない。四〇年代前半、自身の仕事が確立できず、悩み、一時絵筆を置き、思考をノートに記した。その長らく埋もれていたノートを編集したのが本書である。

彼は自身と取り巻く状況を凝視すればこそ、芸術とは、芸術家とは何か、という問いを粘り強く重ねる。人間が絵を描いた太古まで遡りつつ、ルネサンス、近代絵画の巨匠たちの主題や技法を検証する。芸術は時代時代の知、直観、経験などと相関するリアリティをもたなければならぬ。総合されたリアリティは官能に訴える。美人を描けば美しいが、それは女性が美しいためであって、絵が美しいわけではない。官能の核には触知性がある。技法に頼って外観を写すのではなく、触感を喚起する絵画を……。

この時期、彼は抽象画を目指していたわけではないが、思考にはその転換があり、やがて彼は自分の絵を見出す。しかし彼はその後も問いを重ねたようだ。六九年の作品は矩形もなく黒と灰色の構成。翌年彼は自死した。

（みすず書房　5200円）

## 『ムサシ』

井上ひさし 著

二〇〇九年五月三一日

戯曲は省略の文学。舞台で役者が心理や状況を説明したら芝居にならない。だからこそ台詞とト書きに想像力を働かせる愉しみがある。

幕が上がると、いきなり宮本武蔵と佐々木小次郎の決闘場面。武蔵が勝つ。ここまでは吉川英治作『宮本武蔵』そのまま。ところが武蔵は小次郎の息から助かると診て、小次郎の手当を立会人に求める。つまりこの戯曲は、小次郎が死ななかったら、という奇想から生まれた。

　舞台は変わり、決闘から六年後の夏。鎌倉の小さな禅寺で、住持、沢庵、柳生宗矩《むねのり》、武蔵、女二人の寄進者により寺開きが行われる。寺の作事を務めたのが武蔵。そこに小次郎が現れる。彼は再び武蔵に果し合いを申し込むが、宗矩は二人が互いに不意打ちするのを禁じ、武蔵は宗矩と、小次郎は住持と、足を縛り二人三脚にする。さらに沢庵も加わって五人六脚になる。

　想像すれば観客の笑いの波が伝わってくる。剣客であれ、一人が駆ければ四人はひっくり返る。他にも随所に客の笑いをとる仕掛けがあり、コント作家だった作者の面目躍如の展開。では笑いばかりで、作者がこれまでの戯曲でこだわり続けてきた戦争批判への思いは消えたのか。

　じつは男たちの騒ぎに女たちの仇討が絡む。小次郎と武蔵の指導（ここも笑いの仕立て）よろしく女は敵《かたき》の腕を斬るが、殺さない。「恨み、恨まれ、また恨み、恨みの文字が鎖になってこの世を黒く塗り上げてしまう。（略）たとえ、いまはどんなに口惜しくとも、わたくしはこの鎖を断ち切ります」。この台詞が主題。

　吉川の「武蔵」は戦時中の日本人を死の美学に誘わなかったか。逆に「ムサシ」は終幕で「生きよ」と訴える。「大きく見えたおそろしいものの姿を小さくし、そのことによって、わたしたちの小さな力を大きく見せることはこれから繰りひろげるはずの『自由』のためのたたかいに有効」（「喜劇は権威を笑う」）と述べた作者らしい、軽快で笑い満載ながらも骨太の喜劇だ。


（集英社　1200円）

## 『新版　クレーの日記』

W・ケルステン編
高橋文子 訳

二〇〇九年六月七日

クレーの『日記』は画家クレーの創作の秘密を解く資料であり、思索の記録として広範な読者を獲得した。ではなぜ、『新版』なのか。

じつは彼は日記を推敲し、自叙伝として出版するつもりだった。ために初稿と推敲した文とがあり、一九五七年にクレーの息子が編集刊行した『日記』では一部、文の順番の入れ替えや省略、要約、変更がなされた。新版はこの混乱を正した。例えば新版は息子の成長記録〈フエリックス・カレンダー〉を収めたが、単なる親馬鹿でなく、乳児を観察し、命の不思議を見つめる眼が光る。

推敲したことは読むと納得できる。性への目覚め、音楽と文学への強い関心、戦争唾棄への思い、なにより自分の迷いや希望、発見や確信を丹念に辿り、自分の言葉を探り、選んで記しているのがわかる。価値を下げるどころか、かえって思索の真摯さに胸を打たれる。

（みすず書房　８５００円）

二〇〇九年六月一四日

## 『犬たち』

レベッカ・ブラウン 著
柴田元幸 訳

「ある夜、私のアパートに犬がいた。／それは大きな犬で、背が高く黒くて痩せていて、耳は尖り、ぴんと張った脚はすらりと長く伸びていた。目は黒く顔や足の先っぽは鳶色で体はぴくりとも動かなかった。私が怖くて息を止めると犬もやはり息を止めた。それから少し経って鼻づらがぴくぴく引きつって犬の歯が見えた」

この冒頭の文章どおり突然、孤独に暮らす女の狭い部屋に一匹の雌犬が現れる。犬の描写は生々しい。犬を追い出すことはできない。やがて雌犬は子どもを産む。女は犬たちの召使となり、奴隷となる。買い物さえ犬たちの日が光り自由にならない。心臓も喰われる。他人には犬は見えないのだから、幻想に違いないと女も考える。それでも犬たちから逃れられない。

二十五章の各章題は「犬――神の内在について」「身体――貞節について」「家庭――忠実さについて」とあり、サブタイトル中の名詞だけを抜き出せば、慈善、忍苦、思い遣り、気前の良さ、正義、貧乏、節制……。聖書を思わせる言葉だが、連想した著作は死に逝く人の心を研究したキューブラー・ロス著『死ぬ瞬間』だ。

ロスは、死は一瞬ではなく、死を前に人間が「否認と孤立　怒り　取り引き　抑鬱　受容」してゆく過程だと分析したが、主人公も逃げ場はなく、しかもじつは本篇も、人間の心奥に潜む謎を段階的に暴き出す過程を綴っている。

それにしても人間の心を噛み、喰らうのが犬とは。なんと卓抜なアイデアか。犬は従順にも獰猛にもなり、天使にも悪魔にも変わる。それだけに筆致は恍惚となるほど残酷で容赦ない。

女は犬を殺し、部屋を出る。だが犬たちは死なず、彼女を追って再び現れる。自殺もできず、やがて女は、犬たちに導かれ、ようやく自分では「語り得なかったこと」の声を聴く。終章のサブタイトルにある字句は「慰め」。悲痛な結末なのだが、じわじわ迫る恐怖の果てに輝く光が射すだけに余韻は深く響く。

（マガジンハウス　1800円）

二〇〇九年六月二八日

## 『海松《みる》』

稲葉真弓 著

小説の魅力は細部の描写にあり、それが小説全体の印象を変えることは多い。本書の四篇はいずれも短篇だけに構えは小さい。しかし正確な描写が、その小ささゆえに、かえって読者の目を細部へ細部へと誘う。

川端文学賞受賞の表題作は志摩半島の別荘で主人公が独り過ごす冬の数日を描く。十一年前に衝動的に別荘を建てたものの今は母も妹も来ず、東京から連れてきた猫は夕暮れまで戻らない。だからといって無為の時間を過ごすわけではない。東京では見失っていた時間を見出す。「運動と崩壊をつなぐへその緒みたいな時間の流れの中に、いま自分が含まれていることだけを感じていたい」。主人公は干潟を歩き、こう呟く。行方不明の老女、流れ星、月と潮の干満、蛇の抜け殻、繁茂する海藻……、主人公の触れる一つひとつが、生と死の絶妙な比喩となって立ち上がり、呟きは悠久の時間へ静かに導いてゆく。

（新潮社　1600円）

## 『ノモンハン戦争　モンゴルと満洲国』

田中克彦 著

二〇〇九年七月五日

ちょうど七〇年前の明日、一九三九年七月六日に次の言葉が書かれた。

「余りの短時間に一ヶ分隊全滅は初めてであり、幾人もの戦友を失って戦争の恐ろしさを身に沁みて知った。／個人壕の蛸壺を掘って休む。毎日の疲れと不眠で一寸眠った。母の夢、八幡神社の夢を見た。神社の御守は腰にあった。／決死隊の志願者は書き出す様命令ありしも、俺は応じなかった。戦車が来た時戦車地雷を敵のキャタピラに持ち込む役である」

本書も引用する歩兵一等兵成澤利八郎の日記だが、「戦争の恐ろしさ」が生々しい。ソ連の戦車に地雷を仕掛けるしか術なく、さらに戦車に火炎瓶で向かうほど軍備に差があった。しかも双方の戦死・行方不明者は二万人前後。にもかかわらず、この戦争は〈ノモンハン事件〉といまも呼ばれる。

〈事件〉とされるのは、著者によれば「双方の間で宣戦布告なしに、いわば非公式に戦われたから」で、「『戦争』ということばを使うとなると、勝ったのか負けたのかをはっきりさせなければならない。『事件』はそれを明らかにしなくてすむ便利なことば」だからだが、戦場跡を訪ねた村上春樹も記すように「事実は熾烈きわまりない本物の戦争だった」（『辺境・近境』）のだ。

ノモンハンとは地名ではなく、モンゴル人が旅の安全を祈って置いた塚《オボー》の名だとも著者は指摘。著者は地名人名用語などを原語に遡って再定義しているので、それに従う。

戦争は国境をめぐって起きた。関東軍は塚の西二〇キロに流れるハルハ河を国境と考えたが、ソ連・モンゴル側は塚と他の塚を結ぶ線を国境とした。五月一一日関東軍はこの線を越え、ソ・モ軍と戦闘が起きる。大本営が戦闘不拡大の方針をとったにもかかわらず関東軍は、ハルハ河をも越えて空爆。ここから本格的に戦争となり、九月まで死闘はつづき、九月一六日に停戦。

ソ連崩壊後の新資料でソ連側の戦死・戦傷者は日本側とほぼ同数だったため、関東軍は負けていないといった論も浮上した。だが、著者の論は死者数の算定にはない。ソ連解体はモンゴルでの研究発表を自由にし、その研究成果は以前とは全く違う、ノモンハン戦争への新しい視角を与えた。

当時、満洲国は日本の傀儡国家だったが、モンゴル人民共和国もソ連の傀儡国家だった。モンゴル軍のノモンハン戦争での戦死者は二三七人、行方不明三二人。日・ソに比べあまりに少ない。なぜなら満洲国側にも部族の違うモンゴル人が暮らし、国境はもともと族境であり、同じ民族が戦うわけだから彼らは「本気で戦っていなかった。彼らはむしろ民族統一と独立を目指した。

じつはモンゴル指導者たちは戦争勃発以前に、ソ連により「反ソ、反革命、日本の手先との罪状で、二万五八二四人が有罪とされ、うち二万四七四人が銃殺、五一〇三人が一〇年の刑、二四〇人が一〇年未満の刑」を受けた。それほどソ連はモンゴル人同士の国境での交流と日本の侵略を怖れ、関東軍の予測を上回って国境管理を厳しく敷いた。そこに関東軍は大命もなく暴走。

著者は虐殺されたモンゴル指導者の群像を歴史に命を注ぐように描き、かつ全編、戦場に投げ出され、亡くなった双方の兵への哀悼に貫かれている。翻って戦争を拡大し、停戦協定を壊そうとした参謀辻政信を厳しく断罪する。同様の人物は「今もなお日本文化の本質的要素として、政界、経財界のみならず、学界の中にまで巣くっているのである」と結び、戦争は決して過去の〈事件〉ではないと強く訴えている。

（岩波新書　780円）

## 『母なるもの　近代文学と音楽の場所』

高橋英夫 著

二〇〇九年七月一九日

本評論から音楽的な感興をうけた。著者は自らの潜めた思いを静かに語りはじめ、しかも各章さして結びつかない論が次第に組み合わされ、やがて一体となって響くからだ。

著者はまず小学校入学直前、母親に連れられ、学校に出かけ、五、六年の女の子に手をとられ、校舎をめぐった記憶を語る。「淡くて、はかない」優しいお姉さんの記憶だ。

そこから中勘助『銀の匙』、大岡昇平『幼年』を言及し、大岡の「女の優しさ、美しさ、弱さを私は好きだった。……ヴェルレーヌ『やわらかな手に触れるピアノ』の句や、看護婦の優しいいたわりの手が好きである」という言葉を「彼の真実の声」と著者は聴きとる。しかし「女の優しさ」は無論一様ではない。近代以前ならば鷗外の「山椒大夫」の安寿の如く、姉は厳しい優しさを男に見せた。だが中原中也の詩に現れる女は姉のイメージをもちながらも「崩れるやさしさ」にあった。

こう紹介すると、整合的な展開と思われるだろうが、各章を結ぶのは、実母の切れ切れの記憶だ。

ピアノを弾く母の手の動きから遊び論へ、父母の郷里、仙台と石巻の話から百閒の「サラサーテの盤」論へと、記憶と論は絶えず交感し、入れ違う。文学への言及は著者なればこそ、次々とあたかも即興的に自在に論じる。それが独特のリズムを生み、読者を誘うが、その実、母の弾いたモーツァルトから、中也との三角関係の話などを交え、小林秀雄はなぜ、『モオツァルト』に「母上の霊に捧ぐ」という献辞を置いたのか、その一点に絞ってゆく。

勝手気儘に生きた二人だが、モーツァルトは短調二曲で母の死を悼み、小林はその曲から「モオツァルトのかなしさは疾走する。涙は追いつけない」と記した。そこに小林の、母への思いを著者は聴くのである。

この寂しい時代、書きにくいテーマは、政治批判でも奔放な性愛でもなく、人の優しさではないか。著者はこの問いに熱く静かに答えた。

（文藝春秋　1714円）

## 『薬屋のタバサ』

東直子 著

二〇〇九年七月二六日

文体こそ小説をつくる。こう主張したのは藤枝静男だが、この言は本篇に当てはまる。

筋を紹介すれば、着の身着のまま女が町にたどり着き、男一人の古びた薬局に、住みこみで働きはじめる。女も男も若くはないとはいえ、女がすんなり住みこむのも妙なら、薬局の常連客も謎が多い。しかし誰より妙なのは薬局の主人タバサだ。無愛想で口数も少ない。夜中に町を歩く。曽祖父から七人の骨壺を、庭の池の周りに埋めている。医師免許をもち、町の人の死亡診断書と出生証明書は彼がほとんど書く。

男のくせにタバサとは。三〇年前に亡くなった母親が、テレビ番組の「奥さまは魔女」に登場した娘の名を付け、以来、店名もタバサ薬局に変えたと、彼は説明する。ここで「奥さまは魔女」を覚えている人なら、本篇はそのパロディでは、と考えるかもしれない。魔女が平凡な男と結婚し、ドタバタが起きるコメディに対し、小説は魔法使いの町に女が入って起きる話ではと。

じつは女は子を捨て過去を捨てたいと願い、タバサは母が自死にも思える死を選んだ過去を捨てられない。「なにもかも、夢であるように思えます／どうしても、どうしても」。タバサの母が遺したイタズラ書き。彼女の死を思えば、どこか寂しい。母も祖母も女と同様に身許のわからぬ女だった。だからタバサは女を受け入れながらも、母の再現となるのを危惧する。

本篇も「奥さまは魔女」と同様に二人が結ばれ、子をなす物語なのだが、母の言葉どおり、冒頭から夢にひたひたと浸され、夢を見るのではなく、夢に包みこまれる感触が濃厚に漂う。

古びた建物、懐かしい食べ物、匂い、人の声。タバサも、町の人も、「少し過去の時間を呼吸しながら生きているような」。こう女が感じるのも、すべてが過去を捨てられぬタバサの夢だからだ。それだけに懐かしさには切なさが滲むが、本篇の強い魅力は、ためらいつつ吐く呟きが、波紋となり重なるような文体にある。

（新潮社　1400円）

## 『通話』

**ロベルト・ボラーニョ** 著
松本健二 訳

二〇〇九年八月九日

「ひとつの国を深く知りたいと思ったら、その国の二流作家たちを精読するがいい。真相を反映しているのは彼らだけなのだ。他の作家たちは、同胞の無能さを告発したり、あるいはこれを歪曲したりして、同胞と同じ水平に立とうとしない」（『生誕の災厄』）

孤独な思索家シオランはこんな皮肉な警句を吐いたが、本短篇集の「アンリ・シモン・ルプランス」を読むと、皮肉でもないと気づく。作家たちにも認められぬ三流作家が、四〇年代のパリでレジスタンスの重要な役割を淡々とこなす話だからだ。むろんボラーニョ自身は二流作家ではない。本短篇集が彼の小説の本邦初訳だが、並々ならぬ才能と力量は十分に窺える。

にもかかわらずシオランの言葉を連想したのはさらなるわけがある。登場人物は、売れない作家、ギャングの手下、探偵、ポルノ女優など底辺の人物ばかりで、しかも作者はこれら人物を自分の「同胞」とし、彼らと「同じ水平に立」って描いている。そればかりか各短篇はナボコフを思わせる、皮肉なユーモアが漂う。そう感じるのは、彼もまた亡命者ナボコフ同様に、三十六年前に起きた母国チリの軍事革命で囚われ、その後外国を転々と移住した経験があり、それが小説をつくる根にあるためだ。

「センシニ」も軍事革命期を過ごし忘れられた作家が、したたかに小説を書きつづける話。弾圧に従事した二人を会話だけで綴った「刑事たち」。告発も歪曲もせず、彼らを同胞のように描くから不気味だ。「ジョアンナ・シルヴェストリ」は死の床で語るポルノ女優の昔話。華やかな恋を偲ぶ言葉の端に現れる孤独さ。

いずれも細部を計算した上で意外な展開へと運ぶ。特異な人物たちを描きながらも、誰もが隣人のようなと思わせる巧みさ。絶望的な人間たちの陰翳をより強める乾いた文体。諧謔味を含んだ終わり方の妙。それだけに早世した、この作家の長篇の翻訳が待たれる。

（白水社　2200円）

## 『デンデラ』

**佐藤友哉** 著

二〇〇九年八月二三日

七十歳になった斎藤カユは息子に運ばれ、雪の降り積もる〈お山〉に棄てられる。

本篇の、この始まりは深沢七郎『楢山節考』の結末と主人公の名が違うくらいで、ほぼそのままである。その後はしかし、物語は大きく変わる。往生を願ったカユは意志に反し、助けられる。助けたのは先に姥捨てされた老婆たちだ。彼女たちは、男は見殺しにしたが、三十年前に棄てられた百歳の老婆をリーダーに、デンデラと呼ぶ土地で四十九人が共に暮らしていた。カユはデンデラの五十人目の住み手となる。

この設定にも下敷きがある。柳田國男『遠野物語』は、ある村の老人は「蓮台野」に棄てられるものの「老人はいたづらに死んでしまふこともならぬゆゑに、日中は里へ下り農作し口を糊したり」と伝える。姥捨てのルールは厳守されたわけではなかった。別の村では姥捨ての地は「デンデラ野」と呼ばれたとも記している。だが、本篇はこの伝承もまたひっくり返す。

デンデラでは、老婆たちは自分たちを棄てた村への復讐を誓う襲撃派と、息子や娘、孫もいる村への襲撃は拒否する穏健派とに分裂している。カユはどちらにも与することもできないのだが、突如、羆《くま》がデンデラを襲う。老婆たちは羆と戦う羽目に陥り、最後の最後にカユは一石二鳥の妙案を独り考え、決死の行動を……。

意表をつく展開はじつにスピーディー。しかし細部に無理がある。老婆たちに村を襲撃する体力があるか。老婆五十人の設定もどうか。三十年間には亡くなった者もあり、男たちはいない。とすれば彼らの育った村はかなりの人口で豊かなはずである。だから村をむしろ現代日本と置き換えればわかりやすい。男優位の社会、往生できぬ老人をめぐる現代の寓話なのだ。

しかし荒っぽい文体、細部の粗さ、あえていえば本篇の魅力はキッチュの面白さだ。これも才能だが、そこに安住するか否か。主人公のように作家もいずれは試練をうけるだろう。


（新潮社　1700円）

## 『江戸の子供遊び事典』

中田幸平 著

二〇〇九年九月六日

子どもの遊びに関する本は多い。いや多かったというべきか。

著者は明治一八年刊行『古今百風吾妻余波』に収録された「東都子供あそびの図」に触発されている。明治初頭の東京の子どもたちが遊びに興じる姿を写した百十二種の図。著者はこの図から当時の子どもの遊びの種類の多さに驚き、その図をたよりに江戸に遡って文献を渉猟し、かつ自ら遊びを知る人も探し、面白さを訊き、遊び方や道具、共に和す囃し言葉や唄、その来歴と変化をまとめた。大変な労作である。

紹介された遊びは、「坐り相撲」から「かや釣り」まで百十四種だが、遊びは多くのバリエーションを生む。たとえば「穴一（ビー玉）」や「メンコ」の記述はそれぞれ三十ページに近く、読むだけで楽しいが、反面、いまでは見ることのない遊びも多い。子どもの遊びの多彩さこそ、文化の内実の多彩さだとあらためて気づかされる。


（八坂書房　3600円）

# 『隠者はめぐる』

富岡多恵子 著

二〇〇九年九月二〇日

大阪が生んだ歌人折口信夫は、大学教授だったが、それを「毫《ごう》も誇りを感じない」と記した。彼の祖は皆、日々の生計に耐え、暮らしを「謙遜しながら送つてゐた」からで、学問のために家の援助を受け続けた彼は、それを恥じた。大阪生まれの著者はこの思いに共感する。折口はまた死者への供養から筆名を釋迢空と法名をつけ、いわば若くして隠者として生きた。彼の暮らしぶりはわかるが、では他の隠者はどうか。隠者といえば人里離れて暮らす孤高の人物をイメージする。しかし蓄えなり、援助がなくては日々の生計は成り立たない。著者はこの素朴な、しかし根本的な疑問を抱いた。

本居宣長は折口の家系と同じく町医者で、彼は医者を生涯続けた。折口も宣長も万葉研究で契沖を敬した。契沖こそ隠者としてよく知られるが、彼はどう口に糊したのか。このように書名通り著者は、貴族武家でもなく詩歌の世界に足跡を残した隠者たちを、次々に連想しては、彼らの歌や日記を読み解き、暮らし、家系や性格まで調べ、その生きた姿を浮かび上がらせる。

挙げた隠者は少ないが、念の入った調査は彼らが孤高などという型に嵌った人物たちではないと教える。明治の奇人、西洋好きで頭髪を赤く染め、碧眼にしたと噂される淡島寒月。彼は西鶴好きで古書を蒐めたが、露伴や紅葉に気易く貸した。郷土玩具の蒐集も並みでないが拘りもない。無欲で恬淡と生きた彼の姿は隠者と呼ぶに相応しい。しかし三代前から財をなした人物が輩出した。つまり寒月は裕福だった。

いまや清貧の歌人と囃される橘曙覧《あけみ》。彼は親戚への義理から隠者暮らしをしたが、無邪気な性格から友に恵まれ、歌や書を売った。契沖、西行、鴨長明も各々事情があるからこそしたたかに生き、詩歌を生きる糧とした。だから著者は隠者を語りつつ、じつは詩歌が生まれる契機と場を見つめている。それにしても人間はオモロイナという感慨が湧く。本書の功徳だ。

（岩波書店　１８００円）

二〇〇九年一〇月一一日

# 『身の上話』

佐藤正午 著

「私の妻の郷里は、私たちがいま暮らしている都会から、新幹線でおよそ一時間行ったところにあります。妻はその町で二十三歳になるまで、これといって特筆することもない人生を送りました」。こう男は妻の身の上を醒めた口調で話しはじめ、その後も淀みなく語り続ける。

（後でわかるが四年ほど前）妻は老舗書店で働き、宝石店の息子とは誰もが認める仲だった。だが東京から出張して来る大手出版社の営業マンと関係をもつ。男には妻子もあり、さして問題は起きなかった。ところが男の帰る日、彼女は歯の治療という口実で職場を離れ、見送りにゆく。同僚たちから頼まれた宝くじを買い、さして考えもせず男と共に東京へ。主人公はどこにでもいる若い女だからこそ、あっさり突発的な行動をとる。だが買った宝くじの一枚が二億円の当りくじ。ここから人生が変わる。

後半からが怖い。殺人事件の起きた後、意外な人物の存在がぬっと大きくなる。その人物の手料理の怖さ。携帯電話とパソコンもカギとなる小道具だ。それ以上に語り手の「幸福は持続しません」という述懐、主人公が偶然記憶する「古今和歌集」の「命にもまさりて惜しくあるものは見果てぬ夢の覚むるなりけり」の一首、二億円を得た後に銀行から貰う『【その日】から読む本』にある「お金はお金でしかありません。お金は何かほかのもの、あなたの人生を幸せにするものに換えてこそ価値をもつものです」といった言葉が、主人公と語り手の運命を的確に予告している。しかし読んでいる最中は気づかない。ここに作者の冴えた仕掛けがある。

卓抜なミステリーは再読を誘う。最後の最後になって「身の上話」は妻ばかりか、語り手自身の話なのだとわかり、もう一度ドンデン返しがある。だからこそあらためて作者の仕掛けを確認したいと読者は思うはずだ。なにより結末は切々としてなおも清々《すがすが》しい。地味なタイトルに作者の本篇への強い自負を感じる。

（光文社　1600円）

## 『東京骨灰紀行』

小沢信男 著

二〇〇九年一〇月二五日

著者は東京の新橋に生まれ、いまや八十二歳。銀座で育ち、世田谷に移り、通った旧制中学は新宿。空襲にも遭い、戦後の闇市も知る。変化を肌で感じてきた東京っ子だけに、これまで東京をルポした作品は一味も二味も違っていた。

では「骨灰《こつぱい》」とはなにか。まず歩くのは両国。駅から南に向かい、回向院《えこういん》へ。本堂脇に林立した古い石碑群を認める。これが明暦三年（一九五七）に起きた大火による慰霊塔。一八年後に追善建立された碑の、横の薄れた文字まで目を凝らし、著者は驚きながらもこう呟く。

「写しとりながらたじたじとなる。大火の焼死溺死者のみならず、この江戸城下で行き倒れ、牢にぶちこまれ、殺し殺され、ろくでもない死にざまの連中すべてを、いっそまとめてひきうけるぞ、という大慈悲心の碑なのだな。善人なおもて往生をとぐ、いわんや非業の亡者をや。いならぶ碑群はさておいて、明暦大火へ、まずは注目です」。皮肉も交えた軽妙な感想。

こうして著者は死者たちの眠る場所を捜し、東京各地を歩く。ならば文章は暗くなるか、と思いきや、ユーモアが漂う。呆れたり、嘆いたり、哀れんだり、笑ったり、感心したり、思い出したり、著者は場所を見つけたときの感情と呼吸を読者に洒脱に語りかけるからだ。

日本橋の十思《じつし》公園は牢屋敷跡。常時三、四百人が刑死を待ったとか。千住には吉原の遊女二万五千体が投げ込まれた浄閑寺も、彰義隊士の眠る観音堂もある。ここの回向院には幕末の志士も二・二六事件の青年将校も眠り、杉田玄白らが腑分けした記念碑もある。多磨霊園には亀戸墓地の無縁仏が移され、大正期に養育院で没した者への供養の碑も、明治大正昭和の行き倒れた人々追善の石柱もある。細部を見つめれば、土地に隠された歴史の糸が紡ぎだされる。

まったく驚きですなあ、と著者に間《あい》の手を入れつつ、東京は無数の、無名の死者たちの記憶の上にあるとあらためて気づかされた。

『書く　言葉・文字・書』
『近代書史』
石川九楊　著

（筑摩書房　2200円）

二〇〇九年二月八日

「現在の日本に見られる、文化的な頽廃と失調の元凶は、言葉と文字と書（書くこと）についての近代的呪縛＝神話を超えられないところにある」。著者は『書く』の冒頭にこう記している。気迫のこもった言葉だが、はたしてそこまでいえるものかと、いささか危ぶんだ。

ところが読み進めば、著者の危惧はよく理解できる。近代的呪縛は、近代に入って西欧絵画が移入され、書の扱いに困り、書も美術だという誤解に始まる。書は芸術だが書は書であり、美術ではない。なぜなら書は文字を書くことであり、しかも一字であれ、起筆があり、送筆があり、終筆がある。筆が紙に触れ、力動が生まれる。字画が部首をつくり、部首が集まって偏・旁《つくり》を生み、それらが集まって文字となる。だからこそ筆順は意味をもち重要なのだ。

著者は数学でいえば、公理や定理を成り立ちから諄々《じゅんじゅん》と説明するわけで、これが無視されては、書という表現はありえない。文字には筆蝕があり、その力が相互に関係し、言葉が生まれ、文学となる。「書は文学」という結論はこうして導かれる。だから言葉は話し言葉だけで足りるとか、文字は読めればよいとか、書は元気であればよいとか、といった誤解が神話となり、文化を頽廃させると著者は説く。

翻れば書も西欧思想と出会い、変貌を余儀なくされたわけで、その視点から著者は『近代書史』を描く。書を美と文化の中枢においた東アジアの、日本人がいかに近代と対決し、新たな表現を生んだのか。そこで明治初頭では政財界人の書、明治末から大正期には文学者美術家の書が検討される。漱石、子規、大観、玉堂、与謝野晶子、高村光太郎、啄木、宮沢賢治などの書も詳細に見て、人を論じ文学を考える。戦後を含め、壮大なドラマを見るようだ。ただ高価格が惜しい。普及版刊行はならないか。

二著から著者の目の力動を感じた、繊細に揺れ、大胆に摑みとる目に文字通り触発された。

（『書く　言葉・文字・書』中公新書　７４０円）

（『近代書史』名古屋大学出版会　１８、０００円）

## 『喋《しゃべ》る馬』

バーナード・マラマッド 著
柴田元幸 訳

二〇〇九年一一月一五日

この寂しい時代、一時『蟹工船』がブームだったが、いまこそマラマッドの短篇に触れて欲しい。

彼の短篇に登場する人物はなべてつましく勤勉。しかし貧しさから逃れられない。彼らには内に秘めた思いや希望がある。それを叶えようとすれば、無理も生じる。人間関係にヒビが入り、互いに疲れる。だからといって暗いままでは終わらない。

マラマッドは登場人物たちの脇に、諺通り天使を通らせる。つまり一瞬の沈黙、間を与える。ここが大人の芸。絶妙の、この小さな間はまさに天使の笑みで、光に変わり、ユーモアとなって湧きあがり、行き詰まった人間関係を変える。信頼や友情が蘇生し、人々を包み込む。

彼の短篇はかつて文庫版で容易に読めた。しかし現在は絶版。本書には初訳のものもあり、柴田元幸の訳で、少し身軽で若くなった旧友に再会したような喜びを感じた。

（スイッチ・パブリッシング　２１００円）

## 『醜の歴史』

ウンベルト・エーコ 編著
川野美也子 訳

二〇〇九年一一月二二日

『薔薇の名前』の映画ファンなら、醜いものを繰り返し見たと記憶していないか。壁を埋める浮き彫りの怪物、人間の猥雑な姿、死体や骸骨、不気味な権力者。原作の読者なら、それらが主人公たちの語る聖書や神学の言葉と響き合い、異端や穢れの表象だったと思い出すだろう。

本書はエーコの小説ではない。だが彼ならではの仕掛けがある。ページをめくれば次々カラー図版が現れる。古代から中世、ルネサンス、近代現代まで、「醜」を描いた絵画、彫刻、漫画、映画の一場面がずらり。目眩《めくるめ》く感覚を覚えつつ、醜いが美しい、美しいが醜い、そんな矛盾に囚われる。これが最初の仕掛け。

次に、図版に添えた小さな活字の文章。古今の文献から「醜」についての夥《おびただ》しい引用の束だ。読めば、人はなぜかくも醜について声を発したのか、と妙な思いが湧く。これが二つ目の仕掛け。それから本文を読む。二つの仕掛けは証拠物件で、エーコは探偵役となり、証拠を揃えて読者が抱く矛盾と疑問に挑戦する。

二つの仕掛けが、図版も引用も随時読み返しを可能にし、そこでようやくエーコは硬い論文調ではなく、ゆったりと語り出す。じつは図版に感じる矛盾こそが、彼の論全体を貫く。美と醜は時代に応じた相対的な価値であり、絶対的だと思われもし、接近も逆転もしてきたと。

この論はたとえ桁外れの学知に裏付けられようとも、もはや常識的と思われるかもしれない。ところがここから三つ目の仕掛けが始まる。

では現代はどうか。美と醜はもはや対立せず、中性化したという説がある。彼はこれを認めつつも、鮮やかに反撃する。美の相対性など知らずとも人間は醜を認識する。哀しいことだがいつも悪は存在する。だから人は醜を表現してきた。翻って図版が示す通り奇形は人間の悲劇なのだ。「これらの不幸な者たちの安寧のために自らの人生を捧げる勇気」をと、彼は読者に顔を向き直して問いかけるのだ。

（東洋書林　８０００円）

## 『箱形《ボックス》カメラ』

ギュンター・グラス 著

藤川芳朗 訳

二〇〇九年一二月二〇日

『私の一世紀』以後か、『玉ねぎの皮をむきながら』にせよ、グラスの小説は自伝風な色彩を強めた。本篇も自伝と読めなくもなく、彼は〈火宅の人〉だったという評判も立った。彼はこの事実をはじめにあっさりと記述する。四人の子をなした妻と離婚。愛人との間に一人。別の、連れ子が二人いる恋人と再婚。さらにもう一人の恋人との間に一人。この子沢山の状態を示した上で、本篇は五男三女、計八人の子が、父親の求めに応じて集い、語り合い、その録音を父が聴く、という奇妙な設定ではじまる。

子どもたちは、小説家である父と各々の母との暮らしぶり、自分たちは当時どんな思いだったたか、父の政治的活動などを勝手に話し出す。グラス自身の小説も俎上に上る。しかし「むかしむかしのこと、一人の父親がいた」の書き出し通り、本篇はあくまで小説であり、書き出しそのままにお伽噺の味付けがある。子どもたちは父の資料収集のために、いつも彼の傍で写真を撮っていた、誰もが知るマリーさんの話をはじめるからだ。この人物も実在する。献辞に「マリーア・ラーマの思い出に」とあるように、この小説は彼女への追悼でもある。

不思議なことに、マリーさんの古びた箱形カメラは、戦火に遭って以来、現実よりも数年後に現れる未来、もはや見えない過去、隠された事実を写してしまう。だからマリーさんと父親に破り棄てられた写真もある。子どもたちは老いた彼女が亡くなる瞬間までを話し合う。

ではグラスは、箱形カメラになにを仮託したのか。希望、悲惨な過去、真実。つまりは人間の想像力であり、文学の力だ。子どもたちはカメラの行方を知らない。結びはこうだ。「父親はこの先それを使おうとしているんだ。というのも、父親の中には今でもまだまともに働いている部分もあり、それについては片をつけねばならないからだ、生きているかぎり……」。老いてなおしたたかな作家がいる。

（集英社　２０００円）

# 『堀口大學　詩は一生の長い道』

長谷川郁夫 著

二〇一〇年一月一七日

ふじ山／高く／つつましく

堀口大學の、この三行詩が本篇の「序」と「あとがき」に引用されている。著者は悪戯書きかと呆れたが、富士を眺めれば、この詩が浮かび、富士を思えば、つつましい峰の図像が現れるという。だからこの詩が評伝執筆の動機だと語る。と同時に晩年の詩人が富士を偏愛し、詩に綴ったことを、著者は堀口の日本語と日本人への感性の到達点と見る。

評伝は山登りに似ている。峰を成した人物なら仰ぎ見るほど高い。しかし実際に人物の歩いた道を辿れば、谷も崖も厳しい風雨もある。気持ちの良い風景にも花にも出会う。

堀口の人生にも幾多の試練と花があった。三歳で母を結核で失う。同じ明治二十八年、外交官の父は閔妃《びんひ》事件に関与し下獄。長岡での祖母の厳格な養育。父のベルギー女性との再婚。性の目覚め。与謝野鉄幹晶子の「新詩社」参加。荷風への師事。佐藤春夫との友情。父の任地メキシコでの一年半。自身の喀血。発見された「梁塵《りょうじん》秘抄《ひしょう》」の衝撃。ベルギー、スペインでの三年半。画家ローランサンとアポリネールの詩との出会い。外交官試験不合格……。ここまででも詩人は二十五歳。

この体験が堀口の血肉となり、詩を生み、次々にヨーロッパの新しい詩を翻訳し、『月下の一群』へと結実する。これら翻訳が日本文学にどれほど影響を与えたか！ だが著者は詩人を「堀口さん」と敬愛を込めて記し、詩人の道を大げさには書かない。詩人は楽天的に生きたように回顧するからだ。しかし道は美しい日本語と本を、笑いと明るさを求めた苦闘の連続。「高く／つつましい」峰への道はゆっくりと成ったのだ。

それだけに分厚い本評伝が戦争直後で終わるのは不満が残る。堀口の戦争協力詩にも深く触れない。直前の、また未発表の詩の分析を読めば、彼の戦争忌避は明確だが、大逆事件の際は春夫や鉄幹の詩を引き、著者は論じた。戦時下と戦後を生き抜いた詩人の姿を改めて描いて欲しい。

（河出書房新社　6600円）

## 『バラックの神たちへ』

**芥川喜好** 著

二〇一〇年一月三一日

浅井忠《ちゅう》、村上華岳《かがく》、小出楢重《ならしげ》、西郷孤月《こげつ》、木田金次郎、高島野十郎、小川芋銭《うせん》など十四人の画家。彼らはいずれも突然、自ら画壇を外れてしまう。しかし彼らの画と言葉は遺された。或る者は西欧画の伝統の深さと油彩の技術に悩み、別の者はそれだけに歪んでしまった日本の画壇や批評の狭さに苦しむ。

　著者はその日本的な風土を薄っぺらなバラック（茅《ぼう》屋《おく》）に見立て、そこで闘った彼らに、「あなた」と呼びかける短い手紙を書いた。十四の手紙は、一筆描きが的確に人物を表すように、画家を選ぶことでかえって近代画が抱えた問題を明らかにする。

　ならば画家の断念への共感だけか。終章で著者は水中に遊ぶ魑魅魍魎を描いた芋銭の笑いに救いを見る。「あなたを含む近代の画人たちを救い続けたもの――それを茅屋の明るさと呼びたいのである」。本書はあえて独自のバラックに挑んだ画家たちへの讃歌なのだ。

（深夜叢書社　2000円）

## 『ダウンタウンに時は流れて』

**多田富雄** 著

## 『ザシキワラシ考』

**萩原隆** 著

二〇一〇年二月七日

二冊を若い人に薦めたい。とはいえ若者の心理や行動を掬い上げた本ではない。

　とり急いでいえば、著者二人はいまも死と向き合っている。多田は九年前、脳梗塞に倒れ、重度の障害から車椅子生活を送る。萩原は四十年前の心筋梗塞により半年に一回は入院治療を行う。しかも二人は末期の前立腺癌に冒され、多田は睾丸摘出の手術を、萩原はホルモン治療を受けた。治療の違いは病歴のためだが、萩原は医者から余命二年も厳しいと宣告されている。

それでも癌治療を語る二人は明るい。多田は「以前より寛容になったのかもしれない。『残虐性の遺伝子』、『領土争いの遺伝子』の発現は、かくして抑えられた」と、萩原は「フェロモンの毒気からきれいさっぱり抜け出せたことが嬉しくてならない」と綴る。むろん二人は去勢礼賛をするわけでなく、再び生きる意味を明るく笑って捉えている。

多田は世界的な免疫学者であり、新作能の作者、エッセイストとしても知られる。萩原は大阪の八尾で開業医を続けているが、哲学文学の古典に親しんでいることはエッセイを読むとよくわかる。本文に説明はないが、じつは彼の父は萩原朔太郎の従兄で、詩人はもっとも信頼した。朔太郎は家業の医者を継がなかった。そのため彼は詩人のようになるなと育てられたらしいが、萩原の老いと死への洞察は、かえって文学の素養に裏打ちされている。多田も高三のとき白秋の詩に惹かれ、浪人時は富永太郎の詩に心酔し、小林秀雄の文から能に開眼したと吐露している。

『ダウンタウンに時は流れて』の表題作は、多田が一九六四年、三十歳で留学したアメリカのデンバーでの思い出。彼はデンバーの場末のバーに出入りし始める。常連客は貧しい労働者ばかりで、銃の撃ち合いさえある危ない場所だが、彼は武勇伝を書いたわけではない。思い出すのは年増のメイドと常連たちとの親密な交遊。十一年後に再訪すれば、開発の波で酒場は消え、老いたメイドは一人暮らし。息子は服役中で、彼女は糖尿病で視力を失っていた。

ホームステイ先の夫人を看取るエッセイも、戦争花嫁としてアメリカに渡り、自殺した女の話も、豊かな国の裏面を見せ、悲惨である。だが多田は彼らと本当に親身に付き合った。だから彼は、「私の『青春の黄金の時』を思い出した。それも、涙でキーボードが何度も見えなくなるまで、切実に思いだした」と書くことができた。萩原の『ザシキワラシ考』の表題作にも慄然とする。

『遠野物語』などを引きつつ、伝承を生む幻想についての論考だが、添え書きがある。この文章は「生下時からの精薄児」で「五十四歳で他界した我が子・あきら（愛称アキちゃん）の鎮魂のために起草した」、「アキラ君は我が家の、否、私自身の守護霊だったのかもしれない」と。老いが深まれば、切実な記憶は蘇り、切実に生きたことが今を生きる糧になる。

しかし二人のエッセイから受けとるべき大切なことは、共通点よりも違いである。著者二人も、描かれた哲学者文学者科学者も、無名の人々も、それぞれが歩んだ人生は異なる。違いがあればこそ自らの人生。

「私の幸福、それは何人も私から奪うことの出来ない、私自身の創造物でしかあり得ないのだ」と萩原は語り、多田は「半身が動かなくても、言葉がしゃべれなくても、私の中で日々行われている生命活動は創造的である」と書く。二冊は老いを感じる者に知恵と勇気を与えるが、これから自分の人生を創造する若者にぜひ読んでほしい。

（『ダウンタウンに時は流れて』集英社　1200円）

（『ザシキワラシ考』編集工房ノア　2000円）

# 『荒木経惟　つひのはてに』

フィリップ・フォレスト著

澤田直・小黒昌文訳

二〇一〇年二月一四日

日本人であるために日本人の感性に気づかず、同時代を呼吸するため同時代人を見誤ることもある。

アラーキーこと荒木経惟の写真をフランス人作家が綴っている。著者は本篇を小説だという。「西洋の読者が手にできる情報は些細なものでしかない。残りはすべて夢想せねばならないのだ」という理由で。

しかしこの謙虚さは疑ったほうがいい。本書は三十一章で、しかも章ごとの文章は七段落の構成。三十一は和歌の音節数に呼応する。日本人の感性に基づいた遊びだ。じつは著者は娘を失った記憶から小説を書き始め、荒木が父と母の死の間に写真を本格的に始めたことへ共感を抱いている。だが荒木の奔放な言動に比し、著者の思索と筆致はあくまでストイック。ここが著者の本領。

そうでなければ荒木のダジャレに惑わされる。むしろ著者は彼のダジャレを手掛かりにする。荒木は私小説をもじり、自分の写真を一貫して「私写真」だと主張。「私」は「死」でもある。妻の死を撮った『冬の旅』など死は彼のモチーフ。著者はここから「小説的な夢想」を駆使する。

私小説は西欧の小説への誤解から生まれたが、本質は日本の伝統的な日記や俳文、詩歌や随筆に根ざす。荒木のデビューはポップアートの誕生期に重なり、ウォーホルと同じく元々広告の世界に生き、大量消費による夥しいモノの死が念頭にある。初期写真集『さっちん』『センチメンタルな旅』はネオレアリズモ。荒木のなかでポップアートとネオレアリズモは常に共存すると。

バルトの論などに触れ、写真を考察し、春画や浮世絵、曼荼羅へ遡行し、荒木のなかに混在する、日本人には見えにくい日本人の伝統的な美意識、戦後意識をも相対化する。

だが荒木と著者、二人の根底に流れるのはなにより死を超える熱い愛だ。だから本篇はユニークな荒木論であり、同時に新奇と消費へと走る現代美術に対する卓抜な逆説を孕んでいる。

（白水社　２６００円）

## 『白い城』

オルハン・パムク 著
宮下遼・宮下志朗 訳

二〇一〇年二月二八日

本長篇の舞台は十七世紀後半のオスマン帝国。帝国は最盛期を迎え、領土は広大だが、ペルシャやオーストリアとの戦争、反乱、国内での党派争い、財政難など内外に問題を抱える。

イタリア人の「わたし」は、トルコの海賊に囚われ、やがて「師」と呼ばれるトルコ人学者の奴隷となる。ところが二人は顎鬚の有無の違いだけで外見は瓜二つ。「わたし」は「師」に求められ、天文学、解剖学、工学、化学の知識を披瀝し、「師」は触発され、互いに反撥しつつも、宮廷に様々な装置や論考を献上する。

この始まりでわかるだろう。やがてそっくりな二人は、知識と作業を通じ、心までどちらがどっちなのか、曖昧になってゆく。その上「師」は宮廷では自分の意見が聞き入れられぬため、孤独に苛まれ、「なぜ、わたしはわたしなのだろうか?」という問いを発するようになる。

登場する主要な人物のモデルは、「わたし」以外は実在する。いわば山田風太郎の明治モノのように、歴史の虚実を巧みに細部で組み合わせる。トルコの読者ならば、クスッと笑う箇所も多いはずで、上質のエンターテインメントの趣向が盛られている。だが歴史上の人物を知らずとも十分に楽しめ、同時に緊迫感のある展開とテーマの重さをずっしりと感じるはずだ。

なぜなら帝国の翳り、歴史の転換点と、物語は重層化するばかりか、本篇は「わたしはわたしなのだろうか?」という問いを、展開に応じて重層化するからだ。「わたし」と「師」ばかりではない。東と西の文化。イスラム教とキリスト教。敵と味方。哲学と科学。想像力と現実。記憶と幻想……。融合すべきか。ならば各々の独自性はどうなる。「わたしは?」という問いは、様々に変容し、二人に問いかけ、二人の運命に思いもよらぬ変化をもたらしてゆく。

物語が終わっても問いは、なおも響き、消えない。作者の現代トルコへの問いか。否、世界の未来への問いであろう。

(藤原書店　2200円)

# 『フランク・ロイド・ライトの現代建築講義』

フランク・ロイド・ライト著
山形浩生訳

二〇一〇年三月一四日

一九三〇年、ライトはプリンストン大学で六日間の連続講義を行う。彼の仕事はヨーロッパの近代建築に多大な影響を与えたものの、すでに過去の建築家と思われ、後に落水荘などで復活する狭間の時期だ。

「序」でニール・レヴァインは、講義の歴史的な意義を詳述する。ライトはコルビュジエを意識し、『建築をめざして』中の言葉をときに用い、自分こそ先達だと強調し演出する。彼はモダニズムを無視できず、後期の作品では彼らの手法を採用したと。

だがライトの講義は現代に響く。機械は建築を大きく変えるが、多くはいまだ過去の様式を模倣。モダニストは道具である機械の美を真似する。どちらも間違い。摩天楼は地主の商業主義に冒された偽物に過ぎず、交通と情報の発達が都市集中より、田舎に人びとを住まわせるだろうと。投機ブームが摩天楼を乱立させ、終焉させた大恐慌最中の卓見だ。


（白水社　3000円）

---

## 『螺旋』

**サンティアーゴ・パハーレス 著**

木村榮一 訳

二〇一〇年四月四日

六百ページを超える大作ながら、読後は疲れより爽やかさを感じた。

「大きな図式を、つまりすべての状況がしっかりと結びつき、人物の行動と感情を描写するだけでいいような枠組みを与えてやれば……」

マドリードの出版社に勤める三十五歳の主人公は若い作家にこんな感慨を抱く。この言葉通り本篇にはまず大きな図式、明確な枠組みがある。

倒産寸前の出版社を救い、いまや一千万人以上が読む大河SF小説『螺旋《らせん》』は、五巻を刊行し、さらに二巻は出る予定。だが四年待っても作家から原稿は届かない。ところが社長は半年後に第六巻の刊行を発表。じつは社長も作家を知らない。手掛かりは作家がピレネー山中の寒村に暮らし、特定のタイプライターを用い、署名と指紋から推測した体の稀な特徴だけ。密命を受けた主人公は妻にも嘘を吐き、共に村へ。

ところが村人の驚くべき事実で作家探しは混乱し、訊き回る彼は村人から怪しまれ、窮地に陥る。

作家探しが本篇の大きな図式だが、作者はいま一つの物語を途中から挟み込む。麻薬中毒の青年が金欲しさにかっぱらった女のバッグの中の『螺旋』第一巻を読みはじめ、彼は麻薬を止めようと決心する。そこから二人の話が交互に綴られる。

〈螺旋〉という題名は本篇の構造を表す。二人の男の物語、他の登場人物たちもなべて挫折を噛みしめる状況、それら各々の物語がやがて「結びつき、人物の行動と感情を描写するだけで」少しずつ織り重ねられる。

しかも結び目で作者は読者に驚きとユーモアを仕掛ける。そして村人たちの驚くべき事実が遺伝子に関係するように、構成が二重螺旋になると、大きな図式も作家探しから真実探究へと変わり、人間信頼の明るい物語となって収斂する。

文体は軽快。小さな物語それぞれ映像的な短篇であり、スピーディに展開するから読者は一気に読み耽るだろう。これが二十五歳のデビュー作とは。驚きだ。

(ヴィレッジブックス　2200円)

## 『現代アイヌ文学作品選』

川村湊 編

二〇一〇年四月二五日

「アイヌに生れアイヌ語の中に生いたった私は、雨の宵、雪の夜、暇ある毎に打集って私たちの先祖が語り興じたいろいろな物語の中極く小さな話の一つ二つを拙い筆に書連ねました」

本書冒頭に置かれた、知里《ちり》幸恵の『アイヌ神謡集』序の一節。知里はこの本により史上初、アイヌの口承文学ユーカラを日本語に翻訳し、文字で刊行した。大正十二年八月、僅か八十七年前だ。彼女の十九歳の日記も収録する。「アイヌなるが故に世に見下げられる。それでもよい。(中略)私ひとりぽつりと見あげられたって、それが何になる」

彼女は内省の端々に民族の矜持を記す。それほど近代に入り、アイヌの文化も言葉も抑圧された。では彼らの文学は抑圧への抗議だけか。

本書は知里以降、伝承だけではなく、アイヌの暮らしや心情を綴った短歌俳句、詩、小説など九人の文学を集めた初めてのアンソロジー。ときに痛切に、ときにユーモラスに、ときに幻想的に、彼らの言葉には抑圧された民族という枠に収まらぬ多彩さと逞しさと生命力が輝く。編者と出版社に感謝したい。

（講談社文芸文庫　1500円）

---

## 『アメリカ大都市の死と生』

ジェイン・ジェイコブズ 著

山形浩生 訳

二〇一〇年五月九日

待望の完訳。一九六一年刊行の本書はアメリカの都市計画を変えるほど衝撃を与えた。にもかかわらず既訳は前半部分だけで、読者は長らく隔靴《かっか》掻痒《そうよう》の思いを味わってきた。衝撃を与えた訳は、それまでの、いや現在も続く都市計画の方法と理念を徹底的に批判したからである。

例えば、あなたは便利で緑も多い郊外に住みたいと思うかもしれない。ゴミゴミした下町は高層アパートや高層ビルを建て、周囲を緑にすればと考えるかもしれない。これは「田園都市」論やコルビュジエの「輝ける都市」の考え方。今なお公も開発業者もこの理念を掲げて街を一変させる。だからあなたはこの都市開発には反対かもしれない。

ジェイコブズはしかし、感情的に抗議したわけではない。アマチュアの彼女は理論に囚われない。武器は自分の暮らす街と新聞記事。街の人々の付き合い、街路で遊ぶ子どもを誰が見守るのか。車の制御は。人の集まる街路は、店舗は、公園は。他の街は。スラムにも安全な街があるのは。郊外は安全か。古い建物が混在した街はなぜ生き生きしているのか。使われない公園の立地は。大規模に開発された街はなぜ一気に廃れるのか、など克明に報告する。

彼女は街路を重視し、都市の複雑さと背後の秩序を見つめる。従来の開発はこの秩序を壊したと。と同時に本書は実践への手引書だ。現場無視の計画、法律の不備、資本の流れを考察し、提案し、市民活動への力となり、一部は常識になった。

翻訳は明快で文章も易しいが、かなり読み難い。この矛盾は分析と戦略があまりに具体的で、かえって当時のアメリカの都市をイメージし難いためだ。今後は批判を含め、本書の新解釈もなされるだろう。それほど古典としての重みをもつが、何より街の現場から問いと答えを発見する方法は受け継ぐべきだ。訳者の解説は時代背景と彼女の他の著作にも触れ、必読。

（鹿島出版会　3300円）

二〇一〇年五月三〇日

## 『弱い神』

小川国夫 著

小川国夫が二十年をかけ、病床にあっても推敲を重ねた本篇は、短篇連作の形式を採りつつも、この作家の終生の大作となった。

舞台は小川が拘った故郷藤枝近くの大井川河口。物語の軸は、河口に二〇世紀のはじめ、鋳物工場を創立した祖父から、戦争末期に結核で死ぬ孫までの三代に亘る一族史。特に前半の登場人物たちの行動には暴力が、抜き差しならぬ恋と情念が、怨嗟と嫉妬が、絶望と悲惨が、直截的に現れては消え、消えては現れる。

ところが後半に入り、三代目の少年が登場するに及び、血腥さは背景の軍靴の響く時代へと反転し、それだけに人物たちは、自らの無力をより強く嚙みしめ、絶望の淵に置かれる。と同時に信仰への試練の問題が大きく現れる。小川国夫の小説群を、聖書を下敷きにした「或る聖書」と見れば、前半は荒々しい旧約聖書の世界であり、後半は戦争に抗して「殺されても殺さない」という志と信仰を抱き、病に潰《つい》える少年こそ神の子であり、新約聖書の世界である。

しかし本篇から重く暗い、抹香臭い物語という印象は受けない。注目すべきは実験的な文体。終章以外は全篇、一族を知る者が、亡くなった主人公たちと周辺の人物たちの内面と行動を、彼ら死者たちの肉声を聴くように柔らかな土地の言葉で語る。語り手が握りしめているのは祈りだ。作者は、私小説的な告白も小説の虚構も、語りの言葉に溶かし込んだばかりか、この手法が卑小だが血肉の通った人間たちに多彩な陰翳を与え、祈りが全篇を一筋の川のように繋ぎ、三代目の少年に煌めく光を当てた。

終章の「未完の少年像」は、すでに『止島』収録の短篇だが、本篇の末尾に置かれ、がらりと趣を変えた。この章ではじめて作者自身が登場し、小説とは「死者に宛てた文章」であり、やがて「読者のいない小説を書く」という試みを話すが、確かに本篇は無名の人間たちの言葉を記録したかのような永遠性を獲得している。

（講談社　3800円）

## 『建築家ムッソリーニ』

P・ニコローゾ 著
桑木野幸司 訳

二〇一〇年六月六日

ヒトラーが新古典主義の壮大な建築を建設し、計画を立案させた史実は知られている。ではムッソリーニは。イタリアファシズムの独裁者は建築に理念もなく、モダニズムにも古典主義にも与せず、建築に野望を託さなかったと見られてきた。

本書はこの通説を緻密な検証で覆す。驚くべきは独裁政権下の建築の量。イタリア各地と植民地に新築されたカーサ・デル・ファッショ（党の支部）は五千を超え、学校、官邸、省庁、駅舎、郵便局などを合わせれば、ナチスをはるかに凌駕する。ムッソリーニは全国を精力的に行脚し、連日数か所、起工式落成式に出席し、新聞は式典を一面で報じた。だが彼は注意深く狡猾。デザインを強制せず、人々が自発的に建築を生みだしたような意識を作り上げ、国民統一を図る。ここが著者の論点。

ファシズムは新しい革命であり、建築も合理的であるべきだが、即座に国の伝統を感じさせなければならぬ。このムッソリーニの鵺《ぬえ》的な論理下に建築家たちは参集する。モダニスト、テッラーニも、戦後のイタリア建築界をリードしたポンティも計画の一齣となり、コルビュジエさえも売り込みを図る。やがて彼が古典主義を選択し、別の局面を迎えるが、著者のもう一つの論点は戦後だ。

建設した施設群は無批判に転用され、同時に独裁者支配の歴史も記憶も忘れられる。結語は痛烈。「建築を通じてファシズムを後世に伝えようとしたムッソリーニの意図が、最後には、勝利をおさめているかのようにも見えるのだ」。

（白水社　4600円）

---

## 『ぼくの宝物絵本』『絶叫委員会』

**穂村弘** 著

二〇一〇年六月二〇日

何かを蒐集し、我を忘れる人もいれば、目を開く人もいる。さらに世界に対し覚める人もいるらしい。

会社員だった著者は絵本を集め始める。会社は辛く、地獄だと思う日々。古本屋で武井武雄の絵本特集の雑誌に出会う。頁を開いた瞬間。「とろけるような感覚に襲われて呆然とする」「天国はこんなところにあった」「僕のための本だ。全部集めるぞ」。

こつこつと、武井の絵本も他の古本も新刊本も外国の絵本も。集めてみれば、美しいばかりじゃない。天国ばかりじゃない。怖くて困った世界も、嫌いな絵本もある。それでも惹かれる。なぜ、なぜだろう。

やがて気づく。惹かれるのは、お母さんが子どもに読みなさいという絵本とは違う。現実とは別の世界。夢の世界。でも別世界もいろいろ。

そこで集めた絵本のうち約七十冊を選び、解説したのが『ぼくの宝物絵本』。著者はどこか覚めている。

「子供たちが泣いたり笑ったりしながら経験を積んで成長するなんて（略）大人たちが安心するためにそういうことにしたいだけなのでは」「ナンセンスには生命に直結した意味があり得る」。要するに著者は別世界の側から現実世界を覗く。

ならば現実は平板なのか。そうではなく、思い込みや偏見や危機感に満ちている。そこで著者は思い込みやパニックによって生まれる言葉、日々目にし、耳にする

「印象的な言葉」を蒐集。それが『絶叫委員会』。

次々に不思議な、変な言葉が登場。でも著者はやはり覚めている。

「世界が歪むと云いつつ、実際に歪むのは世界像であって、世界そのものは微動だにしていないのだ。／もしそうなら、世界を動かす言葉など存在しないことになる。あるのは世界像を動かす言葉だけ。でも、それによって、ひとは真剣に驚いたり喜んだり悩んだりする」

世界像を人生と言い換えればわかる。世界は変わらなくとも、言葉と別世界への想像力は人生を変える。つまり二冊は奇妙な味の人生読本。


（『ぼくの宝物絵本』白泉社　１６００円）

（『絶叫委員会』筑摩書房　１４００円）

# 『無神論　二千年の混沌と相克を超えて』

竹下節子著

二〇一〇年七月四日

ニーチェは「神は死んだ」と宣告した。だが日本人は、この言明の背後にある彼自身の戦きや恐怖を理解せずに受け入れる。現代でも西欧の知識人は神や魂の存在を論じ合う。日本人なら奇妙だと感じないか。彼らはキリスト教徒だからだというかもしれない。それなら神の有無を論議する必要もないはずではないか。

パリ在住の著者には無神論の友人が多い。特定の宗教を支持しない無宗教とは違い、神を否定する立場。神の存在が大きいからこそ対決する。この厳しさを日本人は理解しない。要するに無神論を知らなくてはキリスト教を把握できない。こうして著者は自明と思われてきた世界を疑い、無神論の歴史を追う。

古代ギリシャには神話世界があり、神々は存在した。ところがその多神教の蔓延で信仰は空洞化し、儀式や供物が人々の多大な負担となる。この状況下にキリスト教が登場。この宗教は神々を否定したから当時は無神論だと反駁《はんばく》される。いや、無神論とする立場は、キリスト教がヨーロッパを席巻しても消えない。世俗的な信仰は民衆に残り、キリスト教自体が呪術の効能を奇蹟として採り入れた面もある。神あればこそ知識人は神の実在証明への懐疑に囚われる。むしろキリスト教は無神論を内包し、表裏一体となっているからこそ普遍化してゆく。この大いなる逆説に著者は焦点を定める。

むろん普遍化への道は平坦ではない。新しい学問が生まれる度に神の実在は揺らぎ、無神論が裏から顔を出す。物理学、医学、生物学、心理学、人類学、記号論など世界が広がれば、懐疑は深まり無神論も多様化。逆に信仰者と教会は神の存在を立証する。宗教改革が起きれば、旧教と新教は互いを無神論と名指し合う。

この二千年に亘る闘いの道程を、西欧の知に通暁《つうぎょう》した著者は力技で描き、返す刀で西欧の知を格闘もなく受け入れる日本人は結果、倫理さえ棄てたのでは、と厳しい問いを投げる。

（中央公論新社　2600円）

## 『一週間』

井上ひさし 著

二〇一〇年七月一八日

井上ひさし最後の長篇は彼の小説の見事な達成点である。急逝した故人に配慮した評ではない。まずは他の長篇にはない強い緊迫感。

舞台は昭和二十一年の四月初めのハバロフスク。主人公小松修吉は山形の小作農に生れたが、東京外語大と京大に学び、卒業後、左翼の地下活動に入り、機関紙『赤《せっ》旗《き》』に関係。しかし党は弾圧され、小松も刑務所に入り転向。その後満州を転々とし敗戦直前に召集。すぐソ連軍に逮捕されシベリア送り。それがなぜか、日本人捕虜に配布される「日本新聞」編集部へ。

収容所の悲惨な状況は知られる。しかし小松とソ連将校の応答で明らかになるのは、収容所内でも旧日本軍組織は残り、将校は兵卒の食糧の上前をはね、労働を押し付け、背く者を虐殺する事実。日本政府は国際法に無知なため捕虜の正当な権利を主張せず、本土が荒廃したため帰国船も出さず捕虜を棄民し、一方、ソ連は中立条約を廃棄し、開発のため捕虜確保政策をとった。小松は国家への激しい憤りを抱く。

本篇は小松の一週間を描くが、以上の粗筋でもまだ最初の月曜日。いかに緊迫感のある展開か。しかし井上らしく笑いを忘れない。ユーモアは両国人の言葉やしぐさのズレから生まれる。早春のロシア人の習慣。料理。衣服。文学と歌。歴史上の人物を登場させる可笑しさ。国境を越える恋愛。日本語に精通したソ連将校たちが話す方言やべランメイ調の日本語。これらの機知、そして奇想。ソ連の恥部に触れるレーニンの古い手紙を小松が手に入れ、物語は少数民族の弾圧問題を孕み、彼が捕虜の待遇改善、自らの帰国を要求するなど急展開する。

作者年来のテーマが散りばめられ、集大成の趣もあるが、余韻が響くのは結末。井上作品には珍しくメデタシで終わらない。が、主人公の悲劇は反転する。彼の意思と行動に共鳴する日本人がなお続くはずだと、未来へのメッセージを託し、遺作は井上作品の達成点となった。

（新潮社　1900円）

## 『20世紀断層』全五巻＋補巻

**野坂昭如** 著

二〇一〇年八月一日

センチメンタルな感動とやらに包まれた物語なぞ、今までもこれからも出逢うことは自分にはあり得ない、ちゃらちゃらした恋愛話も飽きたと思う読者なら、ぜひ野坂昭如を。

当人は現在闘病中ながら、ここ十年彼の小説作品の見直しは目覚ましい。国書刊行会刊『野坂昭如コレクション』三巻、『野坂昭如リターンズ』四巻、岩波現代文庫『野坂昭如ルネサンス』七巻。そして彼の傘寿を記念して単行本未収録の作品を、よくぞ蒐めて本集成五巻＋補巻が毎月一冊ずつ刊行中。驚くのはその量の多さ。埋もれていた小説は原稿用紙にして一万枚。つまり約三十冊分も。

未読の小説が多いが、改めて圧倒されるのは目の力と記憶力。刊行されたⅠ巻は長篇四作。「餓鬼の浄土」など戦時戦後を自伝風に描くが、当時のモノや人の動きを微細に執拗に描写。ならば描写は羅列的になりやすい。が、そこに戦争を生き残り、焼け跡を生きた主人公の屈折した心理を戯作風の破格文体で共振させた。作者独自の、この目と文体が荒廃し転変する戦後風景と人々の意識を生々しいリズムで紡いだ。

Ⅲ巻にはＳＦまで含む中短篇が並ぶが、いずれのテーマも奇妙に逆説めく。男を知る娼婦であれば純潔。平安な時代は死をゴミにする。泥棒は学生運動を支持する。成功すれば敗北を思い出す。といったように、これら小説には作家の屈折した心情と才気がギラギラとさらに散乱し、悲哀と絶望の歌が奏でられる。

逆説というなら野坂こそ逆説的に生きてきたのでは。彼は時代の寵児であった。にもかかわらず単行本未収録の小説を読めばわかる。彼はけっして時流に呑みこまれてはいない。虫けらの如き人間たちを描きつつ、泥の底に光るのはどんな時代であれ、生き抜く覚悟と意志、矜持と節度、反骨と笑い。してみると厖大《ぼうだい》な小説群を、なぜ本にしなかったか、できなかったか、その理由も透けて見え、作家魂の凄みを感じる。どこまでも彼は真夏の餓鬼だ。

（幻戯書房　各８４００円）

---

## 『列島縦断　地名逍遥』

谷川健一 著

二〇一〇年八月二九日

珍しい姓の人に会うと出身地を尋ねる。すると当人も気にしていて先祖に遡って出身地を教えてくれる。姓の多くは地名に由来するからだ。では地名は何に由来するのか。著者は全国を歩き調べた。

戦前まで利根川沿いに「猫」と「野良犬」の地名があった。猫は山城を意味する根子屋からの変化。著者は歩いて城跡を見つける。野良犬には諸説あるのだが、多彩な解釈は当然なのだ。「地名は大地に刻まれた百科事典の索引である。（略）歴史、地理、民俗、言語、地質、考古、動物、植物などの学際的な性格を地名は含んでいる」のだから。地名は遺跡の所在や地形、生息した動植物の場所を示すこともある。著者はこれまで地名から民俗、古代史を解読してきた。その研究から地名のなかで「庶民の生活の色の濃くあらわれたもの」を三百選んで解説する。

同じ地名が全国に散在することも、「黒潮」のように列島を包む壮大な地名もある。各解説は短文ながら、読めば地名と地名は繋がり、古代からの日本人の生活を彷彿とさせる。著者の、地名こそ残すべき文化遺産だという強い声も全編に響く。

（冨山房インターナショナル　5600円）

## 『スラムの惑星　都市貧困のグローバル化』

マイク・デイヴィス 著

酒井隆史 監訳　篠原雅武・丸山里美 訳

二〇一〇年九月一二日

衝撃的で痛烈で辛い報告だ。

まずは衝撃。第三世界の統計は不正確だが、すでに地球の都市人口は農業人口を上回り、事態はあらゆる予測を覆し、加速度的に進行中。二〇五〇年に世界人口は百億人と予測される。ならば大半は都市人口となり、最終的な世界人口伸張の95%は開発途上国の都市圏で起きる。

なぜ、世界的な不況の現在、第三世界はより深刻な状況下にもかかわらず、この事態と予測が生まれるのか。IMFと世界銀行の推進する農業の規制緩和と金融改革政策が過剰な農業労働力を生み、しかも負債の増加と、海外の経済侵略による混乱と、慢性的な内戦とが、第三世界の地域社会を根こそぎ壊した。結果、多くの農業者は都市に移住し、居住地は果てしないスラムとなる。

「未来の都市は、先行世代の都市論者が予測したようなガラスと鉄からではなく、大部分、未加工のレンガ、藁、再利用のプラスチック、セメントの塊、廃材で建設されることになる。二一世紀の都市世界のほとんどが、天空をめざしてそびえたつ光り輝く都市ではなく、汚物と排泄物と腐敗によって囲まれた汚辱のなかでスクワットするのだ」

次に痛烈。著者は開発途上国の現場からの声と調査を丹念に拾い集めて列証してゆく。明らかになるのは各国の政策が農業を追い詰め、スラム解消策も住民の生活を考慮せず中途で投げ、住民側のNGOでさえ官僚化し機能不全の実態。この現実を逐一暴露し、痛烈に批判する。

日本人にも他人事ではない。都市の周辺に暮らすスラム住民はグローバルな経済から棄てられたためにテロリズムを生み、膨張するスラムは鳥インフルエンザなど世界的に流行する病原菌の培養地となる。

評者は本書の内容を本当かと思い、信頼するスラム研究者らに問い合わせたが、彼らは一様に正しいと返答した。著者にも解決への提言はない。このままでは辛い難問と辛い未来がこの惑星を覆ってゆく。

（明石書店　2800円）

## 『うつろ舟　ブラジル日本人作家　松井太郎小説選』

**松井太郎** 著

二〇一〇年九月二六日

大型新人の登場といえば失礼だろう。なにしろ作者松井は十九歳のとき、一家でブラジルに渡り、サンパウロ州奥地で農業に従事。還暦を迎えて小説を書きはじめ、以来三十年、九十歳を超えてなお創作に勤しんでいるからだ。

表題作の長篇「うつろ舟」を読みはじめ、松井より三歳上の故深沢七郎の作品を思い浮かべた。文体は心理描写や風景描写よりも、主人公の行動を核にし、行動と一体化して心理が、風景が、そして物語が綴られるからだ。後半に置かれた短篇四作まで読めば、この文体ばかりで文章は作られてはいないが、深沢の小説を想起したのもあながち間違いではないようだ。

前提は日本では考えられないブラジル奥地の大自然。森林や大河はもとより、九十日間も続く干ばつ、暴風や洪水など、この風土は日本とスケールも違えば苛烈さも異なる。人もこの風土では心理以前に行動が先行する。同時に四季のある風土で生れた日本語は情緒や軽味に走りやすく、物語を綴れば、現地のポルトガル語ならばともかく、日本語の描写では軋みが生じ、日本語と格闘せざるを得ない。にもかかわらず作者は日本語で描くことを使命と感じている。

使命といえば、奥地で生きる主人公たちは生きることに筋を貫き、仁義という古風な言葉さえ思い浮かんだ。主人公たちが格闘するのは大自然ばかりではない。現地人との付き合い、日本の敗戦の衝撃、日系一世と二、三世との考え方の違い、奥地にまで進む開発と、あらゆる苦闘が押し寄せる。当然、筋を通す生き方は人間関係に無理が生まれ、いずれも残酷な結末になる。しかし作者も、移民の同胞たちも、この残酷な世界を生き抜いてきた。だからこそ作者には日本人に、日系移民の同胞に、奥地で生きた日本人の物語を日本語で伝える使命感があり、残酷な結末に救いと祈りを込めたのだ。

松井太郎という稀有な日本人作家を発見した編者西成彦と細川周平の両氏にも感謝する。

（松籟社　1900円）

## 『父を焼く　上野英信と筑豊』

二〇一〇年一〇月一〇日

**上野朱** 著

「人生はもっとも愚かしいものに賭けるだけの価値がある」。この言葉を好んだ上野英信は、戦後復興の最盛期、東京オリンピックの年に家族を連れて筑豊に入り、根を下ろした。炭坑の歴史と現実を伝えるため、資料を集め、筑豊文庫を設立し、ルポルタージュを書き続けた。

筑豊に根を下ろしただけではない。英信の息子である著者のエッセイ集は、荒廃したボタの土地に移住した彼が、自宅の庭ばかりか、知人の家の庭にも木々を植え続けた話からはじまる。これが彼の生き方だった。著者は父母のこと、明治期の炭坑の姿を絵に描いた山本作兵衛など、英信の許に集まった友人たち、彼らの付き合い方を、心に残るエピソードを交え、ときにユーモラスに綴った。

読了すれば、著者が追憶よりも強い追悼の思いに駆り立てられ、文に綴ったことをひしひしと感じる。愛すべき死者たちばかりでなく筑豊への。にもかかわらず、はっとするほど瑞々しく感じるのは、少年であった著者の、消え行く筑豊で生きた大人たちを見上げる眼だ。著者版の「筑豊のこどもたち」を読んでみたい。

（岩波書店　2200円）

## 『花火　九つの冒瀆的な物語』

アンジェラ・カーター 著
榎本義子 訳

二〇一〇年一〇月二四日

読了後、久しぶりに濃密なエロティシズムを堪能した、という思いと、もはやこうした物語は現在の作家では綴ることが難しいのでは、という思いが交錯した。といってアンジェラ・カーターはけっして古い作家ではないのだが、一九九二年に五十一歳の若さで没している。

彼女は六九年から二年ほど日本に滞在した。この短篇集の冒頭作は「日本の思い出」であり、作家自身を思わせる「私」と日本人の男との情交を描くが、背景の東京が、日本人の風俗が懐かしい。花火があり、薄暗い路地があり、人々の振舞いには物悲しい節度がある。この異文化に戸惑いながらも理解しようとし、なお壁を感じる女の心理がエロティックな陰翳を生み、男の肌も、路地も、日本人の仕草も煌めかす。

荒涼とした日本の海岸に佇む女を描く「冬の微笑」も、戻ってきた東京で恋人を失い、行きずりの男とラブホテルに行く女の姿を追う「肉体と鏡」にしても、七〇年前後の日本の情景が様々な隠喩となって、作者のユニークな文体と物語を生んでいる。作者自身もこの情景がやがて消えゆくことは悟っている。だからこそ一入儚く、儚さがエロティシズムとなり、切ない。

他の六篇は直接には日本に無関係だが、「紫の上の情事」はタイトルといい、文楽の人形遣いをモチーフにしていることは明らかだし、他の短篇も異国異郷の香りに満ち、その上、近親相姦、両性具有者、殺人者の少女、テロリストたちと、死とエロスが、ときにグロテスクに、ときに繊細に、ときに残酷に紡ぎだされる。サブタイトル通り、いずれも「冒瀆的」だが、故澁澤龍彥が読んだら、さぞ喜んだに違いない。

さらにいえば作者は、捨て身でこれらの物語を綴ったはずで、逃げ場もなく、行き場もなく、一瞬の花火のように、ただ小説を綴る他に術もない女をこれら短篇から思い浮かべた。それだけにひりひりと肌を刺すような淋しさが伝わり、一層の感興を加えている。

（星雲社　１４００円）

# 『妖談』

車谷長吉 著

二〇一〇年一〇月三一日

収められた小説三十四篇は短篇というにはあまりに短く、掌篇というべきだろう。ところがこれら掌篇、作者がまさに掌で織った趣がある。なかには、さらりとエッセイ風に仕立てた作品もあるが、すべて織り重ねてみれば、エッセイ風の掌篇さえも面妖に思え、ゾッとする。


怖いのは、「妖談」といっても、妖怪やお化けが出てくる話ではないからだ。もし妖怪やお化けならば、正体は割れる。いや、この「妖談」の怖さの正体はわかっている。すべて素性の知れた人間である。作者はこれら掌篇でわざと、登場人物の出身地や卒業した学校、職業や性格まで警察の調書のようにあらかじめ綴る。

作者は常から私小説家を任じているが、といって小説は、自身の過去と日常をありのままに描くわけではない。本掌篇集にしても、作者自身と思える「私」が繰り返し登場するが、姓名や過去は微妙に変化する。これも物語に、より普遍性を醸す工夫で、要するにいずれにしろ、よくある話だと作者は仕掛けているのだ。

「人間というのは、つくづく救いのないものだな、とよく思う」。冒頭の一篇「お水」のなかで主人公の「私」はこう述懐する。この呟きはどの物語にも通底する。人間は様々な欲に操られていると作者は認識しているからだ。性欲、金銭欲、権力欲、独占欲……。欲は際限がなく、善人であれ、作者自身であれ、免れない。作者は欲から逃げて生きてきた。しかし文学への欲は断ちきれず、つい名を得てしまうと、かつての女があれこれ理由をつけ、金をせびる。それどころか、自分の欲さえ制御できない。欲はぬっと現れるからこそ、これら掌篇は怖い。

だからどの物語も作者自身の心奥を映し出す。これが作者の私小説であり、と同時にありふれた話のように仕掛けて、読み手の心も映し、揺さぶる。この怖い手技こそが作者の本領だが、時折、話にユーモアが滲むのは還暦を過ぎた作者の心境なのか、別の資質がぬっと現れたか。

（文藝春秋　1500円）

## 『天才だもの。わたしたちは異常な存在をどう見てきたのか』

春日武彦 著

二〇一〇年一一月二一日

著者は業師である。取り組む相手は天才。

精神科医の著者はまず正攻法、つまり精神医学で天才に挑もうとする。天才と狂人には類縁性はないかと。このテーマなら既に著作は多い。それらを検証してみるが、著者はどれもつまらないと捨てる。結果がわかるからだ。「精神を病んだ人は、我慢が出来ない」。天才なら発明に失敗しても「そのプロセスの中から思いも掛けぬ現象を見つけ出したり、新奇な理論を編み出す」。病者はそれができない。安直に結果を求め「自己顕示欲ばかりが突出する」。にもかかわらず、人は天才と狂気との類縁性を知りたがる。それは何故だろうか、こう考えると、取り組むべきは天才ではなく「天才だもの」ではないかと気づく。こいつの方が曲者。

大体、あなたが、あいつは天才だもの、と誰かをこう評した後に、どう呟くか。あいつだけだろ、あんなことができるのは。あいつなら、あんな妙なことをしても仕方ない。あいつさ、あんな単純なこともできないんだ。この感情は複雑だ。驚きや憧ればかりではない。自分を省みて諦めや嫉妬を抱くことも、安堵や嘲笑の気持ちをもつことさえもあるだろう。

とはいえ著者は、この複雑な感情を病者の如く安直な答では解かない。ここからが業師だ。サマセット・モームの晩年の佳品も、松本清張の駄作も取り出し、『姨《おば》捨《すて》』の作者井上靖の漏らした『楢山節考』の読後感を分析し、東郷青児のマンネリズムを論じ、自殺したビュッフェが遺した凡庸な絵を評すなどして、「天才だもの」の感情を思いもかけぬ例証で腑分けし、世に流布する天才像を次々に斬り捨てる。

その癖、著者は天才に素直に憧れた子どもの頃の記憶を探し、最後は「(天才は)想像力に富んだ珍獣、いやそれ以上の存在であって欲しいと願う。そうでなければ世の中が退屈になってしまうから」とうっちゃる。天才ならずとも思考のプロセスは楽しめる。軍配はどっちだ。

(青土社　1600円)

## 『パンとペン　社会主義者・堺利彦と「売文社」の闘い』

**黒岩比佐子** 著

二〇一〇年一二月五日

幸徳秋水ら十二名が処刑された大逆事件は、ちょうど百年前に起き、この年から社会主義者の「冬の時代」は始まる。また大杉栄ら三人が関東大震災時に虐殺されてから八七年。いずれの事件も繰り返し問われるべきである。

なぜなら思想が弾圧されるとき、私たちはどれほど情報を知り得るのか、国家は都合で個人を殺すのか、という疑問を二つの事件は常に投げかけるからだ。しかしそれ以上に大事なことは、私たちが思想の「冬の時代」に向かってどうやって生き延び、抵抗するかである。現代が求めるべきはこの視点ではないだろうか。

著者は二つの事件を生き延びた男、堺利彦に焦点を合わせた。堺は大逆事件が起きた際は入獄し、大杉事件のときも未決囚ながら刑務所にいたためにかえって難を逃れ、寿命を全うした。それ故彼は歴史上のヒーローにならず、二人に比し影は薄い。が、堺が冬の時代に起こした売文社こそ彼の不屈の志そのものであった。では売文社とは。大逆事件で幸徳らが処刑される直前の一九一〇年暮れから八年三カ月活動する。新聞雑誌の原稿や翻訳はもとより手紙や意見書、広告文や報告書や論文まで代筆。堺は仲間を集め、食いぶちを稼ぎ、仲間を生き抜かせた。社会主義の根を枯らさぬ腐心の策である。

冗談ではなく彼らは文才と笑いに賭けた。著者は彼らの主張同様に、堺の数々の小さなエピソードを愛しむ。幸徳や大杉とどれほど信頼し合ったか。大逆事件後に処刑者の遺族を訪ね歩いたこと。愛妻家であったことを伝える日記。自転車に興じた仲間の話。娘への手紙。売文社への珍妙な依頼と応じた仕事。エピソードは重なり合って「楽天囚人」と自称し、「日本一のユーモリスト」と呼ばれた堺の人柄を彷彿とさせる。同時に「冬の時代」を人々の体温で見事に蘇生させた。読者はエピソードから一人の人間の可能性を読むはずだ。明るく暖かい一筋の、人の生きる途を黒岩比佐子は遺した。

（講談社　２４００円）

---

## 『ことばの哲学　関口存男のこと』

**池内紀** 著

二〇一一年一月九日

幼年学校に入り、ドイツ語の授業で辞書を引けるまでになった。そこで分厚い本を買い、わからなくとも辞書を片手に文を覚えた。じつは『罪と罰』の独訳本だったが、二年経つと不思議に筋はわかる。しかし文章の関係はわからない。それでも三分の二まで進み、改めて冒頭に戻ったら、すらすら読めるようになっていた。

このめちゃくちゃな方法で彼は、フランス語もギリシャ語も、他の言語もマスターしていった。これが関口存《つぎ》男《お》であり、彼の生涯を象徴している。自分の進むべき道を決めたら、まっすぐに貫く。疑問が湧けば徹底して論理的に考え分析する。

関口存男の名は戦前戦後ドイツ語を学んだ人には馴染みではないだろうか。ドイツ語の参考書を次々と出し、その文法学習法はユニークさ故に「関口文法」と称された。翻訳も多い。死後、全二十三巻の著作集も出た。ところが著者はまず著作集にある仕事の大半は彼の身過ぎ仕事で、彼が心血を注いだ仕事ではなかったと断言。本来の代表作は『冠詞』三巻。ドイツ語の冠詞についての大著だが完結はせぬまま関口は一九五八年に没した。

著者の語り口が絶妙だ。法政大学で同僚教授となった内田百閒との確執、関口が諷刺劇に凝り、戦後疎開した妻籠《つまご》で村人に上演させた話、還暦に彼が書いた諷刺詩の解読、これら逸話と指摘をさらりとスピーディに綴る。それだけに自分の思考と行動にどこまでも正直に生きた男の姿がくっきりと思い浮かび、まるで主人公は熟考しているにもかかわらず、周囲がドタバタする喜劇のようなユーモアとペーソスが自ずと滲む。

その実、徐々に、関口が生涯かけて各国語の膨大な文例を集め、分析した言語と意味の研究こそ、同世代人のヴィトゲンシュタインの思考『論理哲学論考』との類似、双子である点へと精緻に迫って行く。だが著者は、「語りえぬものについては、沈黙しなければならない」とばかりにこの可笑しな評伝の幕を閉じる。

（青土社　１８００円）

## 『終わりなきアスベスト災害』

宮本憲一 他編

二〇一一年一月三〇日

阪神淡路大震災から一六年。被災地は復興し、記憶も薄れはじめた。しかし今も、じつは、これからも被災者の増える可能性は大きいのだ。

問題はアスベスト。震災は多くの建物を倒壊させ、震災後はそれら建物の撤去作業に追われた。住民、作業員ばかりか、ボランティアさえもアスベストの飛沫をマスクすらせず吸いこむ者が多かった。

状況は９・11のアメリカでも大差はなく、アスベストなど有毒物質の飛沫を吸い、苦しむ人は多く、増える事態は予測される。何故ならアスベスト禍による発症は遅く、被害者自身が気づかぬことが多いからだ。途上国で大地震が起きたらどうなるか。地震大国日本の対策はどうか。

果たして震災の教訓は生かされているのか。被災者の追跡調査は十分ではなく、建物の解体工事の規定にも抜け穴が多く、問題はさらに堆積するだろう。行政や企業、マスコミにも責任はある。

　本書は震災後の現場を調査してきた専門家と医師が現状を報告し、この「終わりなき」災害に警告を発し、今後の震災時の対応を十の提言にまとめた。傾聴すべし。

（岩波ブックレット　500円）

---

## 『ゴジラと日の丸　片山杜秀の「やぶを睨む」コラム大全』

**片山杜秀** 著

二〇一一年二月六日

　コラムニストの武器は諷刺にあった。古くは斎藤緑《りょく》雨《う》しかり薄田泣菫《すすきだきゅうきん》しかり、近くは山本夏彦しかり、彼らには諷刺の根拠もあったからだ。近代化へと突き進む明治国家の軋み、大正デモクラシーの浅薄さ、戦後民主主義の欺瞞、これらを裏返せば諷刺は成立した。

　本書は1991年から2002年まで片山杜秀が『週刊SPA!』に書いたコラムを収録。つまり始まりはバブル崩壊期。戦後の経済成長の神話が崩れ、一方で情報化社会が急速に進み、個人はバラバラになって均質化しはじめた。こうなると諷刺は書き難い。にもかかわらず、この大部なコラム集は、読みはじめると、癖になるほど面白い。

　ではなにが片山の武器か。従来のコラムニストが安楽椅子探偵ならば、彼は日本思想史を志した猟犬だ。オペラ、歌舞伎、新劇、映画、美術、古書などあらゆるジャンルで、均質化した日本人が忘れた興奮、悲嘆、妄想、狂信、爆笑の現場を嗅ぎまわる。映画「ゴジラ」への論及が多いのは、戦時中に乱舞した「日の丸」と共に、思想史の上から日本人の隠れた心理感情を嗅ぐ現場検証なのだ。

　それだけに彼の守備範囲は驚くほど広く、人物を語れば遠い歴史から俯瞰もし、下から覗きもする。新しい事件や現象が起きたとて隠された日本人の感情を取り出せば分析できる。さらに強みは、右か左か、マスコミの論調が感情的に偏ると、その傾きを戻そうとばかりに、戦時戦後の日本人の心理から逆向きの論調を張る。要するに彼は時代の病にカブレず、覚めている。

片山の原点はしかし、激しい感情と共に現代日本人が失いつつある誇りや愚直やつつましさへの哀惜にある。だから死者の追悼になると筆は冴える。時代に流された敗者にはじつに優しい。いまやゴジラのポスターがセンター試験の問題になる時代だ。どれほどの読者が、この博覧強記のコラムから作者の骨太の優しさと中庸を読みとるだろうか。


（文藝春秋　２７００円）

## 『師・井伏鱒二の思い出』

三浦哲郎 著

二〇一一年二月二七日

「私は、井伏先生がまだお元気なころに履かれた下駄を一足持っている」。三浦は井伏鱒二の思い出をこう書き出す。未亡人から贈られたものだが、勿体なくて一度も履いていない。「そうかといって、仕舞い込んでしまうのも寂しいから、いっそ玄関の上がり口にきちんと揃えて出している。恰《あたか》も、つい今しがた先生が我が家へお越しになり、縁側の揺り椅子で一服なさっておられるかのように」。

ここから回想は三浦の若き日へ。井伏は小沼丹を通じ、早大生の三浦を自宅に招き、同人誌に発表した習作を褒め、「君のあれを読んだら、また書けそうな気がしてきたよ」と。ここに井伏の三浦への気持ちがある。

時折、井伏は太宰治の話を。「太宰なんか、元日にも書いていたな」。この先生、両人の資質も性格も違うことは承知しながら、トボケて話す。老いを感じはじめた井伏は、若い三浦から才能と文学への一途な気持ちを汲みとり、ぽつりと作家の途を諭しながら、自らの文学への熱情をもう一度発火させるつもりだったに違いない。

先生は折々に作家たちにも会わせる。松本清張、中野重治、小田嶽夫…。彼らの素顔をちらりと見ただけだが、三浦に強烈な残像を与えた。文中の短い人物描写はこの回想の一つの魅力だが、それだけ井伏は若さに期待した。

井伏は仕事の途を教え、三浦に仕事への熱情を焚きつけるばかりか、取材に同行させ、将棋、釣り、画《え》も教え、自らも素顔を晒しつつ、会話の端々で三浦の文章の寸評を吐く。だから「私は、先生がどこかで見ておられると思わずにどんな短い文章も書いたことがなかった」。

回想は、三浦の、幸運な緊張した若き時代で終わるが、文章はあくまで平明で美しい。いや、文の美しさは、先生がいまも見ているると思えばこそで、井伏への、文学への初々しい心が端々から立ち上るからだ。この回想執筆も昨年没した三浦の、晩年の僥倖だったに違いない。

（新潮社　１４００円）

# 『雪の練習生』

多和田葉子 著

二〇一一年三月六日

「芸は芸術。芸術の中でも、観ている人の喜ぶ芸をさす」。サーカスのスターだった祖母は、幼い孫の夢に現れ、こう語り、芸もなく、ただ可愛いと世間に騒がれ、喜ぶ孫を厳しく諭す。もしこの小説がサーカス芸人の三代記なら、祖母の言葉になんらの不思議も感じない。しかし幼い孫がドイツの動物園で人工保育された実在の白熊、人気者クヌートであるのなら。

本篇は祖母、母、孫の白熊の三代記で三章に分かれる。単なる動物の擬人化ものではない。祖母も母もサーカスの花形。当然、人間の心を読む。だから読み進むと白熊が人間と会話をし、付き合うことさえ不自然でなくなる。ここが作者の非凡な着想。大体、第一章「祖母の退化論」で、サーカスを引退した祖母の白熊が自伝を書き、国際会議で文明批判までするから可笑しい。ユキ（先）の練習セイ、とばかりに。

しかしユーモアたっぷりの発想を支えるのは祖母熊のいう芸だ。作者は白熊たちに夢を見させる。夢は不思議。たった今と遠い過去が混在し、未来さえ現れる。見知らぬ者も、味覚や触覚も現れては消え、消えては現れる。時間は超え空間は結びつき、物語の奇妙さも夢のもたらすプリズムで屈折し、現実との境目が曖昧になる。こうなると文体は平易に見えてもはや曲芸。

白熊や動物の、人間社会への指摘も可笑しい。「会議というのはうさぎのようなもので、会議が会議を生み、放っておくと、みんなが毎日出ても間に合わないくらいに増えてしまう」。「人間は痩せているくせに動きが鈍く、大事な時に何度もまばたきをするので敵が見えない」。「可愛いというのは絶滅の兆しかもしれない」。

　引用すれば切りがない。寸言は真実故に小説の曖昧な時空間を引き裂く。だから本篇を、地球温暖化にオタオタする人間を諷したとも読める。しかし理屈より遊び心だ。最後にはクヌートの夢にあのスパースターも登場。遊び心と芸がサーカスのような楽しい傑作を生んだ。

（新潮社　1700円）

## 『白井晟一、建築を語る　対談と座談』

白井晟一　著

二〇一一年三月二〇日

白井晟一《せいいち》の建築への評価が近年改めて高まるのは、一言でいえば、彼の建築の圧倒的な存在感にある。だが同時に、人は一九八三年に没した白井自身にも彼の言葉にも圧倒され、魅了されるようだ。

　いわば彼の建築も彼自身も闇のなかに煌めく鏡なのだ。対談集でもむしろ話し相手自身が抱える難題や心境が映し出さる。建築家や建築評論家が相手ならば、いかに現代建築が隘路に陥っているかが明らかになる。神代《こうじろ》雄一郎、磯崎新《あらた》、原広司、宮内康と六〇年代、七〇年代の論客だった歴史家建築家でさえ、白井の前では自己と自分の建築観、自分を取り巻く設計環境に困惑し、吐露する。それだけ現代建築の闇は深い。

　この鏡を気にせず、自在に自分の意見を語るのは、草野心平、白川静、前川國男ぐらいだが、建築と書について語り合う座談に現れるのは、現代建築よりも現代文明への強い危機感。だから白井が栗田勇に、過剰な装飾で覆われたガウディの建築への憧憬を素直に語る話は、彼の作風とは異なり意外だったが、ガウディの素朴で峻厳《しゅんげん》な信仰を顧みれば十分に頷ける。

（中央公論新社　2400円）

## 『澱み　ヘルタ・ミュラー短編集』

ヘルタ・ミュラー 著

山本浩司 訳

二〇一一年四月三日

作家はけっして特権的なエリートではない。人は言葉さえ無力と感じる過酷な状況であればこそ、切れ切れの言葉を繋ぎ、諦めず、粘り強く紡ぐ。ヘルタ・ミュラーのデビュー作は改めてこの自明な事実を明らかにする。

彼女はルーマニアのドイツ系少数民族に生れた。この民族は戦時中ナチスの先兵となり、父はその一人、一方で戦争末期に若者は収容所に送られ、母には収容所体験がある。このため故郷の村人は民族の独自性の主張さえもかなわない。しかも独裁政権下の弾圧。彼女は秘密警察により職を奪われ、父の死にも遭遇。幾重にも囲い込む疎外、抑圧、孤立。だから彼女は生きるために自伝的な本編を綴り続けた。

それだけに言葉にはあらゆる事物への呪詛を含み、異様な重みがある。二度出版され、賞まで受け、彼女の命も救った。だが言葉の重み故に検閲による削除部分が多く、決定稿の出版は、彼女が西ドイツへ出国した後となった。

「凍てつくような寒さが切妻屋根に塩を振りかけ、家屋をむしゃむしゃ食べていく」。「それは不安自体ではない。それは不安に対する不安、不安の忘却に対する不安、不安の不安に対する不安なのだ」。「通りかかる村には外を歩く男も女もいない。もう大きな並木の下にも裸の子供たちの姿は見当たらない」

本編の「澱み」「熟れすぎた梨の実」から抜き出した言葉。村は故郷の意味も現実感もなく不安に満ちる。家族が仲良く風呂に入る姿を描く「シュワーベン風呂」でさえ背景にある家族の背負った宿命が垢となり浮かび、澱む。

しかし小説は常に多様な解釈ができる。

終章「仕事日」は起床から仕事までの経過だけ記す。独裁下で管理化された日常の戯画だろう。しかし今はあえて、日常こそかけがえがないという含意も込めてミュラーは綴ったと読みたい。次の、最後の言葉に無限の祈りを託したと。「これから八時間働くのだ」。

（三修社　1900円）

---

## 『幸福論』

アラン 著
神谷幹夫 訳

二〇一一年四月一七日

言葉を憎んでよいのか。

あの日以来、言葉が揺れ続け、言葉が怒濤となり、我々に襲いかかり、言葉が汚染し、漂っている。

言葉を恨んでよいのか。

崩れ、散乱した本の山から、あの文庫本を探す。愛読したあの本を。以前と変わらぬ言葉を求めて。

「多くの者が恐怖を、ことばでもってやっつけている。しかも強い論拠をもって。ところが、恐怖を感じている者はその理由など聞かないのだ」「優しさや親切やよろこびのしぐさを演じるならば、憂鬱な気分も胃の痛みもかなりのところ直ってしまうものだ」

切れ切れに読んだ言葉を信じたわけではない。きれいごとだ、嘘だとも思う。

でも、それでもとページをめくり続ける。

「自分でやること、人にやってもらうのではない。そこにはよろこびのいちばん深い意味がある」「死者たちは生きようと欲しているのだ。君のなかで生きようと欲しているのだ。君の生を通して、自分の欲したものがゆたかに展開されることを望んでいるのである」

違う。現実はもっと無情で悲惨だ。でも、それでもとアランの言葉を読む。

いや、そうではない。ただ読んでいるのではない。疑い反発し、でも、それでもと彼と対話している。

「笑うからしあわせなのだ、と言いたい。幼な子は笑って楽しんでいる、ちょうど食べて楽しむのと同じように。しかし、まず食べる必要がある」「真価を発揮するのは口調《トーン》であって、ことばそのものなど小唄ほどにも意味がないのだ」

言葉を疑ってよいのか。

『幸福論』はどの文章も短い。アランは日記や手紙のように日々弛《たゆ》まず幸福を得る短い言葉を綴った。

欲していた言葉に、言葉と言葉の行間に気づく。求めていたのは、楽天主義の哲学者アランのいつに変わらぬ息遣い、声、笑顔だ。

「不安や羨望や悔恨からくるしかめ面は、だれにも似合わない」

また強い余震だ。不安も恐怖も収まらぬなかで、アランの声に和し、せめて心を鎮めたい。今は笑い声の聴こえる言葉を綴りたい。あえて笑い笑って呟く。

言葉を憎んでよいのか。（同紙「3月11日のあとで」掲載）

（岩波文庫　800円）

---

## 『グロウブ号の冒険　附ユートピア諸島航海記』

井上ひさし 著

二〇一一年五月一日

天国からの贈り物。この陳腐な言葉しか今は思いつかない。東北に生れ育った、故井上ひさしはこんな楽しい快作を遺していたのだ。

主人公は東大法学部の学生で極度の近視ながら巨体を活かし学生相撲に優勝。プロになるが、カリブの海賊に関する卒業論文を一心に書き続け、つい眼鏡をかけ、資料を脇に土俵へ。始末書提出の上に黒星続き。廃業するつもりが、部屋の外国人力士のスカウトになり、カリブを巡る。だが船は大波に遭い、小さな島に彼独り漂着。島は通貨も政治もなく食糧に困らないユートピア。しかも可愛い娘も。でも一時脱出。

一方、近くの島では世界中を巻き込む大騒動。漂流していた幽霊海賊船グロウブ号が突如帰港し、しかも「二十世紀の巨人」と呼ばれる老博士が、船中に眠っていた歌を再生し、歌に人類の宝を解く鍵が、カリブに宝がある、と発表したから各国も世界的企業も大慌て。主人公も博士らとおんぼろヨットで、再び元の島へ。

スピーディな展開と宝探しに加え、作者得意のパロディーと言葉遊びも謎となり、次々パズルを解くおもしろさもある。残念ながらしかし、宝の場所の一端を解くところで作者の死が物語を未完に終わらせた。ところが未完のためかえって読者に、人類の宝とは、幸福とは、ともっと大きな謎を遺した。ではそれを解く鍵は。そもそも題はなぜ「グロウブ号（=地球号）の冒険」なのか。構想は壮大で、地球号がさらなる困難を乗り越え、未来を目指すのなら。

　本篇の発想の原点はかつて井上が子どもたちに贈った、あの夢の島にあり、彼は日本人にもう一度、冒険の夢を、と願ったのでは。歌の再生が宝の謎を解くならば、願った夢は懐かしい歌にある。彼の歌声が聴こえてくる。

　……苦しいこともあるだろさ　悲しいこともあるだろさ　だけど僕らはくじけない　泣くのはいやだ　笑っちゃお　進めー　ひょっこりひょうたん島ひょっこりひょうたん島

（岩波書店　1900円）

## 『黄昏に眠る秋』

ヨハン・テリオン 著
三角和代 訳

二〇一一年五月一五日

　いまや世界のミステリー界を席巻するスウェーデンにさらに新たな才能が登場した。

　舞台はスウェーデンの避暑地エーランド島。観光客や別荘の住人もいなくなり、島民ばかりになった一九七二年の秋、少年が行方不明に。この設定ならば、島を一つの密室に想定した、パターン通りの推理小説だと思うだろう。

　だが物語は事件から二十年後、現在の秋に、少年の母と祖父が事件の手掛かりを再び求める動きと、第二次世界大戦の末期に起きた別の事件、それを起こした男の行動とが、何故か交叉して進む。

　現在と遠い過去を綴りながら、その実二つの年の間にある、事件の年になにが起きたか、謎の黄昏時にじりじりと迫る時間ミステリー。加えて二転三転する切迫した展開と、母親の沈痛な、しかし激しい内面の動きとが、島に打ち寄せる波の如く強弱をつけて交互に描かれる。じつに巧みな構成と筆力だ。

　しかも最後には大どんでん返しも用意し、読者をあっと驚かせ、黄昏と秋の先にやがて訪れるはずの、明るい朝と春の気配を余韻に作者は幕を引く。

（ハヤカワ・ポケット・ミステリー　1800円）

---

## 『おじさん・おばさん論』

**海野弘** 著

二〇一一年五月二九日

　本書のタイトルに虚を衝《つ》かれたが、ページをめくり、冒頭の次の言葉には膝を打った。

「（今日では）だれもがおじさん・おばさんになりたがらず、なることをおそれている」「おじさんはくさく、おばさんはださい。だから、いかにしたらおじさん・おばさんにならないかを女性誌、男性誌が特集し、本が書かれる」

　一章では血縁のオジオバは学問上、どう扱われてきたかを調べる。母系社会では父親より母方のオジたちが重視され、オジは実子よりも姉妹の子どもを優先。この関係は父系が前提の我々には理解し難い。というよりも近代は、父から子へ財産を継承するのが、資本を蓄積する仕組みに都合いい。そこで父系社会を選び、結果、おじさん・おばさんの影は薄くなった、と著者は考える。またオジオバとオイメイの関係も各個人の性格、状況などで当然、異なる。

　二章は、そこで歴史的人物がオジオバから、どんな影響を受け、逆にオイメイにどんな影響を与えたか具体的に細かく見る。ゴッホ、ロダン、ニュートン、ベートーヴェン、米大統領になった二人のルーズベルトなど十例。さらに三章では自伝や伝記ばかりか、小説に登場するおじさん・おばさんを含め一気に百例挙げる。

　父母からでは受け継げない何かを、子どもはオジオバから、それどころか、血縁のないおじさん・おばさんからも継承する。「親子は上下の直線的（垂直的）関係であるが、おじさん・おばさんと甥・姪は上下がずれて、斜線的な関係」。この屈折が、ときに親子では生まれない友情をも生み、志や人間味や文化を継承させる。これがおじさん・おばさんの価値なのだ。

本書には日本人の例は皆無で、日本の場合は、と多々考えさせるが、子どもは大人を見て育ち、大人になるという人間模様の真理と、遠い親戚より、ときに近くのおじさん・おばさん、ときに意地の悪いおじさん・おばさんも子の成長に必要という当たり前の大事を再認識させる。

（幻戯書房　2800円）

---

## 『なずな』

**堀江敏幸** 著

二〇一一年六月五日

男は居睡《いねむり》から覚める。白煙だ。やかんを空焚きし、取っ手のプラスチック部分が溶けている。水をかけ、慌てて隣の部屋の赤ん坊をみる。眠っている。たまたま訪ねた知人のナースが匂いで気づき、管理人とドアを叩いている。

彼女は赤ん坊を見て「心配ないと思いますけど、生後二ヶ月の子どもの肺なんてまっさらの消毒済みのガーゼより清潔なんだから、どうせ汚すのならいい汚れにしてあげないと」と話し、この言葉に男は「いい汚れ、という言葉に心地よい驚きを感じて、震えがおさまっていくような気さえする」と思い、「まっさらで汚れるしかないものに対しては、たしかに悪い汚れよりもよい汚れをつけてやったほうがいい」と考える。

これが本篇の始まり。この僅かな展開にじつは全篇を貫くテーマがある。四百ページを超える長篇にもかかわらず筋は、四十半ばに近い独身の男、菱山が、弟夫婦の止むを得ない事情から、彼らの生後ほぼ二ヶ月半の女の子を預かり数週間育てる、要約すればこれだけ。

事件も、子育てに疲れ睡って起こした、やかん空焚き以上のことは起きない。では退屈な物語か、といえば、次々ページをめくらずにはいられない。

ならば一気に読みたくなるか。これも違う。むしろ読者はゆっくりゆっくり読むことになる。かくも不思議な小説だが、幻想小説でもミステリーでもない。

赤ん坊を育てる菱山の語りで小説は進むから、彼が主人公なのか、といえばこれも違う。主人公はあくまでまだハイハイもできない、名は春の七草から採った「なずな」という赤ちゃん。

この不思議さに作者の小説への思いと人間への信頼がある。思いと信頼を一言で表せば「いい汚れ」という言葉になる。

人は誰もが様々な汚れを日々つけながら生きる。しかもいい汚れどころか、悪い汚れをつけることの方が多い。菱山も社主を含め五人という小さな地方紙の記者で、それ以前に苦労もし、仕事柄、いわば悪い汚れ、事件に眼がゆく。

彼を取り巻く人々も同様、各々が悪い汚れもいろいろ背負って生き、生きてゆく。次第に語りと会話で明らかになるのは登場人物の人生の汚れであり、今も生きるためにつけてゆく汚れである。それだけ人物各々は平凡だが、なおさら忘れ難い印象を残す。

ところが、まっさらな赤ん坊を育てて彼も周囲の人々も少しずつ変わる。さして意識せず、自分の人生にも「よい汚れをつけてやったほうがいい」と。

だからこそ読者も、菱山の語りが瑣末であればあるだけ、日々の生活と記憶の細かなさりげない襞に目覚める感覚を受け、ゆっくりゆっくり展開を味わう。楽しい、楽しかったこと、嬉しい、嬉しかったこと、美味しい、美味しかったこと、おかしい、おかしかったこと、生きる上で必要な、他人との、他人への、細やかな感情を言葉以上に、表情や口調、肌触りや舌触りで、作者は菱山の語りを通じ、読者にいい汚れを思い出させる。

その中心にまっさらな赤ちゃん。だから主役はあくまでなずな。その背景に作者の代表作をもじれば〈川辺の市とその周辺〉がある。山々を縫って川が流れ、その川辺に拓けた小さな市。生徒は百五十人に満たない小学校があり、周りには農地が散在し、鶏も牛も飼われ、車で人は移動する。でもショッピングモールも生まれ、道路計画や観光開発もあり、利権も絡む。汚れを日々つけて生きる、ありふれた地方都市に人々が暮らす。

なずなも、ああと声を発し、笑いらしき表情も見せ、体重も増える。やがて彼女も悪い汚れもつけて生きてゆく。野草のごとく逞しく。しかしこの僅かな、まっさらな今だけは、と菱山も周りも、そして読者もなずなを見守る。読者まで共鳴させるところに作者の筆力、作者の小説と読者と人間に寄せる信頼がある。

それにしても文中のカレーピラフのうまそうなことよ！　これだけでも大した作品です。

（集英社　1800円）

## 『ミドリさんとカラクリ屋敷』

鈴木遥 著

二〇一一年六月一九日

まず本書の表紙を見て欲しい。笑顔のおばあさんの背後に二階屋。よく見れば、その瓦屋根から、なんと電信柱が突き出ている。

平塚生れで高校生の著者は、市内でみつけた電信柱の家が気になり、卒業間近に思い余って訪ねる。おばあさんに家の造作など詳しく説明された。でも謎は謎。三年後、大学生の著者はまた気になり再訪。ところが大家のおばあさんは、配管トラブルで借家人のおばさんと猛烈ないい合いを始める。でも彼女の名は木村ミドリで、九一歳だとわかり、なにより余りの元気さに呆気にとられる。二〇〇四年のことだ。

一九一三年生まれのミドリさんは、七〇歳下のひ孫のような著者に、次第に半生を語りはじめるが、事実はまさに小説よりも奇なり。

彼女は北海道の新潟村（現・江別市）に生れる。村は新潟からの開拓者が住み、彼女の家は有力者。広い敷地には職人たちの家が散在し、父は小学校まで建てる。兄弟は十五人、ともかく大家族で客も多いから食卓は常に二十人以上。正月のカルタ会は三百人が熱中。部屋数は多くてわからない。仏間の、床の間の壁が回転扉で秘密の通路がある。その後、新築した家はさらに凝ったカラクリ屋敷。ミドリさんの口からホラじゃないかと思える話が他にも次々。

半信半疑の著者は彼女の故郷を訪れ、遠縁の人も見つける。すべて本当だった。では、平塚の電信柱の謎は。ミドリさんはなぜか話さない。やっと増築の際に据え付けたと訊き出すが、彼女の不審な行動を追い、二階屋全体が秘密の逃げ道のあるカラクリ屋敷だったと遂に発見。「逃げ道はたくさんつくっておくに越したことはない」。彼女の人生哲学だ。だから気を許しても家の謎はなかなか話さない。振り回される若い著者は右往左往。でもそれだけおかしく笑いの連続。人生を楽しむ方法とは何だろう。計算高くて楽天的。したたかで正直。厳しくて優しい。ミドリさんにはホトホト脱帽。

（集英社　1500円）

## 『犯罪』

フェルディナント・フォン・シーラッハ 著

酒寄進一 訳

二〇一一年七月一〇日

収められた十一の短篇はすべて確かに「犯罪」と呼ぶ他はない。人が罪を犯した話には違いないから。

医学生フェーナーは恋に落ち、結婚。新婚旅行の終わりに新妻は「あたしを捨てないと誓って！」と叫び、彼は「誓うよ」と応じた。彼は医者となり新居も構えた。だが妻は彼のレコードコレクションを突然廃棄し、以来、彼に際限なく小言を放ち、やがて罵声の連続へ。それでも彼は園芸を楽しんで耐え、人望も財産も得た。妻に精神科医への相談を勧めても、フライパンを投げつけられる。七十二歳の秋、妻の怒号をきっかけに気づけば、彼は斧で妻をバラバラにし、その後は冷静に血を洗い、着替え、電話で自首した。

冒頭作「フェーナー氏」の大筋。ここから裁判に移るが、推理小説のようにどんでん返しで彼が無罪になるわけでもなく彼は裁かれる。しかしそれだけに読後、誓いを誠実に守った男が犯した罪、彼をその誓いに封じ込め、死ぬまで苦しめたであろう妻の罪、いずれが重いのかという難問が読者の頭の隅に横切る。このように他の十篇からも、人が生きるために犯した罪が、必然的に抱えている不条理さが深く残響する。

この読後感を漂わせる秘密は文体にある。作者は実はベテランの刑事弁護士で、短篇の語り手は作者と等身大の弁護士「私」。しかも文体は調書のように無駄がない。

では実録物のノンフィクションか、といえば違う。弁護士には守秘義務があり、現実の事件は書けないだろう。

カフカの物語を、ホフマンやヘニー・ヤーンなどドイツ幻想文学を思い出してもいい。作者も多くの文学に親しんでいるはずだ。しかし高い教養と、弁護士の経験と知識を、素っ気ない文章に自ずと滲ませるのは独特の感性に間違いない。読後に響く苦いユーモアと深い情愛、読者を巻き込み考えさせる展開。要するに本篇は、人間を熟知した大人しか描けぬはずの、残酷で知的で奇妙な独自の語り物集。


（東京創元社　1800円）

---

## 『蛙鳴《あめい》』

莫言《ばくげん》 著
吉田富夫 訳

二〇一一年七月二四日

真実は一つではない。真実は常に幾つもの表情をもち、見る角度が異なれば、真実もまた別の姿をもって現れる。少なくとも文学は、いや芸術は政治や経済では見えぬ様々な真実の姿を見せる、より多くの角度を示唆できる。だからこそ役に立たないと思われがちな芸術が、長い時間を超えて生き残り、今なお必要とされる。

本長篇は、文学がこの現代でも生き続け、未来も生きる意味と力をあらためて確認させてくれる。

五部にわかれる。すべてオタマジャクシのペンネームをもつ戯曲家万足が、日本人の文学者杉谷義人に宛てた手紙という構成。手紙そのものは二〇〇二年から始まり、二〇〇九年までで、ほぼ八年の経緯がある。ところが手紙の内容は、故郷では初めて、しかも十七歳で産婦人科医になった伯母の万心を中心に綴られる。つまり物語の軸は、万足が伯母によって取り上げられた一九五三年頃に始まり、やがて手紙の時間と同調してゆくという二重の時間構造で成立している。

しかもこの時間軸に中国の現代史が重ねられる。何故なら、生れる子どもの数は中国経済の躍進と停滞に左右され、やがて「一人っ子」政策という政治の大きな手が介入することで、母親が子どもを産むことさえ自由ではなくなるからだ。産婦人科の女医を物語の軸に据えたために、作者の主題はきわめて明瞭になった。

第一部は、新中国の躍進により、女医の伯母は、次々に子どもたちを取り上げる。ところが一九六五年末、急激な人口膨張に政府は計画出産を打ち出し、伯母は一転してパイプカットなどを徹底して行う立場になる。むろん、民衆は施策に素直には従わない。この騒動を凄まじい筆致で描くが、第二部に入ると物語は複雑になる。というのも、手紙の書き手である万足の世代が子どもを産みはじめるからだ。

伯母が初めて取り上げた子どもたちが、つまり万足の幼馴染みたちが成人し、各々の立場で、特に家の跡継ぎとして男の子を産むまではと、伯母に抵抗しはじめ、信仰や伝統、家族や地縁の問題が現れる。それに対し伯母は冷酷に計画出産を断行。万足の妻は、二人目の子どもを産むために万足を騙して妊娠し、生家に隠れるが、伯母はトラクターを動員し家までも壊す。結果、万足の妻は死ぬ。

ここで物語は終わらず第三部第四部へ進む。中国は資本主義化へと路線を変え、経済大国の道を歩むからだ。にもかかわらず「一人っ子」政策を国は変えないために、物語はグロテスクな様相を帯びる。日本の少子化のように、多くの人民は子どもの数を既に無意識に抑えるが、富裕層や党幹部は海外に愛人を抱え、子どもを作る者、代理母による出産を企業化する者まで現れ、貧富差が幻想や狂気を生む。

しかも物語のなかではこうした人物も、既に中年になった万足と幼馴染みに当てはめられるから、次第次第に物語そのものが、女医の伯母を軸にした話ではなく、むしろ各登場人物が織りなすドラマに大きく変わってゆく。

万足のペンネーム、「オタマジャクシ」は男の精子の自嘲的な隠喩。第五部は万足が書き上げ、「永遠に上演不可能かもしれぬ」脚本である『蛙』。この脚本に作者の、オタマジャクシではなく蛙、いわば老いに向かう大人としての、もう一つの意図が込められている。この劇も伯母を軸にしているが、明らかにそれだけの劇ではない。一見すれば、劇は大団円に終わるが、第四部までに登場した人物たちはそれぞれ自分の声を上げ、そのそれぞれの声、主張によって、それまでの物語では真実と思えたことが、幾つもの別の表情をもち、読者が自分自身で解釈をするように迫ってくる。真が果たして真か。善は果たして善か。狂気は果たして狂気かと。

作者がセルバンテスの『ドン・キホーテ』やサルトルの戯曲、マルケスの『百年の孤独』や民話などを下敷きにして物語を構築しているのは明らかで、じつに面白く、大部な作品にもかかわらず一気に読ませる。だが、それ以上に、現代を生きる民衆の声々を交響させて、小説そのものの解釈さえも、国を越えて読者に問いかけるところに、この小説の凄みと豊かさと斬新さがある。同時代の世界文学と冠するに本篇は相応しい。


（中央公論新社　２８００円）

## 『父・こんなこと』

幸田文 著

二〇一一年八月七日

節を通せば生き難く、節を曲げれば節々は痛む。節とは人生の節目での覚悟では。私は幸田露伴の生き方に節を思う。

戦争間近の昭和一五年、露伴は読売新聞に「愛」を寄稿。愛は恵であり、恵にはめごし、可愛いという意味だけでなく、むごし、即ち冷酷の意味もあると。

彼は開戦時、「若い者が、若い者が」と慟哭した。「愛」で、彼はむごい戦争に向かう日本人に愛の覚悟を説き、同時に愛娘を厳しく躾けた自身の覚悟とを重ねた。文の姉弟は結核で早世。だから井戸汲みまでさせ、娘の体を鍛えた。幸田文の文業すべて父の愛と節に包まれる。


（新潮文庫　４００円）

## 『都市の戦後』

初田香成 著

二〇一一年八月二八日

戦後日本の都市計画研究は制度を軸にした分析が多い。だがこの著者は復興の動きを多彩な運動と捉えた。結果叙述は珍しいほど人間臭い。

まず各駅前に現れた闇市露店と、それらを仕切った、新宿の尾津組親分尾津喜之助らの動き。闇市露店がマーケットに変容した過程。続いて復興計画を主導した石川栄耀《ひであき》の実践と理論の変化。建物の不燃化を進めた各地の動き。戦前は大森ギャング事件に関与した建築家今泉善一らが始めた商店街の共同化。ここまでは主に東京各地の実例を細かく検証し、いわば虫の眼で復興の流れを捉える。

ところが「再開発」という言葉が五〇年代後半から建築界で定着し始め、事態は変わる。問題への視点が都市となり、分析も鳥瞰的に。

やがて東京オリンピックによる開発の波が復興期に活躍した人物も建物も人々の記憶から消し去る。それだけに人物と建物、制度と都市への視点、それら各々がどう結び合い、どう変わったか、復興衰亡史のように読める。現在の状況との一致と違いも自ずと理解できる。ただ少し整理し安価にして欲しかった。

（東京大学出版会　7200円）

## 『生、なお恐るべし』

アーバン・ウェイト著

鈴木恵訳

二〇一一年九月四日

ヘロインの運び屋と保安官の撃ち合いに始まり、運び屋が逃亡。そこでヘロインの密売組織、殺し屋まで入り乱れて死闘を繰り広げる。物語を単純化すればこれだけ。ハードボイルド小説の典型と思うだろう。たしかに登場人物たちは人生に飽き、虚無感を漂わせる。だが、それ以上に彼らの脳裡にあるのは焦燥と刹那的な判断。だから物語は終始緊迫している。その上、人物たちの立場と心理を断片化し、交互に描いて同時進行させる構成と、執拗な細密描写が、人物たちそれぞれが孤立し、神経を逆立て、肌を粟立てる姿を強調し、読者に息つく暇さえ与えない。

だからむしろ映像的な小説。こう紹介すればこの手の物語は映画テレビでは見慣れていると思うかもしれない。

しかしこの類型的な物語のなかで登場人物たちは生き、いや、なおも否応もなく生きざるを得ない。ここに「生、なお恐るべし」という作者のテーマがあり、人物たちの心理の端々にテーマは断片的に明滅し、小説としての普遍性を獲得している。本篇が作者二十代のデビュー作。新鋭、なお恐るべし。

(新潮文庫　781円)

## 『アート・スピリット』

ロバート・ヘンライ著
野中邦子訳

二〇一一年一〇月二日

著者ロバート・ヘンライを日本で知る人は少ないだろう。私も知らなかった。二〇世紀の初頭にアメリカで活躍した画家。彼は一冊だけ本書を一九二三年にまとめ、それから六年後に亡くなる。だが本は今も若者に読まれている。

どのページから読み始めてもいい。もしあなたが美術を好きな人ならば、いや芸術とはなにかに興味を抱いている人であれば、本書がなぜ、著者没後八〇年余り経ってもなお読み続けられているのか、すぐに理解できるはずだ。

ヘンライは画家の卵たちを教える教師でもあり、彼は心を込めて絵とはなにか、どうすれば絵が描けるのかを説き、多くの学生に宛てて才能を開花させるため手紙を書いた。その講義録と手紙を一人の学生が集めてまとめ、それを、ヘンライは認め、読み直し本にした。(この事情とヘンライ個人については本邦訳の巻末にある滝本誠の力を込めた解説に詳しい)。

どのページからも彼の声と熱意が響く。

ときに肖像画や背景の描き方、色彩や筆遣いなど具体的に説明する。彼は古典美術も近代絵画も自分の眼を信じて解釈するから、講義内容はじつにわかり易い。しかしそれ以上に、彼が学生に繰り返し語りかけるのは、まず「自分の正直な感情を大切にし、見過ごさないこと」であり、「芸術家は強い感情をもち、深い省察ができなければいけない」ということだ。なによりも自由で、だから権威や賞などにおもねることなく、自分の講義に反対であってもかまわないと言い切る。しかしだからといって無責任に話し、手紙を書いたわけではない。学生一人一人がもつ才能と感性を彼は信じている。

それだけに本書から若者たちが〈芸術の魂《アート・スピリット》〉を感受し、才能を開花させた。作者は忘れられても言葉は読む者が蘇らせる。巻頭の一節は「本書の主題は美である――または幸福といってもいい。美や幸福にいたる道筋は一つではない」。彼は没後に美と幸福を獲得した。

（国書刊行会　２５００円）

---

## 『ガウディ伝』

**田澤耕** 著

二〇一一年一〇月九日

あたかもジグソーパズルを解くような面白さとユニークさを備えたアントニ・ガウディ伝。ガウディの建築について新発見が盛り込まれたわけではない。いや新発見もあるが、それ以上に著者は眼をガウディの才能が開花し、認められ、多くの建築を作り、サグラダ・ファミリア教会が今も建設される文化と歴史、その土壌と変化に注ぐ。

建築は規模が大きければ必要な土地も資金も大きくなる。だから建築家一人の才能と意志だけでは限界がある。ではパトロンたちはどうして厖大な利を得たのか。彼らはなぜガウディの特異な才能を評価したのか。彼はなぜ建築家になり、極貧の暮らしをし、カタルーニャ語だけで語ろうとしたのか。著者はこれらの疑問に「時代の意志」を見、彼を育てた歴史と文化から答えを見つけてゆく。どれが欠けても彼の才能も意志も建築も生まれず、そうして産業革命以後、急激に変化する時代のるつぼに天才を投げ入れ、一個の人間としての生き方に迫る。

平易な文章、構成と史料読解の見事さ。どれが欠けても本書も生れなかったろう。

（中公新書　８８０円）

## 『生の裏面』

李承雨《イスンウ》 著
金順姫 訳

二〇一一年一〇月二三日

作家の「私」は、編集者から作家パク・プギルにインタビューをし、彼の人生を辿りながら、彼の作品を論じ、一冊にまとめて欲しいという依頼を受ける。だが「私」は、プギルの作品の熱心な読者でもなく、付き合いもない。そこでその企画を数度断るのだが、編集者の熱意と以前の義理に負けて書くことになる。

したがって本篇は、作家プギルへのインタビューからはじまり、彼の年譜を混じえ、彼の小説を断片的に引用しながら、「私」が一人の作家を論じる評論になる。この構成だけでもミステリアスだが、読み進めるとさらにミステリーじみる。プギルの小説は私小説。彼の特異で悲惨な生い立ちと人生が色濃く反映され、なぜプギルは小説を書き始めたか、その謎に「私」は迫るからだ。しかしだからといってミステリー小説ではない。作者の意図は別にある。

プギルの小説の断片、さらに途中で中篇がそのまま挿入され、年譜と重ねられるために、読む者は、作者李承雨は「私」ではなく、次第にむしろプギルではないか、評論という形式にみせながら、その実、引用される切々たる小説こそ作者の自伝ではないか、と思うようになる。地の「私」の語りよりも、図であるプギルの小説が悲しみに溢れ、読者に訴えかけ、結果、地と図が反転するからだ。だが作者は前書きと〈附〉で次のような言葉を記す。

「すべての小説は虚構だ。しかし、真実を表すための虚構だ。混沌としている生に形態を付与するための人工的な混沌、小説的な真実は虚構の口を通して語られる」「すべての小説は自伝的だということだ。そしてすべての自伝的な小説は仮面を被っているということだ」

しかしそれだけに読者は作者の思いとは別に作家の人生を重ね、仮面の裏、「生の裏面」を解釈しようとするだろう。つまり本篇は小説家を描きつつ、小説とは何かを探求し、小説の新たな可能性を切り拓いた野心作。

（藤原書店　２８００円）

## 『出世をしない秘訣　でくのぼう考』

ジャン＝ポール・ラクロワ著
椎名其二訳

二〇一一年一一月一三日

人を喰ったタイトルから、かえって読者は通俗的な人生訓と判断するだろうが、文字通り「出世しない秘訣」に徹底して述べる。

第一章「子どものうちからが肝心」では、決してよい点数はとるな、答案にはインチキを書け、わざと間違えろ、先生のお仕置きがあろうが、両親が嘆こうが、成績が悪くなるようにしろ。と。第二章以降は、実業家にならないため、いつまでも二等兵でいるため、流行作家にならぬため、政治家にならぬため、社会の寵児とならないためと、名誉や地位や財産を得ない秘訣を微に入り細に入り紹介する。とはいえアンリ・モニエのコミカルな挿絵と共に、全篇軽妙な文章だから現代文化への痛烈な諷刺の書だと誰でも気づく。では著者の意図は諷刺だけか。

〈「個々の人」。これを、しっかり呑みこむことだ。／「歯車」とか「網の目」とか（略）あらゆる手段方法をつくして諸君を、否応なしに一つの組織、彼らの思いのままな組織、製造ラインのような成功の組織に組み入れて、その集団の一片にしようとする、いたるところに張りめぐらされた陰謀に対し、諸君は断然「否《ノン》」と言うべきである〉。これが作者の結語。

訳者は椎名其二《そのじ》。大杉栄と共にファーブルの『昆虫記』を訳し、その後パリに渡り、佐伯祐三の最期を看取り、森有正や野見山暁治らと友誼を深めながら自らは製本業で暮らし、パリに死んだ伝説の自由人。本書はつまり、その椎名が半世紀前に翻訳し、名のみ知られた稀書の復刊であり。冒頭にかつての出版者小宮山量平が椎名の思い出を綴った一文を添える。

当時は六〇年安保の時代。椎名がなぜ本書を国論分裂の期に訳したのか。日本人よ、組織に動かされず自身で考え行動しろと彼は本書に託したのだ。ところで真の著者は主張通り名利を捨て、名を秘したようだ。ハテ、モニエも十九世紀の諷刺画家ではなかったか。ユーモアたっぷりの本書を我々は今、どう読むのか。

（こぶし書房　１９００円）

## 『ねじれた文字、ねじれた路』

トム・フランクリン 著
伏見威蕃 訳

二〇一一年一一月二七日

本篇を読了し、先日亡くなった土屋隆夫を思い出した。彼はミステリーを愛し、だからこそ文章に心を砕き続けた推理作家だった。本篇は土屋の作風とは異なるが、謎解きの面白さを備えながらもその実、読後に強く響くのは、全篇に亘って漂う文学ならではの、抒情の香りだ。

住民に愛される黒人の治安官と、孤独に暮らす白人の男。対照的だが、どちらも中年にさしかかっている。二人を綾にして少女失踪事件の謎は深まる。実は二十五年前、彼らは同じ十四歳でかけがえのない親友同士だった。

舞台はアメリカ南部の片田舎。春から初夏、少年の彼らが森のなかで過ごす回想場面は、まるでセピア色で撮影された映画のワンシーンを観るようで切なく美しい。

見事な描写に加え、人種差別を背景に少年二人のねじれた生い立ち、当時も起きた少女失踪事件の謎も絡ませつつ、その後ねじれてゆく二人の関係をも作者は暗示する。だから心を通わした短く濃密な、彼らの思い出は、二件の少女失踪の謎が解き明かされてなお余韻となり胸を打つ。

（ハヤカワ・ポケット・ミステリー　１７００円）

## 『梨の花咲く町で』

森内俊雄 著

二〇一二年一月一五日

八年の時をかけた短篇集。すでに古稀を超えた作者の八年という時間は作品に反映され、七短篇、どの主人公も雑誌発表時の作者の年齢が重ねられている。それだけに老いが深まりゆく作者の思いが色濃く各々に投影されている。

しかしだからといって老いの心境をそのまま描いた短篇集ではない。むしろ老いがもたらす記憶のもつれを巧みに料理し、ときに読者を驚かせ、ときに読者を軽い笑いに誘いこむ。

本篇中もっとも長い作品は冒頭の「モーツァルト」。物語は主人公が五十代半ば頃、校正の仕事をしていた折、奇妙な体験に遭うことから始まる。娘夫婦が連れてきた孫がまず部屋の一点を見つめる。即座に彼はそこに亡き実父と岳父の霊を感じ、また校正する原稿から、さらに十八年前に参加したバイロイト音楽祭ツアーの記憶を蘇らせる。記憶を辿り最後に主人公は少女二人の幻を見るが、全篇モーツァルトが多彩に響き、読後も残響し続ける。

音楽ばかりではない。各短篇には肖像写真、ルソーの油絵、友人の画家の銅版画、リルケの詩集などがあたかもプルーストのマドレーヌ菓子のように失われた時を、時を超えて二重三重に想起させ、幻聴や幻覚さえも生むが、各主人公は幻聴幻覚を静かに大事に受けとめる。

「過去というものは、思い出されているかぎりにおいて、それは現在である、と、日本の異色の哲学者大森荘蔵は云う。しかし、人はその現在に、しばしば、まどわされる」。この言葉は巻末の表題作に登場するが、各篇のモチーフだろう。人は生きている限り記憶もまた生き、変化し成長し衰えもする。だからこそまどわされるが、蘇る記憶は老いの身には恩寵ともなる。

表題作は実母と義母への思いと記憶が主題で、冒頭作と呼応する。妻と自分との故郷を歩く「わたし」は、最後に至って季節は違えても梨畑一杯に咲く白い花を幻視する。暖かい風に乗って音楽もまた聴こえてくる風情で終わる。

（新潮社　1900円）

## 『帝国を魅せる剣闘士』

本村凌二 著

二〇一二年一月二二日

ハリウッド映画でお馴染だろう。古代ローマでは死を賭して剣闘士が闘技場で戦ったことは。本書は二部構成。第一部「ある剣闘士の手記」はシチリア生まれで奴隷から剣闘士になった若者が訓練や戦いの様を綴った手記。この驚くべき新史料（？）で剣闘士の心理までもわかるが、著者の本領は第二部にある。

元々、剣闘士の試合は死者への追悼の儀式だった。だが次第に世俗化し、同時にローマ帝国が侵略した土地、地中海沿岸ばかりか、北は現在のドイツ、オーストリア、イギリス、南は北アフリカまで多くの闘技場が建設された。著者はそれら遺跡ばかりか、壁画、彫刻、落書きをも渉猟し、文献を読み、試合が国境地域では戦闘意欲の昂揚装置となり、都市では市民の日常を打ち破る祭のような娯楽だったことを明らかにする。

では何故、六百年も広範囲に人々が熱中した残酷な見世物は消えたのか。キリスト教の流布が原因という通説を著者は採らず、政治権力が集中し、剣闘士の試合で殊更「帝国を魅せる」意味を失ったためだとする。死の見世物と政治、古くて斬新なテーマだ。

（山川出版社　２８００円）

## 『周作人伝　ある知日派文人の精神史』

劉岸偉《りゅうがんい》 著

二〇一二年二月五日

近現代とは、いかなる人の生涯も政治と経済の変動、つまり世界の変貌に否応もなく翻弄される時代の始まりだ、と定義できるのでは。だが本人は世界の中心にいると思い込む。同様に多くの人は現在を生き、母国の歴史、文化の重みに気づかない。気づくのは異邦から訪れた繊細な感性の持ち主ではないか。こんな感想をこの大作読了後に抱いた。

周作人は魯迅の弟として知られる。魯迅は五十五歳で没し、中国の英雄となったが、四歳下の弟の彼は八十二歳まで生きた。兄魯迅の作品が諷刺を織り交ぜつつ、攻撃性を秘め、屈折した日差しを思わせるのに対し、周作人の文は松枝茂夫訳の随筆を読むだけでも、月光のような静けさで心に沁み入る。その謎も本評伝を読むとよく理解できる。

とり急げば、周作人は日本人以上に日本文化に、日本人の心底を流れるつましさやユーモアに、言葉の美しさ深さに惹かれ、日本文学を中国に紹介し、中国語に翻訳した。驚くのはまず翻訳した日本文学の幅広さ、鷗外荷風啄木、佐藤春夫、有島武郎など近代文学ばかりか、俳諧も狂言も枕草子も古事記さえ手がけ、源氏物語の校注もした。交遊も幅広い。中国作家のみならず武者小路実篤、谷崎潤一郎、ロシアの詩人エロシェンコなどと友情を深めた。だが著者は彼を知日派文人としてだけで描いたわけではない。

本評伝は三部構成。第一部の始まりは一八八五年の誕生。周の故郷は運河の街、紹興《しょうこう》。著者は、あたかも運河に進水した小舟をゆったりと、しかし常に周囲を注視する漕ぎ手の如く、周家の成り立ちから一九世紀末の中国の政争まで丹念に調べ、換言すれば周作人の名文に共振したかの達意の文で悠々と語り出す。やがて小舟は二十世紀の荒波に翻弄されてゆくが、著者は語り口を最後まで変えない。それだけに読者も執筆に九年をかけた、この大作をゆったりと味わうことになる。

兄を追って来日し、三年の滞日ながら天性の語学力により日本語英語古代ギリシャ語などをマスター。だが大逆事件、日韓併合があり、中国でも政変が起き、彼は荷風に共感し、古典へと韜晦した作家の途を選ぶ。そして下宿先で知り合った羽太信子と結婚する。ここまでが第一部。

第二部は日中戦争前夜から終結まで。周の壮年期で兄魯迅との仲違いが一つのエポックだが、ここでは著者は史料を渉猟しながらも憶測は控える。戦争末期に心ならずも要職に就いたため、第三部では老いた彼が共産党政権下、命はとりとめるものの罪の汚名を背負うことから始まる。加えて生活苦。彼は注文に応じ、兄魯迅を書く。それでも兄を神話化する世評に抗し、むしろ人間魯迅を綴った。彼は終生、作家の矜持を捨てず、だからこそ多くの知友を得たのだ。

そして晩年、若き日から好んだギリシャ哲学の犬儒派《けんじゅは》ルキアノスを、日本の古典を次々に訳し、ベトナム戦争勃発時には、戦乱の世に重ね、平家物語を訳す。ところが直後、文化大革命が起き、紅衛兵《こうえいへい》に自宅の小屋に閉じ込められ、誰にも看とられぬまま生涯を終える。

全篇まさに「神は細部に宿る」の言葉通り。周作人の生涯を単に辿るのではなく、折々の政治状況を緻密に調べ、ときに魯迅の文章を、ときに他の作家の証言や行動などをも傍証にして、彼の文と翻訳を検証し解読する。一人の人間の精神の輝きを細密描写したため、二十世紀の政治の残酷さを強く問う、スケールの大きな精神史となった。加えて日本の古典を読みたくなるのも本書の力だ。


（ミネルヴァ書房　８０００円）

二〇一二年二月一二日

## 『通天閣』

酒井隆史著

驚くほどの部厚い本だが、読み進めれば、厚くなってしまった理由はよくわかる。

通天閣は一九〇三年の内国博覧会の目玉として誕生。だが博覧会の背後には行政の思惑も不動産業者や俠客たちの動きもある。さらに博覧会後にはジャンジャン町、飛田遊郭などが生まれ、周辺は紅灯街へと変貌。加えて付近の家主たちの横暴に抗する借家人同盟と彼らを支援するアナーキストたち。明治大正を生きた群像は生々しい。

それだけでなく、通天閣界隈に生きた将棋指し坂田三吉をとり上げ、彼の実像と新国劇や映画とのズレを見、土地のイメージとしての通天閣まで分析するから恐れ入る。著者はあたかも啖呵《たんか》売《ばい》のように次々に通天閣にまつわるエピソードを繰り出す。その分、読者は混乱するが、人間臭く猥雑な世界を、時代と資本の動き変化に重ね、重層的に描出しようと果敢に試みた力作であることは間違いない。

戦時中に解体され、戦後復活した通天閣とその界隈も再開発の、新資本の波に抗せず、清潔な場所へと変貌する将来を予感させて終わる。面白うてやがて悲しきの感が残る。

（青土社　３６００円）

## 『剃刀日記』

石川桂郎 著

二〇一二年三月四日

収められた三十七短篇を読み、文と構成の上手さに舌を巻いた。と同時にこの作家が長い間、なぜ忘れられたのかと疑問も湧いたが、原型である初版本が戦時中の刊行だからだろう。だが石川は戦後も書き続け、それら単行本未収録の短篇も集め、ようやく本書が完本となった。読書人には実に嬉しい一冊である。

タイトル通り、石川は理髪店を営み、大半の作品は理髪職人である「私」が見聞きした話が軸である。それだけに大正から昭和初期、戦前戦後の東京下町が背景で、岡本綺堂の随筆を思わせるような、市井に生きる人々の情愛や苦しさ、職人気質が的確な描写で伝わるが、それだけではない。

師の横光利一は初版本に「序」を寄せ、石川作品を路傍に咲く金木犀に譬え、「一度嗅いだが最後も早や忘れがたくなる匂い――これは何だろう。汚れを知らぬ簡潔な心の放つ匂いである。哀感を誘いながら微笑をもって門を送る」と評す。加言すれば石川は俳人であったため、冒頭の「蝶」など一瞬に生じる美の発見に長ける。だが彼の本質はやはり「汚れを知らぬ簡潔な心」、つまり懐かしいほどの優しさにある。

（烏有書林　２２００円）

二〇一二年三月一一日

## 『江戸＝東京下町から　生きられた記憶の旅』

川田順造 著

私たちはあらためて、故里とは、地域とは何かと、考える時機を迎えているのではないか。

むろん単純な答えなどない。故里も地域も、絵に描いた餅ではなく、それぞれに長い時間の経緯があり、近隣のみならず、国家の施策とも世界の変動とも結び合って、今があり、なにより今も生きている。しかも生き生きてきた人々の記憶とも幾重に織り重なっているからだ。

著者は一九三四年に東京の下町、深川高橋で生れ、戦時中の疎開まで育った。生家は江戸末期から高橋で米問屋を営んでいた。だからといって本書は著者のルーツ探しではない。

むしろ自分や家族の記憶を頼りに、まずは古くから高橋に暮らす人々へのインタビューを重ねる。驚くのは文化人類学を志した学生時代から、著者が高橋に暮らす人々から話を聞いていることだ。従って関東大震災や戦災の話をした故人もいれば、現在も街で生き生きと商いを続けている気風《きっぷ》のいい女たちも登場する。

そこから著者は考える。下町の人々はなぜ、普段は相互干渉をしないのに、高潮、大火、地震など災厄の際は義侠心を発揮し、寄席や芝居や祭を好む現世享楽志向になったのか。女たちはなぜ、気が強い癖に涙もろいのか。それは江戸以来からの「生きられた記憶」ではないか。

こうして著者は下町が生み、今も生きる記憶を辿る「旅」を始める。著者の「旅」は自在だ。自らが子どもの頃から親しんだ落語歌舞伎を、北斎や広重の浮世絵を解読し、高橋が江戸の中心から外れた「川向こう」だからこそ舟運による物流の集積地となった事実を論じ、舟運の細部までパリと比較するかと思えば、師のレヴィ＝ストロースの下町論を引き、芭蕉を語り、木遣りや祭礼も、大火や水害も考察する。

本書は著者の熱烈な故里愛に貫かれつつも単なる下町論を超え、読者に現代都市の在り様を、地域や故里とは何かを、多角的に問うスケールの大きな論考、いや楽しい物語である。

(岩波書店　2800円)

# 『短くて恐ろしいフィルの時代』

ジョージ・ソーンダーズ 著

岸本佐和子 訳

二〇一一年四月一日

「国が小さい、というのはよくある話だが、〈内ホーナー国〉の小ささときたら、国民が一度に一人しか入れなくて、残りの六人は〈内ホーナー国〉を取り囲んでいる〈外ホーナー国〉の領土内に小さくなって立ち、自分の国に住む順番を待っていなければならないほどだった」

なんだ、これはと思うだろうが、これが物語の始まり。しかも一人しか入れない内ホーナー国の領土が突然揺れ、さらに小さくなり、領土内にいた一人の内ホーナー人の体が外ホーナーの領土にはみ出し、外ホーナー人は国境侵犯と騒ぐ。そこで外ホーナーの中年男、フィルが税金を徴収しろと提案する。ここから物語はさらに混乱。フィルの発言一つ一つが次第に重みを増し、彼は終には外ホーナーの大統領になる。フィルは失恋から内ホーナー人を憎み、徹底して彼らの弾圧を計るが……。

こう粗筋を紹介してもわかり難い。この奇天烈な物語は筋ばかりか、人物もヘンテコ。各々の体は機械と植物の部品で出来ている。ここに気づくと読者は、次第に作者が現代文明の様々な様相をカリカチュアして描いたとわかる。部品化された自然と機械でしか生きられぬ人間たち。法を守ることで責任逃れに終始する役人。何事も殊更、煽情的に報道するマスコミ。会議ばかりして解決策のない国民たちなど。この状況下で小さな事件でも起きれば、それがきっかけで一気に独裁政治が現れる物語だと。

だが本当に怖いのは結末。突然、ヘンテコ人間を作った創造主の両手が現れ、玩具のように部品を解体し、人間を再生し、全員を内と外もない〈ホーナー人〉にする。だが大団円ではなく、再生人間は独裁政治の記憶さえ失う。

私たちは大きな災禍さえ、「恐ろしい時代」さえ「短い」時間で忘れる。現代は忘れなければ生きてゆけないから。しかし忘れてはならぬ記憶もある。その記憶を呼び戻すヒントを作者は飛び切り奇妙な寓話で描いた。

（角川書店　１３００円）

## 『「鐘の鳴る丘」世代とアメリカ　廃墟・占領・戦後文学』

**勝又浩** 著

二〇一二年四月八日

本書は読者の思考を何度も揺さぶるだろう。

タイトル通り著者は、子どもの頃にＮＨＫのラジオ番組「鐘の鳴る丘」に熱中した世代。いわば戦災孤児たちと同世代であり、著者は敗戦を六歳で迎えた。ところが孤児たちの村を作るという内容の「鐘の鳴る丘」でさえ実は、占領軍、つまりアメリカの思惑によって生まれたことを知り、著者は戦後文学を読み直す。

こう紹介すると、文芸評論家の著者なら戦後文学を一つの構図に入れ、分析した本と思うかも知れない。だが著者は久生十蘭、川端康成、中野重治、石川淳、太宰治、三島由紀夫などの作品を改めて読み、しかも自身の体験と記憶を手放さず、それを芯にして語る。だから自ずと戦後文学、その後の文学との共感もズレも露わになり、むしろ文学をダシに、記憶の隅に潜んでいた疑問を吐き出している印象が残る。

といって、それらの疑問は著者一人のものではなく、東日本大震災後の現在だからこそ、かえって私たちに強く響き、思考を揺さぶる。

戦後は占領軍の検閲があり、自由に発言できなかった。ではその検閲がどう成されたか。文学者は検閲下で何を発言したのか。戦争の記憶は文学を超え、その後の日本人の深層心理にまで及んでいなかったか。女たちは解放されたと見えてその実、日本にもアメリカにも二重に差別されたのでは。真実と思われたことさえアメリカ側の恣意的な物語に支えられていたのでは。時代が進めば、アメリカへの日本人の心理も変わるが、それとても明治以後に近代化を強いられてきた日本人の心理に根があるのでは。

問いは広範囲に及び、幾重にも結びつくが、要するに本書は、日本人は戦後、心理の奥までアメリカ文化に浸食されると予測した戦後文学と、その後の文学の変貌を重ね、読者に問うた織物。同時に自らの体験と記憶を粘り強く検証した類のない私小説とも読めるが、果たして戦後も知らぬ若者たちの思考まで揺さぶるか。

（白水社　2500円）

## 『父・吉田謙吉と昭和モダン』

**塩澤珠江 著**

二〇一二年四月二二日

実に楽しい本。まずページをめくり、次々現れるポスターやブックデザイン、家の図面や舞台のセット、小さな店舗や看板、デザインされたマッチ箱やはんこ、和洋の女性衣服などの図版や写真を見てみよう。バラバラに見えるが、実はすべて吉田謙吉の仕事で、しかもその一部。

吉田は関東大震災後の二つの活動で知られる。一つは震災後の仮設建築を注文に応じ、モダンデザインで作ったバラック装飾社。いま一つは震災後に現れた様々な新風俗を微細に調査し、図で表現した「考現学」。いずれも今和次郎《こんわじろう》の指導で行われたが、実践した吉田については『考現学・モデルノロヂオ』の、今和次郎の共著者としか知られていない。

本書は吉田の長女塩澤が父親の遺品を手掛かりに思い出とエピソードを交え、吉田の知られざる活動、人柄、交友の幅広さを綴っている。

思い出の始まりは吉田が戦後すぐ、東京飯倉に作った十二坪の自宅。師の今和次郎が「愉快な家だなァ」と評したように、小さな家でも書斎も舞台もある。実は吉田は日本の演劇史に名を残す、築地小劇場開幕に参加し、役者もすれば、ポスターから舞台美術も手掛けていた。だから「愉快な家」の最初の宿泊客は築地小劇場の創始者、土方与志だった。

吉田の生涯を垣間見るだけでびっくりすることばかり。戦前はカレル・チャペック作『ロボット』のロボット役を演じ、村山知義の「新協劇団」の創立にも参加し、川端康成『浅草紅團』などの装丁、溝口健二や伊丹万作らが監督した映画の美術を手掛けた。戦後もファションから舞踊やテレビの美術、アニメや店舗デザインまでこなし、日本でのパントマイム劇の創始者にもなった。

何でも屋を自称したが、心根は「ぼくは〈ひと〉を喜ばせることが好きなのだ」の一言に尽きる。吉田の生涯を辿れば大衆芸術史そのものだが、それを超え、なんと愉快な男がいたものだ、愉快とは他人を喜ばせる思いの発揮なのだなと感嘆した。


（草思社　2800円）

## 『リスボンへの夜行列車』

パスカル・メルシエ 著
浅井晶子 訳

二〇一二年四月二九日

一気に読みたくなる展開の面白さ、次第に明らかになる作者の知性の厚み、そして余韻の響く結末。要するに私は本長篇に圧倒された。

主人公はスイスのベルンで古典文献学を教え、ラテン語ギリシャ語へブライ語に精通し、チェスの名手でもあるグレゴリウス。堅物の彼は学生に尊敬され、離婚したものの五十七歳まで人生にさしたる不満もなく過ごして来た。だが或る女に出会い、さらに古書店でポルトガル語の本『言葉の金細工師』の一節を古書店主の翻訳で知り、彼はそれまでの人生を突然中断し、本の著者を探すためポルトガルのリスボンへ旅発つ。そしてその著者の妹、親友、教師などに出会う裡に人物像がやがて明らかに……。

始まりは上質のミステリーのように謎めいているが、物語を展開させるのは『言葉の金細工師』から次々に引用される深みのある文章だ。

「我々が、我々のなかにあるもののほんの一部分を生きることしかできないのなら——残りはどうなるのだろう？」

この一節が主人公を旅へと駆り立て、同時に読者を主人公と共にもう一つの人生を探す旅へと誘う。本篇の主人公はグレゴリウスだが、いま一人は『言葉の金細工師』の著者である。彼が少年時から天才的な頭脳を持ちながら、言葉通り自分の可能性を信じ、人生の「残りはどうなるのだろう?」と独裁政権下で起こした行動、友や恋人への思い、信仰への懐疑、本を遺した理由が次第に明らかになってゆく。

実はもう一人の主人公が隠れている。キリスト教の神。作者メルシエは元々哲学者。だから物語には信仰と無神論を軸にヨーロッパの伝統的な厚い知の世界を解き明かす展開が重なる。詩人ペソアの『不安の書』の影響も感じるが、本篇は今後様々に解釈研究がなされるに違いない。それほど現代文学のなかでは稀な、後世に読み継がれるべき質と力を備えている。あえて本篇を既に古典だと称したい。

（早川書房 2500円）

---

## 『高橋由一――日本洋画の父』

古田亮 著

二〇一二年五月二七日

現在、東京芸大美術館で開催中の〈近代洋画の開拓者高橋由一〉展で由一の画業を通覧し、改めて凄みを感じた。代表作「鮭」や「花魁」ばかりか、いずれの画からも写実の驚くべき技法を、いや、それ以上に徒ならぬ執念さえ漂うのを感じ圧倒された。

本書は由一の評伝だが、彼の作品群から、なぜ徒ならぬ執念が迸るのか、その謎が実によくわかった。元々絵筆が好きだった少年が、幕末にヨーロッパの油彩を見、その写実性に驚き、技法を得たいと願ったことも、写実技術が明治国家を支える重要な仕事だと考えたことも、だから生涯を賭けて洋画の普及に取り組んだことも理解できる。

というよりも一人の人間の受けた衝撃、人との出会い、同時代人の意識とのズレ、時代の壁を調べ上げた。例えば小さな記載だが、著者は「花魁」のモデルを特定し、彼女が自分の肖像画に反発した事実や、その後の逸話まで追っている。そのため当時の人々の洋画への関心の在り方や、遊女の社会的な位置までわかる。あたかも由一の画の如く細部を疎かにせずに、彼の心と仕事の軌跡を描き切った。

（中公新書 780円）

## 『K』

三木卓 著

二〇一二年六月一〇日

「Kのことを書く。Kとは、ぼくの死んだ配偶者で、本名を桂子といった」。この一節が本篇の書き出しだが、作者はすぐに次の断りを入れる。「たしかに夫婦でありいっしょに暮らしたのだが、つまるところ、ぼくには、この人がよくわからなかった。共同生活者であったが、彼女はいつもぼくを立ち入らせないところがあって、ぼくは困った」、「Kは七十二年の生涯で、福井桂子名義の詩集を合計七冊書いた。死因は発見が遅れた癌である」と。

作者は、半世紀も前に二人が共に詩人を志して出会った経緯から、なぜ自分が妻を「よくわからなかった」のか、彼女の死までの記憶を辿る。この説明では老いた作家の亡妻もので暗い話だと思うだろう。過去に遡り「よくわからなかった」亡き妻の、折々の叫びをいま一度聴きとろうし、彼女の思い、混乱、悲鳴を考えるのだからなおさらだ。つまり並みの作家なら痛苦さを全面に出して描く筈の場面も多いのだ。死を迎えた妻のために夫は、一度だけ号泣するが、作者はその場面でさえ、すぐに感情を抑制し、最後まで軽い筆致で描き通す。

筆致が軽味を生むのはまず表面的な妻の性格にある。家事も満足にできずワガママ。だから夫は困り、二人の遣り取りだけでも自ずとユーモラスになる。しかし妻の詩を記憶と重ねて解読し、彼女の苦闘も、彼女の異様な生い立ちもわかってくる。それでも作者は軽味とユーモアを捨てない。妻は自分の思いも葛藤も詩の中で隠喩に託したからで、作者は妻を描くなら彼女の矜持に詩人として応えなくてはならない。

詩が自身を、他人を励ますとすれば、作者はその力が平易な言葉とユーモアにあると信じている。だから作者は全篇をユーモアで包んだ。私たちは本篇を楽しく読むだろう。それは作者の希みだ。この意志は並大抵ではない。だからこそ読了後、私たちは詩人二人の、夫婦の愛の絆を改めて感じ、心深く揺さぶられるのだ。

（講談社　1500円）

## 『ゲルニカ――ピカソ、故国への愛』

アラン・セール著
松島京子訳

二〇一二年六月二四日

幼い子にクレヨンと紙を与え、描いてごらん、といえば、子どもはいろんな色を使い、自由に空想を働かせて遊ぶ。これが美術の原点だ。

だが本書の表紙の絵は違う。真っ黒のなかに牛が、その下に女の顔がある。牛の眼は虚ろで女は狂ったようだ。見え難いが牛の右には鳥が叫ぶ。何より絵には色がない。これがピカソの大作〈ゲルニカ〉の一部。では彼はなぜ、こんな暗い絵を描いたのか。本書はこの謎を難しい小理屈などなしに教えてくれる。未来を背負う子どもたちに向け、とてもやさしい言葉で。

本自体、新聞を半分に折ったほどの大型本で、ピカソの絵がいっぱい載っている。ページをめくれば、まず絵は色に溢れる。彼の子ども時代の絵だ。画家だった父は彼に「顔、鳥、光などをよく観察するように」と教え、彼はそれに応えた。父は子の技量に感嘆し、自分の絵具を子に与え、自身は画家を辞める。この逸話通りどの絵も天分に溢れ、色が彼の観察力を物語る。故国スペインは色に満ちる。だから後にピカソが美術に革命を起こした後も色彩は豊かだ。だが本書は途中から色が消える。ここからが〈ゲルニカ〉の謎を解明するページだ。

一九三七年四月、色彩に溢れる春、故国ではファシスト政権が、抵抗するバスク人の街ゲルニカを空爆し、市場に集まった人々や牛や鳥を無差別に殺した。だからピカソは、爆風よりも強く、人々がいつまでも忘れられない絵を、と熟考し、あえて色を殺すことを選んだ。

〈ゲルニカ〉の制作過程を、ピカソの生涯を辿りながら作者は、美術とは、芸術家とは、政治の惨《むご》さとはと問いかけ、色に満ちた明るい世界の大切さを子どもたちに伝える。

（冨山房インターナショナル　2800円）

二〇一二年七月八日

## 『詩歌と戦争　白秋と民衆、総力戦への「道」』

**中野敏男** 著

愛国心とは厄介な、人々の心の奥で潜む心情、いや生き物。一旦燃え上がれば巨大化し、他国を排他し攻撃する。日本人ではありえないと思うだろう。だが先の戦争ではどうだったか。

著者の論旨の軸は北原白秋の詩歌だ。「からたちの花」や「この道」など今も愛唱される優しい童謡を作詞した彼は、日本が戦時体制に入ったとき、自ら進んで戦争賛美の歌を量産し、日本人の愛国心を燃え上がらせた。なぜ彼は変身したのか。著者の精緻な論述を要約する。

白秋は関東大震災前から童謡を作詞していたが、震災後は復興気分と互助精神に乗り、各地で次々に生み出され、大流行した新民謡の作詞にも積極的に参加する。このとき彼の詩の底に常に流れる「郷愁」は変化する。元々彼の「郷愁」のイメージは自身が故郷を離れ、故郷を懐かしむ思いの発露にあった。ところが童謡の核に彼は童心を据えたため「郷愁」は、誰にも犯されぬ無垢な世界へと変質する。やがてその無垢なイメージがさらに新しい民謡の作詞に重なり、彼の故郷のイメージも変貌してゆく。

白秋の心情の変化は、彼の詩歌をこぞって愛唱した日本人の心情そのものだった。童謡の無垢のイメージは新民謡を通じ、郷土愛も純粋無垢な心情に変わり、やがてこの郷土愛は折からの世界恐慌により一気に自国を守り他国を攻撃する愛国心となって燃え上がった。日本はドイツやイタリアのような独裁国家ではない。だが民衆は白秋が詩歌に託したイメージの変貌そのままに自ら戦争を翼賛し、総力戦への「道」を進んだと作者は指摘する。しかも敗戦後もこの愛国心は消えず、復興から日本人は経済戦争への「道」を突き進んだのではないかと。

現代とは状況が異なると反論があるだろう。だが東日本大震災で露呈したのは、私たち日本人が経済の総力戦を遂行した結果の、幾つもの矛盾ではなかったか。歴史をないがしろにする愚は犯すべきではないと著者は結論する。

（NHK出版　1200円）

## 『湿地』

アーナルデュル・インドリダソン 著
柳沢由実子 訳

二〇一二年七月一五日

本篇はアイスランドのミステリー。事件は首都レイキャヴィクの〈北の湿地〉地区のアパートで、鉛筆で「おれ　は　あいつ」と走り書きされた紙と共に、老人の死体が発見されるところから始まる。

タイトルの「湿地」とは、レイキャヴィクが湿地の上に建設された街という歴史的意味だけではない。殺人事件の底に横たわる、福祉国家の腐った内実、そこに蠢く人々の過去、さらに時を遡って老人の暗い血縁から国家の隠れた秘密まで中年捜査官の思考と行動を通じ、描こうという作者の意図を暗示している。

しかもアイスランド人は自分の先祖を遡れば、誰もが血の繋がりのある単一民族であり、この島国が特殊な国という背景がある。だからといって日本の読者も最後に明らかになる謎に戦慄を覚える筈だ。先端科学の行き着く果てに起きるスケールの大きな国家の罪に直面するからだ。

主人公の捜査官自身が抱える様々な問題もじつにリアルで、これから彼はどう生きるのか。往年の名作〈マルティン・ベック〉シリーズを思い起こさせる本シリーズの次作が待ち遠しい。

（東京創元社　1700円）

## 『ドグラ・マグラ』上・下

夢野久作 著

二〇一二年八月五日

「…………ブウウ――――――ンンン」。奇妙な音に始まり、且つ終わる、この大作は読者に果てしない悪夢を見たような錯覚へと陥らせる。だからしばしば巨大な迷宮に譬えられるが、実は作者が読者に向けて、さあ、解いてごらんと差し出した知恵の輪。しかも幾つもの知恵の輪が連鎖し組み合わさっている。

昭和十年に刊行された、このミステリーこそ関東大震災後に起きた現実の奇怪な事件群を物語に重ね、日本人は主人公と同じ様に精神病院にあたかも囚われ、戦争へ突き進んでいると告発したのだ。酷暑の夜、心胆を寒からしめる読書をぜひ。

（角川文庫　上514円　下590円）

## 『歌集　トリサンナイタ』

**大口玲子** 著

二〇一二年八月一二日

〈咲き満てる桜さへづりをこぼすたび子もさへづりぬトリサンナイタ〉

表題となった一首。幼子の可愛い言葉に母も小さくうなずき、囀り合う。ここに歌集全体の底に流れる作者独特の感性がある。満開の桜を見上げれば、桜吹雪も舞い、あたかも囀っているかのよう。鳥たち、花びら、光と風、そして母子の声々が共振する。この明るい情景は母である作者の、あらゆる命への祈りだ。

だが本歌集は明るさばかりでない。巻末に添えられた「あとがき」によれば、歌集は「二〇〇五年の末から二〇一二年までに発表した作品より選」び、しかも「この六年間の間に、受洗、出産、仙台から宮崎への移住という、私個人にとっては大きな変化があり」、「特に昨年三月の東日本大震災以降はさまざまな決断を迫られ」たからだ。だから作者個人の「大きな変化」のなかで、命の脆さを見つめる感性はより研ぎ澄まされ、ときに女のためらいは大きく揺れ、ときに母の無力さは痛苦な叫びとなって伝わる。

〈嘔吐して口ぬぐひたり光の春を生き続けむとして水を飲む〉〈豆腐握りつぶして食べて言葉持たぬ子どもは豆腐にもつとも近し〉〈被災地とはここなのかわれは被災地に居るのか真闇にラジオ聴きつつ〉〈村一番の俊足も波に攫はれて安否不明者の1行となる〉〈晩春の自主避難、疎開、移動、移住、言ひ換へながら真旅になり

ぬ〉〈なぜ避難したかと問はれ「子が大事」と答へてまた誰かを傷つけて〉

作者の「大きな変化」を伝えるため、あえてわかり易い歌を選んでみたが、ギョッとする連作もある。若い母親の子殺し事件を題材にした連作。しかしその連作を含め、どの歌にも生きる厳しさと、共に生きる様々な命への祈りが込められている。それだけ作者個人の内面を超え、読者各々にあの「大きな変化」も再考させる。作者の祈りは果てなくとも、日常と小さき命たちを見つめる感性は肌に触れるほど身近だ。

（角川書店　2571円）

---

## 『ト書集』

**富岡多恵子** 著

二〇一二年九月一六日

実に不思議な本。単行本未収録のエッセイの他に、作者自身による自作の解説や他の作家の作品解説などが蒐められている。確かに戯曲には書かれるが芝居上演中には見えない、いわばト書のような文章が多い。本来なら一冊に纏まることはないだろう。

ところが編者の力だろう、読み進めれば、富岡多恵子という作家の生い立ちから生き方、社会への関心の在り様から自身の矜持の持ち様、或いは恋愛から芸事、小説詩歌への視点まで、作家の資質と個性が自ずと明らかになる。まるでト書のように、作家の仕草や声音、立ち位置や表情がくっきりと浮かんでくる。

大阪の漫才が好きな作家だけに、現代社会に対しては時代遅れのボケ役を演じつつ、ときに痛烈なツッコミを入れ、啖呵も切る。松本清張『波の塔』の解説ではユニークな男女論を展開し、こんな読み方があったのかと驚かす。ガートルード・スタインや折口信夫、室生犀星や中勘助などを語れば、人物の核心に触れながら、日本語や日本の古典への造詣の深さも滲み出る。ともかくも富岡多恵子の多彩な芸にすっかり酔わされた。

（ぷねうま舎　1800円）

## 『井上ひさしの劇世界』

扇田昭彦 著

二〇一二年九月三〇日

「私が初めて井上ひさし氏の戯曲の上演を観たのは一九六九年二月、劇団テアトル・エコーが東京・恵比寿の小劇場「屋根裏劇場」で初演した『日本人のへそ』（熊倉一雄演出）だった。才気と奇想、笑いと音楽にあふれたその舞台を観た時の驚きと興奮は今も忘れることはできない」。

著者が観たこの芝居こそ実は井上ひさしの戯曲家デビュー作でもあった。以来、記者評論家として著者は井上の戯曲六十作を四十年余り観続けた。つまり四百五十ページを超える本書は折々に書いた井上論集劇評集であり、臨場感のあるドキュメントであり、井上作品に惚れた著者の心情溢れる彼への手紙の束ともいえる。

しかしだからといって著者の劇評は決して甘くはない。ときに演出を批判し、役者の芸不足を指摘し、ときには井上の戯曲にも忌憚のない注文を出している。それだけ井上も著者に大きな信頼を寄せたようで、本書収録の著者の、井上の文庫本解説は十五冊にも及んでいる。

演劇は現場の人々が協同して生み出される。同じ戯曲でも初日と楽日では質は異なり、演出家が役者が劇場が美術が観客が変われば、舞台はがらりと変化する。さらに作者が没し、時代が変わっても演出家や役者の解釈で繰り返し上演される。それがすぐれた戯曲の力だ。

この現場を観続けただけに論述は井上の「才気と奇想」の裏にある、彼の夢や祈りも自ずと明らかにする。東北に生まれ育ち、戦中戦後を生き抜いた彼ならではの戯曲の構造も、客を驚かせ笑わせるために腐心した趣向も、日本語へのこだわりも、カトリック信徒としての祈りも、亡父への思いも戯曲や逸話を通して分析するからよくわかり、井上の戯曲が今後も古典として残る力があることも十分に理解できる。

だから本書は演劇好きにも演劇に親しみのない人にも、格好の演劇入門書となり、著者にとっても井上にとっても幸福な一冊となった。

（国書刊行会　３０００円）

## 『ソロモンの偽証』Ⅰ・Ⅱ・Ⅲ部

宮部みゆき 著

二〇一二年一〇月二一日

卓抜なミステリーは二度の通読を誘う。

本篇は三部作で、いずれも七百ページを超える大長篇だが、各々の展開に幾つもの仕掛けがあり、ページを次々捲らずにはいられない。しかも最後に読者を驚かす趣向もあり、読者はどうしても、もう一度読み直すはずだ。

始まりは一九九〇年、雪の舞うクリスマス・イブ。舞台は東京の下町。この時代設定から勘のいい読者ならバブル崩壊が背景だと気づく。実はこれも最後の謎解きに絡む。ともあれ翌朝、中学の屋上から落ちた中二の男子の遺体を積雪の中で発見。警察は自殺とし事件落着と思われたが、彼は不良グループに突き落とされた旨の告発状が校長などに届く。それをテレビ局が手に入れ、いじめが裏にあると報道したため事態は急変。しかも同級生が交通事故で死に、不良グループの喧嘩で一人が大怪我をする事件も絡む。だが学校側は校長などを辞職させ事件の決着を謀る。ここまでが第Ⅰ部『事件』。

この大人たちの思惑に対し、第Ⅱ部『決意』は翌九一年の夏休み前、死んだ二生徒の同級生、既に中三になった女の子が、卒業記念の行事を事件の真相解明にしよう、そう級友たちに訴えることから始まる。やがて彼女に賛同者も現れ、行事も不良のボスを告発状通り殺人罪で問い、何より真実を知るために、生徒による生徒のための学校内裁判を行おうと彼女は決心する。第Ⅲ部『法廷』は緊迫した裁判劇だが、深読みの読者をも驚かす大どんでん返しも控える。

作者が名探偵ものにせず、数多い登場人物が各々の視点で物語を語り、それを連鎖させ進行させた力業には唸った。そのため中学生一人ひとりの不満や嫉妬、苦悩や憧れも自ずと明らかになり、個性も鮮やかに浮び上がる。どの子も裁判を通じ苦しみつつ成長し、ついガンバレと声をかけたくなる。だから歪んだ時代であれ、子どもたちよ、強く生きろという作者の祈りも二十年後を描くエピローグに和して胸に響く。

（新潮社　各1800円）

## 『飛花落葉』『桔梗の風』『夕鶴の家』

辺見じゅん著

二〇一二年一一月四日

人生には様々な出会いと別れがある。その折々の縁《えにし》を誠実に受け止めること。辺見じゅんが逝って早一年余り。彼女の命日に単行本未収録のエッセイが三冊に纏められ、同時刊行されたが、三巻を読了しこの感慨を強く抱いた。

まず『飛花落葉』を薦めたい。辺見の原点が理解できる。〈季の旅〉という一年半に及ぶ雑誌連載が三分の二を占め、「小正月」から「河童忌」まで俳句の季語を綴っているが、並みの歳時記ではない。日本各地の山村漁村を歩き、古老たちから聞いた民話や童歌、世間話の記憶を軸に季節を辿り、季に合った句と対応させる。それだけ懐かしさに溢れるが、この懐かしさは彼女の故郷と父への思いともさらに響き合う。

父角川源義《げんよし》は折口信夫の高弟だが、民俗学国文学への志は戦争で崩され、戦後は角川書店を興し、晩年は俳人としても生きた。辺見は父の没後、彼の志を継ぎ、民話を訪ね歩き、俳句も学んだ。その研鑽ぶりは〈季の旅〉の選句でよくわかる。と同時に、歩き、人に接し、細部に注ぐ目を養い、ノンフィクション作家の骨組みを作った。天性以上に努力家であったろう。

辺見は歌人でもあった。短歌への思索は『桔梗の風』。中城ふみ子、片山廣子、原阿佐緒など女流歌人の評伝群に読み応えがある。彼女たちが生きる希求を歌に託した思いへの共感だろうが、それ以上に彼女たちの、人との出会いと別れを描き、辺見は自らの人との縁を想起する。そしてその記憶の核に父源義がいる。『夕鶴の家』では、自分の微かな戦時の記憶から始まり、父が生きた戦争の時代を調べ歩き、自ら『男たちの大和』『昭和の遺書』などの力作を綴った契機を、そして兵士の遺書を機縁とした人との出会いを、養母など家族の帰趨までを語る。

それだけに三巻から、人との縁を誠実に自分の人生の糧とし、その縁を忘れずに人生という長い旅をした娘であり女だった、辺見の姿が立ち上がる。読了し秋の深まりも感じた。

（幻戯書房　各2200円）

## 『都市は何によってできているか』

パク・ソンウォン著

吉川凪訳

二〇一二年一一月二五日

「人は誰でも時間の中に住んでいる（略）出勤時間、会議時間、約束時間、開始時間、ひいては薬をのむ時間まで、人々は時間を守って暮らしており、時間の内部に留まっている」

この皮肉な言葉は本短篇集の第一話に出てくるが、他の短篇にも通底する主題だ。人間は自分たちで管理した時空間に追われ、喘いでいると。では、その時空間の外部へ飛び出そうと試みた者はどうなるのか。本短篇は八話に分かれるが、どの主人公も試みては失敗するか、あるいはそれと気づかぬ裡に挫折してしまう。

こう紹介すると理屈っぽい小説と思うかもしれないがそうではない。例えば第一話。都市暮らしが嫌で遊牧民を自称し田舎で三万冊の本を残して死んだ父と、父の買った当たりの宝籤を手に入れるが結局、籤は異母姉に取られる息子との話。第二話は「毛深い象」と呟いて妻が死に、悲しみにくれる男が、街角で小さなぬいぐるみの象を持つ少女に、パパと呼びかけられるといった展開。しかもこの二つの物語は第三話以降、百年後で繋がったり、逆に過去に戻って結びついたり、と実に奇妙な構成だ。

つまり作者の武器の一つは奇想天外な展開だが、この奇想も管理された社会ならば百年後でも不思議ではない。主人公たちが触れるのは悲しみのなかでさえ信号や役所の書類、数字や記号ばかり。この人間関係の希薄な生活では瑣末な関係のズレや時間の狂いが、電線がショートし火花を散らすように、人々を偶然引き合わせ結びつけ、殺人事件に出合わせたりもする。

もう一つの作者の武器は軽快な文体だ。リズミカルな文に乗せられ、つい読み進む。しかし読者が、描かれた人間模様はソウルでも東京でもニューヨークでも、未来でも過去でも起きると気づくとき、主人公たちの焦りや諦念、孤独な息づかいや喘ぎにビリビリ感電するだろう。それだけに本篇は韓国で起きている新しい文学の風を堪能させる。

（クオン　2200円）

## 『落語の国の精神分析』

**藤山直樹** 著

二〇一三年一月六日

欧米の映画やテレビならお馴染みだろう、登場人物が心に悩みを抱えたり、衝撃的な事件に出合ったりすると精神分析家の診断を受ける。ところが日本人はそれを恥と考えてしまうせいか、精神分析家さえ三十人ほどしかいないらしい。著者はその一人だ。

著者は別の顔ももつ。子どもの頃から無類の落語好きで、現在、素人ながら仲間と年二回高座に上がる。いわば落語の「寝床」を地でゆく著者が、精神分析の視点からよく知られた噺「らくだ」「芝浜」「文七元結」「粗忽長屋」などを論じてゆく。

落語には日常を狂わす展開があり、登場人物はそれと気づかず行動するから客は笑う。ではなぜそんな行動を。本書は人物の行動や言葉を精神分析の観点から読み解くのだが、読み進めるほど精神分析とは何かというテーマが次第に浮上し、読者はむしろ人間の心の複雑な動きを知るだろう。いやいや「寝床」を論じた章からわかるのは、著者も高座に上がり、生きる実感を得ようとしていることだ。笑いは人に生きる力を与える。精神分析家自らが心を開き、語った落語賛歌の本。

（みすず書房　2600円）

## 『明治演劇史』

**渡辺保** 著

二〇一三年一月二七日

著者の『江戸演劇史』二巻の読者ならば本書刊行を待ちかねただろう。期待を裏切らぬばかりか、前著未読の、演劇に知識のない読者も面白く読める。面白さの理由は大きく三点。

著者は能、文楽、歌舞伎を分けて論じるよりもまずは維新後、共通に直面した問題を取り出す。激動の時代だ。従来のままでは生き残りは難しい。だから危機を救った起業家的資質の人物に光を当てた。時代を見通す目、新しさに向かう度胸、金を集め人を纏める力を持つ人物たちだ。例えば明治初頭では能の梅若実、文楽の植村大蔵、歌舞伎では十二代目守田勘弥。明治中期ではオッペケペ節で人気を博した川上音二郎であり、新派を興した伊井蓉峰《ようほう》、喜多村緑郎たち。彼らの行動を活写した点が第一。

二点目は芸自体の変貌を論じた。名人と呼ばれた演者たちが、人間の内面を写すリアルさを芸に求めた。なぜなら変化に乏しい江戸時代とは異なり、明治人は自身で考え、悩み、行動しなければならぬ。芸はこの心理と重なり、さらに著者は、近代であれば個人の力こそが歴史を生み出すという独得の史観で描き切った。

しかし個人の力では如何ともし難いのが国家体制。天皇制の強化、欧化政策、そして日清日露戦争など国際戦争。当然、演劇も無縁ではない。個人の力と国家の動きの狭間で各演劇も揺れ動く。例えば歌舞伎は日清戦争後、戦争もので人気を博するが、日露戦争勝利で国家が対外的に安定すれば、ナショナリズム熱によってかえって、能や文楽と共に日本の伝統劇とみなされ、やがて新派新劇に現代劇の席を譲ることになる。読者は改めて歴史とはかくもダイナミックだという事実も教えられる。以上、大きく三点。

加えて切りは突如現れ、花火の如く自ら短い命を絶った人気女優にして歌手松井須磨子。彼女を生んだのは、芸でも国家でもなく民衆の力。この新たな勢力の登場を示しつつ著者は、次の大正へ舞台が廻ることを予感させて幕を引く。

（講談社　2800円）

**『俳句で綴る　変哲半生記』**
**『芸人の肖像』**

**小沢昭一** 著

二〇一三年二月一七日

俳句と写真、よく似ていますなあ。どちらも街歩きの合間に一句詠んだり一枚撮ったり。お父さんのなかには同好の方も多いでしょうなあ。昨年の十二月に亡くなった小沢昭一もこの二つの趣味には年季が入っておりました。

俳句歴は四十数年。変哲という俳号は川柳好きの父の号を受け継ぎ、写真の方も写真館を経営していた父親譲りで、実は膨大な写真を遺していたんですなあ。そんな彼の句集と写真集が相次ぎ刊行され、読者の方々も役者姿とは別の、小沢の人生に十分触れることと存じます。

まず句集。昭和四十四年一月に初めて詠んだ句は〈スナックに煮凝《にこごり》のあるママの過去〉。いかにも彼好みの店の雰囲気ですな。読み進むと彼らしい句ばかりで選ぶのに迷います。

〈みの虫の糸朝よりも短かかり〉〈首まげて口とがらせてみた志ん生忌〉〈戸口まで来てまごつくや雀の子〉〈もう秋ざんしょなどとダレてる残暑かな〉〈汗ふくとき人みな好人物〉〈寒釣や同じ顔ぶれ同じ場所〉〈天衣無縫おたまじゃくしの丸い口〉〈春は曙ハテ清少納言まだ御寝〉〈寒月やさて行く末の丁と半〉〈寄居虫《やどかり》やいのちの知慧のやっこらさ〉。そして最後の句は亡くなる五カ月前の七月でした。

〈オイそこはガラスじゃないか夏の蝶〉

小さな生き物や人の仕草に優しい眼を注ぎ、飄逸で彼の人柄や生き方そのままで……。

では写真集『芸人の肖像』は。小沢ファンなら彼が芸能の原点を求め、失われつつある大道芸や放浪芸を発掘し記録するため全国を歩いたことをご記憶ではないでしょうか。そんな芸に加えて落語家、浪曲師、音曲師、ストリッパーなどをパチリパチリ。お父さんのなかには懐かしくて涙する方がいるかもしれませんな。

いずれにも俳句と芸能への愛を込めた彼のエッセイもあって、クスッと笑ったり大笑いしたり楽しい本です。ので、つい啖呵を切ります。ドウダ、二冊纏めて小沢昭一的ココロだァ！

（『俳句で綴る　変哲半生記』岩波書店　２６００円）
（『芸人の肖像』ちくま新書　９００円）

## 『サイト——建築の配置図集』

**村岡聡／田村裕希** 著

二〇一三年三月一〇日

ライトの落水荘、コルビュジエのカップ・マルタンの小屋、アアルトーの夏の家、アスプルンドの図書館、カーンのソーク研究所など名建築の詳細図集といえば、建築好きの読者ならよくある本だと考える。

だが著者は名建築自体よりも近隣の建物群、幹線道路と小路、木々や畑、川や海岸、崖や丘などに注目した。それだけ資料を渉猟したばかりか、各建築と周辺を歩いて調査したに違いない。そうして古建築を含め世界各地計八十七の建築の敷地を驚くほど詳細に図面化した。

しかも全図は灰色のトーンで塗り絵の仕様だ。著者は各事例に応じて質問を読者に投げかける。目的の建築へ行く路は？　舟ならどこで降りる？　周囲の木々を緑色に塗って、テラスや崖などは別の色で、という調子だ。読者は色塗りし寸法や方位を考えるうちに、その建築の敷地への配慮を自ずと理解する。それほど欲張った大変な労作だ。

ではなぜ敷地にこだわるのか。

海外へ観光に出かけた方なら、建築こそ文化遺産で観光資源だと理解するだろう。観光の大半は建築見学だから。しかも周囲の風景にも目を見張ったはずだ。いやいや海外旅行に行けない方にこそ本書を。

著者の問いに答えているうちに、次第に各建築の周りに広がる海や丘、木々や畑、滝や沼が、あるいは人や車の動きが見え、散策している気分になったらシメタモノ。実は建築を活かすのは敷地や周辺風景への考慮が重要で、設計の基本なのだが、戦後、四角いビルばかり作っては壊してきた日本では理解されにくい。そのためか、本書で著者が挙げた日本の事例は、近代建築はなく桂離宮と吉備津神社だけだ。

しかし現在、日本中で過疎化が進み、使われぬままの未利用地が増えつつある。だから様々な施設で今後は広い敷地を利用できる可能性も高い。本書は建築と敷地を、さらに街づくりを考える上でも、ユニークでタイムリーな教科書である。

（学芸出版社　３６００円）

## 『火葬人』

ラジスラフ・フスク 著

阿部賢一 訳

二〇一三年三月一七日

本長篇の舞台は一九三〇年代末、チェコのプラハ。チェコの作家といえば、カフカ、チャペック、クンデラといった名を思い出すが、本篇の作者フスクもまた、彼らと同様に、歴史的に複雑なチェコの政治状況が生み出した、暗澹たる悲劇を独自の展開と手法で描いている。

近代史に限れば、ナチスドイツが、チェコスロバキアから分離独立させた、傀儡政権スロバキアと共に、ポーランドへ侵攻し、第二次大戦を勃発させた時期である。本篇の物語はそれら連続する大事件の前夜から始まる。

主人公は火葬場に勤め、家族を愛し、禁酒禁煙を守り、チベット仏教に憧れ、仕事に誇りをもつ、実直な中年男。自身はドイツ人だが、妻はユダヤ人で、友人にはユダヤ人も多く、気のいいユダヤ人をなぜ、ヒットラーは毛嫌いするのか、と温厚な彼は常々思っている。

こう紹介すると、平凡な男がナチスに抵抗する話だと思うかもしれない。だが展開は逆。むしろ切迫した状況下、彼がナチスに感化され、同調する心理の変化を描く。巧みなのは死を間近に感じる世相を場面毎に重ねる手法だ。火葬場ばかりか、家族が見物する蠟人形館やボクシングの試合などにも、主人公が楽しむ絵画や音楽にも死の影が立ち上る。その雰囲気のなかで主人公が家族や友人と交わす言葉一つ、仕草一つを、日常がじわりじわり崩れ、抜き差しならなくなる主人公の心理に重ねて描く。

だから読者は、読み進む裡に肌が粟立つ恐怖を覚え、そして彼がナチスに同調した瞬間、予期せぬ殺人という結末が待ち構え、あっと驚く。

作者がミステリーの展開を選んだのは、平凡な人間の瑣末な日常や心理を崩壊する恐慌政治が、いつでもどこでも起こり得るという主張を細密描写に込めたかったためだ。同時にしかし、苦悩した社会こそ優れた小説を生むという、古典的な逆説も思い起こし、これは文学の宿命なのかとしばし考えてしまった。

（松籟社　1700円）

## 『還れぬ家』
佐伯一麦 著
二〇一三年三月三一日

本長篇は、作者によれば「認知症になった父のことと自分の生家に対する複雑な思い」を「父が生きているうちに同時進行に近い形で書き進めたいという望み」から生まれた私小説。

この動機通り、医師が父親を認知症と診断した二〇〇八年三月十一日、つまり五年前の仙台の病院の場面から始まり、作者と等身大の主人公「私」と妻、母による父の介護の様子を描き、最後は翌年の父親の死をもって終わる。しかしノンフィクションではなく、作者の試みは父親の病状の深刻化に応じ、「自分の生家に対する複雑な思い」と、その思いを生む数々の記憶の断片を重層的に描こうとした点にある。

したがって「私」の幼い日からの記憶が各々の場面に応じて再現される。トラウマとなった子どもの頃の事件、役人だった父の折々の物言い、家のしきたりに拘る母の言動、姉と兄が家から離れた理由、高校卒業後に家を飛び出た「私」の気持ち、前妻と三人の子の行方、現在の妻の義父義母への感情など。やがて記憶の束が明確化するのは、家族の誰もが自分の人生に誠実に向き合って生きていることだ。しかしだからこそ各自はプライドが高く、中途半端に折り合いを付けられず、「私」もどうしても父母と共に暮らすことができない。表題は家族間の和解できないしがらみを意味している。

かつての『恍惚の人』に比べ、老人介護の制度施設は格段に整っている。しかし家族一人ひとりの立場は多様化し、相互の感情のもつれが複雑になる状況は読者の共感を呼ぶだろう。

しかも本篇連載中に大震災も起き、「私」が拘ってきた記憶を蘇らせる場所さえ消し去り「還れぬ家」は決して「私」だけの問題ではなくなる。だからといって作者は震災後の様々な問題について声高に語るわけではない。最後の最後に、父の死後も一人で暮らす母の覚悟を示して静かに幕を引く。それだけに読者は深い余韻の中で自らの家族を省みることだろう。

（新潮社　２３００円）

## 『空気の名前』

アルベルト・ルイ＝サンチェス著

斎藤文子 訳

二〇一三年四月一四日

芥川と谷崎がこの小説を読んだならば、どう思うだろうか。こんな考えがフト浮かんだ。

本篇は「そんなふうに見ていては、水平線は存在しない。視線が水平線を作るんだ。まばたきするたびに崩れる一本の糸」と書き出され、「昼のあいだは空と海が分けあう線、夜がひそかに帳を集めにくるころには消えてなくなる縁を、彼女はじっと見つめていた。闇が訪れるとその視線は、星々が描くひと筋の線、遠い海面に映る明るい線に向けられた」と続く。

冒頭の二節に作者は小説への思いを込めた。

この文体通り、全篇が散文詩を読む印象だ。同時に物語の核もここにある。水平線を見つめ続けている女は、主人公の美少女ファトマ。舞台はモガドール。様々な宗教が混じり合う北西アフリカの架空の港町で、季節は風が急変する秋だ。しかし物語には劇的な展開はない。

筋を単純化すれば、ファトマが自分でも気づかない性の欲望に目覚め、突き動かされ、街を彷徨う、それだけの話だ。いわば少女が女へと変わる瞬間が筋。ならば作者が筋以上に描くのは何か。表題そのままに「空気の名前」である。

少女が変わりつつあるのに気づき、街の者たちが見つめる気配、噂、ざわめき、男の視線。彼女が歩く街の雰囲気、喧騒、風の音。彼女が聞く呟き、祈りの声、性を巡る女たちのため息。彼女が嗅ぐ海の匂い、付ける香料、風の変化などなど。名づけられぬ空気を執拗に描く。しかも作者は最後まで主人公ファトマには僅かしか声を上げさせず、読者が聞くのは街の伝承譚や祈りの言葉だ。それが一層幻想味を醸す。

かつて芥川と谷崎は小説の筋の芸術性を巡って論争した。谷崎は筋の面白さを肯定し、芥川は否定。だから筋らしき筋のない本篇を芥川は喜ぶだろうが、「刺青」を書いた谷崎もここに筋の面白さを認めるだろう。いずれにせよ、本篇からは、日本の現代文学では見当たらない、稀有な文学の香気が立ち上る。

（白水社　1800円）

## 『工場』

小山田浩子 著

二〇一三年五月五日

言葉とは不思議なもの。綴り方次第で人を驚かせたり笑わせたり、泣かせたり怒らせたりすることができる。つまり小説もマジック。

本小説集は作者のデビュー作だが、そうとはとても思えぬほど、作者は言葉を綴るマジックを心得ている。といって特殊な設定による小難しい小説ではない。登場人物はどこにでもいる平凡な人々で、題材もどこかで今も起きているような事柄。ところが読み進む裡に読者はやがて奇妙な世界に入り込んでしまうのだ。

むろんマジックにはタネもシカケもある。

例えば表題作「工場」は、巨大な工場に勤め始めた三人が見て感じ考えたことを交互に綴ってゆく構成。人は瞬間に様々なことを感知し、同時に様々な思いや考えを巡らす。しかも感知の内容も仕方も、思いや考えも人それぞれで当然異なる。作者はまず、この三者三様の思考を描き分け、各々の人柄や抱えている問題を読者に伝える。ここまでは作家ならば当然の手法だ。しかしその描写が実に微に入り細に入る。これがマジックのシカケ。読者の目は人物の思考の流れに注がれる。平凡な人々だから当然、共感もする。だが作者は同時にタネも撒く。

「工場は灰色で、地下室のドアを開けると鳥の匂いがした」。これが書き出し。何気ない。しかしこの一節でさえシカケがある。実は全篇に亘り、鮮烈な色彩は登場せず、灰色の巨大工場のなかで人々がいつの間にか、モノトーンの世界に妙な生き物のように蠢《うごめ》き犇《ひし》めく印象を生む。「鳥の匂い」も一つのタネだが、これは読んでのお楽しみ。最後に読者を驚かせる。

この手法は美術でいえばハイパー・リアリズム。誰にも起きる日常をリアルに細密描写し、全体を眺めると日常とは異なった世界が浮上する。他の二篇も含め、生活の隅々まで管理化された現代社会の戯画とも読め、また作者がクスクス笑うユーモアも感じるが、何よりも若い作者の、小説への実験精神を高く評価したい。

（新潮社　1800円）

---

# 『コリーニ事件』

フェルディナント・フォン・シーラッハ著

酒寄進一訳

二〇一三年五月二六日

短篇集『犯罪』『罪悪』で日本のミステリーマニアをも唸らせた、作者の三作目は長篇だ。

舞台は二〇〇一年五月のベルリン。六七歳のイタリア人コリーニは高級ホテルの一室で著名な大富豪を射殺し、犯行後、ホテルのフロントに警察を呼ぶよう頼む。ところが逮捕されても弁護士を呼ぶこともしない。そこで国選弁護人として新米弁護士ライネンが選ばれる。

ここまでは通常の進行だが、ライネンは被害者が今は亡き親友の祖父で、少年時代には親しかった人物だと知って悩む。物語の前半はライネンが自身の記憶と葛藤を乗り越え、コリーニの弁護に最善を尽くすと決心するまで。

一方コリーニは犯行方法について自供したものの肝心

の動機は吐かない。彼は復讐したのだと警察もメディアも推測するが、被害者との接点が警察の調べでも皆目わからない。何より彼は誠実な人柄で殺人を犯すような人物ではない。ここから物語は、刑事弁護士でもある作者ならではの臨場感に溢れた法廷ドラマへ。

　最後に到り、ライネンはコリーニと被害者の接点の謎を解くが、実はもう一つの謎が現れて読者を心底驚かす。学生闘争がヨーロッパ中を席巻した一九六八年に、一人の刑法学の権威により追加された刑法の一項こそ、さらに遠い過去と殺人とを結ぶ鍵だった。この一項はフィクションではなく生きた現実だ。そのため本篇を読んだドイツの法務大臣は、この法にまつわる問題を検討する委員会を設けたという。つまり作者は法に携わる者として、現行の法の矛盾を小説によって世に問いかけたのだ。

　ネタバレも含むから読後に限るが、訳者酒寄進一の「あとがき」も読んで欲しい。なぜ、作者シーラッハが本篇を書いたか、彼自身の生い立ちの謎も動機も解き明かされる。それだけに読後、犯人コリーニが語る「死者は復讐を望まない。望むのは生者だけ」という言葉がまさに法の精神と重なり、余韻となって重く響く。

（東京創元社　１６００円）

## 『文人荷風抄』

**高橋英夫** 著

二〇一三年六月九日

荷風が没する前日まで四十二年書き続けた『断腸亭日乗』（以下『日乗』）は、様々な角度から論じられてきた。だが著者は独自の視点を踏まえ、ゆったりした筆致で読解してゆく。

　三章に分かれる。まずは〈文人の曝書《ばくしょ》〉。曝書とは本の虫干し。かつて蔵書家は夏に蔵書を黴や虫害から防ぐため風に晒し、また傷んだ本を繕った。著者が『日乗』から曝書の記載を拾うと荷風は戦時下であれ、力仕事の曝書をまめに行っていた。では曝書した本は。その折に読んだ和漢の古書は。なぜ彼はその本を選び、どう思ったか。こうして荷風の内面に迫る。

　続く〈フランス語の弟子〉が素晴らしい。

『日乗』に登場する阿部雪子に著者は着目。昭和一八年、既に開戦後、雪子は荷風の許を初めて訪れ、戦後を含め、およそ五十回も『日乗』に名が残る。だが一方で荷風がフランス語を教えた雪子を隠そうとした痕跡も。岩波版の全集にはあっても以前に自身で手を入れた異本では消した箇所もある。ならどうして。

その謎に老いた荷風の秘めた思いがあると推測し、雪子の年齢や勤め先を絞り込み、終に彼女の写真まで発掘する。同時に荷風が若い彼女と過ごす一刻をいかに大事にしたか、さらに雪子を『濹東綺譚』などに登場する、つましく細やかな女の像に重ねたと推理する。そして複雑で狷介な荷風の内面に潜む思いを、つまり彼が激動の世ならこそ「世事俗界から超然と離れて、詩歌、文芸、書画に携った」文人として雪子に接した矜持を著者は解明する。

終章〈晩年の交遊〉は荷風と古書蒐集家相磯《あいそ》凌霜《りょうそう》との友誼を詳らかにするが、最後に凌霜著『荷風余話』から、荷風の通夜に訪れ静かに去った雪子の姿を描写した一文を引き、著者は筆を擱《お》く。だから繊細で濃密な連作短篇のような深い余韻が読後に響く。しかしそれ以上に読者は本を読み切るという行為の面白さ深さ凄みを、いわばエッセイの醍醐味を知るだろう。

（岩波書店　2500円）

---

## 『ゆうじょこう』

村田喜代子 著

二〇一三年六月一六日

舞台は明治三六年五月の熊本の遊郭東雲《しののめ》楼。そこへさらに南方の硫黄島から、親の借金のため十五歳の少女が、娼妓として働きにくる。名は青井イチ。彼女は海に暮らし、満足に教育を受けていない。他の少女たちも同様。そこでイチたちは揃って学校に通い始める。

本篇はこう始まるが、なぜ娼妓が学校にと疑問に思うかもしれない。実はこの二十世紀初頭に布かれた廃娼令が関係する。政府が西欧への体面から人身売買を建前上は禁止し、娼妓にも教育を受けさせるように命じたからだ。

本篇の表題は「ゆうじょこう」。なぜ平仮名なのか。漢字に直せば遊女考。しかし本書は小説であり遊女論ではない。しかも十三章に分かれ、章題の大半は平仮名。これは作者の仕掛けである。イチは作文を習い、漢字も少しずつ覚え、書く楽しみを知る。つまり章題すべては彼女の作文の一節からである。イチは見たこと考えたことを島の訛りで話し、書くから、作文は可笑しくも哀れなわらべ唄を思わせる日記となる。作者は自然児イチの文を核にして、一人の遊女の思考そのものを描こうとした。だから表題は〈ゆうじょ考〉ではないか。

イチは廓で多くを学ぶ。男女の体の違い、性愛の技、世の中の仕組み、人の嫉妬、金銭の厳しさ……。同時に士族の娘ながら廓にもいた学校の師匠（先生）からは男女平等などの思想も習う。だがイチにはピンとこない。なぜなら自然児の彼女には、蟻も海亀も牛も馬も、生きているものすべて友だちだからだ。これが作者の本篇の真の意図だ。物語は最後、救世軍などの廃娼運動が盛り上がり、イチを含め娼妓が力を合わせ、東雲楼を脱出する展開で終わる。その後のイチたちの行方もわからぬままに。

しかし作者は筋よりイチの考え方を取り出し、人が人と共に生き、自然の中で生きる大切さ、いつの世でも当たり前の素朴な考え方を、改めて読者に喚起させたかったに違いない。

（新潮社　１８００円）

## 『いきている長屋』

谷直樹／竹原義二編著

二〇一三年六月三〇日

土の路地、裸足で遊ぶ子、見守る母親、植木に水を遣る人、軒先に並ぶ自転車、瓦屋根、格子戸、連子窓《れんじ》、簾……。ページをめくると、こんな写真が次々に。といって懐かしの街並み写真集ではない。大阪梅田北で今も生きる豊崎長屋の姿である。

大阪も他の大都市同様に高層ビル建設ラッシュが続く。ではなぜ、この長屋が今も生きているのか。

実は大正期に建設され約九十年も経て、老朽化した豊崎長屋も二〇〇五年にビルへ変わる計画があった。なにしろ約四百四十坪の土地だ。だが、調査に訪れた谷直樹による家主への説得と、家主の吉田家の理解により、長屋は保全ではなく、耐震設計を含め再生への途を進み始める。

本書はその後、長屋をどう再生したか、七年間に亘る活動の全記録だ。谷と共に大阪市大教授で建築家竹原義二、彼ら二人の指導の許、調査や設計や現場でも働いた学生たち。職人たちの仕事ぶり。家主の長年に亘る借家人への配慮や住人たちの暮らし方の調査。その調査を踏まえた丹念な設計図案。それだけにどのページからも、誰もが共に長屋再生を目指した熱意が伝わってくる。

それだけではない。近代の大阪での長屋の成立と衰退などの歴史解説も、大阪に現在残る長屋の分布と生活実態の調査もある。その上で、高齢者にはコンクリートより木造家屋が適するという分析を行い、長屋再生こそ今後の街づくりの核となるという提言をしている。すべて七年間の実践と調査に基づくだけに強い説得力がある。

参加した学生のなかには卒業後、豊崎長屋に住み始め、若い住民と共に、長屋を今後どうするか、話し合う会を設立した者もいる。高齢者ばかりか、若者たちも再生した長屋に新しい生活を見つけたのだ。

つまり本書は私たちに、コミュニティとは、開発とは、暮らしとは、街に住み続ける権利とは、と様々な問いを発し、同時に痛快な解答集なのだ。ぜひ十年後に再報告を！

（大阪公立大学共同出版会　２５００円）

---

## 『耕せど耕せど　久我山農場物語』

**伊藤礼** 著

二〇一三年七月一四日

ページをめくる度に頬が緩み、笑みがこぼれ、つい噴き出す。といって著者は笑い話を書く意図はなく、実に論理的な思考で筆を運ぶ。

副題通り著者は、東京の杉並区久我山で農場を経営する。近辺を知る方なら、ハテ、あの住宅地に農場と思うだろうが、敷地は三メートル×十三メートル。つまり庭で始めた家庭菜園。ナンダァと思うかもしれないが、農場と呼ぶのは著者の農業への気宇である。なにしろ耕運機まで所有する。だから本書は二年前の七月から昨年十二月まで野菜生育のため苦闘した毎月の報告だ。

著者の名を以前の著作から、自転車で東京を、全国をのんびり走っていた七十過ぎの老人と記憶する読者もいるだろう。ところが本書読了後、私は現在八十歳の著者を礼センセイとお呼びすることにした。何故ならセンセイは、例えば耕運機（実は小型の手動式）の購入理由から、その性能、価格、危険性、果ては六年間も使わなかった理由、そして突然に使った訳までも事細かく述べる。すると本来記すべき野菜の生育報告の紙幅が足りなくなるのだが……。

センセイは農事日記を記し、それを基に生育状況は元より購入したタネや苗の特徴も値段も、何故買ったか、動機までも丁寧に説明する。ところが耕運機の話同様に、動機やアイデアを論理的に正確に詳述しようとするあまり常に話は脱線する。そこが可笑しい。しかも野菜を育てれば、センセイは次第に野菜も道具も雑草も、クワイ栽培池に放ったメダカさえも友人視し、擬人化して記すからさらに可笑しい。

一年半の間には厳寒も猛暑も台風も。成功も失敗も。センセイは常に学ぶ姿勢を忘れず、失敗も前向きに捉え、計画変更は唖然とする程に一気に実行する。ここがもっと可笑しい。

さて昨年の暮れ、センセイは戦時下に都が発行した『戦時農場の設計』なる文書を発見し、今年は、これに倣うと決定。なら現在は、と気になるが、とまれセンセイのご健勝を祈る。

（東海教育研究所　1400円）

二〇一三年七月二八日

## 『インフォグラフィクス　気候変動』

エステル・ゴンスターラ 著
今泉みね子 訳

猛暑、熱中症、ゲリラ豪雨、といった言葉が連日メディアに登場するが、目を海外に転じれば、もっと凄まじい気候変動が起きている。

今月はメキシコ北部で三日間で一年分の降水量の大雨が降った。五月からの変動を挙げれば、大洪水は中国四川省（被災者七百万近く）、ヨーロッパ中部（古都プラハは浸水）、インド北部とネパールで。アメリカ・オクラホマ州では大竜巻が発生し、崩れた建物は千二百余りと伝えられたが、これら災害のその後は、ハテ？

地球上の海も川も空もすべて繋がっている。気候に国境はない。にもかかわらず私たちは、気候変動を日本に限定して捉え易い。

本書は現在、世界でどんな気候変動が起き、原因から未来予測までを最新のデータに基づいて教えてくれる。A4版の大型本でデータすべてを絵と図で示す。しかも国連や各国の研究機関による報告や、被害を受けた国の人々の言葉を大きく扱う。それだけ客観性を重んじ、子どもでも理解できるようにした著者の工夫だ。

ではどんな指摘が？　例えば二〇一〇年までの二十年間に世界で一万四千件以上の天候異常が起き、七十一万人以上が死亡というデータは驚きだが、世界各地の気候変動は様々だ。ヨーロッパでは温暖化で鳥や魚の生態が変わり、アフリカでは降雨量が減り、水不足と土壌の地力低下から戦争まで起き、事実ソマリアでは既に百万人以上が〈気候難民〉として土地を離れた。南米では熱帯雨林が脅威にさらされ、エルニーニョ現象が激しくなり、洪水や森林火災などを起こす。アジアでは世界第四位の内陸湖アラル海が消滅し、モンスーンが変化したインドでは過剰な雨と雨不足に悩まされる。海面上昇で国土が消える危機にある国も多い、などなど。

著者はアメリカと中国を温暖化の元凶としつつ、最後に森や海の大事さ、節電などの必要性と共に「地球規模で考えよう！」と訴える。本書の意義も正にそこにある。

（岩波書店　２４００円）

## 『巷談辞典』
井上ひさし著

二〇一三年八月四日

私はこの春、県立神奈川近代文学館開催の〈井上ひさし展〉で企画編集を手伝った。結果は期待予想を上回る観客動員で皆様に感謝感激、御礼多謝。おかげでひさし熱は今も猛暑激暑を超え消去不能の持続状況だ。

と、牽強付会な四字熟語を並べたが、実は本文庫は井上が「前途遼遠」から「九寸一分」まで四字熟語を毎回タイトルにした百十回の新聞連載エッセイ。

文は軽妙洒脱、下ネタから政治ネタまで自由自在、自虐諧謔、権威反逆とギャグ満載。しかも山藤章二が挿絵で丁々発止、当意即妙、これも絶妙至極。暑夏忘却、抱腹絶倒の一冊だ。

（河出文庫　950円）

---

**『なつかしい時間』**
**『奇跡——ミラクル——』**
**長田弘**　著

二〇一三年八月一一日

急《せ》かず静かにゆっくり読みたい二冊の本。

『なつかしい時間』は一九九五年八月から二〇一二年七月まで十七年間、主にテレビの視聴者に語りかけた、エッセイならぬ（五篇の詩も含む）五十一回の、いわば読者との対話だ。

開始時はサリン事件や阪神大震災が未だ生々しく、その後も東日本大震災まで様々な事件があった。作者自身も妻の死という不幸に見舞われた。だが作者は詩人として激しい時代から半歩退き、一貫して遠い過去と遠い未来を見つめながら、平易な言葉で正に現代を語る。

語りかけるのは私たちが忘れ、見失いがちだが、大切な言葉や姿勢など小さなこと。挨拶の言葉、会話ではなく対話、季節感。遠い風景を見る目、忘れられた古い本を読む、再読再生再挑戦の再の重要性。学校や街が育んだ気風など。

詩人自身によれば「誰にも見えているが、誰も見ていない、感受性の問題をめぐるもの」。だから実に語り難い。だが、その隘路を切り抜ける。切り抜ける方法は自身が語る通り古い本を再読し、オッと思わせる詩や文を引用し、ときに死者と対話し、再考すること。つまり詩人は自らに課したテーマを本書で実践する。

詩は詩人の生き方そのものの発露だ。当然、『なつかしい時間』で語られた感受性の問題は新詩集『奇跡―ミラクル―』と共鳴する。

〈ただにここに在るだけで、
じぶんのすべてを、損なうことなく、
誇ることなく、みずから
みごとに生きられるということの、
なんという、花の木たちの奇跡。
きみはまず風景を慈しめよ。
すべては、それからだ。〉

詩集の最後に置かれた表題作の結び。〈奇跡〉は特別な瞬間ではなく日常の風景にあると。〈きみはまず風景を慈しめよ〉という詩句は感受性を振るわせ、読者は二冊が古くなろうとも心と目の再生のために折々再読するだろう。

（『なつかしい時間』岩波新書　８００円）
（『奇跡―ミラクル―』みすず書房　１８００円）

# 『イースタリーのエレジー』

ペティナ・ガッパ著
小川高義訳

二〇一三年八月二五日

本短篇集を読了し、明治期に内田魯庵が綴った『社会百面相』を思い起こした。魯庵は日清戦争後の、政治家実業家官僚などが自堕落で享楽的に生きる姿を暴露風に描いた。だからといって本短篇集に古臭さはなく、むしろ新鮮な印象を受けた。ジンバブエの、一九七一年生まれの女性作家ガッパのデビュー作である。

同時に苛烈で繊細、悲惨で可笑しく、遠くて近いといった矛盾した感想も抱いた。

苛烈で悲惨なのは南部アフリカにあるジンバブエの政情のためだ。訳者あとがきによれば、一九八〇年に独立した、この国は大統領の独裁が続き、一年で物価が百倍近くになる超インフレも引き起こし、政権内部も腐敗。それだけ特権階級へのガッパの目は痛烈で、魯庵作品をつい思い出した。諷刺文学は現代日本では影が薄いためか、かえって新鮮に感じたのだ。

例えば第一話。国の英雄として祀られる夫の葬儀に立ち合う外国人妻の述懐で展開するが、彼女は夫も大統領も、結局女と金に終始した彼らを冷ややかに見つめる。私利に走った結果、結局は金融サギに遭う国連領事官の第七話など。

だが諷刺だけではない。ガッパは底辺で日々を生きる人々には繊細で優しい目を注ぐ。

表題作は貧しい地区に暮らす人々の話。狂った若い女、彼女に同情する女、出稼ぎから帰った男など皆貧しいが、したたかに生き抜く。だが結末は苛烈。国家は街ごとブルドーザーで消し去る。他に葬儀や結婚式のドタバタ騒ぎの話も。最後は闇でガソリンからコンバインまでなんでも扱い儲ける小狡い男の話。哄笑冷笑苦笑……、全十三話に黒いユーモアが弾ける。

遠いアフリカの話なのだが、実はどの話も現代日本でも、いや世界の誰にも起きる身近な悲喜劇ばかりである。この普遍性を描くことがガッパの志だと気づくとき、諷刺や黒いユーモア以上に彼女の、文学への瑞々しい初心を感じ、志が力強く伝わってくる。

（新潮クレスト・ブックス　１９００円）

## 『カスタム・ドクター　ソロモン諸島の伝承医』

### 吉村和敏写真集

熱帯雨林と珊瑚礁の島々、ソロモン諸島では今もカスタム・ドクターと呼ばれる医師が住民の健康を守る。彼らの医療は西洋医学や東洋医学とは異なり、書物ではなく、先人から医術を直接学び、次世代へ知識と技術を伝承してゆく。

本写真集は各島のカスタム・ドクター八人の姿を追う。患者を診る、薬草採りに森へ、薬を調合する、往診にゆく。彼らの表情は常に真剣で責任感の強さが伝わる。モノクロで少し逆光気味に撮ったため、彼らの素顔がくっきりと浮かび、あざとらしさを感じさせない。豊かな大自然と共に生きる島民の日常も写し、写真家が暮らしに溶け込んだこともよくわかる。写真技術と人柄に裏打ちされた気持ちの良い労作だ。
島民たちは純朴なのだろう。それだけに自給自足の生活を続ける島民たちの暮らしと文化は今後、どうなのか、といささか危惧も覚えた。

（ノストロ・ボスコ　4800円）

## 『文士の友情　吉行淳之介の事など』

安岡章太郎 著

二〇一三年九月二九日

「友達が死んで淋しくなるのは、吉行の場合に限らず、三月、半年とたって、その死を忘れた頃、青空の下で川べりのすすきの原でも眺めながら歩いているようなとき、突如として思い浮かんでくるのではあるまいか」

今年一月に九十二歳で没した安岡は先立った友、吉行淳之介を偲び、こう綴っている。

本書は、安岡が吉行の全集月報に連載した〈吉行淳之介の事〉を巻頭に置き、遠藤周作ら友人たちへの追悼文や、加えて参加した座談などで編集されている。それだけに晩年の安岡の心境と文体の在り様をよく伝える。

若き日に志を共にした友が先立ったとき、嘆き悲しむよりも、何かの拍子にフト蘇る記憶をさりげなく綴る他はない。それだけに安岡のいずれの言葉も思い出すまま融通無碍に発しているかのようだ。だが、その実、記憶を蘇らせつつ、例えば吉行の初期短篇を再読する過程で、安岡の小説への真摯な拘りが明らかになる。

拘るのは同世代作家の若き日の内面。安岡、吉行、遠藤、島尾敏雄、彼らは戦時戦後に青春時を過ごした。先行する大岡昇平らは悲惨な戦争体験を長篇で描いたが、続く彼ら世代には、戦後は解放ではなく、病と貧しさで死はまだ身近にあった。そこで現実に生きる場をもたず夢や幻想に、要は小説に内面の場を求めた。だから安岡は吉行や遠藤を偲び作品を再読し、そこに潜む心の内を綴った。彼らは死が身近な状況下で文学への覚悟を共にした友だった。

本書は編集者の功績が大。安岡の微妙な心の変遷を理解し、小林秀雄との座談も収録し、彼がキリスト教に惹かれ、最後は信仰者として死を迎えた覚悟へと絞り込む構成を採った。
読了し、かつて安岡さんに会った折、私が軽はずみな言葉を吐いた途端、若造、なめんなよ、と彼がニヤリと笑って発した一言を思い出した。ビクッとしつつ、カッコいいと思ったことも。安岡さんは確かに今では稀な文士だった。

（新潮社　1900円）

## 『釜ヶ崎語彙集　1972―1973』

**寺島珠雄** 編著

二〇一三年一〇月一三日

一九七二年は浅間山荘事件で騒然としたが、田中角栄内閣が生まれ、列島改造ブームに沸いた。この七二年と翌七三年、大阪の釜ヶ崎を四人で記録した原稿が残されていた。四十年前に一部は発表されたが、二年前に全原稿が見つかり、多くの人の支援で完成したのが本書だ。

元々の編著者寺島珠雄は、山谷にも釜ヶ崎にも暮らし、鉄筋工でもあったアナーキズム詩人で釜ヶ崎の裏表を知り抜いていた。一キロ平方にも満たない釜ヶ崎だが、当時は二万人の日雇い労働者が集まり、狭隘な簡易宿泊所（ドヤ）に暮らし、安い食堂や酒場もひしめき、街娼男娼も多かった。七二年は暴動が頻発し、様々な活動家も入り、複雑な様相を呈していた。

語彙集とある通り、地域、仕事（一）（二）、住、食、行政、暴動、権力、無縁仏の九章に分かれ、全部で二四三項目の釜ヶ崎ならではの隠語などを収録する。地名の来歴から始まり、労働者が建設現場に集められ、幾重もの中間搾取で賃金が収奪される仕組みまで、まずは細かく記述する。だから労働者が酒に溺れる心理もよくわかるが、寺島は労働者の生き方を肯定する。釜ヶ崎が日本の近代化を、戦後復興を、高度成長を支えた社会構造をよく知っているからだ。その分、行政には辛辣な目を向ける。

ユニークなのは住と食の章。ドヤなどの宿泊所の場所から値段、雰囲気までを記し、立ち飲み屋や一杯飲み屋、即席ラーメンを売る店、十円寿司など、安い店のメニューから味つけ、客筋までも書くから文章は生き生きとし、街の匂いまで伝わってくる。同時に個室タイプの宿泊所が増え、ドヤは減り、飲み屋にも変化が訪れていることもわかる。だから寺島らは、ときに街に生きる者の愛称や実名まで明らかにし、本書を纏めようとしたに違いない。

四十年前の記録が現在、生々しいのは、非正規雇用、ネットカフェ難民や自殺者、孤独死の増大など、釜ヶ崎の実態と重なるからだ。


（新宿書房　３２００円）

## 『私のいた場所』

リュドミラ・ペトルシェフスカヤ 著
沼野恭子 訳

二〇一三年一〇月二〇日

本書は訳者沼野恭子が、日本の読者へ作者の奇想世界を伝えるため新たに編んだ短篇集。

四章の構成。要約すれば、一章は孤独な者が見る夢、二章は怪談、三章はお伽噺、そして死後の世界を描いたのが四章。といっても、作者の語り口の妙で、夢と現《うつつ》が不意に入れ替わり、読んでいる裡に見知らぬ世界へと誘われる。

こう紹介すると、難解と思われかねないが、読み進めれば、現代のロシア人が抱える様々な難問、親子の断絶、性差別、老人の孤独、戦争の後遺症や過酷な兵役、人種問題、都市のスラム化などが自ずと明らかになる趣向だ。

ではまず巻頭に置かれた表題作の粗筋を。

酔った夫を眺め、四十過ぎの妻は自分が誰にも必要ないのではと思う。思案の末、かつて夫婦で出かけた別荘暮らしのおばさんを訪ねる。だが、おばさんは、自分は死んだから帰れというばかり。せめてと井戸から水を汲んで運ぶが、今度は扉が開かない。仕方なく駅まで戻ると既に真っ暗。あっと気づけば彼女は病院に。家を出た瞬間、車に撥ねられ、後は夢らしい。ガラスの向こうで母と夫と娘が泣いて見守る。

実はこの筋に各短篇に共通するテーマが見て取れる。どの登場人物も様々な愛が、親子の情、隣人愛、恋愛、自己愛などがかえってしがらみとなり辛い立場にいる。

そのせいで彼らは悪夢や幻想、死後の世界へ入り込み、夢か現かわからぬ世界をさまよう。といって古い怪談や因縁話にはならない。現代は誰かが精神を病んだとて、異常事とてあまりに多く、忙しい日常に溶けゆく時代だからだ。この状況下で人間の脆い心の旅路を描く。これが大きなテーマだ。

　では無慈悲な話ばかりか。結末に救いがある。主人公たちは最後には再び生きる決心をする。病後であれ、肉体が変わろうとも、死後の世界であれ、家族の記憶のなかであれ、自らの弱さを認め、再び生きようとする。彼らの生きる意志こそ作者の文学への信条に違いない。

（河出書房新社　2100円）

二〇一三年一一月三日

## 『石川淳傳説』

渡辺喜一郎 著

没後二十五年、石川淳の小説随筆の魅力は文体だ。伝法な語りに見せ、計算された彼の文体に痺れた往年の文学少年少女も多いのでは。またファンならば彼が生前、自分の生い立ちなどを隠した噂も耳にしたこともあるのでは。

　実際、著者がまず明らかにするのは、懇意の編集者が纏めた石川の年譜を、自ら生い立ちの項目などを削除した事実だ。では何故、彼は隠そうとしたのか、いや、その前に著者は石川の年少時の家庭事情を丹念に調べ上げる。

　彼の本来の家は石川家だが、祖父石川省斎は次男の厚を斯波《しば》家へ婿養子に入れた。そこで彼は斯波厚の次男として明治三十二年に浅草で生まれる。だが十五歳で石川家へ養子で戻る。石川の祖父は漢学者、斯波の祖母は音曲好き、六歳上の兄は文学好き。この環境が石川淳の素養となったが、彼が大学入学時から卒業直後にかけ、銀行の専務だった父が汚職と疑獄事件に巻き込まれ収監される事態も起きている。

　実はこれらの事実を背景にした作品もあるが、石川は生前刊行の全集に入れなかった。ではその理由は。今一つ石川自身を襲った事件がある。戦前、発表した「マルスの歌」が軍部への抵抗とされ発禁。敗戦直後は「黄金傳説」の単行本化がGHQにより削除。いわば彼が文学を志した若き日から作家として自立するまで時局は常に切迫していた。だから石川調でいえば〈精神の運動〉に〈ユガミ〉のある作品も書いたが、生前に廃棄し、読者が生い立ちと重ね〈ユガミ〉の目で自作を読むことを嫌ったのだ。

つまり著者は石川の生い立ちを暴露するよりも、彼の、文学者としての矜持を示し、作品が「もっと読まれて良いのではないかという素朴且つ切なる願い」から石川の嫌った事実さえ綴ったのだ。人気作家になって以後の伝記を描かないのは、特に新事実ナシの判断だろう。これも石川に学んだ著者の矜持に他ならないが、巻末にそれを補う詳細な年譜を付記する。

（右文書院　２４００円）

---

## 『なぎさ』

山本文緒 著

二〇一三年一一月一七日

「寄せる波よりも、引く波の力が強い。（略）波がこないところへ逃れなくてはと思うのだが、引っ張られることも何故だかちょっと気持ちがよくて、恐怖と誘惑が寄せては引いていく」

この一節は本長篇に登場する冬乃が十歳で初めて海辺に足を入れたときの感覚だが、全篇の底に流れるテーマといっていい。人は人生の様々な岐路で、波の「恐怖と誘惑」に惑う。登場人物たちも同様で、誰もが先に進む「恐怖と誘惑」に迷いながらも決断してゆく。と同時にストーリー自体が、あたかも「寄せては引いていく」かのように、登場人物たちは舞台となる三浦半島の海辺の町久里浜に、流れ着くように次々に来て、ある者はやがて消える展開だ。

山里の故郷から出てきた同窓生夫婦冬乃と夫の佐々井、

冬乃の妹で元マンガ家の菫、お笑い芸人に失敗した川崎。他にも登場人物は多いが、誰もが特別な人間ではない。起きる事件も現代ならよく聞くようなことばかり。でも読者はページをめくられずにはいられなくなる。

作者が巧みなのはまず語り手を一人にしなかった構成。だから人物が登場するたびに水辺に投げた石が波紋を生み、重なり合うように人間関係に漣《さざなみ》が起き、物語は進んでゆく。しかも漣に応じて各々が抱えている過去も自ずと明らかになる。いま一つは各語り手の喋り方で性格や感情を丹念に描写する上手さ。それだけに読者は、登場人物それぞれに自己の過去未来に重ね、自分だったらとか、もう少し考えたらとか、つい感情を移入してしまう。

大きな事件は二つ起きる。菫が姉の冬乃を誘い、カフェを開店すること。佐々井と川崎が勤める会社が過剰勤務を強いるブラック会社だとわかること。だがいずれも大団円とはならず、各自の判断で事件の波を乗り越えてゆく。

読了後も余波が響き、冬乃は、佐々井は、川崎は、彼らは今も元気か、世間の荒波に揉まれ、やがて輝くか摩耗するか、など考えさせる。

(角川書店　1600円)

## 『ほろびぬ姫』

井上荒野 著

二〇一三年一二月八日

「あなたはあなたが連れてきた。嵐の日だった。(略)稲妻が光って雷鳴がとどろき、一瞬後に、マンションの私たちの部屋のドアをあなたが開けた。勿論、あなたの鍵で。あなたたちは早々に罠を仕掛けていた」

「あなた」が繰り返されるのは妙だが、これが本篇の冒頭。少し読み進めれば、主人公みさきの夫が一卵性双生児の弟を家に突然連れ帰ってきたとわかる。でも義弟を「あなた」と呼ぶのは不自然だし、仕掛けた罠とは単に妻を驚かすだけか。ともあれ物語は嵐の夜にそっくりな男二人の登場という謎めいた場面から始まる。

やがて夫は不治の病だと判明するが、義弟はみさきに「グヤグヤナンジチ」と呪文めいた言葉を呟く。実はこの言葉は、四面楚歌に陥った項羽が虞美人に詠った漢詩の「虞や虞やなんじをいかんせん」。夫は自分の死を悟り、若い妻の行く末を案ずるという含意だ。夫はそっくりな弟に妻を託し、そこで弟はみさきに近づくのだが、訳のわからぬ彼女は混乱する。

作者は巧みだ。みさきに夫と弟を一貫して「あなた」と呼ばせ、「あなた」が夫を指すのか、弟を指すのか、読者に判断を常に強いる。この手法は彼女の困惑を直に伝えるばかりか、読者に細かい心理描写まで注視させる。そこでみさきが愛する夫のため二人の計画に入り込むと、次第に心理サスペンスの様相を帯びる。

そして最後、みさきの行動と結果に、読者は二重の驚きを覚えるだろう。いや、それ以前に、なぜ彼女はそんな行動を選んだのか、夫の罠は果たして愛なのか、義弟の姉への思いはと、つまり愛とは何かと考えさせる。これこそ作者の読者に仕掛けた大きなテーマなのだ。

また題名「ほろびぬ姫」は愛そのものを指すのかとか、愛に囚われた美女の話だから下敷きの古典はあるのかとか、あれこれ思案してしまうのも本篇の面白さ故だろう。ともかくも作者の挑発的で果敢な手練手管の妙を堪能した。

（新潮社　１４００円）

## 『花森安治伝　日本の暮しをかえた男』

**津野海太郎 著**

二〇一四年一月一九日

花森安治は一九七八年一月一四日没。つまり先週の火曜が三十七回忌だが、今も様々な伝説で語られる。敗戦後に始めた雑誌『暮しの手帖』を百万部の〈国民的雑誌〉にした名編集長。いかつい顔ながら髪にパーマをかけスカートを着用した女装癖。今や悪名高き戦時中の標語〈ぜいたくは敵だ！〉などの作者だったなど。

では、伝説の真偽を確かめるために作者は花森の評伝を綴ったのか、といえば少し違う。作者は「花森安治と会ったことはない。ただし遠いむかし、いちどだけ街中でかれのすがたを見かけたことがある」と書きだし、彼が同時代人だったことを重視し、彼の生き方や信念を現代の読者に伝えるリレー役を務めようとする。

花森は『暮しの手帖』の企画編集ばかりか、記事、レイアウト、描き文字、写真も考え、読者が読み易く見易い誌面を心がけた。本篇の作者も彼にならったカナの多い文章で、ときには彼の伝聞に茶々を入れながら綴る。それだけ作者の花森への敬愛の念が自ずと伝わる。

子どもの頃から花森は編集者に憧れ、高校大学、さらに社会に出てからも雑誌編集をし、その経験が『暮しの手帖』に開花したことを作者は明らかにするが、白眉は彼の戦時と戦争直後の思考を遺された手帳などを元に詳述した点。

戦時中の標語の大半は一般応募作で、彼は選考しただけだった。しかし家族を養うため、二度召集を受けた体験から大政翼賛会の職を辞せなかった。だからこそ彼は敗戦後、戦争に加担したという自責を抱き続け、女たちが日本の暮しを変えるために『暮しの手帖』を始めた。紐付きにならぬよう広告を入れず、名物の商品テストを企画し、自ら広告塔となりマスメディアに顔を売り、百万部雑誌に育て上げた。

「人間はかならずまちがう。まちがって終わりというわけではない。まちがったあとをどう生きるか。そこにその人間の生地があらわれる」とは作者の締めの言葉。若者に読んでほしい。

（新潮社　1900円）

## 『地図と領土』

ミシェル・ウエルベック著
野崎歓訳

二〇一四年二月二日

混迷した時代を生き抜くため、私たちは各々が未来を見つめる地図を必要としているのではないのか。そして芸術の本質は、駆け引きに明け暮れる政治や経済の地図とは位相の異なる、現代を示し、未来への道標となる地図を描くことではないのか。

こんな感想を読了後に抱いたが、だからといって題名から地図製作者の話と思うのは早計だ。

主人公は一九七六年生まれの美術家ジェド・マルタン。

物語は彼がパリの自室で現代美術の寵児ジェフ・クーンズとダミアン・ハーストがいい争う絵を描くところから。一年後、ジェドは本篇の作者ウエルベックに個展の解説依頼をと考え、また絵のモデルでもある建築家の父との食事後、寵児たちの絵を引き裂き、虚実を交えた仕掛けでいわば投機に走る現代美術を断罪する。これがプロローグ。

続く第一部は一旦、過去に戻り、ジェドの生い立ちから半生を辿る。父は建築家だが、ビーチリゾート開発でむしろ起業家として成功。その分、家庭人としては失敗し、ジェドが六歳のとき母は自殺。この生い立ちのため、彼は自我の強い内省的で親友のいない少年として成長し、美術学校卒業時に写真家だった祖父の大型カメラで機械類を撮り、卒業後も写真で生計を立てる。偶然ミシュランの地図に魅せられた彼は大量の地図を撮影し、大学仲間の展覧会に発表。これが評判となり個展を開く。個展のタイトルが〈地図は領土よりも興味深い〉。

この言葉から本篇の題は採られているが、全篇のテーマでもある。なぜなら作者は物語の展開に応じ、主人公の思索や他の登場人物との対話で、カメラや車の性能、文壇画壇、億万長者やコレクター、ホテル業界や料理などの変遷、果ては警察組織までを実名を交え、マニアックに詳述する。つまり詳述が各分野の勢力地図となる仕掛け。

個展でジェドは著名になり、ミシュランに働くロシア美人と恋におちるが、仕事の違いから愛し合うも別れる。孤独になったジェドは油絵セットを衝動買いし、様々な分野で働く人物像を描き始める。第二部はプロローグの時間に戻り、ジェドは解説依頼にウエルベックを訪ね、芸術観を述べ合う。

ウエルベックは酒癖が悪くマスコミ嫌いで有名な作家。だからフランスの読者なら作者当人も含め有名人が実名で続々登場し、その皮肉に笑うだろうが、実像を知らずとも虚実入り乱れる仕掛けは十分楽しめる。いま一つの仕掛けはジェドとウエルベックや父との対話などで各自の夢を披歴させた点。父はコルビュジエの機能主義を批判し、ウイリアム・モリスのユートピアに共感し、ウエルベックはトクヴィルを讃えるなど第二部は論争小説の趣向だ。

それはともかくジェドは、生涯初めて友情を感じたウエルベックの肖像も描き、様々な職業人を描いた連作の個展は大成功を収め、彼は一躍億万長者に。そしてジェドは隠遁生活を故郷でおくるウエルベックを再訪し、肖像画を贈り、これで油絵は描かないと決めたところで第二部は終わる。

だが第三部で事態は急展開。血みどろの殺人事件で幕を開け、パリ警察の警視と刑事の捜査に主眼が置かれ、ミステリーの趣向となる。犯人像はわかるが、結局、事件は迷宮入りに。一方ジェドの父は老人ホームに入ったものの最後は安楽死を選び、ジェドは完全に独りきりになる。

ウエルベックは詩でデビューし、スキャンダラスな小説もSFも書き、寡作ながら一作ずつ趣向を変える。つまり表現方法を変える主人公は自分の分身で、幾つもの趣向の組み合わせはお手の物だろうが、突然ミステリー調とは。

そしてエピローグはSF仕立て。事件解決後、ジェドはパリを離れ、幼少時を過ごした家に暮らし、土地を買い足し、七百ヘクタールの土地所有者に。だが彼はウエルベックと同様に隠棲し、ヴィデオを独りきりで制作していた。しかも二〇四六年に七十歳で没する彼は最後のヴィデオ作品について「わたしはただ〈世界を説明〉したいのです」と語る。この言葉は〈地図は領土よりも興味深い〉と当然ながら呼応する。

彼は領土を得るが、ヴィデオは植物で覆われた光景で終わる。作者は物欲が殺人さえ生む現代を綴る一方で、ひたすら〈世界を説明〉したい、知りたいと願う芸術家の生涯を描き、機械文明は個々人を幸福にしたか、未来は、と暗に問う。だから読者は読後、世界をそれまでとは違った目で見るだろう。

これだけ隠喩と仕掛けの多い作品を読み易い日本語にした訳者野崎歓の力量には感服。野崎の後書きによればヨーロッパでは本篇を巡り、様々な論議がなされているらしい。この小説が今後の現代文学の地図を変える、確かにそんな予感も……。

（筑摩書房　２７００円）

## 『盛り場はヤミ市から生まれた』

橋本健二／初田香成 編著

二〇一四年二月一六日

映画やテレビで敗戦直後の場面にはよく闇市が登場する。食糧など物資が不足し、混乱した状況を表わすにはわかり易いからだが、実際、当時の日本各都市には不正なルートで物資を売り買いする市場、闇市が次々に生まれた。

ところで本書は書名で闇をヤミと表記する。これは当時、闇市がなければ人々は生活できず、次第に新聞も暗に闇市を肯定しヤミ市と記したからだ。ヤミ市は人が共に生きるための場所だった、これが本書の基本的な視点だが、今一つユニークな視点がある。

東京の新橋、新宿、渋谷、吉祥寺などの他、神戸と盛岡のヤミ市の、実は戦時中の誕生から戦後GHQの指令で長屋式のマーケットに整理されるまでを調べ、さらにヤミ市が多くの新興の小売商を生み、各地の盛り場の母胎となった事実を検証。つまりヤミ市は単に敗戦後の特異な場以上に戦時戦後を通じ日本各地の都市の骨組みを作りだした。

また研究の先駆者松平誠が質問に答え、ヤミ市は祭りに似ていたという発言は、今の盛り場が消去しつつある何かを教える。人が共存する大切さとそこに必ず生じる猥雑さとを。

（青弓社　２８００円）

## 『血の探求』

エレン・ウルマン 著

辻早苗 訳

二〇一四年三月二日

本篇を数ページ読めば、貴方は語り手の緊張に同調し、先を読まずにはいられないだろう。

というのも一九七四年の晩夏、五十歳の大学教授〈私〉は講義の準備のためサンフランシスコ下町のビルに一室を借りるが、隣室のセラピストの女医と患者の応答を偶然耳にする。彼も精神分析などの治療を受けてきたから、以来、息を殺し二人の会話を盗み聴く。これが本篇の始まりだからだ。したがって主な舞台は、ビルの二部屋。主要な登場人物は語り手の〈私〉と女医と患者の三人だけ。緊迫した心理劇を思わせる実にユニークなミステリーだ。

〈私〉は当初、若い女性患者が同性愛者だと知って興味を抱く。だが彼女は養子で、カトリック嫌いの養父が何故か、カトリックの施設からドイツ人の子を引き取ったと知る。ではその理由は。患者が養母を問い質し、実は養祖父が狂信的なカトリック信者で、カトリックの家の子を養子にしたつもりが、ユダヤ人であったため息子に養子を、つまり患者を押し付けたと判明する。同時に実母の名はフラウ・Gで患者の第二次大戦直後の誕生日も、また女医の父がナチスの将校だったという秘密もわかる。

では生母は強制収容所にいたのか。まだ生きているのか。〈私〉は学者ならではの調査能力を活かし、秘密裡に患者を手伝い、彼女の生母を探そうと決心する。ここまでが第一部。続く第四部までフラウ・Gは何者か、収容所にいたのか、さらに父親は、などの謎と共に、三人の人生にも触れつつ物語は四転五転する。

患者が治療を止め、自立する結末にホッとするが、作者はむしろ背景に泥沼化したベトナム戦争でアメリカ軍が撤退した時期を選び、ナチスの内実、戦後のユダヤ人たちの帰趨、ベトナム戦争、その後に続く病めるアメリカとを重ね、国家、宗教、血縁、性などが生む差別、そして自己とは、と読者に問うのだ。とまれ最後までハラハラさせる展開は見事だ。

（東京創元社　２２００円）

# 『「死」を前に書く、ということ』

秋山駿 著

二〇一四年四月六日

本来哲学は〈ノートの思索〉と呼ぶべきでは。思想を体系づけて説明するのではなく、日々の思考を断片的にノートに記すものでは。秋山駿は若き日から思索をノートに記し続けてきた。

本書は二〇一〇年十一月から昨年二月までの思索ノートであり、秋山が遺した最後の言葉となった。副題は〈「生」の日ばかり〉。これは雑誌連載時の題で「日ばかり」とは日時計の意味。それだけ彼には生きている日々を確かめる最後のノートという思いがあった。といって彼は老いをアリバイに、ありきたりの言葉は綴らない。若き日と同様、生きるとは何か、私とは何か、人生とは何か、と問い続けた。

この思索は当然、我が身をさらけ出し私小説に似た趣向を生む。実際、秋山は私小説が近代文学で果たした役割を高く評価し、私小説作家は小説以前に、私という存在を発見した〈私哲学〉者ではなかったか、と問いを発する。

では、なぜ彼はこうした問いに拘るのか。

老いは深まり、記憶力も薄れ、しかも重度の肋間神経痛を病む妻の、痛みに耐えかねた叫び声も日常化し、彼は生きる力さえ希薄になり、「無理やり生きている」という状態に。しかしそうあればこそ、尚更に自己とは一体何か、と自問せざるを得ない。要するにギリギリの地点で、秋山は生きるという意味を省察し、自前の言葉を探し、なおも生きようと必死なのだ。

それだけに東日本大震災に遭ったときも、当時飛び交った大きな怒号より彼は、被災者たちがテレビの画像で呟く小さな声に強く反応する。共感以上に共に苦しむ心情の発露だろう。また現代文学には描写が欠け、柔らかな笑いが少ないという苦言も、現代作家が展開の面白さを追い、苦しみの果てに見る生き生きとした言葉を自ら作り出していないからに違いない。

翻って本書は、どう生きるかを示すノウハウ本ではないが、作者没後も血肉の通った言葉は今後も脈打つ、そんな鼓動を確かに感じた。

（講談社　２０００円）

## 『姫の水の記』

川崎長太郎 著

二〇一四年四月一三日

川崎長太郎が没し、ほぼ二十年。彼の私小説は今もファンを持つが、彼は元々アナーキズム詩人として出発。だが東京で行き詰まり、小田原へ帰郷した折、関東大震災に遇う。本書は震災直後の小田原の被災報告に始まり戦中まで、故郷とその周辺を舞台にしたエッセイ十五本を収録。

名文家ではないが、アッケラカンと自己を小説で語るのは、本書中にある通り、生家が小田原の、箱根の旅館相手の魚屋だったことが大きい。漁師は隠し事ができず銭湯で仲間と日常すべてを大声で喋り合う。そんな気性を生む風土に生き、且つ震災に遇い、生きる他ない人々の姿を見、自分も体験し、その後、小田原も箱根も都市化で変貌すれば尚更だろう。

表題作は箱根路の、魚屋たちが登り降りに立ち寄る茶屋の小母さんの思い出を記すが、やがて人がいなくなった跡を訪ねる別の話もある。戦後、彼が海辺で二畳の小屋に住み続け、小説を書き続けたことは知られるが、その小屋住まいの話もある。それだけに震災後に私小説家として再出立した彼の原点を知る思いがする。

（東京パブリッシングハウス　3333円）

## 『ある文人学者の肖像　評伝・富士川英郎』

富士川義之 著

二〇一四年四月二七日

息子が父の評伝を綴るといえば、感傷的な思い出の記と思うかも知れぬ。著者はしかし、出来る限り感傷を排し、富士川英郎とは何者だったのか、と一貫して事実に即して考える。

なぜならプロローグで著者と共に驚くのは、英郎没後に遺された手紙の差出人の名だ。萩原朔太郎、木下杢太郎、堀口大學、佐藤惣之助、竹山道雄、堀辰雄、神西清、尾崎喜八、草野心平、田邊元、森銑三、渡辺一夫、福原麟太郎などなど。著者は、父を無口で人づき合いの悪い男と思っていたが、詩人や作家ばかりか名だたる学者たちとも彼は交遊があったのだ。

こうして大部な本書は富士川英郎といえばリルケ研究と翻訳で知られる通り、彼の青春時の、リルケと朔太郎の詩への耽溺ぶりから書きだされる。この情熱はやがて四十歳代末に責任編集した『リルケ全集』に結実するが、彼は五十歳代後半に『江戸後期の詩人たち』や『菅茶山』などで幕末の漢詩人の姿を描きだす。

ではリルケと漢詩人がなぜ結び付くのか。

この問いが後半に現れると、本書は評伝を超え、記述は幕末から昭和三十年代まで連綿と生きていた文人たちの水脈と交差し、現代では忘れられた知識と素養の広い世界へ導く。

著者は『菅茶山』などを出版時の書評や手紙も紹介しつつ読み、英郎の東西の詩の解釈から幕末の漢詩のモダンさに気づく。だから読者も漢詩の豊かさに目覚め、味わうはず。さらに英郎は医学史家であった父・游の評伝『富士川游』も書き、游と親しい鷗外が『伊沢蘭軒』を核に〈大河史伝〉を書く意図があったことも明らかにする。つまり父英郎は実証的な鷗外史伝を手本に菅茶山や祖父を描き、息子は父を手本に三代に亘る〈大河評伝〉を著したのだ。

そして英郎の最晩年は古今東西の詩を自由自在に読み、遊ぶ詩文の執筆だった。なんと豊かな晩年か。無論、この感慨は読了後、著者自身にもあてはまると誰もが感じるだろう。

（新書館　３６００円）

---

# 『いえ　団地　まち　公団住宅　設計計画史』

**木下庸子／植田実 編著**

二〇一四年五月一八日

戦後の住宅不足解消のため一九五五年に発足した住宅公団は、一九九九年に都市公団へ、二〇〇四年にはＵＲ都市機構へ移行し、新規の住宅建設は基本的に停止したが、この約五十年間に計百五十万戸を供給した。つまりった。

公団は世界でも類のない量の住宅を作り出した組織であ

公団といえば発足時からＤＫ（ダイニングキッチン）、ステンレス流し台、シリンダー錠、洋式トイレと新しい住まいを具体的に示し、その後の日本人の「いえ」を決定づけた事実で知られる。しかし実績はそれだけではない。

本書は団地の住棟配置に注目し、代表的な団地五十五例を挙げ、住民自らがコミュニティーを創出できるよう、いかに配置に腐心したかを配置図や写真も載せて検証する。実は各団地は多くの制約のなかでも広場や並木道などを確保し、均質な場に変化を与え、「まち」を生みだす挑戦であった。また折々の新しい都市理念を反映した試みの集積だった事実もよくわかる。

巻末には詳細な年表とキーワード解説もあり、公団の歴史的役割を伝えたい著者二人の熱意を強く感じた。

（住まいの図書館出版局　３０００円）

## 『女のいない男たち』

**村上春樹** 著

二〇一四年五月二五日

本短篇集は題名通り〈女のいない男たち〉の話。といって男だけが登場する訳ではない。苦楽を共にする女を失った男たちの物語だ。

まず冒頭の「ドライブ・マイ・カー」は、舞台俳優の主人公が運転手として雇った若い女に、女優の妻の浮気と、妻の死後に、浮気相手の男と酒を呑む間柄になったことを語る話。つまり主人公は、浮気相手の男を懲らしめるため、友人役を演じ、付き合ったが、妻がなぜ浮気をしたのか、妻の心はわからぬまま……。

他の五篇にも第一話と同様に漂うのは、女がいなくなったり、いなくなるのを怖れたり、状況は異なるものの、男たちはいずれも女の記憶に閉じ込められ、抜け出せない閉塞感だ。

「イエスタデイ」は、周囲が認める似合いの恋人がいながら、決められたような人生を嫌い、日本を飛び出すが、女に手紙を出し続ける男の話。独身主義の整形外科医が突然、恋煩いになり、しかも女に裏切られる話は「独立器官」。

「シェエラザード」はある組織の一員として指令が下るまで外出もできない男が、連絡係の女の話す奇妙な物語に入り込んでしまう話。妻に裏切られ、退職後にバーを始めるが、奇妙な気配に店は包まれ、逃げるものの結局、自分が深く傷ついていることに気づく話は「木野」。巻末の表題作「女のいない男たち」も突然、かつての恋人の夫から女の自殺を告げる電話を受け、女との記憶から逃れられない男の話。

むろん各篇の〈女〉は、単に恋人や妻ではなく、自分が何者か、人生とは何か、と問いかけ、自己をきちんと見つめさせる存在なのだ。結局この短篇集は、作者が人生半ばにして惑い、ためらいつつ、作中の言葉を引けば「いったん自己を離れ、また自己に戻る。しかし戻ったところは正確には前と同じ場所ではない」(「ドライブ・マイ・カー」)ことへの期待から書いたのだろう。手だれの習作といった印象も残るが、次作が大きく変わる予感をはらんでいる。

(文藝春秋　1574円)

## 『ベオグラード日誌』

**山崎佳代子** 著

二〇一四年六月一日

日本に暮らすと、今も世界各地で戦争が起き、幾多の命が消え、数多い難民が寄る辺ない暮らしを強いられている事実に気づき難い。

多くの日本人はかつてユーゴスラビアという国があり、一九九〇年から内戦が続き、昨日までの友が殺し合い、最後はNATOのベオグラード空爆で五ヶ国に解体された歴史を、もう忘れてしまったのでは。この悲劇を一九九三年に『解体ユーゴスラビア』で記した著者は、二〇〇一年から十二年間の歳月を改めて綴った。

暮らし、季節の変わり、大小の事件、蘇る記憶、日記は書き手の心情と生き方、生活と環境を端的に示す。まして著者はセルビアの首都ベオグラードに三十五年間暮らす詩人であり、セルビア文学を日本語に、日本文学をセルビア語に翻訳し、大学では日本語を教えている。

それだけに二つの言語、詩についての問い、国境を越える言葉への思いがしばしば記されるが、何よりも一九九九年のベオグラード空爆の記憶が、二〇〇一年九月十一日のアメリカ同時多発テロ事件でも、他の数多い戦争報道でも、東日本大震災でも繰り返し蘇る。なぜなら彼女は、難民施設の子どもたちを励ます活動を今も続け、しかも友人や近所の人々にも戦争で肉親を失い、故郷を失った者が多いからだ。

その上、セルビアはかつてナチスに支配され、その心の傷を深く刻んだままの知人もいる。セルビアの長い歴史はオスマントルコに支配されて以来、戦争で血塗られてきた。だからこそ著者は歴史や記憶を、幾つものセルビアの詩に重ねて、一字一句を刻む。孫娘の誕生や日々の草花など明るい話題さえ命への祈りを込める。

日誌は毎年の初夏にベランダに飛来する燕の巣が落ちた記述で終わる。雛は生きているが掌に残るのは「黒々と石炭のような塊」。折しも一ト月ほど前、セルビアと隣国を観測史上最悪の洪水が襲ったという報道を聞いただけに、燕よ、もう一度、と祈る思いで本書を閉じた。

（書肆山田　2600円）

## 『ペスト&コレラ』

パトリック・ドゥヴィル 著
辻由美 訳

二〇一四年六月一五日

本長篇の主人公イェルサン（一八六三～一九四三）はベトナムのナトラン（現ニャチャン）に八十歳で没したが、彼の紹介は難しい。

ジフテリアの毒素の発見、ペスト菌の発見（ペスト菌はラテン語で彼の名に因む）。コーラの発明、ゴムの木とマラリアの特効薬キニーネの栽培で莫大な富を……。いずれも事実だが全体像とはいえない。彼の評伝は既にある。では改めて作者が描き出そうとした意図は何か。

誰でも自身が生きた時代を客観的に見つめるのは難し

い。作者はこの特異な人物を、彼が生きた激動の時代のるつぼへ投げ入れ、ユニークな仕掛けで小説に仕立て直したのだ。

本篇は一九四〇年五月、老いたイェルサンが戦時下のパリを脱出する場面から始まる。ところが次章は一転し、彼の生い立ちを綴る。スイスに生まれ、ベルリンで医学を学び、パリでパストゥールと息子のルーと出会い、パストゥール研究団に入り、論文を発表し名をあげる。だが次は再び老いた彼の行動の描写に移る。つまり作者は主人公を二つの時代で交互に描く。

「動かずにいる人生など、人生ではない」二十六歳の彼が母に宛てた手紙の言葉。

この言葉通り彼は、成功には目もくれずサイゴン・マニラ航路の船医に。だが二年経つとナトランに診療所を建て、山を越え、メコン川を渡り、プノンペンまでの地図と道路計画を作成。香港でペスト菌を発見。馬と牛を飼い、農業に勤しむ、と思えば、北京でもマダガスカルでも活動、常に最新の学問と道具に飛びつく。写真、車、飛行機、地理学、植物学、天文学など。

作者は小気味良いほどの短い章立てと文節で落ち着かない彼の足跡を追い、しかも同時代の詩人ランボーのアフリカでの行動なども重ね、時代相を鮮明に。一九世紀末は冒険の時代で科学も個人の時代だった。だが二〇世紀は科学を兵器に使い、すべて組織の時代へ。まして現代は、と作者は読者へ暗に問うのだ。

(みすず書房　３４００円)

## 『川端康成　魔界の文学』
富岡幸一郎 著

二〇一四年七月六日

芸術、特に文学が世に有用か否かを問うのはさして意味はない。だが、文学が読者を思いもよらぬ世界へいざなうのは確かで、例えば川端康成の小説を思えば理解できるはずだ。

では川端は流麗な文体で小説の読者を、どのような世界にいざなうのか。著者は彼が目指したのは魔界だという。この指摘から川端の愛読者なら晩年の『眠れる美女』などを思い浮かべるだろう。著者はしかし、川端が生涯、追い求めた文学世界の核心に魔界があるとする。

本書は昭和二五年、川端が広島視察から京都に寄り、浦上玉堂の《東雲《とううんし》篩雪図《せつず》》を手に入れたところから始まる。彼は広島の惨状を見た体験と玉堂の不気味な画《え》から戦争反対といった並みの感想ではなく、むごたらしい現実に直面しかえって生の実感を得、現実を超えた古典の世界と向き合い、小説世界を再考する。

ここから人智を超えた魔界という言葉が彼の小説に登場し、後のノーベル賞受賞講演『美しき日本の私』で語った「仏界入り易く、魔界入り難し」という一休禅師の言葉に結びつく。

ならば川端はいつから魔界に惹かれたのか。両親を失い、祖父に育てられた彼が祖父の老いと死を観察した日記、実質的なデビュー作『十六歳の日記』にすでに見てとれ、関東大震災後の浅草の風俗を描いた『浅草紅団』にも、瑞々しい青春譜『伊豆の踊子』にも、魔界は登場し、彼は単なるモダニストではなく、源氏物語や平家物語など日本の古典の髄液を汲み上げ、自分の文学の途を突き進んだのである。

そして戦後、完成させた『雪国』であれ、姿を変えながら魔界は登場し、『山の音』に結実し、さらに自死するまで彼は魔界に囚われていたと、各小説の細部を精読しつつ実証してゆく。

あたかも芸術家小説のように、魔界を求めた孤独な男の生涯をスリリングに描きながら、著者は情報化社会のなかで、今や平板化した文学表現を切り拓く一筋の途に光を当てたのだ。

（岩波書店　2200円）

## 『死者を弔うということ　世界の各地に葬送のかたちを訪ねる』

サラ・マレー著
椰野みさと訳

二〇一四年七月二七日

人は誰でも死ぬ。それ故に古今東西、人は死について考え続け、死者を弔う儀式を生みだしてきたが、葬儀の仕方は場所によって異なり、時代によって変化し、今後も変るだろう。

　ジャーナリストの著者は、自分の葬儀さえ無意味だとしていた父親が遺灰を墓地に散布するよう手紙をしたためていたことに驚き、それをきっかけに、かつて取材した土地を再訪し、それぞれの葬儀をルポしはじめる。

　といって単なる各地の葬儀ルポではない。最初は一月のイラン。この時期は殉教者フサインを追悼する聖なる月であり、イラン全土で嘆きの儀式が行われる。対して著者の母国イギリスでは、死者への悲しみの感情は抑え込むのが美徳とされる。だが著者によれば、ダイアナ元妃の死によってイギリス人も思いっ切り泣くように変化したという。著者自身も音楽により父を思い出して泣いたこともある。しかし父は家族友人たちが涙に迫られる状況から、むしろ救いたいと考えていたのでは、と筆を進める。

　このように父や家族の記憶はしばしばよみがえり、古代から現代までの死への考察も引用され、各地の葬儀が比較される。それだけに著者の旅は私小説風ルポであり、死と葬儀を巡る研究であり、民俗や歴史の発見でもある。

　驚く事実も多い。死者を化粧するエンバーミングの起源は大量の死者を生んだ南北戦争だったという指摘。ガーナの棺桶職人は注文に応じて巨大な鍵や子宮から蛇やライオンなど動物まで作り上げる（著者はエンパイアステートビルの棺桶を注文）。アメリカの葬儀社は遺灰をエベレストであれ運び放ち、人工衛星と共に地球を廻ることも、花火と共に爆発することも……。

　最後に著者は自分の葬儀を思う。発見の連続だった旅を思い起こし、もし財産が残れば、若者がそれを元手に自分の遺灰をもち、世界各地で発見の旅をしてほしい、次代へ繋ぐことにこそ死者を弔う意味があると。

（草思社　２７００円）

## 『中国絵画入門』

宇佐美文理 著

二〇一四年八月三日

美術鑑賞で最も大事なのは自分の感性だろう。それでも貴方が作家の個性や自由さ以上に、画に漂う静けさや瑞々しさに惹かれるのであれば、本書を読む意味は大きい。

中国絵画は古くから日本画に大きな影響を及ぼした。にもかかわらず私たちは中国絵画を鑑賞する際、西洋絵画と同じく構図や立体感、主題や技法で、つまり形で捉えようとする。むろん中国でも形は大切だが、それ以上に重要な要素は〈気〉であった。

では気とはなにか。気は目に見えるものではないが、中国人には常識の概念で、森羅万象の命に流れ、しかも絶えず変化する。春夏秋冬の気配、描かれた人物の気韻、筆墨の気合い。それらすべてが気であり、人は描線の力強さや繊細さを観て、画家の気の強さや気品まで感じとる。

だが長い歴史のなかで中国絵画特有の気の表現も解釈も変化し、やがて西洋画の影響によって画家の個性や色彩が重視され、気を描いた伝統は消えてゆく。この後半の論述は少し性急な感じも受けたが、それでも気を軸に絵画史を綴った視点は、実にユニークで美術鑑賞に一石を投じた。

（岩波新書　８４０円）

## 『岸辺なき流れ』上・下

ハンス・ヘニー・ヤーン著

沼崎雅行・松本嘉久・安家達也・黒田晴之訳

二〇一四年八月一〇日

かつて『木造船』や『十三の無気味な物語』を愛読した読者ならば、ヘニー・ヤーンの魔訶不思議な世界にさらに触れたいと願ってはいなかったか。実は巨大な迷宮に入り込んだかのような印象を受ける『木造船』も、『岸辺なき流れ』の第一部に過ぎず、『十三の無気味な物語』もまた、三部構成の本大作に組み込まれた短篇であった。

訳者四名はおよそ半世紀も前にこの大長篇の翻訳を企て、今年ようやく完成した。それだけにまず彼らの壮挙を讃えたい。二十世紀ドイツ文学を代表する本作品は大部な二巻だが、ぜひ夏休みの夜にゆっくりと。

（国書刊行会　各５８００円）

## 『忘却の声』上・下

アリス・ラプラント 著
玉木亨 訳

二〇一四年八月二四日

主人公の独白、ノートなどに記された言葉、そして主人公と出会う相手との対話。この文章構成だけで本篇は終始、進行する。だから始めは何が起きているのかわからない。だが台所に主人公自身の書いた次の言葉が貼ってある。

「わたしの名前はドクター・ジェニファー・ホワイト。わたしは六十四歳。私は認知症。わたしの息子マークは二十九歳。わたしの娘フィオナは二十四歳。……」

さらに主人公の、七十五歳の親友が頭部打撲で死亡した後に切断され、特に右手の指四本が切られて発見された事実もわかる。しかも主人公ジェニファーに警察は殺人犯の疑いをかけていることもやがて明らかになってゆく。

果たして認知症患者が殺人を犯したのか。

超高齢化社会の現代ならば、起りうる事態ながら、実にユニークな設定で本篇はまず読者を驚かす。しかも仕掛けはこれだけではない。

認知症だけにジェニファーには、記憶が鮮明になるときもあれば、少し前の記憶さえ曖昧になるときもある。幼い日の記憶が蘇るかと思えば、手を専門にした整形外科医の記憶が、あるいは結婚したときの記憶が、別のときには学生時代の記憶が、二人の子どもの記憶が、殺された親友の記憶が、と断片的に、物語の時間経過とは別に、何かをきっかけに乱れて現れる。

それだけに読者は、彼女の独白や対話、ノートの言葉を読みながら、頭のなかで、彼女の生涯を、親友の隠された性格を、子どもたちとの関係などを組み立て、時系列も組み直し、殺人事件の現場や時間、動機やアリバイを再現しようとする。このため通常のミステリー以上に読者は、展開と細部に目を凝らし、作者と頭脳ゲームをしているような感覚になるはず。

最後にアッと驚くドンデン返しも。しかし驚きはむしろ、最後まで認知症患者の断片的な記憶を複雑なパズルのように構成し、作者がミステリーとして描き切ったことだ。

（東京創元社　上１９００円　下２１００円）

## 『寝そべる建築』

鈴木了二　著

二〇一四年八月三一日

東日本大震災と原発事故の後、建築家の著者は原発の建物が〈建築〉でも〈建物〉でもなく〈建屋〉と呼ばれる事実に驚く。デザインもされぬニヒルな建物に建築世界の行きついた事態が端的に現れていると著者は考え、震災以前に元々発表した文章を書き直して本書に収録した。

著者の視点を一言でいえば、近代建築の出発点への問いであり、まず表題作「寝そべる建築」で詩人立原道造の建築家の面に光をあてた。

丁度ひと月前の七月三十日が立原の百回目の誕生日だった。彼は東京帝大で建築を学び（丹下健三は一年後輩）、卒業後、建築事務所に勤めるものの二十四歳で没。彼には実作はないが、多くの計画案を遺した。著者はその計画案を丹念に検証し、特に死ぬ前年に手描きで設計した五坪にも満たない「ヒアシンスハウス」は立っているのではなく、寝そべっている建築ではと考える。つまり自己主張が強く、周囲から突っ立っている建築でなく、立原は大地に休息するような設計を志したのでは、時局は既に軍靴の響きが鳴り始め、シンボリックで強い建築が求められていたにも拘わらず、正反対の途を求めたのではないかと。

続く「ル・コルビュジエのメディア戦略」で著者の考えはより明確になる。近代建築運動を始めたコルビュジエは、自分の作品集で自己正当化のためどんな演出をしたのか、小気味良い筆致で明らかにする。要するに他の評論でも近代建築の出発点には、現在の建築の流れ以上に多彩で多様な可能性があったのではないか、その多様性の芽を摘んだために現在、建築は隘路に陥り、〈建屋〉と称する無責任な建物まで現れたのではないか、と著者は問いかける。

どの文章でも自ら撮った写真なども載せ、具体的に検証するだけに説得力は十分だ。建築は周辺環境に強い影響を及ぼす。それだけに広い論議が常に必要である。本書の投じた一石が、より広い論議の波紋を生んで欲しいと願う。

（みすず書房　３８００円）

---

## 『乳しぼり娘とゴミの丘のおとぎ噺』

ラティフェ・テキン著

宮下遼訳

二〇一四年九月一四日

作者テキンはトルコではノーベル賞作家オルハン・パムクに並ぶ人気作家だが、作風は異なる。パムクが西欧文学の香りならば、テキンは土着的でマジックリアリズムの匂いだ。

「一日じゅう巨大なダンプカーが都市から出るゴミを運んで来ては捨てていく、とある丘の上に幾つものゴミ山がそびえていた。ある冬の晩のこと、そのゴミ山から少し離れたところに（略）八軒の一夜《いちや》建《だ》てが築かれた。」

これが冒頭の一節で、一夜建てとは不法移住者が一晩で建てるバラック。八軒が建つと翌日にはゴミ漁りの連中も、工場街前の風の強いゴミ山に集まり、百軒に。だが翌日には解体業者が家々を壊す。再建すれば、翌日は解体。攻防は三十七日間も続き、家は一掃。だが解体が止み、山に〈花の丘〉と名が付くと、今度は一気に無数の家々が。これが本篇の始まり。

工場群の出す排煙や排水や悪臭が酷く、病気になろうと、いつしか伝説も物語も、唄も踊りも生まれ、住民たちはへこたれない。さらに冷蔵庫などをつくる地下工場が生まれたか、と思えば、ミナレットもモスクも建ち、工場にストライキが起き、町長選挙が始まったか、と思えば、やがて幾つも生まれた喫茶店は賭博場と化す。こんな風にゴミ山は変貌してゆく。

時代も場所も定かではないが、世代が変われば地名も変わり、〈ナトー大通り〉が生まれたり、サッカーブームが起きたり、映画館が建ったり、ロマたちが現れたりと。つまり本篇はおとぎ噺仕立てでトルコの現代史に重ね、政変や政治家を諷し、経済成長や工業化で生じる公害や自然破壊を皮肉る。結局、丘は政府系の財団所有地だったが、なおもロマの子孫たちは相変わらず唄や踊りに興じ、言葉さえ特異化する。

いわば急激な都市化への諷刺が、トルコでの高い人気の理由だろうが、トルコ史を知らずとも、都市化により均質な風景ばかりとなった日本でも共感を得るだろう。

（河出書房新社　2000円）

## 『絵のように　明治文学と美術』

前田恭二著

二〇一四年九月二一日

各分野で日本近代の再考がなされているが、著者はユニークな視点で文学と美術の近代を解読した。

一言でいえば明治の作家たちが美術をどう捉え、考えたか、そこにこだわり、詳細に調べた。明治であれ、美術は既に芸術として社会的な位置を獲得していたからだ。言い換えれば文学の近代化とは〈絵のように〉即ち〈美術のように〉なることを意味し、作家たちは描写などの技術も美術から学ぼうと、彼らは美術に関心を抱き続けたためである。

第一章は山田美妙作『蝴蝶』の口絵に若い女のヌードが描かれ、新聞雑誌で論争となった騒ぎを追う。まず新聞が春画と批判し、美妙が反論。すると新聞の投稿欄で批判が続き、鷗外も茶化して投稿し、自然主義を目指す内田魯庵は批判、尾崎紅葉は擁護、と双方とも譲らない。

このように著者は全篇に亘り歴史を単純に俯瞰せず、作家たちの論ばかりか、見落としがちな噂なども調べ、各作家の思い入れから批評、相互の付き合いまで調べ、美術と文学の変貌や制度化の過程を綴る。

例えば子規の写生論が一義的ではなく、また漱石はアールヌーボーを必ずしも肯定してはいなかったという指摘や、明治の初めには忘れられていた浮世絵が西欧で人気を得、高騰していった経緯などを、単に西欧の画家たちに影響を与えたジャポニズムとは捉えず、むしろ日本の作家や画家にしてみれば、アナクロニズムだったという指摘など、ハッとする記述も多く、わかり易い。

しかも日清日露戦争を経て、国策として古寺社や宝物の調査や美校設置などの動きも重ね、文学者と美術家がナショナリズムに反応した意識も調べ、終章は大逆事件に最も鋭く反応した啄木の帰趨で締める。

それだけに本書は約七百ページに及ぶ労作にもかかわらず、作家美術家ばかりか官僚や民衆までも登場し、意見を述べ合う群衆劇を読むような面白さがある。ぜひ大正昭和まで筆を進めて欲しい。

（白水社　6200円）

---

## 『わが生涯のすべて』

**マリオ・ジャコメッリ著**

シモーナ・グエッラ編　和田忠彦・石田聖子訳

二〇一四年九月二八日

マリオ・ジャコメッリは日本にも多くのファンを持つ、写真界を代表する巨匠。ドキュメントでありながらモノクロの陰影が独特で、イタリアの詩から題を採った連作群が特に著名だ。彼は二〇〇〇年に没。その二か月前、姪シモーナのインタビューに応じ、その応答を本書は収めた。

話は彼の子どもの頃から始まり、カメラを持った動機、最初の撮影、各写真のテーマ、そして現在の心境へ。既に死を悟っていたようで、言葉の端々に彼の篤実さが滲み、心と全身で対象と向き合った写真への思いが直に伝わる。

〈前に進めば進むほど、自分が何も知らないことに気付くんです〉〈真の風景写真は、大地とは大いなる母なのだと、自分一人のものでなくわたしたち全員のものなのだと理解した瞬間に生まれます〉〈写真とは常に、ひとが内部に抱えもつ痕跡や感覚や観念で書かれた書物〉〈歓喜を知らない人間が悲しみに沈むことなどできるでしょうか〉〈詩には（略）すべてをさらに超える何かがあります〉

彼の語る言葉に人生を全うした人の省察録を読む趣さえ感じた。

（白水社　3400円）

## 『別荘』

ホセ・ドノソ 著
寺尾隆吉 訳

二〇一四年一〇月一二日

二十世紀後半の文学に強い影響を与えた南米文学も既に古いという声も聞く。だが巧妙な仕掛けと型破りな展開の本長篇を読み、未だ炎は消えず新世代へ点火する勢いさえ感じた。

ドノソの代表作『夜のみだらな鳥』は名門一族の無惨な崩壊を描いたが、本篇も同様。しかし趣向は全く異なる。物語は金鉱を有し、金箔で国の経済を牛耳るベントゥーラ一族が、例年通り夏に、広大な領地内の別荘に集まるものの、常とは違い、大人たちは召使たちを連れ、領地にハイキングに出かけ、三十三人の子どもたちは残ると決まった日の、前日から始まる。

巧妙な仕掛けは、まず作者の常識を覆す舞台設定。別荘ながら城の如き巨大さ、金箔を作り、富を生む原住民が人食いだったという伝承、豊穣であるべき植物が、秋に人を呼吸困難にする綿毛を飛散する不毛の草で、領地全体を覆うことなど。加えて一族の退廃、一族と召使と原住民との階級差、塔に幽閉された狂気の男、子どもたちが興じる「侯爵夫人は五時に出発した」という遊びなどが伏線となる。しかも大人たちの確執や子どもの反抗心、召使や原住民の思惑も交錯し、至るところで火花が散る。

そしてそれら火花は連鎖して一気に爆発する。一部の子たちは原住民と別荘を占拠し、別の子たちは金箔を盗み逃亡。一方事態を知った大人たちの命を受け、召使たちは執事を先頭に軍団となって別荘を攻めるのだが、……。

この紹介だけでドノソの母国チリに起きた軍事革命が下敷きとわかるが、歴史を知らずとも十分面白い。時折入る作者の語りで物語の前後が入れ替わったり、「侯爵夫人は五時に出発した」のルールで一日が一年となったり、時空間は狂わされ、大部な小説全体は掴み難い。だからかえって読者は各自の読後感を抱くはずだ。

つまり読者を多様な読みへと導く、ここが作者の意図ではないか。それだけに本篇は言語表現の新たな可能性を秘めている。

（現代企画室　３６００円）

## 『笹の舟で海をわたる』

角田光代 著

二〇一四年一〇月二六日

東日本大震災後、多くの子どもたちが疎開した。戦時中、自らも疎開した経験のある高齢者の方は殊に胸を痛めたのではないだろうか。

本長篇は、正に戦時中に疎開した少女二人が、戦後を対照的に生きた物語。主人公左織は内向きだが、もう一人の風美子は何事も積極的。話は、平成八年、既に六十を過ぎた二人が海を望む邸宅を買うか、家を見学する場面から。

実は四十年以上前、朝鮮戦争の頃、二人は銀座のデパートで出会う。風美子は、自分は戦時中、伊豆修善寺に疎開し、貴方に助けられたと左織に語る。だが左織は疎開の思い出はあるものの彼女の記憶はない。むしろ辛い疎開は忘れたかった。だから風美子の出現に戸惑う。それでも風美子の積極さに負け、付き合い出す。

ところが、左織が結婚すると風美子は左織の夫の弟と夫婦になる。つまり二人は義理の姉妹となり、風美子は左織の子どもの世話までも。左織にとり、料理研究家として成功する彼女は最も親しい仲に。ごく自然な成り行きだが、すべて風美子の計略では、と左織は疑い出す。

こうして物語は、何故、左織は疎開を思い出したくないのか、何故、彼女は風美子を疑うのか、という二つの謎が絡みあって展開する。

この謎で読者は結末までページを次々めくるが、作者が巧みなのは登場人物の配置の妙。良妻賢母でありたいと願う女と時代の波に乗り突き進む女、研究一筋の兄と定職を持てないダメな弟。いかにも類型的ながら戦後を生きた人々を彷彿とさせ、性格の違いで波風も立つ。

しかも時間を二人が出会ったときに戻し、折々の風俗や事件なども挿み、平成八年まで二人の姿を綴る。だから読者は自ずと、時代に揺れる左織の心理の変化を追う。

謎の背景に疎開先のイジメがあるとやがて分かるが、……。

作者は温かい結末で読者をホッとさせながら、子どもの疎開の問題は、戦後であれ、震災後であれ、忘れていいのか、と問いかけている。

（毎日新聞社　1600円）

## 『見る悦び　形の生態誌』

杉本秀太郎 著

二〇一四年一一月九日

画《え》を見るには決まったルールなどない。自分の感性で自由に自在に楽しむとき、見る悦びは生まれる。まさに著者はそう語りかける。

例えば最初に語るのは、京都国立博物館に常設される俵屋宗達の襖絵「草花図」だが、その見方には驚かされる。この画には薊《あざみ》、鶏頭、鳳仙花《ほうせんか》など秋の草花ばかりか芥子、野薔薇、立葵《たちあおい》などが描かれ、普通は庭に咲く草花の画としか思わない。ところが著者は中央の芥子が赤く咲き誇る様を、他の草花が感嘆したり、嫉妬したり、呟く声々を想像する。理由はある。

元々妙心寺退蔵院にあった、この襖を開くと奥の壁に如拙《じょせつ》の国宝「瓢鮎《ひょうねん》図」を見るはずだからだ。つまり瓢箪《ひょうたん》でナマズをとる可笑し味を、宗達は「草花図」にも込めたと読み、さらに代表作「風神雷神図屛風」に、彼が描いた笑いを思い、宗達自身が諧謔を解す人柄だったろうと推察し、話は更なる展開へ……。

このように著者は、目だけを働かせるのではなく、画に内在する力が、自分の心へ働きかけるのをゆっくりと待ち、時には画から音楽を想起し、聴きとり、時には文学を思い、読みとり、或いは描かれた人物や動物、草花の心さえも擬人化して感じとり、対話する。つまり見る悦びは読み、聴き、知り、語る悦びでもある。

著者は詩人美術史家と呼ぶに相応しいアンリ・フォシヨンの『形の生命』の訳者だが、四十年ぶりに新訳を出した折、書名を〈形の生態誌〉に直したかったが、それもならず本書の副題としたと語る。確かに形は突然に生まれる訳ではない。各時代の精神、画の材料、画家の願い、学んだ技法などが連鎖し、生物の如く変化し、伝播する。同時に画も、見る人たちの悦びによって、再生し、生き続ける。

本書は著者の四十年に及ぶ、画への思いが詰まり、見る悦びを味わった半生の記録でもある。加えて宗達の屛風を巡り、巡って、エッと驚く記述もある。それは読んでのお楽しみ。

（中央公論新社　３５００円）

## 『渡し場にしゃがむ女』

八木幹夫 著

二〇一四年一一月一六日

本書の副題は「詩人西脇順三郎の魅力」。シュールレアリスムを標榜した西脇の詩は難解で、若き日、詩人を志した著者もわからなかった。だが父の死と娘の誕生を契機に、西脇が詩に詠む神は、土俗的で明るいと気づき、理解できたという。確かに詩は読む者の心を時に照らす。

それでも詩はわからないと思う方には、本書後半の「情をのべる、抒情詩とはどういうものか」の論から読むことを薦めたい。西脇の詩を論じつつ著者は、抒情詩と叙事詩との違い、日本と西欧の詩歌の共通点、韻律の問題など、自分の詩も俎上に載せながら実にわかり易く語るからだ。その上で通読すれば、西脇は西欧の詩ばかりか、日本の古歌古句を下敷きに言葉遊びなどを駆使し、現実を超える世界を生みだそうと試みた、と教えられるはずだ。

では妙な書名の意味は。

書名は西脇の代表作『旅人かへらず』の一節で、彼が戦時戦後の時流に乗らず、いわば〈しゃがみ〉、時代を諦観した意志を表す。つまり作者は西脇の姿勢を見つめ、詩人が、詩が、世に抗する役目を問いかけている。

（ミッドナイト・プレス　２５００円）

## 『愉楽』

閻連科《えんれんか》 著
谷川毅 訳

二〇一四年一一月三〇日

本長篇の作者閻連科は、本篇の後に〈イズムまみれの現実からの超越を求めて〉という文を添え、「リアリズムは文学を謀殺する最大の悪徳ボス」とか、「真実は生活の中になどあるわけではなく（略）真実はただ作家の内心に存在しているだけだ」などと述べている。

麦の実る夏に雪が降る場面から始まる本篇は、確かに現実を超えている。しかし閻連科のリアリズムを断罪する言葉は反語ではないだろうか。

こう紹介すれば、難解な小説と思うだろうが、本長篇は奇想に溢れ、実に読み易い。

舞台は貧しい県の山奥の谷にある受活村。村は明朝時代に障害者が移住し、生まれたという伝説通り、村の大半は障害者。革命後は戦士で左足の動かぬ女が住み、革命思想を教え、変化が起きる。それでも村は女が老婆になる現在まで彼女の統率で、文字通り受活（愉快という意味）に暮らしてきた。

ところが夏の雪で更に困窮し、県長はロシアからレーニンの遺体を買い、記念堂を村に建て安置し、観光の目玉にと考える。問題は資金集め。しかし受活村の祭りで障害のある村人たちが空前絶後の技、即ち絶技を次々に披露したから県長は、サーカスならぬ絶技団を組織し、巡業して儲けようと思いつく。

跳ぶように駆ける片足の若者、全盲で雀の羽が落ちる音さえ聴きわける娘、五本の針に一度で糸を通す片方の目が不自由な男、足は不自由ながら桐や柳の葉に犬猫の刺繍をする女、爆竹を耳に下げて鳴らす聾唖者が現れ、褒美に金を渡すと、絶技を持つ者が次々に集まったためだ。

しかも受活村の絶技団の巡業は各地で大成功し、県長は第二の絶技団まで組織し、やはり成功するのだが……。

前半はこのように驚きと笑いに溢れるが、物語はそこで終わらない。村人の思惑の違い、他の村の者たちの妬み、県長と村を統率してきた老婆との意見対立、しかもレーニンの遺体購入の問題も絡み、結末に近づくほど物語は陰湿になる。

　春が近づいても霧と雨で陽が射さぬ上、金に目がくらんだ健常者たちが現れ、村人は儲けた金を略奪され、監禁され、若い女は犯され、しかも突然の酷暑で渇きと餓えに苦しみ、貧しい暮らしに戻ってしまう。若者たちの笑いと新しい命の生まれる結末が僅かな救いとなる。

　こう通読すれば作者は決して障害者を揶揄せず、後半はむしろ、金に動かされる人々の愚劣さを描いている。

　加えて本篇は妙な構成で、第一巻第一章に始まるが、二巻四巻はなく、二章四章…八章がない。つまり対になるべき偶数の巻と章がない。しかも時折、注釈にあたる〈くどい話〉が時には一章分も綴られ、言葉の意味ばかりか、歴史や人物の履歴、伝説や噂も組み込まれている。

　こうした仕掛けは今や世界から悪に抗する正義、欲に対する思いやりといった、人間の大事な資質が抜け落ち、そうした事実をくどくど説明しなくてはならぬ現代の状況を示しているに違いない。

　物語の展開も前半が明るいだけに後半はより残酷だ。つまり作者は資本主義を導入した現代中国が、いや世界が、欲にまみれ、未来を見る目を失い、聞く耳を持たず、手も足も出ず、共生する感覚を忘れた、と問うのだ。しかも次第にわかるのは政治の怖さ。物語は村人が革命思想により、すべて中央政府の指示で動く縦社会に組み込まれた時点に始まるのだから。

　要するに閻連科は、〈イズムまみれの現実からの超越を求めて〉通りに、資本主義と社会主義、二つのイズムの谷間で揺れる人々の姿を描き、それまでのリアリズムを排し、真にリアルな作品を目指したのだ。

　訳者谷川毅の後書きによれば、本篇は発刊後、反動と評され、しかも閻連科の作品の多くは発禁処分。それだけに本書から作者と訳者二人の、文学への志を強く感じた。


（河出書房新社　３６００円）

## 『哲学散歩』

木田元 著

二〇一四年一二月一四日

本書を読みながら頭にチラチラ浮かんだのは、著者が以前に著した『反哲学史』だった。

『反哲学史』は、プラトン以後続いてきた哲学概念をニーチェが解釈し直し、反旗を翻し、木田が最も学んだハイデガーも、また現代の哲学も、その否定の流れにあるとしたスケールの大きな仕事だった。故井上ひさしさんも、実にわかり易いと感嘆していたのを思い出す。

『反哲学史』が二千年以上に及ぶ西洋哲学の太い流れと変革を辿ったのに対し、本書はその歴史からこぼれた、哲学者たちの素顔や人柄を掬い上げ、彼らの友情や反目、権力者との関係や恋愛など、人間臭い姿を見つめ、いわば脇道〈散歩〉のエッセイ集だからである。

加えて古代ギリシアの哲学者たちを描く上でディオゲネス・ラエルティオスの『ギリシア哲学者列伝』とアイリアノスの『ギリシア奇談集』を活用する。この二書はいわば古代ギリシア人の逸話集だが、木田は二書に倣い、古代から現代までの哲学者の逸話を拾い集め、哲学者は何を考え、行動したのか、そして哲学とは何か、と読者にわかり易く伝えようとしたのだ。

だから本書を読むと、西洋哲学が宗教や政治ばかりか、医学や生物学や心理学など様々の学問や芸術と連関し、思想が哲学者の旅や書物によって伝播した様もよく理解できる。

当然ながら多くの哲学者が登場する。プラトン、アリストテレス、ディオゲネス、ジョルダノ・ブルーノ、デカルト、カント、ヘーゲル、ショーペンハウアー、ニーチェ、サルトル、メルロ＝ポンティ、ハイデガー、ヤスパースなどなど。さらに女の哲学者たちにも触れ、最後は木田自身が講義を直接聴いたレーヴィット。

それだけに学識の深さを再認識したが、当人は参考本を挙げる度にしばしば「受け売りですが」と断りを入れている。この謙虚な姿勢だけで本書執筆後に程なく没した、木田さんの知への愛と厳しい人柄が偲ばれてならなかった。

（文藝春秋　1500円）

## 『ベン・シャーンを追いかけて』

永田浩三 著

二〇一五年一月一一日

政治的な事件を扱えば画《え》の格は落ちるのが常だが、例外もある。ゴヤの作品、ピカソの〈ゲルニカ〉、そしてベン・シャーンの多彩な仕事。

日本人なら、まず核実験に被災した第五福竜丸事件をテーマにした、彼の〈ラッキードラゴン〉シリーズを思い出すだろうが、彼がまず世に問うたのは冤罪事件〈サッコとヴァンゼッティ〉シリーズであり、続いてアメリカの繁栄の裏に潜む貧困の実態を撮った組写真と、移民たちの困窮を描いた絵であった。

著者はシャーンの故郷リトアニアから、彼が絵を学んだイタリア・フランス、生涯の大半を過ごしたアメリカまで旅するが、各地で彼に影響を与えた画家や作家にも触れ、考え、何故、彼が画家となり、政治的なテーマを選んだのかを明らかにする。だから自ずと二十世紀が生み出した戦争や核問題、人種差別など今も絶えない諸問題を多くの人から聞き取る旅ともなる。

著者は「人びとは、自分の人生の断面をシャーンに重ねる」と旅の印象を語り、最後は彼から影響を受けた日韓の芸術家たちにも取材し、彼が切り拓いた芸術の未来を探る。

（大月書店　2800円）

## 『夜の木の下で』

湯本香樹実 著

二〇一五年一月八日

人生の途中で誰でも様々な別れを経験する。大切な人の死もあれば、好きな人との思いがけない別れもある。子どもから大人になる瞬間も別れだろう。まして別れが幼い日か青春時であれば記憶は何かの拍子で蘇るに違いない。

こんな別れの記憶が本短篇集の底に流れる。

巻頭の「緑の洞窟」は双子の病弱な弟を小学三年に亡くした男の話。彼らはまるで双子のような庭の二本のアオキの根元で親たちに隠れて遊ぶのが常だった。作者は根元の湿り、暗さ、土の匂い、葉陰の光をまず描写し、やがて弟の葬儀の日に根元で眠った自分を思い出す。

作者はこのように記憶に沈んだ小さな、しかし大切な光景を各篇の主人公の回想で、耳を澄まさなければ聞こえぬ音、目を凝らさなければ見えぬ光と影、立ち上る匂い、触れる肌合いなどを掬い上げてゆく。だからいずれも記憶に伴う空気を描いたかの静かな印象を受ける。

といって各篇には独特の筋も。女子高での親友と同級生の葬式で出会う女の話は第二話、第三話には母の古い自転車に乗る少女がサドルと自分の悩みを語り合う、という幻想味もある。苛めた同級生に次第に心を許し、やがて彼のために衝撃的な事件を起こす少年の話は第四話。第五話は離婚した両親から離れ、祖父の許で暮らし始めた少年が、ピアノを習う間に中年女性に出会って以来、不思議な体験をするストーリーだ。この少年は「およそ人を愛するなどということに関わるものは、相手を求めるあまり自分を失ってしまうしかないのだ」と考えるが、幾篇かには、この心理の穴に落ちる人物が登場し、物語は人物が絡んで進んでゆく。

巻末の表題作は、弟が生死をさまよう間に、姉は弟の声を幻聴し、子どもの頃に二人で仔猫を捨てた記憶から、猫たちが暮らす町に入り込むといった幻想味たっぷりな話である。

どの短篇も余韻は少し切なく、読者は各々若き日の記憶と共鳴し、静かに心揺らすだろう。


（新潮社　1300円）

## 『小説家　大岡昇平』

菅野昭正 著
二〇一五年二月一日
まず大岡昇平の二つの文を紹介したい。
「自分と同じ原因によって死ぬ人間に同情しないとい

う非情を、私は持って帰っている」と「七五ミリ野砲の砲声と三八銃の響きを再現したいと思っている。それが戦って死んだ者の霊を慰める唯一のものだと思っている」

先の文は一九四八年に発表した『俘虜記』の最終章にあり、後の文は一九七一年に刊行された『レイテ戦記』の一節。二つの文にはかなりの時間差があるが、向きが変わっている。先の文には冷酷な戦争の真実を伝えるという使命感があり、後の文は戦死した兵士への溢れ出る同情が漲る。どちらも本書中で引用される。

ところで著者は大岡自身が記録だと語っても、『俘虜記』は既に小説であったという論から本書を書き出す。理由の一つは構成。戦場で出会った米兵を〈私〉が殺さなかった事件を核に全体が構成され、決して記録や報告といった文ではない点。いま一つはあくまで明晰で簡潔な文体。これも通常の報告文ではあり得ない。そして何より小説家としての想像力が駆使されなければ書き得なかった場面も多いからだ。

大岡は『俘虜記』以後、『武蔵野夫人』など明確に小説を書き始めるが、それら作品でも政治や権力に翻弄される者をとり上げ、必ず時代背景の描写を忘れなかった。その根には戦争体験があるのは当然だが、著者がユニークなのは、長らく中断した作品や未完の作品を取り上げ、そこに大岡の思考の変化を見た点だ。

例えば中断した『ハムレット日記』や未完の『酸素』。中断は大岡が『レイテ戦記』の腹案を抱いた時期とほぼ重なり、その上で先の二つの文が引かれる。つまり大岡は思考の向きを変えても、常に社会変化に対峙し、主題を広く深く捉える姿勢を真摯に崩さなかったのだ。この指摘は著者の小説と小説家への思いである。

殺人を悪と感じない若い世代に大岡の作品を読んで欲しいという熱い思いも伝わってくる。

（筑摩書房　3000円）

## 『ジョン・レディ・ブラック』

奥武則 著

二〇一五年二月八日

明治期の外国人落語家、怪傑亭ブラックを知る人は多いが、彼の父ジョン・レディ・ブラックが新聞人として活躍した事実を知る人は少ない。

著者はイギリスで新聞史料などを渉猟し、それまで謎だったスコットランド生まれのブラックがオーストラリアに渡り、歌手として成功し、インドから香港や上海、横浜を巡業し、来日した数奇な半生を突き止める。だが本書の面白さは新聞人としての彼の活動内容を詳述した点だ。

三十九歳のブラックが横浜で英字新聞『ジャパン・ヘラルド』を発行した時は正に安政五カ国条約を朝廷が勅許した年。激動の時代のなかで、彼は下関戦争の賠償は単に金を払えば解決とする幕府の対応を批判し、外国人の名誉を敬うべきと書き、一方で混乱収拾策は列強の幕府支援だと現実的な解決を提案。彼は日本の状況を理解し論を張った。

明治に創刊した日本語新聞『日新真事誌』でも、教育の重要性や保険事業を論じ、投書欄に人間平等論や娼妓解放論も載せ、新聞は公共の議論の場だと示した。彼を著者が〈近代日本ジャーナリズムの先駆者〉と呼ぶのは当然だろう。

（岩波書店　6800円）

二〇一五年二月二二日

# 『エノケンと菊谷栄』

山口昌男 著

文化人類学者山口昌男が没してほぼ二年。本書は生前、彼が書いた原稿を二人の編集者が、腐心の末に集め、整理し、纏めたものである。

おそらくタイトルから読者は、二つの疑問を抱くだろう。喜劇王エノケンは知っていても、菊谷栄とは何者なのか。いま一つ、山口がなぜエノケンを論じようと試みたのか、と。

本書のページをめくれば、菊谷についてはすぐにわかる。彼はエノケン一座の座付き作者であり、エノケンの舞台を支えたのだ。この二人の出会いまでの経緯から本書は書き出される。

菊谷は明治三十五年に青森に生まれ、絵の才能に恵まれ、伯父の援助で上京し、本郷に下宿し、やがて歌舞伎など舞台に夢中になる。一方エノケンこと榎本健一は菊谷の二歳下。東京の青山に生まれ、映画や浅草オペラに憧れ、オペラのスター柳田貞一の弟子になり、映画にも出演。二人は昭和四年に本郷のおでん屋で知り合い、店に集う仲間が、エノケンの名を一気に高めたカジノフォリー旗揚げに彼を参加させ、その後、菊谷も脚色や台本を手掛けた。

時は関東大震災後で、日本に新しい美術や演劇の波が一気に押し寄せた。メイエルホリドの演劇理論、ミュージカル映画、ジャズなど。

山口はこの波が日本でどう吸収され、菊谷の脚本演出に影響を与え、歌と踊りの舞台でエノケンがアドリブも交え、演じたか、詳細に検討する。実に多くの人物も登場するが、彼の後期の代表作『「敗者」の精神史』に連なる「匿れた水脈」を探ろうとしたはずだ。同時にフィールドワークで見出した〈中心と周縁〉論を若者が集う本郷や盛り場浅草に、〈道化〉論をエノケンの演技論に敷衍した指摘も散見できる。

要するに山口は本書を仕事の集大成と考えたのでは。残念ながら本書は菊谷が日中戦争で戦死し、没後の評価論の途中で終わっている。

それでも戦前、舞台に賭けた若者たちの熱気は伝わる。熱気こそ山口の意志に違いない。

（晶文社　２３００円）

## 『永い言い訳』

西川美和 著

二〇一五年三月一五日

誰であれ、大切に思う人の死を受けとめるには長い時間がかかる。悲しむ心の深さは自らでも解らず、時間をかける他にないからだ。

本長篇の主人公はテレビのバラエティ番組にも出演する人気作家だが、売れるまでは美容師の妻に頼ってきた。ところが売れっ子の今では夫婦仲は冷え、若い編集者と浮気も。その最中、妻はスキーツアーのバスで親友と共に事故死。すると彼は、渦中の人となり、より発言を求められるが、果たして自分は妻を愛していたのか、妻は自分を愛していたのか、と思い悩む。

記憶と後悔、現実を知り、また悩みもがく。

だが、転機が訪れる。妻の親友の夫がトラックの運転手をしながらでは、四歳の女の子と小学六年の男の子の世話ができず、困っていることを知り、独りになった彼は子どもたちの世話を申し出る。やがて彼は家族の繋がりを知り、心のなかに温もりを感じ始めるのだが……。

ここまでの粗筋でも分かる通り作者は、「嘘ばっかり」書き綴って来た作家、いわば「虚業」の主人公に、体を使い働いてきた〈労働者〉の妻や運転手を対峙させ、主人公と同じように言葉によって、人の死を人間がどのように感受するのか、過程を描き出そうと試みる。それだけに章毎に語り手を変えたり、主人公の日記を挿入したり、構成に視点の変化を与え、主人公の心理の動きを多角的に綴ってゆく。

何故なら彼を取り巻く人々には、妻であれ、愛人であれ、テレビ関係者や編集者であれ、各々がそれぞれの人生を生き、希望もあれば、挫折もあり、主人公への見方も違うからだ。まして事故で肉親を失った者は、子どもも夫も生活の基盤さえ狂わされ、心理はより複雑である。

だからこそ作者は、主人公が家族の愛に触れたところで物語を終わらせない。更に彼を悩ます二つの事件を用意し、甘いハッピーエンドにせず、結末は苦い。しかし主人公の心の底に淀む苦さは、読者の心に漂い消えないだろう。

（文藝春秋　1600円）

## 『人類と芸術の300万年』

デズモンド・モリス 著
別宮貞徳 監訳
二〇一五年三月二九日
本書のサブタイトルは〈アートするサル〉。
かつて『裸のサル』で人間と類人猿との共通性と共に、人間の進化への諸々の行動を検証した動物学者モリスらしく、まずチンパンジーも絵を描く事実を紹介する。だが人間の子どもは、直ぐにチンパンジーの知能を超え、あたかも我々の祖先が象形文字を生みだしたように、写生する対象を単純化して描く。そこからモリスは先史時代の発掘された石像や壁画に眼を転じ、人間とアートの長い歴史を辿ってゆく。

モリスは若き日から六十年以上かけ、資料を集め、八十五歳になって本書を書き出した。

それだけに彼は、まず人間は他の動物と異なり、アートと科学と宗教の三つの活動を行うと説明し、アートを「日常的なものから非日常的なものを作り出すこと――脳を楽しませるために」と定義する。アートは狩猟社会であれ、大猟や弔いなど、常に行う必要がないにも拘わらず特別な事件と強調し、飾り、記録することから誕生した。しかも宗教がアートと密接に結びつくとアートは硬直化し、変化に乏しくなる。古代文明もヨーロッパ中世も、この説を裏付ける。科学も同様にアートに影響を及ぼす。

通読すれば、モリスの関心の向きはルネサンスであれ、バロックであれ、最盛期の作品よりも変革を起こした作品に注目するようだ。つまり彼はアートの歴史を人間臭い歴史として記述する。この歴史観は現代に近づくほど明確になる。科学が発展し、写真が生まれ、映画もテレビも生まれ、風景や戦闘を再現し、描写する必要が絵画にはなくなり、二十世紀に入ると、新しい実験へと向かうようになる、と。

東洋美術論は少なく、日本ではトラックの装飾だけなのは残念だが、モリスの説は生け花や茶の湯にも敷衍できるだろう。いや、理屈よりモリスが蒐集した美術資料を楽しんだ方がいい。どのページも非日常的で面白い。つまり本書は彼の作ったアート作品なのだ。

（柊風舎　12、000円）

---

## 『火花』

又吉直樹 著

二〇一五年四月一二日

人間は他の動物と異なり、芸術、スポーツ、芸能と予測のつかぬ非合理な営みをわざと行う。まして機械と記号に覆われた合理優先の現代ではアホらしさや猥雑さはかえって求められるのでは。本長篇の面白さは正にアホらしさの意義を全面的に押し出したことにある。

二十歳の漫才師徳永は熱海の花火大会の余興で同じ漫才師で四歳上の神谷と出会い、仕事後、呑みに誘われ、話の流れで「弟子に」と頼む。すると神谷は「俺の伝記を作って欲しい」と応じ、その上で、「漫才師である以上、面白い漫才をすることが絶対的な使命であることは当然であって、あらゆる日常の行動は全て漫才のためにあんねん。（略）漫才は（略）本物の阿呆と自分は真っ当であると信じている阿呆によってのみ実現できるもんやねん」と語る。

この言葉が本篇の芯でありテーマである。以降、神谷は徳永を誘い、呑んでは、自分の言葉通り日常でもアホな行動を繰り返す。

話の筋はこれに尽きる。だが読者を引っ張ってゆくのは、二つの味付けが効くためだ。

一つは徳永が漫才で暮らしを立てたいと夢見ながらも、色々と考える心理描写。若さは苦さであり脆さだ。読者は彼が約束通り神谷の伝記ノートを綴るなどの真面目さに職を超えて共感するだろう。いま一つの味付けは、呑んで語り合う二人の会話の妙。あたかも舞台そのままに彼らはボケをかまし、ツッコミを入れ、読者を笑わせつつ芸人暮らしの哀歓を滲ませる。

ところが並みの芸道物と異なるのは、徳永のコンビはそれなりに売れるが、結局は十年がんばったものの相方が結婚を機に漫才を辞め、徳永自身も諦め、職を変え、一方の神谷は売れぬままにアホな行動を捨てないことだ。

つまり二人とも大成せず物語は終わる。だから尚更に読後、読者は二人の行く末が気にかかるだろう。この余韻はまだ構成に甘さが残る本篇でデビューした作者への今後の思いと重なる。

（文藝春秋　１２００円）

## 『イザベルに　ある曼荼羅』

アントニオ・タブッキ 著

和田忠彦 訳

二〇一五年五月三日

タブッキが没して三年。本書は彼が生前、友人に預けていた遺作で、ポルトガルをこよなく愛した彼だけに、舞台はリスボンから。

タデウシュという男が、イザベルという女の行方を捜し、彼女の高校時代の友にまず会う。友によれば、イザベルは両親を交通事故で失って性格も変わり、大学では独裁政治に抵抗するグループに入る。だが政治警察に逮捕され、獄中で死んだと新聞の告知で知り、友はミサに出席したものの、司祭は遺体も埋葬場所も見ていないと語ったという。しかも友は、イザベルのことをより知りたければ、彼女のばあやに訊くのが良いと教える。実に謎めいた始まりだ。

タデウシュは、ばあやから今度はイザベルがミュージシャンと連絡していたと知り、次にミュージシャンに会う。すると新たに獄中の政治犯を助けていた看守のことを教えられる。

このようにイザベルを知る者たちにタデウシュが会って問う度に、次第に彼女の半生や政治状況が明らかになり、同時にタデウシュの事情も分かってくる。そしてタデウシュはイザベルの姿を追い、マカオ、スイスのアルプスを旅し、最後はリビエラ海岸でイザベルの亡霊に会い、フッと気づけばリスボンに帰っている。

この展開からタブッキファンならば彼の他の小説も思い出すだろうが、旅人が亡霊に会う筋から夢幻能を想起する人もいるのでは。そう思うのは展開ばかりか独特の文体に拠る。文章は能のシテにあたるタデウシュと彼が会う者の独白でほぼ成り立つため、読者は彼に感情移入し次第に思いを理解し、謎の深まる展開も不思議でなくなる。これは夢幻能の構造に似ている。

作者自身は巻頭の〈註〉で本篇に影響を与えたのは、彼自身の意識を知るため或る僧が「多色の粉絵の具で裸の石に意識の曼荼羅を」描いたためという。曼荼羅であれ夢幻能であれ、物語は風で散る粉絵の如く夢か幻と消えても、読者の意識に深く残響するだろう。

（河出書房新社　２０００円）

## 『忘れられた詩人の伝記』

宮田毬栄 著

二〇一五年五月一〇日

本書は副題に〈父・大木惇夫の軌跡〉とある通り、著者は大木惇夫の次女である。著者は自身の記憶、父から聞いた話、父自身が書いた思い出、父宛ての書簡類、兄や姉の話などを横糸に、父が遺した多くの詩を縦糸にし、時代の流れに絡ませ、父親の生涯を編み上げた。

明治二十八年、広島生まれの大木惇夫の本名は日清戦争勝利に因み大木軍一。だが名とは逆に文学好き。詩と小説を書き、畏敬する北原白秋に推され、三十歳で第一詩集『風・光・木の葉』を発表し、詩人として地位を確立する。

ところが、彼は戦争嫌いにも拘らず、太平洋戦争勃発後、四十七歳で陸軍文化部隊の宣伝班員に徴用され、しかもジャワ島へ向う途中、船は撃沈され、彼も死にかけるが、この体験などを詩集『海原にありて歌へる』に発表し、兵士らに最も愛される詩人となり、賞も受ける。

このため戦後、彼は無視され続ける。表題通り〈忘れられた詩人〉となるが、著者は単に父の汚名を濯ぐため大部な本書を書いたわけではない。戦争を美化した詩は厳しく論じ、むしろ父が高齢で何故従軍したのか、拒否しなかったのか、戦後、どう生きたかを明らかにする。

いや、若き日から綴ったため、初恋の彼女との結婚までの複雑な経緯、その妻が病に侵されると、次は作者の母との恋愛と子どもたちの誕生など、娘ならば書き難い事柄さえ敢えて陽に晒し、父親の人柄と暮らし振りを明らかにし、八十二歳で没する生涯を綴ったのである。

彼は気が優しく女たちや他人の頼みを拒否できない性格だった。しかも長男。だから常に責任を感じ、生活に困窮し、酒色に溺れ、折々の弱さを詩に昇華する他なく、老いては詩に信仰を求めた。それ故共感する者が多かったのだ。

人は生まれる時を選べないが、生きる途は選べる。まして苦しくとも折々の喜びや悲しみ、憧れや戦きなどを表現できる。それが詩の意義だ。大木惇夫は確かに詩人として生きた。

（中央公論新社　４６００円）

『人間のしわざ』

青来有一 著

『忘れられた巨人』

カズオ・イシグロ 著

土屋政雄 訳

二〇一五年五月三一日

戦後七十年、節目の年の今年は常より戦争モノの出版が多いようだ。ただ情報の氾濫でかえって根本の事が問われていない気もする。古くから殺し合い、憎しみ合うのが人間の性《さが》ならば、何故、それを克服できないのか、と。

それだけに共に長崎生まれの青来有一とカズオ・イシグロ（イシグロが四歳上）が『人間のしわざ』と『忘れられた巨人』によって、現代人が、ともすれば忘れ、逆に殊更に強調する〈戦争の記憶〉をいずれもテーマにしている事に強い共感を覚えた。

とはいえ、無論二作品は趣向も技法も大きく異なる。

まず青来の『人間のしわざ』は二章に分かれ、前半の表題作の題は、一九八一年二月二十六日に被爆地であり殉教の地でもある長崎で猛吹雪の中、実際に公開ミサを行ったローマ法王ヨハネ・パウロ二世が日本語で語った言葉〈戦争は人間のしわざです〉に因っている。

ところが物語はこの日、ミサに出かけた、当時大学生で惹かれ合っていた男女が、言葉の行き違いで別れ、三十年後に出会い、二人は性愛に溺れながらも、互いの半生を語り合うことで進んでゆく。

男は紛争地域で夥しい遺体を撮って来た写真家。彼の妻はその間に愛人を持つが五年前に死亡。息子はテロ組織に近づき、男が撮った遺体写真を資金源に。女もまた子どもがいるが、夫には愛人がいて家庭は壊れている。

やがて男は、ミサの際に島原の乱でキリスト教再興を求めた一揆による夥しい死を幻視し、神はいるのかという声も幻聴した、と語る。つまり不毛な性愛と会話の果てに、作者は〈神の不在〉を男に語らせるのだ。

では、戦争は神が人間に科した試練か、という問いを旧約聖書のヨブ記と絡ませたのが、後半の章「神のみわざ」。男は結局、戦争は神の試練ではなく、〈人間のしわざ〉なのだと考え、だからこそ「弱く、愚かなひとびと」の時代を改めて泥まみれに生きようと思い立つ。彼の考えと思いが本篇の微かな救いとなる。

一方、イシグロの『忘れられた巨人』は、時代背景が伝説のアーサー王が没した時期で、魔法や魔物も登場するファンタジーの趣向である。

物語は老夫婦が、隣人たちから疎んじられ、息子の暮らす村に行こう、と思い立つことから始まる。しかも世界は謎の霧で覆われ、人々は記憶を失っている。だが老夫婦は旅をする裡に、少年や魔物退治する勇者、アーサー王の盟友の老騎士と出会い、様々な体験をする裡に少しずつだが、記憶が戻って来る。

今一つ、物語の重要な伏線は、旅先で島に渡る際、夫婦であれ、二人が最も強く残る記憶が一致しないと船頭が判断すれば、二人は共に船に乗れず別々に暮らすという事。

やがて魔物の竜こそが「忘れられた巨人」を守っている事も判明し、巨人が実は「怒りと復讐の渇き」を繰り返す〈戦争の記憶〉に他ならないと分かる。だから単純に竜を殺せば済む訳ではない。

ここで作者は〈戦争の記憶〉は、果たして人間に救いをもたらすのか、再び戦争を起こす火種になるのか、という難問を読者に問いかける。しかも記憶は老夫婦の間にも思い出したくない事実まで呼び起こしてしまうのだ。

ただ救いは、最後に息子が住むと聞いた島に老夫婦が渡る際、船頭は二人を分けて乗せるが、それでも夫は海の中を「先を進んでいく」。作者は忌まわしい記憶であれ、愛がそれを乗り越えると語っている。土屋政男の訳もファンタジー調への腐心を感じた。

それにしても、殺し合い、憎しみ合う戦争の連鎖に対し、『人間のしわざ』は真っ当に地道に生きる途を示し、『忘れられた巨人』は人間相互の愛に気づかせ、二作は私たちに共感という始まりを改めて思い出させるのだ。


（『人間のしわざ』集英社　1500円）

（『忘れられた巨人』早川書房　1900円）

## 『石造りのように柔軟な』

アンドレア・ボッコ／ジャンフランコ・カヴァリア 著
多木陽介 訳

二〇一五年六月一四日

妙な題だが、副題〈北イタリア山村地帯の建築技術と生活の戦略〉の通り、著者二人が北イタリアの山岳地帯、つまりアルプスの村々を徹底して歩き、調べたのが本書。

建築家で大学でも教える二人は、各村の土地の傾斜から、道や家屋の作り方、時には四階にもなる家屋の使い方、家屋に使われた石や木の特性、季節や高低差による気温湿度の違い、家畜の飼育法、畑の分布、そして共同体の決まりまでも調べ、立体的に図示し、実に分かり易く説明する。

村の多くは過疎で、廃村もあるが、次第に村々の知恵が分かってくる。夏と冬に備え、高低二つの地に家屋を建て、農作物を作り過ぎず土壌を荒らさぬ村があれば、大きな岩陰の脇に湧水を利用した共有の冷蔵施設がある村も。半地下で家畜を飼い、屋根裏などの干し草を貯蔵した家屋や共有のパン釜を設けた村も……。全て自給自足の暮らしを持続させるためであった。

つまり各村は題名通り土地の形状や時代の変化に柔軟に対応し、生き延びてきたが、この暮らしを壊したのは、逆に硬直した保存政策だと二人は訴えている。


（鹿島出版会　２９００円）

## 『歩道橋の魔術師』

呉明益《ウーミンイー》 著
天野健太郎 訳

二〇一五年六月二一日

この短篇集は十篇の連作で、舞台は台北に実在した三階建ての中華商場（一、二階には店が並び、三階は住居）。一九八〇年前後に、その中華商場に住んでいた子どもたちが、中年になり、忘れられぬ体験を回想する物語である。

日本なら時代はバブル景気前夜だが、むしろ戦後の高度成長期を思わせる、懐かしい街や人の匂いが漂う。しかし懐かしさだけではない。

八棟の中華商場の間には二つの歩道橋があり、幅の広い歩道橋には物売りの屋台で賑わっていた。その橋の袂でマジックを見せ、マジックの道具を売る、みすぼらしい身なりの魔術師がいた。彼は通常の手品ばかりか、時に不思議な魔術を披露し、子どもたちに強い記憶を残す。

例えば表題作の第一話は、靴屋の少年が靴ひもと中敷きを歩道橋で売り、その魔術師に憧れ、マジックの道具を買う所から始まる。客が減ると、魔術師は黒い紙をちぎり、小さな人形を作り、踊らせる本当の魔術を見せる。ところが仲良くなって店番をしていた少年は、つい居眠りをし、急な雨で黒い人形を紙クズ同然にする。魔術師は紙人形をもう一度作り直すが、少年が前の人形は「死んでないよね」と念を押して問うと、彼は分からない、「ときに、死ぬまで覚えていることは、目でみたことじゃないからだよ」と答える。この言葉が全篇のキーワードだ。

少年は紙人形をダメにしたことに罪の意識を感じたのである。この感情は確かに見えないが、記憶に一生残る。他の九篇も、魔術師が披露する本当の魔術を見た子どもたちは、それを契機に忘れられぬほどの感情を抱く体験をし、彼らの人生の分かれ目にさえなる。

出会い、別れ、大事な人の死、初恋、裏切り、セックス、口づけ、嘘、孤独、焦り、……。

子どもが忘れられぬ感情を抱いた体験は強烈に残る。大人では分からない子どもの心情を、作者はあたかも魔術の如く鮮やかに描き、読者の隠された記憶を震わせる。

（白水社　２１００円）

---

## 『長田弘全詩集』
## 『最後の詩集』

長田弘 著

二〇一五年七月五日

五月三日に亡くなった詩人は、没する直前に『長田弘全詩集』を、そしてこの度『最後の詩集』を出した。彼はまるで自分の死を予期していたかのように二冊の詩集をまとめていた。

だからといって二冊に死への怖れや生への執着をことさら詠んだ詩があるわけではない。

まず『長田弘全詩集』は、一九六五年のデビュー詩集『われら新鮮な旅人』から『奇跡―ミラクル』まで十八の詩集を収め、その上で彼は巻末に「場所と記憶」と題した文を添えた。自らが住んだ場所、旅をした目的、影響を受けた詩などを記し、九年も高熱と発汗と悪寒に苦しめられたが、その病気が「詩の三つの声。詩はゆっくりと書かれなければならぬ。われ思わぬところにわれありだ。絶対に陽気でなければならぬ」と、教えてくれた、と書いている。

その通り彼の詩は陽気であり、むしろ彼はデビュー詩集の題通り、常に〈新鮮な旅人〉であろうとしたのではないか。『最後の詩集』もシチリアを旅した際の三篇の詩から始まる。しかし全詩集からわかるのは、彼にとり旅は同時に、古今東西の詩人の詩を読み、音楽を聴き、絵画彫刻建築を見つめ、詩で芸術家たちの小さな評伝を「ゆっくりと」綴るような、新たな世界との出会いを楽しむ試みでもあったことだ。

だからこそ彼は、世界を予め決めつけず、自らの五感を解放し、世界を「われ思わぬところにわれありだ」として考えた。それだけに詩集の題を追っても、彼の詩の底で相互に繋がる、彼が見つけた世界への思いがよくわかる。

〈深呼吸の必要〉、〈黙されたことば〉、〈記憶のつくり方〉、〈死者の贈り物〉、〈人はかつて樹だった〉、〈世界はうつくしいと〉など……。

そして『最後の詩集』は「One day」の「人生がよい一日でありますように」という詩句で締められる。この詩は今年の元旦に決定稿としたようだ。私は長田さんの賀状が〈よい日々を〉という言葉だったと、今思い出している。


（『長田弘全詩集』みすず書房　６０００円）

（『最後の詩集』みすず書房　１８００円）

## 『芥川賞の謎を解く』

鵜飼哲夫 著

二〇一五年七月一九日

先週の第百五十三回目の芥川賞選考は、かなりの騒ぎになったが、芥川賞は元々『文藝春秋』を創刊した菊池寛が昭和十年に始めた賞で、菊池は第一回の際、対象は「無名若しくは新進作家の創作」と決め、「審査は絶対公平」と記した。つまり新人賞なのにかくも騒がれるのは何故か。

芥川賞は直木賞と異なり〈新しい文学〉が対象とされてきた。では〈新しい文学〉とは何か。またその新しさを巡って問題は起きなかったか。太宰治は選ばれず、選考委員佐藤春夫に懇願したという話は本当か。特に話題作、例えば石原慎太郎の「太陽の季節」や村上龍の「限りなく透明に近いブルー」が選ばれた際、選考で揉めることはなかったのか。かつて該当作ナシの事態は。太宰の他に吉村昭や村上春樹などの人気作家が選ばれなかった理由は何か。

著者はこれまでの選評を全て読み、これらの謎に迫った。特に問題や事件が起きた際の選評に注目するが、本書を読めば、読者はむしろ話題作や落選作を読みたいと思うのでは。読者が自らの感性で小説に深く親しむ、これが本書に託した著者の強い思いの筈である。

（文春新書　８３０円）

## 『江戸川乱歩傑作選』

江戸川乱歩 著

二〇一五年八月九日

七月二十八日は江戸川乱歩の五十回目の命日だった。乱歩といえば名探偵明智小五郎を思い出すだろうが、彼の初登場は本書にもある『D坂の殺人事件』。「それは九月初旬のある蒸し暑い晩」に始まる通り、若き明智も棒縞の浴衣で現れ、喫茶店で冷しコーヒーを呑み、語り手の「私」と向かいの古書店を眺め、連続する万引きに気づくが、店は静かだ。不審に思い、店内を捜すと殺人事件。「私」は棒縞の柄から明智を疑うのだが……。子どもの頃、少年探偵団シリーズに夢中だった私が初めて書いた本は乱歩論。だから暑い最中に本書を熟読した記憶もある。

（新潮文庫　550円）

## 『軍艦島の生活〈1952/1970〉』

西山夘三記念すまい・まちづくり文庫 編

二〇一五年八月一六日

私は閉山して十年後の一九八四年に端島（通称軍艦島）を見て廻ったことがある。全てがコンクリートの廃墟で高層の迷路の連続だった。

本書の核は戦前から日本の様々な住宅を調査してきた西山夘三らが一九五二年と一九七〇年に島民の生活を調べたレポートである。まだ三交代で採炭していた時期だけに住居の間取りや使い方調査の他、島民への聞き取りも行っている。中には西山が自著などで既に発表した調査もあるが、写真は初公開で、島民の住まいや暮らし振りがよくわかる。私が訪ねた折には消えていた木造のアパート、商店、寺などの写真もあれば、遊びに興じる子どもの姿もある。

〈緑なき島〉と呼ばれたが、コンクリートの屋上に土を盛り、野菜や稲を育てていた様子も、桟橋、商店街、小中学校の校舎、プール、食堂、病院、警察、郵便局、神社、映画館なども写されている。火葬場と墓地だけは近くの小島、中ノ島に備わっていた事実も本書で知った。

一九七〇年の調査では住まいと島民の階層が一致する指摘もある。組織の頂点にいる鉱長の社宅は五ＤＫの邸宅、幹部社員の住居も三ＤＫ。いずれも岩山の上にあり、眺望が良い。他の住居には風呂はなく、教職員と社員は三Ｋ、家族持ちの鉱員は二Ｋ、最も狭い単身者住宅は四畳一間。ただ既に鉱員は減り、四畳の住居は二戸を併せて一戸にしたり、単身者の鉱員にも家族用の住居を割り当てたりしたようだ。

更に巻末の片寄俊秀の論が島の歴史を知るには格好だ。七〇年の調査に参加した後も、彼は幾度か島に渡り、歴史も調べた。当然、島の生活環境は石炭生産と重なる。封建的な労使関係の上に住環境も劣悪な明治期。罷業と暴動も起きた。大正期に様々な近代化を果たしたが、朝鮮人の集団移住、戦時戦後の増産体制へと…。

島の歴史は島国日本の近代史を映す鏡なのだ。それだけに本書は、世界遺産が観光よりも歴史を再考する場なのだと改めて確認させる。

（創元社　２５００円）

---

## 『独りでいるより優しくて』

イーユン・リー著

篠森ゆりこ訳

二〇一五年八月三〇日

物語は三十七歳の男、泊陽《ボーヤン》が独り葬儀場で、六歳年上の女、少艾《シャオアイ》を荼毘に付す場面から始まる。実は少艾は二十一年も病床にあり、泊陽は月初めに必ず黙然《モーラン》と如玉《ルーユイ》へメールで彼女の生存を知らせ、彼女の死も報せた。しかしいつも通り二人の女から訃報にも返事がない。ミステリアスな始まりだが、構成が更に謎を深める。

一章は泊陽の視点で現在が綴られ、二章は二十一年前の一九八九年、天安門事件の二ヶ月後に十五歳の如玉の視点で、北京の高校入学のため大学生の少艾の家に下宿し、少艾と同じベッドを使い、近所の高校生の黙然と泊陽の二人と知り合ったことなどが記される。そして三章は如玉の現在が、四章は黙然の視点で過去が、という構成で過去と現在が交互に、しかも泊陽と如玉と黙然、三者三様の視点で描かれる。

では過去に何が。少艾が政府批判をし、家にいるようになり事件が起きる。少艾が毒を飲み倒れる。では毒を盛られたか、自殺を企てたか。毒を手に入れ、盛る機会は如玉と泊陽と黙然の三人だけだが、結局、事件は未解決に。

つまり本篇はミステリー仕立てだが、作者の主眼は事件後の三人の生き方と心理を浮上させる点にある。それだけ文章は巧緻で繊細だ。

三人は高校の同級生となり、仲が良かったが事件後、泊陽は北京で不動産ビジネスに成功したものの結婚は失敗。孤児で大叔母に育てられた如玉はアメリカ人と結婚して渡米し、離婚後再婚するが、それも市民権のためで、今も自分の世界に閉じ籠る。黙然も結婚して渡米したが別れ、家族も夢も持たない。中年になった彼らは自らに孤独を課して生きている。

後半に事件の真相がわかり、最後には彼らは孤独から抜け出し、人の愛を信じようとする。

作者は本篇で裕福になり、メールで世界と繋がるものの、孤立感を深めた中国人と中国の位置を問うているのだ。この問いは現在の日本人の胸にも強く響くだろう。

（河出書房新社　2600円）

## 『イングランド炭鉱町の画家たち』

ウィリアム・フィーヴァー 著

乾由紀子 訳

二〇一五年九月二〇日

驚きや喜びを表現するのが芸術である。だから子どもには美術と音楽の授業がある。ところが勤め始めれば、特に絵を描くなど美術を学ぶ機会は少なくなる。夜でも美術を学びたいと思う男の読者ならば本書には特に驚くだろう。

なにしろ副題の「〈アシントン・グループ〉1934—1984」通り、本書はイングランドの北にある炭鉱町アシントンで、労働者教育委員会という組織の許、鉱夫たち自らが美術の講座を閉山までの半世紀の間、運営し、多くの画家と作品を生み出した記録だからである。

始まりの一九三四年はヒトラーがドイツ総統となり、日本では東北で大冷害が起き、身売りや自殺の多かった年である。つまり既に第二次世界大戦の波はイギリスにもヒタヒタと寄せ始めた頃だが、鉱夫たちは火曜の夜に絵の勉強を始める。当初、教師は理論を教えたが、版画の実技に切り替え、やがて画材を自由にし、テーマを与えて絵を描かせた。すると彼らはテーマを身近な採掘場や町の街路、人物や坑内などに寄り添って描き、次第に自身の意欲や感情を絵に込め、彫刻や写真にも挑戦する。

本書には半世紀に及ぶ彼らの多くの作品がカラーとモノクロの図版で載っているが、各々の画題も手法も多彩で、どの作品も個性的だ。

こう紹介すると、筑豊の炭鉱で働いた記憶を子孫へ残すため千点以上の絵を描き、世界記憶遺産となった山本作兵衛の作品を思い出すかも知れない。しかし彼が坑内の過酷な労働現場を伝えようとしたのに対し、アシントンの鉱夫たちは何より作品に自己表現を求め、描いた街並みや室内、食卓や女たちの姿を見ても、日本の炭鉱住宅街とは別世界のように実に明るい。

更に彼らの作品を巡り、批評家、ジャーナリスト、蒐集家など様々な人物が交わす本書中の議論を読んでも、美術に対するイギリス人の幅広さを感じる。換言すればイギリス文化の成熟ぶりを見せつけられる一冊だ。

（みすず書房　５８００円）

## 『Yの木』
辻原登 著

二〇一五年九月二七日

本小説集の第一話「たそがれ」の主人公、中学二年の少年は思わぬ事件で時間に遅れるが、姉と会い、ユニバーサル・スタジオ・ジャパンで念願のアトラクションを体験後、言葉にならぬ思いを抱く。その思いを作者はこう表す。

「大仰で、鬼面人を驚かす偽りの脅威と危険と、ちっぽけでほとんど目にみえず、それと気づくこともない本物の危険とを区別しなくてはならない。少年の前途には、そういう小さな、真の危険がいくつも待ち構えていて、否が応でもそれらと戦ってゆくことになるのだ。」

確かに人生では様々な危険に、そして様々な愛や幸福にも出会う。しかしその真偽の見極めも難しい。真の愛や幸福も危険同様に気づき難いからだ。第一話の少年も姉の真の愛をまだ知らない。第二話も華やかなコンサートやイタリア旅行を背景に、軽い浮気心が起こす真の危険を作家の男が悟る話。第三話は趣向を変え、ラグビー観戦をしながら、妙な電話をかける女が偽の幸福と真の危険に気づく話である。

作者はまず人々が興奮する舞台を設定し、主人公たちに人生の危険と向き合わせるが、読者がアッと思う結末も加味し、円熟した巧みな筆の運びで、全四話には起承転結の趣向も。

ならば締めの第四話の表題作「Yの木」は。

主人公は若き日に大瀬東二の「ガラスの壁」（実際に芥川賞候補作品）に影響を受け、中年になって小説を書き、賞を受けた作家だが、六十八歳の今は注文もなく妻も病死し、ただ愛犬と散歩に出るくらい。ところが散歩中、Yの字に似た木を見つけ、妻や若き日に会った大瀬のこと、「ガラスの壁」がカミュの『異邦人』の影響で生まれ、大瀬が自殺したことなどを次々思い出す。そして彼も自死を覚悟する。

老いを感じる歳であれば、危険は死に結びつく。本篇の結末も読者を唸らすが、作者は真の危険に気づくときこそが生きる意味、真の愛や喜びに気づくのだ、と静かに訴えている。

（文藝春秋　１３００円）

二〇一五年一〇月一一日

---

## 『服従』

ミシェル・ウエルベック著
大塚桃訳

本篇は話題作だが読了後、読者は立場や知識、男女の違いで様々な感想を抱くのではないか。

主人公は『さかしま』などの小説で著名な十九世紀末の作家ユイスマンスを研究してきた四十四歳のソルボンヌ大学教授。物語は恋人と別れ、孤独になった彼が青春時を回想し、自らの指針にしてきた、生涯独身だったユイスマンスの生き方の再考と作品の再読から始まる。

そして舞台は二〇二二年春のパリとわかる。

折しも五月に極右とイスラム穏健派と社会党が競り合う大統領選が行われる。彼は投票には行かないが、子どもの頃から開票速報が好きだった。開票の結果、どの候補者も過半数に達せず、極右とイスラム穏健派の決選投票になる。やがて決選投票日、彼は両派で紛争が起きるという話を聞き、パリを車で逃げ出すが、壊された投票所と死体も目にし、各地での暴動を知る。ところが、社会党がイスラム穏健派と手を組み、政権を握ったため事態は急変する。

　オイルマネーを握るイスラム諸国の金を背景に風俗から制度まで一気に変わる。ファッションは地味になり、家父長制は復活し、女たちの多くは家庭に入り、大学もイスラム教徒以外は勤められず、主人公も恩給は受けるものの教授を解任される。そこで彼は晩年のユイスマンスに倣い、修道院に入ろうと考えるが、それもならず彼は、ユイスマンスも貞淑な妻との家庭に実は憧れていたのだと自らを納得させ、イスラム教徒となり、教授に再任され、若い妻と暮す夢を抱く。この粗筋通り彼は〈服従〉する。

　では作者は教養も圧倒的な権力と財力には無力だ、と語りたかったのか。むしろ作者は根本的な解答を逆説的に示したのではないか。

　実はユイスマンスは官吏を誠実に勤め、自由・平等を誓い、レジオン・ドヌール勲章を受け、逆に主人公は投票もせず、いわば自由・平等の権利を放棄した。この設定に一票の重みを示した作者の真意があるのではないか。

（河出書房新社　2400円）

## 『琥珀のまたたき』

**小川洋子** 著

二〇一五年一〇月一八日

本長篇は、まず常に小声で話すアンバー氏の静かな日常が語られ、次に十一歳の娘オパールと弟の琥珀《こはく》と瑪瑙《めのう》、この三人の子と母親の生活が描かれ、二つの話が交互に綴られてゆく。

　琥珀は英語ではアンバー。この通り二人は同一人物と次第にわかるが、物語の軸は三人の子どもの話だ。彼らは母親に温泉町の外れにある家に連れて来られ、なぜか鉱物の名に改名される。やがて三人の下の妹は病死なのに死の直前、犬になめられたせいで、母親は魔犬の祟りで死んだと信じ、三人を魔犬から守るために、亡き父親が遺した別荘に閉じ込めたとわかる。

父親は図鑑の出版社の社長。母親は彼の愛人で、父親が四人を認知しなかったため彼らには戸籍も教育の機会もない。作者は無戸籍の子が多い現代の残酷な現実も念頭に入れたのだろうが、むしろ四人家族の暮らしぶりを詳細に描く。

新聞、ラジオ、テレビ、電話などがなく、情報も閉ざされ、オルガンも壊れ、音は出ない。三人は働きに出る母親のいう通り外に出ず、父の遺した図鑑を教材に学び、各々が物語を作っては語り合い、ルールを決めては遊ぶ。こうして描かれるのは、鳥の囀りなど自然の変化のなかで生きる一家の静かで親密な暮らしだ。

小川ファンならお馴染みだろう。作者は三人の子に特異な才能を与える。特に琥珀は成長するにつれ左目が琥珀色に変わり、左目をまたたくと亡き妹の姿を見るようになり、彼は妹と家族の姿を図鑑の余白に鉛筆で描く。するとすると図鑑のページをパラパラとめくるにつれ、妹も生き返ったかのように家族と共に動き出すのだ。

結局、塀に閉ざされた生活は破綻するが、琥珀はアンバー氏と呼ばれる今も四人、いや五人の家族を父の図鑑の余白に描き続ける。自己表現ではなく家族と共に生きている証しに。

作者は琥珀が今も生きる原点を描くように、愛と残酷が交錯するメルヘンの形で、自らが生き、綴るべき創作の原点を見つめ直したのだ。

（講談社　1500円）

## 『電気は誰のものか　電気の事件史』

田中聡 著

二〇一五年一一月一日

大正二年八月の夜、長野県赤穂《あかほ》村で千人を超える村人が電灯の点る三軒と点灯予定の四軒の家々を破壊し、しかも一軒には火を放った。

事件の背景には、実は村営で配電と決めた村議会に対し、電気事業は公益としながら認可しない政府への不満があった。政権を握る政友会の大物が経営する長野電灯が認可され、壊された七軒は長野電灯から配電していたからだ。

結局、事件に関与した村民は罪に問われ、村営計画も潰える。ところが赤穂村の隣の中沢村では五年の交渉の末、電気供給の村営化に成功する。さらにいえば同じ長野の上郷《かみさと》村は大正五年に村営を決議したが、認められず、そのため村は、その後「闇郷《やみさと》村」と呼ばれながらも、村営をあきらめず、交渉を続け、村営で村に電灯が点ったのは実に十七年後の昭和八年だった。

この頃、電気事業は民営公営を巡り、各地で対立が生じたが、それでも昭和一〇年には公営電気は百二十三事業にも達していた。だが昭和一七年に戦時体制となり、発電送電は一社に、配電は地域毎に九社と決められ、上郷村の電気の村営も僅か九年で中部電力に統合される。

このように著者は、日本で電灯が点り始めた際の誤解や迷信が起こした事件や、大正末の発電所工事を巡り死傷者も出した乱闘事件など電気を巡る数々の事件を詳細に調べ上げた。

それだけに読了後、我々は、なぜ電気を巡る事件も、背景も知らなかったのか、と疑問が湧く。この疑問に著者は、既に電気ナシでは生活すべての基盤が成立しないからこそ、電気供給は自明で疑いすら挟まないのだと推理する。

実際に原発事故後、我々は日本と違う欧米の配電事情も知った。だからこそ本書で著者は〈電気は誰のものか〉と繰り返し問いかける。

ただ敢えていえば、問いの繰り返しは読み難いし、事件現場を示す地図も欲しかった。しかし著者が歴史を辿り、〈電気は誰のものか〉と問う多くの根拠を示した事は大いに評価したい。

(晶文社　1900円)

## 『天国でまた会おう』上・下

ピエール・ルメートル著
平岡敦 訳

二〇一五年一一月二二日

本長篇を読了した途端、読者は粗筋や展開を誰かに話したくなるだろう。それほど面白い。

一九一八年十一月、第一次世界大戦も休戦が近いと噂され、西部戦線でも両軍の兵は弛緩している。仏軍中尉プラデルは、この状態では武勲も立たず、出世もできぬと焦り、斥候に出した二人を背後から射殺。当然、フランス兵はドイツ兵の狙撃と思い、怒り、突撃するが、兵アルベールは斥候の遺体を見て、悪事に気づく。しかし逆にプラデルの手で生き埋めに。死ぬ直前、アルベールは兵エドゥアールに救われ、蘇生するものの今度は、エドゥアールが砲弾の破片で顔の下半分を失って野戦病院へ。

看病するアルベールにはプラデルの目が光り、告発もできない。しかも無残な顔のエドゥアールは面会に来た姉にも会いたがらず、二人はプラデルの目を避け、パリへ。そしてアルベールの僅かな稼ぎで二人は共に暮らし始める。

戦後、プラデルは戦没者の墓地建設で儲け、一方エドゥアールは、政府が戦死者の記念碑計画を発表すると、戦死者各々の記念碑を作ると称し、遺族から金を集める巨額の詐欺を考える。プラデルへの復讐ばかり考えているアルベールに、エドゥアールは「すべて戦争のせいだ。戦争がなければ、プラデルのようなやつもいない」と言い放つ。ここが作者の、凄惨な戦争と戦争を起こした政治への怒りを込めた主張だ。

後半はこの詐欺計画を軸に、話は更に二転三転どころか五転六転し、アッと驚く結末へ。

作者は実に巧みだ。アルベールは正直で気が弱い、エドゥアールは絵の才能がある天才肌、プラデルはハンサムでズル賢い、と類型的に人物を配し、勧善懲悪の話かと思わせ、展開の妙と諷刺を隠し味に、短い文体で畳み込み、読者の予断を裏切る物語へと次第に巻き込むのだ。

主張も明確で、これほど読者を終始ワクワクドキドキさせる物語を綴れるなら作家冥利に尽きるだろう。同時に訳者の平岡敦にとっても。

（ハヤカワ文庫　各740円）

二〇一五年一二月六日

## 『木工藝　清雅を標に』

須田賢司 著

幸田露伴は子ども向けの読み物『文明の庫《くら》』で、いかなる物も突然に生まれた訳ではなく、全ての物には長い歴史があり、人は物を作って生き、作った物で人は生きる、と述べている。本書を読むと、この露伴の言葉を実感する。

本書の前半は、木工家である著者の作品と、自身が収蔵している木工藝の品々がカラー写真と解説で紹介されている。副題通り、著者が清く雅な作品を目指し、制作していることはわかるし、収蔵の工藝品も清雅な作品なのもよく理解できる。その上、現在でも一人の手でこれほどの工藝品が作られている事実に驚く。さらに驚くのは後半に書かれた〈日本木工小史〉。今まで綴られていなかった木工技術史である。

木工には三つの技法がある。石器時代から木材を石器で切り、彫りこむ技法を刳物《くりもの》という。次に鉄器が現れ、木材を挽く技術が誕生。これは挽物《ひきもの》という技法。挽物は弥生時代後期に始まるようだが、確かではない。続いて轆轤《ろくろ》が生まれ、簡単な旋盤も作られ、『続日本記』に記された百万塔は挽物の技法による成果となった。

そして最後の技法が指物《さしもの》。棒状の木材に別の木材を指し込み、組み合わせて器物を作る。この技法で箱などの立体的な物が生まれ、一気に木工藝は隆盛を見る。正倉院の宝物である厨子《ずし》なども指物の技法なしでは生まれなかった。

今ではどこにでもある箪笥や机、椅子などの家具も指物技法なしでは作れない。指物を作る職人は指物師。著者の祖父も父も指物師で、特に祖父は明治大正期の名人の弟子だった。そしてその名人もまた、明治期に博覧会と輸出品で名を上げた名人に学んだ。正に作った物で人は生き、人にも物にも連綿たる歴史がある。

それだけに著者は、研究者と実作者が共に木工史を研究する機会が必要だと繰り返し語る。

　著者は毎年、正倉院展に通っては研究し、必要から今は金具造りも行う。温故知新、日々精進という言葉を今に蘇らせてくれる一冊だ。


（里文出版　3000円）

---

## 『香港パク』

李《イ》承雨《スンウ》 著
金順姫 訳

二〇一六年一月一七日

八篇の短篇集。いずれも主人公の男が思いも寄らぬ謎めいた事態に巻き込まれる物語だ。

　冒頭の「香港パク」は傲慢な社長が経営する雑誌社に勤めた〈私〉が会った次長の話。彼は常に社長の暴言と暴力の標的となり、その度に〈香港から船が入港さえすれば〉、自分の仕事場を作るから皆待っていろと話す。そのため彼は皆から香港パクと呼ばれている。彼の言葉を誰もが疑い、誰もが心の奥で船を待っている。だが、不正発覚でパクは辞職し、〈私〉もやがて辞職するが、出会う度に彼は同じ言葉を……。

　続く「宣告」は変化のない世の中に不満を抱く男Fが、夢うつつで聴いた声に誘われ、やがて迷路に入り込む話だ。しばしば首相が死んだという噂が流れる度に首相はテレビで元気な姿を見せるが、その映像は過去のビデオの繰り返しでは、と考えた作家は、その推理を小説にしようとするが……。これは「首相は死なない」。最後の「洞窟」は翻訳中のアフリカの小説の筋が、自分の立場と重なり合う筋だ。

　どの物語もあり得ない世界を描いているように思えるが、果たして本当にそうだろうか。

　社会は経済原則に動かされ、その上で階級化され、底辺を生きる者たちはたとえ嘘であれ、僅かな夢に未来を託すことはないだろうか。私達は世の中への不満さえも、迷路のように混乱し、わからないままになってはいないか。我々は日々新しい情報にあふれた社会に暮らしているようで、実は同じ様な情報を繰り返し見聞きして暮らしていると感じるのではないだろうか。自分の厳しい立場が、遠い土地か古い物語かをなぞっているように感じることはないだろうか。

八篇で主人公は奇妙な状況に入り込むが、作者はあとがきで自分の小説は〈特殊でありながら一般的な世界〉へと開かれる作品でありたいと語る。つまり作者は物語の面白さを失わずに、隠れている現実を明らかにし、現代小説の新たな可能性を示そうとしたのだ。


（講談社　1800円）

## 『集合住宅30講』

植田実 著

二〇一六年一月二四日

東京など都市部では高層の集合住宅建設は今も盛んだ。それだけに効率の良い施工が求められ、外観も住戸平面もパターン化し、画一的になり易く、同じ扉一枚を境に隣人と付き合いも希薄になりがちになる。


ならば、この問題を建築家は無視してきたかといえば、そうではない。本書を読めば、多くの建築家がユニークな方法で集合住宅の難問に挑戦してきたことがわかるだろう。

著者は日本各地ばかりか世界各地の集合住宅を訪ね歩き、自ら撮ったカラー写真を添え、具体的なデザインと各建築家独自のテーマとを実にわかりやすく考察してゆく。

例えば建築科の学生なら最初に知る集合住宅はル・コルビュジエが設計したユニテ・ダビタシオンだろう。ピロティで建物を浮かし、大地を公共の場にし、屋上にプール、体育館、幼稚園などを設けた。しかも建物の表裏にバルコニーが並ぶように住戸を配し、外観は花と多彩な色で塗った袖壁とで華やかさを演出した。

世界は広い。一つの街として住み手にも外来者にも印象付けるため門構えを設けた集合住宅もあれば、庭を外来者に開放し、全体を公園のようにしたものもある。各戸を結ぶ廊下は単調になりがちだが、光と影で印象的な場にしたものも、各住戸に裏口を設け、住み手の使い方をより自由にしたものもある。

中庭を外部から遮断し、各住戸の個室から出入りさせ、住民相互の交流を高めた集合住宅も、店舗を住棟に入れ、近隣の核としたものもある。更に住民たちを喜ばせる演劇性を加味したもの、オブジェや壁画を印象的に配置したものも、古い集合住宅を修復し保存した例もある。

　改めて考えれば、集合住宅では多くの人が集まって長く暮らすのだから、人はそこで人との接し方を学び、環境から五感を育み、体の表現まで学ぶはずだ。だから各建築家のデザインには十分な根拠がある。

　その上で著者は、集合住宅の更なる展開を望んでいるはずである。


（みすず書房　4200円）

---

## 『ルポ　消えた子どもたち』NHK取材班 編
## 『日本の少子化　百年の迷走』河合雅司 著
## 『忘れられた子どもたち』宮本常一 著

二〇一六年二月七日

　『ルポ　消えた子どもたち』は話題となったテレビ番組〈消えた子どもたち〉のNHK取材班がまとめた衝撃的な本だ。五歳でアパートに放置され、七年余り後に白骨化して発見された少年の事件を知り、子どもの事件を各施設に問い合わせたのが始まり。団地一室に閉じ込められ、一八歳で逃げた少女の事件も知り、彼女への取材から事情を掌握する。一八歳ながら、発見時は小学生にしか見えなかったほど成長が止まり、母親からは産みたくなかった子となじり続けられたという。

　更に驚くのは全国の児童相談所や児童擁護施設などへの問い合わせで、十年間に一〇三九人の子どもが、保育園や学校に通えず、社会から消されていた事実だ。しかも保護されぬ子や無回答の施設もあり、千人強の子も氷山の一角に過ぎない。では親の状況は。貧困、自らも虐待を受けた者、精神疾患などが原因で単純に親が悪いとはいい切れない。精神疾患の母親の世話で学校に行けなかった子もいた。

しかも施設収容後も彼らは人との交際が上手く出来ず、勉学の遅れに悩み、就職も難しい。悲惨なのは虐待された記憶が蘇り、パニックに陥り、自暴自棄になることだ。

この結果、施設を飛び出て、五年後に自殺した女の子もいる。彼女が施設を出た際に残した手紙には、「本当に弱い人はやらっればなしのイジメられた人ではなく、一人では行動できず、イジメで強さを表し、多数で行動して認められたい人だと私は思います。人を守って自分ががまんして来た人こそが素てきな人だと思います」と書かれていた。

河合雅司著『日本の少子化　百年の迷走』は明治以降の人口問題を軸に、なぜ現在、少子化が進んでしまったのかを解き明かす。元々、日露戦争に勝利し、日本の人口は増え始める。特に第一次大戦時はヨーロッパへの輸出が増え、工業化が進み、一気に人口増加が進み、当時は人口増加の解決策が問われた。工業振興で更に富を増やし食糧輸入で人々を養う策、植民地拡張策、移民を奨励する策が考えられた。産児制限をする策も話題となったが、戦争への機運が高まるにつれ、〈産めよ殖やせよ〉の標語通りに人口抑制は忘れ去られる。

敗戦後、団塊の世代以降も人口が増え続け、日本が再び領土拡張に進む可能性をGHQは危惧し、産児制限の普及が急務となる。そのためGHQは様々な策を弄し、産児制限をPRし一般化させ、戦後のベビーブームから一転して少子化の途を突き進む。

そして今、政府は少子化対策に取り組むようになった。ともあれ本書を読むと、政治が子どもの数をコントロールしてきた事実がよくわかる。

では消えた子どもたちの問題も政治的解決しかないのか。実際、子どもたちを見守る目の網を細かくする試みが行政から始まっている。しかし私たちは今一つ忘れてしまったことがあるのではないか。

『忘れられた子どもたち』は民俗学者宮本常一が間引き、堕胎、貰い子、棄て子など貧しさ故に日本各地で行われていた実態を取材した文を再編集した本。だが悲惨な記述ばかりではない。故郷の周防大島で子どもの頃、毎朝聞いた神社で祈る母親たちの声、我が子が亡くなる直前に氏神へ自身が祈った経験、子どもの行く末を祈る実母と祖母の記憶も綴っている。

昭和一四年、出雲の海岸の村で泊めてくれた家の母親が、息子の出征以来、「近隣の神社への参拝を欠かしたことはないが、他人への親切も平常以上に心がけている」という言葉も聞き取っている。この母の祈りは、パニック後に自殺した少女が残した手紙の言葉と響き合っていないか。

三冊で改めて感じたのは政治的解決以前に、私たちが失い、忘れたのは子と他人を気遣う祈りの心ではないか、と。

（『ルポ　消えた子どもたち』ＮＨＫ出版新書　７８０円）
（『日本の少子化　百年の迷走』新潮選書　１４００円）
（『忘れられた子どもたち』八坂書房　２２００円）

## 『坂の途中の家』

角田光代 著

二〇一六年二月二一日

里沙子は三十三歳の専業主婦で二歳の女の子の母だが、彼女が裁判員制度で補充裁判員に選ばれる所から本長篇は始まる。公判は二〇一〇年の八月二日から日曜日を挟む十日間。被告は生後八ヵ月の女の子を湯船に沈めて殺した三十六歳の主婦で、かなり話題となった事件だ。

里沙子は公判で様々な証言に触れ、当初から被告と歳も近く、自分も少し前に乳児を育てた苦労も経験し、しかも被告たちが暮らしていた「坂の途中の家」がいつか住みたいと願っていた建売の家にそっくりだったこともあり、被告の犯した殺人事件が他人事に思えなくなる。

その上、公判中、里沙子は朝、東京の吉祥寺にあるマンションから娘を連れ、埼玉の浦和駅に行き、バスにも乗って夫の両親の家に娘を預け、公判後には娘を連れて帰り、夕飯の支度もしなければならなくなる。ＪＲや地下鉄、バスなどを乗り継いで、途中で買い物をすれば往復に三時間近くもかかる。更に公判後の審議以外は、裁判員とも家族とも裁判についての会話が禁止されている。だから彼女は娘を連れた往復の間に、一人で事件を考え、被告の心理を推理し、自身の子どもの頃から結婚や子育てまでの間に抱いた気持ちと感情を思い出してゆく。

実父が女の教育に無理解だったこと、夫からも義父母からも暗に子どもを産むようにいわれた気にもなり、結婚後は仕事を辞めたこと、夫も忙しく、出産後は子育てに慣れず、相談相手も身近になく、ウツになったことなどを思い出し、やがて被告の心情に同調し、自身が裁かれているかのような心境になってゆく。

この辺りの作者の心理描写は息苦しいほどだが、本篇は同時に、内気な里沙子が自分の過去と向き合い、裁判員の審議で自己に正直な意見をきちんと述べるほど成長する物語でもある。

だからこそ幼子のいる夫婦や結婚間近な女性ばかりか幅広い年齢層の読者が、読後、作者から自己を深く問われる思いになるに違いない。

（朝日新聞出版　１６００円）

# 『佐野碩　人と仕事　1905―1966』

菅孝行編

二〇一六年三月一三日

佐野碩《せき》という男は破天荒な人生を送ったかに見える。父方は代々医師の家系で父は病院長、叔父の佐野学は戦前の日本共産党の指導者で、母方の祖父は関東大震災後、帝都復興院総裁を務めた後藤新平。つまり鶴見和子・俊輔の従兄弟だ。しかし彼の本質は素性よりも、メキシコで〈メキシコ演劇の父〉と呼ばれるまで生き、日本に帰らなかった人生の軌跡にこそある。

本書は彼の生誕百十年、没後五十年を記念して編まれた八百ページに近い大作。日本、ソ連、アメリカ、メキシコなどでの活動を各国の研究者や弟子たちが記し、後半は彼自身が書いた文などを収録し、多角的に彼を浮き彫りにする。

佐野は元々中学高校時代から演劇好きだったが、関東大震災後、一気に押し寄せたプロレタリア演劇の波、特にロシアのメイエルホリドの演劇論に魅せられ、実践して行くが、治安維持法などで弾圧が厳しくなり、彼はまずアメリカへ脱出し、フランスを経てソ連に向かう。

本書の特色はこれまでさほど明らかにされていなかった彼のソ連、アメリカ、そしてメキシコでの活動内容を明らかにした点にある。

メイエルホリド自身に直接、演出と実験を学ぶが、スターリンの独裁下、プロパガンダ色が強まり、彼はフランスやスペインなどを転々としながらメキシコに入り、自分の演劇論を実践してゆく。それはメキシコでの俳優の教育に明らかだ。体の訓練は徹底して基本重視だが、役作りは教えず、俳優自身に考えさせる。

彼は演劇自体を演出家だけが創造するものではなく、俳優や観客も考え、想像し、作りあげる場だと思っていたのだ。だからプロパガンダ色の強い作品ではなく、どの国の人々も理解でき、共感できるスタインベックやアーサー・ミラーといったアメリカ人の戯曲を演出した。

どの執筆者も視点の違いはあれ、結局、彼は破天荒でもなく、自分の意志で自分を裏切らず、自分の進む途を切り拓いたと指摘している。


（藤原書店　９５００円）

二〇一六年三月二〇日

## 『チェーホフ　七分の絶望と三分の希望』
沼野充義 著

チェーホフが自作「桜の園」を喜劇と規定したのにスタニスラフスキーは悲劇として演出した。この逸話は今もよく語られるが、本書で著者は当事者には悲劇でも、外観者には喜劇に見える状況はしばしば起き、悲劇か喜劇かは状況の内か外かにいる違いで変わると指摘する。

この事態は確かに現代でもよく起きる。

チェーホフはトルストイとドフトエフスキーというロシアの二大作家のすぐ後の世代だけに、二人に比して小粒に思われがちだが、彼の小説と戯曲は今も世界中で愛されている。その理由を著者は作品と時代状況から解読する。

例えば一八八六年発表の短篇「ワーニカ」は何故可笑

しいか。主人公ワーニカは田舎から靴屋に見習い奉公に出た九歳の少年だが、主人によくぶたれ、ろくな食事も与えられない。両親の死んだ彼は祖父に窮状を訴える手紙を書く。だが当時、ロシアの村人の識字率は低い。ワーニカの文章はその実情を反映し、めちゃくちゃ。だから可笑しい。しかも住所を書いてないから届かないはずで、祖父は文盲で読めない可能性もある。つまりチェーホフの笑いは残酷で、読み方で喜劇と悲劇は反転してしまうのだ。

しかし手紙を書き終えたワーニカは疲れ、一刻眠り、幸福な夢を見る。そこにチェーホフは僅かな救いをワーニカに与える。つまり彼の作品は絶望のなかに僅かな希望を輝かせる。しかもワーニカにはチェーホフ自身の辛い少年時の記憶も重ねられている事実も明らかにする。

このように著者はチェーホフが見つめた十九世紀末から革命直前のロシアの世相や政治状況を横糸に、彼自身の生涯を縦糸にして、彼が込めた絶望と希望を検証してゆく。だから光の当て方で悲劇と喜劇が反転し、絶望のなかに希望が輝く彼の作品は時代や国を超えた普遍性をもつことがよくわかる。著者はそう解読し、全篇で読者に向け、辛い現代も僅かな希望でも捨てずに生きようという願いを発している。

（講談社　2500円）

二〇一六年三月二七日

## 『その姿の消し方』

**堀江敏幸** 著

言葉は単に対象の意味を指示するだけのものではない。例えば詩歌は読む者の記憶を喚起し、心に反射し、強く揺さぶる。つまり感動するのだ。本長篇も言葉に喚起され、その度に反射する〈私〉の記憶と心の軌跡を追っている。

フランス留学中、〈私〉は古物市で「変形のサイロか納屋のようにも見える奇妙な外観」の建物写真に惹かれて買った、古い絵はがきの裏にきっちり十行で書かれた詩が気にかかる。差出人はアンドレ・L。宛先はナタリー・ドゥパルドンという女。〈私〉はアンドレ・Lが何者か調べ出す。文学辞典に名はないのだが……。

するとニ年ほどの間に同様の絵はがき二枚も手に入れる。消印はどれも一九三八年。さらに十年余り後、再びフランスに行った〈私〉は、絵はがきの写真に記されたM市の役所に電話をし、男の姓のLはルーシェで、彼は一九四三年に病死した会計検査官だとわかる。しかも孫娘もわかり、〈私〉は彼女に手紙を出し、実際にM市も訪れ、彼女やルーシェの息子の友だった老人とも知り合って語り合う仲になる。

その後も〈私〉はルーシェが使い、同様の詩を書いていた小冊子も手に入れる。そして様々な出会いをして記憶に残る言葉、知識にある言葉、絵はがきや小冊子にある詩のような言葉に「読むほど喚起されるイメージの乱反射にとまどい」ながら、〈私〉はルーシェは第二次世界大戦中にモグラ、つまりスパイとして抗独パルチザンに参加し、詩は第一次大戦後の自らの心と運命を書いたのではないかと推理する。

しかし他のこと、宛先の住所の都市は存在せず、ナタリーはわからぬままで、本篇は終わってしまう。ところが、その謎がむしろ詩を書いて没した男の姿をより強く印象付けるのだ。

つまり作者は本篇で、文学とは読者の人生に解答を与えるよりも、〈私〉のように言葉で記憶を喚起させ、心を強く揺さぶり、読者自身に人生を深く考えさせるものだと示したのだ。

（新潮社　１５００円）

## 『漂流怪人・きだみのる』

嵐山光三郎 著
二〇一六年四月三日
きだみのる（一八九五〜一九七五年）は、戦前には林達夫と共に本名の山田吉彦でファーブル『昆虫記』十巻を完訳し、戦後はベストセラー『気違い部落周游紀行』を書き、よく知られるが、これほど型破りな男だったとは。実に驚いた。
雑誌編集者だった著者は、きだが七十五歳のとき、一九七〇年四月に雑誌連載の依頼で初めて会うが、著者もびっくりする。なにしろ、きだは当時、劇団の新制作座の好意で借りた一室を掃除もせず、ゴミと異臭が立ち込めるままに暮らしていたからだ。と同時に著者はミミくんという快活な少女とも出会う。実は、この少女はきだの実子なのだが、彼女自身は知らずに、きだと共に東南アジアの各地までも放浪していたのだ。

ともかく著者は日本各地の小さな村を旅する連載のため、きだとミミくんと写真家の柳沢信と取材を始める。最初は『気違い部落周游紀行』の舞台の恩方村辺名で次は善光寺、その次は伊那、と行き先も車の運転も、きだまかせ。しかも行く先々の村で実に個性的な人たちに出会うのだ。

きだは女好きで食いしん坊で、しかも自由人なのだ。その根にあるのは『昆虫記』などから学んだ哲学だ。しかも旅の合間、折に触れ若き日に会ったアナーキストの大杉栄や伊藤野枝、辻潤の話もし、パリ大学に留学して得た知識も披露し、戦時中に旅したモロッコの話も、関東大震災直後に大杉と伊藤を惨殺したとされる甘粕正彦に会った話さえも語る。その上、独特の料理に腕を揮ってみせる。

著者は実に歯切れのいい文体で、こんな驚く話を次々に書き、きだの生い立ちも、彼が書いた『モロッコ紀行』や『気違い部落周游紀行』の筋も各々の時代状況も要領良く説明する。だから彼の著作を未読の読者にも内容がよくわかる上に、きだの自慢料理をイラスト入りで紹介する。

さらに取材当時の風俗や事件も適宜に挟みこむ。例えば三島由紀夫が憲法改正を訴え、自衛隊に決起を呼びかけ、直後に割腹自殺した事件の日に、きだは、伊那への国立大学設立をこれから文部大臣へ共に陳情しようと著者を訪ねて来る。著者は三島事件が起き、無理と、説得したという。

本書は驚く事実が次から次に出て、ともかく面白い。しかし読者が本当に驚くのは最後の逸話だろう。

やがて、きだは一九七二年六月から岩手県大船渡で暮らし始める。ミミくんの学校入学のためだ。彼女は年齢からすると小学五年だが、三年の学力もない。そこで近くの衣川にある山の分校に入る。ところが、きだは分校の先生が彼とミミくんをモデルに小説を書き、新人賞に応募した事実を知り、不安を漏らす。

きだみのるは一九七五年七月に亡くなるが、彼の不安は的中する。先生はミミくんを養子にし、しかも彼は三好京三の筆名で、きだとミミくんを描いた小説『子育てごっこ』を発表。内容はきだを中傷し、自分たち夫婦が少女を育てる美談に仕立てた。だが、この美談も後にミミくんの告発で瓦解した経緯は良く知られている。ミミくんはその後、ロンドンに留学し、イギリス人と結婚したという伝聞も著者は書き、こうして本書は明るく終わる。

著者は出会った頃のきだとほぼ同年齢になり、自由人だった彼を描くと共に、きだと共に旅した日本の小さな村々、旅で出会った個性的な人たちや当時の風俗、つまり七十年代前半までの日本の面白さを、すべて均質で効率重視の現代から顧みて、追慕したのではないだろうか。

（小学館　１６００円）

## 『日本語を作った男　上田万年とその時代』

山口謠司 著

二〇一六年五月八日

私たちは標準語での話し方と新仮名遣いの書き方を小学生のときから国語の授業で学ぶ。

だが、明治維新直後は標準語もなければ、言葉を表記する仮名遣いも統一されず、人々は生まれ育った土地の言葉とアクセント、つまり方言で話し、しかも江戸時代の名残りで身分、つまり士族と農民、職人と商人では使う言葉も違っていた。更に例えば「言う」という言葉も「言ふ」と書くように日本語は混乱していた。

この混乱は富国強兵を目指す明治政府にとり、大きな障害となった。例えば学校や軍隊で言葉が異なれば統率は執れない。そのため日本語の統一は明治政府の急務だった。この問題は一朝一夕で解決されないが、その途を切り拓いたのが、ドイツ・フランスに留学し、博言学（現代の言語学）を学んだ上田万年であった。

本書はこの上田の評伝なのだが、彼自身は裏方に徹するような性格で面白味がない。そこで著者は実にユニークな方法を考えた。上田が生きた時代の日本語の状況を多方面から探り、彼がどのような難問に直面し、その解決策を考え、実践していったかを明らかにするのである。

例えば、一八六七年に生まれた上田が子どもの頃の話し言葉の状況、少年時の教育制度の事情、青年時の軍隊の実情、或いは漢字を止め、カナやローマ字に統一しろといった意見の頻発、文学者による話し言葉と書き言葉を一致させる言文一致の試み、教科書の国定化にまつわる経緯などを新聞記事や論文、落語や流行歌まで引用して浮き彫りにする。唱歌が言文一致を先導したという著者ならではの指摘もある。

だから本書は評伝を越え、明治大正の人々が何を考え、求めていたかが実によくわかる。

では上田の大望の行方は？　著者は上田の次女、作家円地文子が自身の全集を新字体・新仮名での表記を指示し、一九三七年に没した上田の夢は戦後になり、娘によって完成したと記し、読者を強く共感させて本書を締め括る。

（集英社インターナショナル　２３００円）

二〇一六年五月二二日

# 『大きな鳥にさらわれないよう』

川上弘美 著

本長篇は「わたし」が五十人もの子どもを育て、しかも夫の勤める工場では人間以外の動物の細胞を使って人間と動物を作るという話から始まる。こう紹介してもよく解らないだろう。

しかし読み進めると、遥かに遠い未来、人類絶滅の危機に瀕した折、二人の指導者がこれまでの歴史の過ちを繰り返させぬため、人類の新たな進化を生み出そうと試み、国家を廃止し、世界を細分化し、異なる各地区で育った人間が交わったとき、新しい遺伝子を持つ人間、つまり進化した人間の誕生を計画したのだとわかる。

ところが、この計画はコンピューターが人間の知能を凌駕し、しかもクローンの発生技術と人工知能の複製技術とを組み合わせて進化し、二人の計画を助け、自ら「母」となり、しかも人工的に作った人間を置き、常に地区の変化を見守り、報告させ、統括していたのである。

本篇は生物学を学んだ作者ならではの作品であり、同時に本篇の各章は長い未来と各地区で起きたことを、そこに生きる人間の語りで成り立たせている。わかり難いのは、各章で語られることが、まるでジグソーパズルのように全体像が見えないからだが、作者が描く未来は人口が少なく、原子力発電もなく、石油で動く車も少なく、一様に懐かしいほどに牧歌的だ。

その上で人工的に作られた「わたし」たちは、コンピューターが進化した未来社会で愛や恋、悲しさや淋しさ、楽しさや嬉しさといった人間の感情を自問したり、語り合ったりする。ここに作者の主眼があり、また各篇の情景描写と心理描写に次のページをめくらせる力もある。

しかも創世記を下敷きにして、人類の誕生と原罪をテーマにした野心作でもある。

私たちは東日本大震災が起き、改めて過去と未来を考えるようになった。作者も、我々はどのような未来を望み、未来が人類の失敗に終わっても、人類は人間らしい感情を失わないだろう、と祈りを込めて最終章を締め括っている。

（講談社　1600円）

## 『ジャッカ・ドフニ　海の記憶の物語』

**津島佑子**著

二〇一六年六月五日

今年の二月に没した津島佑子は私たちが歴史の波間で忘れかけた事象を見つめ直す作家だった。本遺作もアイヌとキリシタン、いずれも理不尽に弾圧された人々の物語が中心にある。

一六二〇年頃、アイヌの母と日本人の間に生まれた幼い少女チカップは五歳上のキリシタン少年ジュリアンと津軽の深浦で出会い、兄妹のように育つが、彼らはキリシタン弾圧を避け、マカオへ逃げる。マカオでは、ジュリアンは神父になるため教会で修業し、チカップは洗濯屋で働く。だが、キリシタン迫害でマカオに逃げて来る日本人が増え、チカップはマカオにも居られず、ジュリアンと別れ、バタビア（現ジャカルタ）へ行き、日本人とイタリア人との間に生まれた男と結婚し、子どもを生むが、いつもアイヌの母と故郷の蝦夷《えぞ》が忘れられない。

チカップとは鳥という意味の名で、彼女は母が歌った「ルルル、ロロロロロ」と鳥の鳴き声で始まる唄を思い出しては自身もいつも歌う。子どもたちにも歌い、やがて長女と長男を蝦夷まで金を取りに行く者たちの船で密航させる。彼らが蝦夷でアイヌとして生きるよう願い……。

本篇はこの物語に今一つ、東日本大震災で多くの子どもが亡くなった時、八歳で死んだ息子と網走近辺へ旅したことを「わたし」が思い出す物語で包み込む。息子と見学した樺太の狩猟民族ウィルタとアイヌの民俗資料館、「大切なものを収める家」という意味の「ジャッカ・ドフニ」を訪ねたこと、鳥を眺めたことなどを。

では何故、作者は時代が異なる物語を重ねたのか。大震災での原発事故で海は汚染し、多くの人が故郷を追われた事実とアイヌとキリシタンが受けた迫害と差別とを共鳴させたのだ。

自身が愛児を失った経験を持つ津島ならではの切実で、迫害される人々へ眼を注いだスケールの大きな作品。しかも本当に大切なものは何、と読者へ強く問い、読後も「ルルル、ロロロロロ」と海を渡る鳥の声が余韻となって響く。

（集英社　２５００円）

## 『姉・米原万里　思い出は食欲と共に』

井上ユリ著　　二〇一六年六月一九日

没して十年、米原万里の著作は今も人気がある。本書を読むと、その理由もよくわかる。

三歳下の妹の著者が万里の文章も引用しつつ、その違いを指摘したり、新たに思い出したりしながら、姉の五十六年の生涯を綴るからだ。

ただ読み進めると、副題通り家族や姉妹で味わった様々な料理や食べ物の話が実に多い。

まんじゅうを七十五個食べた父。雑煮の餅を九個平らげた万里。他にも米原家一族が集って中華料理を食べに行くと、余りに早く食べ終わり、給仕がまだ注文の品を出していないとカン違いし、再度料理を持って来た話や、幼い著者が焼き芋の夢を見て、隣に寝ていた万里の脚を齧った等々。驚くような、笑い出す話が次々に。

著者が料理人であるのも無関係ではないが、料理が美味しいのは単に味付けだけではなく、共に食す人々との雰囲気も味わうからだ。だから思い出と強く結びつく。それほどに家族は仲が好く、特に姉妹は何でも語り合う仲だったのだ。

それにしても父は戦前、十六年も地下活動をし、戦後は日本共産党幹部、母は女学校教師も勤めた哲学好き。それだけに娘二人の個性を重んじる家庭だったようだ。万里がボリショイバレエに夢中になり、バレエを習わせると、学芸会で四十分も一人で踊り続けたとか、家の白い壁に絵を描いても母は叱らずに喜んだとか。

加えて父の仕事でチェコスロバキア（当時）のプラハに五年間暮らした経験も姉妹の個性を育てたようだ。入学したのはソビエト学校で、多くの国の子ども達に出会い、二人は友だちとよく遊び、夏休みにはキャンプを楽しみ、国際感覚を身に着けた。しかも授業でロシアの誇る詩と散文を暗唱させられたから、万里は文学好きになり、自らも後年、手紙に家族の綽名を取り入れた実に楽しい詩も書いている。

読了すれば本書には特異とはいえ、戦後の明るい解放感が漂い、米原万里は短い生涯であれ、個性的に精一杯楽しく生きたとよくわかる。

（文藝春秋　１５００円）

## 『太陽の肖像　文集』

奈良原一高 著

二〇一六年六月二十六日

本書は写真家を目指す若者に、或いは写真は単に過去の記録であり、芸術ではないと思っている方たちにも読んで欲しい。戦後を代表する写真家奈良原一高のエッセイ集だからだ。

写真家のエッセイ集刊行は珍しいが、本人は長く病床にあり、友人ら六人が六年の歳月をかけ、主な写真作品も収録し、完成した。その理由は文章が読み易く、格調もあり、彼の半生と写真に対する彼独特の思考がわかるからだろう。

本書は一九三一年に生まれた奈良原が、敗戦直後の日本を見つめ、進む途を考え、写真で現実を捉えようとした経緯から始まる。初の個展〈人間の土地〉は桜島の噴火で埋まった黒神村の姿と、長崎の炭鉱島、通称軍艦島で生きる人々の姿を写したが、この写真展は評判を呼び、学生だった彼を一気に写真家にする。さらに和歌山の女子刑務所と、函館の修道僧の生活を撮った〈王国〉も発表。この二作品で彼は極限の世界で生きる人間たちの姿を通し、敗戦後の日本人に生きる意味を強く問いかけたのだ。

エッセイは自らの写真への問いと自分の人生と交遊とを交互に織り交ぜて進むが、彼は常に移動する。三十歳でヨーロッパを旅し、〈スペイン・偉大なる午後〉を、さらに二年後に写真集〈ヨーロッパ・静止した時間〉を発表。一方は闘牛の激しさと祝祭に沸く人々を、他方では長い歴史に生きるヨーロッパの姿を考えた。

驚くのは彼が名を知られたにもかかわらず、渡米し、三十九歳にもなってダイアン・アーバスのワークショップに二か月間、多くの素人写真家と共に参加したことだ。彼は常に今の自分に満足せず、新たな途を進もうとする。しかも病で退院後、自らのX線写真をコラージュした写真集を写真の原点を求め六十二歳で発表。

彼はよく「写真は未来から突然にやって来る」と記すが、本書は常に未来を見つめ、写真を考えた彼の半生と思考がよくわかる。写真は単に過去の記録ではなく未来を写す芸術だと……。

（白水社　３４００円）

## 『戦地の図書館　海を越えた一億四千万冊』

モリー・グプティル・マニング 著

松尾恭子 訳

二〇一六年七月一〇日

ナチスがモダニズムの芸術を退廃芸術とし、弾圧した事実は知られているが、ナチスが非ドイツとした書物、約一億冊を燃やし、それに抗した多くの動きは知られていない。一つの契機はアメリカが一九四〇年、平時に初めて実施した徴兵制度だ。徴兵したものの訓練施設は不備で娯楽設備もない。そこで考えたのは予算が少なくて済む書物である。アメリカ図書館協会は、日本が真珠湾攻撃をした四一年の暮れに国民が図書を寄付する運動を始める。だが、集まった本は兵には重く、不向きな内容が多かった。

そこで軍服の胸か尻のポケットに入る文庫本を陸海軍が出版社に作るように依頼する。こうして四三年九月に兵隊文庫という文庫が兵士の許に届けられる。ところが、ここで別の問題が生じる。内容の検閲。ファシズムや共産主義を認めるような小説はもとより、男ばかりの兵たちが読みたがった煽情的な物語は発禁だった。

しかし四四年八月一五日、丁度日本が負ける一年前、検閲が撤廃される。こうして兵隊文庫はイタリアとドイツ、日本が負け、占領後も各地に駐留した兵士たちのために、フランス語、ドイツ語、イタリア語版まで発行した。しかも戦後は復員兵援護法を定め、復員兵が希望すれば大学まで行けるようにし、同時に復員兵が帰国後に役に立つ実用書や科学書まで含めて、四七年九月まで兵に届けられたのである。

このように当初の寄付本と兵隊文庫合わせて、約一億四千万冊が海を渡った。兵士たちは特に故郷や子ども時代を思い出させる物語を愛し、作者に手紙を出し、多くの作者も兵と文通友達となった。またフィッツジェラルドの『グレート・ギャツビー』は兵隊文庫で読まれることで、アメリカを代表する小説となったという。

通読すればアメリカの底力を感じるが、それ以上に戦争が人心を荒廃させ、逆に読書が人間の心を救い、人の新たな進路を照らす事実を再認識させる。松尾恭子訳も実に読み易い。

（東京創元社　２５００円）

# 『滅びゆく世界の言語小百科』

ジニー・ナイシュ 著

伊藤眞 監訳

二〇一六年七月二四日

私たちは日常的に使う言葉が消えてしまう事態など考えもしない。しかし二〇〇九年、ユネスコは世界の約六五〇〇の言語の内、消滅の危機にある二五〇〇の言語リストを発表し、救済と保護を訴えている。

著者は本書でユネスコの支援により、消滅の危機にある言語の中で特徴的な言語三十を世界各地から選び、解説する。私たちが何より驚くのはアイヌ語についての記述だろう。

話者数が既に十五人で消滅危険度が極めて高いとしている。アイヌ語を流暢に話す者は八十歳を越え、日常ではほとんど使わない。理由は一八九九年の旧土人保護法で差別を広げ、母語を話す権利を否定されたからだ。現在、アイヌは先住民と認められ、アイヌ語再生の動きはあるが、アイヌ自体が却って自分の否定的評価を怖れ、アイヌ文化の保護運動に参加しないと著者は記している。

この記述に異議があるかもしれないが、本書中の他の消滅危機にある言語は先住民族の言葉だ。アイヌ語同様に消滅の危険度が高いのは、アメリカのカルク語、エチオピアのオンゴタ語があり、イギリスのコーンウォール語は十八世紀に消滅したが、現在は復活した。つまり再生した例もあると著者は強調する。

更に著者は二十一世紀末には世界の言語の半分は消え、同時に言語を生み出してきた数千年の知識と伝統も消えると予測する。グローバル化が進めば、通信や交易では少数派言語は使われない。政治経済の圧力などで、子孫に少数言語を伝えない人も多い。アフリカでは難民問題で、流れ着いた土地で生きるため自分たちの母語を捨てざるを得ない。各土地と状況で問題は実に複雑なのだ。

本書はカラー写真で各々の民族が生きてきた風土と生み出してきた信仰や芸術をビジュアルに紹介する。

それ故に言葉は単に相手との交流ばかりでなく、風土や歴史のなかに生き続けて来たと改めて感じる。高価な本だが、図書館などで読む機会があれば是非に。

（柊風舎　15、000円）

# 『執着』

ハビエル・マリアス 著

白川貴子 訳

二〇一六年八月七日

一つの殺人事件を巡り、登場人物の立場と心理によって異なる解釈をさせる長篇である。

出版社の編集者マリアはマドリッドのカフェテラスで毎朝出会う中年夫婦に憧れる。夫は知識人風で、妻は若々しく魅力に富み、理想的なカップルに見えたからである。その夫、映画配給会社社長デベルネが突然、アル中のホームレスに刺殺される。自分の娘二人を売春に係わらせたのはデベルネだと、彼が勘違いしたためだ。

ところが事件から四カ月後、マリアはデベルネの妻ルイサと出会い、悔みを述べる。するとルイサはよく夫とマリアのことを話していたといい、家に招く。招かれたマリアは、そこでデベルネの親友ディアスに出会い、彼がルイサを一途に思っていると気づく。さらにマリアは偶然、ディアスに会い、魅了され、ベッドを共にする関係になるが、ディアスが話すのはルイサの行く末の心配ばかり。だが、ディアスの寝室でまどろんでいたマリアは、突然現れたルイベリスという男とディアスの会話を聞く。ホームレスの男が、ルイベリスに携帯で娘のことを吹き込まれたと自供し始めたという話を。

その日、マリアは話を聞かなかった振りを二人にはするが、十四日後、ディアスは、親友デベルネが悪性黒色腫が全身に転移し、余命は四カ月から半年で、日時を決められるのは怖いから、自分を不意に殺してくれと頼まれたと語る。ところが心配になってマリアに近づいたルイベリスは、ディアスがルイサに夢中だったことは知らないという。ならば親友の病気の話もすべてはディアスの嘘で殺人も彼の計画か。

本篇はディアスと共に幸せそうに食事をするルイスに

マリアが出会う所で幕を閉じる。

話の構造は芥川の「藪の中」を思わせるが、作者は事件の真実より、殺人事件でさえ直ぐに忘れられる現代で、マリア、ディアス、ルイサの入念な心理描写で憧れや信頼、友情や恋慕など様々な愛の形を描き出したのだ。

（東京創元社　２５００円）

## 『地獄の季節』

ランボオ著
小林秀雄訳

二〇一六年八月一四日

私は高校二年のとき本詩集に出会い、熱中した。しかも卒業アルバムの寄せ書きに「出発だ。新しい情と響きとへ。」と、本書の〈飾画〉の一節を記した。

その前の詩句は「見飽きた。夢は、どんな風にでも在る。／持ち飽きた。明けても暮れても、いつみても、街々の喧騒だ。／知り飽きた。差押えをくらった命。

――ああ、『たわ言』と『まぼろし』の群れ。」。当時はこの詩句の如く全てが面白くなく、出口も見つからず、ランボオで格好をつけ、気どったのだ。

今は忘れられぬ詩句が、埋もれ火の如く感じ、新たに燃え上がる「出発」になればと思った。

（岩波文庫　４８０円）

## 『ボクシングと大東亜』

乗松優著

二〇一六年八月二一日

本書は七一歳の元東洋フェザー級王者金子繁治が、マニラでフラッシュ・エロルデを記念した賞を受ける話から始まる。古いボクシングファンなら二人の名は覚えていよう。

著者がこの話から書き出したのは、一九五〇年代に熱狂的に人気となったプロボクシングが、フィリピン外交に影響力を与えたからだ。

戦前、アメリカ統治下のフィリピンはボクシングが盛んで、来日するボクサーも多かった。だが、日米開戦後、日本に統治され、大戦中に百万人以上の犠牲者を出したため戦後、フィリピン人の多くが日本を敵視した。この関係改善は日本政府の課題だったが、改善を実現したのはプロボクシングの関係者だった。

元特攻兵で全国の親分衆にも通じたプロモーターの瓦井孝房。彼は東洋のボクシング組織もないのに、フィリピン選手を呼び、東洋選手権と銘打って興業を行う。今一人は鉄道王の小林一三の弟である田辺宗英。田辺は戦前、玄洋社に近い右翼で、戦後は日本ボクシング・コミッションの初代コミッショナーとなり、後楽園ジムの前身を開いた。加えて日本テレビの社長正力松太郎は、人気の高いプロボクシングをテレビ中継し、聴視料のない民間テレビのPR料による経営を実現した。そして総理岸信介は、敗戦後、劣等感を抱く日本人に愛国心を再生しようと、スポーツ外交を推進した。

瓦井や田辺も、正力や岸も、戦前、大東亜共栄圏という大義の許に動き、戦後も愛国心を抱き、活動した。では、東洋選手権の「東洋」は「大東亜」の再現になったのか、これが著者の大きなテーマだ。だが、実際には東洋選手権者の数がフィリピン人より日本人が上回った六〇年代中頃、折からの好景気で日本人は世界の「一等国」になったと思い、経済大国への途を突き進んだのだ。政治とスポーツ。実に今日的なテーマだ。しかも著者は史料読解ばかりか、当時を知る人々に聞き取りまで長い間行った。大変な労作だ。

（忘羊社　２２００円）

---

## 『狩りの時代』

**津島佑子** 著

二〇一六年九月一一日

本長篇は津島佑子の最後の作品だ。読み始めは登場人物の関係が摑み難いが、読み進むうちに本長篇は、太平洋戦争開始直前の時代から現代まで、絵美子と母カズミの一族、しかも大家族の歴史を描いたと理解できるだろう。

一族にとり特に二つの大きな事件がある。一つは日独伊防共協定に伴う親善の使節団としてヒトラー・ユーゲントが来日した際に起きる。使節団が母カズミの実家のある山梨を訪れた折、カズミの二人の弟と妹の三人は駅まで見物に出かけ、金髪と青い目の少年たちを眺め、憧れからたわいないが、人には話せぬ事件を起こす。

今一つの事件は戦後、絵美子が十歳の頃、従兄弟の晃か秋雄かが「フテキカクシャ」という言葉を囁いたという曖昧な記憶だ。絵美子の兄で、ダウン症で言葉も満足に話せず、やがて十五歳で亡くなる耕一郎の姿を眺め、どちらかが絵美子に発した言葉だ。この言葉を絵美子は高校生になり、ヒトラーの優性思想に基づくと知り、恐怖を覚える。耕一郎など先天的な障害者を差別し、抹殺する言葉だったからだ。二つの事件は人種や肉体による差別から生じている。やがて絵美子は伯父で核物理学者の永一郎の住むシカゴからボストンやパリなどに出かけ、黒人差別、ゲイ差別など様々な差別が世界に満ちている事実を肌で知るようになる。

本篇で作者が訴えるのは表題通り〈狩りの時代〉がナチスだけではなく、平和な時代であれ、今も続く事実だ。日本でも七月に相模原市の障害者施設で入居者十九人が殺害される凄惨な事件が起きた。その上、様々な差別を増幅させる動きは今後も世界各地で起きるだろう。

作者は絵美子を本人に設定し、あたかも私小説のように母方の一族を素材にしたと推理できるだろう。しかし本篇はあくまで物語なのだ。

津島佑子は物語の力を信じ、終章で老いた永一郎が語る原発廃絶と共に、私たちが今後も考えるべき差別問題を渾身の絶筆で示したのだ。

（文藝春秋　1600円）

## 『鉱山《ヤマ》のビックバンド』

小田豊二著

二〇一六年一〇月二日

小柴昌俊のノーベル物理学賞受賞で有名になったカミオカンデは、三井金属鉱業神岡鉱山の坑内を再利用した施設だ。だが、戦争直後の神岡鉱山は復興に必要な亜鉛や鉛などの採掘で、特に昭和三十年代は鉱員たちが暮らす集落の栃洞《とちぼら》は豊かだった。社宅は水洗トイレ完備、どの家もテレビや冷蔵庫、洗濯機を持ち「天空の楽園」とさえ呼ばれた。

そんな生活でも、音楽好きの鉱員たちは満足に楽器もなく、譜面も読めぬ者も多かったが、「神岡マイン・ニュー・アンサンブル」という楽団を創設する。

やがて、産業音楽祭中部大会で連続十三回も優秀賞を受賞し、東京でも公演を行う。この楽団を創設から閉山で終るまで指導をしたのはバンドマスターの林正輝だった。

林の生涯を新聞記事から調べ始め、元の楽団員らに会い、聞き書きをし、まとめたのが本書だ。

興味深いのは、人々は林について語りつつ、自分が何故、楽団に入り、どの楽器を担当し、どのように楽器を練習したのかを話す点だ。大半は鉱員で、最前線で削岩するトランペッターも、爆発事故で片目を失ったサックス奏者もいた。

林自身は師範学校の頃に音符を読めるようになり、さらに独学で編曲を覚え、毎年五、六人が辞める状況でも楽器と各団員の技量に合う編曲をした。だから産業音楽祭中部大会で連続して優秀賞を受賞し、鉱山の閉山まで四十年も活動出来たのだ。

著者は終章で神岡鉱山の負の問題「イタイイタイ病」についても取材している。イタイイタイ病は神岡鉱山による製錬に伴う未処理廃水により神通川下流域で発生した公害だ。その公害問題が明らかになった昭和三十六年こそ、実は神岡マイン・ニュー・アンサンブルが三回連続で優秀賞を受賞した年であった。

著者はジャズバンドで戦後の解放された明るい光を紹介しただけではなく、背後にあった暗い闇も見つめ、本書を深味のある作品にした。


（白水社　２２００円）

## 『写真家ナダール』

小倉孝誠 著

二〇一六年一〇月九日

ナダールの名を知らずとも、彼が撮ったジョルジュ・サンドやボードレール、ドラクロワやロッシーニなどの肖像写真に覚えのある人は多いだろう。彼ら芸術家の顔を思い浮かべるとき、ナダールの写真が記憶にあるからである。

それほど彼の肖像写真は強い印象を残す。何故なら一八二〇年に生まれたナダールにとっても、写真はまだ勃興期だったが、彼は肖像写真を決まり切った記念写真のようには撮らなかった。むしろ人物の日常の姿を、人物の個性や内面を、写真によって表現しようとしたからだ。

このナダールの伝記は意外にも日本語では書かれていなかった。市民革命からナポレオン帝政時代を経た後、フランスは復古王政からブルジョワジー支配へと移り変わり、同時に産業革命後の様々な革命が起きた。著者は、そんな時代を生きた痛快な男の生涯を著した。

本名はフェリックス・トゥルナション。父親は出版社を興し成功するが、若き彼は父に反抗し、パリの貧民街などに移り住む。いわばボヘミアン暮らしを送り、若き芸術家たちと交流し、芸術家を主人公にした小説を書き出す。ナダールはペンネームで通り名となる。小説家としては成功しなかったが、画才のある彼は新聞などに諷刺画を描き、名を上げる。本書には彼の写真と共に諷刺画が多数紹介されているが、実に見事。王政に反対し、共和主義者だった彼の皮肉や諧謔が発揮され、面目躍如の仕事だ。

彼は瞬時に肖像を撮ることの可能な写真に興味を抱き、著名な友人を撮り、写真館を経営し、五十人もの人を雇う。その上、パリの下水道やカタコンベなどを人工照明によって撮影。地下の次は、飛行船に乗り、空中から撮影。さらに巨大飛行船を飛ばす興業まで行い、最晩年は海中撮影まで実践し、一九一〇年に没した。

ナダールの生涯を辿ると、彼が様々な革命が起きた時代の子で、写真による時代の証言者であり、歴史を作った巨人の一人だとわかる。

（中央公論新社　２６００円）

## 『歌の子詩の子、折口信夫』

**持田叙子** 著

二〇一六年一〇月二三日

折口信夫を思うとき、多くの人は彼の作品よりも彼が同性愛者故に、暗い情念の世界に孤立した知の巨人と考えるのではあるまいか。

ところが著者は、実にわかり易いこなれた言葉で、折口は生来、明るく人付き合いの良い町育ちの子だったことから始める。明治二十年、大阪の生薬屋に生まれた彼は、少年時代を明治三十年代に勃興する浪漫主義の只中を生きた。子どもの頃から西行や百人一首に親しみ、万葉集を愛読していた彼は、与謝野鉄幹や晶子の短歌に心酔し、彼らが発表する女歌から両性具有性を感じとる。更に鉄幹、晶子と交流のある大阪の金尾文淵堂から出版された薄田泣菫の『暮笛集』にも自分の小遣いで買うほど憧れたのだ。

折口はこの時代に生じた文学の様々な革命、柳田國男の民俗学や岩野泡鳴の『神秘的半獣主義』に共感し、連綿と続く民俗の流れや性欲の肯定に共鳴し、自身も文学の革命の子であろうとした。だから彼は文学を〈あそび〉とし自ら文学を棄てた森鷗外が、知識によりこの革命の芽を摘むことは、若き日には許せず、反論を書いた。同時に彼の文学への革命の熱は生涯消えず、大正期の〈新感覚派〉の作家にも、太平洋戦争後の新しい〈第一次戦後文学派〉の作家にも、彼は期待し激励の文も綴っている。

著者は通常のように折口の生涯を経年的には描かない。折口自身が若き日の思いを生涯忘れず、その後の研究や作品の骨格としたためだ。

だから著者は、折口が昭和十八年に出版した小説『死者の書』の自註「山越しの阿弥陀像の画因」を付けた意味を明らかにして本書を締め括る。折口の自伝的短篇「口ぶえ」が、画の作者である江戸末期の冷泉為恭《れいぜいためちか》の体験と重なり、彼が為恭に強く共感したためだったと。

本書は実にユニークな折口の作品論であり、昭和二十八年に没するまでの彼の評伝でもある。しかし同時に、本書は万葉から近代まで連綿と続く歌と詩のわかり易い案内書にもなった。

（幻戯書房　２８００円）

## 『綴られる愛人』

井上荒野 著

二〇一六年一一月六日

本長篇は実に奇妙な物語の設定で始まる。

まずクモオという金沢に住む会社員らしき男が、凛子という女に綴った手紙が紹介される。ところが、その手紙を読んでいるのは柚《ゆう》という女である。そして次に紹介されるのはクモオ宛ての凛子の返事だ。ただ、この手紙を読むのは航大《こうた》という魚津に住む大学三回生のようだ。

つまり航大はクモオという名で、柚は凛子という名で、互いに偽って文通しているのだ。しかも柚は自分が夫から暴力を受け続け、空手の指導者である航大に夫を倒して、いや殺して欲しいと頼み、航大の方は手紙で柚の依頼を承知したという緊迫した状況だと分かる。しかも航大は計画決行のために東京へ向かうことも。

ここまでがプロローグで時期は二月。そこから物語は一旦、半年以上前の八月に戻る。

航大はすべてがつまらなく人生に飽き、「なにか腹の足しになる」気で、「綴り人の会」に入る。入会するとまず会報に自己紹介文を書く。この自己紹介文を読み、気に入った相手に手書きの手紙を封筒に入れ、送料と手数料を合わせた切手と共に会に郵送する。この仕組みで本名も住所も分からぬまま航大と柚は文通を始める。

しかも航大は三十五歳の商社マンで空手の指導者だと偽り、柚は著名な三十五歳の児童文学作家なのに、二十八歳の専業主婦で夫からＤＶを受けていると嘘を綴って。ただ柚は、編集者である夫に、発表する物語もエッセイもすべて決められ、自分の思う通りに執筆が出来ない。

つまり二人共、自分の人生を変えたくて互いに嘘を吐き合う。特に航大は人生の意味を求めるために柚の夫を殺そうと決心するのだ。

実に上手い心理サスペンスだ。読み始めは奇妙でも読者は、次第に手紙で二人の心理がどう変化するか気になって仕方なくなるだろう。

二人が自分と周りを見つめ直し、薄い光が射す結末で、読者は彼らの行く末を考えるだろう。作者が新しい試みを込めた意欲作だ。


（集英社　１５００円）

## 『「文藝」戦後文学史』

佐久間文子 著

二〇一六年一一月一三日

昭和八年、改造社が創刊した『文藝』は言論統制で改造社解散後、河出書房（現河出書房新社）が引き継ぎ戦時中も刊行し八十年余の歴史がある。著者は『文藝』全巻を読み、同時期の他の文芸誌と照合し、戦後文学に『文藝』が果たした役割を綴る。

通常、文藝誌は同じ出版社が純文学の雑誌とエンターテインメントの雑誌二誌を出す。例えば新潮社なら純文学は『新潮』に、エンターテインメントは『小説新潮』に。だが『文藝』は双方を掲載。

それだけ『文藝』は大手出版社の雑誌ではなく、会社は二度も倒産。そこでミステリーや詩も特集し、戦後文学の新しい動きに敏感に反応せざるを得ず、編集長の考えや手腕が強く出る。そこが『文藝』のユニークさだ。だから他の文芸誌では掲載しそうもない『サラダ記念日』や『なんとなくクリスタル』を掲載し、ベストセラーも生んだ歴史などを著者は詳述する。

と同時に、著者は後書きで『文藝』掲載の時流に外れた小説を読み、却って強い印象を受けたと述べる。この幅広さこそ今日の文芸誌が改めて考えるべき役割ではないか。


（河出書房新社　２４００円）

## 『狂うひと 「死の棘」の妻・島尾ミホ』

梯久美子 著

二〇一六年一二月一一日

島尾敏雄の私小説『死の棘』は、敏雄が愛人との情事を日記に書き、それを妻のミホが見て狂った日から始まる。以後、家事も育児も放棄し、敏雄を裁き続けるミホを記録した長篇だ。

そのミホに十一年前から取材していた著者は、九年前のミホ没後、ノートなど膨大な新資料も読破し、ミホの生涯を辿る。その上で二人の出会いこそが異常な状況下だった点から綴る。

昭和十九年、敏雄は二十七歳で特攻隊隊長として奄美の加計呂麻《かけろま》島に赴任。二十五歳のミホは島の国民学校の代用教員。二人は愛し合い、昭和二十年四月以降、毎夜、逢瀬を重ねる。この時期、特攻隊員は命令があれば日本本土のために自死して戦い、またミホら島民も戦闘時には集団自決の覚悟を決めた状況にあった。つまり敏雄は隊長として、国家のために島民をも殺す命を下さねばならぬ立場にいたのだ。この事態は敗戦で回避されるが、ミホと結婚し、新進の作家となった敏雄は、彼自身が記す通り〈審《さば》き〉を受けるべきだと悩み、小説が書けなくなる。つまり『死の棘』を書く直前、敏雄は〈審き〉を受け、作家として転機を図る必要があった。ここから著者は新資料を解読し、二人を知る人々、愛人の知人にも取材もする。加えて『死の棘』発表時に、書かれた様々な批評や発言も検討し、『死の棘』の真実に迫りつつ、新たな疑問を投げかけたのが本書である。

もしかすれば、作家として転機を得るために敏雄は愛人を作り、浮気を仕掛け、わざと日記を広げ、ミホに見せ、〈審き〉を受けるつもりだったのでは。一方、ミホは敏雄の思いも、愛人のことも知りつつ、敏雄の思い通り一気に狂い、夫に〈審き〉を下し続けたのでは……。

とはいえ著者は、これらの疑問を正当化し、自分なりの物語を綴ったわけではない。むしろ幾つもの疑問を読者に提示し、敏雄とミホの希有な愛の姿を描いたのだ。ノンフィクション作家としての矜持も強く感じる秀作である。

（新潮社　３０００円）

◉松山巖書評集◉

# 雑誌書評

❖「ＡＥＲＡ」２００６年―２００７年

## ユーモアに包まれた現代人の淋しさ

### 『大統領の最後の恋』

アンドレイ・クルコフ 著　前田和泉 訳

新潮社・二八〇〇円

ウクライナの大統領になった男の一四歳から五五歳までの物語。六三〇ページに及ぶ長篇。こう紹介すると、読むのもシンドイと思うかもしれない。ところが重厚感はなく、長篇の印象さえ薄い。

この薄く軽い感触は、小説の奇抜な構成から生じる。作者は主人公の人生をまず、青春期、エリート官僚になった四〇代前半、大統領となった五〇代と大きく三つに分け、しかも三つの人生を原稿用紙なら三、四枚の掌篇にさらに分解し、同時併行して進める。そのせいで読者は計二一七篇の人生の断片を描いた掌篇を読むような感じになる。

読みはじめは混乱する。二〇代の若者が女の子と出逢うキッカケを知ると、次には大統領の日常の一コマに触れ、その次はエリート官僚の悩みとつき合う。ところがいつの間にやら読者は三つの人生の断片を紡ぎ合わせ、過去と未来の出来事も繋いで、どうなるのか推理しはじめるのだ。まるでゲーム感覚。

大統領の物語は近未来の二〇一五年、彼が心臓移植手術を受けた後からはじまる。政争があり大国ロシアとの関係も錯綜するなかで、彼の心臓の持ち主だと称する謎の美女が登場し、彼の身辺も怪しくなる。エリート官僚の彼は独立間もないウクライナを生き抜く。双子の弟が精神病院に入院し、彼の人生も二転三転。それに反し、若い頃の彼は女にだらしないが、ナイーブで憎めない。この三つの人生のズレが自ずとユーモアを生み出す作者の上手さは、前作『ペンギンの憂鬱』の読者なら納得するだろう。

断片が重なり合い、次第に明らかになるのはいつでも女の愛を得られぬ主人公の孤独だ。もっとも結末にドンデン返しがあり、タイトルの意味もわかるが、作者は愛のない人生を描いただけなのか。

小説中では主人公がエリート官僚に進む姿も大統領となる過程も省かれている。それだけに彼は青年期でも大統領でも人生を切り拓く強い意志は示さない。眼の前の問題を凌ぐだけ。人生の一コマを外せばどう転ぶかはわからない。もはや人生に勝つといった出世譚は成立しないのだ。小説の構成も描いた人生もゲームのように軽く薄い。現代人の不条理な淋しさがユーモアの奥に響いている。

（二〇〇六年一〇月二日号）

# 戦後を生き抜いた被爆建物

## 『ヒロシマをさがそう　原爆を見た建物』

西田書店・一四〇〇円

山下和也／井手三千男／叶真幹 著

北朝鮮が核実験強行を発表した。もはやヒロシマとナガサキの悲劇は遠い過去の話ではなく、これからも語り継がれるべきだ。とはいえ八月初旬だけ声高に語られ、原爆ドームだけがシンボルになっている現状に違和感を覚える方も多いのではないか。広島在住の著者三人もこのことを考えたに違いない。

ヒロシマをさがそう。タイトルは三人の合言葉であり、読者への願いをこめている。彼らは一九九〇年代中頃から、あらためて原爆投下直後の広島市内にかろうじて残った建物を探し続けた。

大変な作業だったはずだ。被爆前の広島の建物の99％以上は木造の建物で、それらは一瞬にして全壊全焼したり、大破以上の被害に遭った。鉄筋コンクリートや鉄骨、レンガの建物でさえ屋根も壁も崩れ、鉄骨は大きく変形した。それを半世紀後に一件ずつ探した。いつどこに建ったのか。どう使われてきたのか。被害の状態は。消えていれば、いつ解体されたのかを尋ね歩いた。

現在、非木造建物一五六件が被爆直後残っていたことを確認。しかし現在修復されて使われている建物と、一部が保存されているものは五一件だけ。他は六〇年の間に消えた（この消えた建物の被爆時写真一覧は生々しく凄まじい)。木造建物は五六件が現存。だが探さなければさらに消える。この危機感が本書を生んだ。

ハンディなガイドブックである。現存もしくは一部が保存された建物のなかで五九件が地図と写真を添えて、それぞれの建物の来歴が簡潔に記載されている。たとえば福屋百貨店は戦時中には軍の施設となり、被爆直後は病院に使われ、その後は駐留軍の休憩所に利用され、今は再びデパートに。建物も被爆者同様、時代を生き抜いたのだ。

他の建物の多くも病院や収容施設になったが、生き残った人はわずかだった。それでもこれらの建物は、焼土のなか熱風を避け、逃げ、家族を求めた人々の「道標」となり、戦後を生きた人々の日常を支えた。なによりも被爆者と共にヒロシマを語る証人であり、ヒロシマの記憶を伝える「道標」である。

愚直な調査から著者たちの思いが溢れる。私たちもヒロシマをさがそう。

(二〇〇六年一〇月三〇日号)

## 雑誌のパワーはどこにある？

### 『雑誌のカタチ――編集者とデザイナーがつくった夢』

工作舎・一八〇〇円

山崎浩一 著

雑誌がかつてのパワーを失ったといわれて久しい。本書では六〇年代から八〇年代にかけて、多くの読者を巻き込んだ雑誌が取り上げられている。しかし、あの記事には興奮した、あの連載は懐かしい、といった回顧的な話ではない。

著者はまず素朴な疑問を投げる。一二月に入ると雑誌は新年号を出すが、奇妙ではないか。しかし理由もある。雑誌は、読者を近未来に導くという幻想によって成り立ってきたからだ。が、この幻想は情報を即座に伝えるインターネットの出現で衰えた。だから雑誌にはかつてのパワーがない、と、ここまではよく聞く話だが、著者はこの論を切り返す。

雑誌がリアルタイムのメディアであったことはかつてもなかったはずだ。ならば、違うパワーがあったのでは。ネットは情報を伝えるが、明確なカタチはない。雑誌は紙でつくられ、デザインされた「物」である。内容は時代で変化するが、紙媒体であることは変わらないはずだ。それなら、紙でできた〈雑誌のカタチ〉にこそかつてのパワーの秘密があり、雑誌の未来もあるのではないか。

取り上げたのは「ＰＯＰＥＹＥ」「少年マガジン」「ぴあ」「週刊文春」「ワンダーランド」「婦人公

論」「小学館の学年誌」「クイック・ジャパン」。当時の編集者たちにインタビューをしつつ、それぞれの雑誌のカタチを検証してゆく。

結果、浮上するのは意外にも、雑誌には決まったカタチはないということ。というよりも、八誌の編集者は常識にとらわれず、いや、ときに常識を知らず、判型を変え、綴じ方を変え、表紙もレイアウトもデザインも変えてしまった。冷静な判断よりも時間に追われ、実行し、少しずつカタチをつくった例が多い。それだけ手作業が多く、試行錯誤の連続であった。どの話も面白く、本書はユニークな出版史にもなっている。

殊に「小学一年生」などの「小学館の学年誌」には感心した。あの豊富な付録には、子どもを楽しませるために、紙と製本で可能なあらゆる実験が詰め込まれている。読者である子どもも手作業で付録を組み立てる。読者参加は幻想ではなく、編集者たちの熱意と知恵で、今なお明確なカタチとして生きている。

（二〇〇六年一一月二七日号）

# 熟成のテーマが花開くとき

## 『真鶴』

川上弘美 著

文藝春秋・一四二九円

読み終えて、この小説も作者も幸運だなと思った。小説は書き出すと、作者の思いを超えて自ずと動きはじめる。しかもそうならないと面白くはない。だからテーマを思いついても、十分に熟成させなければならない。おそらく『真鶴《まなづる》』は作者が今より若ければ書けなかったはずで、もう少し年齢を重ねたら異なった作品が生まれたに違いない。

主人公は四〇歳半ばの女性でエッセイストである。中学三年の娘と七〇歳に近い母親と共に暮らしている。夫はいない。彼は娘が三歳のときに突然失踪してしまった。それからすでに十二年も経っている。その間に編集者の恋人もでき、ずっとつき合っている。夫のことは忘れてもいい頃なのに、彼女の気持ちは波立つ。

こう紹介すると、満たされぬ女の心理を描いた小説と思われそうだが、作者はそれを反転する。満たされぬどころか、夫の不在が心の中に満ちてくる。同じようだがまったく違う。前者なら満たされぬままに時間は止まっている。夫の失踪時から物語をはじめ、若くとも書ける。しかし後者なら、作者が主人公の年齢より少し上まわらないと書けないだろう。

「歩いていると、ついてくるものがあった。／まだ遠いので、女なのか、男なのか、わからない。どちらでもいい、かまわず歩きつづけた」

冒頭の文章だが、読者はすぐに怪異譚のはじまりを予測するはずだ。たしかに異界の女は現れ、主人公の心は揺れ動く。舞台となる真鶴の岸に寄せる波のように細かく、ときに激しく揺れ、他界に溺れそうにもなる。しかし作者は主人公に恐怖の叫びを上げさせない。むしろ異界に彼女の日常が入り、混ざり合う。異界の女の方が現代的な美女にも変身する。この展開には驚いた。しかしここで、作者はテーマをユーモアにまで粘り強く昇華させたのだと気づいた。

「ふつうでないことは、いくらもある。けれど、ふつうでないことは、たいがい持ちこたえることができない。いずれ、壊れる」

主人公の言葉通りにやがて怪異は消え、「ふつう」の日常を彼女は生きる。この結末は明るく輝く。あらためて作者も小説も、そして読者も幸運だと思った。

（二〇〇六年一二月二五日号）

## 家とモノと人の関係を探る

# 『ドラゴン・リリーさんの家の調査』

インデックス・コミュニケーションズ・一八〇〇円

山本理顕 著

建築家・山本理顕が一軒の家を調べ、綴った絵本だが、正直びっくりした。この本は、住まいが画一化してゆく流れのなかで、今こそ建築家は子どもたちに、家は文化であることを伝えるべきだと企画されたシリーズの二一冊目だ。

このシリーズでは、これまで建築家たちはそれぞれの視点で家について絵を描き、語ってきた。自然の光や風を大事にする、一軒の家から町並みはつくられる、世界には日本人とは異なった暮らしをする人々がいるなどなど。どれも面白かったが、山本は家を考える上で最も基本となることを子どもたちに伝える。難しい理屈ではない。家はモノでつくられ、そこには住み手が選んだ数多くのモノがあり、それらはすべて住み手にとって意味があり、さらに使うためにそれぞれ必要な寸法があるということ。

タイトル通り山本は、ドラゴン・リリーさんの家の各部屋の寸法を計り、部屋に置かれたモノ一つひとつを調べ上げ、寸法を計り、手描きで作図した。ガレージから始めて、ベッドルーム、クローゼット、書庫、浴室、トイレ、ダイニングキッチンと進み、各平面とモノが現れる。当たり前じゃないかと思うだろうが、リリーさんはアルファ・ロメオに、パートナーのおさださんがマツダRX－8に乗っていると描かれれば、ハハン、二人ともかなりの車好きだなとわかる。

ページをめくるにつれ、リリーさんは読書家で、衣装持ちで、猫を飼い、二人ともお酒が好きだとわかってくる。モノを調べ、計った寸法から、リリーさんがどんな暮らしをし、なにを大事にし、そのために必要な部屋はどんな形で、どれほどの広さが必要なのかが自然に理解できるようになる。

こうしてこの家の一一の部屋が紹介されるのだが、じつは各部屋の平面はちょっとふつうではない。矩形《くけい》の部屋は二つしかなく九部屋は半円だったり、四分の一の円だったり。そして各部屋が組み合わさってびっくりした。こんなユニークな家、本当にあるのか。第一、リビングルームがない。しかし、大らかで友だちが集まる家だ。山本はずっと新しい住まい方を提案し、実践してきた。もしかしたら彼が設計した家ではないだろうか。

（二〇〇七年一月二九日号）

# 拾った石で頭を冷やせば

## 『空を引き寄せる石』

**蜂飼耳** 著

**白水社・二〇〇〇円**

詩人のエッセイ集。まずは不思議なタイトルに惹かれ、ページをめくってそのエッセイを探した。六〇〇字ほどの短文。旅先でつい石を拾う話だ。共感してしまった。私も河原や海岸を歩くと石を拾って持ち帰る。彼女は文鎮にするらしいが、私は本棚の隅に置くだけ。なぜ石を拾いたくなるのかもわからなかった。ところが詩人は説明してくれた。

拾った石を野外に捨てたら、と想像する。石はそのまま一〇年後、一〇〇年後にも陽を浴び、雨や風のなかにあり続けるだろう、と。「空を引き寄せる」の「空」とは、長い長い時間であり、大自然なのだ。この想像は明るく、私は石を拾う理由を発見し、嬉しくなった。そして詩人と同じように棚から石を取り、「額に当て、頭を冷やし」てみた。ひんやりし、想像はリアルに拡がった。

詩について「言葉の手を握って、引いて、普段の場所から連れ出し、新しいものの見方を示すもの」であり、「詩を読むときに生まれるのは『答え』ではなく『体験』なのだ」と語っているが、この定義は、収められたどのエッセイにも通じている。

読み進むとわかる。子どもの頃に森のなかで遊び、クワガタを待ち、トカゲを待ち、蟬を捕っている。この体験が詩人の皮膚なのだ。象、うなぎ、サメ、犬、鳶、鮭、燕、蛇、蚊などなど。生きものが次々に出てくる。うな丼を食べつつ、つい生きたうなぎの気配を感じる。野坂昭如の本から飼い犬を食べた経験を知る。すると、自分が飼っている猫を「いくらか、おいしそうだ」と思う。しかも「猫もまた、そんな目でこちらを見つめるときがある」ことに気づく。飢餓の体験はない。しかし読書もまた「普段の場所から連れ出し」てくれる「体験」であり、本も見方で変わる生きものである。

そうであれば石もウカウカできない。気がつくと子どもの頃によじ登った神社の庭石が、いつの間にか「有り難い石」に変身している。そんなエッセイもある。つまりは人間こそがワガママで奇妙な生きものであることに、「頭を冷やし」て気づかせてくれる。だから生きるのはなかなか難しい。でも見方を変えれば——。どのエッセイも短いけれど、生きるための見方、体験へのヒントが各ページに光っている。

(二〇〇七年二月二六日号)

# 異形の人々が暴くアメリカ裏面史

## 『ガラスのなかの少女』

ジェフリー・フォード著　田中一江訳

ハヤカワ文庫・八八〇円

ミステリーなら謎めいた人物が登場するのは定番だが、本篇ではまず探偵役がいかがわしい。インチキ霊媒師の一味。希代のギャンブラーを父にもつ霊媒師は、スマートなインテリで天才的な詐欺師だ。趣味が妙。蝶の標本集めなら珍しくはないが、彼は蛹から蝶を育てる。家には極彩色の蝶たちが乱舞する部屋がある。相棒はサーカス団出身の巨漢。気は優しい無類の力持ちだ。そして本篇の語り手は、彼ら二人に育てられたメキシコからの不法移民の少年で、インドの聖者に扮している。

舞台は一九三二年のアメリカ東海岸。大不況の時代ながら、金持ちたちが住むロングアイランドである。三人組は富豪にインチキの降霊術を施すが、そのとき霊媒師はガラス扉のなかにはまって浮かんでいる、六歳ぐらいの少女を見る。少女は海運王の娘で失踪中だと知る。誘拐か。だが身代金の要求はない。では殺されたか。霊媒師は探偵役を買って出る。

次々に奇妙な人物が現れる。本物の霊媒師と名乗る美貌の女。カメラさながらに見たものはすべて記憶する男。加えてインチキ霊媒師の仲間のサーカス芸人たち。全身毛だらけの犬男、体を自在に曲げるゴム女、三〇羽の鳩を使う女奇術師、足のない蜘蛛小僧、ナイフ投げの名人など、いずれも異形の人間たちである。さらに人種差別主義者やら狂った血液学者までもが敵味方になって入り乱れる。

ミステリーならドンデン返しも定番だが、本篇のドンデン返しはアメリカ社会に向けられる。社会の隅に生きる詐欺師やサーカス芸人がまっとうなのには驚かないが、作者はさらに一歩踏み込む。禁酒法の時代、清潔な社会を目指したアメリカに今なお根強く残っているおぞましい事実を、作者は裏面史を暴き、登場人物たちに語らせる。

意外や、社会派ミステリーでもある。これが本篇の最大のドンデン返しかもしれない。全篇にわたり、機智と奇想に富み、さながら蝶の乱舞のように色彩的で、クライマックスはお祭り騒ぎで、作者のふくみ笑いが端々に聞こえる作品なのに。しかも最終章は一転して懐かしいようなセピア色の場面でホロッとさせる。これまたドンデン返しだった。

（二〇〇七年三月二六日号）

# 気の遠くなるような仕事の集大成

## 『イラストレーテッド　名作椅子大全』

織田憲嗣 著

新潮社・七四〇〇円

　私は大学で建築の設計を学んだ。木の椅子を作るのが最初の授業。図面を書き、数ヵ月かけて自らの手で作る。級友全員、画期的な椅子を作ろうと張り切った。ところが座り難かったり、体重をかけると壊れてしまう椅子が続出。椅子作りはじつに難しい。

　椅子は不思議な家具だ。テーブルなら四本の脚の上にベニヤ板を載せれば、出来上がる。形はほぼ決まっている。他の家具も同様。ところが椅子は素材、構造、使用目的で姿形は多様に変わる。人間に最も身近な家具だけに、生活の変化に応じて多彩なデザインが生まれた。

　名作椅子と呼ばれる椅子がある。本書の著者は七つの条件を挙げている。使用目的に合致している、丈夫、価格に見合ったもの、歴史上重要な作品、美しさ、ロングセラー、重過ぎない。つまりは量産され、いまも世界中の人たちに愛されている椅子たちである。椅子に関心のある人たちならお馴染みだろう。そんな名作椅子を中心に近代の椅子デザインを俯瞰したのが本書。挙げられたデザイナーは五四人。イラストで示された椅子は八二三三脚。驚くべき数の椅子が並ぶ。

　しかしより驚くのは、一脚の名作が生まれるまで、それ以前に作られた椅子を一脚ずつ検証していることだ。名作椅子は突然生まれたわけではなく、デザイナーは少しずつアイデアを盛り込みながら完成させてゆく。そのためその椅子が影響を受けた椅子、同じアイデアの椅子までもイラストで示す。イラストは椅子の図面から描くのではなく写真を拡大コピーして写し取るらしい。どれほどの資料と椅子を集めたのだろうか。雑誌「室内」に一四年連載されたが、著者はひと月のうち二五日はこの原稿にかかりきりだった。この忙しい時代に、なんとも気の遠くなるような仕事ぶりだ。

J・F・ケネディはハンス・J・ウェグナー作〈ザ・チェア〉に座ってニクソンとのテレビ討論に臨んだ。そんなエピソードもさらりと記してある。だから著者が巨匠ウェグナー自身から作品を贈られたこともうなずけるのだ。いい椅子は一生もの、使うほど愛着が生まれる。本書もまた、ちょっと高価だが、椅子に関心のある人には一生ものの分厚い本だ。

（二〇〇七年四月二三日号）

# 残酷で意地悪な現代の民話

## 『たちの悪い話』

新潮社・一六〇〇円

バリー・ユアグロー 著　柴田元幸 訳

特異な才能があり、才能への自負がある。バリー・ユアグローは原稿用紙にすれば、二枚から六枚ぐらいまでの掌篇ばかり書き続けている。どの話も奇想天外で、多くは残酷で意地が悪い。情景や登場人物の心理をより丹念に描けば、五〇枚ほどの小説に仕上がると思える作品もあるのに、彼は掌篇にこだわる。手練れの作家なら一〇篇ぐらいは思いつくかもしれない。ところが本書は翻訳された八作目で、しかも四三篇が収められている。彼のアイデアは涸れないらしい。

本書は先に訳された『ぼくの不思議なダドリーおじさん』に続いて、子どもでも読めるように書かれている。だからといってユアグローは、心温まる童話などは綴らない。象もパンダも、魔法使いも天使も幽霊も海賊も登場する。しかし並のファンタジーを悉く覆す。どの話もメデタシ、メデタシでは終わらない。

勉強をしたいと思った象が小学校に入学するが、テストのカンニングが見つかる。校長は怒り、象に退学を申し渡す。象は絶望し、狂乱する。校長は驚き、悲鳴を上げる。その結果は……。女の子に恋をした幽霊がいる。幽霊は彼女につきまとうが、女の子は友だちと計って幽霊を徹底して痛めつける。ユアグローの手にかかれば、可愛いパンダも殺人鬼に変身する。人間になった昆虫の話もある。しかし彼は、奇怪な姿のために仕事を追われ、仲間のハエの大群に追われる。「普通の人間になると誓ったんだ」と叫びながらも結局は……。

口当たりの良い童話ではない。考えればしかし、「赤ずきん」でも「白雪姫」でも原型の民話は残酷で血塗られている。カフカの『変身』を思い起こす人もいるかもしれない。あの主人公ザムザはある朝、虫に変身し、やがて乾涸びて死に、ゴミとなって掃き出される。本書に登場する象も昆虫も幽霊も、じつはごく普通の人間の仮の姿に過ぎない。しかも変身してもなお生きなければならない。民話の残酷さも人生の厳しさに通じている。とすれば本書こそまっとうな現代の民話集ではないだろうか。

最後の一篇は金目当てに児童書を書いて当てた作家の話。作者は自身を茶化して笑っている。いかにもユアグローだ。

（二〇〇七年五月二一六日号）

# 人は矛盾のなかに生きている

## 『めぐらし屋』

毎日新聞社・一四〇〇円

堀江敏幸 著

主人公の蕗子《ふきこ》さんは地元の大学を卒業し、ビル管理会社に勤めて二〇年。夫も子どももいない。恋人もいない。そんな独身女性の日常が淡々と綴られる。こう紹介するとつまらなそうだが、読みはじめれば引き込まれる。じつは淡々とした語りこそ作者の仕掛け。

彼女の父親が亡くなる。父と母は三〇年前に別れ、蕗子さんは母に育てられたが、その母もずっと前に没している。父とはほとんど没交渉で、晩年の彼の暮らしは知らない。父の部屋で遺品を整理しているうちに、「めぐらし屋」と書かれたノート類を見つける。どの表紙にも彼女が小学生のときに描いた黄色い傘の絵が貼られている。父の備忘録らしい。そこに電話が鳴り、出てみると「……めぐらし屋さん、ですか?」と男の声がする。

彼女の父は、ある事件をきっかけに人が遊びではなく緊急を要するときの隠れ家を斡旋していたのである。しかも生前に、香りのよい花いっぱいの部屋で眠りたいという老女の依頼も受けていたこともわかる。さてどうするか。

「出張先でしばしば紹介される、いわゆる知る人ぞ知るタイプのお店は、絶対に知られてならないとする防衛本能と、過度にならない程度には知られていたいという自己顕示欲の、微妙なつりあいの上に立っている。蕗子さんには、そのつりあいじたいが耐えがたいものだった」

隠れ家の周旋も同様の矛盾がある。ではなぜ彼女は矛盾を嫌うのか。自らの暮らし方に触れるからだ。彼女は同僚と優しくつきあうが、それ以上ではない。離婚理由を問い詰めるまで父母とは密な関係をつくらなかった。結婚も望まない。作者は意図的にテレビなどうるさい機器は文中から排除し、時局的なニュースも挿まない。それが淡々とした語りと相まって彼女の静かな生活を際立たせる。しかし彼女は気づけば黄色い傘ではなく、色のない透明な傘のなかにいた。防衛本能と自己顕示欲のつりあい。

蕗子さんは最後にこの矛盾を崩す。「めぐらし屋」を受け継ぐ決心をし、小説は終わる。めぐらすとは「関係」。隠れ家探しは一人ではできない。面倒も起きる。でも彼女は透明な傘から一歩出る。読者は、この先の蕗子さんに思いをめぐらすはずだ。彼女はどんな色を着けるかと。これも作者の仕掛けだ。

(二〇〇七年六月二五日号)

## コレクターの半生に見る美術市場

### 『若冲になったアメリカ人　ジョー・D・プライス物語』

小学館・一八〇〇円

ジョー・D・プライス 著　インタビュアー 山下裕二

もう二〇年以上前になるのか。私は八四年に東京・赤坂で開かれた「異色の江戸絵画――アメリカ・プライスコレクション」展を観た。狭い会場だったが、客は疎らでゆっくりと伊藤若冲《いとうじゃくちゅう》の絵にはじめて接した。ところが昨年に東京国立博物館で開催された「プライスコレクション　若冲と江戸絵画」展は並ぶ人の多さに気圧され、会場に入らなかった。若冲人気の高騰を実感しただけだった。

そのコレクターであるジョー・D・プライスに美術史家の山下裕二がインタビューしているのだが、次々語られる話に驚かされた。彼は建築家フランク・ロイド・ライトが設計し、いまや観光名所になっているプライスタワーのオーナーの次男だった。その縁で浮世絵のコレクターであるライトに連れられ、五三年にニューヨークの古美術商から若冲の代表作『葡萄図』を買う。わずか六〇〇ドル。ただただ欲しくなったらしい。

その後も同じ店で数点の絵を買うが、彼はそれらが日本の江戸絵画であることさえ知らなかった。五年後に若冲の図録を見て店に行き、若冲の作品が欲しいと注文すると、「すでに持っているはず」と答えられた。いまでは笑い話だが、この無垢さはさながら芸術家だ。

こうして収集は始まったが、アメリカでは理解者は皆無。それどころか、日本でも七〇年に辻惟雄《つじのぶお》が『奇想の系譜』で紹介するまで若冲は評価されなかった。プライスによれば七二年に東京国立博物館が琳派展を開くまでは、競争相手もなく安く買えたらしい。「八〇年代前半までは、落款印章がなければ、いい絵が買えたんです」という話は、バブルが美術市場も変貌させたのだとわかる。

本書からはプライスの半生だけではなく、戦後の日本美術史研究の流れ、古美術商の動き、江戸絵画の値上がり状況が生々しく伝わってくる。彼が買ったために評価が変わり、値も上がった画家も多い。それだけに江戸絵画は自然光で鑑賞すべき、美術館の学芸員は客よりも他の学者を気にし、よくない絵も展示するという苦言も納得できる。

タイトルは彼の顔が次第に若冲の晩年の肖像画に似てきたことからつけられているが、読了すれば、山下の「ほんとうのコレクションとは、ある種の表現行為なのだ」という指摘にも頷く他はない。

（二〇〇七年七月二三日号）

# 隠れん坊と鬼の棲む世界

## 『學藝諸家』

岩波書店・五六〇〇円

濱谷浩 著

子供の頃にカバヤブンコというのがあった。カバヤキャラメルを買って、そのキャラメルの箱のマークを切りとって集めて送ると子供向きの文庫本が送られてきたらしい。三〇年以上前のことである。私が曖昧に「らしい」としたのは、私自身でその文庫を手に入れた記憶はなく、唯、カバヤブンコという言葉だけが残っていた。何故、この名前だけ残っていたかといえば、親指と人さし指を口に入れ、口をへの字に開いてカバヤブンコという遊びだけが残っていたためである（これが分からない人は実際にやってみてください）。たわいのない遊びだけれど、顔の表情と、ブンコという言葉が変わるのが面白いうえに「本なぞ読んで良い子ぶって」と文庫を集める子を半分揶揄する気分があって言葉遊びだけ残ったのだろう。良い子を揶揄するのならカドカワブンコでもイワナミブンコでもよかったのだろうが、子供たちには角川も岩波も遠い存在でありすぎた。

こんなことを思い出しだのは濱谷浩の写真集が岩波書店から刊行され『學藝諸家』とむずかしく題され、写された諸家の名を聞いて皆、イワナミブンコとでも口をへの字に曲げて呟く表情を思い浮かべたためである。しかしこれが全くの曲解であったことはページを追うごとにはっきりした。収録された人物の顔が面白く、かつ新鮮に思えた。例えば、二ページ目、おかっぱ頭の藤田嗣治が、商家の帳場机に腰をかけ、日本刀を眺めている写真、藤田の前には長火鉢やら針箱が置かれ、背後にはのれんがさがっている。全体に日本風の室内なのだが、どこか妙な気がするのは、藤田が日本人というより外国人が日本を眺めるが如く室内を飾り、いわばジャポニカ風の気分に遊んでいるからである。この写真を見るかぎり、藤田に戦争絵画を描いたことを責めることすらアホらしく思える。それに対し一九四九年に撮られた高村光太郎の表情は暗い。戦争協力の責を負って岩手にひきこもり長火鉢ならぬ炉の前に座りこくっている詩人の表情は断念そのものに思える。

この写真集がわれわれに見せるのは、一人一人の人物の奥深さである。恐らくこの写真家はここに撮られた作家、画家、音楽家、書家、陶芸家、科学者、学者に出会う前に彼の仕事のなんたるかを相当読みこみ、あらかじめ構図も考えついていたかもしれない。しかしカメラは、それを裏切る。例えば、浴衣姿の吉田健一が座布団を四枚重ねて座っている。写真はブレているが、このブレの動きが、吉田健一という人物を一筆書きのように表現している。吉田健一が生涯持ちつづけたであろう坊ちゃん気質と三代目特有の諦念ぶりを一瞬に見せてしまう。構えた写真ではない。この写真集は、諸家の性格を見せると同時に写真家が各人に対する思い込みもまた覗かせる。堀口大学を撮った四枚の中には、堀口の娘が写ったものがある。一枚は一九五一年、散歩する堀口一家四人の写真。娘は稲穂にかくれるほどの背たけ。一九六八年娘は花嫁姿である。写真家の眼は花嫁姿を見守る堀口に焦点を合わせているが、写真家の眼もまた、父親の眼に同調して見える。写真家と堀口との長い交流をおのずから読者は知ることになる。会津八一を撮った写真など、写真家はこの人物に相当惚れ込んだなと思わせる。会津の発する気迫をなんとか撮ろうと、闇の中に灯を手に持たせて彼に書を描かせるという外連すら演じさせている。

さて、この写真集は、一九三七年撮影の滝口修造に始まり、一九八二年撮影の開高健に終わっている。シュールレアリスト、眼の探求者から始まり、オーパの怪人、舌の探求者で終わるのは、この写真集を象徴している。写真家は、何かにとりつかれ、追いかけ、むさぼりくらいつく人物ばかり撮っていのである。作家や画家ばかりでなく、仁科芳雄や湯川秀樹もいる。彼らは写真の中で笑ったり、ぽつねんと黙りこくっていたりもする。のんびり釣り糸を垂らす姿もある。しかし、写真集が一貫して見せるものは、静かな表情と裏腹に垣間見せる鬼たちの気ぜわしい眼なのである。そして、これらの人物を半世紀近く撮り続けた濱谷浩もまた鬼の眼をもっているのである。

鬼の眼ということで私は、カバヤブンコと口をへの字にしていっていたころ、かくれんぼという遊びをしたことを思い出した。道具一つ使わない遊びなのだが、毎日飽きもしないで繰り返していた。隠れ場所に身を秘め、鬼が捜しにくる間の時間の不思議な興奮を思い出し、それが同じころ、初めて私が写真に出会った時の興奮に近いことに気付いた。多くの人と同じように私も写真を意識したのは自分の顔を撮られた時である。幼児の時と異なり明らかにその時、初めて写真を意識し、カメラのレンズを鬼の眼のように眺めたのである。現像されて浮かび上がった私の顔は、緊張しきってカメラを睨みつけていた。写真集の後書きは、写真家は何故、人の像を撮るのかと自ら問うている。この問いは、この写真集が半世紀を経ても新鮮な印象を私に与えるのと同様に常に新しく問われるだろう。しかし、鬼の眼をもった者はいまいるのだろうか。誰かが隠れんぼの最中に、「鬼だけ残して外へ行こう」と囁いたのだ。残った鬼は、街中を捜すけれど、誰もいない。やがて鬼もいなくなり、皆一緒に遊ぶこともなくなった。同じころ、私がカメラの前に立つ時に味わった緊張感も失われていった。思えばそれは自分の顔を意識化することの喪失であったのかもしれぬ。この写真集が私に教えたものは、鬼が棲む世界の新鮮さなのであった。

（一九八三年七月号）

# 過剰なほどの健康さ

**世界写真全集四『ヌードフォトグラフィ』**　**集英社・三四〇〇円**
**『NEW NUDE』カメラ毎日別冊**　**毎日新聞社・二九〇〇円**

ここ数年間のことだろう。駅前のスーパーマーケットに出かけると、それ以前には見たことも名前を聞いたこともない野菜や果物が透明の薄いビニール膜にラップされて並ぶようになった。こうした野菜類は、一様に緑、赤、黄と強い色彩をもっていて、それが透明の膜で被われているから余計に輝いて見え、食べれば健康まちがいなしといっているかに見える。恐らくサラダにしたり炒めたりすれば良いのだろうと思って私は手に取り、眺め、値段なども比べて見るのだけれど、全く違った調理をするのではないかと元の棚にそっと置いて、脇にある私には馴染みのある野菜類を買ってくるのである。

『NEW NUDE／新しい裸体写真の流れ』に掲載されたヌード写真を見て私はすぐさまスーパーマーケットに並ぶ調理法の判らぬ野菜類を連想した。私は、そのヌードに過剰なほどの健康さを見出した。そのことはもう一冊のヌード写真集『世界写真全集四　ヌードフォトグラフィ』を見比らべた時、より一層その想いを深めた。『ヌードフォトグラフィ』は写真の創成期である一八五〇年代から今日まで様々な写真家に様々な手法をもって写されたヌード写真を一冊の中で回顧したものである。

一頁目はヴィルヌーヴの「水差しをもつ女」である。一八五三年撮影、腰に布を巻き頭に頭巾を被り首飾りをつけ水差しをもっている姿は、一九世紀前半に流行したオリエンタル趣味をなぞらえたものであろう。上半身裸の女性像は、かよわい女奴隷を模している。初期の写真は、絵画の図像学的な表現を写したものが多いが、ヌード写真もその通りで当時の画家によるヌード絵画によく似ている。一九世紀の終わりになってようやくヌード写真は絵画の枠組から脱出したことはこの本を眺めるとよく判る。

先頃亡くなったケネス・クラークは自著『ザ・ヌード』の中で〝はだか《ネイキッド》〟と〝裸像《ヌード》〟とを厳密に区別しているそうである。（私はこの著作を読んでいないのだが、二冊のヌード写真集の解説で幾度か引用されているのですっかり読んだ気になった）〝はだか《ネイキッド》〟とは衣服を着けていない男女の体のことで、〝裸像《ヌード》〟とはひとつのフォルムとなっている人間の体ということである。この区分法に従えば一九世紀末に写真は、裸体に絵画ではない一つのフォルムを発見したと見える。この時期のヌード写真には顔が写されていないものが多く、肉体は、量感と質感に還元されて撮られている。一九二〇年代に入ってヌード写真がアブストラクトとシュールレアリズムの影響を受けるのも肉体を、即ち量と質と形態を視る新しい方法が発見されそれに写真も大きな役割を果したといえるだろう。『ヌードフォトグラフィ』を眺める限りこのフォルムとして肉体を捉える視点は一九六〇年代、七〇年代まで続いたように思える。七〇年代、八〇年代に入りヌード写真は確かに変化している。クラークの二分法によれば、私には七〇年代を境に、ヌード写真は新たな〝はだか《ネイキッド》〟を対象にしているかに思える。

『NEW NUDE』は八〇年代以降のヌード写真に焦点をあてて、副題が「FROM NAKED TO

NUDE 1922→1983」とされているけれど、むしろ「FROM NUDE TO NAKED」としたほうがふさわしいと思える。何故なら、八〇年代のヌード写真は、マップルソープにしても、バロニオ、リザーディル、ベルドリックス、ペトレマンドにしても彼らが撮る裸像は、人間の肉体を量と質で表現するというよりも、肉体を通じて人間の感性をも表現しつくそうとして見えるからである。〝新しい裸体の表現者〟として紹介されている彼らの眼には肉体はフォルムではなく、日常の中では隠されている人間の性への願望、夢、記憶といったものをあばき出し、映し出す薄い皮膜として見えるのではないか。フォルムではないという点からすれば新しいヌード表現は、現在至る所に氾濫するビニ本の世界に近いかも知れない。しかしその近さには、ビニ本が人間の生殖器をあばく産婦人科や内科に属しているとすれば、ニューヌードは精神科医や心理学者の世界に属している程の距離がある。従ってそこには肉体的に病んだ姿は殆んど登場しない。別の点からすればビニ本は、透明の薄い膜を曇らせて、あざとらしさといかがわしさを挑発し不透明な膜を金銭によって取り除くことに価値をもつとすれば、ニューヌードと呼ぶ写真世界に現われた裸体は、肉体そのものに透明の膜を張りつめているかに見える。肉体には、ためらいがなく過剰なほどに張りつめて自信たっぷりに見える。

例えば『NEW NUDE』の一頁目のマップルソープによる一九八三年撮影の写真はヴィルヌーヴが一八五三年に撮ったヌードと似たところがない訳でもない。頭に大きな羽根飾りをつけ、きらきらした腕輪で肉体を飾り褐色の肌をした裸像、一世紀以上距てているが同じように女奴隷に見たてているかにも見える。しかし彼女は決してかよわくはなく、むしろ鍛えられた肉体をもって見る者を攻撃する。肉体に触れることはできないし、触れたとしてもツルッとすべってしまうかのようである。

八〇年代の新しいヌード写真を見た時、私は料理法の判らぬラップ化された野菜類を思い浮かべた。人並みに好食で好色でもある私にも、これらの裸像がもつ過剰な健康さと透明な膜でラップ化された裸体には調理の仕方が判らず、そっと本を置いたのである。

（一九八三年八月号）

## カメラの非情さへの信頼

### 『ニューヨーク／アナーキー』

**朝日新聞社・三八〇〇円**

**野火重本** 著

犯罪者は、自分が犯した犯行現場にもう一度立ち戻るというが、写真家もまた、自分が写した現場に、暗い室の中でもう一度会っているに違いない。野火重本の写真集を見て、そんなことを考えた。『ニューヨーク／アナーキー』と題されたこの写真集は、ともかくも今日のアメリカを現場で写したものである。写真集の中で出会うのは確かにアナーキーとしか呼びようのない世界である。ニューヨークのマンハッタンでは路上であっけなく死ぬサラリーマンが撮られ、家も家族もない年老いた浮浪者、尻を剝き出してパトカーを挑発する娼婦たちが登場する。シカゴはストリート・ギャングの抗争、銃弾で射たれ泣きさけぶ男、死体置場に荷札を足の親指につけて置かれた死体。ハワイのホノルル、客を待つ男娼、酒とマリファナ。デトロイト、かつてアメリカで最も美しい街とされたハイランドパークで写されたのは、深夜に集まる「地獄のレーサー」、ピストルを腰に暴力から自衛する商人、母親に突然銃殺された赤ん坊のシーツに包まれた死体。シーツは幼い血で真紅に染まっている。頁を追うとアメリカの都市は血吹雪を散らしたかに臭う。突然で、あっけなく、幼児にさえ平等に訪れる殺戮と、瞬時の間でもむさぼり喰う性と過剰な薬の陶酔が撮られている。又、荒野と化した都市だけでなく、アメリカには本当になにもない荒野があることをこの写真集は我々に教える。インディアン居留地にあるのは、荒れた土地とバラック、石油缶で煮られるトウモロコシの貧しい食事、英語を話すこともならず撮影代を手で要求するインディアンの老婆である。ここには豊かに繁栄しているアメリカが繁栄故に生み出してきた貧し過ぎる世界がある。そして、この貧しいアメリカを目指し、密入国する更に貧しいメキシコ人たち。野火重本はこの凄絶としかいいようのないアメリカを酷薄なまでに暴き出す。

私はこのパワー溢れるドキュメントを見て、非情なものだと思った。この非情さとは扱われる対象のことばかりではなく、現場を歩き、その現場を写し出すカメラのことでもあった。確かに血みどろになった男が撮られている、幼児の死体が包まれたシーツも見ることができる、しかし本当にこんな残酷なことがあるのかと疑っている自分に気付き、そんな甘い感情を軽々と裏切るカメラを私は非情なものだと思った。だが、思い直せば、私が住んでいる東京にも、四人も五人も隣人や子供を惨殺した男は片手で数えられぬくらいに増えているし、幼児を殺した母親もいる。浮浪者もいるし、彼らはあっけなく殺されている。野火重本の写真を近未来の日本という人もいるが、現実はもっと早い。しかし、私は東京で起きた事件を野火重本の撮ったニューヨークやデトロイトのように見たことがなかったのに気付いた。恐らく意識的に私は血なまぐさい事件をどこか避けていることに気付いた。

私は、人並みに物見高いから、犯罪に強い興味をもち犯行現場を歩くことがあるが、新聞を読んで住所を憶えて出かけるだけだから決して写真家のように犯罪に出会うことはない。危機が去った抜け殻のような現場を歩くだけである。にもかかわらず犯行現場を歩くと妙にやましい気分に襲われる。例えば、今年の春、池袋で起きた連続放火の現場を歩き、全焼したアパートの前に立ったときそんな気分になった。犯人ではないのに、犯人となった私がもう一度現場に立ち寄っているといった気分であった。そこで私は現場を余り肉眼では見ないのにカメラのシャッターを二度切って、逃げるように帰ってしまった。ところがカメラというのは肉眼で見なかったものまで確実に写していた。私はこの時にもカメラは非情だと思った。

犯罪者が犯行後、現場を尋ねるという言葉にリアリティを感ずるのは、人間の記憶が曖昧であり、肉眼で見たものが不確かであることの裏返しだと思う。犯人が現場に戻るのは正確に現場の状況を再認識するのではなく、犯行時と同様、幾度も現場を尋ねても結局は、その時間は戻らないし、記憶もやがて消えていってしまうことへの確認だと思う。写真が非情なのは、この記憶の不確かさを許さないことにある。

私がこの写真集を見て、本当の現場はどうなのだろうと疑問が湧いてきたのは、逆説的ながらこの写真集がぎりぎりの所まで写真の非情さを追い求めているからではないだろうか。野火重本がこれらの写真を撮る現場でかなりの生命的な危険にあったことは想像に難くない。しかしその事を写真家はほとんど記述せず、二、三度、被写体となった人物から「カメラをもった奴は嫌いだ」といわれたと書いている。この言葉から私は彼が現場の非情さの中に入り、肉眼で見ることの不確かさを知り、カメラの非情さについて知り抜いていることを考える。私がその現場にいたなら眼をそむける所を彼はカメラを信頼しきる所で踏み止まっている。このカメラへの信頼はこの写真家が撮り、今後も撮り続ける筈の現場よりも非情なものであり、その非情さに私は驚いてしまった。犯罪者は、犯行現場にもう一度姿を見せるというが、写真家は一体、どのくらい現場を尋ねるのか。したたかで凄いものだと感心した。

（一九八三年九月号）

## 夥しい死と夥しい写真

**『Hiroshima』　アサヒカメラ増刊―⑨　朝日新聞社・二九〇〇円**

土田ヒロミ著

この写真集『Hiroshima』は三部に構成されている。一部「ヒロシマ・コレクション」は広島平和記念資料館に残る五、六千品もの被爆資料のうちから八〇点余りを撮影したもの。二部「ヒロシマ1945〜1979」は、昭和二六年に出版された被爆体験記『原爆の子』（長田新編・岩波書店）に作文をよせた一八六名の子供たちを三四年後にルポしたものである。三部「ヒロシマ・モニュメント」は、被爆当時に僅かに残った樹木、橋、建物を現在の広島市内の中で追い求め撮影している。撮影年度は二部が一番古く、昭和五一年〜昭和五四年にかけてで、一部は昭和五四年〜昭和五七年、三部は昭和五四年〜昭和五八年となっている。八年間にわたる撮影作業である。

一部から三部までの写真を見て私がまず感じたことは、被写体となったモノ、人、風景が極めて卑近で日常的なことである。一部で撮られている被爆資料は、どこかしら欠損したものばかりだが全て日用品である。焼けてボロと化したモンペ、ワンピース、学生服、軍服とかカバン。熱で溶けてしまった一升ビン、双眼鏡、古銭と針の山、硯と器も溶けて付着している。左足の指跡を残したままの下駄、炭化した弁当箱の中身、被爆後異常に増殖した爪。8・6の数字が読める十日市ゆきの国鉄キップがある、二円一〇銭とある。確かにこれらの品々は被爆のただならぬ様相を見せてはいるが、熱で溶けず、炭化せず、欠損しなければ、誰もが手にするありきたりの品々である。

土田ヒロミは、この誰もが手に触れる世界に他には喩えようもない異常な時間と空間を重ね合わせる。ヒロシマは語りつがねばならぬことだとしても語ることは難しく、見なければならぬことだとしても見ることは更に難しい。ヒロシマの現在を見る時、その周りに飛びかう政治力学に眼をうばわれ、ヒロシマそのものを見ること、触れることを困難にしている。ヒロシマについて語られる多くの言葉も我々からヒロシマを近づけるよりも遠ざける。二部で被爆体験を書いたかつての『原爆の子』の中で何人かは取材を拒否し、撮影を拒否している。彼らは周りを飛びかう言葉によって自分のヒロシマが摩耗するのを拒んでいるのだろうか。写真家は拒否された人たちの中にそれ以上踏み込まないし、踏み込めない。この語ることが難しい中で土田は、最も普遍的な方法、即ち自分でヒロシマが見える範囲に限って確実に見るという方法を選んでいる。

二部と三部の写真はコメントがなければありきたりの人物スナップか風景写真に見える。無技巧に見えるほどさりげない、が、このありきたりでさりげない人の像と風景こそが、写真の主題であることがやがてはっきりと伝わってくる。二部のかつての『原爆の子』の周りには記念館に残された資料と同じ機能をもつ品々が溢れかえっているのを見る。眼鏡、こざっぱりとした衣服、一升ビンが並んだ棚、カバン、腕時計、違うのはこれらの品物が人物と共に生きており欠損した所はない。全てが生きている。しかし、人物の顔から下段の欄にある『原爆の子』からの短い引用を見る時、我々の視線は思わずたじろいでしまう。

「その日は、おできをなおしてもらうため、おばあちゃんにちりょうしてもらいました」、「中庭でおばあさんにサンパツしてもらっていた」、「アイスキャンデーを買うお金をお母さんからもらって、家をいさんで出ると」「僕はその時、はぶてて（ふくれて）朝食をたべていた」「ようちえんで、先生とつみ木をかさねて遊んでいると」

短い引用で、あの一瞬の時を現在進行形で語りかけられると、上段のスナップ写真に三十数年生きのびた原爆の子の面影を探す以上に、撮られている現在の次の一瞬が、あの一瞬に重なり合う可能性に気づかされる。

三部の風景写真には、被爆後に残っている橋、建物、樹が撮られているが、四十年近く経った現在被爆の痕跡をそこに読み取ることはできない。人間が殆ど写されていないから、余計にそれらの事物は風景の中に溶け、かえって、あの一瞬の前を我々に再現させる。

この写真集は、ヒロシマを幾重にも取り巻く言葉を取り除くことに成功し、私に被爆後静かに息をし続けてきたヒロシマと、背後の夥しい死を見すえさせた。しかし、私にはやはりヒロシマは未だ深い謎である。判らないのは一瞬の中の夥しい死についてである。写真に沿って述べれば、品物を撮った写真であれ、樹木、建物、人物を撮った写真であれ、或いは私たちが現在、眼にする夥しい写真、何んら脈絡がないかのような大量の写真に核という言葉をかぶせた時に、全てがジグソーパズルの断片となって一枚の構図をつくり出してしまう怕さ、それが巨大な謎となって目の前に置かれ、私はその巨大なパズルの一片となってやはり立ちすくんでいる。

もう一度私は資料館に残された品々の写真を眺める。それは三十八年前の死を語りかけてくる。しかし、壊れ、燃え、溶け、十全ではないモノの姿が、壊れない、燃えない、溶けない前の在りうべき生きていた姿を私に再現せずにはおかぬように激しくせまってきた。そこに生への希求と飢えを見て、巨大な謎へのとっかかりを私なりに感じていた。

（一九八三年一〇月号）

# シカゴの静かな変化の面白哀しさ

## 『CHICAGO, CHICAGO　その2』

リブロポート・四五〇〇円

石元泰博 著

小学校入学前の、足し算、引き算も満足に理解できそうもない子供が全自動のカメラを与えられてパシャパシャとシャッターを切っている姿に出会うと私はびっくりしてしまう。子供がカメラを持つなど目慣れた姿なのだが、私は長い間カメラとはとても高価でしかも複雑な機械という想いがあって、いとも安直にシャッターを押す子供に驚いてしまう。私がカメラにフィルムを入れて写真を撮ることを憶えたのは遅く、喩えてみれば女性を知った時よりもずっと後のことだった。女性を知って人に対する眼が少し変化したと感じたように、カメラを知って周りを見る眼が変わったと私は思っている。だから、アイウエオも満足に憶えていない子供がカメラをもってレンズを私の方に向けてくると、思わずたじろいでしまう。

私がカメラを得て周りを見る眼が変化したと思ったのは、例えば自分の育った街の変わり行く様をそれ以前よりも明瞭に感じたということか。カメラを持った時期と私の育った街が急激に変化した時期と重なったこともそう思わせるのかも知れない。

いまだにフィルム現像もできず、ピンボケばかり多い私がいうのは少々大仰ではあるが、カメラは私自身と私の周りとの間に距離を生み出す契機を与えてくれた。自分の育った街角を旅行先で会った街角のように眺め、写真を撮った。とはいえ、馴染んでいる街、もの、人物を見る眼と旅先で出会う風物を見る眼とは微妙に異なる。距離感が違うのである。

石元泰博にとってシカゴは生まれ故郷ではないが、単なる旅行先でもない。経歴によればシカゴで大学時代を過ごしていることが判る。その時期は、自分の周囲への眼が大きく変化する時期である。シカゴの印象はこの写真家の心象に大きく作用したことは想像に難くない。彼の写真集「CHICAGO, CHICAGO」を見ても、シカゴが馴染んだ街であることはよく判る。

シカゴを訪れたことのない私がその街について知っていることといえば、丁度百年以上前に大火があり、市街地の三分の一を焼失し、その煙土の中から、次々と高層の鉄骨ビルが生まれ、世紀末には世界で最も近代的な都市であったこと、鉄道と水運に恵まれ金と人が集まり、やがて二〇年代にはギャングも集まったことぐらいか。が、石元の写真集には、私が考えるようなシカゴは殆んど登場しない。世紀末に、L・サリバンやW・ルートが建てたシカゴ派の美しい建築群も撮られていない、ましてギャングといった都市の暗黒部は全く被写体には選ばれていない。この写真集を見る限り、シカゴは静かに息づいている街という印象を私は受ける。石元にとってシカゴは変わった人間がいる街でも、異常な事件が起こる街でもないようだ。

その静かなシカゴも変化する。これがこの写真集のテーマであろう。一九六〇年代、大火からの再生から一世紀を経てシカゴは再び新しい建築がこの時期に建ち上る。一ページ目はトウモロコシと渾名された新しい高層ビルが古い三階建の建物の背後に建ち上っている写真。二ページ目からは、再開発されるため壊された街角に残る、ベッドのスプリング、安楽椅子、看板、貼り紙、半壊した家が撮られる。そして取り壊し工事の現場に働く人のシルエットに変わり、シルエットからシカゴの街に生きる人々の姿へ移る。写真家の眼は淡々としてあせらず、老人や水浴する若者、サラリーマンを見つめる。そして子供たち。

この写真集には子供たちが多く登場する。大人たちがカメラに顔を向けていないのに対し、写された多くの子供たちはレンズに顔をみせている。石元は身構えずに彼らの中に入っていったのであろう。路地で遊ぶ子、湖畔の砂浜に大人たちの間でぽつんと一人いる子、ハローウィン祭りで仮面を着けた子。サンフランシスコで生まれたという石元は、同じアメリカの子供の中で自分の幼年期と出会っているのだろうか。優しくいとおしげである。車の中から舌を出してこちらを見る子、車の中ではしゃいでいる子。やがて写真家の眼は子供から車に移り、寒波の中に動かなくなった車が写される。車から街角の情景に変わり、新しい高層ビルの写真でこの写真集は終わる。

この写真家のシカゴには、都市の暗部を探るといった煽情さはない。壊れ行く街の再生への過程を淡々と撮っている。水浴客の後姿や寒波で動かなくなった車が繰り返し撮られているため冗長と感ずる人がいるかも知れないが、写真家がそこに夏と冬のシカゴを写したと了解すれば、この写真集がシカゴの一年を語ったものであり、春への期待に終わっているのに気付くはずである。

女性を知ることで、私は人の心の動きを読むことを憶え、心の動きが変わり易いことを実感させられた。楽しい思いもあり、哀しい思いにもかりたてられた。カメラをもって街を眺めれば、街が変わることをいや応もなく見つめ、面白いとも感じ、苦い感じも残った。石元もシカゴを通じて、日々さほど変わらない淡々とした生活の裏にある面白さと哀しさ、苦さを見つめているようだ。
それにしても、自動カメラで私をパシャパシャと撮る子供に、自分の眼ざしの変化を得る契機はどのように訪れるのだろうか。

（一九八三年一一月号）

## 視線を解体する造本

### 『東京人』

書肆山田・五五〇〇円

高梨豊 著

ルルルルと電話が鳴っている。いそいで受話器をとって「マツヤマです」というが、向こうからは全く声が聴こえてこない。モシ、モシを繰り返しても反応がない。しかたなく受話器を置いてみたが、嫌な気分が残る。電話機の故障なのか、イタズラ電話なのか、判然としない。もしイタズラなら、誰だろうかと考えなくともよいことにまで思いを巡らすから気分は更に悪くなる。しばらくして、また電話が鳴った。また声が聴こえないのではないかとためらいながら受話器を耳にあてるとこんどは、はっきりと友人の声が聴こえてきた。ホッとした。話をすると、少し前の無言の電話も同じ友人からだったらしい。向こうでは、私の声ははっきり聴こえたという。

電話という機械は、便利であるため故障が一旦起きると戸惑ってしまう。極くまれに混線することもある。相手と通信の最中に急に見知らぬ人の声で、別の会話が割り込むと、突然日常的な会話が、ただならぬ感じとなり、異次元に入った気さえしてくる。電話機は相手と交信することだけを前提とする機械だから、声が聴こえなかったり、見知らぬ声が混ざると戸惑うけれど、機械を通さない日常の会話では、対話のはずが独言で終わったり、話の途中で別の人の声に邪魔されることは頻繁に起きる。交信不能の状態は、日常ではあまりよくあるので、そこから浮かび上がるただならぬ感じにもわれわれは気付かぬだけかも知れない。

高梨豊の写真集『東京人』は、日常生活で起きる交信の不能さ、そこから生ずる戸惑いと苛ら立ちを感じさせる。撮られている場所、人物からは特別の事件や劇を読みとることは不可能である。写されている場所にしても東京に暮らす者ならば誰もが出掛ける所ばかり、新宿西口の広場から始まり、地下街、地下鉄、公園、ハンバーガーショップ、駅のプラットホーム、博物館、デパート、埋立て地、いまは取り壊された映画館テアトル東京までの四十五ヵ所。そこに展開する風景は特別に変わったこともない。むしろ、驚くべきは、東京のどの場所を撮ってみても、特徴がなくのっぺりしていることかも知れぬ。四十五ヵ所の地名を写真だけで私が当てられたのは、二ヵ所だけだった。巻末に記された撮影場所を読むと、ああアソコかと判るけど、それは地名が記号として判っただけで、どの場所も平板なことには変わりがない。

撮られている人物もまた特徴がない。初めの方に、ビルの地下道を隊列をなして行進するサラリーマンの群れが登場するが、背広とネクタイだけが歩いていて顔の印象がない。ハンバーガーを食べる中年男、電車の戸口にもたれかかるサラリーマン、イヤホーンを耳にしているジャンパーの男、デパートの開館前に入り口近くに集まる主婦たち、上野駅で列車を待つ人たち、どの顔をみても生気がない。この生気のなさは、隊列をなしていようと、公園に集まっていようと、人と人との間に対話がないからである。声を出さずとも意志の交信が可能ならば、自ずとそこに生ずる感情の起伏がそこにはない。E.T.とこの異星人を助ける少年の人形をディスプレイしたデパート内部を撮った写真があるけれど、ここに撮られた東京人は、誰もが「お家《ホーム》に、電話《ホーン》」したいのに、電話機が故障して戸惑っているかに見える。家族の姿もある、友人たちの姿もある、が、互いの視線がかよい合わず、まるで異星に漂着しているかのようである。

　写真家の眼は、この対話のない人の顔からやがて次第に遠のいて行く。中ほどから人の姿は小さくなり、やがてまばらとなって東京の風景そのものに変わる。この人間の姿が消えて行く展開から、撮られている人間たちが異星にいるのではなく、写真家自身がどうやら東京にいるにもかかわらずいつの間にやら異星に流離してしまったという感慨をもっていることに気が付く。写真家は、カメラという発信機をもって東京を歩き、人間と交信を試みようとするが、いずれも不能に陥り、眼は人から離れ、風景に宙吊りになっているようである。

　この宙吊りの写真家の視線は、この写真集の造本にも反映されている。この写真集は、いわば二十三葉の写真集と二十二葉の写真集の二冊を向かい合わせて折り込んで造ったという凝り方で、ページを開くと通常見開き二ページになるのは、三ページになる。この造本を言葉では説明しにくいが、ともかく一ページ多いと、読者である私の視線はページの数以上に写真の上を移ってしまう。普通の造本だと前ページを見直しながら先へ進むのだが、この本では慣れるまで前ページを見直すことができにくい。写真を追うことで私の視線は解体されてしまう。

大体、東京人という言葉からして妙である。東京っ子である写真家には、東京には東京っ子は見えず、宇宙人にも似た東京人だけが見えるのだろう。最後のページはSF映画を見る観客の姿で終わる。画面に映る顔の判らない宇宙服姿と観客とが重なり合い、初めの方に撮られた隊列をなすサラリーマン像と重なる。その最後のページをめくると、写真集は二冊の本にバラされた状態となって終わる。それは応答していたものがバラとなって交信不能という東京っ子である写真家のイタズラなのだろうか、しかし、イタズラも時には怕いのである。

また電話が鳴った。受話器をとって話しかけても返事がない。故障かと思ったら、幽かに潜めた息が聴こえる。一体誰だろう。

（一九八三年一二月号）

# 写真は覚目《さめ》と寝目《いめ》を繋ぐ

## 『ホモ・ロクウェンス　芸術のなかの証人たち』

流行通信・三二〇〇円

田原桂一 写真／ミッシェル・ヌリザニー文

年に一度か二度、怖い夢を見る。恐らく他人が見ればなんてことのない夢だろうが、本人には怖い、目醒めて床の上に起きると脇の下は汗をかいている。楽しい夢も見るが、それがまた随分とだらしなく暢気なのには自分であきれ、自嘲したりもする。普段は思い出さない人が、なんの違和感もなく夢の中に現れることもある。日常では判らない自分自身のこだわりが夢の中に見えて、自分を改めて発見した気にもなる。毎日、夢は見ている筈なのに記憶にのこるものと、目醒めた瞬間忘れてしまうものがある。夢の中には日常的なものと特別な夢があるのだろうか。大半は日常的な夢だから忘れてしまうのだろうか。とすれば私は、現実の生活と同じ程に夢の生活を日々繰り返しているのかも知れない。

古代の人は、現《うつつ》の世界を眺める目を覚目《さめ》といい、夢の世界の目を寝目《いめ》と称し、寝目に映る出来事を現の世界、覚目に見える出来事と同じ価値をもって信じたというが、日々夢を見るのだから納得できぬことではない。現の生活で見る出来事でも、主観を通すと他人から見ればあやふやなことも正しいと見えたり、その逆の見方もする。覚目といっても決して醒めた意識ではなく、寝目といっても、不鮮明とは限らない。

田原桂一の写真集『ホモ・ロクウェンス』は、覚目と寝目とを自在に使いこなす人々の肖像を写している。ホモ・ロクウェンスとはラテン語で語る人という意味、他の動物とは異なる特性をもつ人間を表す。語るとは、夢の中で自分を発見するように自らを語ることである。副題に「芸術のなかの証人たち」と付けられている通りフィガロ紙の学芸部記者ミッシェル・ヌリザニーのインタビューに答えて画家、小説家、映像作家、演出家、作曲家が自らを語ったものである。

アンドレ・マッソンやブラン・ヴァン・ヴェルデのような一八九〇年代生まれの老人から一九四四年生まれのクリスチャン・ボルタンスキーまで二二人。老人たちの発言は既に歴史的な証言となり面白いが、自らを語ることは時に直截、時に晦渋で、注意深く聴かないと一癖も二癖もある連中、しかも性格も多面的だから言葉のワナにひっかかってしまう。言葉よりも、写真に撮られた各アーティストの表情はその多面的な性格を見せて面白い。現役の作家は傲岸にも狷介にも見えるが、老人たちはそうした牙が丸くなって隠れて表情がおだやかである。ヨゼフ・ボイスやタデウシュ・カントールも何時かはアンドレ・マッソンのように静かな表情になるのだろうか。

そして、私が各人の表情以上に興味を魅かれたのは、各々が撮影されている場所であった。大半の人物は自宅の中にいる。マンディアルグの部屋は所狭しと絵が飾られ、ロブ・グリエの部屋は明るく清潔そうだが本以外なにもなさそうである。クロード・オリエの部屋は僧房に似て静謐、クセナキスのアトリエは黒板が置かれチョークで計算がなされ、三角定規がいくつか見える。自宅が撮影場所でない人物もいる。「何にもない空間」のピーター・ブルックが自宅を見せたがらずビストロの床に座っている。彼らしくもあり似合わぬようでもある。ピエール・ブーレーズはピアノが置かれた地下の音楽室、ヨゼフ・ボイスは広々としたアトリエ、スチールの机がある。マリオ・メルツは彼のガラス彫刻のある展覧会場、カントールの立っている場所は何やら教室にも見える。物に溢れた場所にいる人物もいれば、簡潔で物の気配のない所にいる人物もいる。ともかくも彼らは自分の巣の中にいるように見える。

この二二人の肖像に共通なのは全て男性（何故、女性が加わらないのか判らない、彼ら以上に重要な位置を占める女性アーティストは直ぐにも、四、五人は頭に浮かぶ）であることと、写されている場所が室内であることである。唯一人、ロベール・パンジェが自分が住むアパートの中庭に面したベランダ（？）のような所で撮られているが、この写真もパンジェより背景の古いアパートにピントが合わされていて、パンジェの個性が醸す匂いを強く見る者に伝える。

写真家はこれら個性的な人物群、かたくなに自分の領土を守る人物群を撮るのに室内を選び、肖像をわざとガラス窓や鏡に反射させて見せる。写真の四隅を白くぼかし、紙の上に溶けるような処理をして、あたかも夢の中で出会った人物の印象を与える。実物大の大きさのマッソン、パンジェ、ソレルスの顔が周縁をぼかしてページいっぱいにレイアウトされているから、何か特別の夢を見た後に目覚めた気分になる。どこかで前に会った人物に思えてくる。H・G・ウェルズが〝夢製造機械〟と呼んだアンドレ・マッソンから少年時代を過ごした両親の家に遊ぶボルタンスキーまで、二二人が覚目と寝目の間を行き来しているような人物だからその印象は重層化される。曖昧な像が、より鮮明にその人物の姿を伝える。写真は覚目と寝目とを繋ぐのである。

といっても別のことも私は考えている。私の夢の話に戻れば、私が小学一年の時亡くなった母の夢を小さい頃はよく見ていたのに、年々見ることがなくなった。今、思い出すのは、数葉ある写真の中の顔だけである。私が親不孝ではないとしたら、写真の変わらない明確な像が夢の中の像を駆逐したのではないかと考える。写真は覚目と寝目との間を広げもする。やはり写真は両刃の剣である。

（一九八四年一月号）

## 旅人はまばたいている

『天竺』

野草社・三五〇〇円

渡辺眸 著

物の光像をレンズに通し、焦点ガラスの上に映し、この映像の位置に感光板を置き、レンズの蓋を除いて露光する。ダゲールが発明した装置はこう説明される。私が判らないというと、カメラの仕組みを人間の眼の構造に置き換えて説明してくれる。けれど、これも実はよく判らない。カメラ以上に自分の眼の構造が判らないからである。そこで私はカメラとは光を吸収する装置と勝手に思い込む。そうすると時折、自分の眼も光を吸っているなと思い当たることがある。例えば、かなり酔っぱらって、意識が薄れながら断続的にまばたく時、自分の眼は物や人の光を追って、吸っているなと思う。日常では見え過ぎていたものが、酔いで見えなくなり、どこか醒めている部分が、しきりにシャッターを押しているといった感じである。加えて朝まで飲み明かせば、朝の光は眩しくて、薄くまばたいて眼がその光を吸っている。酔眼には、朝の景色が光の粒子の集まりに見える。

そういえば朝まで飲み明かすことは今ではまれになったけれど、朝の光の粒を見るために夜通しで毎日飲んでいた時期があった。六九年、七〇年が慌しく過ぎて、その後白けてしまい、昼間見る世界がどこか信用できず、白々として頼りない朝の景色と風が自分の気持ちと合っていた頃である。今思えば、私は別の世界の風と光を求めていたのかも知れない。

渡辺眸は私とは違って、風と光を求めてインドに旅立ったようだ。写真集『天竺』は七二年の秋にインドに向かって以来、七年間、三回のインド旅行の仕業を纏めたものである。インドは六億以上の人が暮らし、衣食住、宗教、言葉、習俗が多様なまま息づいている土地、カースト制度は根強く生まれながらハリジャンとして穢れた者とされる人々もいる。が、それは逆から見れば、最下層の人々をも受け入れてしまう世界でもある。貧困と豪奢、汚濁と清楚、過剰と不毛、巨大と微小、永遠と瞬時、華麗と醜悪、あらゆるものを混沌と含みこんで、しかも各々が光をもって生きている土地という。差別と調和が両立するインドを撮った写真は多い。ある人はその貧しさを、別の人はその豪奢を、また巨大さを写し出す。彼らは写真を撮るためにインドを歩く。そうした多くのインドを被写体とした写真の中にあって渡辺眸の写真は、インドへの旅のまばたきに見える。

渡辺眸は写真家である以前に、旅人と私には見える。インドの人々、住まい、寺院、動物、樹木、山、川が撮られるが常に一定の距離を保ち、旅人はそれ以上踏み込まないし、遠ざかりもしない、フト立ち止まって歩くまで暫くのまたたきである。カメラという光を吸いとる装置は、そのまま肉眼に、同化しているかに思える。私は酔って、自分の眼が時折、カメラのようにシャッターを切っていると感ずることがあるが、写真家はカメラを酔わせているかにインドを撮っている。私の酔眼がどこか醒めた時シャッターを切ったとすれば、写真家は逆に醒めた表情をしながら、その実芯の所で酔っている。レンズが幾分、熱を帯びているようである。この酔いは、インドの光と風に晒されている所から生ずるのだろう。

写真集は三部に分けられ、第一部〝シヴァへの舞い〟、第二部〝ブラフマンの居間〟、第三部〝ヴィシュヌの時間〟と題されている。ヒンドゥー教の三身一体の観念によれば、シヴァは宇宙の破壊者、ブラフマンは創造者、ヴィシュヌは、宇宙を維持し保護する神である。写真家は、この三神の役割を自分のインドへの旅と重ねている。第一部は、それまで自分が身に着けていたものを剥ぎとる。裸足で歩く人、土の上にそのまま座る人々が写されている。第二部は、旅の中で自分が再び生まれたことが確認される。子供たちの姿に眼がそそがれている。第三部では、旅はこれからも続き、また歩いていくだろうという写真家の意志を思わせる。とはいえその歩みはゆっくりとして永い。写真の中で、鳥が道端を往き、牛が横になり、ヤギが立っている。猫が子供と同じように写真家を眺める。猿は人間そっくりに座っている。人間は生きもののほんの一部であることを知り、永い時を生きた樹木や川、山に写真家の眼は溶けて行く。この三部構成の解釈は附会に過ぎるかも知れない、それほど明瞭な言葉を写真は語ってはいない。むしろ、この旅人は、インドの風と光を吸い、食べ、吐き、飲んで、どこか酔っているかに私には見える。樹々からこぼれる光、土に浸みる光、動物や子供の眼の輝き、山や建物を形づくる光、ともかく光に出会った時、旅人はまばたいている。それが私にはとても羨ましい。

十一年前の秋、私はいつものように新宿御苑裏の飲み屋に出かけた。細い階段を上ったオバサンと息子がやっていた店だ。中に入ると、六、七人が輪になって飲んでいた。知り合いがいたので聞くとその輪の中のヒトミさんという女性《ひと》が、明日インドへ旅立つ歓送会だといった。へえっと私は思い、暫く一緒に飲み、一時を過ぎて私は別れた。写真家は私を憶えてはいないだろう。私もその後ヒトミさんがインドをどのように見たかは知らない。私は全く偶然に今、書評を書いている。因縁話をしているのではない、写真家の旅を思い、あの寒い日からの私自身の萎えた旅があぶり出され、やはり酒を飲み始めた。

（一九八四年二月号）

## 撮りやすくデザインされた写真建築

**『SD8401　特集磯崎新　1976→1984』**　**鹿島出版会・三三〇〇円**

「本日は晴天なり、本日は晴天なり」と繰り返されるのは、運動会やら講演会での「ただいまマイクの試験中」の言葉だが、どうしてこの言葉が使われるようになったのか、考えれば不思議な気がする。他の言葉でも良いだろうし、また雨の日にも「晴天なり」と繰り返されると思わず笑ってしまう。そうかといって「雨天なり」といえば、さらにおかしなものである。これは「晴天なり」という言葉が具体的な天候のようすを指しているよりも、いわばマイクが使われる運動会や講演会が、ハレの行事であることを示しているためだろう。マイクを使うことなどいまでは極めて日常的なもので、ケの感覚で使えそうなものだが、バーや一杯飲み屋でマイクを握りしめ恍惚となってカラオケで唄う中年男女の姿を見ると、マイクをハレの装置と思う気持ちはいまでも濃厚に残っているのだろう。

私自身を考えてもマイクで話すのは照れくさい。このマイクで話す感じに似ているものにカメラがあり、カメラを自分の方へ向けられるとやはり意識してしまう。写真にも、ハレの日を撮るという感覚がいまでも残っているようだ。マイクを使う時「本日は晴天なり」というが、カメラを使う時にも、晴天の日が撮影に選ばれることが多い。晴天下でしか写真を撮ることが難しかったころならばともかく、現在のようにカメラの性能が進歩して、夜でもフラッシュなしでも撮れるほどなのに雨の日や曇りの日が敬遠されることがある。その典型が建築写真、といっても何年も、何十年も、何百年も時間を経てきた建築を撮影する場合は、晴れの日が極端に選ばれることはない。ここでいう建築写真とは、新しく竣工した建築を建築専門誌が取り上げる際の写真をいうのだが、この建築竣工写真は、例外なく晴れた日に撮影される。これは竣工というハレの日と天候の晴れとが、否応もなく重ねられるためである。従って建築の専門誌のページをめくると、何やら見合い写真か婚礼写真をずらりと並べたのを見せられた気になって、十数年前は面白がって見ていたが、次第に飽きていてこの二年ほどは殆んど建築の専門誌は見なくなってしまった。

何年かぶりで、建築の雑誌をじっくりと眺める。『SD』八四〇一号は「特集・磯崎新1976→1984」である。計画案が発表されたころから話題になっていた筑波学園都市センタービルが完成したので、その取材をメイン記事にし合わせて設計者、磯崎の八年間の仕事を回顧したものである。筑波センタービルの写真は石元泰博、他の建物の写真は各々が竣工した当時に撮影されたもので大橋富夫らによる。写真のほかに論文や図面、年譜などが誌面を飾り広告ページを除いて二三〇ページという大部な雑誌となっている。筑波センタービルの写真だけで八十ページに近いから、かなりの量である。さて、私が雑誌を見て、先ず感じたことは、相変わらず晴れた日の写真ばかりで華々しいということであり、次には八十ページに写真を組むのは少々オーバーではないだろうかということだった。見開き二ページの写真が十一葉だから、写真は七十カットほど。当然、同じようなカットが繰り返される。写真家は、建物を少し離れて眺め、同じ視線でディテールを見、その視線を少しずらして次の場所へ歩いていく。こうした写真家の視線が繰り返される。この繰り返しはこの建物における設計者の意図を読みとろうという意志に貫かれているが、やはり冗長に過ぎる。七十カットの写真には、一つ一つ、例えば「風層の最中には、形たちの吹寄せ」とか「偏位する操作の密度分布、過剰のそれ」とかのコメントがつけられているが、それが何やら判ったような判らぬような言葉であるように、読みとろうとすることに無理がある。大体、七十枚の写真に対応するだけ、一つの建物の中で意味が付与されているとすれば、それは異常である。一枚の写真は、一つの意味しかもたぬほど、狭くも小さくもないからである。ただ、一つの建物が七十もの写真でともかくも撮り得ることが、この建築のデザインと対応しているのだ。

建築写真という言い方を考えてみる。それは単純に街角にある建物を撮影したのではなく、いわば見合い写真のように被写体となる建物の中からハレバレしい部分を引き出す写真と考えられている。晴天日が選ばれるのもその建物をハレのものとして見せるためだが、逆に発想すれば写真に撮りやすいように建築のデザインをすることも可能である。というよりも写真が建築を写し始めたころからこの倒錯は始まり、建築ジャーナリズムのグラビアを飾る建物の多くは、この倒錯をまぬがれてはいない。つまり建築写真ではなく写真建築と呼ぶ方がはるかに判りやすいことが多い。このことは恐らく建築の分野だけでなく、料理写真、スポーツ写真、女性写真、舞台写真、戦争写真と、写真が被写体に対して、被写体そのもの以上の意味を付与できると信じられ、専門化が起きている写真世界にもあてはまると私は考える。写真料理、写真スポーツ、写真舞台、写真戦争と言い換えた方が判りやすい。

この捉え方ですれば、筑波センタービルは、七十もの写真にもデザインが応ずるという出色の写真建築であると私は思う。筑波センタービルが計画案の時から話題となった点に、そのデザインがポスト・モダンの典型と思われたからである。ポスト・モダンとは訳せば、脱近代とか近代以後といったことで、私にはどこが近代を脱しているのかは判らないが、ポスト・モダンとわざわざポストを立てるのは、画一化が進む現代建築のデザインに抗してのことだと思われる。確かにわれわれの周りに建ち並ぶビルはどれも同じようなファサードをしている。集合住宅であろうが、オフィスであろうが、ホテル、劇場であろうがどれも大差なく見える。ポスト・モダンのデザインとはこの画一化されたものにいわば、ゆさぶりをかけようとしているのだろう。平滑な面に曲面を付けてみたり、ギリシャ・ローマの古代のモチーフや、和風建築、数寄屋建築のモチーフを付け加えたものがポスト・モダンとされるから、意味を重層化させようとするものらしい。磯崎新設計の筑波センタービルにも、歴史や風土を無視した過去のデザインが、いわば俳諧の和歌に対する本歌取りの要領で散りばめられている。例えば、中央広場のそれはミケランジェロ設計のカンピドリオ広場の写し、建物の各入り口のルスティカ（粗石積み）はフランス革命期の建築家ルドゥーが好んで用いた手法の写し、その他、歴史的な建築のモチーフや現代の建築家のデザインが引用され写されている。といって私に判ったのはミケランジェロとルドゥーの写しぐらいなのだが、それらはともかくも写しなのだ。

近代建築の始まりをどの辺りとするかについては、様々な意見があるが、現在はルドゥー辺りとする説が一般的になっている。産業革命前、アンシャン・レジュームと市民革命の間を生きた建築家たちの仕事を近代建築の萌芽として捉える。十八世紀末、アンシャン・レジュームの崩壊期、建築はそれまでにない新しい機能を要求され、新しい制度によって解体をよぎなくされた。学校、病院、刑務所、集合住宅、工場といった施設が現れ、ルドゥーらはそれらの施設にふさわしい建物のデザインを探究したのである。その中で筑波センタービルで磯崎が用いたルスティカは、ルイ十五世の王室建築家だったルドゥーがブザンソン郊外のショーに製塩工場都市の監督官の邸やパリの市壁を再建し入場税を、徴収するための税関《プロピレア》に使ったものである。ルドゥーが、そのモチーフを使ったのは効果的に権力を誇示するためであった。これはルドゥーの権力志向というよりも、邸館には邸館らしさ、税関には税関らしさを求めたためで、彼は木こり小屋には材木を積み上げた姿にも似たモチーフ、売春宿（快楽の館）は男根の形をしている。ルドゥーは、解体化していく制度＝施設に新たな建築の外見上の規範を求めたのである。磯崎新は、筑波センタービルでルドゥーが権力にふさわしいとした円筒形の量塊的なモチーフをわざと用い、それに加えて他の様々なデザインを借りて国家的施設を笑い飛ばそうとしたらしい。建物に囲われへこんだ位置にあるカンピドリオ広場の写しは、滝から一筋、中央に水が流れるが、これはルドゥーの快楽の館に習って女陰を模していると私には考えられる。

さて、『SD』の写真を見て、私は実際の建物を見ようと筑波まで出かけた。実物は写真そのままのようでもあり、違うようでもあった。最も写真と印象が異なったのは、写真では撮られていない建物周囲の印象。筑波学園都市は、まるで何にもない辺境の地で、その荒涼とした所にセンタービルは建っていた。ビルは巨大で、ルスティカの石のディテールなどその巨大さをより強められているかに写真では見えるのだが、現実は何にもない茫漠とした環境の方が勝って、巨大さやグロテスクさをさほど感じないのに驚いた。建築写真はともすると、建物が建っている風景を消してしまう。建物の日常性、ケの状態を撮らずハレの美しさに造り替えるから、考えれば当たり前のことだが、やはり少々戸惑う。写真と変わらないと思ったのは、判じ絵のようにセンタービルに散りばめられた様々なデザイン。これらは断片化して眼の前にあるから写真とさほど印象は変わらない。そして、写真そのままであり、なおかつ写真とは全く違うと矛盾した感じをもったのは建物の内部であった。

ビルのインテリアは確かに写真通りに華々しいが、それだけである。そこには建物がもつ三次元的な驚きや楽しさが感じられなかった。筑波センタービルは、コンサート・ホール、ホテル、レストラン、インフォメーション・センター、ショッピング・モールなどが複合化した巨大な施設である。私がその中に入って、写真以上の空間の楽しさを感じなかったのは、結局、ホールにしても、レストランにしても、ホテルにしても、総てどこにでもあるありきたりのものでしかないということだ。これは一設計者の責を問うよりも、各々の諸施設の機能が総て制度的に画一化されてしまっているためで、例えばホールのようなショッピングセンター、レストランのようなホールが許されないためである。華やかな部分は総て写真のように平板なものだけである。

筑波センタービルは楽しい建築である。が、それは写真建築としての楽しさであり、隠された過去のデザインを探す面白さは、喩えてみれば風土や歴史をないまぜにして開陳する「世界まるごとハウマッチ」の面白さである。仄めかされた教養を消費する心地良さ。近代は制度を解体したところで始まった。写真はその時点で生み出されたが、解体された制度を制度たらしめるハレの日を演出する装置ともなってしまった。ポスト・モダンといわれるが、近代を脱するための手紙を投函するポストはいまだ見えない。

最後にもう一言加えれば、『ＳＤ』誌はどうして『磯崎新 1976→1984』としながら、センタービル以外、八年間に建てられた建築を竣工当時の写真で間に合わせてしまったのか。八年前の建築の現在を写真で撮るならば、そこに自ずと写真に批評性が生じたであろう。写真の批評性を封じ込めることは、建築にとっても写真にとっても不幸なことだ。建築専門誌の批評性の無さ（年末、どの雑誌も筑波センタービルを特集し、なおかつ設計者自身に建築批評をさせていた）はいまに始まったことでないかも知れない、が、その批評性こそが何ものかから脱する手がかりになる。センタービル見学の翌々日、東京は十数年ぶりの大雪に見まわれた。晴天の日ばかりではない、雪と泥にも建築は耐えねばならない。

（一九八四年三月号）

# 臭覚による視覚的記憶

## 『犬の記憶』

森山大道 著

朝日新聞社・一五〇〇円

腹がへって昼飯でもと、通りかかった角のそば屋にフラリと入った。入った途端、店の雰囲気から、こりゃカツ丼だなと思った。セイロや天ぷらそばではないカツ丼の気配を感じた。注文したカツ丼をパクつきながら、テーブルの下に置いてあった『少年サンデー』二月二九日号をパラパラと眺めていたら、漫画よりもページの上端に二行ずつ印刷されていた豆知識に目がいってしまった。イヌについての特集で「イヌは笑う」とか「イヌが汗をかかない理由」というのが載っていて「イヌは夢みる」と書かれていたのを読んで失礼ながら『犬の記憶』の作者を憶い浮かべた。

少年サンデーによれば、イヌは記憶力に秀れているというが『犬の記憶』の写真家は、自分の記憶がどの辺りまで遡れるか、自分に問いかける。それ故、この仕事は自ずと自叙伝の体裁をとる。ただし、この自叙伝が、独特のリリシズムを漂わせるのは、文体もさりながらこの写真家が、自分の半生を通じ、住み、暮らし、通り過ぎてきた幾つかの土地を記憶をたよりに尋ね歩き、訪れた土地からまたきれぎれの記憶が生れ、その脆い記憶を言葉に定着しようとする意志ゆえであろう。

大阪の池田町は、森山大道が双子の弟として生れた町、彼の兄は二歳で亡くなり、彼は兄のリコピーとして生き残ったという。その池田町を尋ねるが、余りに幼いためかまるで記憶のない町である。冒頭の文章で、森山に似ているであろう亡き兄と生れた土地のいずれにも記憶をもたない男として作者が語られる。いうなれば、この自叙伝は、コピーのオリジナルを失い、故郷をもたない男、生の原点が曖昧でぼんやりとした男のものである。

九歳の時にいた浦和は基地の町、その回想は敗戦後の日本像と重なる。『犬の記憶』は自叙伝というより私小説といった方がふさわしいかも知れない。恐らく森山は、連載（『犬の記憶』は八二年の四月から八三年六月まで『アサヒカメラ』に連載）するにあたって、自分の過去をできるだけ忠実に綴ろうとしたに違いない。けれど自分の過去を忠実に書く、写すということが、かつて自分が過ごしてきた刻を今日の時のように記述することと繋がらない。記憶の中では、四十年前の風景と十年前の日常、昨日の景色が錯綜して立ち顕われるからである。

九歳の浦和から一転して十年ほど前、好きな女性と暮らした町が語られる。少年の頃、広島、東京、北陸、山陰、京都と転々とした町や村で見た蠱惑的で甘美だった夜と、対照的に暗かった六六年の国際反戦デー当日の新宿の夜、青山のドラッグストアの衛生的な匂いが重ねられる。十五歳の時の大阪の茨木、今住んでいる東京の渋谷、かと思えば七歳の頃にいた北陸の記憶が重層化して読者の前に見えてくる。断片化された記憶の街と、それから何年か後に尋ねた街の記憶、一瞬毎に過ぎ行く捉えようのない時間を写すこの写真家の眼は、何んとリリシズムに満ちていることか。

そして、何んとこの写真家はあちらこちらにさまよってきたことか。私のように東京の片隅に生れてからほとんど外に出ず暮らしてきた者にしてみれば、この定まりの無さは驚きであり、この犬の謎である。かといってこの犬の記憶には、幾度か現れる原像のようなものがある。森山の言葉を借りれば彼には「もだしがたい戦後回帰願望というのがあって、あの黄昏の、あの街角に飛んで戻ってしまいたい衝動にかられてしまう一瞬」である。この森山のみならず日本人全てが野良犬だった魔の刻が、十年前よりも、より鮮やかに犬の記憶の中には秘められている。

また『少年サンデー』の豆知識に従えば、犬の寿命は十二歳から十五歳ほどというが、森山はこの犬の寿命と同じ時間に戦時から戦後を過ごし、その短い時間を化石にしてたえず持ち歩いているようだ。この化石を、時として、だらしなく活力のない、のっぺらぼうな現代に向けて懐から出すとドスのようにきらっと光り、今我々が見る街角を三十年もの前の風景にして見せてしまうのだ。但し、この戦後風景へのこだわりは、写真家の現代風景に対する反語的機能だけではないと私には思える。それは、本書に数葉おさめられた写真が、何やら時間を超えて、あの一瞬を見せるように、バラバラとなった記憶を集め、我々が自明と思っている世界に対し、別の異様な世界を構築しようとする意志なのである。

また、また『少年サンデー』の豆知識によれば犬が臭覚に秀れているのは、視力がさほど強くなく、百メートル離れるとモノの形も判然としない故だという。目に見える世界はモノクロで路面ばかり見て歩くから臭覚が発達したという。これを読んでまたまた失礼ながら『犬の記憶』の作者を憶い浮かべた。森山の写真は、見る写真ではなくモノの気配を撮ったものなのだ。それはモノが我々の記憶の中に語りかける瞬間であり、モノは語り始めているが未だはっきりとした物語《モノガタリ》にはならず、物《モ》の気《ノケ》のままである一瞬なのだ。結局、彼の記憶への遡行は、自分を明らかにすることではなく、自分の中の判らないものへの希求であり、自己の中の物の怪、異様なものへの接近の可能性なのだ。

可能性なんていえば、犬は笑うだろう。ならば可能性は化膿性と言い換えよう。私が街角でソバ屋に入ってカツ丼をパクついたのは、僥倖にも一度、森山さんと北海道を旅した時、彼が昼飯にカツ丼を注文した記憶による。『犬の記憶』には誰れもが化膿する、危険な本だ。

（一九八四年四月号）

## 「誰そ彼れ」の眼付き

**『世紀末建築』** 全六巻

講談社・一二三八、八〇〇円

三宅理一 著　田原桂一 写真

私は近眼である。といっても眼鏡もかけず、コンタクト・レンズも嵌めてはいない。中学の頃、眼が悪くなって眼鏡をかけた。黒板の字が読めないから、うっとうしいが眼鏡をつけていた。ところが、ある時、教師の書く黒板の字を一字一句写す自分がアホらしく思え、眼鏡をはずしてしまった。それ以来、眼鏡は行方知れずである。

しかし、近眼をほっておいて良くなる筈もなく、日常生活でも時折、不便を感ずる。中でも、やっかいなのは人の姿の見分けがつかぬことである。少し離れた所で、こちらに手を振っている人が知り合いなのか、他人なのかが判らない。知らぬ顔しているとその人は友人であったり、会釈しないと失礼にあたる知人であったりする。逆に友人だと思って、ニコッと笑って手など振って近寄ると全く知らぬ人が、私をけげんそうな顔をして見ている。手のやり場がなく、頭をかいてごまかす。こんなことがあると、私の眼付きは、なんとか人の顔を見分けようと一層悪くなる。

眼鏡なしの近眼には、向こうから来る人影が判らないことが良くあるが、眼の良い人でも同じような経験をする時間がある。黄昏、昼から夜へと変わる短い一刻なのだが、往きかう人の顔が薄い闇にまぎれて、ぼんやりする。擦れ違いざまに、軽い会釈をうけても、西日がまぶしく誰だか判らない、振り返って見れば、もはやその人は町角の影の中に消えている。誰そ彼《たか》れ刻と不思議な時間である。『世紀末建築』に登場する建築群を眺めた時、私は幾度か、黄昏という言葉を憶い浮かべた。世紀末という時間は、大いなる黄昏そのままであるが、その十九世紀の変わり目に、ヨーロッパ各地に出現した建築群も沈み行く太陽に似ている。夕陽は沈む一瞬にそれまでになく巨大に見えるが、世紀末の建築群もなんと巨大で我々の眼を圧倒するのか。豊饒で精緻で輝いて見えた。『世紀末建築』は、一九〇〇年前後の短い期間に現れ、やがて二〇年代には白く透明な現代建築にとって替わられ、そのデザインの流れが絶えてしまう建築世界を俯瞰したものである。但しこの『世紀末建築』の俯瞰は実に幅広い。一般的に世紀末の建築を取り上げる場合、アール・ヌーボーやアーツ・アンド・クラフトの動きを中心にウィーン・ゼセッションやスペインのガウディの仕事を両端に置くという構図をとるのだが、本書はイスタンブール、ブダペストと更に二つの世紀末建築で彩られた都市を加えることで、建築世界の中で世紀末現象とでも呼ぶものがヨーロッパ全域で起きたことを証している。また、パリやウィーン、あるいはガウディのいたカタルーニャを語るにしても、これまで建築史の上では、殆んど対象とならなかった建築家と建築作品を積極的に含め、世紀末建築の見直しを問いかけている。その意味で、『世紀末建築』六巻は、今後、近代建築を読む上で、新しい視野を切り開いているとさえ思うし、今まであまり照明が当たらなかった建築家と作品を見ることで、かえって、ガウディ、マッキントッシュ、オットー・ワグナー、ギマール、ロースといった建築史上の巨人たちの仕事にも新たな光をあたえて見せる。ヨーロッパ各地に点在するこれら建築群を検証し得たのは、著者である三宅理一ならではの仕事であろう。私には、この三宅が成した世紀末建築の俯瞰作業を一つ一つ読み匡すだけの知識を持ち合わせていない。そこで、本書のもう一つの仕事である田原桂一の写真を眺めながら、世紀末建築について自分なりに考えてみる。

私が『世紀末建築』を眺めて、黄昏という言葉を思い浮かべたのは、田原桂一の写真によってであった。写真家は、この装飾に溢れた建築群を撮るのに極めて特徴的な撮影方法を用いている。それは、建築の外部を撮る場合には夕暮れの刻を必ずといって良いほどに選んでいることであり、建物の内部を撮る場合には、窓ガラスや大理石、鏡がひき起こす光の屈折を画面に加えていることである。外観を撮った写真についていえば、ワグナーの集合住宅やオルブリッヒの記念塔という世紀末ウィーンを代表する作品を写す際ばかりか、ハンガリーの集合住宅、文化宮も、加えてガウディの作品でさえ黒いシルエットとして浮かび上がらせている。この夕暮れの薄い闇の中で建築を見る視線は、私にすぐさま、黄昏という言葉を想い起こさせたが、この黄昏が単なる夕暮れの意味ではなく、「誰そ彼れ」であると思わせたのはむしろ内部を撮った写真であった。それら室内を撮った写真から、私が受けた印象は内部の奥深さを見る視線である。写真家は室内の奥深さを見るためにパースペクティブを強調して見せるよりも、室内に散在する壁や、窓、天井、柱、鏡に光を一度映し込み、その映し込んだ室内をもう一つ撮る。実はこの手法は、室内を撮る場合だけでなく外観を撮る際にも用いられている。ワグナーのシュタインホフ礼拝堂は、路上の水面にいったん、映し込められ、バルシャーネクの市民会館の中央ファサードもまたガラス窓に映り込めた像を撮っているのである。写真家はこの手法、建物の姿を鏡や水面、ガラス、輝くものにいったん映し込むことで、視線を二重化させるのである。この二重の視線とは、現在建物を見ている写真家の眼と十九世紀末、建物と同時に生きた人々の眼であると私は思う。水面やガラス面に映るたよりない像は世紀末の人々の心性である。

写真家が建築とそれを取り囲むなにものかを通して背後にある世紀末の人々の心性、言い換えれば世紀末精神を撮ろうとする態度は、被写体を選択する上にも表れてくる。室内、それも階段、玄関、天井、窓を写したものが極めて多い。もし、仮に建築を図面のように見ることを写真が要求されたとすれば、田原の写真には、外観を一望に見渡せる写真があまりに少ないことに気付かされるし、室内にあってもディテールがよく見えぬ写真も多い。更に室内を撮るにしても外部を撮るにしても写真家は、被写体を真正面から撮ることを避けている。階段の下から、あるいは上から覗き、窓や扉を半開きにしてそこから次の室や建物の外観を撮る。壁によりそうように下から建物を見上げているものもある。夕暮れの影、室内、窓と扉の後、階段の上下、こうした位置に写真家は潜んでいる。

さてこのようにして写真家が世紀末建築の中で再現しているものは何か。それは、影の中に潜もうとした世紀末の人々の視線なのだ。私が見た限り（発行日の関係で、マッキントッシュやベーレンスの仕事をあつかった巻は見ていない）写真には、人間の姿は一度も撮られていない、人影すら排除されている。けれども、これらの写真から浮かび上がってくるのは、物の背後、影の中に隠れている人の気配である。私が田原桂一の写真を見て黄昏という言葉を思い浮かべたのは、この人の気配、眼付きのためであり、それは世紀末に生きた人々の「誰そ彼れ」の眼付きなのだと了承したためである。

私は、世紀末とは人々が「誰そ彼れ」の眼付きを否応もなく獲得した時期だと考える。写真家は建物の外観よりも数多く室内、それも階段や入口、窓を対象に選んでいるが、それは世紀末の建築家の眼がそこに注がれ、凝った装飾が施されたための反映であるのだが、もう一言加えれば、世紀末の人々の眼がそうした建物の部分、即ち部屋と部屋を繋ぐ場所に注がれたことからの反映なのだ。

別の見方を加えたい。十九世紀末は私が思うに人々は二つの穴を誰もが使い始めた時だと思う。二つの穴とは、鍵穴であり、もう一つはカメラである。ギーディオンの著作（『機械化の文化史』）などを参照すれば、錠前の構造が高度化し、鍵の需要が増して大量に生産しはじめるのは十九世紀の中頃以降である。この鍵穴を人々が得たことは、世紀末に人々の生活上、大きな変化があったことだと私は考える。鍵穴をもつとは何か。それは部屋の中にあっての自由、プライバシーというものである。あるいは、今日、日本人である我々もなんの違和感もなく獲得している私生活である。（枚数がないので、ヨーロッパ家族の変化についてはこれ以上はアリエスやハバーマスの仕事を重ね合わせて読んでもらうほかはない）

田原桂一の写真、つまり十九世紀の人々の視線は、私生活をもつこととひきかえに、家族より大きな集団、地域とか職業がつくる集団から離れた不安感、帰属感の喪失を明瞭に反映している。階段や扉、壁の陰に隠れた人の視線は、互いに「誰そ彼れ」と覗き合う視線そのものである。この時期、もう一つの穴、カメラが家族の肖像を撮り始めたことも世紀末の人々の意識を明瞭に証していよう。帰属するものは、家族、つまり小さな部屋なのである。カメラはよく暗い部屋に喩えられるが、それは比喩以上の意味をもっている。

それではカメラが捉えた世紀末の建築の華麗な装飾は何か。それは十九世紀に起こり、二十世紀に入って失われてしまう人々の集団への帰属性の危機そのものである。産業革命は人々に新しい建築の様式を要求させた。しかし新しい様式も、新しい帰属する場所も見あたらず、人々は過去の様々な建築様式をリバイバルさせた。古典古代、ロマネスク、ゴシック、ルネサンス、全てがとり入れられた。しかし世紀末に入って人々の眼ざしは私生活と公共という二つに分解して行く。世紀末建築はその二つに分解され整理された人々の眼を表している。一九二〇年代になると、世紀末建築のめくるめく装飾は消えさり、コルビュジエが唱う白い無装飾の世界に駆逐されてしまう。それは住むための機械の勝利であり、私生活主義の勝利である。もはや、階段や入口、窓は人々の注目すべき所ではなくなり、人々の眼は浴室やキッチン、テーブルに注がれる。階段や玄関は単なる部屋と部屋を繋ぐだけの小さな部分でしかない。階段の手摺も、窓枠も、門扉も工業化された製品に変わってしまう。(検証はしていないが、写真の世界ではこの時期、被写体を家族の肖像から個人のポートレートに変化したのではないだろうか)

このように見てくれば『世紀末建築』を今日、どのように捉えることが可能かが見えてくる。『世紀末建築』は撮られた建築群は極めて美しい、けれど、それらの建築群が短い時間に消えてしまったことを再度、留意すべきだろう。私は世紀末建築に表れる美しいディテールと装飾はヨーロッパ人がその時期に体験した生活上の大変化とパラレルにあると思っている。それ故、二十世紀の世紀末に同様の現象が起こるとは、全く思えない。写真家は、これらの建築群をいつくしむかのように撮っている。それは、そのまま現在の痩せた建築世界の反語にもなり、鍵穴の中に人々が退行してしまい、帰属感の喪失にすら気付かぬことへの反語ともなっている。

世紀末、イギリスでスワンが、アメリカでエジソンが白熱電球の試作に成功して以来、昼と夜との境界は判然としなくなった。あるにはあるが、あの誰そ彼れ刻は、増々短くなっている。人工照明の進歩は、窓さえない建物を出現させている。朝でも昼でも、夜でも明るさは変わらず、温度も湿度も一定に保たれる巨大建築物が出現している。恐らく二十世紀末の建築は、こうした巨大建築物ではないかと私は思っている。我々が数年後に得る建築と都市では、黄昏すら見えなくなるだろう。その時、一体、写真家は何をどのように写真を創り上げるのだろうか。

近眼も眼鏡をかければ、人の姿をはっきりと見ることはできよう。けれどあの誰そ彼れ刻が消えて行くならば、眼鏡をかけずにボンヤリとした人影をまだしばらくは追いかけようかと私は考えている。

（一九八四年五月号）

# 生きている死体

## 『死体写真集SCENE』

ビー・セラーズ・五〇〇〇円

死体写真と聞いて、十数年前に亡くなった父親の葬儀用の肖像写真を憶い出した。普段、写真に撮られる機会の少ない父親なので適当なものがなく、家族と一緒に撮ったものを複写しトリミングして引き伸ばしてもらうことにした。ところが出来上がって飾られた写真をみるとどこか変である。複写して引き伸ばしているからボワッとした写真だが、変なのは首から下なのだ。父親は明治生まれの石工で、ネクタイなど締めたことがないのに、いつの間にか背広姿に変わっていた。オリジナル写真は和服姿なのに、葬儀社が首をすげ替えて修整したのである。

さて死体写真集『SCENE』には、写真を合成して首をすげ替えるようなものではなく、本当に首が切られた死体が登場する。死体は父親のように病死した者の体ではない、自殺者か、他殺された人たちのものである。尋常ではない死ばかりが写されている。説明が何にも書かれていないので判らないが、東ドイツの法医学書から集めたものらしい。ベンチに腰かけたまま死んでいる中年男、鉄路に首のない死体が横たわり、少しはなれて首が飛んでいる。首をつったままだらりとしている女性、或いは男性、股部と乳房、両手をえぐりとられた女性、子どもの写真もある。乳児が三人、ベビーベッドの脇にぐにゃと腰をおろしている、手足を切られカバンにつめこまれた少年の死体、桶のような容れ物に少年の死体が二体つめこまれている。こまぎれにされて人間の体なのか判らないものもある。心中死体もある。ホモセクシャルなのか男二人が裸のままベッドで死んでいる。女装したまま電気のコードらしきものを全身に巻きつけて死んでいる男。切断された男の首をアップで写したものもあるし、圧巻なのは、妊婦が腹の真中を縦に切られている写真であろう。内臓と共に胎児が写っている。

こんな写真を見ていると、人はおそらく残酷であるとか、おぞましいと言うに違いない。けれど、そのおぞましさは、死体そのものが他殺死体や自殺死体という異常さのためなのか、それとも死という尊厳ある事実を写真に撮ること、更にそれを眺めているために思うのだろうか。この二つのおぞましさはその死に対して、一方は残酷であるとし、他方は尊厳あるものとする。けれど、考えてみればどのような死であっても、それは残酷であり、おぞましく、また尊厳のあるものである。つまり私は『死体写真』について、二重の意味でおぞましいと人が言うのは、二重の意味で死がおぞましくなくなったからではないかと考えた。

例えば、四月十七日の朝日新聞の夕刊を眺める。社会面、トップ記事は政治家の収賄容疑に関するものだが、他はすべておぞましい死の記事ばかりである。二四歳の母親が遊び歩いて幼児を自宅に三日間も放置させ餓死させた記事は「母さんひどい乳児餓死」と見出しがつけられている。他の記事も見出しだけ抜き出せば「車炎上2人死ぬ　酒気おびトラック追突」「小六絞殺の父は自殺」「殺し屋の処刑殺人か」「サラ金苦で心中」「布団袋に包まれて用水路に男の死体」「いぜん身元不明　千葉の男性全裸死体」、それに加えて詩人の死亡記事が一本。私は『死体写真集』を見た時に感じたのだが、二、三枚を見はじめた頃にあった怖いもの見たさという気分が、十枚、十五枚と見るにつれ、首つり死体ぐらいではいささかも驚かず、ピストル自殺の死体など、〝何んだ、この程度か〟という気分に変わってしまうのだ。

同じような死への慣れを日々何気なく眺めている新聞やテレビ、或いはラジオといったマスコミは作り出す。いかに煽情的に報道しようとも、かえってその煽情さは枠の中にはめこまれてすべてが中和してしまう。受け手で〝またか〟といって納得してしまうのである。仮りに人が小さな事件でも直接出会ったならば、そこに生ずる感情は計り知れないものがあろう。こうした個々の感情をマスコミは予定調和し、平均化してしまう。写真もまた同様の構造をもっていて、いかに『死体写真』といえども、見る側の視線を限定してしまうから、見続けているうちに、どれも同じように見え慣れてしまうのだ。というよりも写真に象徴されるマスコミの発達が、死そのものを生の行きついた果て、尊厳さなどからは程遠い、ハイ・ソレマデヨと死を生が終わった時間としてしか見せなくなったのではないか。マスコミと写真も此岸の世界を写し出す装置であり、かつて写真が存在する以前に人々が想像し得た彼岸の世界を消してしまったのである。

私の父親の葬儀写真は、首をすげ替えられた。和服を着ながしていた職人からサラリーマン姿に変えられたのである。葬儀社は、死者はネクタイ姿のほうが、生前、社会性の高い人物に見えると判断したのであろう。写真は死後の世界への想像力を止めたばかりか、記憶の世界まで限定し、平均化してしまうのである。写真は決して、真実を撮らないのである。

こうしてもう一度『死体写真集』を見ると、いかにも残酷なものは、現実のものではなく造りものではないのかと思えてくる。しかし、それではつまらない。そこで、私は写された死体は、実はまだ生きていて、肉片となった手や足も少しずつ動いている情景を想像した。身勝手な視線はエスカレートし続ける。

（一九八四年六月号）

# 自身の息を消し、被写体の息を撮る

## 『木村伊兵衛・写真全集　昭和時代Ⅰ』

筑摩書房・四八〇〇円

木村伊兵衛 著

どの世界にも一人ぐらい名人と称される人物がいるものらしい。何故、名人と呼ばれるかといえば、通常の人間には、とても達成が難しいと思われる仕事をいとも簡単に成し遂げてしまうからである。名人になるのは、難しい仕事をいとも簡単にしてしまうことが重要で、もしその途中で苦労を見せたり、試行錯誤を繰り返すのを見せると、難しい仕事を成就しても名人とは呼ばれず、「努力の人」とか呼ばれ一ランク評価が下がってしまう。つまり、名人は、常人では及びもつかぬ奥義を極め、何やら判らぬ秘密めいた技を身につけていなければならない。

さて、木村伊兵衛は写真界にあって名人と呼ばれるらしい。『木村伊兵衛・写真全集昭和時代』第一巻は、その木村の初期の作品、大正一四年から昭和二〇年までの戦前、戦中の仕事を集大成したものである。上村松園、鏑木清方、川合玉堂、横山大観を撮った「四人の画家」に始まって、昭和一〇年、夏の沖縄風景、昭和一五年の旧満州のスナップ、横光利一、川端康成、佐藤春夫、菊池寛、泉鏡花らを写した一連の人物写真。そして、昭和七年から昭和二〇年五月にかけて東京、大阪、京都などを歩きながら市井の人々の生活風景を撮った作品までが一巻に纏められている。よく知られている写真も多いのだ。こうして戦前、戦中の木村の仕事を眺めていると、果たして彼は写真界の名人と冠されるにふさわしいのだろうかと思った。

写真を見ると、全てにわたって悠々たる余裕が感じられる。スナップ写真にしても、人物写真にしても楽々と撮影しているように見える。しかし、彼の写真には、名人と称される人が見せる奥義とか、秘技といったものが感じられない。とても常人には撮れそうもない技術がどの写真からも感じられない。木村の写真を見ていると私のような素人カメラマンですら、〝コンナ写真撮レルノデハナイダロウカ〟と思わせるのである。

木村の写真の奥義は、実はここにあるのだろう。誰でも写真は撮れるのだと思わせる所にある。写真とは改めて考えれば実に不可思議な機械である。目の前にいる人物の姿、目の前に広がる風景を一瞬にして一枚の紙キレの上にそのまま再現してしまう。考えれば魔術でもある。木村は、この写真のもっている魔術性を読者から楽々と解き放っている。

このことは、彼が写真を撮り始めた大正末から昭和の初めにかけての時代は、写真そのものが大衆化した時期であることとも関連するのだろう。写真はそれ以前、不思議で高級な技術であり専門家しか扱えなかったものが、誰でも自由に使える技術にかわった。また写真家は、技術を駆使して絵画的な構図や図像をなぞらえ、芸術家でもあろうとしたが、木村はこうした手法からも写真を解放している。彼は写真を写真芸術という高さから、写真そのものの位置に戻したのである。それ故、彼の写真を見る時、写真は誰が撮ったものでもなく、カメラ自身が撮ったのではないかと思うのだ。さらに私のような素人カメラマンは〝コンナ写真ナラ、私ニモ撮レル〟と思ってしまうのである。木村は写真を写真家の手からさえ解き放って、読者の手に知らず知らずの裡に移してしまうのである。

けれど、〝コンナ写真撮レルノデハナイカ〟と思っても実際、カメラをもってみれば、彼のように自由に撮れないことは判ってくる。これが名人の奥義なのだろうか。つまり、誰が撮っているのでもなく、カメラ自身が撮っているように写真を撮ることがいかに難しいことかが、写真を撮れば判ってくる。木村の写真には、有名、無名の人々がいかにも自然に息をして写されている。彼は人物にしても、風景を撮るにしても、被写体の自然な呼吸をそのまま再現しているのである。

『木村伊兵衛・写真全集』第一巻は大正一四年から、空襲をうける昭和二〇年までである。時代は暗く、軍靴の音が次第に響いているはずなのに、彼の写真は暗さを感じさせない。サーベル姿の警官、千人針を縫う主婦、隣組子供会として町を清掃して歩く子どもの姿が撮られ、壁に大きく「航空機増産、総突撃」と書かれた建物も写されている。けれど、再現される町の息遣いは決して重苦しくはない。むしろ、なんでも自由に撮ることのできる現在の夥しい写真の方が息苦しく見えてくる。それは、あまりに自由に撮れるものだから、かえって、他の写真と少しでも違いをうけようと汲々として写真が撮られているからであろう。現在の多くの写真は写真家自身のせわしい息遣いを撮ってしまって、被写体の息を盗み撮らないのである。

ということは、写真家が自分自身の息を消して、被写体の息を撮ることがいかに難しいかということである。木村伊兵衛という写真家は、このことをいかにも楽々と成し遂げたように見える。けれど、私は名人という人々が決して楽々と仕事を成就したなど信じられない。木村もまた楽々と自分の息を消したとは考えられない。彼は被写体を目の前にし、息を殺し、額に汗してジリジリとしながら、被写体の息をうかがっていたのだ。そうでなくて、どうして名人と呼ばれようか。悠々たる余裕などなかったはずだ。あったのはシャッターを押す指先に込めた人に倍するエネルギーであったろう。

（一九八四年七月号）

## 社会主義リアリズムの原色

### 『中華人民生活百貨遊覧』

島尾伸三／潮田登久子 著

新潮社・一四〇〇円

数年前、新しい都バスの色を黄色にしたら識者から〝ドギツイ〟〝東京のイメージにふさわしくない〟とクレームがついて色を塗り変えたことがあった。同じ頃、友人の建築家が区の施設を設計し一部に赤いタイルを貼ったら、区民から〝いかがわしい〟といわれタイルを貼り変えたことがあった。日本では、いつの間にか赤や黄の色は、いかがわしくドギツイ色と思われるようになったらしい。

ところが、隣国、中国では赤や黄は親しみのある色らしい。島尾伸三、潮田登久子夫妻による『中華人民生活百貨遊覧』を手にとってパラパラ見た時、なんと赤い本なのだろうかというのは第一印象であった。赤い本というと中国の思想のことを指していると思われるかもしれないか、そうではなく本のカラー頁に赤や黄が必ず現れるためである。

それは表紙など本のデザインに赤い色が多用されているためばかりでなく、写真家二人が撮った中国の庶民生活の風景に赤い色が絶え間なく現れて眼を刺激するせいである。『中華人民生活百貨遊覧』は中国の広州市に写真家二人が八一年の三月から八三年九月まで五度にわたって訪れて、その町に生活する人々の風景と人々が日常使っている品物を撮り集めカタログ風にまとめたものである。

写真家は広州市の人々の暮らしを多面的に撮ろうと路上での煙草売り、靴や鞄、自転車の修理屋さん、猿回しの芸人、露店や駄菓子屋の店先を覗き、一般家庭、小学校、レストラン、市場、人民銀行の中まで歩き廻っている。市井に生きる人々の姿を撮った写真は広州の風や日射しまで生きいきと感じさせてくれるが、この本を特色付けているのは二人が広州市で集めた品物が写されている点であろう。衣服、眼鏡、靴、鞄といった身につけるものから、煙草、茶、菓子などの嗜好品、食器、洗面器、文具、オモチャ、鍵などの雑貨が収集されている。そしてその収集された品物に写真家のユニークな眼が光っている。

例えば、鍵。中国では犯罪は少ないと聞くが、やはり盗難もあるのかなどという詮索は抜きにして、女の子用の鍵とかラジオの形をした錠が集められるとへえーっと感心してしまう。マッチ箱の図柄も楽しい。トイレット・ペーパーの宣伝マッチや広州観光名所を図案化したものもある。鍵売場は中国の男性たちで賑わっていたと書かれているから集めたのは、男性の島尾であろう。逆に女性の潮田が集めたのか、リボン、ブローチ、イヤリング、香水瓶、化粧品、パンティ、ブラジャーも写されている。夫婦でなければこのようには眼が届かなかったであろう。広州の人々が日常品を通じて親しい人々に思われてくるから不思議だ。

さて、このように集められた品や写された風景にともかくも赤や黄の色が目立つのである。本の最初に採り上げられているのは煙草である。三十種類近くあるが大半の包装紙の色は赤である。日本の煙草店の店先を見れば、セブン・スターにしてもハイライトにしても中国の煙草に比べると彩度の低い色が包装デザインに使われている。また中国のデザインはその名称に応じて具体的な図柄が描かれているのも面白い。「熊猫」ならばパンダ二匹が、「長城」なら万里の長城が描かれすこぶる判り易い。日本の場合は中国に比べ、名前からして抽象的なためかデザインも色も曖昧なものが選ばれているようだ。

しかし中国のデザインに雰囲気が似た煙草の包装もあることに気付いた。ゴールデン・バットである。緑と金色でコウモリを図案化したデザインは中国のそれに似ている。ゴールデン・バットは近頃は余り吸っている人は見かけないが、私が子どもの頃は吸っている人が多かったと思う。こう思うと何故、写真家が集めた品物を見て私が親しみを感じたのか訳が判った気がした。懐かしいのである。広州の人々の暮らしはどこか私たちの五〇年代の暮らしを思い出させる。路上の物売りや修理屋もあの頃はよく見かけた。私と同世代である写真家も自分の子どもの頃と、広州の人々の生活を重ねて懐かしい眼で見ているようだ。私には写真家が集めた鍵が子どもの頃に集めたべーゴマに似てみえるし、煙草や雑貨の包装紙やカレンダーの図案が、ドギツイ赤や黄で印刷されていたメンコを思い出させる。

そうしてみるとポスターや漫画までも懐かしい。五〇年代に流行った社会主義リアリズムの絵画や写真を思い出させる。写真家は広州で見たポスターや漫画について市を訪れる前はプロパガンダ臭が強く現実ばなれしていると思っていたが、実は「すこぶるリアル」に描かれていると述べている。小学生のためのポスターをみて「ポスターが現実を忠実になぞろうとしているのと、子供たちがポスターの登場人物をなぞろうとしているのが重なり合っているように感じました」と言っている。この写真家の指摘はプロパガンダの臭いのない私たちの周りにある写真や絵画にもあてはまるのではないか。日本人は赤や黄の色を避け、曖昧な抽象表現の世界をなぞっているのではないか。五〇年代に流行した社会主義リアリズムも、決してリアルでなく偏向に満ちているとして否定されたが、現在の写真や絵画を初めとする表現世界に何んの偏向がないというのも誤りであろう。

写真家二人が撮った広州の人々の生活は懐かしい。赤や黄の原色もいかがわしいというよりも初々しく見える。「いかがわしい」と叫ぶのは活力を失ったためではないだろうか。

（一九八四年八月号）

# 日本人収容所の明るさ

## 『宮武東洋の写真』

宮武東洋 著

文藝春秋・三二〇〇円

時折、写真が警察沙汰になることがある。女性の下半身のヘアを撮ったとか、裁判所の裁判風景を撮ったとか、撮影が禁じられた所を写した場合である。その結果、写真を載せた雑誌や単行本は没収されるが、写真を撮ったカメラは果して没収されるのだろうか。その辺の事情にはうといがカメラを没収しても、別のカメラを使えば良いし、そのカメラが特別に禁じられた場所を写すために作られているのではないから余り罰として有効ではないのであろう。しかし、カメラという機械の使用を禁じるとしたら、この罰は写真家にとって大打撃であろう。写真家にとって、飯が食えなくなることになるが、それ以上にカメラを失うと自分自身の手足をもぎとられた気持ちになるのではあるまいか。経済的にも精神的にも、カメラの使用禁止は写真家には酷なことだろう。

写真家宮武東洋は、この手足ともいうべきカメラの使用禁止を一九四一年の一二月に受けた。一二月七日、日本軍の真珠湾攻撃によって日米戦争が始まると、アメリカ合衆国の司法省は、一二月二七日、領土内に在住の日本人（一世）に、無線機、短波ラジオ受信器と共にあらゆる種類のカメラの使用を禁止する。ただし、写真専門業者は、台付のカメラだけ所有することが許された。当時、ロサンゼルスの日本人街で写真館を開いていた宮武東洋も、彼の小型カメラは全て戦時保管され、台付カメラだけもつことが許された。ところが、翌年に入ると、合衆国は、日系人の全員を居住地から立退かせ、すみやかに〝転住所〟に収容させた。宮武東洋一家が入ったマンザナーをはじめ、収容所は全米に十ヵ所、その中には一切のカメラを持ち込むことが禁じられた。こうして、写真家宮武東洋の手足は封じられたのである。

しかし、東洋は収容所へ行く荷物の中にカメラのレンズだけを忍ばせる。彼によれば、それはレンズであってカメラではないからである。そして収容所で大工の協力を得て、彼は木製の手造りカメラを完成し、密かにマンザナー日系人収容所を撮影し始める。

ところで、マンザナーを撮った写真家は宮武東洋だけではなくアンセル・アダムスやドロシア・ラングも撮っているというが、彼らの撮ったマンザナーの人々の顔には、ひとかけらの笑顔もないらしい。私はアダムスやラングの仕事を見ていないので判らないが、東洋の撮ったマンザナー収容所の人人の顔は奇妙なほどに明るい。小学校の子どもたち、ハイスクールの学生たち、魚屋、床屋、美容院、雑貨店、靴店、醬油工場に働く人々の姿が写されているが、カメラを前に笑っているものが多い。もちつきや義太夫語り、ダンスといったレクリエーションに興ずる人々の姿を写したものも明るく、果してこれが自由のない収容所内の風景なのかと疑わせるほどである。宮武東洋のマンザナーの写真が、今日、私たちに強く訴えてくる秘密は、この人々の明るい姿にあると思われる。

カメラの使用禁止を命じられることは、決して写真を撮る側の問題だけではすまされず、撮られる側の問題でもある。写真が現在、これほどに普及している理由を考える時、それはカメラを使う側のことよりも、被写体となる人間の意識の方の問題が大きいと考えられる。写真に自分の姿を撮られると、誰でも自己の存在が確定したかの印象をもつ。つまり写真の中の自分の姿にアイデンティティーを得る。私たちは、日常様々な方法で自己を表現している。文章や絵を書くばかりでなく、衣服や装身具、体の動き、しぐさ、態度、言葉遣いによって自己を表わしている。しかし、こうした自己表現は文章や絵と違って、次の瞬間には消えてしまう。写真は、この日常的な自己表現を技倆の必要な文章や絵とは異なり、楽々と定着させてしまうのである。したがって、カメラの使用禁止は、宮武のように写真を撮る者の表現の問題だけでなく、マンザナーに収容された大半の人々、つまり写真を撮られる人々にとっても自己表現の一つの方法を禁じられたことに等しい。

一般的に見ると撮る人と撮られる人の間が、親密であればあるほど、写真の中の撮られた人々の表情はほぐれてくる。撮られる人も写真に参加している気持ちが強くなるからである。カメラに向かってふざけたりするのも、親密でなければ不可能である。宮武東洋は、収容所の中で、彼が撮り続けた人々の間で、写真家というよりも、カメラをもったオジサンと思われていたのではないだろうか。人々はそのオジサンのカメラによく馴れ、参加し、囲われた施設の中でせいいっぱい自己を表現したのである。

アダムスやラングの写真の中に笑顔の人々が写されていないのは、収容所の人々が暗黙の裡に、外部の写真家の眼が自分たちを単なる披写体としてしか見ていないことに気付いていたためである。宮武東洋の写真が今日も新鮮なのは、国家が人々の表情を封じようとしても、人が人である限り、人々は自己を表現しようとする意志を失わないことを私たちに見せ、一台のカメラがもつ大きな可能性を示しているからである。
「宮武東洋の写真」はマンザナーの写真の他、一九三二年に開催されたロス・オリンピックの風景や、ロスを訪れた著名な日本人の肖像写真が含まれている。五二年前のオリンピックの観覧席風景を見ると、カメラをもった姿は皆無といってよいほど少ない。それに対して、今年のロス・オリンピックの観覧席では誰の手にもカメラが見られることであろう。溢れすぎたカメラによって、かえって人々の自己表現の可能性が狭くなったようにも感じる。宮武東洋の一台のカメラが写した収容所の人々の姿はこのことを教えてくれた。

（一九八四年九月号）

# 人形に腐肉を与える視線

## 『ハンス・ベルメール写真集』

アラン・サヤグ 編著

リブロポート・五五〇〇円

過日、ラジオで主婦たちに冷蔵庫の中の食料品は一体どの程度の期間で取り換えているのかというアンケートを行っていた。具体的な数字は忘れたが、大半の主婦が数週間以上、冷蔵庫の中にモノを貯めこんでしまうらしい。そのため、冷蔵庫の中でもモノは腐るから、貯めこんだ食料品も使わずにそのまま捨てることが多いらしい。ラジオを聞く限りでは、主婦たちは冷蔵庫の中に入れればモノは永久に腐らないと思いこんでいるようである。端的な例は、腐りかけてくるとなんでも冷凍室に入れ冷凍すると答えた主婦がいたことだ。この主婦は腐りかけたモノも冷凍すると、新鮮な状態に復元できると考えているようである。

遠い未来はともかく、現在の科学では腐ったモノを新鮮なモノに戻すことは不可能だろう。出来るとすれば、現実ではなく写真の中ではないだろうか。撮影の際、照明のあて具合で、新鮮味を欠いたモノも、トウのたった肌も瑞々しく、新鮮に写すことが可能である。演出はしなくとも、写真の中では撮られたモノは写された新鮮さを冷蔵庫とは違って失うことはない。そのために、我々は新鮮に見えたモノや人、風景の一瞬をいつまでも保存しようと写真を撮るのである。

通常の人は、モノが新鮮である状態を捉えるために写真を撮るが、逆にモノが腐りかけている状態を撮るというアマノジャクな人もいる。シュールレアリスト、ハンス・ベルメールは、モノが腐る瞬間を撮ったように思える。

ベルメールが撮ったモノは人形であるが、この人形が尋常でない。彼の人形は、頭、腹、脚、腕がバラバラにされたり、わざわざ片脚を失っていたり、腹部に穴があけられ、内側の骨組みさえのぞかせている。その人形は、初々しい少女の顔をもっているから一層、生々しい。少女を凌辱し、殺し、その屍体をバラバラにした犯行現場にも見えてくる。さらにベルメールは、その屍体を弄ぶように、ベッド、椅子の上、階段の隅、食卓の脇に置き、庭木に吊るし、いわば犯行現場を次々と変えて写真を撮って行くのである。ところで、改めて思えば、人形はモノであって生きていないから屍体になることはない。ベルメールは、人形を屍体のように扱い、逆に生きモノに仕立てるのである。

やがて彼は、バラバラ屍体となった人形の、脚、腕を人の形のようでなく、脚と頭を直接組み合わせて、何やら人の形とは別種の生きモノを作り始める。二体の人形の脚を上下に組み合わせた脚だけのモノを、今度は犯行現場としてではなく、椅子、ベッド、階段、庭木の上に置いて生態現場のように写真に撮るのである。

そして、ベルメールはより人形を生きモノに近づける方法を発見する。その方法は、人形を冷蔵庫の中に我々が収納する生まモノのように腐らせればよいのである。人形は毀れることはあっても腐ることはない。ところが彼は、写真や人形にドギツイ色をつけ、あたかも黴が表面に寄生したように見えるのである。中でも、人形の全身に、赤い斑点を散らし、体中がデキモノでおおわれている写真は奇妙である。人形はモノではなく、その肉体は病んでいる。病むことで人形はあえぎ、肉を得ているのである。

ベルメールは、こうした実験を、人形だけでなく生身の人間にも行っている。とはいえ、人間の場合、人形のように、簡単にバラバラにすることはできないし、それでは単なる犯罪となってしまう。彼が行ったのは、人間をモノのように縛ることである。縛られた女性はウニカ・チュルン、ベルメールの十歳下の若い愛人。ただし、若いといっても緊縛ヌードを写真に撮られた時は、既に四十二歳、乳房は垂れ、腹には厚い脂肪がついている。ところがこの脂肪のついた中年女性を裸にして細ひもで縛ると、ひもとひもとの間に肉がはみだし、肉体は体の輪郭を失い、単なる肉と化して行くのである。

もしあまり脂肪のついていない少女の体を縛ったならば、どのようにしても体の輪郭は崩れなかったであろう。ウニカの肉体は、縛られて人の形から、モノに近づいている。彼は人形を生きモノに、人の肉体をモノに変換する瞬間を写真でとらえるのである。

ベルメールが、人形の写真を撮り始めたのは、一九三三年、ナチスが政権を掌握した時である。当時、三十一歳の彼はベルリンで商業美術家として活躍していたが、ナチスの台頭にいたって、彼はそれ以後、社会的に有用なことは一切しないと決意したという。そして無用な行為として見出したのが人形を凌辱することだったのである。彼は、人形に腐肉を与え、生身の人間の肉体を縛ることで、社会が当たり前として疑わない意味すら倒立させ、無用なものとしたのである。そればかりか、こうした行為を繰り返し自らを社会的に何らの意味のない腐った男となすことで、ナチスの時代を生き抜こうとしたのであろう。写真集の最後の部分には、彼が集めた砂糖菓子が写されている。人形やウニカの写真とは全く趣が違い、彼の眼は無垢である。ベルメールのモノに腐肉を与えた視線は、実は無垢では生きられぬ時代の反語なのである。

私は、ラジオで冷蔵庫のアンケートを聞いて、自分の冷蔵庫の中を覗いてみた。チーズのかけらとか、しなびたナスとかと一緒に現像していないままのフィルムが二本でてきた。表面が結露していた。現像してみると写真は染みだらけで何を撮ったものか判らなくなっていた。冷蔵庫の中では写真は腐るのである。

（一九八四年一〇月号）

# 大きな試験を経た身分証明

## 『百肖像』

江成常夫 著

毎日新聞社・四八〇〇円

何故か、私は高校に入学した頃から警察官に職務質問されることが多かった。目付きや動作が警察官の職業意識をたまらなく刺激するらしく、一日のうちに三人から呼びとめられたことさえあった。その度に反発したり苛立ったり、一日中嫌な気分が続いた。大学を出るとまともに就職しなかったから身分証明書というものを持たず職務質問されて自分を証すのに苦労した思いもある。

江成常夫の『百肖像』に登場する人物は、決して職務質問には合いそうもない。身分証明書などなくとも名前と顔がよく知られている人物ばかりである。人物の名をページに従って最初から数人挙げれば、土光敏夫、武見太郎、岸信介、井上靖、中村歌右衛門、大山康晴、丹下健三と続き、以下宇野雪村まで百二人の顔が写されている。挙げた数人の名前で判るように、すべて各界のトップばかり、ドンとかボスとか帝王、女王と呼ばれる人物も多い。

どう見ても私のようにむやみと職務質問を受ける男とは無縁の人ばかりなのだが、ここで実につまらない私の自慢話をすると、この『百肖像』の人物の内、二人までとコンニチハの挨拶を交わしたことがある。その一人は武原はんさん。彼女の料亭、六本木のはん居へ知人に招待された折、はんさんは挨拶に回ってきた。客である私の方が緊張して酒に酔えなかった。もう一人は茅誠司さんで、虎の門の地下鉄出口で出会った。顔を見た途端、私は良く知っている人だと早合点して、ついコンニチハと挨拶したのである。茅さんも黙礼を返したが、私のことなど知るはずもなかった。その人が誰なのか私が気付いたのは地下鉄に乗ってしばらく経ってからであった。実にしまらない話だが、『百肖像』に選ばれた人物は、すべて何処か、何時か、写真やテレビで見て会っている気にさせる人ばかりなのだ。

ところで、茅さんのことを何故私が咄嗟に判らなかったかと言えば、通常テレビや雑誌で見る際は、元東大総長としてとか、学者としてとか、社会的な背景をもっているのに対し、私が出会った時はそうしたものを背負っていなかったからである。品の良い知り合いのオジサンといった程度にしか私は考えなかった。『百肖像』を見ると江成常夫は、敢えて各人物が写真に撮られると、否応もなく写ってしまう社会的な地位を消そうとしているようである。

写真家は、例えば学者なら本棚を背景に、画家ならキャンバスを前に、財界人や政治家なら巨きな椅子に座らせて、といった人物に応じた演出をせずに、真正面からカメラを向かわせて顔だけをクローズアップしている。各人物の顔を無遠慮といってよいほどストレートに把えている。川上哲治が野球のユニフォームを着ている演出が例外的になされているが、その背景には球場も、観客の姿もないため、ユニフォームのもつある種の神秘感はない。強引にいえば、川上の場合、野球のユニフォームは社会的な地位を示すより皮膚そのものとなっているかに見える。写真家は、いわばこれら各界のトップの肌ざわりを撮っているのである。各界のトップであるから、若い人は少ない。昭和生まれも、美空ひばり、横尾忠則、小沢征爾など数人で、多くは明治生まれである。北村西望のようにやがて百歳を超える人物もいて、老人とはいえ脂ぎっている人ばかりである。しかし武見太郎、中村鴈治郎、羽仁五郎のように撮影後、没した人物もいる。老人の顔に表れた染み、しわ、肉のたるみは隠しようがない。というよりも、写真家は、各人物の皮膚を細密描写のように撮ることで、これらの人々の社会的立場を超えた何かを見ようとするのである。その何かとは、分野は異なってはいるものの各界のトップの表情に溢れた自負心とも見えるし、各界の頂点に立ったしたたかさや闘争心とも見える。しかし、それだけではなさそうだ。

私にはもとより『百肖像』の人物たちのような自負心にも、したたかさにも欠けているが、『百肖像』の写真の構図と同じように顔だけの写真を写したことは幾度かあることに気付いた。それは、江成常夫の作品とは比ぶべくもないが、いわゆる三分間で出来上がる証明写真である。警察官の職務質問の際に提示する身分証明書などに貼り付けるあの小さな写真である。あの写真は通常のポートレイトとは違って、背景には情緒的なものは何もなく、カメラを真正面に見すえて撮影する。と同時にあの小さな写真を撮った時は、あまり良い記憶がないことも思い出した。私の場自、身分を証明する写真を必要とする時は、入学試験か資格試験で、いずれの試験の場合も気分の良いものではなかった。答案用紙を前に、ひたすら過ぎて行く時間を気にし、自分のそれまでの不勉強をなげき、仲間の助けがあるわけでなく、一人でジリジリとあせる姿を思い出すのは今でも悪夢を見るようで落ち着かない。あの小さな証明写真は、つまらなくちっぽけでありながら避けることのできない孤独な戦いを証明しているに違いない。

『百肖像』に選ばれた各界のトップの人々は、私が経験したちっぽけな試験より更に大きな試験を社会の中で次々と乗りきってきたに違いない。写真家が、彼らの顔を真正面から撮ろうとした何かとは、彼らが幾度か乗り越えてきた試験の結果であり、表情に見える自負や自信の代償として背負わなければならなかった寂寥なのである。

そういえば、私もいつの間にやら警察官に職務質問されることがなくなった。それは自身に自信を持ち始めたせいか、人間の寂しさを知ったためか、それとも社会の管理体制が行き届いたためか、単に私自身が老けたということか、どれも認めたくない気がするのだが。

（一九八四年一一月号）

## 幽かな音が聴こえてくる

**『陽と骨』**

操上和美 著

**PARCO出版局・六八〇〇円**

二カ月程前、新聞に出ていたモンシロチョウとスジグロチョウの記事は興味深かった。記事によると、東京のどこでも姿を見ることができたモンシロチョウが減少して、代わりに本来は山地や林の中をすみかにしていたスジグロチョウが増えているという。何故スジグロチョウが増えているかといえば、東京に林立するビルのためだという。昆虫学者によれば、モンシロチョウは陽当たりが好きで、日陰では活動がにぶるのに対し、スジグロチョウは陽の当たらぬ林の中など涼しい場所を好み、長時間直射日光にさらされると体がマヒして飛べなくなるという。高層ビルが生みだした日陰の中で、スジグロチョウは増えているのだという。

この記事を読んで、私自身もスジグロチョウに似ていると思った。私は、根っからの町っ子で、スジグロチョウのように山地や林の中の生活は全く知らないのだが、ビルの日陰をあたかも林の中のように動き廻っている。私には自然の驚異とか、苛酷な自然という言葉のもつリアリティーがもう一つ判らない。私が子どもの頃から親しんだ緑といえば、家に近かった日比谷公園の樹木や草花ぐらいだが、果たしてあれが私にとっての自然なのだろうか。端から端まで管理が行き届いて、樹や花もプラスチックでつくられているような気さえする。そう考えるとビルの陰に棄てられたプラスチックのゴミの方が自然に見えてくる。そして、何よりもビルの陰の方が、公園よりもけばけばしくなく、静かなのである。

操上和美の写真集『陽と骨』は自然を写したものである。しかし、彼が撮った自然とは決して驚異的で苛酷な大自然ではない。見はるかす大海原とか、雪渓、峡谷、平原といった自然は写されていない。どこにでもあるような光景である。海辺、樹木、家屋、猫、犬、馬が写されている。誰もが目にする光景がさりげなく撮られている。プールや工場の煙突という人工的なものも対象となっている。にもかかわらず、撮られた写真からは自然という言葉が喚起される。それはなによりも画面から伝わってくる音のせいではないだろうか。

写真は、眼で見る世界を記録する装置であって、レコードやテープのように耳で聴く世界を記録するものではない。しかし、操上和美の写真集から伝わってくるのは音の世界なのである。それも、静かで幽かな音が断続的に伝えられる。写真の中に、女性の耳が撮られたものがあるが、この写真を見た途端に読者は共通感覚を刺激されて、写真の画像の中から音を拾い出そうとするのではないだろうか。その音は、耳をそばだてなければ聴こえない。渚に打ちよせる波の音、家屋の窓を打つ風の音、馬のいななき、牛の鳴き声、鳥の羽音、砂原に渡る風、林に積もる雪、写された画像からはこのような自然の音がカラー写真から幽かに聴こえてくる。

静かなのは、画面に死が幾度か登場するせいかも知れない。廃屋、折られた草花、虫の死骸、牛らしき動物の骨、死の床に横たわっているかに見える老人の写真、枯れ草、小鳥の死骸、血を流した闘牛、雪の上の虫、そしてプールで水死したかのようにうつぶせで浮いている男、こうした死がさりげなく写されている。タイトルの『陽と骨』になぞらえれば、さりげない死はすべて陽にさらされ、やがて骨と化し、自然に回帰していくのを待っているようである。

そうした生と死を写真家はカメラの陰から息を潜めて撮っている。動物や植物の死骸は陽にさらされているが、それを眺める写真家は日陰に隠れている。この写真集にはいわばスジグロチョウが日陰から、モンシロチョウの死を凝っと見ているような昏さがある。この昏さが写真にシーンとした静けさを一層深く感じさせるのである。

ところで、この写真集は今感想を述べたカラーで撮られた写真集とは別にモノクロで撮られた写真集がつけ加えられ二冊の構成になっている。モノクロで撮られた写真は、カラーで撮った写真よりはっきりとした特徴をもっている。おもちゃのような単眼の小さなカメラで撮ったらしく、粒子が引き伸ばされて荒れているばかりか、フィルムに光やきずが入り、またピンボケでもある。カラー写真と違って、被写体の選択に規準はなく、旅行先で会う人物や風景を気が向けば撮ったようにも見える。そうした写真家のかまえない姿勢と荒れた画像によって、モノクロの写真からは写真そのものが陽にさらされてしまった印象を受ける。

これらの写真から受ける感じも実に静かである。粒子は荒れているが、激しい感じはない。古い無声映画でも見ているような静かさがある。風の音や鳥の羽音は聴こえないが古い機械の音がカタカタと聴こえてくる。陽にさらされて脱色してしまったかのようなモノクロの画像に、古い機械に似た奇妙な懐かしさを感ずるのである。この懐かしさは、そこに私たちが写真が生まれた頃の古い姿を重ねてみるからに違いない。小さなおもちゃのカメラによって、写真家は溢れんばかりの写真に囲繞された時代の始原、つまり自然を撮ったのである。

久しぶりに緑に触れようと日比谷公園まで私は出かけたが、散歩する人の多さに驚いて、公園の地下駐車場脇にある食堂に逃げこんだ。ガランとして無味乾燥な食堂である。窓もないが静かなのが気に入って十数年前よくラーメンを食べに立ち寄った所である。私を取り巻く自然を象徴しているような場所である。久しぶりにラーメンをたのみ、一口食べたら余りのまずさに驚いた。自然とはやはり驚異で苛酷なものらしい。

（一九八四年一二月号）

# 1分6秒のマスターベーション

## 『週刊本微分』

篠山紀信 著

朝日出版社・五〇〇円

最近のある調査によると高校二年の男子の九〇%、女子の一七%がマスターベーション（自慰）の経験者だという。また、男子の経験率は他の調査でもほぼ変わらないのに対し、女子の経験率は統計によっては、はるかに高い数字になる場合と、もっと低くなる場合がありバラつくらしい。これは女子の方が性に対する抑圧や羞恥心が個人によって差が大きいためであろう。家庭環境や教育環境によって性に対する眼が女子の場合、かなりの違いがあると思われる。それに対し男子の場合は性への抑圧や羞恥心が一様化していると見える。

自慰の経験率が九割に達したからといって高校生の性が解放されたということではないであろう。かつての教育のように自慰を悪いものとして否定するような指導はなされていないらしいが、男子高校生の悩みで最も多いことは性器の形状と自慰の回数についてであるという。性への情報はあふれているが、一面的であるため、それぞれ異なるはずの自分の体、性との落差にとまどうから不安をもつのである。自慰を禁止するより、自慰をさそう情報が多いが、そのことが性をより豊かにするとは限らない。むしろ貧しい方へ向かわせている気がする。

篠山紀信の写真集『微分』も自慰をさそう本である。何しろ若い美人が裸で自慰をしているかの様子を連続して撮っているからである。本の構成は実に単純で、本を開くと左頁は上半身のヌードの女性が撮られ、右頁の写真ではその女性の性器に自分の手が触れる様子がアップで写されている。どの頁も同じ構成である。つまり、左頁だけパラパラと本をめくると美人が性的に興奮してもだえている様子が連続して眺めることができ、右頁だけ見ると、彼女の手が自分の性器を愛撫している様子が見れることになる。こう書くと何やら発禁本を紹介しているようだが、実は右頁に写されているのは彼女の性器ではなく腋の下である。なぁーんだと思われるかも知れないが、腋の毛が撮られ、そこにマニキュアをした指が触れられている様はどうみても自慰をしているとしか見えない。写真家の意図もそこにあるのであろう。

私にはもはや高校時代のパワーもないから、この写真集を見ても興奮することはなかったが高校生が見ればそれなりに春情を催すのだろう。本のセールス・ポイントもそこにあると思われる。つまりビニ本ほどいかがわしくもなく手軽で誰でも買える自慰装置として売られているようだ。

しかし、このような写真集が安く売られ、男子高校生の九割が自慰にはげんだとしても、繰り返すようだが性がより豊かに楽しくなったとは考えにくい。むしろ、手軽に精液を放出しているだけに過ぎない。内からつき上げてくる肉欲と精神との葛藤がないだけ解放感が薄くなったのではないだろうか。自慰に後ろめたさがあり、女性が裸でもだえている写真集など手軽には買えなかった頃ならば、性欲を通じて自分の弱さを見つめる目があったと思う。自分をブチ壊すような性欲によって自分自身を問わざるを得ない時期が男なら誰にでもあった。青春などという言葉が気恥ずかしいのは、その頃の暗い情動から余りにかけ離れて響くからである。あの暗さはいまでは手軽に買える自慰装置としての写真集に吸いとられてしまったようだ。

それにしても、女性の裸を撮った写真ばかりの昨今だ。どう写真技術を駆使しても裸は裸、変化のつけようがないからどれも同じように見える。篠山紀信の写真集『微分』はパラパラ頁をめくると女性の姿が連続して見えるのが新手だが一枚一枚の写真には、目を瞠らせるような力はない。量で驚かそうという魂胆かななどとうがった見方もついしたくなる、この見方は、全く的はずれではないかも知れない。というのは、この写真集は朝日出版社が次々と出版して話題になっている週刊本の一冊であるからだ。

週刊本とは変な名前だが、要は週刊誌のように手軽に買える本という意味であろう。巻末に「週刊本の刊行にあたって」という文章がある。抜き書きすると「文明が情報を超高速消費する二十世紀の終り近く、情報はシンクロトロンに比すべき速度をもって増殖、分裂し、点滅して散逸します。ハイテクノロジーが、視・聴・触の全感覚器を覆うハイパーメディア変換を可能にし、情報の貪食によって快楽原則は満たされます。書物もまた消費されるべき情報です。こうして書物は今日、〈文字と紙〉という最もプリミティブな生、裸のコードに還元され、電子メディアをはじめとする諸メディアとのキメラとなり、ハイブリッドな共生状態に入るのです。そして週刊本が生まれました」とある。何のこっちゃと思うが、本も大量に刊行して次々と使い棄てる時代となったと言いたいらしい。

私は雑誌を読むとすぐ棄ててしまうが、単行本をゴミ置き場に置くことができない。本には雑誌以上の何かがあると思っているからである。著者が一冊の本にかけたエネルギーを想像するといかにつまらない本でも棄てる気にならないのだが、週刊本に限ってはそうでもないらしい。写真集『微分』は、モータードライブで連続して撮影した写真をそのまま並べただけのものだから、製作時間は他の本よりかなり短いと思われる。（マルチストロボで片頁分33秒・一冊1分6秒の撮影時間という—カメラ毎日編集部）一冊にかけたエネルギーは薄いのだ。書物も手軽に楽しめばよいのだ、自慰のように簡単に快楽を得ればよいということなのだろう。

いつの間にか、マス・カルチャーはマスターベーション・カルチャーに変わってしまったのである。しかしいつまで放出が可能だろうか。いや、これは私のことだ。

（一九八五年一月号）

# 指揮者は聴衆の先頭に立つ

**『世界の音楽家①指揮者』**

木之下晃 著

**小学館・八〇〇〇円**

私はなぜかクラシック音楽が苦手である。思うにそれは小学校以来の教育のせいではないか。音を楽しむべき音楽を勉強するものとして学ばされ、聞かされてきたためと思われる。それでも大学時代は、道路を隔てて音楽学校があり、未来の音楽家の卵とつき合う裡によくコンサートにも出かけたのだが、卒業すると再びクラシック音楽からは遠のいてしまった。

　こんな私に対して木之下晃という写真家はなんと音楽好きなのだろう。彼の写真集『世界の音楽家』全三巻は彼が十余年、クラシックの演奏会に通い、音楽家が演奏している姿を撮り続けたものである。一巻目の「指揮者」のあとがきによれば、一年に平均二三六回も演奏会に通ったという。最も多く通った一九七七年は年二五八回に及んだという。通った数も凄いが、一つ一つの演奏会に写真家は想いがあるためその数をきちんと記憶していると思われる。これはやはり凄い。撮られた音楽家も多い。「指揮者」の中に登場するのは一三四人にのぼる。アルファベット順に一ページに一名ずつ一三四名の指揮者の姿が並べられると圧倒される思いである。

　一九八三年五月一七日、昭和女子大人見記念講堂でロンドン交響楽団をひきいてマーラーの「巨人」を指揮するクラウディア・アッパードの姿から、同じ年の一一月一七日、東京文化会館で東京交響楽団を前にバルトークの「管弦楽のための協奏曲」を指揮するデーヴィット・ジンマンまでの指揮者たちの表情は実に面白い。アシュケナージは何やら感きわまっているようだし、バウムガルドナーはいかにも指揮者らしく傲然と、バーンスタインやブロムシュテットは音に合わせて踊っているかのようだ。ブーレーズやダノンは祈りを捧げているかに見え、デローグやジャン・バティス・マリは歌い、タルト・マズアは音を調理するシェフの風情、クァードリは逆にご馳走を前にして舌なめずりをするグルメに見える。井上道義や岩城宏之は見開きの両ページに偶然、向かい合っているが指揮棒を力をこめて振り下ろす一瞬をとらえているため、あたかも両者は喧嘩をしているかに見える。それに反してマタチッチやポール・シュトラウス、ホルスト・シュタインは競い合う演奏家をなだめながら試合を盛り上げて行く老練なレフリーのようでもある。

今は亡きカール・ベームは私たちに何かを語りかける老哲学者、カラヤンはあいかわらずのダンディ、ズビン・メータは指揮に集中しているため何かが乗り移ったかの怖さをその表情にたたえている。喜びに沸いている表情もあれば、怒りや悲しみの表情もある。写真家は指揮者の様々な表情をとらえながら、さらに彼らが演奏している音の表情を写そうと試みたようである。

ところで、私たちが出かける通常の演奏会では、指揮者の表情は見ることはできない。ハンス・シャロン設計のベルリン・フィルのホールは中央にオーケストラが並び、その周りを観客が取り囲むホールになっているから例外的に指揮者の表情を見ることも可能であるが、通常のホールの場合、指揮者は客席に背を向けているために観客は彼の顔を演奏中見ることはない。背中に表れた表情によって顔を想像する以外はない。

ところが、指揮者が客席に背を向けるようになったのはさほど古いことではないらしい。音楽史の本をパラパラとめくると、指揮者という存在が認められたのも、まだ一世紀程の歴史しかもたないという。勿論、指揮者が十九世紀後半に忽然と演奏家の前に姿を現したはずもなく、数世紀にわたる演奏と実験の結果であるが、それ以前は指揮者はさほど重要視されなかったという。十九世紀初め、パリのオペラ座でも指揮者は左半身を舞台に向けて立ち、ロシアでは十九世紀中頃ワグナーがモスクワを訪ねるまでは指揮者は聴衆の方に向くのが常であった。

指揮者の存在が認められたのは、十九世紀に入って作曲家が演奏家の数を二、三十人から四、五十人に規模を大きくする曲を書きはじめたことと一致し、それは音楽が王侯や聖職者たちだけのものではなく、大衆のものと考えられ始めたこととも一致する。つまり、指揮者は大衆に背を向けたのではなく、聴衆の先頭に立って演奏家と向き合うことで、その地位を確立したのである。聖職者や王侯を前にしてお尻を向けることは、はばかられたとも考えられる。指揮者は神の代わりに音楽そのものにひざまずいているかにも見える。聴衆の代表として、音楽に仕え、音楽の前で様々な折りをささげているかにも見える。その表情としぐさが曲と合って、ある時はボクサーにも、踊り手にも見えるのだろう。

指揮者の存在が認められた時代は、そのまま写真家が現れた時期と重なるのは面白い。大衆の眼や耳が、神や王の眼と取って代わったために指揮者が生まれ、写真家が生まれたのであろうが、木之下晃の写真を眺めるとそのことは一層明瞭になる。カメラは、聴衆の眼とも耳ともなって、それ以上、音そのものと響き合って、音楽に身をささげる男の姿をあまねく伝えてくれる。指揮者に誰もが一度はなりたいと憧れるというが、それは何かに熱中し身も心もささげることの少ない現代には当然のことかも知れない。指揮者といい、毎日のように演奏会に通う写真家といい、なんとも羨ましい。

この羨ましい本を見て、八五年はもう少し音楽に親しみたいとつくづく思い、自分の貧しい世界を少し振り返った。

（一九八五年二月号）

# 壁に囲われた都市

## 『ここにいたっていいじゃないか』

橋口譲二著

集英社・一三〇〇円

車内暴力とやらが問題となっている。一月九日に少年が地下鉄内で老人を殴りつけ外傷をさせたのが発端である。車内で騒いでいた少年がはずみでそばに立っていた老人のわき腹をけり、注意されて殴りつけた。車内には約八十人の乗客がいたが、何もせずただ見ていただけということから「車内暴力」が社会問題化した。

確かに体の弱った老人を殴りつけた少年を正しいとはいえない。しかし、その後、警視庁が国鉄、私鉄に対し電車の各車輛に「防犯ボタン」を取りつけるように要請したことに私は甚だしい疑問を感ずる。車内暴力に気付いた乗客がボタンを押せば、車掌が運転席でこれをキャッチし無線で連絡、駅を通じて一一〇番する仕組みだというが、この新聞記事を読んで私は嫌な気持ちになった。車内という密室の中で、互いに見知らぬ者が相互に看視し、チラチラと防犯ボタンを見ているのは異常な光景のような気がする。

橋口譲二の写真集『ここにいたっていいじゃないか』も、西ベルリンといういわば密室都市に乗り合わせた人々の表情を撮ったものである。ヨーロッパのほぼ中央に位置する西ベルリンは、二十四年のである。

前、東側によって建てられたコンクリートの壁に囲まれた陸の孤島であり、隔離された巨きな密室なのである。

この街は今でも英米仏連合軍の占領下に置かれているため、西ドイツでは徴兵制があるのに西ベルリンでは兵役の義務がない。東側に囲まれているのに、その中だけは奇妙な自由さが存る街である。そこには兵役のがれでやってくる若者や、職を求めてやってくる外国人が集まっている。

この囲われた自由さの中で、若者はパンクをやり、ヘロインやアルコールに身をゆだねる。セックスをした相手といろいろな話をするわけではなく、面倒な手続きをするわけでもない自由さに浸っている。退屈だからといってデモをする者。誰も信じられないといっているのに、誰かいないと寂しいという者。橋口の写真集はこういった若者たちの姿から始まる。

橋口のカメラから私は初めどこか「車内暴力」のために取り付けられるという防犯ベルに似た感じを受けた。或いは防犯ベルを気にしながら、若者たちの姿を見ている他の乗客の眼に似た感じがしないでもなかった。しかし、この写真集の面白さは、その眼が次第に知らぬふりをする乗客の眼から若者たちの眼に移り、その両者の間を揺れ動いているような点にある。

写真家が荒れてすさんだ若者たちを撮り始めた動機は、〝Wir Kinder vom Bahnhof Zoo〟（我ら動物園駅の子どもたち）というタイトルの本を手に入れたことだったらしい。ツオー駅はベルリンの玄関口で、その名の通り動物園の真ん中にあるのだが、そこには何時いっても、ヘロイン代を稼ぐため体を売る少年少女がいる。写真家はこのツオー駅に幾たびか足をはこぶ。「ここ三、四年いつも立っている女の子が三人いた」といっているほどである。そして橋口は、西ベルリンの若者たちを見つづけている裡に、当初の好奇心からその視線をさらに深いものに変えようとしたようだ。

その眼の変化を感じさせるのは、トルコの移民たちを撮った写真である。戦後西ベルリンは荒廃し、戦争のため働き手を失い、それ故西ドイツは外国から多くの働き手を復興のために受け入れた。その中でもトルコ人は多く、橋口が西ベルリンの中で特に対象としているクロイツベルク地区にはトルコ人が集まって住んでいる。ところが、西ドイツの経済復興と共に、ここ数年トルコ人は、故国に帰るように要請され始めている。街には「トルコ人帰れ」「クソッたれ外国人」という落書きがよく見られるらしい。外国人に職をうばわれた貧しいドイツ人が書くらしい。

写真家の撮ったトルコ人たちは、近代的な暮らしと割礼式や結婚式などの伝統的な祝い事を遵守する暮らしを併存させている。彼らはアメリカナイズして行く西ドイツ人とは異なった文化の尺度をもっているため一層ドイツ人たちとの摩擦を大きくする。そのトルコ人の家庭を撮った橋口の写真は、パンクの若者を撮った写真が荒々しくブレているのに対し、しっとりと叙情的ですらある、眼が変わったのだ。

この辺りから橋口は追われて行く者、つまはじきされる者と共通できる眼の位置をもちはじめる。また、ベルリンを囲む壁、第三帝国が残した建物(中には、廃墟と化した旧日本大使館もある)、誰もいない駅が撮られて行くのは、橋口自身が少年たちやトルコ人と同じ眼の高さを持ち始めて、彼自身が壁の中に囲われていることを悟って行った故であろう。写真集の最後の方には、老人たちの姿も撮られているのも彼が明白に眼の位置を弱い者に合わせ始めたためであろう。

興味深いのは、パンクの少年たちを撮った写真が被写体と近接しているのに対し、トルコ人や街を写すにつれて少しずつ距離が離れて行くことだ。それは決して対象となる者から離れたということではない。一定の距離を得て眼が被写体というモノから生身の人間を見るようになったと考えたい。

橋口の写真は明るいはずの昼間でさえ暗い調子で一貫している、その暗さは密室都市である西ベルリンと対応しているのであろう。が、もっと怖いのは白々とした明るさの中で弱い者が追いつめられることではないだろうか。車内暴力のあった数日後、水戸市の中学二年の女の子が同級生にいじめられて首つり自殺した。西ドイツのパンクの少年少女より、日本の子どもたちはいじめっ子も、いじめられっ子も陰湿な壁に囲われているようだ。

（一九八五年三月号）

# 美術という制度を巡って

## 『眼の神殿』

美術出版社・二九〇〇円

北澤憲昭 著

時折、近くにある安売りショップへ出かける。私は主に日用雑貨と衣料品を買いに行くのだが、四階まである店内には電化製品やらスポーツ用品やらが所狭しと並んでいる。過日、靴下を買いに行くと、いつもの場所が変わっていた。靴下などの日常使うような衣料品は置いてなく、代わりに並んでいたのは宝石類であった。指輪、ブローチ、ネックレス、ネクタイピン、カフス・ボタンといった装身具が並べられていた。

困ったなと思い、店内を見渡すとそれまで気がつかなかったが、一隅には油絵やリトグラフやポスターまでが大層な額に入って売られていた。流石に著名な画家のものは少ないけれど、それでも数十万の値が付いているものもある。結局、靴下は買えぬままに店を出たが、改めて日本人の高級指向に目を見張り、気味の悪い感触だけが残った。

いまさら、このようなことに驚くほうがおかしいのだろう。ピカソの「ピエレットの婚礼」（ピカソ好きな私だが、この作品はピカソの仕事の中でさほどのものとはどうしても思えない）やゴッホの「アイリス」「ひまわり」が七十億円余りのジャパンマネーによって買われているのだから。それはかりではない、全国各地に雨後の筍のごとくに美術館が建てられている。展覧会も多い。二十年前ならば、大騒ぎして列を作って並び、ようやく入場できたほどの巨匠たちの展覧会が毎月のごとく開催されては、つい一月前のことなのに記憶は薄れ、忘れられて行く。驚くことさえしなくなった。

だから、驚くべきことはむしろ忘れ去られて行くことであろう。このような事態に驚かぬことであろう。だからといって私は、かつてのように巨匠たちの作品を前にして驚くことを良しとしているわけではない。実のところ、それでは本質の問題は変わっていない。かつてもいまも、その作品が自分の胸を打つ以前に、美術史において、マスメディアにおいて、名が知られているからこそかつては驚いて見せ、いまは大量に買い漁り、展示しているだけのことである。私が安売りの店内の美術品を眺めて感じた気味の悪さは、この事態が末端まで行き着いたことを示している。

いつの頃から、かくまでも美術は賞賛され、ひたすら崇め奉られたのだろう。

北澤憲昭は本書の中で、この問いに答えようとしている。

幕末から明治初頭にかけて、日本人は実に多くの文物を西欧から受容した。油絵もその一つである。この時期に活躍し独特の洋画をのこした画家に高橋由一がいる。幕末に幕府の洋書調所画学局で川上冬崖から西洋画のてほどきを受けて以来、彼は油絵を描き続けた。ただ、大事な点は彼をはじめ日本人が油絵を描き始めたということが、単純に絵の手法として日本画から西洋画に変わったことを意味しないことだ。テクネーの問題もさりながら、同時に絵を鑑賞するというまなざしの転換をも強いられたのである。それゆえに、由一が西洋画を描くということは単に自分自身の表現の問題だけでなく、「西洋画を社会的に活用し定着させていくさまざまな事業にかかずらわっていくことにな」り、「由一にとって絵をつくるということは、そのまま、ひとつの事業だった」のである。

著者はこうした事業としての洋画受容の在り方を、まず明治に入って油絵を描く者たちがそれぞれ一派を率いて、見世物として興行を行っていたことを記している。彼らは口上を述べ油絵を見せる、すると見物客は「活きてるやうだ」とかいって感嘆したのである。由一もまたおなじように塾を開き、一門を興しているばかりか、彼は油絵を屏風に仕立てたり、掛け軸に表装したり、漆塗りの衝立風の枠にガラスをはめた額を立て、畳の上で見ることができる肖像画を描いている。付け加えれば、彼の代表作「鮭」は、日本家屋の柱に掛けるべくわざわざ縦長に描いたのである。いかに彼が油絵を日本の風土の中に定着させようとしていたかが判る。

このような痕跡は、実は彼の初期の作品そのものにうかがうことができるだろう。代表作「鮭」「花魁図」などは、その後、西欧に留学した洋画家たちの作品とはかなり質が異なる。いや、彼が工部美術学校教師として来日したお雇い外人、フォンタネージに正統なる西洋画を学んだ後の作品とは微妙に異なっている。日本の伝統と西洋画とが奇妙に、いいかえれば野蛮なまでに合体している印象が残るのである。

これまでも由一を通して、新しい時代を迎えた表現者の格闘を見ようとする論は、芳賀徹の浩瀚な仕事をはじめとして決して少なくない。ところが著者は、多くの論者が見落としてきた由一が明治十四年に構想してスケッチした「螺旋展画閣」に注目して、彼を表現の格闘者であると捉える視点に疑いを示す。

螺旋展画閣とは、ニューヨークにあるグッゲンハイム美術館のように建物全体が、らせん状の回廊を成し、その回廊をそのまま絵の展示スペースとするという案である。著者はこの実現されることはなかった、この〝美術館〟のアイデアが生まれるまでの過程を探っている。

日本各地に残る三匝堂、つまり一つの建物の中をらせん状に登り降りすることで札所巡りを成し終えた仕掛けになっているさざえ堂、おなじように富士信仰が生んだ江戸における人造富士の旅行、明治の初めに出来た博覧会場のらせん状の構成、立ち並んだ楼閣建築、そのような「展画閣」以前の建造物の出現と影響を調べながら、展画閣の計画が実現性の高いものであったことを傍証して行く。しかし著者の狙いは、由一の計画案の実現を検証することではない。

「展画閣」のアイデアの誕生に、「美術」という概念が国家の「制度」として受け入れるべきとする政治的な意志の契機がなかったのかを見出そうとするのである。由一がこの案を考えた年は、西南戦争のごたごたに一区切りをつけた、いわゆる「明治十四年の政変」にあたる年である。国会開設が決まり、日本において政治的な制度がかたまりつつあった。美術の世界に限れば、フォンタネージの後に登場したフェノロサが油絵より東洋画に優位性を説く連続講演を始めた時である。やがてフェノロサの先導のもとに洋画派は脇に追いやられ、美術学校創立時には一切の西欧文化は排斥されるまでに到るという国粋主義の台頭がはじまっている。また由一にとっても、彼がフォンタネージに学んだ正統なる技法で「江堤」を描き、内国博覧会に出した年であり、審査員と彼との間に評価のズレが生じて、大いに苛立っていた頃である。ところが、彼はこうした事態にもかかわらず、山形へ旅立ってしまう。

彼がこの年山形に向かい、鬼県令、土木県令こと三島通庸に近づいたことは知られているが、著者は彼が山形にいる間、新聞に「螺旋展画閣」の構想を発表していることなどから、彼の心中には、三島が強引に山形市の都市計画を押し進めたことへの共感があったのではないかと述べる。いわば「自由民権派が国会という制度の確立を求めたように、その絵画のちからを制度化しようとしていたのである」。

著者は、由一の軌跡を辿りながら、日本に「美術」という概念が西欧から移入された時、なにが排斥され、なにが祭りあげられていったのかを見ようとする。だから、由一たち洋画家がやがて日本画再興を標榜したフェノロサら国粋派の登場によって、舞台の脇に追いやられてしまったというような通念化した図式を棄て、実は両者には美術を芸術の中心に置き、あるヒエラルキーをもった制度とする意識が同じように働いていたことを立証するのである。

さて、このように本書を紹介すれば、著者の論がM・フーコーの、彼の言葉によれば考古学的手法に依拠し、そこから多くを学んでいることに気付くであろう。この本の中にもフーコーが『監獄の誕生』に記したベンサムのパノプチコン（一望監視型施設）への言及がある。フーコーはそこに現代に到るまでの管理システムの原理の祖型を見出したわけだが、北澤は「螺旋展画閣」を再発見し、そこに日本の美術が制度化される端緒をみる。こうしてひと度、美術なる言葉が浮上してしまうとそれはひとり歩きし、現在の美術界の閉じられた、〝空虚〟な構造を形づくってしまったのだというのである。

だから、このような論述の仕方は、フーコーの見取り図を日本に置き換えた余りに図式的な作業だといわれるかもしれない。しかしながら、フーコーをひとつの哲学のブームとして紹介してきた論は多いが、彼の論をかくまでも咀嚼し、日本の美術にまつわる制度を捉えようとしたものを、私は管見なゆえか知らないのである。フーコー自身が試みようとしたのはこれまで書かれてきた歴史そのものをひっくり返してみせることであった筈である。因みにヨーロッパの建築史においては、この方法は施設論としていくつかの仕事を産んでいる。或いはまたフーコー以前にも、フランクフルト学派やヴァールブルグ研究所の美術史家たちがこのような試みをして、それは近年、日本の中世史や近世史において目覚ましい成果をあげているではないか、といわれるかもしれない。確かにそうである。しかし、中には歴史家たちが自分の歴史の枠組みをイコノロジーの方法によって裏書きしているにすぎないかの印象も否めないのである。

北澤は近代日本の美術の流れに触れ、西欧美術が一貫した流れをもっているのに対し、正統であれ前衛であれ西欧美術の紹介の上に立っていて、それは「一貫性なき展開のパターンの一貫性」ではあるまいかといっている。このことは何も美術に限ることはない。イコノロジーを採り入れ、いち早くフーコーの方法を我が物とすれば良しとする歴史の流れは容易に眺めることができる。だからこそ問題はその先にある。美術であれ、哲学であれ、法であれ、日本人が西欧から都合に応じてなにがしかを摂取してきたということであれば、それはどの近代史においても常套的に記述されている。問題はその受容の歴史そのものが近代史として、正統なものとされてしまうところにある。本書のように近代日本の美術史そのものを疑ってみる試みをなした仕事は余りに少ないのである。

アートという言葉は美術と技術の意味を抱えていた。おなじようにインスティテューションという言葉には施設と制度という二つの意味を含んでいる。この二つの概念が分化し、あたかも美術館や展覧会が美術として、施設としての役割しかうけもってはいないかのように人々はすでに予め考えている。私たちは美術という制度、美術史という手垢のついた制度に取り巻かれているにもかかわらず、そのことに疑いをもたない。結果、美術史とマスメディアに乗った名だけで作品を判断し、美術品を買い漁るまでに到るのである。

著者は、こうした問題意識が一九七〇年代半ばにおける現代美術とのかかわりから生まれたといっている。そこから遡行して二〇年代、明治後半、そして明治初頭へと行き着いたとしている。私はこの著者に面識がないどころか、現代美術についてどのような批評をしているのかも知らない。ただ、もし著者がいま現代美術について語らず、このような作業に向かったとすれば、それは現代美術の不幸を端的に示していると思った。このことを含めて著者の次の仕事に期待したい。

(一九九〇年二月号)

# 書くこともまた「事件」たりうる

## 『堺港攘夷始末』

大岡昇平 著

中央公論社・二四〇〇円

つい先日、テレビの仕事で年配の職人たちにインタビューをすることになった。「聞き書き昭和」という連続番組の一つということで、私が相手をする方の多くは明治末から大正生まれの人たちである。当然彼らの回想には戦時中に体験した様々なことがらが出てくる。そのことは予想していたが、昭和二〇年生まれの私でも聞いていれば判ることだと考えて、予め資料を読むこともなく相対してしまった。ところが、肝心なところで反応ができない。たとえば、三度徴兵にとられた方がいた。私はそれを聞いても、次に何を尋ねようかと考えているばかりで、はぁと返事をするだけだった。さすがに私より十歳上のディレクターはすぐに反応する。三度も徴兵に出されたとは理不尽ではないか、という。そういわれれば、その通りである。問い直してみると、今でもそのことをどれほど不審に思っているか、老人は訥々と語りはじめたのである。

ビデオの収録が終わり、雑談になった。老人の三度目の徴兵は昭和一九年、しかも南方である。スタッフの一人が南方に無事着いただけでも良かったですね、という。彼も私より十歳は歳上である。父親を戦争で亡くしている。私にも彼がいうことは判る。一九年に日本本土を発った軍艦の多くは撃沈されていた筈だから、そう問いかけるのも当然である。すると、老人は、実は、といって自分の乗った船が沈み、半日ほど海の中に彷徨っていたことを話し出した。

私は知識として戦時のことをそれなりに知っているつもりであった。しかし、それが如何に身についていないものか、を悟らされたのである。

その晩、せめて今一度、読んでくるべきだったと、大岡昇平の『俘虜記』、『レイテ戦記』のことを思い出した。彼もまた昭和一九年にフィリピンに送られている。が、果たして大岡の仕事を読んでも、どれほど自分の気持ちの内にこめて、老人の声を聞きとれたものかとも考える他はなかった。

私が反応できなかったのは、自分の内面に戦時下の風景を描けなかったからである。このことは歴史の事象を思い起こす際の基本であろう。改めて大岡の『レイテ戦記』を読んで、感心したのはそのことであった。報告された資料を出来うる限り集めている。この点にはむろん彼の眼の広さを感じることができるが、歴史書とは一線を画すと思えたのは、資料の背景となる場所を具体化することに力を注いでいることである。これは単に俯瞰して記号化された地図といったものではない。戦いの場を成立させている力学にも及ばねばならぬし、人間の身の丈に視点を置く必要も生ずる。いわば「歩哨の眼」を要請する。だからこそ当然、作者は人間としての想像力を働かさねばならない。歴史書ではなく、小説として成り立ち得るのはここにおいてであろう。むろん、この想像力には作者自身の体験が背景にあるが、同時に事実を記すという禁欲的な苦痛がある。しかし、この苦痛が作者をして小説を書かせる力となるのである。

さて、大岡の実質的な遺作となった『堺港攘夷始末』は、作者自らが生きた時代を描いてはいない。

題材は幕末の慶応四年（一八六八、この年の九月に明治と改元される）の二月一五日、泉州堺港で起きた事件からとっている。当時、堺港を警備していた土佐藩士が、無断で上陸してきたフランス兵に発砲し十一人を殺し、五人に傷を負わせた。前年の三月に新政府が発足しているが、フランスはもとより欧米列国の、この事件に対する処罰要求は厳しく土佐藩士十一人が切腹する。

この事件についてはすでに森鷗外が大正三年に「堺事件」として小説にまとめている。大岡の仕事がこの鷗外の作品に対する異議をきっかけにしていることは知られている。「堺事件」への疑いを発表したのはすでに十五年前になるが、確かに本書を読むと両者の違いは明確である。鷗外も関係者からの聞き書きをもとにした資料をもとに事件を再現している。違いの一端を述べれば、「堺事件」では、当初刑死されるはずであった二十人が、次々と切腹して行く状況を目の当りにして、立ち会いのフランス公使があまりの凄まじさに驚き、恐怖にかられ、十一人目のところで逃げ出してしまったとしている点であろう。「フランス公使はこれまで不安に堪へる様子で、起つたり居たりしてゐた。此不安は次第に鋭を執つて立つてゐる兵卒に波及した。……寺の門を出るや否や、公使を包擁した兵卒は駆足に移つて港口へ走つた」。ここで鷗外はフランス側をことさらに腰抜けと決めつけている。

これに対し大岡は全権代理のプチ－トアール（立ち会ったのはフランス公使ではなく、部下を殺された艦長である）が冷静に事態を把握し、フランス側の犠牲者と同じ人数が処刑されたのをみて、中止を求めたとしている。事件を再現するために大岡は日本側の資料ばかりでなく、フランス側の報告を読み、プチ－トアールが「歴戦の海軍軍人」であり、事態の凄絶さに脅える者ではなかったとする。鷗外の「堺事件」は日本の武士に大きく肩入れをしているのである。しかし、そのことだけを伝えるならば大岡は、昭和五九年から六三年までこの仕事（「中央公論文芸特集」に十六回連載）を続けるようなことはしなかった筈である。鷗外の作品と異なる視点をもって、この事件を再現しなくてはならぬという意志が強く働いていたと思われる。

岩崎武夫が以前、鷗外の「山椒太夫」を説経節の「さんせう太夫」と比較し、批判を加えたことがあった（『さんせう太夫考』）。岩崎は鷗外が説経節の結末にあるづし王が復讐心から太夫の首を竹鋸で引くという非情な場面を消し、「和解することのできない徹底した対立の深さ」を曖昧にし、口当たりのよい勧善懲悪劇にしたと指摘している。このことは「堺事件」にしても指摘できる。そして大岡が描こうとしたことは日本側のみならずフランス側にあっても、否応もなく置かれてしまった事件の場の非情さではなかったかと思う。

大岡は本篇の主人公に発砲した土佐藩六番隊長の箕浦猪之吉を選んでいる。彼が細かく日記をつける習慣をもち、事件にいたる経過を綴っていることが大きな要因だが、より興味をもったのは箕浦がかたくなな攘夷論者であったからであろう。そうでなければ、この事件は起きなかった。箕浦は当時二十五歳、山内容堂に仕えた儒者である。といってその思想は何も彼だけのものではない。新政府が開国を列国に告げたとしても、夷狄を撃つという意識はおいそれと消えるものではないからだ。しかも政府が列強に圧されて開国に踏み切ったとすれば、より攘夷の意識は倍増される。一方、フランス側の軍人もまた日本を牛耳る使命感をもっていた筈である。そこには「和解しがたい」対立の深さがある。

フランス兵が堺に出かけたのは軍事的な目的ではなく蒸気船の誘導のために立ち寄ったのである。

しかし、少しスケジュールに狂いが生じたため上陸する。大岡は述べている。「暇ができると、『ついでに偵察』とならざるを得ないのが軍人の習性なのである。パリス少尉は余分の勤勉さによって、レジオン・ドヌールを貰い損うことになる。……他方、諸国公使謁見という悲しむべき屈服が大阪で進行している。……箕浦の心は爆発寸前にあったということができる」。兵士というものは奇怪な生き物である。が、その奇怪さは時代の大義に翻弄されているためである。大岡の「歩哨の眼」はここに生きている。

岩崎は鷗外の「山椒太夫」に欠けているものは「説経における場の構造と論理」だという。その場を成立させているのは〝禁忌〟の問題であり、それが抜け落ちているとしている。大岡が事件の起きた場所を繰り返し歩いていることは記述から充分に伝わってくる。そして堺は堺商人が活躍した頃のような活気のある貿易港ではなく、さびしい港町となってしまっていることを繰り返して描写している。これは堺港が単に中央からの命令、情報が遅れる辺地であったというばかりではなく、中央の開国路線に反する兵士たちが一つの集団を作ってしまったことを意味する。つまり箕浦たちが二重に禁忌の空間の中へと閉じ込められていたことを明らかにしている。戦争とは下級の兵士を取り残して進んでしまうものである。しかも作者は切腹を免れた者たちが、その後の生涯においてさえ、この禁忌から解き放されることがなかったことを追っている。そこに兵士として、俘虜として自らも生きた大岡の苦痛と怒りがある。

私たちは兵士ならずとも、ある時代の思潮に流される。それを真実とみまごう。「歴史其儘」を説いた鷗外でさえ免れなかった。「時代の変遷により、事件の記述とそれに関する言説の変化自体、各々また『事件』を形づくっている」と作者はわざわざ記している。「堺事件」が書かれた大正三年がいかなる時代だったか。第一次大戦勃発、日本は東アジアのドイツ勢力一掃のためドイツに宣戦布告をした年である。

しかしながら、このことを今ことさらに指摘することは作者の本意ではないだろう。大岡にしても自らが記述することにより、それがまた「事件」を構成してしまうことはよく知っていた筈である。だからこそ、彼は出来うる限りの資料、当事者によるものばかりか流布された伝説の類までを批判的に読み、事件の場を再現しようと試みたのである。それ故に、この仕事が中断したまま鬼籍に入ってしまったことは、彼にとってきわめて無念だったことだろうと考える。連載時の担当編集者が巻末に文章のディテールにおいて幾つかの過ちがあることを注釈している。これは実に適切な処置であるが、痛ましい気も起こる。私は以前、大江志乃夫が新田次郎の『八甲田山死の彷徨』について、軍靴の記述の誤りを指摘し、批判を加えていたこと、あるいは大岡自身が井上靖の『蒼き狼』に論争を挑んだことを思い出す。大岡はディテールの過ちが全体に波及する意味をよく知っていた。生きていれば、何度かさらに推敲をかされた筈だ。

繰り返すが、大岡は「事件の記述とそれに関する言説の変化自体、各々また『事件』を形づくっている」と述べている。この記述から、彼が郊外のありふれた殺人事件を描いた『事件』の結末を思い出す方は多いだろう。あの作品の中で、犯罪者は事件を起こすが同時にそれを裁く人間も事件によって自己を試される判決も、それを成立させる法制度もまた一つの「事件」ではないかと問いかけていた。その眼は国家に向けられていた。視線は変わらないものの、この遺作『堺港攘夷始末』においては、作者自身にも事件を描くことで生じる不可避的な事態への責任を後に続く者たちに問いかけているると思えてならない。
書くこともまた「事件」たりうる。とすれば、それをどのように読むかもまた事件なのであろう。大岡の最後の声を私はそのように聞いた。果たして私はその声を聞き取れたであろうか。

（一九九〇年四月号）

# 科学は、いかに精神史を変えたか

## 『近代の小道具たち』

エンゲルハルト・ヴァイグル著　三島憲一訳

青土社・二四〇〇円

パラダイム論で知られているトーマス・クーンが、科学史は「隔離された分野」であると語っている（『本質的緊張』）。クーンによると、科学史はこれまで現場の科学者によって書かれ、一般の歴史家は中世以来の科学が歴史に果たしてきた役割を無視しているらしい。とはいえ、そうした歴史書はないわけではなく、クーンは幾つかの新しい仕事を紹介している。だから彼の論を読むと、私にはかえって面白そうな科学史の本があるように思えた。しかし、彼のように知識も語学力もない私にはいずれも遠い存在でしかない。

少なくとも私のように、原稿の催促をする電話はなぜかくも明瞭に声が届くのか、原稿が遅れそうになるとき用いるファックスはなぜ瞬時にして編集者に渡るのか、原稿書きの邪魔をするラジオやテレビの原理はどうなっているのか、こうしたことにもまったく無知な読者にも判る科学史の著作はあまり見当たらない。ついでにいえば、なぜ編集者はあれほど原稿を催促しなければならないのか、そして私は姿の見えぬ電話なのに、なぜペコペコと頭を下げてまで唯々として応えるのか、にもかかわらず私はなぜ原稿よりも相撲や野球中継に興味をもってしまうのか、といった問題にまで届いた歴史が日本語で読めたらなあ、と考えていた。

本書は、私のこのような渇きを癒してくれた。といって直接に現代を扱っているわけではない。十七世紀のはじめのガリレイから、十九世紀の初頭に生きたフンボルトまでが対象として扱われているが、単なる科学者の列伝ではない。むしろ彼らが作り、用いた望遠鏡、顕微鏡、寒暖計、時計、地図、避雷針といった道具が主役である。

著者の視点はこうした科学上の小道具が果たした意味を問い直す。それと共に小道具を用いた科学者たちが、今日いう科学者とはかなり異質な立場と指摘する。

まず第一章は『星界の報告』を著したガリレイと望遠鏡を扱っている。ガリレイが当時の数学者より数学的知識において劣っていたにもかかわらず、彼がそれまで支配していたアリストテレスの宇宙観を覆したのは、彼が望遠鏡を作る職人的な能力を身に付けていたからである。もっとも最初に望遠鏡を発明したのは一介の職人である。ガリレイが天才だったのは、この単に物珍しいと思われていた新しい小道具の原理を理解し、自分の要請に応じてこれを作ってしまったところにある。当時の多くの学者は眼鏡職人に注文するだけであったから、自ら制作しえた彼は一歩も二歩も先んじたのである。

著者はこのガリレイのように、新しい科学の時代を切り拓いた科学者たちには職人的な器用さをもって自分で道具をこしらえていることを明らかにする。ほとんど真空になるまで器の空気を抜き出せる空気ポンプを作ったオットー・フォン・ゲーリケも同様である。彼らは発見家であると同時に発明家でもあった。このように本書はいかにして小道具が作られていったかを辿ってくれる。

しかし、著者の視点がユニークなのは、このような道具が如何に学問の領域を広げたかということだけではなく、人々の生活にまで及ぼした影響を見ていることにある。

ガリレイは望遠鏡で天体を観察し、彼は道具を用いて具体的にそれを見えるものとした。彼は「我々の研究は感覚の世界を対象とするのであって、紙上の世界ではない」（『天文対話』）と述べている。科学的主張の根拠を自らの眼、いわば経験によって裏づけた訳である。一般的には、十七世紀の新しい学問はガリレイが説くように経験主義に基づいているとされる。ところが、著者は、彼は自分の眼によって見たのではなく、実は望遠鏡という機械の眼を通したことに注目する。ガリレイは彼のいうところとは逆に、人間の眼に対する批判を含んでいたのである。

それればかりではない。著者は次のような話を付け加えている。アリストテレスによれば、地球が宇宙の中心であるのは、地球が最も下等な元素によってできているとされていた。いうなれば、天体の中で地球は最も格の低い存在であった。ガリレイが自分の発見に狂喜したのは、地球が他の星と同じ、つまり格上げされたことを意味していたのである。地球は天体の中心ではなくなり、さらにいえばこの発見は地球と同じように生物が棲む星の可能性を示唆し、今日の宇宙飛行の動きへと繋がって行く。いや、小道具が生活世界へ及ぼした影響を見ようとするなら、顕微鏡や寒暖計、時計や経度を測定するクロノメーターの役割を記述した章の方が判り易い。

顕微鏡は自然の中の微小世界を呈示したというだけでなく、学問の対象を聖書よりも自然を優位に置いてしまった。神への反逆のはじまり。寒暖計は温度を定量化しただけでなく、測定単位を普遍化するという問題を導き、やがて十六世紀末から起こった経済交流の動きと重なる。地域や国家の中で充足して生活を営んでいたものが、単位が普遍化されると物が動き、人が往き来して、地域性や国民性は消えざるを得なくなる。生活に大きな変動が起こった。

興味深いことには、今では神の存在を危うくすることばかりに思えるが、十七世紀の科学の急速な進歩は終末論と結びついていた、と著者は指摘する。この時代に次々と起きた衝撃的な事件はそのまま最後の審判の前触れであり、「終末への期待は認識への探究欲をさらに高め、他方で新しい認識は歴史の終末への信仰を強めた」。神は根本的な変化を望んでいると人々は確信したのである。しかし、この信仰はやがて時計の発達によって打ち破られる。時計は時を測定する道具であったが、終わりのない永遠に、自律的に動く世界のメタファーとなったからである。終末論は十八世紀に入ると力を失い、世界は「物理的には運動、数学的には関数的規定だけで十分だ」というライプニッツの思考をも生み出すことになる。こうして理性の勝利が謳われ、啓蒙の時代が開かれる。

本書は十一章に分かれていて、各々の小道具の発展について独立して綴られているが、同時に各章は繋がっている。クーンのいう如く、それらの歴史が「連続的進歩」ではなく「断続的転換」をもって進んだことを明らかにしている。技術の確信がユートピア信仰と結びついていながらも、時計の発達がそれを崩壊させてしまうように、一つの小道具の登場が世界を解体し、同時に統合し、それは次の小道具によって解体されて再び統合されてゆく。だから著者の眼は当然、科学の小道具が世界を進歩させ、解放させたという輝かしい面ばかりを見てはいない。クロノメーターは正確な経度を測定し、航海の安全を確保する上で偉大な貢献をもたらした。やがてそれは地図の精度を高め、十八世紀にいたりヨーロッパ中に幹線道路を敷設させることになる。が、このことは国家の機能を決定的に変化させたという。地図と道路を手に入れた国家は、すべてを監視下に置くことが可能となり、国家に対抗する勢力は排除されて行く。「空間に対する国家の支配力の増大に伴って、空間そのものが人間に及ぼす影響力は失われた」。小道具は常に両義的に現れ、人間の身体性をも改変する。

この点を本書の中で、最も見事に描き出しているのは、避雷針に関する章であろう。

今ではありふれたこの一本の金属の棒が、フランス革命にも繋がっているという逸話を載せている。それまでは教会にまで落ちて、全焼させてしまう雷こそ神の怒りの具現であった。そのため容易に、フランクリンが発明した避雷針の効用は理解されず、かえって雷を呼ぶものと考えられた。フランスの町、サン・トメールで避雷針を弁護士が自分の家につけると近所の人々は怖がり、裁判所もこの要求を認める。ここにロベスピエールが登場する。彼は自分の名を上げるために、この小道具を擁護し、アカデミーに訴えて、サン・トメールの町の人々を笑い者にしたのである。この事件は革命の立役者のデビューというだけでなく、避雷針の発明が啓蒙主義の象徴となり、同時に恐慌を生み出したことを証している。さらにこの時期、理性の圧倒的勝利に対する疑いもまた生じたことを著者は見逃していない。魔術的なものが復権してくる。著者は触れていないが、私はポーやホーソンの作品をここで思い出した。彼らの小説には時計や避雷針がテーマとなるものがある。幻想文学は逆説的に生まれたのであろう。

ここまで読むと著者が、初期フランクフルト学派の「啓蒙の弁証法」に依拠していることが理解できるであろう。理性の勝利は魔術から解放させたが、啓蒙主義がいうように理性が現実の生活まで及ぶことはなく、むしろ今日では理性が支配のために利用されてしまう。本書の原題は「認識の道具化」である。これは勿論、理性は「道具的理性」としてのみ達成されたのであるというホルクハイマーやアドルノの論を受けている。

ただ、本書をこのように小難しく紹介するのは適切ではないだろう。読みやすく、時には小道具の発展を好事家のごとく追って、それにまつわるエピソードをちりばめているから、それだけでも実に楽しく読める。図版の多いことも大変にありがたい。著者は各時代に残された絵から当時の科学者たちの暮らしを見ている。だから図版は文章の添えものではない。読者の想像力も刺激してくれる。後書きによると、本書は著者の母国、西ドイツではこれから出版される予定だという。日本の読者は、先に読めるわけである。これは著者に雑誌連載をさせ、しかも判り易い日本語にした訳者、三島憲一の功績である。

かつて日本の科学史家、広重徹（彼もまた啓蒙期の科学の小道具に注目していた）は、十七、八世紀において科学者という言葉は存在せず、専門化されていなかったことを指摘し、そこから今日の余りに専門化されてしまった科学に反省を求めていた（『近代科学再考』）。彼は専門的ディシプリンの枠を踏み越えて「野性の科学」が必要ではないか、と説いた。おそらく、この広重の問いかけは、ヴァイグルのひとつのテーマであるのだろう。冒頭は職人的能力をもっていたガリレイであり、最終章は十七世紀を通じて発明された科学の小道具たちを装備して、世界各地で植物の分布、気温や天文や地磁気の状態までも観測したフンボルトである。ここに小道具のはじまりとその集大成ということ以上の意味を著者は込めたと思う。フンボルトは誰よりも科学の専門化から逃れ、しかも自然の中に研究を求めた人物であるからだ。しかし、著者はこのフンボルトの功績を認めながらも、彼の仕事に現れた危機を見出している。彼が植物の分布を調べ、特性を確認したとしても、そこでは「味や匂いも無視される。植物収集園、自然展示室などは、このような分析の仕方の制度上の相関物である」。フンボルト以降、科学は専門化され制度化された。

あえていえば、本書の魅力もまた両義的である。著者は実に該博な知識を駆使して科学史というよりも、十七、八世紀の精神史を語ってくれる。専門的なディシプリンの倅を越えて歴史を読みかえしてくれる。が、この著作の成功はいわば科学の小道具に絞って論を進めたことにあるのではあるまいか。近頃、大流行のインター・ディシプリンなどという惹句とは一線を画しているのである。

さて、本書を読んで、私が姿の見えぬ電話にもかかわらず、つい謝って頭を下げること、原稿よりもラジオやテレビに気が行ってしまうことは、この本の原題そのままに「認識の道具化」の表れ、あるいは抵抗ではあるまいか、と考えたのだが、この時再び原稿催促の電話があったので、この問題は私にとって電話やテレビなどの構造が判らぬことと同様に保留されたのであった。

（一九九〇年五月号）

# 手わたされたこと

## 『失われた時代』

長田弘 著

筑摩書房・一九六〇円

あらかじめ断っておこう。本書は四章に分かれているが、その内の第一章「カタルーニャ幻影行」、第三章「死後の生」、終章「アウシュヴィッツにて」の、全編の四分の三にあたる部分は、すでに『アウシュヴィッツへの旅』として一九七三年、中公新書に収められている。新たに加えられた第二章「ある詩人の墓碑銘」は一九七六年、雑誌「展望」に発表されたものである。むろん、今回、完本として新刊するにあたって著者は更訂し加筆しているが、いずれの文章も十年以上の時を経過している。にもかかわらず、今、ここに紹介（あえて紹介といいたい）したいのは、第二章が加わることによって、著者のテーマがより明瞭になり、奥行きが深くなったためである。しかも、本書のなかに込められた著者の問いは古くなるどころか、むしろ現在において、鋭さをより増していると考えたからだ。

旅行記である。ただ、著者の紀行はのんびりと遊びに行くものではなく、はっきりした目的があった。

「すさまじいほどにさまざまな石塊の点在する台地だった。風もない、叢林もない」。はじめは、荒涼としたスペインのアラゴン地方。ここは一九三六年に勃発したスペイン市民戦争の最前線となったところだ。アラゴンは記事を書くためにやってきたジョージ・オーウェルが、「当時のあの雰囲気のなかではそうすべきとしかおもえなかった」ために、マルクス主義労働者党（POUM）の一民兵として戦いに加わった場所だ。著者の最初の旅はオーウェルの『カタロニア讃歌』への旅である。

このように記述すると、遠い日本の旅行者がセンチメンタルな感情にかられて市民戦争をひたすら言挙げする体の旅行記に思われかねないが、著者はまず、市民戦争が否応もなく抱え込んでいた矛盾、失敗の意味を執拗に探っている。私たちはスペイン戦争を誤って捉えやすい。「市民戦争においてもっともまちがいやすいのは、それを反ファシズム人民戦線という視点からあっさりと割り切ってしまう姿勢であるだろう」。ことの経緯を少し述べれば、ナショナリストとカトリックの支配に対し、七つの党派からなる人民戦線は選挙同盟に勝って共和国政府を成立させた。これを否認するフランコの指揮した反乱が、いっせいに各地で惹きおこる。政府は二度更迭をかさねた後、共和国支持に立つ広範な人々の武装要求を、つまり非合法の兵士を認めた。ここで政府はみずからの合法性を否認してしまう。これが、最初の過ちだったという。

戦いは反乱軍とそれに抵抗する、自発的に結成された多様な政治委員会とに移る。自発的に集まった民兵たちは、オーウェルの眼にも「内乱の意味などてんでわかってない」と映った「烏合の衆」である。が、それゆえにこそ、著者はこれを「抵抗革命」と捉える。本当に支配から自立的にたたかった、それまでの戦争の常套句にどのようにもあてはまらない戦争として見る。しかし、同時に抱えていた矛盾はここにある。烏合の衆でしかなかった委員会があたかも正規軍として戦わねばならなかったからである。やがて、政府に加担した共産党はこれを認めず、〈まず勝利、次に改革を〉というスローガンを打ち出し、民兵隊を解体し、それに抵抗する者たちを粛清する。党は革命をすてた、いや革命という意味を理解していなかったのだ。この戦いを通常の戦争のモデルに置き換えてしまう。

このことをオーウェルは的確に指摘している。著者はオーウェルに負うているだけではない。彼がついに見ることができなかったものを見ようとする。それは、三十五年経っても変わらないスペインの風土だ。オーウェルを驚かした村の共同墓地である。灌木が生いしげり、雑草がのびるにまかせた墓を見て、彼は「この地方のひとたちは、ほんとうに宗教心というものをもたない」、或いはキリスト教とは異なった「宗教的色彩」と考えた。しかし、著者は三十五年前と同じようにモンフロリアの雑草につつまれた墓地を訪れて、違った感想を抱く。それは宗数的色彩ではなく、「むしろフォークロアの世界に深くかかわったものとしてみるべきだろう」、と。抵抗した意志は、しぶとく生き抜いている雑草のようなスペインの小さな村そのものに根があるのだ。

著者のこの姿勢は一貫している。風土を乾いた、的確な描写で伝える。これは紀行文の常識に則っているという以上の意味がある。この旅はサブタイトルにあるように、一九三〇年代に生きた人物を追っている。オーウェル、ジョン・コンフォード、ロルカ、ベンヤミン、ポール・ニザン、パステルナーク、彼らはすでに全員、みまかっている。だから、この紀行は追悼の旅である。しかし、著者が見ようとしているのは、彼らが死んだことではない。彼らが後のひとたちに手わたし、いまも生きている何かである。それをもう一度、風景のなかから探しだそうと試みる。風土は生きられた記憶、歴史なのだ。

第二章に描かれるジョン・コンフォードも、イギリスから市民戦争にコミュニストとして参加した。

彼は戦場から恋人への手紙を残しただけで戦死した。彼が残した手紙と詩は戦後、多くの人に知られることになるが、当時はまったくの無名の青年にすぎない。彼はしばしば、スペイン戦争に参加したコミュニストとして一括りにあつかわれる。しかし、と著者は問う。コンフォードの残した言葉を、おなじ時期におなじようにして戦死した作家のラルフ・フォックスと活動家のクリストファー・コードウェルとの手紙の言葉と対比させる。「『われわれ』という言葉はフォックスにとってはじぶんのかんがえる意味でのピープルということだった。コードウェルにとって、それは党だ」。が、「『われわれ』とは、ジョンにとって前線の仲間のことだった」のである。彼はつねに戦場にあってもひとりの「わたし」であり、「われわれ」とはもうひとりの「わたし」だった。ここから著者は、実はスペイン戦争とは、「それぞれの『わたしの革命』を問うた戦争だった」と語る。著者の語る「革命」とは、政治上の変革を意味しない。誰もの内面にこそ問われるべきものだ。この章には、コンフォードへの親愛を重ねて、言葉を身のうちに置いて考える著者の、詩人の眼がなければ見えにくいことが、丁寧に語られている。

詩人の眼はロルカ、ベンヤミン、ニザン、パステルナークの墓を詣でた時にも生きている。ロルカの墓も、ベンヤミンの墓も、ニザンの墓も執拗に探すものの、彼らの墓を見ることはできない。わずかにパステルナークの墓だけが、彼が隠れるように暮らしたペルジェルキノの共同墓地のなかにひっそりと小さく置かれていた。彼らは死後もそれぞれの政治状況によって、彼らの仕事にふさわしい大きさの墓をもたないといえる。しかし、それゆえに著者は、彼らの手わたそうとしたものが死後も生き続けていることを実感する。

ロルカは一本のオリーブの木の下に、或いは窪地の底に埋められたと伝えられる。訪ねたビスナールの村には無数のオリーブと窪地がある。ロルカは「スペイン人は天使とかミューズとかを相手にするのではなく、ドゥエンデとたたかいながら生きる」と語っている。ドゥエンデとは「みんな誰もがかんじているが、いかなる哲学者といえども説明できない神秘的な力」すなわち「大地の精」。ロルカには無数のオリーブと窪地こそがふさわしいのだ。死者はひとりひとり大地に死に、生き続けているのである。

しかしながら、最終章で著者は、「ひとりの人間が死んだ、ひとりの人間がみずからの生きる場所をうばわれて」死んだという「記憶」のない場所に立ったことを記している。四百万人が殺されたアウシュヴィッツ。ここは奇妙な観光名所と化している。恐怖と悲惨は観光の対象となって多くの眼に曝されている。「数として死ななければならなかった死者に、戦後の世界が象徴としての二どめの死を強いている」のである。これはオーウェルが見た雑草の生いしげるスペインの村の共同墓地とは実に対照的だ。ことさらに「宗数的色彩」でアクセントが付けられた世界だ。ここで著者がこの紀行のなかで本当に見ようとしたことは、一九三〇年代への遡行ではなく、実は現在の問題だと改めてわかってくる。

著者は最初の章で、オーウェルが帰国後に書いた『動物農場』と『一九八四年』とが、寓話であったことに注目している。すぐれていても、「真の意味で場所と風景をもたない」作品である。オーウェルの内部では「スペイン体験における場所と風景の体験は、明らかにとくに重要な意味をあたえられなかった」と述べている。が、私にはだからこそオーウェルはあれほどの「苦い」、「場所と風景をもたない」作品を書いたのではあるまいか、と思えた。

いや、著者はその、さらに先のことに触れている。第二章の後半部分がそれだ。今回、第二章を新たに加えた動機は、このテーマにあると思える。第二章の前半は、先に述べたとおり、無名のまま戦死したジョン・コンフォードの生き方を追っている。

それに対し、後半部分は本編のなかでは唯一、一九三〇年代を生きた人物ではなく、その一つ前の時代を呼吸した人物をとりあげている。ジョンの父親と母親である。ジョンの父、F・M・コンフォードは『神話的歴史家トゥキュディデス』を著した古典学者である。母のフランセスはチャールズ・ダーウィンの孫に生まれ、詩人ルーパート・ブルックの親友であり、みずからも詩人として広く知られている。ここで、著者はジョンが生まれ育った知的な環境を、単純に再現しようとしているわけではない。父と母それぞれの生き方を見ようとしている。

フランセスは第一次大戦に、「道徳的目的」のために赴くルーパートに、「海や小石は戦争があってもすこしも変わらないわ」という。「きみの世界はちいさすぎるんだ」とルーパートは答えた。ただ、そこにいたF・M・コンフォードは無言をまもった。彼が無言であったのは、平和主義者でも、愛国主義者でもなかったからだと著者はいう。彼は戦争が善か悪かという問題よりも、「戦争をやむなく負わされて負わねばならぬ一人ひとりがいる」と考える。「戦争をすすんで受け入れるのではない、戦争にみずからの無言をむきあわせる一個の生きかた」を選んだのである。

著者はF・M・コンフォードの著作から、「フィロソフィ・オブ・ライフ」という言葉をとりだす。コンフォード自身によれば、この言葉は「書かれざる哲学」ということだ。著者はさらに、この言葉を「ひとりの『わたし』のイメージ」と読み返している。それは本書のなかに繰り返し述べられている、〈生きるという手仕事〉という著者自身の言葉と対応している。著者は、訪ね歩いた死者の生き方に、各々独自の〈生きるという手仕事〉を見出しているのである。

この長い旅行の後、フランコが没してスペインは明るくなった。パステルナークも復権した。しかし、著者が問うのは、ロルカの名誉回復でもパステルナークの復権でもない。それはまた現在、東欧が揺れ動き、あたかも資本主義が共産主義に勝ったと手放しで語ろうとする向きとはまったく正反対のことだ。いや、それだけに大事な部分がみえなくなっている。著者の問いが、現在鋭さを増していると思うのは共産主義の破綻ではなく、「ひとりの『わたし』のイメージ」が今日ほど希薄になっている時代はない、と私も考えるからだ。著者が問いかけることは簡潔だ。人がいま、ここに生きること。F・M・コンフォードがケンブリッジという小さな街のなかに、パステルナークが小さなペルジエルキノの村のなかに生きたように、「わたし」が「わたしの場所」で生きることである。これが、死者たちから手わたされたことだ。

本書を読み終えて、私は長田弘から、多くのことをおそわっただけではなく、多くのことを手わたされた気がする。そうした本である。フウッと息をつき、私はとりあえず、「深呼吸の必要」をつくづくと感じた。

（一九九〇年六月号）

# 二十世紀を描いた一枚の地図

## 『カーンワイラー』

みすず書房・六九〇一円

ピエール・アスリーヌ著　天野恒雄訳

伝記文学は一人の人間の歴史を記述するというよりも、その人間が築きあげた山、広げた領土を示す地図を作成することに似ているようだ。幾つものデータを集め、正確さを期しながらも、その中で必要な情報を整理しつつ、読者をある著者が望む地点まで誘って行く。だから伝記文学を読むことは、ある地点へ到達するために描かれた地図を頼りに歩いて行く行為に似ている。むろん地図には簡便なものもあれば、複雑なものもある。よく知っている場所を判りきった情報だけで記されていれば、まったく興味を惹かず、退屈してしまうだろう。また枝葉の情報だけが満載されていれば、読む側は混乱してしまう筈である。そして、何よりも大事なことは、その地図を広げた時、読者を未知の地点にまで歩かせる魅力があるか、ということだ。つまり対象となる人物が、どれほどの魅力があるのかに、やはりかかってくる。

私たちが望む地図はやはり未踏の険しい峰のもの、広い領土のものである。山ならば、正確な上にきちんとしたルートが書き込まれ、しかも時おり、それまで主人公と共に登ってきた道を振りかえらせ、眼下に広がる風景にも驚くだけの余裕も欲しい。それが、読者をさらに一歩一歩先に歩ませるに必要な想像力をかきたててくれるからだ。

カーンワイラー。彼ほどに、彼が築いた山の地図を描きたくなる魅力をもった人物は少ないだろう。都合のよいことに彼は自伝を書いてはいない。読み終えて、文字通り高い未踏の峰だったような印象が残った。著者が「序言」でいうごとく確かに彼は、「ユニークで並外れた存在」である。それでも未踏とはいえ、よく名は知られている。ピカソの画商、ピカソの大使、ピカソの数少ない友人、洗濯船のころのピカソを知っている男などなど、彼はピカソと共に語られるのが常である。私もカーンワイラーについてはその程度のことしか知らなかった。いや、以前、彼の『キュビズムへの道』を読んだことがあった。印象派からはじめられた、この著作の中で、彼は立体派の登場を長い絵画史のなかで重要な転換期の仕事と捉え、しかもそこには明晰な精神が働いていることを分析している。理知的な分析にもかかわらず、時に攻撃的な書きぶりが現れることに驚かされたが、方法の歴史的な認識の深さに、こちらが上手くついて行けなかった印象が残っている。だから、その本の著者はアカデミックな美術史家か、鋭敏な批評家に違いないと思い込み、ピカソの画商とは結びつかなかった。私は日本の現状を聞くに及んで、画商という仕事が不動産屋に等しく、ひたすら美術を売りまくる人種であって、美術に対し明確な指針をもった人物がいるとは思っていなかったのである。カーンワイラーという名は美術史家としてではなく、ピカソという原石を発見して大儲けした人物としか考えていなかった。

改めて彼の足跡を辿ると、「ピカソの画商」という呼称は、嘘ではないが、見ることのできない高い山の頂上を下から見上げて、一つのニックネームをつけているに過ぎなかったらしい。無論、この面はある。本書の後半に出てくる第二次大戦後のカーンワイラーのピカソに対する付き合い方は、傲慢な王様にひざまずく忠実な家臣のようである。しかし、彼もまた一国の王であったことも間違いない、しかも画商という面と批評家という面において。

このことをてっとり早く説明できる事件がある。彼はユダヤ系のドイツ人という理由で、第一次大戦直後、彼の買い取っていた画家や彫刻家たちのすべての作品が敵性財産としてフランス政府に没収され、競売に出される羽目に陥った。競売の際のカタログは、彼がパリに出てきてから僅か十年も経たぬ間に生み出した「自分の活動の一覧表」であった。「屑はいっさいなかった。いくつかの例外を除いて、すべて誇ってもよいものばかりだった」。競売は四回に分かれて行われている。それほどの質と量を誇っている。最初の売り立てに出されたのは、ブラック二十二点、ドラン二十四点、グリ九点、レジェ七点、ピカソ二十六点、ヴァン・ドンゲン三十三点、ヴラマンク三十三点である。これだけでも事件だが、この数字だけに驚くことはない。私は四回の競売に出された作品を単純に足し算してみた。ブラック百十六点、ドラン百十一点、グリ五十六点、レジェ四十三点、ピカソ百三十二点、ヴラマンク二百十六点、ヴァン・ドンゲン六十点、ほかにマノーロの彫刻とカーンワイラーが出版した本。これらの作品を眺めるだけでも彼が、近代美術、特に立体派に果たした役割の大きさが知れるだろう。注目すべきは、集めた作品の量ではない。はっきりと画家を特定していることだ。彼の批評眼の鋭さが判る。これが僅か十年で築き、失ってしまった彼の王国である。

それだけではない。彼は出版した本もなかなかのものだ。最初に出したものは一九〇九年のアポリネールの『腐敗していく魔術師』。ドランの木版画が三十二枚付けられていた。アポリネールにとっても最初の著作である。続いてカーンワイラーが出版したものを挙げると、マックス・ジャコブの『聖マトレル』と『修道院で死去したマトレル修道士の滑稽かつ神秘的作品』、前者はピカソ、後者はドランの挿絵が入っている。ジョルジュ・バタイユの『太陽の肛門』、レジェの木版画が添えられたアンドレ・マルローの『紙の月』、ラディゲの『ペリカン家』、アントナン・アルトーの『空のトリック・トラック』、ミッシェル・レリースの詩集『みせかけ』、サラクルーの戯曲『お皿を壊した人』、ジョルジュ・ランブルーの詩集『低い太陽』などなど。驚くのは、これらの作家、詩人にとってカーンワイラーが最初の作品の出版元になっていることである。これだけでも、彼がいかにすぐれて審美的な感性とアンテナの持ち主であったか。

しかしながら、このようにせっかちにカーンワイラーの仕事だけを取り出しても伝記としては味気ないし、本書の魅力を伝えない。

本書は実にゆったりとカーンワイラーが登っていった道のりと作り上げた王国を描きだしてゆく。方法はきわめて古典的である。けっして奇を衒うようなことはせずに、生きた年代を追うというごく自然なパースペクティブに従っている。カーンワイラーは一八八四年にユダヤ人の中産階級の家に生まれ、あらかじめ銀行員になるように教育され、「金を目指す男」となることが義務づけられていた。にもかかわらず、彼は母方の多分にロマンティックな気性を受け継ぎ、大学には進まなかったものの、文学と美学を好み、やがてパリに出てからは、美術館がよいが募ってゆくことが、通例の伝記の方法に従って書き出されている。こうした最初の記述は、まるで山登りに入る前の裾野を歩いているような感じで、退屈するかもしれない。が、後年のカーンワイラーを知ると、既にこの時期に、大真面目でしゃれや悪ふざけを解さず、義務感の強く、時には状況に耐えながら、交渉を自分に有利に進める術を知っているが、それでいて銀行員には成り切れない、という彼の性格がいかに培われたか次第に良く判ってくる。

加えてパリである。彼という人間を作ったのは、芸術の都という名称が相応しかった二十世紀初頭のパリである。この本は実はパリという都市がどのように発展していったか、を知るには恰好のものである。時折、振りかえる景色のように、その変化が記述されている。が、ここでは著者の作ったルートに戻って先に進もう。

パリで画廊をはじめてから、彼の許にドラン、ヴラマンク、ブラック、そしてピカソが訪れるようになる。「アヴィニョンの娘たち」を描いていたピカソは、自分の仕事が理解されず孤独の最中にいて悩んでいた。ところが、その絵にカーンワイラーが啓示のような強烈な印象を受け、自分の進むべき道を見出す。エピソードを交えて、若き日の画家たちの様子がカーンワイラーを通して描かれるが、美術史に興味のある人なら、これはお馴染みのことだろう。おそらく、こうしたエピソードだけを集めたのであれば、本書は成功者の出世譚か、近代美術の裏面史で終わってしまったであろう。

伝記が地図に似ているのは、ある人物を通して世界を見ると、いままで眺めていた世界が変わって見えてくるからでもある。日本を中心とした世界地図と、アメリカを、コンゴを、ブラジルを、南極を中心とした世界地図とを比較して眺めた時に、世界が違って見えてくるのと同じように、カーンワイラーを軸に据えて書かれた、この地図は近代美術の裏面史の枠を超えて、二十世紀の別の姿をはっきりと見せてくれる。それは画家も人の子であり、絵によって生計を立てていかねばならないという単純な事実を教えてくれるのである。

カーンワイラーばかりでなく、対比的に同時代を生きた画商たちの一人ひとり、顧客たちの動きがこと細かく取り上げられている。その中を美術家たちが喰うためにどう世渡りをしていったのかさえも描かれる。二十世紀において美術が数少ない貴族やブルジョワの手許から離れて、投機の対象になった。このことはしばしば美術史では忘れがちである。記述されたとしても作家たちの動きにちょっとした添え物を与える程度である。

カーンワイラーが成功したのは、立体派の画家たちを積極的に売り込んだためというよりは、かれらと契約することで、「わたしの画家」の生活の面倒を見たことにある。金を与え、手紙を書いて励まし、またけっして自分の納得しない金額では彼らの絵を買わず、安値では売らなかったことにある。そのことが、立体派の画家たちが彼を信頼した理由である。これを裏づける資料は本書のなかに豊富に含まれている。

それだけではなく、彼は自分の発見した画家たちを歴史的な批評の眼で捉えようとしたことだ。これが他の画商とは異なった面である。彼はそれ以前の絵画と近代のそれとを現実的な部分で橋渡しをしたのである。

さらにこの伝記をユニークなものにしているのは、幸か不幸か、カーンワイラーがユダヤ系のドイツ人であったことである。二つの大戦はパリに暮らすユダヤ人にとって過酷な時間であった。それは先に述べたように、彼の収集した美術品が押収され、大量に競売されてしまったことにも窺える。なによりも彼は、二つの大戦の間、スイスとフランスの田舎に亡命せざるを得なくなり、活動を狭められてしまう。著者はその期間、彼が幾つかの本を書きながら耐えていたことを追っているが、それ以上に興味をもたせるのは、一歩退かなければならなかったカーンワイラーの眼を通じて、大戦下の美術家の動きを詳細に描いていることである。

四年前に訳された同じ著者の『ガリマール』は、出版人の眼を通じて、第二次大戦下の作家の動きを事細かく記述していた。これは二十世紀の文学史を語る上で、独自な地図を作りだしていた。このことは本書にもあてはまる。ブラック、グリ、レジェ、マッソン、クレー、そしてピカソ。ある者は亡命、別の者は自殺、ナチに近づく者があれば、抵抗した者もいる。ピカソは「ゲルニカ」を描いてからは、共産党員であったこともあって奇妙な英雄に仕立て上げられるが、カーンワイラーはそうした事態を冷めた眼で見ている。国家の動きに同調するような政治的な活動は、どちらについたとしても無駄な行為として眺めている。

これは実は著者の眼でもあるのだろう。伝記文学とは国家の動きを記述する大文字の歴史ではないのである。カーンワイラーやガリマールの伝記を書こうと思い立ったのは、彼らが独特の個性をもった人物でありながら、むしろ二人共、その個性を抑制することに長けていたからではないか、とさえ思われるのである。彼らはいわば方程式の常数なのだ。その点では二人ともよく似ている。一人はユダヤ人として亡命しなければならず、もう一人は必死で徴兵から逃れ、戦時中には自分はアーリア人であるとまで発言した。一方は中産階級の生まれで、真面目で心情的には左翼に近く、他方は富裕な家柄に生まれ、成り行きで出版業者になっただけに、どこか曖昧で、デカダンの匂いを漂わせるが、どちらもあらかじめ決まった思想、国家が指示するような理念に殉ずるタイプではなく、自分の眼、肌が覚えた思想を手掛かりに生きたように思える。そこに著者は惹かれる筈だ。そして、おそらくこの生き方が二人を実際の活動の上でも、現実の年齢の上でも長く生き延ばせ、結果、独特の王国を作り上げげた秘訣なのだ。二人ともまるまる一世紀、九十四歳まで生きている。

いま一つ、二人が似ているのは、どちらも戦後、レジオン・ドヌールを拒否したことだ。国家という存在に翻弄された男の反抗心なのか、それともその程度の勲章では自分の仕事を購うことができぬと考えたか。著者はその理由を無理に明かすような真似はしていない。ただ、ともかくも著者の描く地図にしたがって、主人公と共に歩いてきた読者は、ここにおいて彼らの生き方の真骨頂を、最後の峰に到達した気分に浸るのである。

著者は一世紀を生きたカーンワイラーに相応しく、堂々と正攻法で取り組んでいる。これが何よりも気持ちが良い。一九五三年生まれだという。『ガリマール』の他にも数冊の著作があり、どれも大部なものだという。これにはびっくりした。日本でこれほどの伝記文学を三十歳半ばで書ける体力のある作家はいるだろうか。どうもせせこましいのは、画商ばかりではないようである。

最後に日本語版について一言。訳は、大変に丁寧で読みやすいし、人物索引などもきちんとした編集がなされている。ただし、重箱の隅を突くようだが、口絵に付けられたピカソが描いた「カーンワイラー氏の肖像」が上下逆になっている。この絵は本書の中で、カーンワイラーとピカソの結びつきを示す一つのエピソードとして触れられている作品である。確かに上下が逆さになっても判り難い作品である。顔がどこにあるか、手がどれなのか判らず、まるで判じもののような絵である。しかし、カーンワイラーはそのことに戦ってきた人物である。逆さになった自分の肖像画を彼はどう思うか。

怒るだろうか、それとも、よくあることと笑うだろうか。聞いてみたい。

（一九九〇年八月号）

## さあさあ、お立ち会い

### 『ロンドンの見世物』全三巻　国書刊行会・各四三〇〇円

R・D・オールティック著　小池滋監訳

さて、今日は皆さん方に珍しい本をご覧にいれますが、ちょっと前の方に集まっていただきましょう。どうぞ、お手に取って下さい。遠慮はいりません。ご覧になっている三巻の書物は、かのアメリカはオハイオ州立大学で長らくイギリス文学を研究していたオールティック教授が、博識なる知識と辣腕の筆力をもって書き上げたものです。原書は大判で五五二頁という大著、見てください、随分とイラストが入っているじゃありませんか。これだけでも、そんじょそこらにある書物と訳がちがいます。内容はどう違うかって、まあそんなに急いじゃいけません。少しずつ説明いたしますから。

本当はね、私のような浅学非才の者には、この本の豊富な内容は説明できないところもたくさんあるんですよ。はやく説明をって、まあまあ、もう少し前によってくださいよ。見えない方もいるといけないから。

それじゃ始めますよ。まず第一巻の第一章から紹介しましょう。ここにはロンドンの見世物のはじまりが書かれています。一六〇〇年といいますから、ヨーロッパでは中世末期ですね。教会がコレクションした聖遺物を庶民に公開したのが、いわば見世物のはじまりなんですね。なるほどと、そう素直に頷いちゃいけません。聖遺物といっても分からないでしょ。イエス様が磔になった十字架の一片とか、墓石のかけらとか、殉教した処女の遺骨とか、あるいはマグダラのマリアの櫛とか、聖母の上着とか、せいぼといっても御歳暮ではありませんよ、キリストのお母さん、その他にも神様の外套とか、そういった尊いものを教会がもっていて、信心深い人たちに見せたんです。そんなものが本当にあったのかって、そりゃ分からない。

分からないけど、新教がこうした聖遺物を否認したからやっぱり怪しいものだったのではないでしょうか。でも、こんなものが展示されたら、貴方だって見たいでしょ。私だって見たいよ。えっ、処女の……。まあね。だから教会が否定しても人々の好奇心は終わることがなかった。そこに登場するのが、見世物屋と収集家たち。かれらは奇妙なものばかり集める。教化の意味がなくなったから分類なんかは目茶苦茶で、ひたすら珍しい物、不思議な物を集めては人々に見せ出した。本当に奇妙な人がいて、奇妙なものを集めたんですよ。名画、骨董はもとより、エジプトのミイラ、古代の鎧兜、化石、隕石。まだまだそんなものは序の口。教授はこんな珍しいものばかり集めた人々にどんな人物がいて、どんな物を集めていたかを詳細に検討しています。

それじゃあ、教授は収集家に似ているじゃないかって。ハイ、この本の魅力はまずそこにあります。

よく知られた人物や事実については割合、さらっと書いているけれど、知らないことには執拗ですな。収集家です。しかし、これがまずは実証的な学者の本分なのです。見世物に関する資料は、小説から詩、チラシ、版画、その他万巻の研究書をよく検討しています。

いま、そこのお方が仰る通り、この本の面白さは見世物の楽しさとよく似ているんです。なんですか、あの方はサクラじゃないよ。人を疑うのは泥棒のはじまり、香具師のはじまり。どこまでしゃべったか分からなくなったじゃありませんか。

ハイ、皆さん。それでは見世物とはいかなるものかを説明し、併せてこの本の解説をすることにいたします。ここからが大事ですから。第一は本書は見世物と同様に収集家的な要素をもっていること。第二は見世物は思想や主義を超えてしまうということです。

ロンドンっ子が見世物に熱狂し出したのは十七世紀です。この頃になると、珍しい動物、ゾウ、ライオン、サイ、シマウマ、日本のクジャクなんかが見世物に掛けられますが、信じられない動物も出てきます。体は七色、頭から下は人間そっくり。これなーあに。教授はアフリカ産のヒヒではなかったかと推測しています。それだけではありません。読み書き、計算、大学入試問題までできる学者豚も現れたかと思えば、フリークスや狂人、異人種の人間までも見世物になります。異人種というのは、エスキモーとかインディアンとか、ピグミーとか。フリークスというのは、日本でいえば、親の因果が子に報い、生まれついての、というアレですね。貴方はああゆうの、好きですか。かわいそう。そうでしょう。ロンドンの人たちにも、人道主義や博愛主義の観点から、反対した人たちもいました。ところが、こうした思想を見世物は超えてしまうのです。十八世紀といえば啓蒙主義の時代です。ケイモウ、毛がもうもうした訳じゃないよ。雪男らしきものも展示されていますから、当たってないこともありませんが、ハイ、誰もが自分の知識を増やそうと望んだ時代です。

　インディアンやアフリカ人を見たのも、ルソーの説く「高貴な野蛮人」という思想に根拠を求めがちですが、教授の主張はむしろ面白いということと知識のためになるということをバランスをとったということです。どこか理由をつける。偽善という奴ですな。フリークスをかわいそうという感傷を、「同情とあわれみが極度に自画自賛に堕したもの」と定義しています。皮肉ですね。貴方のことではないですよ。スウィフトやサッカレーがしばしば引用されるといえば、お分かりでしょう。しかしですな、私などにはどうしても好奇心と知識とのバランスをとったというよりも、ロンドンっ子は好奇心の方に重きが置かれていたのではないか、と感じてしまうのです。まったく、ロンドンっ子の好奇心たるや。

　少し真面目にいいましょう。この本もあらかじめ枠づけされた歴史観を逸脱してしまうところがあります。堅苦しい歴史と違って、人間のなまの営みがそれだけ直截に描かれている。それを歴史とバランスさせている。一読すると、何より奇談珍談のごった煮と読めます。

　つまるところ、見世物は本当か否か分からない。たとえば、学者豚やらチェスをする人形などはもとより、生後四か月で胴まわり二メートルのこども、身の丈十九インチの「シチリアの妖精」とよばれた女性、腰まわりが二フィートしかなかった「生ける骸骨」、溶けた鉛を噛み、煮えたぎる油を飲み、硫酸で手を洗った「不燃女」なんて信じられますか。こんなことが続々と出てくる。すごいものでしょう。買う気になった。ありがとうございます。

といってこの本が信じられないという訳では、もちろんありません。このような嘘か真かあやうい
ところに十七世紀から十九世紀の人間たちの心性があったと見ているのです。それじゃ、歴史書とし
てためにならないじゃないかって貴方の頭のなかはおそらく毛がもうもうなんでないの。ワカラズヤ
め。それではお立ち会いの方々にもう少しはっきりいおう。

いいか、第三点を上げる。見世物は新しい科学や美術を用意した部分があった。どうだ、お立ち会
い。普通、見世物というのは、科学や美術の一部分を掘り出して世俗化させたものと考え易い。もち
ろん、そうした部分はなきにしもあらずだ。しかし、それだけではなくて、むしろ反対の場合の多い
ことを幾つか記述しておるのである。つまり知識と好奇心との緊張関係に人の意識の歴史を解こうと
している。オッホン。

たとえば、エスキモーを連れてきた男の甥にあたるカーライトは自動チェス人形の仕掛けを信じて
三年後に動力織機を発明したとある。また、こうも述べている。高貴な野蛮人といった一連の見世物
が、ロンドンを舞台に現れて消えていったのは、ダーウィンの『種の起原』の出版に数十年先立って
いた。ということはロンドンっ子にとって、進化論の部分的な要素の多くは既知の事柄だった訳で、
すでに彼らは野蛮人をみるたびに感傷よりも進化ということを考えていたのである。見世物が科学に
先行していた。

十八世紀末からパノラマという装置が大人気となっている。透視図法を用いた超広角の風景が円形
劇場の内部に描かれ、そこに入った人はいながらにして青空や山々、高い教会からの眺望、戦いの様
子を見てとれるのである。「描きだされた絵はロンドンとその近郊を、あらゆる方向にむけて二十マ

イルにわたり、雲も煙も霧もない理想的条件の下に描いていた。ふたつの展望台とともにベンチをそなえ、また聖堂からもこの代用の場所からも肉眼ではとても見えない遠くの細かい部分を見るための小型望遠鏡をそなえていた」。いかにも現代のビルの上に設えられた展望台の姿を思いそうだが、これがすべて人工的に作り出されたものなのだから驚くだろう。むろん前史はある。いかに本当に見えるかという絵画が流行っているからだ。しかし、パノラマの登場は視覚意識を変えたばかりか、近代絵画に果たした役割があったのではないか、と傍証を立てて教授は推測しているのだ。

いいか、諸君。本書は視覚の歴史を追ったものだという点でも有効なものなのだ。パノラマ、ジオラマほかにラマのついた見世物は写真と映画の発明を用意したといえる。

第四点。この視覚の歴史ということは単にパノラマなどの装置や機械というものに限らない。ここには、見世物の内部を案内したチラシが多く出てくるが、これが実に視覚的なのだ。チラシなど引用文だけではない、著者の文章が視覚的である。私などは、明治初頭に流行った繁盛記ものを思い出した。これは当然だ、著者は変化する都市の姿を人々はいかにしてみずからと結びつけようと考えているからである。いってみれば、本書はパノラマそのものなのだ。大きく見ればロンドンという都市の拡大と大英帝国の拡張を俯瞰し、近くを見れば何処にでもいる庶民の姿が映し出される。

さらにいえば、近代は複製時代といわれるが、見世物の連綿たる歴史を辿ってみると、これが、すべてコピーの歴史であることが分かる。聖なるもののコピー、人間のコピー、風景の、建築の、都市のコピー、にもかかわらず近代とは異なるのは、それが大量で均質なコピーではなかったということだ。本書が十九世紀半ばのロンドン万国博、水晶宮の記述で終わっているのは、その後の見世物は本質的に変わってしまったことを暗に証している。著者は最後に、「民衆の娯楽こそあい変わらず営利をたくらむ者の手中にあったけれども、しかし民衆の知的、美的文化の責任は、いよいよ政府が引き受けるようになってきていた。……見世物の時代は公共博物館の時代へと引き継がれることとなったのである」と結んでいる。娯楽と知識のバランスの上にあった見世物の没落は、そのまま頭でっかちなのっぺらぼうな近代のはじまりという訳である。もっとも著者は近代批判などという言葉は避けているが。

第五点は、見世物こそ貴族から富裕な商人、金のない労働者まで平等化をもたらしたということだ。著者はこれを実証するため、見世物の入場料がいくらであったかを執拗と思えるほどに調べあげている。貧しき者が高くて入れないというよりも、教養のある、高貴の者でさえ好奇心には勝てず、「下賤のいやしき者」と同席したのである。「各階級を隔てる慣習的障害を一時的なりとも、これほど低めるのに貢献したものはない」と著者はいっている。ただ、ここに効用を見たというよりも、著者の姿勢だと考えたい。歴史を記述するのに階級を無視することはできない。がそのために階級分析に問題が費やされ、かえって歴史叙述が図式に陥りやすい。短絡的に歴史を分析しようとしない著者の姿勢なのだ。

ええと、ここまで語ってまだ買わないか。お立ち会い。えっ。平等について述べたものなのに少し値段が高いだと。確かに、しかし諸君よ。述べたことはほんの一部である。だからして、話題なき会話の折りなどに最適であり、私など、オッホン、ネタに詰まってしまう売文家には恰好のものなのだ。これだけの大著を、しかも記載された事実は実に多岐にわたっている、訳者諸君の労苦に感謝すべきだ。

いや、これはロンドンの見世物についてだけだが、当然、日本の見世物史研究に刺激を与える。日本の見世物に関していえば、朝倉無聲の『見世物研究』か權田保之助の仕事ぐらいしかさほど特記するべきものが見当たらなかった。が、ようやく『明治の迷宮都市』を書いた橋爪伸也氏などの研究が芽を吹きはじめている。本書の果たす役割は大きい。

どうだ、お立ち会い。それでも買わないか。もってけ泥棒。えっ、読んでみたい。ありがとう存じます。

（一九九〇年一〇月号）

## あぶり出された天皇制

**『近代庶民生活誌』第十一巻**
**南博／村上重良／師岡祐行 編**
**三一書房・一〇、一〇〇円**

『近代庶民生活誌』の第一期十巻が完結した。この十巻のシリーズは「モダニズムの光と影」と名付けられていたように、大正・昭和前期の風俗資料を集めている。遊び、恋愛、食べ物、住まい、盛り場などそれぞれの巻は興味深かった。ともすれば、生活を語る上でも私たちは経済とか政治とか決められた枠組みで捉えようとするし、また文学など作品化された世界によって考えようとする。ところが、このシリーズはこうした枠を取り去って、大衆文化そのものを直截に読みとろうという姿勢がある。私はこのシリーズの資料をよく利用するが、これまで紹介されたことのないもの、ある分野でしか知られていないものが集められていると感謝している。

シリーズ第二期目第一巻が本書『天皇・皇族』である。ここにも第一期のシリーズと同様の目が光っている。天皇や華族に対する制度、政治家や論客による論説を収録するよりも一般人の言動を多く掬いあげている。制度や論説は政治の中枢への影響を見る場合に重要な意味をもつが、逆にそこから外れた一般の人々の意識を見ようとするとかえって分かりにくい。普通私たちは、ひとつの制度なり論が伝わる間に幾重にも別の情報が重ねられ、時には薄められ、時には煮詰められて、受け取らざるを得ないからだ。

本書に集められた資料は、論というよりも流言や報道が主になっている。本書は三部に分かれている。「公文書に残された天皇のうわさ」「南朝系天皇——熊沢寛道」「天皇と部落」である。この章題から判断しても、集められた資料が果たして真実なのか、虚偽の情報なのかと、いぶかる読者も多いだろう。しかしながら、我身を振り返ってみても、たとえその情報がその時点で真実でありえなくとも、流言や報道に動かされてしまうことはよくある。またそうした情報が正確なものでありえないとしても、あらかじめもっている知識や経験によって真実と見たがることもある。火のないところにうわさは立たないということではなく、うわさが立ったこと自体は真実なのだ。

まして天皇はタブーである。天皇や皇族に関する正確な情報は知りえないからこそ、うわさや曖昧な報道はしばしば現れる。

第一部の「公文書に残された天皇のうわさ」は、「陸軍の日記・日誌に記された天皇」「二・二六事件に現れた天皇の影」「諸外国のメディアで躍った天皇」からなっているが、各々に収録されたうわさや記事を読むだけでも近代の天皇像がいかに多様に、またいかに均質に捉えられてきたのか分かる。こういうと矛盾しているようだが、タブーとはそうした矛盾を吸収するが故に成り立っているといえるのではないか。多様だというのは、陸軍の日記・日誌におさめられたうわさは不敬罪に問われた流言が多いが、しかしそれは単純に天皇制打破を意味する言動に止まらないのだ。冒頭に出てくるのは歩兵連隊の屎尿処理払い下げの世話人を決める投票用紙に天皇皇后の名を記した、明治四十五年の事件である。退役軍人と偽って勲五等の勲章を受け、在郷軍人会の金を横領した男の事件もある。朝鮮人が民族独立を叫び天皇批判をおこなった事件も数多く記載されているが、そのなかには自らを天皇の子と称した者の事件もある。

ところが見方を変えれば、これらの言動はいかに天皇が超越的な存在として均質なイメージで囲われてしまっているかを示している。これがより明確なのは、二・二六事件後の不敬言動である。これには、事件を起こした青年将校を天皇の赤子と讃え、天皇を批判することなく、内閣を断罪するものが多い。大杉事件の甘粕憲兵大尉が三年に刑をとかれたためさしたる罪にならないとするうわさ、事件に秩父宮が関与したらしいといううわさも立っている。事件後に処刑された将校たちの供述や遺書を読むと、自己の命さえも天皇によって永遠を保証されるとしている。この意識は反乱軍の将校や右翼ばかりでは必ずしもないだろう。もっとも、先に刊行された『近代庶民生活誌・第四巻・流言』で、戦時下に天皇及び皇族を侮蔑する言動がかなり流布していたことを特高の資料によってあきらかにしている。本書に興味をもつ読者は参照してほしい。いまひとつ、本書に先立って岩波書店から刊行された「日本近代思想大系」の『天皇と華族』を読むとたった数十年の間にいかに天皇が制度を超えてしまったかがよくわかるだろう。

というのも、明治初期には天皇について比較的自由な論争がなされている。行幸批判、華族批判はもとより天皇制についての疑問すら登場している。それどころか、徳川政権が長かったために天皇の存在を知らぬ者さえいたようである。本書の口絵にも明治初頭に売られた明治天皇の写真が掲載されているが、明治初期には巡行の際、野良姿で見物することも許されている。ところが半世紀後には、天皇は制度を超え、現人神になっている。本書中の、天皇も出席した昭和九年の「全国小学校教員精神作興大会」の記録はこの事態を伝えている。天皇を見ることがどれほど畏れ多いことか、報告者の記録や字句で判断できる。天皇制の分析がやっかいなのは、この点である。単純に制度として定められたばかりではなく、日本人の宗教あるいは美学としても機能し、いつの間にか精神の深部にまで浸透しているからである。

諸外国のメディアに描かれた天皇像は当然のごとく独裁者として扱ったものが大半である。中には「小説　天皇陛下」といった独裁を風刺する小説さえもある。しかしそれだけではおそらく天皇制の特異さは解明できないだろう。

明治以降になって天皇が制度を超え、単なる支配者の地位を超え、現人神となったことを明らかにしているのは、第二部の「南朝系天皇——熊沢寛道」の資料だ。

熊沢寛道は戦後、マッカーサーに自分こそ正統なる天皇であるという訴えで話題となり、「熊沢天皇」としてよく知られたが、ここに収められた「熊沢寛道家蔵文書」その他により、彼の父親大然がすでに明治末から南北朝の史実を正す目的で上奏文を提出し、運動を展開していたこと、さらに大然死後、息子寛道の運動を支持する著名人も多かったことが明らかになっている。支持者が多かったのは明治四一年、帝国議会で南北朝、いずれの天皇が正統であるかが論議され、紛糾し、ついに北朝系である明治天皇自身が南朝を正統と勅定したからである。つまり熊沢天皇が南朝の子孫である限り、この訴えを認めざるを得ない。しかしこれを認めてしまうならば、天皇制の根本を揺るがしかねない。それゆえ、ことさらに熊沢の運動を無視した節がある。私が興味をもったのは熊沢が南朝の古文書を竹内巨麿が盗んだという件である。巨麿の発表した竹内文献が大正から昭和初期に数多く現れた日本人起源説、すなわち神武天皇以前に綿々たる歴史をもつという説の、一つの根拠となったことはよく知られているし、彼はこのために不敬罪で囚われている。ところが、それ以上に天皇制そのものを瓦解させるはずの熊沢が逮捕されなかったのはどうした訳であろう。熊沢の文書にある通り宮内官僚が懐柔策を採ったというのはかなりの信憑性を帯びてくる。

私にはこの主張が本当なのか否かは分からない。だが、それはまた北朝系の天皇が正統であるのか、否か分からないということでもある。むしろ明治以降の天皇制は歴史的な事実をフィクションとして作り上げることで成立したと思われる。

それでは、なぜに天皇制はかくまでも強力に浸透していったのか。このアクチュアルな問題の分析の糸口を与えてくれるのは、第三部「天皇と部落」である。

天皇と被差別部落という日本における両極にあるタブーを採りあげたのは、本書の特色であり、明確な意図を感じる。これは南北朝の問題とともに天皇制を語る上で避けては通れないからだ。また近年は網野善彦ら歴史学者の研究によって、天皇制と非農民、定住しなかった職人、芸人、賤民などとの深い結びつきが次第にあきらかになりつつある。柳田民俗学が欠落させてしまった部分、非定民の世界を、戦前から調査してきた赤松啓介の仕事に光が当てられだしたのも同様の問題意識があるからである。

本書ではまず解放令以前の動きを慶応四年に発布された「五箇条の誓文」からはじめている。これは戦前の差別撤廃運動がこの誓文にある「旧来の陋習を破り、天地の公道に基づくべし」という一節にその原理を求めたからに他ならない。これは収録されている被差別部落民からの嘆願書で明らかであり、逆に解放令反対の嘆願書がいわゆる平民側から出されていることを見ると、いかに誓文のもつ意味が大きいものであったかがよく分かる。それゆえ、戦前の被差別部落民が明治天皇をいかに神のごとく崇めたかについても実感できる。水平社設立以前、中江兆民らの主要な解放論も集められているが、これは先述の『天皇と華族』にも収められていない。解放運動を追う上でも基本的な資料だと思う。

被差別部落民は天皇を崇め、期待した。ところが、明治国家がかたまり、天皇制が確立されてゆく中で、この期待は次々に裏切られてゆく。

五箇条の誓文が発布された年、すでに「天皇東行のため穢多村の取隠し等の指示」が出ている。この動きは、大正六年からはじまった神武天皇陵移転問題と大正一一年に起きた大分県的ケ浜問題において顕著に表れている。神武天皇陵移転問題というのは、大正初年に「日夕此汚穢を専業とする部落民が神聖なる御陵に接近存在する」のは不敬ではないかという建白書が提出されたことからはじまった。ここは元禄期までは「糞田」とよばれ、一向に省みられなかった場所であったという。それがこの時期に到ると天皇がことさらに清浄化され、逆に解放令が出たにもかかわらず被差別部落への蔑視が強まり、立退きが命じられたのである。もっとも立ち退きは強制移転というよりも、かなりの移転費を払うことにより慈悲深い天皇像を演出している。

しかし、同じ頃に起きた的ケ浜問題では両極にあるタブーがどれほど人々の意識に入り込み、警察にまで働きかけていたかを示している。的ケ浜事件とは、有栖川宮が赤十字総会に出席する際の通路に的ケ浜部落があるのを目障りだとして警察官が焼き払ってしまった事件である。

私が本書のなかでもっとも興味深く読んだのは、この事件である。編者は事件にまつわる告訴文や報道を可能なかぎり集めて当時の状況を浮かび上がらせている。警察の暴行に対し、ただ一人真宗木部派の僧侶篠崎運乗が救援活動に乗り出したために事は明らかになった。事件はやがて中央にも知れ、ジャーナリズムは警察を非難しはじめる。この間の警察と県知事、内務省の返答が刻々と変化する。編者は新聞記事を並べているだけだが、それがそのまま官僚のあわてぶりを伝えている。被害者にとっては迷惑だろうが、きわめて面白いドキュメントになっている。焼いたのは藁や筵だけだと返答したり、有栖川宮の通路にあたらなかったとか、宮の旅行は中止となったにもかかわらず、事件以前から決めてあったことだとか、被害者の数を減らして発表したり、果ては事件を不問に帰さないと検事正は確約したのを翻して問題の揉み消しを図ってゆく。皇族を徹底して事件の裏に隠そうとする。

この事件は戦前の天皇制の暗い戯画となっている。被差別という存在がことさらに意識されたのは、一方の極にある天皇がより神格化されたことにじつは通じている。ここに「天皇と部落」が問われるべき根拠がある。いや、被差別意識をもったのは一握りの人間たちだけだろうか。戦前、日本人の大半は天皇に対して被差別される意識を強要され、甘受し、天皇制を成立させてきたのではないか。その意識は二・二六事件を起こした青年将校にも、的ケ浜事件の際の警察官や検事、内務大臣の言動にも読み取ることができる。被差別意識は天皇制の鏡なのだ。それでは、この鏡は戦後粉砕されたか。

本書に収められた松本治一郎の「拝謁せざるの記」がその行方を伝えてくれる。松本は水平社運動を指導した人物だが、戦後は参議院議員に選出され、参議院副議長となった。国会開催にあたり天皇の出席を迎えなければならない。彼はこれを拒否しない。ところが一緒に迎えた議長がきわめて不思議な動作を繰り返すことに驚く。議長は天皇の進行に合わせながらも、顔の向きを変えないまま横へ横へと歩くのである。松本はこれを「カニの横ばい」と名付け、自分がこの「ポンチ絵」のごとき動作を倣うことを拒否する。このため彼の不信任決議にまで発展しかかったという。

カニの横ばいは戦前から踏襲された儀礼であった。これもまた人間性をわざわざ喪失させ、差別させるように仕組まれている。この動作は松本の反対にあって廃止される。それから四十年経った。しかし、私たちはこの戯画から脱却しえただろうか。明治国家は内に天皇制をかため、外に向けては拝外排外意識を高めていった。この構図は変わっただろうか。いま大嘗祭に破防法の適用を考える国家がある。自衛隊の派遣をアメリカの顔色を窺いながら、「カニの横ばい」を繰り返す国家がある。

（一九九〇年一二月号）

# 言語を支配したいという欲にはきりがない

## 『言語の夢想者』

工作舎・三二九六円

マリナ・ヤグェーロ著　谷川多佳子・江口修訳

ヤグェーロさん、貴方の『言語の夢想者』を、私は大変に興味深く読ませていただきました。貴方はこの本を書き言葉でなく、わざと話し言葉で書いていますね。これにはおそらく訳があるのでしょう。大事な意味があると思います。つまり、言葉とはまず話されることが文字よりも先にある、ということを語りたかったのではないですか。このことを私たちはしばしば過ちます。言葉を用いて文章を綴ることを職業にしている者はよけいに間違えるようです。まず書かれる文字があって、その後に話される言葉が現れる、あるいは書かれた言葉の方が話し言葉より高級である、と考えてしまいがちです。しかし、書かれる言葉のない世界でも話す言葉は存在しますね。この根本的な言葉に対する誤解は、貴方が研究した人工言語を作り出そうとした人間たちにも窺えます。だから、貴方は話し言葉でこの浩瀚な本を書き抜こうと思ったと推測します。そこで、私もこの文章は話し言葉で書くことにします。書いていても話し言葉の方が、書き言葉よりも緊密さを感じますね。

さて、私はむろん日々言葉を使っていますが、言語にまつわる論説や学問についてはよく知りません。ですから、貴方が扱った人工言語論、つまり「(一) 完全に自律的なシステムとしての言語概念を著者が主張し、考案された言語や理論が共同体の用に供されるもの。(二) 言語システムが想像的なものであり、自然言語に対立すると共に歴史的に存在が確かめられたどんな言語とも異なっていること。(三) 動機が、言語の機能に関してあるいは言語ユートピアを夢見るものとして、意識的であれ無意識的であれ、遊戯感覚に根差していること。」に限っても、これほど多くのものがあるとは考えもおよびませんでした。エスペラント語のような国際共通語だけをとっても、四世紀の間に三六八も考案されてきたとは。言葉に憑かれた人物がこれほど多いとは。

これも旧約聖書のなかに、言葉は世界を理解するものとして神よりアダムに与えられたとされているからでしょう。アダムの言葉という神話に失われた、しかも完璧な言葉を夢見て、自分の手で再興したいと考える。「夢想家の肖像」の章ではこの神話に憑かれた人物たちの姿をスケッチしていますね。確かに彼らは狂信的ですね。あらゆる資料を集め、分類し、原理を求め、系統的に整理して、すべての言葉が一つの母―語から生まれ派生したことを示さねばなりません。十二もの人工言語を繰返し考案した者、思考と言葉が一致するという哲学言語に憑かれた人、オノマトペ(擬音語)に言葉の発生を求めた人、うしなわれた言葉、たとえばヘブライ語やケルト語に起源を見た人、数によって言語は統一されていると考えた者、月の周期運動と人間の言語活動の起源を結びつけてみた人など実に多彩で驚かされます。貴方がいうとおり、彼ら言語狂は孤独で、完璧主義者で、無数の本を積み上げた「やぎひげをはやし金縁の丸眼鏡を掛けた人達なの」でしょう。

ここでひとつ不満だったのは、この章が短かったことです。言語論そのものに興味を惹かれぬ読者にとっても、偏執的な奇人はなによりも面白い。もう少し一人ひとりの人物を丹念に紹介して欲しかった。もちろん貴方の興味は彼らの熱情の根にある共通項を探しているのでしょう。また特に検討にあたいする人物については、別の章で論じられています。しかし、個々の言語狂の言動がもっと詳述されると、彼らの言語分類や系統立てが自己運動的に一人歩きし、彼らの思考が必ず陥らねばならなかったパラドックスがより鮮明に浮かびあがった気がしてなりません。通俗的に過ぎますか。

それにしても、こうした人工言語の夢想者には、男性ばかりで女性がいないという指摘は大変に面白かった。四百もの人工言語考案者のなかで女性は一人だけ、しかも世俗から離れた修道女だそうですね。このため男の方が抽象的な思弁や知的活動に優れていると私なども思いがちですが、貴方はこの古典的な図式を覆します。つまり人工言語考案者たち、男たちの熱情の背後にある欲望を見抜きます。使い古された言い回し、「言葉というのは女のように、わがままで、むらっ気が多く、非論理的で、不実、(曖昧なため)嘘をつき、変わりやすく、不安定、(過剰な装飾に溢れているために)自己浪費的、(御し難く)反抗的、結局てなずけ平伏させるのは男の役目という」図式を逆手にとって、男たちが言語を支配しようとし、一方で女たちを排除し、囲いこんできたことを見逃しません。男である私にも思いあたるので、ごもっともとしか言いようがありませんでした。

というよりも、貴方は人工言語考案者につきまとう支配欲を、論理と皮肉とレトリックをもって追いつめて行きますね。論理と皮肉とレトリックこそは男の専売特許と思っている輩には何よりも貴方の徹底した思考過程そのものが、その硬直した考え方の陥穽を逆説的に証明しています。
たとえば、進化論の影響への言及。進化論が言語の進化という命題に重ねられ、捩じ曲げられたことを指摘しています。人類の始まりの頃の言葉は幼児語であり、進化した言葉は大人の言葉という論理。これは文明化した国の言葉こそもっとも進化した言葉であるという、アプリオリな考え方を証明するために使われます。植民地の言葉は幼稚さへ退行した言葉だという都合のよい論、トルコ語やアメリカ英語などは不純な言葉とする蔑み。言葉についての論説が偏狭なナショナリズムを裏打ちしてしまうことを暴き出していますね。植民地に生まれる白人言語の模倣、ピジン語やクレオール語へ非難があるとすれば、支配した側にこそある筈だと私も思います。十七世紀から現れた数多いＳＦ小説のなかの人工言語もまたそうした傾向があることも検証しています。純粋な言葉と不純な言葉とを経済的な背景をもって差別化することを、人間はなかなか棄て切れない。あらゆる言葉は変化を含むにもかかわらず、日本でも日本語の純粋性を声高に語る人は多いのです。

　十九世紀にブームとなった国際共通語運動のなかでエスペラント語が成功したのは、理念とは逆に、使われる内に変化していったからというのも随分と皮肉です。人類に共通の言語というものの、それが発明者の母国語からどうしても逃れられぬこと、さらにその崇高な理念に反するかのように、自分の作った言語の正統性のみを主張して争ったという指摘も皮肉です。本当に言語を支配したいという欲には限りがない。

　その最たる人物は、貴方によればソ連のニコライ・マールということになるのでしょうか。マールの言語理論はスターリン時代に風靡したものですが、貴方はかなり手厳しくマールの言語理論を糾弾していますね。彼のおいたちも調べ、党に認められるようにいかにして政治的に動いたのか。マルクス主義の都合のよい部分、上部構造と下部構造という概念だけをとって言語論に当てはめたか。グルジア生まれの彼が言語の祖先を単一ではないとしたものの、それはコーカサスに伝わる言語こそ、最も古い言語構造を持つことを主張するためであった、と。

しかし、私にはどうも貴方のマールへの記述を読むと、かえって彼の理論に魅力があったことに気付かされました。貴方の敬愛するバフチーンがマールに言及したのも訳があるのでしょう。彼がグルジア生まれであったことから少数民族の言葉に注目したこと、女性に対する差別について反対意見をもっていたこと、進化論に抗したことなどは、貴方の本からも読み取れます。もっとも、だからこそ、それが隠れ蓑となってより危険なのだといわれるのでしょう。ヤコブソンやバフチーンの盟友がマールの言語理論に反対し、スターリニズムを否定したが故に粛清されたことを忘れずに記しておられるから。

ただ、私は国家と言語という本書の基本となる問題を語るのであれば、貴方の母国であるフランスについても、もう少し分析して欲しかったと思います。普遍文法思想の代表であるポール＝ロワイヤル文法については語っていますが、それが作られた意味、及ぼした影響については僅かだと思います。フランスのことは自明のことだからでしょうか。私は言語論についてはさほどの知識はありませんが、日本の言語学者田中克彦は、フランスには母国語とされるフランス語のほかに、ブルトン語やバスク語やカタロニア語やフラマン語など多数の言語が存在していたにもかかわらず、国家はそれらを無視しつづけ、フランス語を国家の言葉として専制的に押しつけてしまったと述べています（『ことばと国家』）。言葉と国家の問題、これは言語活動に興味を抱いた人々、ヤコブソンやチョムスキー、そしてエスペラント語のザメンホフなどにユダヤ系の人々が多いことにも繋がっていると思うからです。マールがグルジア出身であったことも民族の置かれた歴史的な立場が微妙に反映していると考えます。日本でも同様のことは存在します。アイヌ語などアイヌ民族が少数であるが故に存在すら忘れされつつあります。

いまひとつ、女性たちに圧倒的に多い異言体験の分析についてあえて注文をつけたいと思います。異言、それまでまったく知らなかった言葉を突然に喋り出す現象についても、貴方は決してうさん臭いものとする固定した考えに囚われずに扱います。ユニークな考察です。特にソシュールも興味をもった霊媒者エレーヌ・スミスについては、ニコライ・マールと同様、詳しく論じていますね。エレーヌは火星語を話したが、こうしたことは数多く見られることと実例も上げています。エレーヌの異言、つまり彼女の火星語が自然語よりもピジン語に近く、次第に幼児語へと退行して行くことを、語彙の分布と文法によって分析しています。私には、大変に不思議な現象と思えただけに、それを冷静に検討する姿勢に感心しました。ただ、「堕落以前の人間では、知性よりも情動が優っていたことが、異言を通じて確かめられるでしょう。異言発信者の歌は知恵でなく、無垢を歌っているのです」という結論が少し納得できませんでした。貴方が異言の流行は一九二〇年代には衰えていったと指摘しているからです。とすると異言もまた、同様の超自然現象である外国語についての指摘そのままに、「特定の社会、歴史、文化の文脈と結びついた現象」ではないかと思えます。異言を語る女性たちは人工言語を考案した男たちと異なって、社会、歴史、文化に無縁だというのは、かえって女性は閉じた世界に生きるという論にひき戻しはしませんか。問題は、なぜ彼女たちが無垢を歌わなければならなかったか、にあると思います。これは男の論理といわれれば、ごもっともとしかいえませんが。もっとも、異言現象を考えることで、言葉のもつひとつの本質、情動と向かい合おうとしているのは分かります。

ところで、貴方は日本語版の序文に、日本が未知の国、完全な異界であるとしながらも、本書で扱ったものと似た現象があるのではないか、と推理していますね。確かに存在します。日本のことを語らないと片手落ちでしょうから、私の知るところを少し述べさせていただきます。先程いったように国家が言葉を専制的に消していった例はアイヌ語などに見られます。日本が台湾などを植民地化した際に、日本語を教育したためピジン語も存在しました。ただ、私は日本語を基礎にして国際共通語を考えようとした人物は知りません。そういう人工言語が日本にもあるとしたら、是非知りたいものだと思います。しかしながら、日本でも失われた、純粋な言語を探そうという試みは多くの人が行っています。御存知の通り、日本は十九世紀の中頃まで、一部の国を除いて通行を認めず、鎖国政策を貫いてきました。この鎖国時代にも、それ以前にも、中国から文字が伝わる以前からの日本古来の文字があると主張した者がいます。たとえば十三世紀には卜部兼方は日本の最古の書物のひとつである『日本書紀』を注釈した『釈日本紀』を著しますが、そのなかで日本独自のカナ文字、表音文字があったとしていますし、彼の論を受けて十九世紀のはじめに平田篤胤は『古史徴』などを書き、神から伝わった文字、神代文字の存在を実証しようとしました。いわばアダムの言葉の再現と同じです。小笠原通当なども この種の文献蒐集に生涯を捧げています。貴方が描写した人工言語考案者と同様、狂信的に古代文字を求めたのです。日本が開国しても、この文字の存在を主張する者は絶えません。吉良義風、竹内巨麿、三島敦雄、小谷部全一郎、小寺小次郎……。小寺などはすべての言語は日本に起源があったといっています。彼は第二次大戦中にこの論を著しましたから、ナショナリズムに突き動かされたのでしょう。あらたに発掘されたといわれる資料も多いのです。『上記』『秀真伝』『三笠文』などは神代文字で書かれているとされます。日本の場合、ヨーロッパと異なるのは、近代化が遅れたためヨーロッパ文明への劣等意識が言語論にも現れることです。日本語の音でヨーロッパ言語と似通った部分だけを取り出して、日本人の祖先はヨーロッパにあるとした者がかなりいます。言語への夢想はやはり社会や歴史に強く左右されるのですね。異言に似た女性の憑依現象もエレーヌたちとおなじように一九〇〇年前後に登場しています。何か共通の時代性があるのかも知れません。

こんなことを思い出したのも貴方の本が刺激的だったせいです。最後になりますが、貴方の著作が採り上げた対象は大変に幅が広く、日本語に訳すことは大変だったと思います。巻末に付けられた原典の抜粋だけでもそれはよく分かります。こうして貴方と本を通じて会話が出来たことは、訳者たちのおかげです。本当に感謝したい。ヤグェーロさん、また貴方に別の本で会えることでしょう。楽しみです。

(一九九一年一月号)

# あまりに切迫した、無垢な友情

## 『月映の画家たち』

筑摩書房・四五三〇円

田中清光 著

この本には深く、真摯な友情が描かれている。友情、もはやこの言葉を口に出そうとする度に、私たちは気恥ずかしさを感じ、つい口籠もってしまう。私たちは友情を掛けがえのない美徳と知りながら、美徳であるがゆえに素直に語ることができなくなっている。なぜだろうか。読後、私はこのことを考えさせられた。

サブタイトルに「田中恭吉・恩地孝四郎の青春」とある通り、本書は大正初期の二人の若い画家がどのように生きたか、その姿を追ったものである。この二人の画家についてこれまで十分に紹介されたことはなかった。私自身、田中恭吉と恩地孝四郎とを、萩原朔太郎の『月に吠える』に挿入された版画と挿絵によって知ったし、孝四郎はともかくも恭吉に関してはそれ以上のことを何も知らなかった。僅かに孝四郎が『月に吠える』の巻末に「挿畫附言」という文章を載せ、朔太郎が「故田中恭吉氏の芸術に就いて」を書いている。そこから恭吉が挿絵と装丁を依頼されたものの、病に倒れ夭折し、孝四郎がそれを引き継いだということのみを知っていた。いや、もう三十年以上も前になるが、最初にこの詩集に触れた際、これらの文章から私は唐突な印象を抱いたことを覚えている。二つの文章が、朔太郎の詩の凄絶さ、恭吉の挿絵の幻想的な美しさとは別の次元のことと感じたからである。ただそれ故にこそ、恭吉と孝四郎の名は朔太郎の名と共に忘れ難いものになったのだが、私にはこの程度にしか二つの文章の意味を読み取れなかった。

誰もが認める通り、朔太郎のあの詩業は日本の近代詩において一大事件であった。それまでの詩の概念を壊すほどの力を秘め、今でも清新である。しかし、もしそこに恭吉の絵が欠けていたならば、彼の版画によって表紙が飾られることがなかったならば、さらに詩集の装丁とレイアウト、印刷から発行にいたる、すべての作業を行った孝四郎の努力がなかったならば、朔太郎の『月に吠える』が刊行当初からあれほどまでに注目を集めただろうか。詩に心を揺り動かされた者ならば、同時にあの幾葉の版画と装丁の美しさに惹かれなかった者はいないのではあるまいか。それほど印象の深い作品である。にもかかわらず、その作者たちについては正当な評価がなされてきたとはいえない。著者が二人の画家の肖像を書こうとした最初の目的はここにあったようだ。

この二人は藤森静雄とともに三人で大正三年に『月映』(「つきはえ」ではなく「つくはえ」と読む)という版画誌を二百部ずつ公刊していた。しかし、この雑誌ですら、著者が回想しているように今では通覧することは極めて難しい。発行部数が僅かだった上、当時彼らの仕事を認める者があまりに少なかったためである。まして彼らがそれ以前に私家本として出していたものは、まとまって集められておらず散失してしまったものも多い。著者もまた『月に吠える』によって、恭吉の版画に触れ、彼の足跡を辿ろうとし、作品を探しはじめたが、ようやく『月映』のすべてを見ることが叶ったのは八年前という。彼らに関してまとまった論説が書かれなかったのは、こうした事態が背景にあるが、それは同時にいかに二人が評価されてこなかったかをそのまま証している。恩地孝四郎の作品が日本では認められなかったが、アメリカのコレクターに買い求められたという皮肉な話が紹介されているが、日本の美術史のなかで彼らの存在も、版画と装丁という仕事も、あまりに小さく扱われてきたのである。

著者は、『月映』だけでなく、それ以前に恭吉が美術学校生時代に友人たち三人と刊行した回覧雑誌『ホクト』、孝四郎も後に参加した同人誌『密室』、あるいは公刊される前に各三部ずつ作られ、六号まで出された私輯『月映』などを丹念に検討して、彼らの作品の新しさと独自性、同時に何に影響され、自らの美を追及していったのかをも調べている。アールヌーヴォー、表現主義、日本画の装飾美、未来派、カンデンスキーらの抽象絵画がどのように受けとめられ、消化され、血と肉とにされていったか、を追っている。なかには、恭吉の「毒いちご」というペン画が、『白樺』に掲載されたクリムトの「フリッツァ・リードラーの肖像」によって触発されたのではないか、孝四郎が『月映』V号に発表した木版画「あかるい時」は、雑誌『創造』に載せられた未来派のルッソロの「家・光・空」がヒントとなったのではないか、といった卓見も含まれている。しかも、この孝四郎の「あかるい時」が、「わが国の近代絵画にほとんど最初に出現した純抽象作品だった」という指摘もある。

著者はこのようにして、いままで知られることの少なかった、彼らの作品の全貌を明らかにしつつ、独自に開拓した版画、ペン画、あるいは装丁美術を近代絵画のなかで再評価するべき視点を展開してゆく。これらの指摘は単純に彼らの仕事を調べているだけではなく、『白樺』『方寸』などの彼らが読んだ雑誌はもとより、見に出かけた展覧会のパンフレットなどにまで目を通して、当時、新しく紹介されたヨーロッパの美術の動きを彼らがいかに鋭敏に受容していたかを明らかにしている。それだけに論旨は説得力をもつ。

しかし、本書は美術史上での、特に版画史の上で二人の成した仕事を位置づけるということだけに止まってはいない。おそらく著者が当初の目的にしたがえば、ここで満足したことであろう。読者にとっても、これらの事実関係だけでも新しい発見を十分に教えられたことだろう。ところが、本書の魅力はこうした美術史における新たな視点を置くことだけに収まらない。

本書が美術史論の枠を超えて、私に読後、強い印象をもたらしたのは、著者が恭吉と孝四郎を調べる過程で発見した二人の日記と手紙を軸にして、そこに彼らがのこした文章、詩、短歌などを重ねて、彼らとその周囲にいた多くの若者たちの交遊を余すことなく描きだしているからである。それは交遊というにはあまりに切迫し、無垢なものだが。

冒頭は恭吉が上京してきた日、明治四三年五月二五日からはじまっている。この日は丁度、大逆事件の検挙が開始された時にあたる。翌年恭吉は事件の判決を美術学校入学のためにかよっていた研究所で知る。彼は判決を「痛快」と受け止めている。一方、孝四郎は処刑を竹久夢二の家で知る。彼は夢二を敬愛し、美術学校生でありながらしばしば訪れている。夢二は判決にショックを受け、仲間たちと幸徳らの冥福を祈る。その場に孝四郎は居あわせた。後に無二の親友となる十八、九歳の若者が、大逆事件に対して正反対の感想をもったのは不思議ではない。恭吉の感想の方が多数を占めていたはずである。著者は事件への二人の反応を語ることで、青年たちが否応もなく呼吸せざるを得なかった、明治から大正へと替わる時代の空気を最初にくっきりと描き出してみせる。

日記と集められた二人の手紙は、美術に対する希望や挫折を記しているばかりか、若者らしく失恋の痛手、恋愛の喜び、あるいは性の悩みを吐露している。これらの記述は読むと、現在では自意識が過剰に溢れているかに思われるだろう。が、それはそのまま国家を建設した明治世代に反発した、多くの大正の若者たちに共通した心理である。

ここで改めて気づかされるのは、彼らの周辺、兄弟、友人を襲う死がいかに多いかということだ。恭吉は母と兄を、孝四郎は兄二人と妹を、さらに二人は共通の友人たちを失っている。その大半が結核による。結核が未だ不治の病であったとはいえ、まるで戦場のように次々と亡くなってゆく。この時期の青年たちが、生きることに切迫した感情を抱いていたのは、今よりはるかに死が身近にあったためである。二人が入学した美術学校の授業内容に飽きたらなくなり、また夢二の絵にも物足りなさを感じて離れてゆくのも、そして何よりも彼らが強く結びつき合うのも、彼らの周りに死の影が離れなかったせいである。生命への希求といった印象は二人に限らず、大正期の若い画家たちの絵から共通してうけとることだが、それが単純に観念の世界だけによるものではないことを本書は教えてくれる。

やがて、恭吉も喀血する。死を予感した者は孤独である。しかし彼の発病が彼らの友情を損なうことはない。恭吉は友人たちへの感染をおそれ、孝四郎はこのために『月映』の公刊を急ぎ、彼を励まそうとする。彼らの友情は一層、強固なものとなってゆく。また恭吉の絵が独自の光を発しはじめるのは、まさにこの時期からである。死に向かい合った人間こそ輝きを増すというのはやはり真理なのだろうか。そんな思いを読みながら、何度も反芻した。彼に引きずられるように、孝四郎も藤森静雄も自分の世界を構築してゆく。彼らは自己を形成して、友と共に生きようとしたのだ。

最後に著者は朔太郎の『月に吠える』が生まれた過程を謎を解くように記述している。朔太郎は『月映』を見て、恭吉と詩画集を作ろうと考える。会うこともなくみまかってしまった版画家に自分と同じ資質を感じとったためである。彼もまた病者であった。恭吉も彼の詩を読み、発奮し、依頼に応えて、肉体的に版画は出来ないものの、ペン画を百点ほど作り、その内から二、三十点を選ぼうと思ったらしい。が結局、彼は「十三枚の画稿と、口絵の金色の絵」しか作れずに没してしまう。死後、これらの絵は朔太郎の許に届けられている。

孝四郎は恭吉の遺作集を発刊しようと奔走している。が、予算が足りず、どうしても作ることが出来ない。彼が後年、何かの折に触れては恭吉の作品を紹介しているのも友への償いの気持ちであったと著者は語っている。朔太郎もまた恭吉の作品を預かりながら、詩集を出さないことに心苦しさを感じたようだ。この辺りの経過を、著者は朔太郎と孝四郎との書簡をもとに丁寧に再現している。朔太郎も会えなかった画家との友情に応えようとしたことがよく判る。

孝四郎は『月に吠える』の出版に関することのすべてを引き受けたようだ。詩に合う挿絵を選ぶこと、ペン画を版画に直す依頼、紙の選択、装丁、推挙文の依頼……。製本見本が届いた日は丁度、彼の長女が産まれた時に当たるが、むしろ彼には詩集の方が気がかりであったのも日記から窺い知ることが出来る。見本が届くと早速に彼は内務省の検閲に向かっている。著者は、詩集の装丁を孝四郎が常に無償でやってくれたという室生犀星の証言から、彼がこの時にも雑事まですべての作業を無報酬で行ったのではないか、と推測している。孝四郎にとって、『月に吠える』は恭吉の最初の画集であったはずである。この推理は正しいと思われる。

こうして私たちは『月に吠える』は、恭吉と孝四郎、そして朔太郎の友情の証しであることを知るのだ。生き残った者たちの死者への呼びかけであったことを理解する。詩集のなかの二つの文章は欠かせないものであったのだ。翻って友情という言葉が気恥ずかしくふやけたものに、私たちが感ずるのは、いかに現代が緊張感のないニヒリズムの最中にあるのか、ということである。つくづくこんなことを確認させられた。

私は本書を読んだ後、久し振りに『月に吠える』を開いてみた。そのなかの「さびしい人格」が目に止まった。「さびしい人格が私の友を呼ぶ、／わが見知らぬ友よ、早くきたれ、／ここの古い椅子に腰をかけて、二人でしづかに話してゐよう、なにも悲しむことなく、きみと私でしづかな幸福な日をくらさう、」。この「私の友」とはむろん朔太郎自身であり、彼はこの詩で自分の孤独感を見つめている。しかし、この詩が私には、早逝した孤独な画家への弔辞のように思えてしかたなかった。

（一九九一年二月号）

## 〝精神〟の現在を見据えた果敢な試み

# 『言霊と他界』

講談社・二五〇〇円

川村湊 著

本書を私は、あたかも姿かたちを変幻自在に変えることのできる相手に、著者が果敢にも挑戦し、格闘した記録のように読んだ。格闘の相手はタイトルにある通り「言霊と他界」である。このコンビを組んだ相手はむろんシングルでもなまなかな代物ではない。しかも戦いにくいのは、なにしろこのコンビはあざなう縄のように、時には一体となり緊密になって現れるが、時には互いがかなり離れ、別々に現れたりして摑みどころがない。それを著者独りで相手にするのだから大変である。

格闘の結果はどうだったか。この容易ならぬ相手とは傷み分けというところだろうか。少なくとも「他界」については、著者の言葉を引けば、「様々な『他界』の意匠を検討することによって、私にとっての『他界』は、ますます遠ざかっていってしまったといわざるをえない。だから、これは私の『他界論』のいわば挫折の形として提出されているのである」ということになる。しかし、だからといってこの闘いの記録は、簡単に無視されて良いなどというものではない。私たちはいかにも十全な答えなど求めない、多くの問いに揺り動かされる。「挫折の形として提出されている」ことに、むしろ私は強い共感を覚えたし、著者の挫折はそのまま現在、私たちが拠って立っていると思っている

〝精神〟の現在のもろさに繫がっていると感じた。

それにしてもなぜ今、言霊と他界を考えねばならぬのか。そして著者はなぜ「言霊と他界」とを一つのこととして扱わねばならなかったのか。この問いが、私たちの現在の〝精神〟の在り方に結びついていると思えたのである。

まず、著者は本居宣長と上田秋成との間に交された『呵刈葭』論争に注目する。この論争が一般的にいわれているような、天照大神などにまつわる日本神話への見解の相違ではなく、日本語の音韻の問題をめぐって行われたことに着目する。宣長は中国から伝わった漢字に対して日本語の仮名の優位性を証すために、日本語の音韻を分類する五十音図の絶対性を主張した。五十音、きっちり決められた数字的な図に「声の秩序」を重ね、そこに日本的な原理、「やまとだましい」の根拠を見出したのである。国学の樹立を目指す宣長にとって、これは譲ることのできない立脚点であった。

宣長は言葉を神から与えられた、絶対的秩序をもつ霊的なものと捉える。ここに言霊思想の一つの典型がある。

これに対し秋成もまた五十音図の霊妙さを否定はしないものの、いや言葉は霊妙なものであるが故に、そのような枠組みからも自由な、より自然なものであると考える。彼にしても言葉に霊的な力があることは疑わないが、ただ人の言葉の背後には、自然の世界にある無数の音があることを見逃さないのである。言葉は「人と物と音韻和解」し、「物の音と和して響動」するものと見た。ここにもう一つの言霊に対する考え方がある。

著者は、この二人の論争を探り上げることで実は本書全体を貫く見取り図を示している。双方、言葉に霊妙なるものがあることは認めるが、一方はそれを絶対的な秩序と捉え、他方はそこに秩序を超えた世界を見ようとする。言霊についての論議はこの二つの捉え方が交叉して進むのである。

しかし、これだけの問題ならば読者の中には、前時代的なテーマに過ぎないと考える者もいるだろう。が、宣長の言語観がその秩序性故にすんなりと明治以降の言語学に入り込んで行ったとすれば、問題は今日的な意味を帯びて来る。単純にいえば、宣長の言霊論は言葉の「霊」の部分を抜き取られて「国語学」へと連なり結果、言葉を「国語」という枠組みの中に封じ込めるための思想的背景になったのではないかと著者は問うのだ。

したがって著者の関心は、秋成による言葉は「自然にかよふ」ものという言語観に向かうのだが、これも一筋縄では行かない。というのも秋成のような言葉に対するアナーキーな捉え方は、国語にとって排斥されるべきものだったからである。

それでは秋成のような考え方は消えてしまったかといえばそうではない。また宣長のように言葉に秩序を見、それを言霊と見る思想が消えたかといえば、これも伏流となって絶えることはなかった。

宣長の弟子、平田篤胤が師の論をさらに進めて、漢字伝来以前に日本には「神世文字」があったと主張したことはよく知られている。しかも彼はこの文字を五十音図と重ね、さらに独特の宇宙観をも重ねた。篤胤の論はその後、明治から大正昭和にかけて繰り返して主張された日本語神授説の原点となったばかりか、ファナティックな国粋思想の根を支えることになった。言霊思想が不穏なものと考えられるのはこのせいである。しかし、それだけであれば、この言霊思想を今さら検討するのは、時代錯誤な論及ということになる。著者が篤胤の論に及ぶのは、彼のいま一つの思想、つまり他界論である。

篤胤の他界観は決してうさん臭いものではない。穢れ、汚れに満ちた暗い世界ではなく、またこの世と隔絶した世界でもない。彼の思い描く死後の世界は、人間の世界同様に食べ、笑い、悲しみ、そうして子孫を見守っている世界である。いうなれば、この死後の世界は少し前ならば誰もが描いた素朴な他界の姿である。また柳田國男や折口信夫が切り拓いた民俗学ではおなじみの世界である。

ここから著者は、篤胤の言霊観も実は、言葉が五十音図に位置づけられていたとしても、もっと素朴なものではなかったかと考える。

著者の拠って立つ「言霊と他界観」は決して難しいものではない。言葉は変幻し、自在なものであり、動くものであり、決して絶対的、神秘的なものではない。また死者の生きる世界にしても、それは遠くに囲われた世界を見るのではなく、生きている私たちを身近で見守っているという素朴な、しかし根源的な捉え方である。

著者は、こうした思想を幸田露伴や小泉八雲、南方熊楠の考え方に見出す。そして一方では、柳田國男、富士谷御杖、鈴木朖、坪内逍遙、北村透谷、泉鏡花、中里介山、出口王仁三郎、土田杏村、折口信夫といった明治以降の巨人たちに言霊と他界がどのように受け継がれ、問題化されていったのかを探っている。

いま、これらの人物名を並べるだけで著者の企てが、実は言霊と他界だけを論及するのではなく、明治以降の日本人の〝精神〟の在り方そのものを問おうとしていることが判るだろう。私が格闘の記録と読んだのも、これらの近代日本の思想家たちの思想の根幹をなす、言葉と他界に対する考え方を著者が単純に整理して見せるのではなく、その考え方がどのように生成したかを問おうとしているからに実は他ならない。

　とはいっても私は、これらの論述のすべてに納得した訳ではない。例えば九章の「山のユートピア」は、鏡花や介山が描く「山中他界」に触れたものだ。この論は文学論としては実によくまとめられているし、近代の文学者たちの描くユートピア像が、かつての他界像を求めながらも宙吊りのままになってしまったという指摘も判り易い。が、その判り易さがかえって手ごたえがない印象なのだ。一つには、他の章が他界だけでなく言葉との問題を強引にでも重ねて読もうとしているのに、その視点が欠けているからであろうか。そうであれば、鏡花が露伴と同じように耳の人であり、唄やうわさによって他界へ誘う物語を書いたこと、又『大菩薩峠』の主人公が目の見えぬ耳の人であったことなどを引き込んで、彼らの言葉に対する感性をもっと明らかにしても良かったのではあるまいか。つまりは、この章では鏡花や介山といった人物に対する育ちや生い立ち、著者の言葉によれば「気質」に当るものへの踏み込みが浅く感じられるのだ。しかし、私の指摘は当っていないのかもしれない。その点をわざと著者は考慮してこの章を入れたのかもしれぬ。

　というのも、他の章において個人の「気質」にまで入り込むのは、なにもプライベートな部分への単純な興味というものではないからだ。人はおそらく言葉にせよ、死後の世界にせよ、生きた現実の中で学び、認識して行く。このことを著者は知っている。だからこそ宣長と秋成の癖の違いを論じ、柳田と折口のもって生まれた「家」への思いのズレを考え、篤胤が、八雲が、熊楠が各々の意味で放浪者であったことを指摘したのではないだろうか。むろん、これら本書に登場する人物が、言霊と他界に思いはせなければならなかったのは、彼らが各々の時代、各々の立場で言葉や死後の世界に何らかの危機意識をもっていたという認識も著者には十分にある。

こうしてみると「山のユートピア」の章は、著者自身の危機感を反語的に明らかにしたものとして読むこともできる。

著者が現代において言葉と他界が消え去り、失なわれて行くことに危機感をもっているのは、時折呟くように繰り返して記した言葉によってよく理解できる。

ところで、このことを考える時、私が本書の中で最も興味を覚えたのは富士谷御杖の考え方である。彼は独学で言語論と神道論を構築したらしい。そのせいだろう、彼の言霊観も他界観も他の人物とは際立ってユニークである。本書の中では御杖の思想を西欧の象徴主義によって再生させようとした土田杏村の論が紹介され、分析されているのだが、私の興味はその辺りにあるのではない。

御杖は言葉を「心に思うことをそのまま直言するのではなく、そうした言いたいことを抑制し、むしろその逆の言葉として表現する」ものと考える。それを「倒語」と呼ぶ。この根拠となるのは、私たちも日常経験することだ。つまり言葉によって意志を伝えようとしても、その一部の意味、時には逆の意味に受けとられる場合がある。だから言葉は思う所と逆に表現すべきだという。これは反語ではない。言葉の働きはそのようにもともと倒立したものであって、言霊とは言葉によっては表現できない、隠された部分にこそあるのだと主張するのだ。

御杖の神道論もまたひねくれている。「理」は人であり、「欲」こそ神なのだという。逆ではない。

人間の欲望こそ神の世界だという。「欲」を現実の世界に置けば「卑しきもの」となるが、神の世界に置けば「いと尊」いものとなる。人間と神の世界はすべて逆さまなのである。これも根拠があるように見える。しかし、そこでは単に人間の欲望が現れ放しになっている状態といえる。つまりは、神の世界には、自分と係わるべき他人がいない、全くの自己だけの閉じられた空間ということになる。

著者は御杖の言霊論を「人間同士の言語的コミュニケーションという機能をほとんど無視している」と、また彼の説く神の世界もそこには誰もいず、「死後に赴く世界という意味は少しも含んではいない」ものだと指摘する。「ひたすら自分の内面においてだけ誠実であろうとする、やや小児病的なところのある考え方」だということができるだろう。閉鎖的な自己にあまりに埋没しているといえるだろう。

にもかかわらず、私には御杖の考え方に奇妙なほどリアリティーを感じざるを得ないのである。これは彼の論には、いってみれば他者の存在が感じられないからである。彼が独学者であったことが、この思考を導き、それは彼の特殊な「気質」に帰せられるべきものだろう。にもかかわらず、彼の「倒語」と神の世界がリアルに感じられるのは、それが私たちが置かれた現在の〝精神〟の在り方に繋がった問題を含んでいるためだと私には思われる。

人は他者と通じようとすることで言葉を生む。私たちは自分の死を考える時に、過去と未来に連らなる死後の世界を確認する。言葉も他界も他者との交感の中にこそ生まれるものである。しかし、私たちにこのような世界はリアルであろうか。『言霊と他界』の著者は、近世から近代にかけての「他界」をめぐる思惟の在り方を明らかにするばかりでなく、自分自身の「他界とは何であり、魂というものがあるとすれば、それは終極的にはどこへ帰着してゆくものなのか、という問いと重ねようとした」と語っている。しかし結果としては、「私にとっての『他界』は、ますます遠ざかってしまったといわざるをえな」かったのだ。

「他界」が、遠ざかってしまったという感じ、これは著者、川村湊だけの感想だろうか。そうではあるまい。私たちが住む世界は、孤独な御杖が覗いた言葉が通じず、欲望だけが露出した世界によく似ているのではないだろうか。このことを証す例を挙げろといわれれば、むしろ切りがないほど社会的現象の中に溢れていることに気づくはずである。言霊、つまり言葉の魂も他界、つまり死者の魂も自閉化が進む社会の中では失われ、忘れられるのは当然だ。

このことに眼をそむけて言葉と死者の「魂」の行方を追ったとしても、気楽にすぎるだろう。だから著者の試みはあらかじめ「挫折の形として提出される」他はなかったのだ。そしてこのことに私は強く共感した。つまり今日、私たちが他者と繋がり、魂を響かせ合う途は幽かながら、挫折という経験をもって語る以外はないのだ。ここにおいて、本書は挫折ばかりではなく、その先も照らして見せたと思える。

（一九九一年三月号）

## 民俗を分析しつつ、民俗学を揺さぶる

### 『ロシア文化の基層』

日本エディタースクール出版部・二六〇〇円

坂内徳明 著

たまには外国の街を歩く。そして帰って来て、空港からバス、地下鉄に乗るたびに感じることがある。それは日本人の静けさだ。行った先の街ではバスや列車のなかでさえ、人々は語り合い、時には怒鳴り合っていたのに、現在の日本人は奇妙なほどに黙りこんでいる。とはいえ、この印象も二、三日するうちに消え、私もまたこの風景に溶け込んでしまう。

本書の著者によれば、ロシア人は日本人には考えられぬほど議論好きで、相手を罵倒し悪態をつくという。たしかにペレストロイカの動き以来、伝えられるテレビ報道を眺めるだけでも、ロシア人の議論好きはよくわかる。誰彼となく論争をふきかけ、熱中する様は私たちには驚異にも思える。また品不足の際、必要な品物が売り出されると噂や口コミですぐに情報が伝わるということ、アネクドートと呼ばれる笑話を生み出しては、体制批判も行われることもよく聞く。議論、噂、口コミ、アネクドート、つまり書かれた文字よりも語られる言葉が日常の生活のなかに生きているのだ。しかし、このようにいうと、すぐさま語る言葉による伝達はソビエト体制がはじまり、国家権力が強まったために起きた現象ではないか、オフィシャルにならぬ言葉による一時的な抵抗と早とちりする向きもある

だろう。だが、そうではないと著者は指摘する。もともとロシア社会はリテラシィよりオラリティを重視し、「文字ならぬ世界こそが社会の基層的な力となることを」、「過剰なオプチミズム信仰に思えるほどに念じ続けてきた」のだという。

このことをペレストロイカとおなじように、日本でも馴染み深いものとなった「グラースノスチ」という言葉で説明する。情報公開と訳される、この言葉には秘密文書を公開するだけでなく、すべてのことを明らかにし、それを報道する自由を保証するという含意がある。もともと「グラース」とは「声」「言葉」「発言」という意味の古語であり、これに抽象名詞を作る語尾「オスチ」をつけて「グラースノスチ」なる言葉が生まれた。だからここには語り合うことですべてを晒すという意味をもつというのだ。

「グラースノスチ」という言葉のみならず数多くの抽象名詞が生まれたのは、十八世紀である。これは何を意味するのか。「それまでの名詞と形容詞（そして動詞）によって自分と他者との関係を説明し、その説明をたがいに認めあうことで成立していた社会が認識不可能となり、了解しえなくなった時にこそ、抽象名詞生成の必然性があったということ」である。革命以前の十八世紀にむしろ大きな社会変貌があったと指摘する。

著者の関心はここにある。語られる「言葉の力」にロシア人は信仰にも近い感情を抱いてきた。しかしまた生み出された言葉は、社会の本質的な変貌を語るのである。私たちはしばしば予め、口コミや笑話などの語る言葉による情報伝達は国家支配の強まりに応じて作り出されたものという解釈に陥りがちだ。なぜなら性急に民衆の側に立とうとする余り、国家と民衆といったお定まりの図式をついもちだしてしまうからである。それゆえにむしろ事実を色眼鏡で見てしまいかねない。

本書はロシアの民俗について書かれているが、いわゆる民俗学の本ではない。なるほど、言葉、昔話、民衆版画、ブランコ、他界観といかにもフォークロアの世界を対象としている。が、著者はこうしたフォークロアへのまなざしを疑う。

ロシアの昔話は十八世紀後半から一八三〇年代前半にかけて「成立」したという。といわれると、昔話はその名のとおり昔から存在したからこそ、そのように呼称されると反論が出るだろう。たしかにそうである。しかし、著者がまず昔話がもとの姿のまま果して伝えられているか、と疑う。むしろ語られ、伝えられてきた昔話だからこそ自在に変化することは許されていたのではないか。それではなぜ、昔話は不変的なものと考えられたのだろうか。それは伝えられてきた昔話に民族精神の起源を読もうとしたからに他ならない。さらに少し先走りすれば、昔話を通じて、貧しく暮らすが故に民衆たちの生活は変わらない世界があるという幻想が生まれたのである。

だから著者は昔話に民衆世界を掘り起こすことよりも、昔話に民衆世界を見ようとしたことこそが問われるべきだと問題を規定する。十八世紀後半から一八三〇年代の初めにかけ、昔話は熱狂的に採集され、文字化された。著者はこの時期の状況を昔話は「争奪された」ときわめて強い言葉で記している。それは昔話を通俗的で無意味なものとし、これを切り捨てようとした動きがあったからではない。文字化しえぬからこそ、多様性を保っていた口承文化が、一義的に捉えられる始まりであったからだ。

私たちは民衆世界に特定の感情をもって接してしまう。社会の底辺に伝承され、記憶されてきたというモノやコトをセンチメンタルな感情や回想的な思いで考えてしまう。同時にいかにもこうした世界に光を当て、注目することが弱者の立場に、民衆の側に立っているかのような錯覚に陥る。しかし、改めて考えれば、この作業には常に「民衆」を一定の枠に囲い込む危険性が内在している。民衆の習俗を対象とする民俗学という学問は、このあやうい境界線の上に成り立っている。しかし著者はこのように民俗学を捉えない。

著者は民俗学を「かつてもの・ことどもとの関わりが持っていた祖型の意味がいかにして変質し失なわれていったのか、そして消滅しつつあるものの中から何を残し語り伝うべきか、別の言い方をすれば、各時代の中で人々の精神と行為を経験たりえるものとして支えてきたシステム・様式とは何か、を記述することである」という。

しかし、当然ながら、この作業は定められた学問の幅に囚われない視野とそれまでの民俗学の在り様とをひっくり返すという膂力とを必要とする。いや、それだけではない。むしろそうであればこそ、民俗世界に通暁し、専門的な領域に踏みとどまる耐力を要求されるはずである。本書はこうしてロシア民俗に触れながら、同時に民俗学の成立を追うという、二重の構造をもった精神史になった。

ルポークと呼ばれる民衆版画、ブランコ、ロシア人の他界観についての記述もまたこの視点から描かれている。ルポークとは十七世紀後半から二十世紀初頭にかけて、貴族から庶民にいたるまで人気をもち、広く流布された版画である。ルポークもまた十九世紀に入って「発見」され、「争奪」された。この版画の中に「猫の葬送」と呼ばれる一連の作品がある。猫が多くのねずみによって墓場までひきずられて行く構図だ。このルポークはわかり易さから、さまざまに謎解きがなされ、いまでは猫はピョートル大帝であり、ねずみは名もなき民衆とされるのが通説である。ピョートル大帝施政へのパロディだという解釈である。

著者もまた猫がピョートル大帝であることは是認する。しかし、果して絵はピョートルを主人公にし、その支配を揶揄しているだけなのだろうか、むしろ猫よりもねずみたちが主人公ではないのか、と問いかける。さまざまな解釈を追いかけ、さらに猫とねずみにまつわる諺を探り、ねずみたちが決して単なる無名の者ではなく、地名や人名がはっきりと名づけられていることを明らかにする。この辺りの論及はスリリングだ。「猫とねずみ」のルボークはパロディであるよりも、ピョートル大帝下の生活絵巻であった。それではなぜ、大勢のねずみが名付けられていたのか。ピョートル期に社会が変化し、一つ一つのひととものとの関係が変わり、いわば新しい空間や関係が生まれ、古い関係が「失なわれていった」からである。

ブランコは十六世紀から十八世紀にかけ、ロシア人の間で大流行した遊びである。この遊びもまたさまざまに解釈されてきた。春の喜びを表現した遊びだとする者、農耕的な呪術行為、即ちゆれや振りに注目して「魂ふり」の側面を強調する者、女がブランコに乗る絵が多いことから、女たちを抑圧した制度への反撥と見る者などなど。いずれも民俗学的には魅力的な答えとなっている。しかし、著者はそうしたいかにもシンボル操作的な説に単純には組みしない。注目するのは、十六、七世紀にはブランコ遊びそのものに論及した文章がなく、この遊びを禁じたり、呪ったりする記載が多いことだ。なぜブランコは禁止されたのか。施政者は「自由と解放という遊びの原型と共同性をしっかり見てとった」からである。十八世紀に入ってブランコは「公認」された遊びとなる。それは逆に「自由と解放」「共同性」が施政者によって取り囲われたことを意味する。ブランコがもっていた、ゆるやかな「儀礼性と呪術性」はこの時点で失われることになる。

本書を読みながら、私は次のような文章が思い起されて仕方なかった。

動揺と転換の時代には、どこでもきまってこの種の得体の知れぬ連中が現われてくるものである。私が言うのは、いわゆる《先駆的な人々》のことではない。彼らはつねに抜けがけを心がけているが、たいていは愚劣きわまるものだとはいえ、多少とも明確な目的をもっている。そうではなく、私が言うのは、ただのならず者にかぎられる。このならず者は、過渡期ともなればかならず頭をもたげ、なんの目的もないどころか、思想の片鱗すらもたない癖に、ただもう身をもって不安と焦燥を表現しようと躍起になる。それでいながらこの種のならず者は、ほとんどの場合、自分でもそれと知らずに、特定の目的をもって行動している一にぎりの、《先駆的な人々》の指揮下にはいってしまい、この一にぎりの人たちは、よくよく無能者でないかぎり、いや、そういうこともあるのだが、この塵芥のような有象無象どもを、自分の思いどおりにあやつるのである。

（江川卓訳）

ドストエフスキーの『悪霊』第三部のほぼ冒頭に書かれた一節。とはいっても、むろん本書には直接関係はない。しかし、十九世紀の末に書かれたこの一節は、言葉や昔話、版画やブランコが、民衆文化として「争奪された」状況を的確に言い当てているように思えてならないのである。民衆文化とは社会の過渡期にあって、「ただもう身をもって不安と焦燥を表現しよう」としたものではないか。そしてまたそれと知らずにあやつられる、はかない世界に他ならなくなったのではあるまいか。

著者は翻って、現代を私たち自身が、「フォークロアに代表されるものとことの世界をレッテル化」してしまった世界と見ている。すでにその関係は指揮下に置かれてしまっている。冒頭のロシア人の議論好きというエピソードに戻れば、彼らは「言葉というものが語の根底的な意味において『政治的』であることを体得している」のに対し、日本の社会を支える「言語的基層は、言うまでもなく『経済の言葉』であり」、いつの間にか「本気で日本の政治のあり方や指導部の方針、日本の社会の将来の行く末について真摯に議論することなぞはまったくなくなった」ためだと語る。

誤解を承知でいえば、著者は「一にぎりの、《先駆的な人々》」に組みせず、「塵芥のような有象無象ども」に眼を据えようとしているはずだ。そうしていかにあやつられようとも、何時の日にか、有象無象どもが議論をし、本当の意味での「グラースノスチ」が日本においても巻き起ることを夢見ているのであろう。私はこのように本書を読み、著者の気持ちの「基層」にある何かに強く共感した。せめて、この反民俗学の構えをとったノートから、議論が沸き起ることを期待したい。

（一九九一年六月号）

# 人はいかに恐怖の風景を乗り越えてきたか

## 『恐怖の博物誌』

工作舎・二九八七円

イーフー・トゥアン著　金利光訳

イーフー・トゥアン（段義孚）の著作は、これまですでに二篇が訳されている。『空間の経験』と『愛と支配の博物誌』。いずれもじつに面白かった。本書は執筆された順番としては、その二書の間に書かれたエッセイだが、やはりトゥアン独特の眼が光っていて期待を裏切らなかった。

なぜ彼のエッセイは面白いのか。三冊を読んでみると、彼の著作は、私が面白いと思う条件をいずれも十分に満たしていることに気づく。私のいう条件とは単純だ。まず、アレレッと思わせ、読みながらオヤオヤと納得させられ、さらに読み終えて少し自分の背丈が伸びた気がする、という三つが揃っていればよい。

まず第一の、私にアレレッと思わせるとはどういうことか。私たちがすでに、当たり前だ、自明だとしている思い込みを切り崩すテーマを選ぶことだ。本書のテーマは〝恐怖〟である。恐怖は誰にも起きる感情だ。しかも、その強弱は人によって異なる。したがって恐怖をテーマとして扱うとすれば心理学の分野が思いうかぶ。その人間が抱く恐怖心を深層心理、コンプレックスを頼りに分析する。これはよく知っている。ところが、トゥアンは恐怖を心理という内部の側面だけでなく、別の切り口によって、恐怖を俎上にのせてしまった。

「恐怖の風景」。これが原題である。奇妙なタイトルだが、トゥアンによれば、別に不思議ではない。私たちは、暗闇のなかでは不安を感じるし、墓場や誰もいない道路では恐怖を覚えることがある。つまり風景、環境という人間を取り囲む外部の側面もまた恐怖を呼び起こす。不慣れな環境、見知っていた場所でもふだんとは違った出来事が発生すれば、警戒心や不安が起きる。「恐怖の風景。それは自然の力であれ人間の力であれ、混沌を生み出す力が無限ともいえるほどの形となって現れたものだ」という。これは逆にいえば、人間が作りあげた風景はすべて「恐怖の風景」だということである。なぜなら、人間は恐怖を生む混沌を回避するために、伝説も、おとぎ話も、住居も耕地も都市も、作り出したからである。恐怖を飼いならそうとして、人間は営々と努力してきたことになる。いわれてみれば、当たり前のことだが、その自明さゆえにしばしば私たちは気づかないことが多いものだ。このようなテーマを正面切って打ち出されると、私はアレレッとつい惹きこまれてしまう。

むろん「時代が進み、社会が複雑になると恐怖の質も変化する。同様に人も子供から大人になるにつれ、恐怖の対象が変わってゆく」。そこで「恐怖の風景は個人と集団の両方の視点から、また仮であれ、歴史的枠組みのなかに置いて考察する必要がある」。そこでトゥアンはまず、子どもの恐怖とムブティ・ピグミー、フィリピンのタサダイ族、エスキモーなど、狩猟採集民の恐怖を採り上げる。子どもは恐怖心のない、無邪気な世界に遊んでいるのか、と問う。そんなことはない、というのがトゥアンの主張である。先天的に恐怖を感じるのは動物と暗闇。しかし問題とするのは後天的な恐怖である。学校と親のしつけ、学校は競争の場所であり、親は「いい子にしないと……がくるよ」といって脅かす。これを歴史的にも捉えつつ、親が時に子どもに残酷なのは、子どもに対する敵意があると説明する。「この敵意は親が自分の親に抱いた怒りの代償作用」であり、「若い親は子供が生まれると、まだ安定していない生活の安全が脅かされそうな不安を感じる」からだ。

この辺りの論述には反論もあるだろう。すこし親子関係を単純化して考えてやしないか、といいたくなる。さらにムブティ・ピグミーなど狩猟採集民を平穏で、恐怖のない社会とする論にも議論の余地がありそうだ。トゥアンは民族学者の資料を基にして、森に住む彼らこそ、もっとも平等社会を営むという。食料を採ることも、結婚も男女同権、親が子どもを叩くこともなく、老人を尊敬し、争いもなく、求愛は詩的であり、死の恐怖にもたじろがない。つまり、皆で哀悼の儀式すら行わずに、死を受けとめる。こうした恐怖の少ない社会はどこに由来するのか。彼らの生活が「森という環境にしっかりと結びつけられている」からだ。トゥアンによれば、手に入るもので生活できる経済の仕組み、集団の規模が小さいこと、そして「住人がその土地に根づいていること」、いうならば自然環境のせいである。

こう記述されると、戸惑う読者もいるだろう。他の民族学者の調査によってもピグミーの生活は、基本的にはトゥアンの指摘通りである。しかし、それでもなお、狩猟採集民をあまりに幸福に捉え過ぎてはいないか、という疑問は残る。ただ、トゥアンの指摘に味方すれば、ムブティ・ピグミーの生活に平穏を見たり、子どもに親のしつけなどによる後天的な恐怖を見ることは、彼一流の現代社会をパラドキシカルに見る姿勢なのだ。

『空間の経験』において、彼はすでに現代の都市は抽象度の高い「空間」を作ったが、すべての感覚によって経験される「場所」に対しては、なおざりにしてきたと指摘している。この著作のなかにも採集民たちの場所意識の記述があり、それは現代都市と対比させられる。このような例証のしかたはいかにも通俗的な進化論といえなくもない。しかし、彼は採集民の生活を時間の観念のない世界のモデルとして提示し、「時間を鋭く意識することが、現代の西洋社会における緊張と苦痛のもとになっている」ことを指摘しようとしているのである。現代人は幸福を得ようとして、目標に向かって突き進むが、そのため常に期限に追いまくられる。時間に追われ、乗り遅れることが恐怖となる。

面白いエッセイの二つ目の条件。読みながら、オヤオヤと納得させてしまうのは、このように著者が、人間の行動、営為が生むパラドックスを見逃さないことである。この視線は批評家の最も基本となる武器だ。トゥアンが地理学者でありながら、彼の語り口に学者っぽさを感じさせないのは、この視線が行き届いているせいである。

たとえば、人間は自然を克服し、農耕を営むようになった。しかし、彼によれば「農耕技術の進歩は不安という代価であがなったといえ」るのである。なぜなら、天候が収穫を左右し、それに失敗すると飢えという恐怖が待ち受けている。開墾された土地を守るために「一時も警戒をゆるめることができない」「そのうえ彼らは自然に逆らっているという意識があり、おそらくそれがさらに不安をかきたてるのだ」。

恐怖の風景は絶えることはない。飢饉、終末、魔女、疫病、亡霊、幽霊、暴力、犯罪、戦争、火事……。トゥアンは人間がこれらの恐怖を乗り越えようとして、いかなる努力を払い、それが次に別の恐怖を生み出していったかを、じつに多くの、古代から近代に至る歴史上のエピソードを並べ、読者を惹きつけてゆく。

中世の人々が、人に害を与える狼やケムシを恐れるあまり、宗教裁判にかけ、動物を破門に処したこと、この動物裁判は一六世紀に最高潮に達するが、もっとも新しい例は一九〇六年、スイスで犬に下した死刑判決。自然から離れた人間は、自然を擬人化し、山や森、動物にも人間と同じ様な意志、あるいはそれ以上の能力をもつ存在として考えはじめるのである。疫病が悪魔によってひき起こされ、神の怒りによるという神話が信じられていたのは、けっして古いことではない。アメリカやイギリスでさえ、一九世紀に入っても疫病を鎮めるために、政府が率先して断食を提唱したことがある。恐怖はさまざまな迷信を生む。入浴すると、病気を感染させる空気が開いた毛穴から体内に入ると考え、病魔を追い払うために爆竹や銃声を鳴らした。そればかりか感染を恐れて、病人は病魔の加担者と思うようになる。結果、魔女や亡霊が登場する。

ここでもトゥアンの「場所」に対する眼が光る。魔女は「地域社会を蝕む災厄である」という。魔女は人間社会を成立させている「信義を裏切る」からである。亡霊はどうか。死者は「みずからの境遇を恨」み、「かつて暮らした場所を訪ね、昔の知り合いに会いたいと願っている」のだ。これは場所に対する強い執着心から生まれる。亡霊の現れるのは人間の作った場所である。古い家、水車小屋、田舎道、現代では閉鎖された工場、自動車に、そして家のなかに出現する。なぜなら現代で殺人のもっとも多く起きる場所は住宅だからだ。

トゥアンは、人間が恐怖を支配しようと力を揮い、それが逆に恐怖を呼び起こすパラドックスを見逃さない。この視点は、本書の次に書かれた『愛と支配の博物誌』では一層、はっきりと展開されていた。なぜ人はペットを、犬、金魚、植物、小鳥、そして宦官、奴隷を飼ってきたのか。権力者の壮麗な宮殿や庭は数知れぬ犠牲者の上に成り立ってきたのではないか。子どもや女を愛しているのか。彼はユーモアをまじえながらも、辛辣に人間を見る。

この辛辣な眼は本書においても、近代の恐怖にかかわるにつれて、光を増してゆく。田舎を私たちはのんびりとした牧歌的なイメージで捉えるが、むしろ逆であるとトゥアンは語る。城は山賊から身を守るために建てられた。森のなかには死体がころがっていたのだ。さらに美しく囲いこまれた田園風景は、小作農を搾取した歴史が溶け込んでいるのである。それでは都市は安全だろうか。騒音、火事、犯罪の恐怖に満ちている。子どもたちが消防士や警官になりたいというのは、「権威を身につけ物理的環境にも見知らぬ大人にも負けない力をもちたいという願望なのだ」。どこに恐怖の刃をもってゆくか、よそ者や浮浪者である。

そこで生まれるのが、公開の見せしめと処罰の風景ということになる。一二世紀以降のパリは「絞首刑の中心地」であり、ロンドンにも一度で二十四人も吊るせる絞首台が出現した。しかし、この「恐怖の風景」こそ、奇妙な逆説を作りだす。吊るされる罪人たちは、見せしめどころか、英雄視され、その死体に触れれば病気が直ると信じられたのだ。施政者は見せしめを止め、罪人や貧者、病人たちを隔離してゆく。

トゥアンは歴史のエピソードを連鎖させるようにして、重層化した「恐怖の風景」を解きあかす。時に独断的と思われる部分もなきにしもあらずといった感じが残るのだが、オヤオヤと思いながらも、そのパラドックスの妙に惹き込まれる。しかし彼は歴史家ではない。むしろ歴史の地層を剝がすように見ている。やはり彼は地理学者である。とはいっても、どの地理学者もこのような視点をもつことは難しい。なぜ彼はこの眼に恵まれたのだろうか。

彼の著作を読むと思い出されるのは、『みっともない身体』『人間のための街路』『建築家なしの建築』などの著作を書いたB・ルドフスキーと、『生活の発見』をまとめた林語堂である。なぜ彼らを思い出すのだろうか。ルドフスキーが思い浮かぶのは分かる。彼は世界中を歩き、住み、そして人間が風景を作り、風景が人間を作ってきたことを語り続けていたからである。しかも驚くような話をふんだんに著作のなかに詰め込んだ。トゥアンもまた中国、オーストラリア、フィリピン、イギリス、そしてアメリカと移り住んでいる。

林語堂も上海、アメリカ、ドイツ、シンガポールと各地を移り住んだ。そして辛辣なエッセイを書いた。その人間観察には彼の体験が滲み出ている。彼ら三人には異邦人としての経験があり、しかも暮らした土地の風景と人間を観察しながら理解する術を学んだ。だから思い出すのだろうか。

私が面白いエッセイとして最後の条件に上げるのは、読み終えて少し背丈が伸びた気がすることである。じつはこれが一番難しい。辛辣なエッセイでも、パラドックスが駆使されていても、独りよがりに終わってしまうのでは、読後、疲れるだけだ。ところがトゥアンのエッセイには、恐怖という残酷で厳しいエピソードが詰め込まれているにもかかわらず、読み終えると解放感に満たされるのだ。むしろルドフスキーや林語堂を思い起こすのはこのことである。彼らの著作からも読後、著者が開陳した知識なのに、読者である私が賢くなった気がするのだ。この印象が本書にも共通している。訳者金利光（本書の訳はかた苦しくもなく、くだけているわけでもなく、トゥアンの文章の独得の色彩を感じさせる。

因みに私は、ローレンツの『人イヌにあう』の日本語訳に閉口した思い出があるが、先の『愛と支配の博物誌』のなかで、ローレンツの引用が同じ訳者の手で、きちんと訳されていて感心した記憶をもっている）は、本書のスタイルを「説明したりはっきりした結論を出すよりも、観察し、指摘し、対照することによって新たな視点から問題の核心に迫るヒントを提出する」といっている。ただそれが出来るのは、彼がルドフスキーや林語堂のように異邦人としての経験をもっていたからだろうか。特殊な体験を経たからだろうか。

林語堂は『生活の発見』のなかで「常識に還れ」として、こんなことをいっている。「体系を愛することは人生の鋭敏な知覚にいっそう致命的な障害となる。体系というものは真理に対する藪睨みに過ぎない。体系が論理的に発展すればするほど、藪睨みは甚だしくなる」（阪本勝訳）。この上で「真の哲学者というものは、感受性を最高焦点として生命の流れを見守り、新奇でふしぎなパラドックスや矛盾、原則に合わぬ不可解な除外例に出くわせば、永久に驚きを感ずる心構えのできている人間である」。

これが林語堂のいう哲学者であり、常識人であるが、定義はそのままトゥアンにあてはまる。彼はただ自分の経験したことを内在させて、いかに残酷であれ人間の行為と、それが作り出した風景とに「驚きを感ずる心構えのできている人間」なのである。

本書の最後をトゥアンは、「われわれは優れた認識のもたらす報酬が絶望であることをよく知っている。だが人間とはじつに皮肉な存在である。作り話などで慰めてほしくないという覚悟すら慰めと力を生み出してもくれるのだから」と締め括っている。私たちはいつの世になっても恐怖を克服できない人間だ。しかし彼は、だからこそ人間が自分の弱さを認めて、それをはっきりと「感ずる心構え」をもつことに人間の将来を見ようとしている。そのせいだろう。私は読み終えて、解放された気分に浸ったのである。

（一九九一年八月号）

## 時代の貌を予見する肖像写真

### 『20世紀の人間たち──肖像写真集』

アウグスト・ザンダー 著　山口知三 訳

リブロポート・一五、四五〇円

アウグスト・ザンダーの肖像写真集を眺めたとき、私は奇妙な印象を抱かざるを得なかった。副題どおり、この写真集はザンダーが一八九二年から一九五二年の六十年間、撮り続けた肖像写真のなかから四三一枚が選択され、編集されている。私はザンダーの撮った肖像写真を眺め、被写体となった一人ひとりの人物の表情から何かを見つけようとした。ところが、逆に私が被写体の人物たちから一様に覗きこまれ、何かの問いを発せられているような感じを受けたのだ。むろん、すぐれた写真はたとえ一葉でも、見る側に写真家の問題意識をつよく問いかけてくることがある。しかしザンダーの写真から受けとる印象は、写真家自身の問題意識よりも、もっと直接に感じるものだ。

撮られた被写体が一様に私に問いを発しているなどというと、「一様」という言葉からザンダーの肖像写真は平板で、被写体の個性を写すことに失敗しているのではないかと思うかもしれない。しかしザンダーの写真はそれぞれの人物の個性を充分に引き出している。たとえば、冒頭の「基本ファイル」の十二葉の写真には、羊飼いや農夫の老人たちの表情が写されてる。深く刻みこまれた皺、ひからびた両手から長年の労働の激しさやそれがつちかった暮らしの慎ましさを感じとることができる。カメラは一人の人物の髭や髪の毛の一本一本まで克明に写し出している。だからもしザンダーの肖像写真を一葉だけ採り出せば、その人物の個性を解読し、特定することも可能だろう。にもかかわらず、私にはこれらの写真から各自の個性よりも共通して受ける印象の方が強いのだ。

次に若い農民たちを撮った写真が十二葉。ここでザンダーの意図がかなりはっきりしてくる。はじめは三人の若い農夫の写真。いずれも深い帽子をかぶり、黒い上下の背広を着、右手にステッキを握り、体をカメラから少し斜めに構えて並んでいる。農夫といっても、彼らは畑仕事をしている状態で撮られているわけではなく、きどった衣服に身をかため、ポーズをつけて立っている。そのため三人はあたかも兄弟のように似て見える。

続いてグレーの帽子と背広姿の若い三人の男。いずれもハイネックのシャツ、懐中時計の鎖を胸元にちらつかせている。次は縁取りのある黒いワンピース、腰にブーケの飾りをつけた二人の娘。いずれも農民の若い男女である。彼らはカメラに向かって着飾り、きどったポーズをとっている。彼らから見えてくるのは、身につけた衣服やアクセサリーが似ているために、個性よりも類似性である。

このようにザンダーの肖像写真は農夫や労働者が被写体となっても、作業着そのままで撮られているとは限らない。すべて人物はカメラを意識して撮られている。たとえ彼らが自然なポーズをとっていても、それは装いにすぎない。彼らがカメラを意識していることはわかる。まったくカメラを意識してない人物は、幼児か俯瞰した街角に集まる群衆だけである。

人物の個性を撮った写真家は多い。たとえばナダールのような写真家を思い出す。ナダールはザンダーより半世紀前、彼のアトリエを訪れた作家や芸術家たちを撮り続けた。彼の肖像写真は個性豊かな被写体の才気や感情を巧みにとらえている。おなじことは、ナダールから一世紀後のマン・レイの肖像写真にも見ることができる。マン・レイもまた芸術家たちのサロンの常連となり、被写体となった人物の個性を掴みとっている。

ザンダーもまた農民や労働者ばかりではなく、作家、芸術家も撮り、学者や財界人、政治家など著名人を写している。しかもそこに現像された表情はいかにも個性的に見える。自分の才能や地位を十二分に自負していることが伝わってくる。彼らは自分の個性の所在をよく知っている。しかし私がザンダーの、これら芸術家や学者などの肖像写真から受けるものは、ナダールやマン・レイの写真が撮った個人の才気や感情ではない。

それではザンダー自身、この『20世紀の人間たち』をどのように考えていたのか。

この写真集は彼の生存中には出版されることはなかったが、一九二六年にこの企画の広告を出し、予約注文を受けている。広告文には「作品全体は、現在の社会秩序に対応する七つのグループから構想され、それぞれ十二枚の写真から成る約四十五項目のファイルの形で出版される」はずであった。

文を続ければ、「ザンダーは、農民という土地と結びついた人間から出発して、あらゆる階層と職業の中を案内し、やがて最も高度の文明を代表する人びとのもとに至り、そこから下降して最後に白痴に至る」という。

人間の本質および現象と環境との自らの目による観察と、真正なものや本質的なものを見抜く狂いのない本能とにもとづいて、あくまでも写真家としてこの課題に取組んできたのである。そして特定の党派・主義・階級・社会に対する肩入れや偏見にとらわれることなく、真実を探究する者の熱意をもって解決したのである。

この文章を読むと、彼が「人種理論家や社会研究家から助言を受け」たのではないと断っていながらも、ザンダーが社会学的な関心をもって社会を眺めていたことはわかる。その関心にしたがい、写真によって「社会秩序」をあきらかにし、社会階層を系統立てて分類しようとしたのであろう。だから本書を「写真社会学」とする評は正しい。

本写真集は彼の計画にそいながら、息子のグンター・ザンダーが編集したものである。が、ザンダーの企画どおりに五百四十枚の写真は収録されていないこと、また彼自身のトリミングが不可能であることなど、おそらく彼の心づもりとはかなり差があることは否めないだろう。しかしそれがかえってザンダーの基本的な意図と同時に意図しなかった面を見せていると私には思えた。

写真は「農民」「労働者」「婦人」「身分秩序」「芸術家」「大都市」「最後の人びと」の七つのグルー

プに構成されている。順序にしたがって眺めてゆくと、ザンダーが「社会秩序」を固定化したヒエラルキーとイメージしているのではなく、むしろ、下層から中層、上層へ、いってみれば農民から「最も高度の文明」の人々へと上昇的に進むという、動的な構図のなかで考えていることがわかる。しかも「最も高度の文明」も安定した最後の段階とは捉えていない。「大都市」「最後の人びと」の中に写されている「流浪の民」「サーカス」「大都市の青少年」「迫害されているユダヤ人」、あるいは「目のみえない人びと」「爆発の被害者」「老衰した老人」など下層の人々を生み出すことを見逃していない。社会秩序を上昇し、また下降するというダイナミックな動きのなかで俯瞰しようとしている。

このような視点を、ザンダーはどこで学んだのだろう。肖像写真家として成功してゆく過程で実感したに違いない。十四歳で鉱山に入る境遇にいながらも、アマチュア写真家として知られ、やがてスタジオをもつ企業的な写真家となり、文学や美術に親しむ一角の市民的教養人にいたるまで、彼自身が辿った地位の上昇過程が反映しているといってよいだろう。

そうには違いないが、しかし、私にはそれ以上に彼が写真家になった資質が気にかかる。ザンダーは職業写真家として成功をおさめたが、それは顧客の肖像を絵画的な構図によって写したためである。二十世紀初頭の職業写真家はあたかも宮廷画家のように、写真によって顧客の肖像を芸術的に作り上げた。ところが、彼はこうした「芸術写真」の在り方に疑問をもち、「即物的」な手法に切り換えてゆく。私はこの点に興味をもつ。

なぜ彼は肖像写真を撮るなかで絵画的な写真を止めたのか。

一言でいえば、私はザンダーが人間の個性というものに疑問を感じたのではないか、と考える。絵画的な写真はどのような人物であれ、一定水準の教養人として仕立てることで成立している。それは一見、絵画の写真への影響のように思える。しかしどうだろうか。誰もが自分の肖像を気軽に手に入れることは、画家の時代であれば、かなり難しい。というよりも画家の時代には、自分の肖像を得たいという欲求は、一部の特権的な階級を除いて誰もがもったとは考えられない。つまり写真というメディアが発明され、気軽に自分の肖像を得ることが可能となったとき、自分の肖像への欲求が芽生え、そのときにあらためて絵画的な肖像に向かったと考えられる。だから絵画的な肖像写真の流行は、写真によって生じた個人の意識の大きな変化を如実に示している。さしたる教養もなくとも、写真に撮られることで一定の教養人として自己を再現しえる。写真は形而下の複製装置であるばかりか、形而上の複製も可能にした。ザンダーは肖像写真を撮る過程で、いや写真を撮り始める時点で、このことを一はやく気づいたであろう。シャッターひとつで教養人に仕立てること、それが成功の秘訣であったに違いないからだ。

彼は写真が社会秩序に与えた衝撃にも気づいたはずだ。『20世紀の人間たち』に収められた彼の写真は、絵画的な写真とも、またいかにも人間の喜びや悲しみを撮るといった「マグナム」風のヒューマニズムとも、根本的に異なっている。なぜならそのような写真はいかにも真実を写すかにみせて、実はあらかじめ作り上げられた物語に寄りかかっているからである。ザンダーが気づいたのは、写真が物語をなぞるのではなく、写真そのものが物語を作り出し簡単に複製し、量産してしまうことである。

彼に撮られた人物はいずれもカメラを意識している。そしてザンダー自身もそう仕向けている。なぜなら、写真というメディアが登場して以来、人はたえず自分がどのように写されているかを意識することこそが自然だからである。多くの写真家はいかにも人間のより自然な姿を求め、労働する喜び、戦争の悲惨、勝利の栄光、誕生と死といった図像を撮り続ける。しかし、それはもはや予め写真によって作られた物語を複製していることに過ぎないのだ。

われわれの時代の時代像を提示するには、絶対的に自然に忠実な写真によるのが何よりも適切である、と私は考える。

とザンダーは『20世紀の人間たち』で宣言している。「絶対的に自然に忠実な写真」とはなんだろう。ザンダーに撮られた人物たちは、喜びや悲しみといった感情をはっきりと表していない。むしろカメラに向かって、そのような感情を抑制しているかに見える。逆に見えてくるのは、カメラに向かったときのこわばりや緊張感である。それは写真に囚われている人間の表情である。そこにはもはや一人ひとりの個性といったものはない。

彼らはカメラに向かって、個性ならぬ自分の個性なるものを最大限に発揮しようとしている。ところが、その個性なるものは、農夫は小市民の姿を装い、小都市の商人は大都市のブルジョアの姿を規範とし、大都市の工場主や政治家は自分の威厳をさらに追い求めるといった複製なのだ。芸術家であれ、法律家であれ、スポーツ選手であれ、いかにも個性的に見えて、じつはザンダーの試みどおり自らが属する階層の身振りや装いをなぞっているに過ぎない。これこそ彼の言葉にしたがえば「絶対的に自然に忠実」な姿なのだ。

ザンダーの写真は各自が自分自身に抱いているイメージを明らかにする。それは被写体の個性ではなく、各自が個性的でありたいという自意識である。いってみれば彼は個性という言葉が叫ばれるほど、じつは個性などというものは希薄化していること、それが写真という複製器具によってもたらされたことに気づいたのである。

ところでこのことは、彼の『20世紀の人間たち』に意図しなかった面も見せてしまう。ザンダーの肖像写真は彼の試みどおり社会学的な構図を提示する。しかし同時にどのような栄光に包まれた人物でさえ、平板な分類のなかへと失墜させてしまう。これは社会秩序を動的に捉えようとしたザンダーの試みを裏切るばかりか、逆に社会秩序を固定化しようとする者にとっては危険きわまりない。

この危険に敏感に気がついたのはナチスであり、財界人である。ザンダーの撮った写真が彼の知らぬ間に新聞に使われ、風刺として扱われたのが、彼の不幸のはじまりだ。やがて共産党員であった息子に手をかしてビラの複製を作ったのがきっかけで、彼の写真は発禁処分に至ることになる。しかし、ナチスから彼が憎まれたのは事件のせいでも、また本書のなかの「迫害されているユダヤ人」といったテーマを撮ったからでもないと思う。本当の理由は、一九二九年に右翼の批評家が述べた、「指導者不在と劣悪な本能を刻みつけられた容貌の記録であり、……高揚と感激の記憶ではない」という評がもっとも適切に思われる。

ザンダーの写真は風刺を試みたものではない。しかし彼の写真のなかでは栄光に登りつめた財界人も、選ばれたナチス党員も表情はこわばり、「高揚と感激」よりも空虚さや屈託を垣間見せ、都市のはざまで生きる「最後の人びと」のように同じ地平に落とされてしまうからである。結果、民族主義や純血主義、栄えある未来という惹句の嘘を透視してしまう。

ザンダーの写真は古代から消えることのない、観相学を思わせるところがある。それは人間の個性よりも、類似性を強調するからだ。しかし観相学が個々の人間の未来への期待があるのに対し、ザンダーの写真は人間の個性的なるものを冷酷に撮るがゆえに、かえって個性の不在を見る者に確認させ、未来に希望をもたせない。私が被写体となった人物たちから一様に覗きこまれ、何かの問いを発せられているように感じたのは、どの顔を見ても、次第に自分の影のように思えてきたからである。まるで私が次の標本になる虫のように感じた。つまり私自身個性があると自負していても、それは自意識という夢魔にとり憑かれているに過ぎないのだ。

ザンダーの肖像写真は観相学よりもはるかに予見的である。写真の誕生と共に自意識の夢魔に囚われた人間たちは、個性の希薄さに気づいたにせよ、そうでないにせよ、なおも自己を取り戻そうと躍起になる。一層、個性とやらを主張し、着せ替え人形のように個性的な仮面や衣装で飾らなければ安心できなくなる。その分、人間の表情は均質化し、さらに内面は希薄となる。二十世紀はそういう時代であったと、半世紀前すでにザンダーの肖像写真は時代の貌をくっきりと暴き出し、予告していたのだ。

（一九九一年九月号）

# なぜ神話が現代に書かれなければならないか

## 『メテオール（気象）』

国書刊行会・二八〇〇円

ミシェル・トゥルニエ著　榊原晃三・南條郁子訳

私たちの時代において神話を書くことは可能だろうか。もし可能であるとするなら、どのような描き方であろうか。いや、その前に現代にあっても、なぜ神話が書かれねばならないのか、それが問われるだろう。このような問いを一まとめにして、一つの解答を与えたのが、トゥルニエのこの長篇である。

一九三七年、九月二十五日のことである。

この日、ニューファンドランドからバルト海へと循環している低気圧が、大量の暖かく湿った空気をイギリス海峡に吹きつけていた。午後五時十九分、西南西の突風が吹きこんだ。このため、畑でジャガイモを掘っていたアンリエット・ピュイズー婆さんのペチコートは捲れ上がり、……

この長篇はヨーロッパを襲う気圧配置の変化からはじまり、低気圧が引き起した突風に誘なわれて小説の舞台へ向かう。場所はフランス、ブルターニュ北部のピエール・ソナント。この地名は「鳴る石」という意味。作者は説明していないが、風が通って鳴る石があったのだろう。ともかく、この土地は気圧と呼応し、突風によって舞台の開幕の合図は鳴った。

ピエール・ソナントは三つの具体的な建物によって構成されている。一つはカシーヌ。カシーヌとはブルターニュ北部の大きな民家の形式である。広い屋根裏部屋をもつ。この大きな家に住むのは、エドワール・スュランとマリア＝バルバラ夫婦、それに二人の間の数多い子どもたち。二つ目はスュラン家が経営する織物工場。ここには三百二十七人の女工たちが働いている。三つ目は工場に隣接する養護施設。フランス革命で使われなくなった大修道院を転用してはじめられた「聖ブリジット学園」。ここには重度の障害児たちが収容されている。

土地を支配する大家族。彼らに雇われている大勢の女工。そして生来、肉体的にも精神的にも重度の障害を担わされた子どもたち。スュラン家の子どもも、学園の子どもも、この三つの施設をわが家同然と思い、日々出入りしている。

そして突風はハンモックの中で抱き合って眠っていた双子、ジャンとポールの眼を開ける。何人産んだのかも覚えていないマリア＝バルバラの最後の子どもたちである。まだ七歳。二人とも並はずれて病弱で発育が悪く、まるで幼いままである。

見事な幕開きだ。読者の眼を鳥瞰的な高見から、次第に三位一体の施設が「一つの有機的な全体像を形作っている」小さな村へと降り、やがて双子へと焦点が合う。

トゥルニエの小説ファンならお馴染みとはいえ、一気に読者は寓話的な世界、というよりも神話的な世界へと送り込まれる。

双子、完璧なカップル。トゥルニエの作品には対のカップルを主人公としたものが多い。『フライデーあるいは太平洋の冥界』のロビンソンとフライデー。ロビンソンが眠っているフライデーを眺め、自分と彼とは、顔も肉体も異なっていても二人は予め啓示を受けた双生児ではないかと考える場面を思い出す読者もいるだろう。『オーヌの王』には食人鬼に襲われる双子が登場した。『ジルとジャンヌ』は聖女ジャンヌ・ダルクと魂を呼応し合った殺人鬼ジル・ド・レの物語だった。

『メテオール』にもジャン＝ポールの双子だけでなく対のカップルは次々に登場する。それはエドワールとマリア＝バルバラという夫婦を指しているのではない。多産なマリア＝バルバラに対しては、十一人の子どもを産んだものの、すべての子と夫を失い、喪服に身を固めた家政婦メリーヌ。マリア＝バルバラは双子の生みの親、メリーヌは育ての親。現世的な価値観を求めるエドワールには、放蕩無頼な弟アレクサンドル。女好きで子沢山な兄に対し、同性愛者で孤立する弟。

まだある。工場は二つの部門に分れている。白く軽い糸を織り出す撚糸工房と蒲団を打ち直す、埃っぽく刺激臭のする梳毛工房。いずれの部門もイザベル・ダウダルとドゥニーズ・マラカントという二人の女工が統括している。養護学園はどうか。比較的軽度な児童を養育するシスター・ベアトリスと最重度の「歩くことはおろか、立っていることすらできない」児童の面倒を見るシスター・ゴータマ。ベアトリスは障害児たちに聖霊降臨を見、来世を夢見るが、ゴータマは完全に世を捨てている。そして子どもたち。スュラン家の子どもと、重度の障害をもち、母国語すら喋ることの出来ない養護施設の子どもたち、……。これらの対のカップルの中央には、双子がいて、彼らの力が働き、彼らを巡るようにして物語は進行する。

このような設定、これは『メテオール』の前半の一部にしか過ぎないのだが、対のカップルを物語の中に配置する方法は読者に神話的な世界を呼び醒ます。なぜだろう。この指摘は容易に見える。なぜなら、ギリシャ神話であれ、ローマ神話であれ、古事記であれ、対のカップル、或いは三位一体の人物が布置されていることは多いからだ。双子に限っても、この作品の中でも言及されている通り、聖書にはヤコブとエサウが、ギリシャ神話にはエテオクレスとポリュネイケスが、ローマ神話にはロムスとレムルスが登場し、双子は互いに敵対し殺し合う。加えていえば、古事記のヤマトタケルの神話も同様である。ヤマトタケルは双子の兄オホウを虐殺して登場し、各地を平定して行く。

しかし古代神話に源があるからといって、作品は神話性を帯びはしない。それは双子の物語が、私たちにとっても原初的な対人関係だからである。私たちは生きていく過程で、愛情を認める者、敵対する者に強弱の違いはあっても出会う。他者と生きるからだ。ならば、カップルとして誕生した双子に一人で生まれてきた多くの者が、人間のもっとも基本となる関係を見出しても不思議はない。『メテオール』はこの双子を中心とした物語である。双子の一人、ポールはこう考える。

人はだれも最初は双子の兄弟といっしょだった。妊娠している女性はすべて、おなかの中に二人の子供を持っている。だが強いほうがもう一人の存在を許さない。そいつとすべてを分け合わなければならないからだ。強者は母親の腹の中でそいつを絞め殺して食べてしまう。そして原罪にまみれ、孤独という宿命を負い、化け物じみた身長という格印を押されて、独りきりでこの世に生まれてくる。人間界は強者たちの集まり、そう絞殺人の手と食人種の歯を持った鬼の集まりなのだ。

ポールは、単独者たちは「暴力と犯罪に満ちた〈歴史〉という名の瀑布に身を投じ、世界中をさまよい、孤独にうちひしがれ、後悔に苛まれている」と考え、その一方で「ぼくたちだけが潔白なのだ。ぼくたちだけが手に手を取り合い、唇に微笑みを浮べてこの世に生まれてきたのだ」と断言する。ここで古代神話の双子の伝承は反転されて、現代により強い色彩をもって蘇る。

トゥルニエは単純に神話的な衣裳を物語にまとわせるために、双子を中心に置いたのではない。彼らが生まれながらに、暴力と犯罪を生む、私たち単独者の世界と対峙しているからである。双子は単に互いに似かよっているだけではない。ジャンとポールは互いに惹かれ合い、二人だけに通じる「風の言葉」を交し、互いに精液を交換する秘儀を毎夜行う。双子にして同性愛者。つまりは完璧すぎるカップルなのだ。

トゥルニエはポールの言葉をより明確にするために、物語に偽の双子性を用意する。双子の叔父アレクサンドル。無頼で同性愛者。物語は双子の成長と平行して、アレクサンドルの行動が彼自身の口から語られて進んで行く。

アレクサンドルは長兄ギュスターブの死後、廃品回収の仕事に携わる。彼は「ごみの王」「ごみのダンディー」であり、社会を「背後から、裏返しの、逆転した、闇の世界」から支配しようと希む。彼はごみの王たることに満足する。それはごみ置場が日々大量に生産される商品の「保存機関」だからだ。生産され、消費されるモノはすべて本物ではない。摸造品。そのコピーされた商品は大量に捨てられ、腐食され、瓶やチューブや皮や骨だけが残される。表面の堆積、即ちコピーのコピー。アレクサンドルは偽の世界の王なのだ。

彼は双子が世界を〈双子の世界〉と〈単独者の世界〉とに分けて考えるように、〈同性愛者〉と〈異性愛者〉とに二分して世界を捉える。


〈異性愛者は〉離婚すればゆきずりの情事ができ、同性愛者のように軽やかな永遠の春をただで楽しめると思っている。家長は非常識にも、女たちが苛酷な節制をして少年のようにほっそりとした体を保ち、子供を産まないように強要する。ところが女たちはもともと母体になるように造られているから、脂肪がつき、子供を産むのは当然なのだ。このように異性愛者たちは、同性愛者の理想的生活を絶えず追いかけながら、同性愛者に対して憎しみを抱いている。ちょうど繋がれた犬が、自由で孤高の猿を憎むように。


偽の王であるアレクサンドルは、もう一度世界を反転して、多数を占める異性愛者こそ同性愛者のコピーであるという。

トゥルニエは〈双子の世界〉と〈同性愛者の世界〉をぐいっと摑み出して、私たちが日常健全で自明と思っている世界を相対化させるのである。私たちの時代において、神話が成立するとすれば、当り前だと容認している世界を照らし返す鏡を用意しなければならない。

ここで、この小説の冒頭の、「一九三七年、九月二十五日のことである」という一節を思い出せば、トゥルニエがどのような世界を映し出すために、この神話、この鏡を綴ったのかは明らかだろう。この日を年表で調べれば、ムッソリーニがはじめてドイツを公式訪問している。彼の作品『オーヌの王』の中で、食人鬼がヒトラー・ユーゲントに捧げる少年少女をあさるティフォージュに変身して現われたことを思い出そう。

ポールがいう「人間界は強者たちの集まり、そう絞殺人の手と食人種の歯を持った鬼の集まり」とは、現代の人間たちが作り出した醜悪な神話、ナチズムに対応している。美しいゲルマン民族、美しい肉体の賛美、これこそファシズムがデッチ上げた神話だが、この根は必ずしもナチズム固有のものではない。

『メテオール』に登場する人物たちは、少なからず現代社会からは、うとましく冷笑的な眼を注がれる者たちだ。多産の女、子どもと夫を失った寡婦、劣悪な職場で働く女工、重度の障害児、同性愛者。そして、双子。だから、この物語は現代に流布し、デッチ上げられた様々な神話を笑いとばしながら、戦争の影を強めながら進行して行く。

笑い。そう、トゥルニエは皮肉を忘れない。凡庸で世俗的な価値にしか眼が当たらない双子の父親エドワールは愛国心に燃え、英雄的な死を希む。が戦いで死ぬのは、彼の愛人と妻である。母たるマリア＝バルバラこそ真にナチスに抵抗し、収容所に送られる。そのため、エドワールはすべてを失い、抜け殻のようになって死ぬ。

皮肉といえば、叔父アレクサンドルの死も皮肉である。彼は戦後、カサブランカではじめて双子の甥たちに出会う。彼は同性愛者特有の勘で彼らも同類であることを見抜く。一目惚れして追いかける。

そして彼は双子が精液交換する儀式を覗き、絶望する。なぜなら彼らは二人だけで「完全な卵形」をつくり、彼の入り込む余地はなかったからだ。同性愛者にして「ごみの王」は、自分が世の中に「偏在」すると自覚しているが、遍在し、且つ一対となっている双子に排除され、結局は単独者の孤独に苛まれながら死を選ぶ。

ポールは「双子同士で精液交換をする時には、さかさまに向き合って卵形になる。それが彼の見た二重の胎児の姿勢だ。この姿勢はぼくたちの決意を示している。それは、時と人生の弁証法に関わらないという決意だ」という。さらに続けて語る。同性愛のカップルは「双子の細胞を作ろうとするが、構成要素は単独者だから、つまりは偽者ということになる。……彼は単独者の使命を拒む。生殖、生成、繁殖、時、そして有為転変を退ける。呻きながら双子の兄弟を捜し求め、永遠の抱擁に閉じこもろうとする。それは僭称行為だ」。コピーのコピーたるごみの王は、こうして双子の世界からもコピーと見なされて死ぬ。

しかしポールの言葉は双子の宿命をも明らかにする。「時と人生の弁証法に関わらない」、「永遠と不動性の方向にしっかりと固定され、……動くことも、苦しむことも、創造することもできないはず」。つまり双子はどこまでいっても何も産まない。不毛でしかない。

それではトゥルニエはナチズムという不毛に対抗して、双子の語る不毛の美学を探り出しただけであろうか。

双子のジャン＝ポールという名前は、私にサルトルを思い起させる。これは作者のワナかも知れない。しかしどうしても私に、サルトルの『家の馬鹿息子』、つまり未完のフロベール論を思い出させるのだ。特に第二部の「想像的な子供」。ここでサルトルはフロベールの鏡に魅惑された、倒錯的な性行動を描かなかったか。いや、『メテオール』は『ボヴァリー夫人』の鏡像といえなくもない。平凡な男と結婚したエンマはロマンティックな恋人に会えることを希み、幸福を求めながらも次々に恋人に捨てられ、動き廻って死ぬ。ところが『メテオール』のジャンとポールは、ひたすら二人だけの世界に陶酔し完結している。エンマのように外の世界を夢見ることもない。

しかし、母なるマリアが死に、父と叔父が死に、戦争が終結する所で、双子の物語は急転する。双子の不毛性に気づくのはジャンである。彼は結婚をし、ポールから離れようとする。ジャンは恋人に気象学への興味を語る。気象、大気の気まぐれ。それは正確に刻む時への反抗。つまり双子が「時と人生の弁証法に関わらない」とすれば、気象はその前提を突き崩す。もともと人は正確な時に動かされるのではなく、潮の満干、四季といった気象によって動かされていたのだから。ジャンは気象によって「時の弁証法」を得ようとする。

が、ポールと家政婦メリーヌに邪魔され、結婚は失敗する。ポールは永遠の少年であり、メリーヌは喪服を着た寡婦。結婚には失敗したものの、ジャンは不毛を象徴する二人から去って行く。そしてポールはジャンを引き戻そうとして彼を追う。彼らは卵の殻から出て外の世界へ向かう。

この小説は、登場する人物、ポールとジャン、アレクサンドルらの独白と作者の語りとで構成されているが、後半に到ってポールの独白部分が多くなり、やがて当初からポールの声は彼が子ども時代からの半生を回顧していることがわかってくる。

ポールはジャンを追い、各地を旅する。ヴェネツィア、チュニジアのローバコス島、アイスランド、日本の奈良、カナダの大草原。「時の弁証法」を得られなかったジャンは「空間の弁証法」によって双子性から脱出を試みたのだが、それは同時に彼を追うポールの「人生の弁証法」への旅となる。つまり永遠の少年であるポールの通過儀礼。

従って、この旅はポールの内面への旅である。そのことは物語にも大きな変容をもたらす。前半部分はあたかも古代神話の如く、登場人物各々がエネルギーに満ちて、自らの欲望と知識に応じて、直截的に動いている。『ボヴァリー夫人』とは対照的だ。それに対し後半のポールの独白が続くようになって登場人物のエネルギーが少し稀薄化する。

もっともそれは、ポールが旅先で出会うカップルが、どのようであれ単独者であり、しかもアレクサンドルのような強烈な双子の偽者にも出会わぬからであろう。トゥルニエはむしろポールに各地の気候と風土、その中で人間が作り上げたものに触れさせる。ヴェネツィアの水、ローバコス島の人工的な庭、日本の寺院の石庭、カナダの闇。そして空と海、土と風、風と太陽。

しかもトゥルニエは時折、各地での見聞をポールに語らせる。それはピエール・ソナントの濃密な空間に比べれば、どこか気ぜわしく稀薄な風景だ。ところが、そう思っていると、もう一度作者は、ポールを緊張に満ちた土地へと導く。

一九六一年九月の東ベルリン。第二次大戦の残滓が残る、東西に壁で分断された双子の都市の片方にポールはやって来る。こうして見ると他の土地の印象が稀薄なのは、戦後のなまぬるさと対応しているらしい。ともあれポールはいつしかジャンを追い抜き、ここで二人は再会する予定となる。ところがジャンは西ベルリンに行く。ポールはことの成り行きから、東から西へと脱出するグループと行動を共にする。地下道を這う彼の上で落盤事故。ポールは左腕と左足を失う。しかしピエール・ソナントに戻り、ベッドに横になったポールは「ぼくの左半身――がさこそ動きまわり、部屋に、庭に、そのうちおそらく海や空にまで伸び広がるであろう腕と足。そう、ぼくにはわかる。これはジャンだ。これからは双子の兄弟の体で生きることになった」と考える。彼は左手足を失い、そのために襲ってくる痛みによって、「ぼくの人間としてのテンポと、気象の進むリズムとが見事に一致する」喜びを知る。自分の気と大気は同化し、彼の旅は終る。

最後は冒頭の低気圧に対し、冬の高気圧。日光は強く、「雪は溶けも、流れも、崩れもせず、水蒸気となった。／これを〈昇華〉という」。美しい結語。こうして〝現代の神話〟は巡り来る春を予感させて幕を閉じる。

蛇足を一言。訳者によれば、トゥルニエの翻訳書の大半は絶版だそうである。榊原晃三訳で親しんでいる私にとっても、これは寂しい。トゥルニエの描く〝現代の神話〟が容易に受け入れられない所に、私たちの文学的状況の貧しさが垣間見えるようである。もっともその分、密やかな愉しみが私に残されるのだが……。

（一九九一年一一月号）

## 自己確認としての叫びと呪詛の呟き

### 『エチオピアで井戸を掘る』

草思社・二〇〇〇円

諸石和生 著

決してすらすらと読める本ではないが、私は何かに導かれるようにして一気に読み終えた。何かとは、著者の深く深く掘り下げて行く思考であり、その結果、次々と積み上げられて行く経験である。そして深く掘られた井戸の底から、最後に至って一気に噴出して来た世界に強い衝撃を受けた。

私はいま、この本を井戸掘りに喩えてみたが、これは単なる比喩ではない。書名から判る通り、著者は青年海外協力隊員、いわばボランティアとして、一九八二年から八六年まで四年間、エチオピアの地下水開発の仕事に携わっている。井戸掘りの現場で働いた。だから、著者は予めノンフィクションを書くことを想定して出かけたわけではない。といって技術者の単なる海外レポートでもない。

安手のノンフィクションにありがちな、現場に出かければ、すべてが判ったかのような安易さもないし、同時に技術者のレポートに見る数字や数表への埋没もない。むしろ著者はこうしたノンフィクションやレポートの背後に見え隠れする特権意識を徹底して拒否する。著者は、その代りに地質学の知識と自分の思考と経験とを武器にして、四年間に亘る自己の旅を一つずつ確かめるようにして書き綴る。

自己確認のために書かれた文章。だから決して奇を衒う必要はない。まずはじめは、エチオピアに着いたところからはじまる。

エチオピア。遠い国だ。距離の問題ではない。私たち日本人は北アフリカにある、この国について知っていることといえば、いまだに皇帝ハイレ・セラシエと英雄アベベぐらいだろう。軍事政権、旱魃、飢餓といった記事を見かけたことがあるといっても、そこにどれほどの大差があるだろう。

昭和五七年、エチオピアの雨季のはじまりにやって来た、ボランティア青年もまた、この国について机上の知識がわずかに多かったに過ぎない。彼は別世界に降り立った異邦人である。知らなければならぬことは、数多い。はじめに感ずるのは何んだろう。気候。雨季と乾季、一日に二〇度もの温度差のある、あまりに日本とはかけ離れた気候。肌にはじめて触れる際立った違いだ。

次は食べ物。人間生きて行くには食べなければならない。粟よりもっと小さな、穀物テフを材料にした主食のインジュラ。玉ねぎと肉を強い香辛料で煮込んだワット。日本の味噌に当たるシュロ……。そして次は、ロバと車。急激に増えつつある車と、それまでも、またいまでも農村で輸送手段として使われているロバ。さらに次は、言葉。共通語としてのアムハラ語、この言葉は基本的な音の数だけで二二〇以上もある。この言葉を覚えなければならない。

気候、食べ物、輸送手段、言葉。著者はあたかも幼児が世界を知るようにして、エチオピアという国を学んで行く。そう、著者は右も左も、言葉も判らない子どもである。しかしまた、この国で井戸を掘らねばならぬボランティア青年でもあり、地質を観察し、そこから地殻の動きをも推量できる知識と経験をもっている。そのせいであろうか。食べ物を味わい、車とロバの併存を見、言葉を学びながら、エチオピアという国の成り立ちと変貌を捉えようとする。

たとえば、首都アジスアベバでロバが輸送に使われることはない。しかし電気器具が高く、ガスが定常的に供給されてはいないから、料理には薪や炭が使われる。これらはロバによって運ばれる。しかも結果的には薪と炭代はガス代よりも高くつき、この燃料確保のため土地は次々に禿山となる。禿山化した国土は、土壌の流出を招き、旱魃の原因ともなる。この国は独裁政権のもとで急激に近代化を進めているから、こうした矛盾が、日常生活のあらゆるところで露出している。古い社会と新しい社会がせめぎ合い、その割を喰うのは貧しい者たちだ。

人種的な差別もその中で露わになってくる。もっとも数の多いのはアムハラ人で、彼らは政治の中枢を握っている。ティグレ人は商業の中心に、グラゲ人はその商業の周辺部を、オロモ人は石工、大工、職工などの仕事を、というように色分けされている。それだけではない。バリャ、トゥナ、ドゥルゼーと呼ばれ、主要民族からかつては本当に奴隷として、いまなおはっきりと差別されている少数民族が存在する。要するに、政治の中枢を握る者は、差別撤廃を叫びながらも、一方で因襲的な制度にしがみつくという訳である。

いや、もっとはっきりと首都アジスアベバの地表には、政治の矛盾が現われている。下水道である。雨季になると屎尿はどこでもあふれ出す、路地でも、著者の勤めるオフィスの中でも。

どこもかしこも事情は同じだった。街の広場でも、教会の回りでも、家の庭先でも、近代的なアパートやホテル、オフィスからも糞があふれていた。

病院からは、肝炎と赤痢と、ランブリア、コレラ、さなだ虫、住血吸虫、マラリアやフィラリア症などのほかにも、梅毒、淋病、ヘルペス、軟化下疳とありとあらゆる性病にかかった屎尿が猛烈な勢いで排泄されていたし、毛虱が股の間で血を吸って膨みながら、歯茎をがたがたに蝕んでいた。

凄まじいものだ。ただ著者はこの後に、この糞まみれの都市の下半身と、オロモやバリヤなど差別されて生きる人々を重ねて見る。「政府はそれを、糞にまみれた人びとをまるでごみ集めでもするように掻き集め、都市から運び出し、どこか人目につかないところに捨てているようだった」と。いまわずかに引用した文章で判るだろう。著者の文章はためらいがなく、直截的だ。容赦せずに、風景や人間関係の裏を、臭いものを隠す蓋をも剝ぎとって行く。

もし著者が観光客かありきたりのルポライターだったら見えないところを、仕事を通じて見てしまう。いや、この著者の文体は実に特徴があるが、それはエチオピアのものや自然や人に見られているという感覚から成り立っているからだ。一つひとつのものの形や感触、人間が発散する匂いや表情を、幾重にも重ね、連鎖させるようにして描写する。

私たちが暮らす日本では、ものが溢れ、人も溢れている。ものは実に様々に彩られ、かたちづくられているが、瞬時の如く捨てられる。人間もまた然り。ファッションで着飾ってはいるものの、少し離れてみれば同じように見える。ものや人が私たちの眼を射ることはない。しかし、エチオピアでは、もの不足の中で、ものが語りかけ、様々な矛盾を抱える中で人間もその矛盾をひき受けざるを得ない。

まして外国人である著者は、好奇の眼に絶えず晒されることになり、同時に彼らの表情の中にある感情を読み取ろうとする。

無論、著者が凡庸な感性の持ち主であったとしたら、又自分の役目に責任感を持たぬ人物であったならば、ものが語る言葉を理解し得なかっただろう。

著者は次第に苛立って行く。いらいらするのは、もの不足と糞まみれの都市にだけではない。彼がボランティアで訪れたにもかかわらず、一つの室を確保することさえかなわないことではない。私たち日本人は、すでにボランティアでさえ、クーラーの効いた部屋ぐらい与えられているものと考えてしまう。しかし、ここでは狭い部屋に押し込められ、暑さと南京虫と闘わなければならぬことを知って驚くだろう。しかし、著者はそんなことに怒りはしない。苛立つのは、この国にも官僚的な制度社会が立ち現われていることだ。

国内への出張でさえ、数多くの書類とサインが必要となる。そしてその書類の束の中で人は馴れ、隠れ、責任を逃れる。「直輸入されたクルマ社会の時間割りと、ロバ社会の時の流れが混沌として混在し」、「人間がその混沌の中で蝕まれ痩せ細って」行く。

著者は至るところで、この現実にぶつかる。井戸を掘る現場でも、そこまで行く検閲所でも、勤めるオフィスでさえも、この書類的人間と出会う。

日本大使館の若い書記官は有能であるが故に、彼に「二年間を楽しい想い出で埋めて無事に帰国することを考えなさい」と忠告する。書記官にしてみれば「日本の利益」にならぬ、井戸掘りなどという地味なことは、無意味であると繰り返して語る。大使も同様。

著者の文体が、現場の仕事について語りはじめる後半から次第に変わってくる。独得の色合いがさらに深まって行くのがよく判る。何故なら、著者は決して書類の中に埋もれることが出来ないからだ。著者は日本を出るときに、職場も地位も失っている、「無職の、住所不定の」「怖いもの知らず」の男だ。前書きで、文章をまとめた理由をこう語っている。

書いたのは倫理的な理由からではないような気がする。エチオピアのことを少しでも理解してもらうことで、悲惨な状況にある旱魃被災民の一人でも多くが救われるのならと、願ったからでもないような気がする。

さらに「不公平や矛盾を伝えたかったのでもないような気がする」とさえ述べている。それでは、何故書いたのか。アジスアベバの女たちが「つまらない身の上話を、自分がなに者であるかを、語りつづけねばならなかったように、私もまた」という。

著者は、ここでボランティアであることさえも捨てたと私には見える。制度的な人間たちに対して、生身の人間であることにかけたのである。糞尿にまみれても人間であろうとした。

文章はその分、呪詛めいた語りが登場してくる。「糞くらえ」「とんでもない野郎だった。キダネという奴は」「小便のようにちょろちょろ」「吐き気を催す」……。糞、小便、南京虫、蠅、蚊。排泄物と虫けらにかかわる言葉が挑発するように吐き出される。

セリーヌの文章を思い起す読者もいるだろう。たしかに似ている。ただ、セリーヌは呪詛を吐き散らしながら、自分の妄想へと突っぱしったのに対し、著者はむしろ、こうした言葉を吐き出すことによって、至るところ現実に彼をとり囲んでいる、どうにもならない世界に抗っている。必死で自分を襲う妄想と弛緩とに闘っている。

肝心なことを述べなくてはならない。文中にはないけれど、著者紹介によれば、「著者は現地の人たちから井戸掘りの名人と慕われ」たという。このことは井戸掘りの現場の記述を読めば、よく判る。彼は幾つかの井戸を掘り当て、共に働く人間に悪たれを吐きながらも驚くほどに優しい。

偽悪的な文体は、偽悪的な社会、役人と軍人とがのさばる社会とにバランスをとるために生まれた。せっかく井戸を掘り当てても、水を乞い求める女たちのものとはならず、やがて出来ると予定されている工場のために蓋でおおわれる。何という悲喜劇。

著者はエチオピアを訪れ、生き、地表をおおう糞尿と虫と、虫けらの如き官僚機構と抗し、それを剝ぎとり、次第次第に自分の身を沈め、深く降りて行く。

しかし、この思考と行動の井戸の底から噴出して来たものは、甘い水でも小便臭い水でもなく、塩辛い砂だった。いや、もっとグロテスクな、どうにもならないもの。即ち飢餓である。

責任者にキャンプの中を連れ回されながら僕たちは、中に入ったことをすっかり後悔していた。早くずらかることしか考えていなかった。いましがた死なせてしまったのか、枯れ枝のように足がぼろ切れからのぞく、動かなくなってしまった子供を膝に乗せ、泣き叫ぶ母親を見て、怒りと虚しさを感じ、蝿のたかった目をもう二度とあけようともしない兄の顔を、なにごとでもないかのようにみつめる小さな弟の無感情なまなざしに、わが目をうるませることはできても、あのごろごろといとも簡単に、こともなげに並べられた二〇体近くの、おはらい箱になったマネキン人形のような死体を見たときは、もう感情も役立たずだった。

まさに呟き。長々として止めることができない呪文、祈りの文章だ。よく文は人なりといわれる。本当だろうか。この常套的ないい廻しは、練られた硬質な文体は、確固とした人格から生まれるといいたいのだろう。

しかし、この著者の文章の輝きは、別のところから生まれている。確固とした人格ではなく、むしろ弱さだ。正確にいえば、自分の弱さを知り、それをそのまま投げかける強さだ。決して型にはまったものではない。が、その弱さは井戸の底から悲鳴のように響いてくる。

軍事政権下の、まさに画一的な政策からはじまった旱魃、そして飢餓。しかし、著者はさらにグロテスクな世界を私たちの前に見せつける。飢餓に対する軍事政権の施策だけではない。日本政府の通り一ぺんの援助。飢餓をスキャンダルに貶めようとするマスコミ。ボランティアグループ。宣伝用有名人、芸能人、人類学者チームに宗教団体。飢餓はかれらにとって、格好の餌となる。

ここでも書類と官僚性がまかり通る。著者の勤める地下水開発公社の実績は無視され、難民委員会の手で井戸が掘られる。もしも地下水開発公社に工事をまかせれば、少なくとも四〇本の深井戸が掘れた筈だと著者は試算する。しかし緊急プロジェクトチームは、たった五本の井戸しか完成させることは出来なかったのだ。

遠い国からのレポートである。が、最後に至って、このレポートは私たち日本人の顔をくっきりと映し出す。それは、ここに登場する有能な一等書記官のみならず、生ま身の人間としての顔を失ないかけている私たちの顔なのだ。いや、改めて考えれば、著者の真摯な叫びと呪詛と呟きは、彼自身の自己確認の言葉であるからこそ、はじめから終りまで読者である私自身の姿を確認せざるを得なかったのだ。

（一九九二年一月号）

## 歴史の皮肉と、美しい伝説の中を生きた人々

### 『博物学者列伝』

上野益三 著

**八坂書房・四八〇〇円**

荒俣宏が著書『目玉と脳の大冒険』のなかで、日本の博物学史に少し触れている。これを以前読んで、私は少し奇妙な印象を抱いた。

私は博物学についての知識をもたない。動植物を観察、採集し、分類する学問といった程度のこと

しか思い付かない。

荒俣はまず、日本博物学の歴史を一言でいえば「皮肉の連続」であると述べる。そして博物学の歴史は「端的に言って、不当な偏見による迫害と、そこからの脱出《エクソダス》の試みとである。たぶん、博物学自体には何の罪もなかった」と語っている。

文中に彼が、「たぶん」という副詞を加えたことには、実は意味がある。その後に綴った博物学史では、むしろ博物学者が体制へすり寄った経緯を明らかにしているからだ。彼のいうところを要約してみよう。もともと日本の博物学は江戸期には、幕府の殖産興業策を支える基礎学問の一つであって、大名のなかにも博物好きな者も多く幸運な道を歩いていた。ところが、明治国家が政策を第一次産業から第二次産業へと方向転換したため、博物学は追いやられる。自然を相手にする学問故の「迫害」である。

ただ博物学自体にも「婦女子か仙人か」の、役立たぬ学問と思われる要因を多分に含んでいる。江戸期に大名や豪商が好んだのも、また明治以降も同族の血筋から博物学者が輩出したのも、いや戦後に至るまでプロの博物学者が限られるのも、この学問では食うことは無理だからである。その結果、道楽と見られ、ますます追いやられる。

ところが面白いことに、しばしば博物学は顧みられる。日清日露戦争後は台湾や樺太へ、大正昭和にかけては中国へ、と博物学者は駆り出され、調査にあたっている。戦時中も南方諸島へと動員されている。いわば日本の帝国主義的膨張政策と呼応して、博物学はそのときどきに陽の目が当たるのである。

荒俣が「たぶん」と言い淀んだのも、博物学の歴史には、このような側面があるからだ。にもかかわらず、彼は「博物学自体には何の罪もなかった」と考えたいらしい。例を挙げれば、昭和九年に開設されたパラオ熱帯生物研究所も、結果的には侵略とはいささかズレた、動植物の採集を行い、国策から「脱出」してしまう。

そうしてみると、博物学は近代において迫害された学問というよりも、むしろ体制が近づいても、するりと脱け出してしまうところがあるようだ。私にはそれが奇妙に思えた。広重徹の『科学の社会史』は、近代日本の科学がいかに体制に組み込まれたかを例証しているが、彼は「ナチュラリスト（自然の諸物の愛好家）の博物記載的な伝統を超えた発展が始まるのは、やはり十九世紀にはいってからである」とし、博物学を近代科学以前の学問と捉えている。

博物学は古い学問であるが故に、近代の価値とそりが合わないのか。それにしては、昨今の博物学への人気はどうだろう。荒俣の仕事も、南方熊楠も盛んに喧伝されている。内容はとても博物とはいえぬのに、書名に「博物誌」を付けた著作も多い。これまた奇妙なことに違いない。

上野益三はかつて『日本博物学史』という大著をまとめている。その中心となるのは第一部の通史と第二部の年表である。西暦五〇〇年から、一九〇〇年まで博物学の変遷が実に詳細に調べられた年表を眺めただけで、私はたじろいだ記憶がある。年表はともかくも、通史のなかで繰り返し、「博物学は滅び去った学問ではない」と記しているのが印象に残っている。

上野は実に多くの博物学者の伝記を書いている。今回の『博物学者列伝』は、そのなかから、日本人四十人、外国人十二人の博物学者伝を選んでアンソロジーとしたものである。日本人の学者は貝原益軒から三木茂まで、年代的にいえば江戸期に活躍した人物が多い。

私は博物学には知識はないが、博物学者には興味がある。荒俣のいう「たぶん、博物学には罪はなかった」という一行が気にかかるからだ。

上野の列伝を読んで、その感想を一言でいえば、ここには荒俣が語る「罪云々」よりも、学問が本来もつ幸福があるという印象だった。

上野は、もともとは陸水動物の研究で業績を残した博物学者である。その学者としての性格は文章にそのまま現われている。文は簡潔をきわめ、禁欲的ですらある。この中には、森枳園のように伊沢蘭軒に師事し、渋江抽斎と交流があった人物も登場するために、私は森鷗外の史伝を思い出した。それほどきちっとした文章で綴られる。いや鷗外のそれよりも修飾は少ない。

博物学の江戸期においての中心は、本草学である。その世界を益軒からはじめている。こう紹介すると、ヨーロッパと同等の、もしくはそれを凌ぐ学問体系が日本にも存在していたという、一見ナショナリズムにおおわれた排外主義を思い浮べるかも知れぬ。しかし上野は、そのような誤ちは犯さない。一人ひとりの学者の著作を簡潔に紹介し、それを検証する。価値の低いものは「幼稚」「荒唐無稽」と断じている。私にはそれら学問の価値は判らないが、上野が手に入る資料は悉く眼を通していることはよく判る。著作に眼を通すばかりではない。たとえば『本草図譜』九六巻という、当時日本最大の植物図譜を作った岩崎常正の記述には、このような件りがある。

彼の谷中の居というのは、今の不忍通りが、都電千駄木二丁目停留所の手前で、曲って真北へ向うあたりから、東へ入った所である。（中略）線路を越すと、目の前、魚屋の角を東へ入る狭い筋があり、一〇数歩で右へ曲り、さらに一〇歩を出ないうちに左へ入る筋がある。右側に本郷授産場があるこの狭い道を、東へ突き当ったあたりが、かつての岩崎氏の住居で、二階建のしもたやが二軒並んで西向きに立っている。

上野は岩崎の住居を探し歩いている。しかも、その記述は「一〇数歩」「西向き」とあるように正確にというよりも律義に記している。むろん現代に生きる人物の住まいを尋ねている訳ではない。嘉永三年製、安政三年製、明治二年製のそれぞれ版元も異なる地図を参照しながら、歩いているのである。

こうした綿密な考証を上野は、大仰に記す訳ではない。すべてさらりと記すのみだ。もう一つ考証癖というべきところを述べれば、この岩崎常正はシーボルトの肖像画を描いているが、一人ひとりの学者の肖像画も上野は執拗に調べている。といって、その探索記を述べる訳ではない。たとえば、幕府の命によって諸国の物産を調べ、『庶物類纂』を作製した丹羽正伯伝の結びは、「正伯の画像は伝わっていない」とだけ記しているにすぎない。けれども、他の伝記に画像が付けられているのを眺めるとき、上野がいかにこの一行を記すために、丹羽正伯の著作のみならず関係資料を渉猟したかが理解できる。

禁欲的で節度ある文体は、じつにその裏に貪婪な知識欲、蒐集欲がひかえていることを証している。そのことに私は驚かざるを得ない。

博物学者は眼の人であり、足の人である。しかし単鈍に見るだけでは上野は納まりそうもない。もう一つ記そう。開国直後の日本に実業家として函館に居を構えた、イギリス人ブレーキストンの伝記。彼は北海道と本州以南には明確な動物分布上の境があるという説を発表した。彼の説に従って境界線である津軽海峡はブレーキストン線と呼ばれ、知られている。彼の伝記の初めに次のような記述がある。

一九四二年（昭和一七）の夏のことである。わたくしは、函館市谷地頭の公園にある函館図書館で数日を過した。ブレーキストンに関する資料が、もっともよく、この図書館に蒐められていることを知っていたからである。（中略）早、三〇年近い歳月が経っている。今、この文をつくるために、その古いノートを取り出してみると、紙は黄ばみ、鉛筆書きのあとは薄れているが、

（後略）

三十年。なんという情熱だろうか。彼の『日本博物学史』に、彼の先達にあたる博物学者の墓の写真が撮られ、六十三にも上る墳墓に刻まれた碑文、形を記録として載せているが、この逞しき情熱は、それぞれの伝記のなかに埋めこまれている。

なぜ、これほどまでの熱意を上野は、博物学史に燃やし続けたのだろうか。それは単純に知識欲や蒐集欲というものではない。

『列伝』を読み続けると次第に理解できることがある。それは各博物学者は孤立して書かれている

のではないということだ。一人ひとりの伝記とはいえ、各人物は重層して現れる。つまり、ここに挙げられた博物学者の数は多いが、実はその背後に彼らの学問を成就させるために援けた者が数知れぬほどいることを明らかにしている。

たとえば、御庭方として全国各地の植物を採集し薬草園を管理した植村左平次の伝。薬草園が設けられたのは、彼に随って採薬行を援けた三人の見習の「蔭の力」が大きかったことを繰り返し記している。殿様博物学者である薩摩の第二十五代藩主島津重豪《しげひで》の伝記においても、彼が鳥を蒐集するについては、鳥方役の「比野勘六の功が大きかった」とし、勘六の口伝の筆録を取り上げている。上野の眼は、列伝のなかで忘れ去られてしまいそうな、下級の武士にむしろ注がれているのである。

荒俣がいうように、江戸の博物学者は大名か豪商に限られるだろう。しかし、彼らの背後には無名の博物学者が存在した。この事実を上野は掘り起こそうとしている。

この眼は当然、上野が実際に会った人物の評伝に到ると一層光を増してくる。江崎悌三は昆虫学者として、動物学者として国際的に知られ、戦後まで生きた。江崎伝のなかで、「世界中には数え切れない有名無名の昆虫学者がいる。そのうち、昆虫学、応用昆虫学を職業とするものは、九牛の一毛に過ぎない少数である。(中略) プロとアマとに区別できるのは少数の場合であって、すべてを昆虫学者と呼ぶことに変りはない。江崎はそういうことにこだわらなかった」とわざわざ書き、江崎の少年時代、つまりアマ昆虫学の頃の友人、先輩たちの業績をも記している。

こうした掘り起しは、外国の博物学者においても同様である。シーボルトを「日本博物学の恩人」とする一方で、シーボルトの助手であったビュルゲルについても眼を注ぐ。ビュルゲルの伝記は、渡辺崋山が急いでスケッチした「ビュルゲル対談図」から書き出される。一種の図像解読の方法で、たった一枚のスケッチをもとに、崋山の著作やビュルゲル自身が書いた手紙などを参照して、彼の人柄、これは必ずしも良いものではないが、推理して行く。淡々とした文章は変らないが、私はこの文章から、高名な学者に随いて異国の地にやってきた一人の男の生涯を充分にドラマティックなものとして味わうことができた。

紹介すれば切りがない。この他にも平賀源内、田中芳男、飯島魁、川村多實二、三木茂、カーティス、フッカー父子、サバチェ、モース、ヒルゲンドルフの各伝記は博物学云々という枠を払った史伝として、実に面白く読むことができた。これは博物学の知識のない私がいうのだから、間違いない。列伝のなかで、最も長い文章は、上野の没後に発見された、未発表であった「堀田龍之助伝」である。

この堀田の伝記は、昭和一八年、上野が四十三歳のときにまとめたものだが、彼の眼が一貫して何処に向けられていたのかが、あらためてよく判る。堀田はいわば無名の人であった。

博物学者としての堀田の名が広く世に知られたのは、明治一七年九月、田中芳男によって江戸時代棹尾の本草家畔田《くろだ》翠山の遺著『水族志』が刊行されたときからである。龍之助が六六歳の年である。

この書き出しを注意して読もう。堀田が知られたのは、何も彼自身の著作が刊行されたからではない。彼の師に当る畔田翠山の遺作の校訂を行ったからである。

この畔田の著作は彼の死後、行方が判らなかった。それを本草学の蒐集家であった宍戸昌が偶然、堀田龍之助に見せ、やがて明治初期の博物学の中心人物田中芳男の奔走によって刊行されることになる。堀田はあくまで校訂者という陰の存在にすぎない。

ところが、上野は「堀田龍之助という市井に埋もれた一博物学者に異常な興味を持」つのである。彼は堀田と師畔田、友人山本錫夫との間に交わされた手紙を発見する。これをもとにして、この三人の学問上の交流が描かれて行く。

堀田は家業として西洋製薬を選び、明治初年には大阪の業界で知らぬ者がないほどまでになったという。その家業のかたわら博物学に興味を抱き続けたのである。上野は、彼の語るところによれば大阪の「薬種商の息子」である（『博物学の愉しみ』）。彼の生家は川を隔てて薬問屋街である道修町と向き合っていた。明治三三年生まれの上野にしてみれば、堀田の家は親しいものであったろう。この機縁が彼に堀田への「異常な興味」を抱くきっかけともなったのだろう。しかし、それ以上に私には、堀田が「市井の一博物学者」であり、師の蔭に生きた人物であったことこそが、昭和一八年という戦時下にあって、長文の伝記を書かした働きであったに違いないと思われる。

この伝記は、今では口に出すのも恥かしいような言葉ではあるが、無垢な師弟愛と友情を綴っている。前半は堀田と畔田と山本との、後半は畔田の著作を刊行しようとする堀田と田中との交友を、互いに交した手紙を軸にして再現し、さらに堀田自身が卓れた博物学者であったことを明らかにする。

昭和一八年。その直前、一時的に博物学が日本の南方進出によってピークを迎えようとも、戦時下に入ってしまえば、博物学は役立たずの「婦女子か仙人か」の学問にすぎないと見なされた時期であろう。堀田龍之助は「堀田の仙人」と呼ばれたと、上野は述べている。こう書くとき、仙人という呼称は当然の如く上野自身の身の上に投影されていただろう。また明治以降の博物学者が、いかに研究上、不遇であったか、についても「迫害」といった強い言葉を吐くことはないが、伝記中に散見できる。

逆に上野は自身の師であった川村多實二についてさらに川村の師である箕作佳吉について学生に語ったところ、その講義への学生の反応に「エリート意識というか、学者の派閥というか」という文があったことを語っている。これは荒俣の指摘した点である。これについて上野は、

ある特定の個人が、そのなし遂げた業績あるいはその影響においては、他の多数の個人よりも重要なことは、歴史の示すところであり科学史でも同様である。

と述べている。これを楽観的だということは当然できる。しかし、これが上野の拠りどころであり、博物学史を営々としてまとめ上げた熱意の源である。しかも彼はエリート集団を単純に擁護している訳ではない。「ある特定の個人」と断りを付けている。つまり、この一節は、戦時下にあって無名の堀田伝を書き続けた上野の覚悟ではなかったか、私にはそう読めた。

現在、博物学は上野が滅び去らないと明言した通り、奇妙なブームとなっている。しかしこのブームは果して本質的なものなのか。『日本博物学史』の末尾の上野の言葉が印象に残る。

害虫防除、鳥獣保護、農林、水産そのほか、生態学と密着した応用科学はすこぶる多く、生態学もまたそれらによって内容を豊富にし、体系化した。それなのに、理科系における分類学や生態学に対する処遇は悪く、研究費援助も薄かったことは否めない。その生態学が今や自然保護や公害問題の第一線に浮び上って来て、生態学者の意見を徴し、またその研究にまたなければならぬとは、全く皮肉なことといわなければならない。他方、生態学が今ほど安易に口にせられるときもないだろう。

最後の一文は上野の博物学が本質的に向き合っている今日的な危機への警告である。もう一つ付け加えよう。列伝中の博物学者は、いずれも長命である。上野もまた九十歳近くまで生きた。それを眼で追って、私は列伝中の人物を美しい伝説の人か荒俣のいう「ユートピア」の主のように羨んだ。それが現在、博物学が喧しく取沙汰される由縁であろう。が、――なかなか伝説どころの話ではないのだ――。

（一九九二年三月号）

# すべてが倒錯した現代における建築と人間

**『建築のアポカリプス』**　飯島洋一著　**青土社・二四〇〇円**
**『水の神ナーガ』**　スメート・ジュムサイ著　西村幸夫訳　**鹿島出版会・四〇一七円**

二冊の建築をめぐる論考を読んだ。一冊は現在の建築の置かれている状況を知る上で、もう一冊は状況を切り返すべき方法を知る上でいずれも刺激を感じた。その刺激の舌ざわりはかなり異なってはいるものの、どちらの著作も単に狭義の建築世界に留まらない問題を示しているように思われる。

飯島洋一の『建築のアポカリプス』は、「もう一つの20世紀精神史」とサブタイトルが付けられている通り、二十世紀の建築作品を見渡すことでこの一世紀の精神を透して見ようと試みている。この著者には先に『光のドラマトゥルギー』という著作がある。十九世紀中頃に登場した新しいテクノロジーにより人間の感性が如何に変貌したのかを捉え、その変化に建築がどのように呼応したかを探っていた。

本書はその続篇に当たるが、先の著作をそのまま踏襲したものではない。『光のドラマトゥルギー』の〝光〟とは十九世紀に登場し、二十世紀の生活空間を根底的にひっくり返した科学技術の隠喩に他ならないが、新著はそのめくるめく光により、かえって浮かび上った〝闇〟を主題にしている。科学技術の急激な進歩は人々の生活を変え、意識をも変えた。そればかりか、人間の意識の底に潜む世界までも露出させたのである。二十世紀初頭のフロイトの登場を思い起せば判り易いだろう。閉ざされた意識の底に横たわる闇、その闇を探り、建築化すること。この流れを追っている。形にならぬ世界を現実化することは、自己矛盾しているようだが、正確にいえば少し違う。人間の隠された意識をも解放するべき建築空間を作り出すことである。実はこの欲求は何も二十世紀にはじまったことではない。ただ意識下の世界が明らかになるにつれて、建築もそれに呼応する動きが強まったのである。とりあえず本書で挙げられている建築を順に従って追ってみよう。

哲学者ヴィトゲンシュタインの「ストンボロウ邸」、人智学のルドルフ・シュタイナーの「ゲーテアヌム」、キースラーの「エンドレス・ハウス」、ヒトラーが計画した「フューラー（総統）都市」、バックミンスター・フラーの「シナジェティクス」、そしてアーキグラムやスーパースタジオ、ザハ・ハディドの実現不能なグラフィックなプロジェクト群。

こう紹介しても建築の世界に馴染みのない読者にはよく判らないだろう。それでもヴィトゲンシュタインやヒトラーなど、通常建築とは無縁と思われる人物が挙げられていることに気づくであろう。また建築の流れに興味をもつ読者ならば、これらの建築作品が正当な建築史からは外れ、しかも各々については論及された資料はあるものの、その形態の特異さによって孤立した存在として捉えられてきたことを知っているだろう。

著者はこれら異端としてのみ扱われてきた建築作品を、いわば二十世紀に入って浮上した無意識の世界と呼応したものとして位置づける。たとえば、ヴィトゲンシュタインが自ら姉のために設計したストンボロウ邸は、彼が柱一本、扉の把手一個、暖房器一体に到るまで驚くほどの厳密な精度を求め実現したことはよく知られている。なぜヴィトゲンシュタインはかくまでも一つ一つのものに精度を求めたのか。著者はヴィトゲンシュタインが彼に協力した建築家へ送った手紙のなかに記された、夢に現われた家の描写と設計した家とが対応しているのではないかと推理する。つまりヴィトゲンシュタインは、夢の「記録」を姉の家として実体化したのだ。夢はときに現実よりリアルである。そのリアルさは記録としてただならぬ厳密さを要求したという訳である。

著者によれば、それぞれの建築には鍵となる言葉があるという。ヴィトゲンシュタインは〝夢〟を、シュタイナーは〝超感覚〟を、キースラーは〝魔術〟を、ヒトラーは〝催眠術〟を、フラーは〝宇宙〟を、アーキグラムやスーパースタジオは〝ドラッグ〟を、そしてハディドは〝臨死〟をイメージして建築を作り上げたと見る。

こうした指摘は一つひとつ取り上げれば、さほど新しいものではない。むしろ各々の建築作品を語るとき常套的な解説といえなくもない。しかしこのように時代順に並べて眺めたとき、明らかに二十世紀の建築にもう一つの流れがあったことに気づかされる。それは二十世紀という時空間を透視する。

そして著者は〝臨死〟まで実体化しようとする動きを見て、次のように結論づける。

> 臨死とは、つまり、こうした〝死の疑似体験〟、〝死のシミュレーション〟だとしてもいい。これからはそうした人間の内的体験、人間の精神という〝闇〟の部分、すなわちこれまで、あまりにいたずらに特別視され、特権者以外には触れることのできない傾向にあったものを、いかに外在化し、明るみに出してゆくかが、あらゆる分野で問われてゆくにちがいない。（傍点は著者によ

る）

これは皮肉だろうか。そうではあるまい。たしかに著者のいう通り二十世紀後半に現われた電子テクノロジーは死をもシミュレートし、「人間の精神という〝闇〟の部分」を外在化させることを成し遂げるかもしれない。

しかし、私はやはり、〝しかし〟とこの著者の結論に一歩留保せざるを得ない。なぜなら死をもシミュレートし得ることとは、人間が本質的にもち得る最後の未来をも解体させてしまう状況に他ならないからだ。いや、そうではない。むしろ一見、人間の精神を解体化させるかに見えて、その実極めて一面的な世界へと収斂し、本質的な闇の部分は擬似的にやり過してしまうのではあるまいか。

著者の俯瞰作業の通りに二十世紀のテクノロジーは人間の内面までも模擬化してきた。それは人間が自分のすべてを管理し、先取りしたいという欲望に追いつめられてきたからだ。だからこそヒトラーは、未来を先取りした、廃墟の美に憑かれ、巨大建築の林立する都市案に熱中し、同時に人々は彼の〝催眠術〟のワナに入り込んだ。それは不死の建築であり、永遠の建築である。著者はヒトラーこそ群衆を操作し「人間の建築化」、つまり量塊《マッス》として人間を建築に見立てたとしている。そしてその延長上に死をもシミュレートする現在の状況があるとしている。その通りだろう。が、そうであれば、この状況は「特別視され」た世界を解体するよりも、より強化することに他ならないだろう。

私は著者の状況論が間違っていると思っている訳ではない。また今さら人間性という古証文を取り出そうとするつもりもない。むしろ逆である。人間の意識の底にある世界をも模擬化することこそ、あまりに人間性とやらを建築に、技術に求めている気がしてならないのだ。

　実のところヒトラーは「人間の建築化」を押し進めた訳ではない。逆に建築というものを人間の方にあまりに引き寄せたのである。いってみれば、死をも自己のものにしたいという人間の欲望の方に強引にたぐり寄せたのだ。

　とすれば、現在必要とされることは人間の建築化でもなければ、建築の人間化でもない、建築をものとして人間と切り離して真正面から向き合う視点ではないだろうか。


　このように考えていたとき、私はスメート・ジュムサイの『水の神ナーガ』から『建築のアポカリプス』とは別の示唆を受けた。

　本書にはサブタイトルが「アジアの水辺空間と文化」と付けられている通り、アジアの建築と都市を対象としている。飯島の論がヨーロッパとアメリカの建築作品を組上に載せているのとは対照的だ。また二十世紀という限られた時間をテーマにしている訳でもない。それどころか、時間は大いに遡って先史時代から始まっている。

　まず著者は先史時代にあって東アジアに現在の中国大陸に匹敵する広さの大陸があったという説を述べる。氷河期の間、氷は三キロの厚さで広がり、そのため海面は現在より一八七メートル低かった。だからアジアは南はバリ島まで、東はフィリッピン諸島までひとつながりであった。

　この大陸は氷河期が終り、温暖化して行くなかで狭くなって行く訳だが、著者が注目するのは、この地域に生きた人類である。彼らは氷河期と間氷期とが繰り返されるなかで、移動し、生きながらえなければならぬ。何をもって移動したか。著者は陸路ではなく水路。つまりアジアには海上を交通網とする水の民がいたのではないかと推測する。その水の文化のシンボルが水の神ナーガである。

ナーガ信仰はアジア全体に広がり、日本にあっては龍神や水神がそれに当たる。もともとは水生の創造物で手足のない蛇に近い。著者によれば龍はナーガが陸上に上った形態だとしている。

著者はバンコク生れの建築家であり、ナーガ信仰を表す建築装飾がアジアに広がっていることを実証している。ここにも人間にとって未知なる世界を実体化した建築がある。しかしこうした建築は飯島が取り上げた二十世紀の建築作品と同じなのだろうか。

また著者はフラーの影響によって、この著作を書いたと述べている。『建築のアポカリプス』のなかにも登場したバックミンスター・フラーである。そしてここでもフラーの独得な宇宙論、建築構造が説明されている。しかし私が注目したいのは二冊の著作の共通点ではなく、その違いである。

飯島はフラーの巨大なドームによる「球状都市計画」や巨大な正四面体によって構想された人口百万人の「テトラシティ」を採り出して、なぜ彼が宇宙の原理を建築と都市に求めたかを説明する。それに対し、『水の神ナーガ』のなかに提示されるのは、フラーの新しさではない。フラーが考案した構造体がインドネシアやタイなどアジアの水辺ですでに発見され、使われていたという、水の民たちの建築構造の新しさなのだ。

実の所、私には先史時代のアジアに巨大な大陸があり、水を移動手段とする民族がいたことを検証する能力はない。ただ水の神ナーガが決して人間に克服される存在ではなく、時には荒れ狂う畏敬の存在であることは理解できる。そこに魔術的な匂いがあるとはいえ、その闇を強引に白昼のなかに引きずり出そうとしてもできない存在であることは判る。神秘とはいえ、人々の眼の向きは逆なのだ。そして何よりも本書のなかで、私が惹かれたのは水の民の建築構造への著者の着目である。

おおざっぱに言って、地球上には2種類の文明が存在する。伸張性の素材に基盤を持つ文明と圧縮材に基盤を持つ文明の2つである。（略）

ジグラートやピラミッド、ストーンヘンジ、万里の長城などは圧縮材による構造物であり大地の上に不動のものとして建っている住居や宮殿、寺院なども同様である。外観的には力感あふれるフライングバットレスを持ったゴシックの巨大な教会ですら外側に倒れようとする力を鉛直方向へふり向ける一連の組積によって建てられているのだ。

それに対し、水上文明の建築は「永続性に依存することは無意味」であり、「布をまいた構造物となる」。それは「船の帆や灯籠、扇、トン・チャイ（寺院の幡）、凧、そして中国や日本の建築ではふすまや屏風など」である。つまり陸の建築は圧縮力を利用してモニュメンタルで重いのに対し、水上の建築は伸張力を利用し柔らかく、可動性に富むのだ。

これは本質的なところでの「もう一つの建築」の在り様を示している。私たちは飯島が捉えたように、建築に永遠性やシンボル性を求めるという常識のなかに生きている。すでにアジアの水上文化がもっていた柔らかい建築構造から離れた遠い地点のなかにとっぷりと浸って生活している。それはなにも、私たちだけではない。『水の神ナーガ』の著者は、本来水と共に生きてきた水上都市であるタイのアユタヤやバンコクが、西欧文明の浸透によってかえって毎年洪水の被害に悩まされている時代を報告して文章を結んでいる。

だから現在、アジアの水上文化をことさらにもち上げ、水の民が伝承してきた柔らかい建築構造をそのまま写しとることは、余りに楽観的に過ぎるだろう。いや、もはやすでにこの種のデザインを模擬的に組み込んだ建築は流行しはじめているのである。

大切なことは水の民たちがもっていた思考である。水に流される訳でもなく、また抗するのでもなく、水を見つめ、そのなかに生きようとした姿勢である。それは何よりも楽しそうだ。水も人もそれぞれに生命をもっているからである。私たちの時代はもしかすれば、死をも擬似体験化し得るのかもしれない。しかしそこには快楽はない。ないからこそ更にそれを追い求める。果てしない堂々巡りのなかに陥るだろう。とすれば、やはり歯止めをかけなければならない。

死をも模擬化すること。それこそ飯島のいう通り、〝建築のアポカリプス〟、即ち建築の最終的な地点であり、それは人間の精神の死、死という闇の死をも意味している。

私は二冊の本を卓れた状況論と方法論として読んだ。けれども、すべてが倒錯した現代ならば、それをいま一度逆にすべきだろう。まず人間の精神が死を迎えているという眼を方法論として活かすこと。そして、ものがものであるということこそ実は、私たちの生活の中にありふれた状況にすぎないこと。このように方法と状況とを読み返すべきだと思ったのだった。


（一九九二年六月号）

# 自在を増した眼で見つめ、たしかな声をあげる

**『木』** 幸田文 著　新潮社・二〇〇〇円
**『崩れ』** 幸田文 著　講談社・一六〇〇円

瑞々しい眼、若々しい意欲。いかにも常套的な惹句だが、こう記せずにはいられない。

幸田文が亡くなって早二年が経とうとしている。生前、発表しながらも、おそらく自分自身どこか不満で単行本としなかった文章が二つ相次いで刊行された。『崩れ』と『木』である。書きはじめたのは『木』の方が早く、一九七一年に一章が発表されている。『木』はそれから十三年の間、大事に育て護るかのようにゆっくりと書き続けられた。『崩れ』は、ちょうど『木』を書き出した五年後の一九七六年一一月から一年間に亘って発表されている。これは時間的には、ほぼ『木』を綴った真ん中辺りの頃になるが、『木』の初出一覧を見ると、三章分は書いたものの、それから五年間執筆は止まり、『崩れ』を発表する直前から原稿は再開されている。これは二つの文章が別々の作品ではなく互いに関連し合っている、というよりも『崩れ』を書くことで『木』のテーマも明確になったのではあるまいか。

それにしても十三年、その大半の文章は七十を越えて書かれている。幸田文の文章に長年親しんでいる読者ならば、彼女の綴る言葉は単にひと連なりの修辞によって成り立つのではなく、彼女の体の

動き、眼の動き、息づかいと一致したときスッと立ち現われるものであることを知っている。ならば体の弱りは文章を老いさせぬか、そんな懸念が頭の端をかすめぬわけもなかった。だが、そんな気づかいはこの人に限って杞憂にすぎなかった。体は衰えている。しかし眼は自在を増している。体も思い通り動かぬとはいえ、見て歩きたいという意欲が勝って、ウジウジと家のなかに籠っている私などよりはるかに足を運んでいる。

かつて父親露伴は「望樹記」の冒頭に「年をとるとケチになる」と記したが、同じく木を見て廻った娘の文は「老いると欲張りになる、というのは本当のことである」と書いている。

ケチと欲張り、似ているようで目指すところは全く違っていよう。露伴のほうは自分の家から一歩も出ずに、隣家の庭に立つ一本のとねりこについて考え愉しむ。そこにケチという言葉が生まれる。ところが文はひたすら見たいと思う木を求めて、各地を歩く。父親の言葉が念頭にあったことは間違いないが、それを欲張りといい直したのにはそれなりの理由もある。

欲張りとはよくいったもので、憑かれたように木を見て歩く。しかもよくあるような大樹や美林を見物するという風情ではないのだ。巨樹や美林を見ていないのではない。見ていても、その視線の置き方が、その大きさや年輪の厚さ、美しさに感嘆するというところでは収まりきらない。尋常の樹木見物の域を超えてしまう。たとえば檜の美林を見て「静かに無言に、おとなしげであった。おとなしげに、やさしげで、それだけ親しく思うことができた」と語る。これは尋常な眼だ。けれど、この檜は秋の姿であり、同じ木を見ても夏の様子は「もし木がしゃべりだすとしたら、こんな時なのではなかろうか、と思ったほどその場の檜は、積極的で旺盛なものを発散していた」とがらりと変化しているのに気づく。

　私たちは木を見るとき、文が語る秋の檜の姿「おとなしげに、やさしげ」と眺めるか、もしくは夏の檜の如く「旺盛なものを発散」すると思うか、いずれにしろ予め木に対して抱いているイメージで固定的に捉えてしまう。私たちの眼と文の眼の違いは一つの檜を生きていると見ているか、否かの相違から生じている。

　しかし、この眼もまだ尋常だと思えるだろう。だが案内した木材業者が檜こそ「強度が高い、湿気に強い、腐敗しない、通直である、木目が美しい、香気がある、色沢が柔らかい」と美点ばかり挙げたとき、「でも、あまりよすぎると、こちらが淋しくなってしまう」と考える辺りから、視線の位置が変わりはじめる。

　向こうに二本の檜の老樹が望める。あたかも兄弟のように並んで立つ。一本はまっすぐ、もう一本はやや傾斜している。いずれも逞しく「見惚れさせる風趣である」。ところが、傾いた一本の檜にねじれが生じ、「この木は材にしても、上材はとれません」と聞くと、一気にその劣等の檜に思いが進んでしまう。「かしいで生きていても、なにもいわない。立派だと思った。が、せつなかった」と。

　こうなると、文の視線は「こぶを抱えたもの、ねじれのきたもの、曲ったもの、本来の幹が折れたかして、途中からわき枝が幹に代って立ち上ったもの、根元は一つなのに三米ほどのところから二叉になったもの、密着して二本が一本のようになっているもの」へ焦点があってしまう。並みの樹木見物なら、最初から眼を外してしまう「変形の個所」にばかり眼が向かう。

　それでも終らない。外形のよくない木は、材を挽こうとしても反りかえったり、裂けてしまい、

「使いものにならぬ役立たずの、厄介物」であり、それを「アテ」と呼ぶことを知ると、アテの様子を無性に知りたくなる。そのために、ときを置いて再び、山の製材場までアテを見に出かける。「心の中がアテの悲しさでいっぱいになる」。でも、それを心のなかにしまって置くことができなくなる。

この檜一本を見る眼でも、文の視線が並みのものではないことが理解されるだろう。

『木』は尋常の名木、巨樹探訪記とは異なる。いわば木のアテを追いかけている一面がある。最初に訪れたのは、北海道の富良野。えぞ松の「倒木更新」。自然のきびしい北海道では、地表に種が落ち発芽しても育たない。倒れた木の上、その狭いところに着床し発芽したものが「整然と行儀よく、一列一直線にならんで」育つ。このことを聞いて「なんと手ごたえのある話か」と考え、しゃにむに出かけるのである。

手ごたえとは、アテに他ならない。すっくと普通に成育している、えぞ松のことを聞いても心を揺さぶられることはなかったろう。倒木を養分として生きる次の世代の木、この異様な光景こそアテなのだ。

藤は見なれている。子どもの頃から美しいと思う記憶がある。が、改めて千年の古藤を見たとき視線は花の美しさよりも、「うねり合い、からみ合い、盛り上り、這い伏し、それは強大な力を感じさせるとともに、ひどく素直でないもの、我の強いもの、複雑、醜怪を感じさせ」る根に吸いつけられるのだ。

杉は屋久島の縄文杉。さすがにこの山道はきつい。背負われて巨樹に辿りつく。が縄文杉を見たとき、通常の人ならば悠揚と見るだろうが、文はおびえる。「おびえているから考えることもなみを外れるし、並外れを考えるから、またそれにおびえる」。自分の思考が普通ではないことにもおびえるのである。しかし眼は「おどろおどろしくて不快」であっても「広い範囲にわたって地上を這い、縦横あやにかけてのた打っている」根に惹かれている。もっとも休憩してからは縄文杉も「手織の織物のように好もしい」と思い返すのだが。

この木のアテを追うような眼はどこから生じているのだろう。

草木に心をよせるようになった理由を問われ、幼い日にあった三つの事柄を思い出している。一つは住んでいた環境。二つ目は親がそう仕向けてくれたこと。そして三つ目に嫉妬心を挙げている。嫉妬とは幼い日に、父親露伴が娘たちに木の葉の名前をあてっこさせたことに由来する。姉は得意で枯れ葉でさえ当ててしまう。それが口惜しいが、木の葉を覚えなくて「不確かにずっこけた」。出来のいい姉と出来のわるい妹、「環境も親のコーチも、草木へ縁をもつ切掛けではあるが、姉への嫉妬がその切掛けをより強くしているのだから、すくなからず気がさす」という。

この件りを読んで、『みそっかす』や『おとうと』など初期の作品を思い出す読者もいるだろう。みそっかすとは「一人前では、きたない、しようのない残りつかす」である。では、みそっかすだった自分だからこそ、美しい檜には「淋しくなって」、「使いものにならぬ役立たずの、厄介物」、すなわちアテに惹かれるのか。共感を覚えるのか。

いや、そうではない。むろん彼女には世の中に役立たぬもの、外れたものを愛しむ眼がそなわっている。それは境遇であり、幼い日からの記憶の働きなのかもしれない。しかし、もしそれだけであれば、言葉は自ずと自己の殻に閉じ、センチメンタルでべとべとしたものになるだろう。欲張りと自分から考えるほどに外へは出ないだろう。では好奇心か。好奇心では、檜のアテをもう一度、製材場まで行って、切断する際のアテの暴れぶりまで見ようとするだろうか。

眼玉を反転しなくてはならない。共感といったことではなく、むしろ共感を超えた、わけの解らないものを彼女は性急に見たいと望んでいたのだ。

『崩れ』は先にいったように、『木』を書き続けている途中で一年間、連載されている。崩れとは日本各地で起きている、地すべりであり、土砂崩れであり、噴火である。地表が崩れる様を、木を眺める以上に気になり、十二年かけた『木』とは対照的に、わずか一年の間に、安倍川、姫川、松之山、大谷、大沢、鳶と飛びはねるようにして見て歩いている。

たとえば立山連峰の鳶山の崩れをこう記している。

　鳶は富士山大沢崩れとも、静岡大谷崩れともまた様子がちがう。憚らずにいうなら、見た一瞬に、これが崩壊というものの本源の姿かな、と動じたほど圧迫感があった。むろん崩れである以上、そして山である以上、崩壊物は低いほうへ崩れ落ちるという一定の法則はありながら、その崩れぶりが無体というか乱脈というか、なにかこう、土石は得手勝手にめいめい好きな方向へあばれだしたのではなかったか――私の眼はそう見た。そして同時に耳が、なにか並外れた多数の打楽器が乱打されるのを想像していた。（略）気がついたら首筋が凝っていた。腰の骨も突張り返っていた。長く佇んでいるべきところではない。こわいところだ、と思った。

この崩れを見るために、文は縄文杉のときと同様に背負われて出かけている。が、見た瞬間、体がこわばってしまう。帰り途、また背負われて安全な場所で迎えの人々と会う。彼女は見て来たばかりの崩れに別れを惜しもうと、もう一度振り返ってみる。「夕暗の片明りを抱いて巨大な棘を植えたように並びたち、陰々滅滅と、この世のほかの凄惨な気をあたり一面に漂わせて、私を見送っていた。あまりのおそろしさに、こわあい、と声をあげた」。

崩れを見るたびに、文は戦き、体をこわばらせる。大沢崩れを見る前に富士砂防工事事務所の所長から、崩壊とは地質的に弱いところと教わる。この〝弱い〟という言葉に彼女は打たれる。「巨大なエネルギーは弱さから発している、という感動と会得があってうれしかった」と。

けれども、この弱さは彼女の予測をはるかに超えてしまうのだ。

恐怖を感じたのは、打当って割れた石の、断面が実にまあ新しくて、清浄そのものに見えることである。まっさらで無垢で、いきいきとした肌が、瞬間見てとれるのだ。

彼女は崩れに恐れを抱き、「こわあい」と叫びながらも、はっきりと感動している。『おとうと』のなかで不良少年と呼ばれる弟に、かえって純粋で無垢な資質を見た姉の眼に通じている。いや、それ以上に「まっさらで無垢」なものに出会って感動しているのだ。その感動が伝わってくる。恐怖と感動とは一致しないといわれるかもしれない。しかし、彼女は字句通り、激しく心に崩れを感じ、ゆり動かされている。なぜなら、崩れは自分がそれまで抱いていた土や水への想いを根底から崩してしまうからだ。

文が崩れを性急に見たいと欲し、全国を飛び廻るのは、自明と思っていた世界が目の前で次々と崩れ、壊されて行くからである。

私ももう七十二をこえた。先年来老いてきて、なんだか知らないが、どこやらこわれはじめたのだろうか。あちこちの心の楔が抜け落ちたような工合で、締りがきかなくなった。

「心の楔」が抜け落ちたから、崩れを見に行くのか。そうではない。文は「心の楔」が自分のこだわりとなって自分の世界を狭くしてしまうことに怖れたのだ。だからこそ自分の狭さを崩し、もう一度「心の楔」を打ち直さなければならないと考えたのだ。七十を超えて、なんという意欲だろうか。尋常ならざる見て歩きはこの意欲に支えられている。

文は呼びかけている。日光男体山の崩れを見に行くとき、「あれほどたくさんの観光者が、崩れの話をすることは先ずきかないという。それを咎めようという気はないが、ひと目でいいから気をつけて見てもらいたいものだな」と。木についても同様である。檜は代表的な良材ということは若者も良く知っている。けれど「生きている檜、立っている檜、枝葉を持っている檜に、なんの関心ももってくれないらしいのは、私にはたまらなくさびしいことだった。（略）なぜ生きている美しさに、なぜ生きている息吹きに、心をとめてやろうとしないのか」。尋常ならざる眼は実は至極まっとうなのだ。私たちこそ当り前の眼を失っている。

『崩れ』を見て歩いてからの『木』の描写は微妙だが、変化が起きている。『木』のなかにも崩れた土地で見かけた木について繰り返すようにふれている。大谷崩れを夏のはじめに眺め、いま一度、夏の終りに出かける。崩れは前回より小さくなっているように感じる。それは樹木のせいである。そしてその崩壊地を源として流れ出す安倍川、この荒れ川の州に低くしげる柳に眼をとめる。「この小雨にぬれそぼつ、うす黄色の柳の葉のいとおしさはどうだろう」と思う。

常願寺川氾濫のフィルムを見る。凄まじい暴れ川の実態を映し出す。「その中でいちばん感動したのは、杉だった」。狂奔する激流によって護岸も崩れる。その岸に生育していた、直径一メートルの大きな杉もやがて「立ち姿のまま、ずずうんと激流を割って沈んでいった。もがきも足掻きもなく、あくまで縦の姿で沈んでいった。杉という木の美しさの極致といいたかった」。

崩れのなかに立つ柳、危険な崖のもみじ、濁流にのみ込まれる一本の杉。文がみとめるのは、もはや木そのものの崩れ、アテではない。崩れに抗ってまで生きようとする生命である。

文が崩れを見てほしい、生きる木の姿を若い人よ、見てほしいと呼びかけるのは、環境保護だの「地球にやさしい」だのといった、お題目を唱えるためではない。もっと単純で、それだから本質的なこと。土も木も生きているということだ。その生きる姿に触れずして、自然がやさしいとか強いとかいう、人間の傲慢さに憤りを感じているのだ。露伴の言葉を借りれば「時代の自惚」ということになる。自分の時代こそエライものだとして他を見ない自惚を文もまた感じている。当然、この傲慢さへの憤りは節度ある文ならば、我身にもはねかえってくる。それゆえ、文の文章は一読しても、その声はつつましやかに、静かな口調に感じられるだけだ。けれど、その裏にどれほどの歯がゆさがありはしなかったか。だからこそ、一言の声も発せず立ったまま、流れのなかに沈んで行く杉をことのほか美しいと感じるのだ。

文はつつしみ深い人だった。背骨をいつもまっすぐに立てて声を出す人であった。

私は『崩れ』と『木』を読む前に、丁度露伴について考えていた。露伴は小説であれ、エッセイであれ、文章を綴るときにその後で水の流れを思い浮べている、そんなことを考えていた。ときとして、その流れは激しく奔流し、ときとしてゆるやかに蛇行し、ときとして大海原を見、ときとして水の源まで遡行する。露伴は水の流れを見て、遠い世界に遊ぶことができた。では娘文はどうだったか。

文も水好きである。けれど露伴とは異なる。彼女の水は遠い世界まで及ぶことはない。いつも身近かにある。井戸をくみ上げる水、洗濯の水、炊事の水、植木にやる水。彼女の水は小さい、狭い。けれど暮らしといつも一緒にある水だ。そこから、もの事をしっかり摑える。

『木』のなかでも「抜きがたい家庭人の癖がついている」と語っている。だから、木を見るにしても、崩れを眺めるにしても「若い頃にしみこんだ、料理も衣服も住居も、最低一年めぐって経験しないことには、話にならないのだ」と考える。彼女は木と崩れを見て歩く間、多くの人の親切を受ける。背負ってもらったばかりではない、行く先々での手はずや与えられた言葉をひとつひとつ丁寧に語っている。そのことが、このエッセイにふくらみと暖かさをかもし出すのだが、受けた親切が身にしむのは、その親切の大事をきちっと自分が身につけているからだ。

ものを発想する上でも、文は自らの経験を手ばなさない。たとえば旅の途中でみたテトラポットが気にかかる。なぜ気にかかるかを考える。ちり紙交換の人からほめられたことを思い出す。古新聞をきたなくしてないこと、枡目が交互に重ねてあること、紐かけがしっかりと固いこと、それをほめてオジさんは新しい紙を二つよけいに置き、古新聞の束をホイとトラックに投げる。束はそのまま「四角に積み重な」る。それから、嫁ぎ先の酒屋の倉に積まれていた四斗樽に考えが及び、さらに杉形という、ものの積み型へと連想は移りようやくテトラポットが気にかかったことを納得する。テトラポットは海岸に使われているだけではない。土砂崩れを防ぐためにも使われている。そこから杉形と杉樽を思い出しながら濁流のなかに立つ一本の杉への思いへと繋って行く。露伴が一本の木から遠い太古の水の流れへと思いを巡らすのに対し、文は崩れ地で見た一本の樹を自らの手と足のなかに収めようとする。父と娘、どちらの眼が広いとか狭いとかの問題ではない。文の手足には、どのようなことであれ、したたかに咀嚼しようという気構えがあった。

ひとつひとつの言葉でさえ、咀嚼されていた。いま『崩れ』と『木』から僅かな字句を採り出しても、家庭人としての歯の強さが浮かび上るだろう。「なあに古毛布と思わず、几帳がわりと思えば、身は上代の姫君とも冗談で笑える」。「こんな恐しい土石流なのに、なんだかちょっと意外なのは、はじめの出だしの威力にくらべて、終りが呆気ないほどすぽっとおさまってしまうことだ。蛙の子のおたまじゃくしを、私は連想した」。「木や草に対し、多くの場合、適当にやさしい。私はその『恵み』の部分を見ることになれて、だいぶウジャジャケていた」。引用すればきりがない。言葉というより声である。この声はもう近頃ではあまり聞くことがなくなったけれど、私はこんな声を聞いて育たなかったか。煮炊きをしながら、針仕事をしながら、洗濯をしながら、植木に水をやりながら、掃除をしながら、たえず手と足を動かし仕事の合い間に、女たちが発していた「手ごたえのある」声だ。文の文章の魅力はなんといっても、この声にあった。いかなるテーマであろうとも、つつましくもたしかな家庭人の声、この声を聞きたくてページをめくった。

そのたしかな声の人が、木を見て歩き、崩れの土地を踏みしめて、あらぬ声をあげている。あれほどつつましい人が、自分の殻を破り、晩年に入ってもなお、怒声や悲鳴を挙げている。この声はいつも通りの声の間に出てくるから、なかなか聞きとりにくいかもしれない。しかし気づけば、痛切に響く声だ。体は衰えても、なおもたしかな手ごたえのあるものに触れたい、自分の生の証しを得たいという、自らへの叱声だ。

『木』の最終章は「ポプラ」。この短いエッセイを書いて五年後に文はみまかっている。ポプラは成長の早い木である。その分、寿命は短く三十年ほどで樹勢は衰える。衰えれば害虫への抵抗力は弱まり、他の木に問題を起す。そこで樹木園のポプラは、余力を残している「元気なうちに、身のおさまりをつけ」ることになる。伐採されたポプラは長野のマッチ工場へと送られる。文はそのポプラが製材される様子をわざわざ見に出かける。「ポプラに見届けたものは、不運のかげりではなく、乾いた明るさだった」。裁断機をポプラの軸木が通って行く。

機械はガシャガシャと一定のリズムで揺れ動き、送り出される軸木もともにリズムに乗って揺れるのが、いかにも軽快だ。そうか、阿波踊りの楽しさに似ているのだ、と思い当てた。

伐られたポプラが再びものとして生きて出て行く姿だ。陽気で激しく、それでいて懐しい旋律を文は聞いている。ああ、この人は最後まで生きることを信じようとしている。なんと瑞々しい眼か、なんと若々しい意欲か。ああ、この人の懐しい声を聞くことはないのか。そう思うと、もう胸はいっぱいになってしまった。

（一九九二年九月号）

## もののはじまりを語り、考えることを誘う

### 『ルイス・カーン建築論集』

前田直忠 編訳

鹿島出版会・三七〇八円

バブルが崩壊して、とは近頃ではあいさつ代りに語られる。月なみなあいさつとなったほどにどの分野でも不況は深刻なようだ。

建築家の友人たちと話を交す機会があった。バブル崩壊を端的に表す話が多い。バンコクで予算規模五十億円ほどの仕事を計画していたが、一瞬にして中止になったという話を幾分悔しそうに語った友人がいた。ヨーロッパまで幾たびか足を運び、デザインを研究し、マンションを設計し、竣工した

にもかかわらず入居募集はされぬままだと語った友人もいた。訊くと通常の金銭感覚では買うことのできない程の高額のマンションである。それだけに資金を貸し付けた銀行が、価格を下げることを渋って、建物そのものを凍結したのだという。

私は計画が中止されたこと、完成したまま廃墟になったマンションのことよりも、いずれの建物も規模が大きいことにむしろ驚いた。たしかにここ数年の建築界はあまりに泡が大きくなりすぎていたようだ。

そういえば、私の家の周囲にも貸ビルがかなり建ち並んだが、よく見ると空室が目立つ。夜眺めると、明りが点っていない部屋の多さが目につく。そのなかでも、いわゆるポスト・モダン調のビルは空室が多いように見える。風向きが変った、そんな印象だ。トレンディーだといわれていたデザインが、いま改めて眺めると軽薄さばかりが気になる。部屋を借りる方もおそらくそのように眺めているのだろう、そうした心理が入居者にも働いているかに思える。友人たちの設計した建物も話から推測するとポスト・モダニズムのデザインだったらしい。

久しぶりに建築家の展覧会に出かけた。『ルイス・カーン——建築の世界』。私には懐しい名前だ。カーンといっても一般的にはなじみは薄い。それどころか、若い建築家や建築科の学生にとってもさほど知られているとは思っていなかった。ところが群馬県立美術館は若い建築家や学生の姿で溢れていた。

ドローイング、図面、模型、写真、そしてビデオでカーンの作品を多角的に紹介しているが、建築に興味のない人にはさほど面白味はないはずだ。若い見学者たちは図面や模型を喰い入るように眺めていた。ここでも風の向きが変ったという印象を受けた。

ルイス・カーンは一九〇一年にエストニアに生まれ、四歳のときにアメリカに移住する。彼は画家を志望するものの大学で建築を学ぶ。彼のドローイングは他の建築家にはない力強いものだ。けれど、彼が建築家として世界に注目されたのは遅い。一九五三年に完成したイエール大学アート・ギャラリーによってである。彼はすでに五十歳をすぎていたが、この作品一つによって建築界の若い世代の代表格と目される。続いてソーク生物研究所（一九六五）、ユニタリアン協会（一九六九）、インド経営大学（一九七四）、バングラデッシュ首都計画（一九八三）、キンベル美術館（一九七二）などの作品を次々に完成し、世界中の若い建築家は熱狂的に支持した。六〇年代、七〇年代、日本の若い世代にも大きな影響を及ぼした。私も彼の仕事が雑誌に発表されるたびに目を見張ってページをめくった思い出がある。

カーンは圧倒的な共感と称賛を受けるなか突然亡くなった。インドからの帰途、ニューヨークのペンシルベニア駅構内のトイレで心臓発作を起し、家族さえ知らぬうちに没した。彼は忘れ去られるほどの小さい存在ではない。にもかかわらず没後、急速に建築ジャーナリズムから名が消えて行った。最も大きな理由は、彼の没年直後から建築界を席巻したポスト・モダニズムの動きだろう。コルビュジエらが生みだしたモダニズムの単調さを克服するというのが、この新しい潮流の旗印であったが、果してどうだろうか。過去の建築様式を様々に引用し、ときにはわざわざ奇妙な形態を建物に与えるといった試みもなされた。すべて過剰で軽く騒々しかった。が、それでもこの種のデザインは、少なくとも日本各地の建物の表面をおおった。表面。そう、このデザインは建築の外側だけを華やかに操作した。室内に入ってみれば、ありきたりのオフィスであり、住宅であっても、外部のデザインだけは遊離して考えられた。それ故に売れたのである。人の眼を惹くこと、周囲の建物と異質であり、目立つことは、バブル経済最中の日本の都市には価値観が合致した。

カーンの作風は対照的である。立方体や円筒をそのまま素っ気なく置いた如くに装飾をできる限りそぎ落としている。機能と構造は明晰に処理される。といって彼の建物の構造は単純、素朴だという訳ではない。むしろ建物全体の骨格を作っている構造は大胆でユニークな発想に基づいている。そして打ち放しのコンクリートや煉瓦を用いた簡潔な肌ざわり。明解な形と構造、清潔な質感が、厳しく静謐な力強さを見る者に訴えかける。あたかも古代の遺跡が現代に甦ったかの強い印象を残す。

そのカーンの作品を若い人たちが熱心に見つめている。展覧会の会期中に行われたカーンをめぐるシンポジウムには、入りきれない聴衆で溢れたとも聞いている。

忘れられていたカーンに若い建築家や学生たちの関心が高まっているのは、浅薄なポスト・モダニズム流行への反省があるだろう。けれど、それだけだろうか。

カーンの復活に合わせるようにして、このところ彼に関する著作や雑誌特集が目を惹く。なかでも展覧会のカタログは四百ページを超す大部なもので、資料としても、カーン論としてもこれまでにない質の高さである。が私は彼をもう一度理解し直すために彼自身の建築論を読んでみることにした。

『ルイス・カーン建築論集』は、もともと一冊としてまとまった著作ではない。雑誌などに発表された彼の講演を訳者が編纂したものである。

カーンの文章は難解であるといわれる。これはいわば定説のように語られる。本書を読んでも最初は半分ほどしか頭に入ってこなかった。しかし、それはどうも私が予め建築について考えていることが大きく作用して囚われているためではないかと思われる。私たちはどうしても建築家の言葉から、役に立つ、新しい建築とは何かといった宣言めいた言葉を期待しがちだ。けれどカーンはそのようなことは一切語らない。

〈ひとりの人間のもっとも優れた価値は、その人が所有権を要求できない領域にあると思います。私の方法はまさしく私個人のものであって、あなたがそれをコピーするとき、あなたはまさに死んだも同然です。なぜなら、人のすることはまったく不完全だから、人のコピーは自分自身のものをコピーすることにも及ばないからです。これに対して、あなたがすることであなたに属さない部分は、もっとも貴いものであって、あなたが真に捧げることのできるものです。それはまさにあなたのよりよきものだからです。それは誰もが使うことを許された土地のようなものです。〉

第一章のはじめの方で、こう語っている。この講演は一九七三年、彼が死ぬ数ヵ月前に学生たちに向かってなされている。

一読して判りにくいかも知れないが、実に単純なことを語っている。ひとりの人間の秘められた可能性についてである。コピーするよりコピーされるような作品を作りなさいといっている訳ではない。人間が創り出すものは、それだけでその人が考える範囲を超えて、他の人たちと手を繋ぐ、手渡せる部分が必ずあるということだ。

ただ、私にはこのカーンの言葉が、彼が多くの信奉者を集めていた時期に語られたことに注目したい。カーンの建築は、その形態の単純で明確なために多くのコピーを生んだ。日本にもカーンの作品からコピーしたと思われる建築がこの時期に作られている。が、それはカーンに似ているようで、無惨にもカーン風でもあり得なかった。

カーンはいま、ライト、ミース・ファン・デル・ローエ、ル・コルビュジエと並ぶ、二十世紀の巨匠の一人と位置づけられはじめている。そしてライトの作品をコピーしたライト調の建築は多く、またコルビュジエ風の建築も世界中に、日本中に散在している。ミースの建築はコピーしにくい。けれど彼が提案したガラスの摩天楼は全世界のオフィスビルのプロトタイプとなった。しかしカーンの作品は形態をコピーしても、あまりに形が単純なだけに緊張感を伴わず、ガスタンクかサイコロのお化けに見えてしまう。

改めて考えれば、ポスト・モダニズムはコピー文化そのものであった。カーンをポスト・モダニズムの先駆者と位置づける論者もいるが、明らかに違う。彼がポスト・モダニストだとする根拠はないこともない。たとえばライト、コルビュジエら巨匠たちが、新しさを求め、新しさに価値を見出していたのに対し、彼自身古代の遺跡に惹かれ、彼の設計には新古典主義の香りが漂っていたからだ。

他の三人の巨匠たちのドグマを追いかける限り、建築家は常に新しい実験を目指さねばならない。といって、それが誰にも可能な筈はない。だから続く世代は彼らの作品のコピーを繰り返すことになる。モダニズムが陥った穴はここにある。皮相的に見れば、カーンの登場はモダニズムの陥穽から、目標を見失いながらも意欲ある若い世代の建築家たちを救い出した。カーンにより、彼らは建築の長い歴史を振り返る自由を得た。それほどに新しい時代のために新しい建築を生み出すべきだ、という神話は彼らを拘束していたのである。

が、そこから再び陥穽に入り込んだ。歴史も風土も、その固有性を無視してコピーされる建築デザインが風靡しはじめる。すなわちポスト・モダニズム。カーンの仕事はポスト・モダニズムのきっかけを生んだといえるが、その動きは彼には無縁である。彼は建築家に自己主張を求めていない、奇を衒って他との差異を誇ることを望んではいない。「あなたがすることであなたに属さない部分」、「誰もが使うことを許された土地」を呈示することを待っていたのである。

カーンの語ることは、この論集を読んでも同一のことを繰り返すだけである。「私は元初を愛します。私は元初に驚嘆します」。彼にとって問題になるのは、もののはじまり、元初である。

カーンの言葉のなかで、学校について語った有名な一節がある。

〈学校とはある木の下で、自分が教師であるとは気づいていないひとりの男が、自分が生徒であると気づいていない二、三人の人に、彼の認識について語ったことからはじまっている。生徒たちはこのやりとりについて、またこの男の存在のすばらしさについて熟考した。彼らは自分の息子たちもこのような男から話を聞くことを望み、すぐさま必要な場所がつくられ、ここに原初の学校が生まれた。学校の創設は必然的なことであった。なぜならそれは人間の欲求のひとつであるからである。〉

学ぶことのはじまりを語った、美しい寓話。この話は、この論集のなかには収められていないものの、彼は同じような寓話を幾つも語っている。

〈最初の感覚は触覚であったに違いないと。おそらくそれが最初の感覚です。われわれの生殖の全感覚は触覚と関係しています。よりよく触れようと触覚が望んだとき、触覚から視覚が生まれまし

た。〉

〈モーツァルトを真似て作曲することには意味がなく、重要なのはモーツァルトの作品を通して他の人が形成されていくことだ。〉

〈単一の居住地から始まった都市は諸々のインスティチューションの集合の場所になりました。その居住地は最初のインスティチューションでした。才能ある人びとが自分たちの場所を見いだしたのです。大工が建設を指図しました。思慮深い人が教師になり、強い人が指導者になりました。〉

〈建設されているときの建物は苦役から自由であり、存在の精神は高揚します。そのわだちには一本の草も育つことができません。建物が完成し、使用されているとき、その建物は自らの建設の冒険について語りたがっているようにみえます。しかし建物のすべての要素は、いわば苦役のなかに閉じ込められているために、その冒険を語る余裕などありません。建築の用途が消費され、廃墟になるとき、元初の驚異がふたたび甦ります。〉

これらの言葉すべて、建築のはじまりについて語っている。カーンの言葉は教え諭すものではなく、聴く者に建築の本質を考えさせる言葉だ。

彼は近代建築家、たとえばコルビュジエのように戦闘的な言い廻しをしない。「建築は機械である」というコルビュジエの一句に抵抗するように「多くの人は今日、余りにもマシーンに信頼を寄せすぎています。／マシーンを、人間がもつもっとも偉大な力である建築から分離してはならないのです」と語り、機械への信頼は逆に「建築が死んでしまうこと」への望みと捉えている。

カーンをポスト・モダニストではなく、正統なモダニストだと主張する論者もいる。しかし目指す方向は違う。カーンは遺されたノート・ブックのなかで、コルビュジエをベートーベンに、ミースをクレメンティに、ライトをワーグナーに喩え、「我々には建築におけるバッハが必要だ。ブルネレスキのような、ブラマンテのような」と付け加えている。

カーンが自分自身をバッハに喩え、ブルネレスキのようなルネッサンス初期の建築家とブラマンテのような純粋に古典的な、装飾を好まなかった建築家を必要な人物として挙げていることは、彼の二十世紀の建築に対する考え方を端的に表わしている。彼は古典に回帰するというよりも、近代建築と古典との橋渡しをしようと考えたのではないだろうか。

カーンの言葉は、建築作品が蒼古的なイメージを喚起させるように、もののはじまりを語る寓話である。この論集の訳者は、「カーンの理論は通常の建築の理論のなかに限定することのできない哲学的基盤があり、かれの思想はハイデッガーのそれとの驚くべき共通性を示している」というノルベルグ＝シュルツの指摘に応じて、カーンの語るキーワードにハイデッガーの用語をあてて訳している。私にはハイデッガーとカーンとの用語の類似性について語る知識はもたないが、カーンの建築を捉える視点は現象学の立場と共通していることは理解できる。現象学とはメルロ＝ポンティによれば「本質の研究であり」、木田元によれば「あくまで開かれた方法的態度なので」ある。

ただ、ここでこの問題に深入りしても仕方ない。私が興味深いのは、カーンがなぜ現象学に共通した方法的態度によって、建築の本質を語ろうとしたのか、という点である。

私はレヴィ＝ストロースが折にふれて、近代芸術に関して異議を唱えていることを思い出す。「絵画において数年のあいだに相次いで起きた印象主義とキュービズムという二つの重要な革新に動転し、さらにこれらの革新を当初見誤ったという悔恨の念にかられて、西欧が理想としたのは、豊かな革新が生み出し得るものではなく、革新そのものだった。革新を神格化したことに満足せず、その全能を示す新たな印が与えられるように祈っている。その結果はどうだろう。芸術家一人一人の作品にまで、様式と作風が騒々しい賑いをみせるようになった。つまるところ、絵画が刷新されるようにと加えられる不統一な圧力に、絵画というジャンルそのものが殺されてしまった。絵画以外の創造の分野もおなじ運命をたどり、現代芸術はすべていま断末魔の状態にある」（「創造的児童あと追いの記」）。

レヴィ＝ストロースの発言は当然、現代建築にもあてはまる。二十世紀の建築家もまた「革新を神格化したことに満足せず、その全能を示す新たな印が与えられるように祈っている」のである。

カーンを現代建築の行き詰りを打開する救世主のように思う向きもあるだろう。が、カーンの古典的な美意識と形態だけを抽出すれば、再びポスト・モダニズムが起こしたような騒々しさに回帰し、自家中毒の如き状況に陥るだろう。建築の混乱はそのまま時代の悲劇である。どれほど華やかであっても空虚なものだ。彼を救世主にしてはならない。

カーンは一九五九年、「フォームとデザイン」という論を発表している。彼はフォームとデザインを「スプーンというもの」と「あるスプーン」という比喩で説明した。あるスプーンは特定のデザインであるが、スプーンというものは精神のなかにあるという。当然測り得ないもの、フォームの重要性を説いている。彼はこの論集のなかでは、この考え方を進めて「沈黙と光」について語る。「沈黙の力、すなわち測り得ない力であり、沈黙にあるあらゆるものは測り得ないものからやって来ます」

と。

二十世紀という時代は何ごとであれ、早すぎた解決を望みすぎたのではなかったか。言葉で饒舌に語りすぎていたのではなかったか。建築の、いや文化の甦生を思えばこそ、いま沈黙を聴かねばならぬのではあるまいか。カーンが私たちに手渡した「誰もが使うことを許された土地」とはそのようなものだ。

（一九九二年一二月号）

# 「死者の生きた時代」を張りつめた文体で記す

## 『黄泥街』

河出書房新社・二六〇〇円

残雪《ツァンシュエ》著　近藤直子訳

残雪の小説は単行本としては、『蒼老たる浮雲』と『カッコウが泣くあの一瞬』が近藤直子の翻訳によって出版されている。他にも幾つかの短篇がやはり近藤により訳されて雑誌に発表されている。『黄泥街』は残雪のデビュー作品である。これまで訳された彼女の作品のすべてを読んだわけではないが、このデビュー作は他の作品よりも緊張度が高いように私には感じられた。この緊張感は文章の密度の高さ、練られた構成から生まれたことは言うまでもないが、それ以上に、残雪は小説という方法により彼女自身の問題意識を根のところから捉え直そうとしている、そして小説そのものの形式を自らの命ずるままに新たに切り拓こうとしている、そんな強い意志を受けたためだと思われる。

こう述べると残雪の愛読者はいぶかしく思うかも知れない。彼女は文体はともかくも、構成を重要視しているとは思えない、また問題意識といった言葉自体を切り崩そうとしていると。

残雪の作品は不思議な印象を読者に与える。『黄泥街』も同様である。謎が幾重にも仕掛けられているようにも思えるし、実は単純なことを語っているようにも思える。

たとえば筋。『黄泥街』のストーリーを追い、要約すれば極めて単純である。黄泥街はどこにあるのか判らない町はずれの一本の通り。その突き当りにはS機械工場があり、そこに五百人の黄泥街の住民が働いている。が、すでに工場は活動を中止している。街は廃れ、家々は傾いている。いつも黒い灰が降り、泥と灰におおわれ、太陽も小さく黄色に輝くだけ。ありとあらゆるものがゴミとして投げだされ、腐って行く。人間も同様である。病気を怖れているにもかかわらず、誰もが病み、悪夢を見続ける。動物たちは気が狂う。黄泥街で事件が起る、が、その真相は皆目判らない。デマが走り、うわさが飛ぶ。誰かが死ぬ、誰かが消える。が、その人物が消えた後、人々の記憶は定かではない。誰もが忙しい、けれど、誰もが疲れて眠っている。

太陽が出ているときは物は腐る。大雨が幾日も続くと、街のなかは水で溢れる。家具は浮かび、道は川となる。風が強い季節は、歩いている人はぼろきれの如く舞う。風のために屋根は飛ぶ。やがて家々は崩れはじめて行く。

『黄泥街』をこう要約しても本当の所は伝わらない。けれど、簡単に紹介してもこの作品が一見判り易そうでいて、一つの筋にまとまることを拒否していることが理解できるだろう。また、ありとあらゆること、もの、行動が過剰さに溢れていることも判るだろう。大雨、洪水、強風という自然現象も、ささいなことが事大的にデマやうわさとなる社会現象もすべて黄泥街では過剰であり、極端であり、悪夢である。そう、黄泥街は悪夢が膜となって被われている。

「黄泥街の住民はみなひどく肝っ玉が小さく、やたら悪夢を見る。また毎日よその家に出かけていっては、どんな夢だったとか、どんなに怖かったとか、夜中にどんな物音がしたとか、夢にどんな予兆が現れたとかいうことを、ついに顔面蒼白になり眼玉がとびでるまで訴えつづける。うわさによれば、ある者はひとつ悪夢を見たあと、四日も五日もぶっつづけにしゃべりつづけ、とうとうしゃべっているうちに突然倒れてそのまま事切れたという。医者が解剖してみたら、すでに肝が潰れていた。」

この文体、この誇張は悪夢を記すためばかりではない。むしろ黄泥街の住民の日常を描いた文章の方がはるかに悪夢である。

「水道の水も飲めなくなった。吸い上げポンプの管に腐乱死体がつまったのだという。ここ数日みな飲んでいたのは死体の水だったのだ。ひょっとすると疫病が出るかもしれない。／何人かの百歳近い老人の脛にある古い潰瘍からも臭い汁が流れた。彼らは毎日ズボンをまくって戸口に足をさらし、あの割れた赤身を通行人に鑑賞させている。」

「狂った猫は昼夜をわかたず茅ぶき屋根の上でぎゃあぎゃあと鳴き、人々は外にも出られなくなった。とはいえ家のなかにも住めたものではない、床には侵入したくさい水がたまり、壁一面にナメクジが這い、うかうかしていると襟首に落ちてくる。」

「じいさんは全身ずぶぬれで、短い髪の毛にはゲジゲジが何匹も髪飾りのようにぶらさがっている。手足はふやけて真っ白になり、一面に黒い小さな穴があいていた。」

採り出せば切りがない。どの頁を読んでもものは腐り、人も腐り、あらゆる虫が沸き、死臭が漂い、屎尿が匂い、すべてのものがゆっくりと崩れて行く。こうしたイメージを描いた者は日本人ではいなかったか。例えば吉岡實の「僧侶」を思い出す、黒田喜夫の「毒虫」を思い出す、或いは河原温の鉛筆画「浴室」シリーズを思い出す。いずれもシュールレアリズムの影響を受けている。

たしかに残雪の作品にはシュールレアリズムの作家、詩人、画家たちの仕事を思い起させる。しかし、それが技法として留まっている限り私たちの胸を打つことはない。胸に響くことはない。

残雪はすべてを過剰にし、極端に描いているわけではない。というよりも過剰であれば、その背後には隠されていることがあるはずである。

たとえば、登場人物、この数は実はさほど多くはないが、姿格好がほとんど判らない。彼らはうわさ話をし、デマを飛ばすが、その声音、表情はよく判らない。わずかに登場人物のなかでは、区長は痩せ、王《ワン》工場長は包子を食べ次第に肥るのは判るが、大半の人物の形は曖昧である。いや区長は話の初めの頃に突然消えてしまった王四麻ではないかと思われる。黄泥街を調査しはじめた区長は脱獄囚ではないか、と語る者も現れる。

人間たちは過剰に動き、過剰に眠る。けれど彼らの姿ははっきりしない。区長は斉姿《ムーボー》を同級生だと思っているが、斉姿の方はそんな記憶はまるでない。

人物の表情や姿が明確ではないことは、残雪のなかで人物のイメージがはっきりしないためではないだろう。むしろ彼女の脳裏には、それぞれの人物のモデルさえも浮んできているはずである。もし作者が不明瞭な人物を造型するならば、よりその人物の人格なり、性格気質、姿なりをはっきりと描き分けるはずである。しかし、残雪は人物の区別もこと柄の区別も不明瞭に描いている。

訳者の近藤直子は、本書の解説において、この作品が「『あの町はずれ』で存在と非在のあいだに揺れる一本の通りの滅びの物語であるとともに、ありとあらゆる区分と分類の滅び、境界の滅びの物語でもある。そしてなによりも、分けるための言葉の滅びの物語である」としている。この指摘は適切だと思われる。たしかに近藤のいう通り、「そこではひとつの言葉がある物の上に止まったとたん、その物は変質し、腐敗し、溶け、流れ、入れ代わり、拡散し、輪郭と境界を失って、その言葉が指していたはずのものとは別なものになってしまう」。一人の人物は他の人物に変わり、眼薬は眼に害を与え、逆に腫瘍も痔の薬と信じられる。ごみ捨て場を設置すれば街はごみの山となる。清掃車はごみの山を掘り起し悪臭と疫病を流す。

すべては変貌し、明瞭なこともたしかなものも人もない。しかし私が気にかかるのは、曖昧ですべての輪郭が崩れていくことではなく、その手前のこととその先のことだ。

手前のこととはなぜ人やものが崩れ、その区分がなくなることを残雪は描かなければならなかったかという点である。残雪の父親は一九五七年に知識分子に対する粛清にあい右派として追放され、彼女自身も、「極右」の娘として小学校時代を過ごし、父親の監獄近くに独りで小屋暮しを強制されている。この凄まじい生い立ちが、このような物語をつむぎ出した、と一応は理解する。しかし、本当の所、残雪の悲惨な少女時代は誰も理解することはできないだろう。また彼女自身も、この時代のことを語るには、私たちの想像を絶するような苦痛をともなうはずである。なぜなら、語り終えればすべてが解決するという、生半可な体験ではないからだ。一つの言葉に自分の経験を込められるほど言葉は豊かなものではない。

　まして私が残雪の語る物語を彼女の体験そのものだとするのは傲慢に過ぎる。だとすれば、残雪の物語をもう少し私自身の側に置いて読むこと以外にはない。

　私が気になるのは区分できない曖昧な人物たちの描き方である。彼らには個性は感じられない。しかし逆に本来プライベートな部分はすべて曝け出されている。残雪はことさらに大便や放屁、あくびやおできにこだわる。あたかも人間としての証しのように、出もの腫れものを繰り返して描く。つまり黄泥街の住民たちはプライベートな世界などはないように肉体は晒されている。

　私たちは他者との関係のなかで自己を見出す。しかし黄泥街の住民はあたかも他者など存在しないかのように、人間の隠されるべき部分が噴出したままである。とすれば、実の所彼らは変化するのではなく、腐りながらも自分を変貌できないのではないか。おできをつくり、虫を背中にはわせながらも自身を変身できないでいる。運命に自らの体をまかせている。

　私たちは他者との関係のなかで生き、自分自身をその折々の状況のなかで身を晒し、その一方で身を処し、時には隠す。が、黄泥街の住人は身を隠す術を失っている。彼らはよく会話を交す、うわさ話を話しこむ。けれど話は一方通行である。たとえば宋婆《ソンボー》と亭主の会話。「ちょっと数えてみたら、黄泥街にはなんと七、八人も売女がいるんだ！　なんでこんなに大勢いるんだ」／「そのヒマワリときたら洗面器みたいにでかくてさ、手を伸ばして取ろうとしたら、蠅がわっと寄ってきてね、その多いのなんのって！」／「なにが文化学習班だ、売女学習班をやれってのさ」／「ねえ、どう思う、わたしのあの夢はなんのきざしなんだろう？」。

女房は自分の夢について語り、亭主は街の売春婦について話す。このような、話のズレはいたる所で生じている。彼らには他者がいない。孤立している。いや孤立すら気づかぬほどにバラバラなのだ。

この状態は残雪の世界だけだろうか。閉じられて悪夢を見続ける世界は、悲惨な生い立ちを過さざるを得なかった彼女だけに固有のものだろうか。そうではあるまい。女房と亭主の一方通行の会話は私たちに笑いを誘う。なぜか。私たちも共通の経験を少なからずもっているからである。

残雪の描く世界は悲惨であるが、時として笑いをもたらし、その笑いのタネが読者自身の身辺にあることに気づかせる。

おそらく、残雪もまた自己の特異な経験をそのまま描くことでは、他者との関係すら剥ぎとられ、自己を衆目のなかに晒し出されるまでの極限状況は伝わらないと考えたのだろう。そして、また彼女が体験したことは私たちの誰にでも起り得ること、いや身辺にあることを伝えようとしたに違いない。

翻って私たちは自分の周りを見渡せばよい。一つの言葉を吐き出したところでそれは一方通行の叫びになるか、或いはなめらかな公式的な言説のなかに吸いとられてしまう。残雪の描く世界は貧しい。が、すでに貧しさが真実を語り、人間的であるという逆説すら通用しなくなっている。彼女が描いたのは貧しさではない。徹底的に意味を剝奪され、あたかも物と同様に崩れ行く人間たちである。ここでは物と異なると叫んでみたところで何ら意味もない。同様に中国の政治状況の象徴として捉えることも意味はない。むしろ残雪は自分の物語が象徴として捉えられ、何らかの意味付けがされることを拒否する。彼女にとって出来合いの物語に組み込まれることこそ最もはねつけるべき一線であろう。だからこそ徹底して人間を無意味な物と扱い、逆説的に自己を表現できない物の叫びを掬い上げようとする。

『黄泥街』には、冒頭と結末に「わたし」という人物が登場する。「わたし」は残雪自身といっていいだろう。「わたし」は黄泥街を探している。が、冒頭には次の一節が書かれる。

「あの町のはずれには黄泥街《ホアンニーチェ》という通りがあった。まざまざと覚えている。けれども彼らはみな、そんな通りはないという。」

なぜ、彼らはないというのか。これは単に物語のなかの人物に向けられた言葉ではない。私たちはどのような悲惨な事件であれ、残酷な状況であれ、時が過ぎてしまえば忘れてしまう。黄泥街の住人は一人の男が消えようが、一人の女が囚われようが、見て見ぬふりをしてやり過ごし忘れてしまう。これは私たち自身そのままである。

結末に書かれた一節。「わたしは前にむかって歩いていった。わたしの足跡がほこりの上に、細く長い、湿った列を残す。無意識のように、またわざとのように。」

この一節は残雪が、この物語を書き綴る動機それ自体に他ならない。失なわれ、忘れさられた歴史や伝承。それを回復する手だては残されているのか。

「わたしはかつて黄泥街を探しにいった。本当に長いこと探した——何世紀も経ったような気がする。夢のかけらがわたしの足もとに落ちている——その夢が死んですでに久しい。」

伝承されるべき過去は「夢のかけら」の如く砕け、しかも「その夢が死んですでに久しい」。そうであれば、過去との繋がりを絶ち切られ、私たちは死んでいる状態に等しい。営々と続いてきた歴史からとり残され、バラバラに孤立している。だからこそ彼女は前を向いて歩き、自分の足跡を「無意識のように、またわざとのように」残さねばならない。

むろん、残雪が残していく、ほこりの上の足跡は風が吹けば消えてしまうほどの、かすかな儚いものに違いない。それは物語を綴る残雪自身がよく自覚している。だからこそ不断に、失われ忘れさられて行く物と事は、あたかもほこりの上に残す足跡のように語られなければならない。『黄泥街』に描かれる物語は生が崩れ行く死の世界である。が、残雪は死者の生きた時代を「無意識のように、またわざとのように」足跡を標し、自分の生の在り様を、そして私たちの生の在り様を深く問いかけているのである。

（一九九三年四月号）

# 「自己と他者」の諸相

**『解体ユーゴスラビア』** 山崎佳代子 著　朝日新聞社・一三〇〇円
**『免疫の意味論』** 多田富雄 著　青土社・二二〇〇円

自己と他者。この古くから問われ続けてきたテーマは、現代においてこそ根底的に捉え直さなければならないのではあるまいか。

私たちが生きる時代では、「私」の存在はことさらに主張されるけれども、それだけにどのような人であれ、それが肉親であれ、隣人であれ、一括りに「他者」と見なしているように感じられる。これを証拠立てる現象は日常生活に到るまで溢れているだろう。

しかし、このことは必ずしも人が人を語らないということに結びついてはいない。むしろ人は他者のことを声高に語る。マスコミは人を暴き、覗き込み、私たちもまた「私」なる特権を振りかざして、追従する。一見人は親しいように思えるけれども、じつは自己と他者の関係は脆くなっている、そういわざるを得ないだろう。

では、私たちは果して、その脆い関係をひき受けて生きているだろうか。そうではあるまい。綱渡りするような日常の暮しのなかでやり過しているだけだ。その分、自己と他者との関係はますます稀薄になり、他者は個人としてではなく自己の周囲を取り囲む群として目に映り、その一方ではますます人は他人について語るだろう。こうした矛盾をどのように捉えたら良いのか、こう考えるとき、二冊の本から、幾つかのことを学んだ。

『解体ユーゴスラビア』は、マスコミが連日の如くに報道する、旧ユーゴスラビアの状況を一九九一年に限って記録したものである。しかし、注意すべきは著者山崎佳代子はノンフィクション作家でもジャーナリストでもないことだ。一九七九年にはじめてユーゴスラビアを訪れ、ユーゴスラビアの文学史を学び、フォークロアを研究し、八年前からその地の大学で日本語と日本文学の演習にいまも携わっている少壮の学者である。と同時に、ユーゴスラビアで生活する主婦であり、三人の息子の母である。

とりあえずいえば、著者は何よりも自分が家庭人であり、母親であることを手離さない、そして本来的な意味で知識人であることも。このことが、本書を通常のドキュメントとはっきりと質を違えた。私たちはユーゴスラビアの混乱と悲惨をテレビで眺め、新聞で読みながらも遠い国の他者たちの戦争と捉える。しかし、著者にしてみれば何より、この事態は「隣人たちの戦争」に他ならない。いや、日本人である著者にしてみても、たとえその土地で暮そうとも他者たちの戦いと眺めることもできたであろう。にもかかわらずそのように見放すことができなかった。このドキュメントが圧迫され、悲惨な戦火に巻き込まれた人々の姿を伝えながらも、輝きを失わないのは、この著者の姿勢のためである。著者の義父はゾルゲ事件に関係し、一九四四年に網走に獄死したフランコ・ブーケリッチである。このことも著者がこの作業をはじめた理由だろうが、著者は多くを語らないし、またそうであればこそ人は見て見ぬ振りをするのではあるまいか。しかし、著者はそうはしなかった。

聞き書き集である。すべて著者が日常的に見知っている隣人であり、十歳の少女から九十歳のおばあさんまでの六十二人の声である。著者の住むベオグラードに難民として逃れてきた人々の話が中心である。

この聞き取りから浮かび上るものは一体なんだろう。まず理解できることは、多くの人々が、私たちに伝わってくる、クロアチア対セルビアという単純な図式ではないということだ。たとえば、三人の声。

〈私は、ユーゴスラビア人です。セルビア人かクロアチア人か？　どうでもいいことです。私は、ユーゴスラビア人です。〉

〈恥知らず！　いいこと、ベオグラードでは民族による差別なんか、過去にもあったためしがないのよ。第二次大戦中にもよ。恥を知りなさい。このろくでなし！〉

〈このあいだの、ほら、四月の国勢調査、いやだったわ。何民族かという欄があったでしょ。国籍とはべつに民族を答えさせるあの欄よ。「私は、ユーゴスラビア人です」っていったら、調査員が「そんなの奥さん、だめだよ。今年のは、ちゃんとはっきりやってもらわなくちゃ。みんな、そうしてるんだから、奥さんも、はっきり、そういう、どっちつかずの答えじゃあなくて、ほんとうのところを書いておきましょう。身分証明書の出身地は、マケドニアなんでしょう。そう書いておきますよ」っていうのよ。〉

最初の人は四十代の男性。クロアチア共和国出身。二番目の人は四十代の女性。セルビア人。三番目の人は三十代後半の女性。マケドニア人。この三つの声で判る通り、ユーゴスラビアの人々は必ずしも、自分たちの属する民族を主張している訳ではない。むしろ、マスコミのプロパガンダ、知識人の民族自立を訴える声、政治家による民族間の分離に強い違和感を示している。

この三人の声だけでなく、聞き取り全体を通じても、両親がそれぞれ違った民族であったり、多種の民族の血が自分のなかに流れていることを自覚している人が多いのである。著者は解説のなかで、クロアチアからセルビアに逃れてきた難民のアンケートを引いて、多くの人が一九九〇年の自由選挙のキャンペーンまで民族間の人間関係には問題がなかったことを証している。

では、この聞き取りから読みとれることは、私たち日本人にも判るような常識がユーゴスラビアでも存在しているということなのか。もしそれだけを読みとるのであれば、あまりに皮相的に過ぎるだろう。

問題なのは、ここに登場する無名のユーゴスラビアの人々が、第三番目の声にあるように、強制的に印づけられることである。私たちは日常生活のなかで様々な顔を見せながら、他者とつき合う。その顔が民族という単一の価値によって分類され、自己と他者とが自分自身の言葉ではない言葉によって分離されて行くことである。

著者はベオグラードの一九九一年の変貌を日記のようにして時間の経過のままに人々の声を並べている。ここに集められた人は、政党やマスコミが喧伝する言葉をそのまま声にする人はない。むしろ逆である。一握りの権力者や知識人がいかに言葉を操り、手軽に人々を色分けして行ったかに対する異議に満ちている。それでも戦局が煮つまるなかで、第二次大戦中に起きた民族間の、いや民族主義者たちによる抗争や殺戮の記憶や伝承が蘇り、揺れ動いていることも判る。

では、そのような記憶や伝承を忘れ去り、歴史の一頁としてのみ片づければ、問題は解消され得るのか。自己の問題ではなく、そうした悲惨は他人がひき起したことだと。私には、この著作に登場する人々もまた、こうした問いの只中にいる気がしてならない。

もとより、ユーゴスラビアの内戦はソ連の解体、冷戦構造の崩壊がひき金になっているが、それだけではない。もとより七つの隣国に囲まれ、六つの共和国から成り立ち、大きくいって五つの民族、より細かくみれば二十を超える少数民族が存在し、しかも四つの宗教と三つの言語がアマルガムとなって溶け合っていることに由来する。それだけに一度、民族主義が語られるとき、軋みが生じる。こうした国家の成立を無視して内戦の複雑な様相を語ることはできないだろう。

そのため、かつて「単一民族発言」をした首相をもったことのある日本人にとって、この国の内戦は川の向こうの「他者」以上に遠く映るはずだ。しかし、首相の「単一民族発言」が物語るように、私たち日本人もまた政治上のレッテルで区分される事態は不可避である。というよりも私たちは日常のさまつな部分において、様々に分類されている。役所のファイル、肩書、学歴……。

それ以上に注意すべきは、現代ではユーゴスラビア内戦のような悲惨が、ある特定の地域、ある特定の階級に集中的に起きることだ。

民族主義は社会主義国家、共産主義国家がスターリニズムに陥ったとき、あたかも全体主義の病理を治癒する免疫のように思われたときがあった。今日でも、そのことは変わらない。ユーゴスラビアの内戦ですら、クロアチアの民族主義を是とする報道が多い。血の繋りに基づく民族意識こそアイデンティティを保証する抗体の如くに語られる。こうした報道は少なくとも二つの誤ちを犯している。

一つは民族主義の起源を探らず、すでに自明のこととして扱っている。それは当然、本書のなかの声が政治家や知識人が発する民族主義のプロパガンダを強力に後押しする。いま一つの誤りは病理や免疫、抗体という言葉に民族間の戦争を置き換えることで、結果としてはかえって混乱を正当化してしまうことである。いいかえれば、それらの医学的術語が私たちの想像力を閉じ、報道をより遠い世界へと押しやっている。

多田富雄の『免疫の意味論』を読むと、私たちが通常疑いもなく使っている免疫、抗体、抗原という言葉が正確な意味を伝えていないどころか、ときには逆の意味になっていることが判る。この著作は現代の生物学のなかで最も迅速に進展しつつある、免疫学についてできる限りに平易に免疫学者が語ったものである。平易とはいえ、この学問の先端での論議の部分では、素人である私には混乱が生じた。

しかし、本書の意図は免疫学そのものを、伝えるのではなく、免疫が「あらゆる『自己でないもの』から『自己』を区別し、個体のアイデンティティを決定する」という、テーマに一歩踏み込んで問題を整理している。私が興味を覚えたのも、この点である。

一般的に免疫とは、体の外側から入ってきた異物を排除する体のシステムと考えられている。ところが、体に異物が入ってきても免疫系は反応しない。著者の言葉によれば、「『非自己』はまず『自己』の中に入り込み、『自己』を『非自己』化する」ときに、はじめて排除の作用が働くのである。つまり、「非自己」である抗原が入ってきて「抗体」が作られる訳ではない。相互が循環的に規定し合っている。

さらにいえば、免疫によって守られているという「自己」も実は曖昧である。

〈(免疫系とは) 単一の細胞が分化する際、場に応じて多様化し、まずひとつの流動的なシステムを構成することから始まる。それから更に起る多様化と機能獲得の際の決定因子は、まさしく「自己」という場への適応である。「自己」に適応し、「自己」に言及《リファー》しながら、新たな「自己」というシステムを作り出す。この「自己」は、成立の過程で次々に変容する。〉

「非自己」を排除し、確固たるアイデンティティを決定すると思われていた免疫は、むしろ、「非自己」が入ってくることで、常に自己を確かめて行きながら新たな自己を作り出すというのである。もう少し具体的にいうならば、その人間が成長する過程で、偶然に浸入した病いに身体は反応し、それを学習しながら、自己を生み出して行くのである。これを著者は、「超システム」と呼んでいる。

本書では脳死やエイズ、老化や難病などの現代において医学というよりも、社会が直面しつつある問題についても語っている。が、とりあえず、「非自己」と「自己」の問題に限れば、さらに重要なことは、免疫のなかでは「自己」を破壊し、拒絶し排除する「自己免疫病」すらも起るのである。

もちろん著者は難病の恐怖を煽っている訳ではない。繰り返し語るのは免疫が本来、もっと考えられている「自己」への「寛容」は「自己反応性クローン」の先見的な消去というような帝国主義的なやり方で維持されているのではない」ということだ。逆にいえば、自己を破壊する免疫さえも完全には排除せずに「進化してきたところに免疫性のダイナミズム」があったのである。

ここまで『免疫の意味論』を読むと、民族主義を全体主義の免疫、抗体と定義するのは、あまりに安易すぎることが理解できる。

もし仮りに民族主義を免疫系と喩えるならば、民族主義は免疫と同様に、他の民族には反応せず、むしろ自らの民族と同化しつつ、その民族を「非自己」化しようとするときに反応すると考えるべきである。また民族主義のなかには自らを破壊する要素をも含んでいると理解すべきである。そして民族主義は確固たる、連綿と流れる血の伝統に起因するのではなく、曖昧で内と外の影響を受けながら新たに生まれたものと考えるべきである。

しかし、この二冊の本がテーマにしていることを強引に重ね合せても、さほど意味がないだろう。問題を言い換えて、あたかも解決したような錯覚を生むだけである。

私が二冊の本から学んだのは、このように問題を相互に変換することではなかった。多田の『免疫の意味論』から示唆されたことは、「自己」が「非自己」を取り込みつつ、「自己」を作り出して行くことである。ここでは自己と他者を二項対立として捉える視点はない。

〈正確には、免疫学的「自己」というものが存在しているわけではないことがわかる。反応する「自己」、認識する「自己」、認識される「自己」、寛容になった「自己」――というように、「自己」は免疫系の行動様式によって規定される。そうすると、「自己」というのは、「自己」の行為そのものであって、「自己」という固定したものではないことになる。〉

即ち、現代の免疫学とても「自己」とは他者との関係のなかで、学び、認識し、そして行動して生み出されるという、ごく当り前のことに辿りつくのだ。

じつは山崎の『解体ユーゴスラビア』から学んだことも同様であった。山崎は聞き書きの際にも日常を手離さない。一月五日の最初の聞き書きは、市場でのおじいさんと息子らしい三十代の売り子の会話である。

〈おじいさん　昔のパイ皮はよかったねえ。……戦前のようにあの薄くて上等のやつをな。

売り子　戦前のようにですって。今はもう、戦前ですよ。〉

もちろん、ここでは、すでに内戦がはじまりつつあることを市民たちが予感しているのを呈示している。これは市場で聞いた会話だが、この聞き書き集は全篇にわたって、ほぼ著者と隣人たちとの会話によって成り立っているのである。臨場感を読者に示すためだけではないだろう。会話の成り立つ日常が崩れて行くことを証すだけでもないだろう。むしろ、人と人とが語り合う小さな世界を呈示することにより、民族主義という巨大な、眼に見えぬ世界に抗しているのである。ささやかな他者との会話こそ、自己を成長させ、作り出し、全体主義へと対抗しうる。

山崎は冒頭にダニロ・キシュの詩をエピグラムとして引いている。

〈再び、あの男が振り向いて／器を覆すと、一度に　天国と地獄が／逆さになって

さらさらと　私たちは、限られた天国の／時間を刻み始める。ガラスの中に／閉ざされた地獄への　落下時間を》

この落下時間を止めることはできないのだろうか。それはかつてのように民族主義者たちの殺し合いを忘れることだろうか。そうではあるまい。自己は学び、行動することで成長する。他者を受け入れることで自己となる。その力が、もう一度砂時計を逆にし、天国へ砂を落下させるだろう。山崎の

結びの言葉を引こう。

〈言葉の持つはずのしなやかな力を蘇らせたいと思う。言葉は人の悲しみを描写するだけではない。人を悲しみから癒さなければならない、忘却ではなく記憶することによって。絶望にかられる日もあるが、この気の遠くなるような作業を続けようと思う。〉

（一九九三年八月号）

## 回想に浮かび上がる「孤独のかたち」

**『ヴェネツィアの宿』**

**須賀敦子著**

**文藝春秋・一四〇〇円**

人はどのようにして文章家となるのか。日頃、駄文を書き散らす身にもかかわらず、このようなことを時折、考える。

文章は誰でも綴れる。といって誰もが文章家になれるとは限らない。それは文章のテクニックを学んだとか、難し気な文字や用語を書きつらねられるとか、あらかじめ読者を想定できるとかいったことではない。なにかの賞を得たということでもない。

須賀敦子は第一作『ミラノ　霧の風景』の「あとがき」に「二十年まえ、日本に帰ってきたとき、いろいろな方から、イタリアについて書いてみてはと勧められた。自分でも、書きたいとは思ったが、自分にしか書けないものをどのように書けばよいのかわからなくて、時間が過ぎた」と記している。

須賀の、この第一作を読んだとき、なるほど人はこのようにして文章を綴りはじめるのか、自分の言葉を見つけるのか、と思った。大仰なことではない。自分の見た世界をありのまま正確に一句ずつ、一行ずつ言葉に定着させることだと気づいた。須賀の文章はどこまでも具体的で、決して観念に走らず、簡潔に、出会ったもの、風景、そして人を描写している。そのあるがままに見る眼が、ささいな事物までもが、必然的にそこに在るべき物として読者に語りかけてくる。印象は、第二作『コルシア書店の仲間たち』を読んだときも変わらない、いや、それ以上に、彼女がどうしても、この文章を綴り、一冊の本としてまとめなくてはならないといった切実な意志さえ感じた。出会った人物を彫刻家が鑿《のみ》を彫り込むようにして、一人ひとりのかたちを再現する。そのとき言葉は誠実で、新鮮な響きを帯びて生まれてくる。須賀が生んだ言葉を一行ずつ味わった、そんな印象が残った。

さて三作目の『ヴェネツィアの宿』。冒頭の表題作を読み、少し驚いたことがあった。

〈ここにある西洋の過去にもつながらず、故国の現在にも受け入れられていない自分は、いったい、どこを目指して歩けばよいのか。ふたつの国、ふたつの言葉の谷間にはさまってもがいていたあのころは、どこを向いても厚い壁ばかりのようで、ただ、からだをちぢこませて、時の過ぎるのを待つことしかできないでいた。とうとうここまで歩いてきた。〉

久しぶりに訪れたヴェネツィア。予約したホテルを探すと、その途中のオペラ劇場でコンサートが開かれている。スピーカーで中継される音楽を聴こうと広場に集っている人々の姿を眺めているうちに、四十年も前に、はじめて日本を離れたとき、フランスの古都アヴィニョンの広場で聴いた音楽を憶い出し、このように呟く。

とりあえず、本書のテーマを手短にいえば、「とうとうここまで歩いてきた」という述懐にすべてが込められているといえるだろう。

じつは追憶はここで止まらない。ヴェネツィアのホテルの一室で、はじめての留学時代のことを回顧しながら、はるか昔にヨーロッパからアメリカにかけて一年間、旅行した父親の記憶につながる。ホテル暮しが好きだった、ことあるごとに外国旅行の思い出を語った父親の姿へと結びついて行く。偶然泊ったヴェネツィアのホテルの描写から、父親が東京に出ると必ず宿泊した旧帝国ホテルの描写へと自然に重なる。著者の眼の正確さが働いているからである。

続いて、父親には母親以外に愛人がいて、二つの家庭をもっていたことが語られる。私は著者が自分の父親のこと、二つの家庭をもつ親のことを語りはじめたために驚いたのではない。体を悪くして入院した父親の横にいた、愛人の描写にたじろいだのである。

〈くすんだ色合いの彼女のきものは、すこしくたびれていて、うぐいす色の地に竹のもようのある羽織をはおっていた。そのとき、私は奇妙なことに気づいた。うぐいす色も竹のもようも、母がぜったいに選ばない色と柄だったのに、ずっとむかし、子供のころに、その羽織をどこかで見たような気がしたのだった。そのうえ、彼女はからだつきも着るものも、ほとんどすべての面で母とは違っているのに、どこかふたりには共通するものがあるように思えた。どうしてだろうと考えていて、はっと

した。このひとも、母とおなじように父のほうを向いて生きているうちに、父の好みに染まってしまったからではないか。〉

本書は十二篇の連作である。書きはじめる前からあらかじめ、この父親の愛人の描写は思いついていたのだろうか。もとより、かつて見た着物には違いないが、書き綴るうちにフッと頭にはっきりと浮んできたのではないだろうか。著者自身も自分の眼にたじろいでいるように思えてならないのだ。

いや、ずっとこだわってきたとしても、だからこそ、一つの言葉に定着させることはより難しかったはずだ。私の独断によって、須賀のあくまで抑制の効いた文章が生臭い物語に受けとられかねないが、著者としても忘れ去ろうとして、忘れることのできぬ光景であったに違いない。「とうとうここまで歩いてきた」という述懐がなければ、とても記すことがかなわなかったのではないだろうか。

いま一つ独断を承知でいえば、私にはこの連作は、父と子、男と女の愛のかたちをどのように自分の気持ちのなかで整理できうるか、そのことが絶えず著者の脳裏にあり、つきつめた結果に思えてならない。だからこそ、もう一度、子どものころから、現在にいたるまでの自分を振り返ってみようと思ったに違いない。

こう紹介すると、ますますこの作品は生々しさに満ちていると思われかねない。が、著者が親と子、男と女、あるいは折々に出会った教師、友、そして夫を通じて語るのは、さまざまなひっそりとした孤独のかたちである。

前作『コルシア書店の仲間たち』は、こう結ばれていた。

〈人間のだれもが、究極においては生きなければならない孤独と隣あわせで、人それぞれ自分自身の孤独を確立しないかぎり、人生は始まらないということを、すくなくとも私は、ながいこと理解できないでいた。

若い日に思い描いたコルシア・デイ・セルヴィ書店を徐々に失なうことによって、私たちはすこしずつ、孤独が、かつて私たちを恐れさせたような荒野でないことを知ったように思う。〉

人は自分が孤独であることに、多かれ少なかれ気づいている。にもかかわらず、それを怖れる。その孤独を受け入れることのできる人もいれば、出来ぬまま生涯を終える人もいる。

この連作は、「文學界」連載時は「古い地図帳」というタイトルであった。このタイトルの象徴的な意味は、最後に到って明らかになるが、連作の基調をよく表わしていると思われる。

それぞれの章に現われるのは、著者の子ども時代から、現在に到るまでに出会った人たちである。「夏のおわり」に登場するのは、子どものころ、夏になると必ず出かけた神戸に近い岡本に住む、鬼藤の伯母と伯父。著者がいうように、いまではとても会うことがかなわぬ、鷗外の「ぢいさんばあさん」そっくりな、武家のたしなみを感じさせる仲睦まじい老夫婦。「寄宿学校」で回想されるのは、戦後すぐを過ごした専門学校で教わった修道女たちである。「カラが咲く庭」のなかに描かれるのは、ローマに留学した際、同じ学生寮で会った、韓国人のキムさんとテレーズというヴェトナム人の修道女である。

キムとテレーズは異国の地で神経が冒される。キムは帰国するものの自宅の一室に閉じ込められる。テレーズは口がきけなくなる。仲のよい鬼藤の伯母と伯父にも不幸は訪れる。戦争が終る直前に孫が死に、息子も戦地で失う。その不幸を叫ぶこともせず伯父と伯母は次々に亡くなる。

著者が、それぞれの孤独を理解するには、一定の時間が必要だった。いや、このような孤独を自分の身のうちに感じるには、そして言葉として記せるには長い刻を要したのだ。寄宿学校で出会った修道女たちが、それぞれの国から離れて生きていたことを知るには、自身が独り旅先で孤独の時間を味わわなければならなかったのである。

このように、自分の人生でかかわりのあった人物が描かれるが、私がより惹かれるのは、これらの人物の背後に地としてひょっこりと現われて通り過ぎる人物たちである。たとえば、「カラが咲く庭」のキムとテレーズの話の間にはさまれる、ローマ終着駅で時間をつぶす間に出会ったシチリアの男とアブリリアのおばさんとの会話。人生のなかで、彼らと話したのはほんの小さな出来事にすぎない。けれど、彼らとの会話を通じて著者は、外国の土地で「宙ぶらりん」になっていた自分自身を偲ぶ。

著者の眼の確かさをあらためて感じるのは、地のなかに描かれる何気ない人々の息づかいである。その息づかいは、自分自身へと撥ね返り、孤独にさいなまれているキムとテレーズの輪郭を明確にする。なぜなら、著者はもしかしたら、自分自身がキムやテレーズであったかも知れないと思っているからだ。故国を離れ、戦時中も日本にとどまっていた寄宿学校の修道女たちへの想いも同様であろう。

もとより、前の二作の読者ならば判る通り、著者はパリとローマへ時を違えて留学したばかりでなく、ミラノで家庭をもち、十三年間も暮しながら、やがて夫と死別し、日本に帰らざるを得なかったという、日本女性としてはまれな人生を送ってきた。それだけに、自分の半生を振り返りながら綴られた、この連作は、日本、フランス、イタリアのそれぞれ暮した土地が舞台であり、じつに多彩な人物が現われては消える。私のように日本を、それも東京から離れたことのない者にとっては、多彩な人物とそれを取り囲む見知らぬ土地との描写がまるでくるくる廻る走馬燈のように眺められ、楽しむことができた。

「大聖堂まで」に描かれるのはフランスの大学生たちがシャルトルの大聖堂へ巡礼する姿。「レーニ街の家」では、フィレンツェの雑踏の様子。「白い方丈」では、谷崎の『細雪』を思わせる関西の旧家のたたずまい。「カティアが歩いた道」では、戦後すぐのパリの学生寮での留学生たちの交流。それぞれ、まったく馴染みのない世界だけに、私は各々を絢爛たる絵として眺め味わうことができた。著者が日本に戻るたびに見ることになる、気持ちが離れてしまった父親と母親との姿でさえも、調度や衣服の正確な描写を眼で追えば、私には思いもよらぬ華やかなものとして現われてきた。

しかし、これら一枚一枚の図に奥行を与えているのは、著者が身のうちに貯えはじめた孤独のもつ光である。めくるめく走馬燈に濃い陰影を作り出すのは、その孤独と引き替えに得た追憶という、過した時間を一瞬一瞬輝きに変えることのできる、内面の光である。

「大聖堂まで」は、シャルトルまでの巡礼に参加し、二日間歩き続けたが、結局は学生たちが溢れる聖堂のなかには入れなかったというエピソード。入れなかったものの、聖堂の壁のレリーフの洗礼者ヨハネの「ほとほと弱ったという表情」を眺める。ヨハネはキリストが現われるのを待ちながらも、孤独な生涯を終える。

〈考えようによってはヨハネは、生きることの成果ではなくて、そのプロセスだけに熱を燃やした人間という気がしないでもない。(略) 私は、待ちあぐねただけの聖者というのもわるくない、と思

っていた。〉

「カティアが歩いた道」ではパリの留学時代に邂逅したドイツ人の歳上の女性が語られる。カティアは自分の生きる道を深く思索しながら、独りでその途を切り拓く。四十年余り過ぎて、いまはフィリピンのミッションスクールの校長となっている彼女と東京でわずかな時間だけ再会する。「会うまでは、あれも話そう、これもたずねようと思っていたのに、会ってみると、ベルナルダン街の部屋で向いあって朝食を食べていたときとおなじぐらい、なにも話すことがなかった」。

何を話すことができるだろう。互いにそれぞれの途を選び、生き抜いていることは会った瞬間に了解し得るのだ。カティアとて、キムやテレーズのように一歩精神を踏みはずすこともあったかもしれぬ。人生は到達した地点を誇るべきものではなく、あたかも自分の地図帳を作るように、「そのプロセスに熱を燃や」すべきものだと互いに知り合っている。

「レーニ街の家」は、フィレンツェで巡り合った古い友人の家庭が、子どもの死を契機にして崩れてしまったことをわずかな立ち話から知る話。「白い方丈」は、イタリアへ禅宗の僧侶と共に招かれた夢を求める京都の旧家の女性の話。彼女に子どもはなく、夫との間が上手くいっていない様子を著者はかぎとる。

家庭が、夫婦の間がぎくしゃくしはじめたのは、著者の両親も同様である。「夜半のうた声」「旅のむこう」は、次第に夫の気持ちが離れ、子どももそれぞれ自立し、独り残されて行くが、気丈にもそれに耐える母親の姿が描かれる。

こうして、この連作は父親と母親との間に生じた溝を、冒頭の「ヴェネツィアの宿」で明らかにした上で、著者自身の成長に応じて出会うことになった様々な人間の、それぞれが身にかかえている孤独を描きつつ、再び、男女の間に、というよりも独りひとり個人であるが故に互いに求めあいながらも生じてしまう断絶を浮上させて行く。

「アスフォデロの野にわたって」は、イタリア人の夫とペストゥムの遺跡を見物したときの思い出。若い友人とその恋人に導かれ、保養地ソレントに近いピアーノで過ごした休暇の日々。初夏の保養地での一刻をスケッチしたものだけに明るいはずなのに、この連作のなかでも最も切々とした印象を残す。この回想を縁どるのが死だからである。この最終章の一つ手前の作品は、連作のなかの二番目にあたる「夏のおわり」と一対になっている。他の作品が、著者が半生のなかで会い、別れた友人たちの話であるのに対し、二つの話は仲の良い夫婦が、突然襲った禍いによって引き裂れてしまうまでを描いているからである。そして、この章こそ、連作を書きはじめた著者の内面の鍵、三たび言葉をつむぎ出した光源と思えてならない。

体の変調を示す夫との旅も死の予感に包まれる。ペストゥムの遺跡でふっと夫の姿が消える。そのとき、著者には「オデュッセイア」の一節が頭に浮ぶ。

〈アキレウスは、アスフォデロの野を／どんどん横切って行ってしまった〉

アスフォデロとは忘却を象徴する草。死者の国を訪ねたオデュッセウスは戦友アキレウスに会うが、彼は再会を喜ぶこともなく、アスフォデロの野を歩いて行ってしまったという神話に基づいている。

著者はここで何を語りたかったのだろう。旅行から帰った翌年、夫婦を案内してくれた若い友人は生き急ぐようにして死に、それから三ヵ月後に夫が亡くなる。「死に抗って、死の手から彼をひきはなそうとして疲れはてている私を残して、あの初夏の夜、もっと疲れはてた彼は、声もかけないでひとり行ってしまった」。

たしかに夫は忘却の野を独りきりでいってしまった。では、須賀敦子はいまもこの宿命を嘆くばかりなのか。そうではあるまい。私たちは親密な肉親や家族や友人の死を前にして、その関係が親密であればあるほど独り残されたと感じる。しかし、忘却の野を歩くのは死者であろうか。死者を忘却の野に歩かせるのは、むしろ残された、生きている私たちに他ならない。

死者であれ、遠く離れた友人であれ、ほんのかた刻に出会った人物であれ、記憶のなかに生きる。記憶は幾重にも重なり、ときには「白い方丈」に描かれる京都の名家の女性のように妄想さえ生む。しかし、私たちは「だれもが、究極においては生きなければならない孤独と隣あわせ」である。孤独はときに人を孤絶させる。けれども同時にそれぞれの人間がうちに秘めている孤独を見出すとき、それは互いに共鳴し、生きるための糧となる筈である。そして、そのとき私たちは、はじめて「孤独」とか「愛」といった言葉のあるがままの姿を知り、フッと言葉を綴りはじめるのだ。人はそのとき文章家となる。

最終章「オリエント・エクスプレス」は父親の死を語る。父親はかつて自分が旅行したヨーロッパ旅行に思いを馳せながら病床にある。彼の望み通り、著者は列車の模型とオリエント・エクスプレスのコーヒーカップを手にして帰国し、羽田から病院にかけつける。彼は「それで、オリエント・エクスプレス……は?」とためいきのような声で尋ね、そのまま意識を遠くする。娘とオリエント・エクスプレスについて語りあいたかったのか、それとも独りで列車に乗る夢を見ていたのか。

最後は次のように締められる。

〈あなたを待っておいでになって、と父を最後まで看とってくれたひとがいって、戦後すぐにイギリスで出版された、古ぼけた表紙の地図帳を手わたしてくれた。これを最後まで、見ておいででしたのよ。あいつが帰ってきたら、ヨーロッパの話をするんだとおっしゃって。〉

ここには、父親を看とってくれた女性に対し、母親と見比べてしまった、かつての視線はない。自身の眼にたじろぐこともない。ただ、優しい声だけが静かに耳もとに残る。


（一九九三年一一月号）

# 大いなる道草の力

## 『旅する巨人　宮本常一と渋沢敬三』

文藝春秋・一八〇〇円

**佐野眞一** 著

『旅する巨人　宮本常一と渋沢敬三』を読み終えて、私はじつに爽やかな気分だった。嬉しかった。そして著者佐野眞一に対し感謝の気持ちがおのずと湧き上った。

感謝したい気持ちは一つの理由からではない。いくつもの理由がある。まずは、本書が宮本常一という巨人にはじめてきちんと光を当ててくれた、本格の評伝であることだ。

周知のように宮本は柳田國男以後、最も大きな業績をあげた民俗学者である。近年になってよりその評価は高まっている。にもかかわらず彼自身についての話は、知る人による断片化した逸話の集積に終始してきた。

これには訳があるだろう。柳田については多くの研究がある。柳田は新体詩の詩人として出発し、農政官僚となり、やがて民俗学を作り上げ、さらに学界のボスとして君臨した。それだけに彼の人生を追えばおのずとドラマが生まれる。

ところが宮本は、世に注目を浴びるまで無名の旅人として生きてきた。著者によれば「七十三年の生涯に合計十六万キロ、地球を丁度四周する気の遠くなるような行程を、ズック靴をはき、よごれたリュックサックの負い革にコウモリ傘をつり下げて、ただひたすら自分の足だけで歩きつづけた。泊めてもらった民家は千軒を超えた。」菅江真澄と同じく旅から旅を続ける生涯であった。

その足跡を追うには彼の著作を読むほかはないが、これがまた厖大な量に及ぶ。それゆえに彼の行動力に圧倒され、宮本の生涯、そのドラマは彼の著作のなかに封じこめられているだけだと思いこんでしまう。

たしかにそうに違いない。宮本の著作は体系がないといわれる。それだけ、彼の著作には少年時の回想もあり、故郷や肉親について語った文章も多い。だから宮本を語るとき、人は彼の文章の引用によって事は足れりと思ってしまう。

ところが佐野はねばり強く、かつ愚直に宮本が歩いた足跡を辿った。宮本の生家のみならず、学んだ学校、勤め先、そして民俗学者を志して彼が調査し、聞き書きをした土地をともかく訪ね歩く。宮本を知る人に聞く。宮本を知る人がいなければ当時の状況を知る人に出会う。むろん佐野は宮本の著作のみならず、関連する資料を可能な限り渉猟し、読破しつつ、なおかつ宮本が見、聞き、匂いを嗅いだ土地を次々と訪れる。これは大変な労苦を強いる。

読者は本書がなにより宮本の足跡を辿り、著者がやがて宮本の忠実な弟子となって行く、二重の意味での旅の記録であることに気づくだろう。旅に出て、人に会い、風景のなかに身を置いて、宮本の大きさをさらに実感し、それを糧としてまた歩きはじめる著者の姿に、一人で離島や山村を踏査した宮本の姿を垣間見ることだろう。

結果、私たちはこれまで描かれなかった宮本の姿に出会うことになる。

祖父と父親の存在と影響。披差別部落や朝鮮人の子どもにとりわけ愛情を注ぎ、かつ信頼を得た教員時代の姿。やがて妻となる恋人に送り続けたラブレターから、どのような人をも溶かすといわれた宮本の笑顔の裏に隠された苦悩があったことを知る。せっぱつまった状況のなかで関係をもった女性について告白する文面。宮本の苦悩の誠実さ、夫婦の愛情の強さを私は感動をもって読んだ。

といって著者は宮本をことさら全き人物として祀り上げるためにこの評伝を書いたわけではない。悩める貧乏学者という月並な物語に宮本を押し込めたわけでもない。宮本の著作の愛読者なら、彼の代表作「土佐源氏」が、事実と異っていたという指摘一つを知ることで著者の眼の位置を悟るはずである。

そして本書の最も大きな成果は、宮本の生涯にわたって物心両面において援助を惜しまなかった渋沢敬三を宮本と同じ様に一個の人間として描き抜いたことだ。

宮本のことを少しでも知る者にとり、評伝に渋沢が登場することは予測はつく。ただ、彼がアチック・ミューゼアムを主宰した民俗学者としてよりも、宮本らの研究に金を出したパトロンだという予測だけだ。私もそう思っていた。しかし、著者は、敬三の祖父、日本の資本主義の基礎を作った栄一と、遊興にしか生き甲斐を見いだせなかった父親篤二にまで系譜を遡行することで、渋沢敬三の人物像を深い心根まで掘り起した。しかも財界人としての渋沢の言動をも追うことで、宮本と渋沢が時代の波にどう抗していたかを読者に呈示した。単に渋沢が宮本のパトロンだったというだけでなく、渋沢も宮本の仕事によってどれだけ助けられ、閉塞した心を救出されていたことか、それを私はあらためて知った。

私たちの時代は〝友情〟という言葉を色あせた、手垢のついた言葉に堕落させてしまった。私が著者に感謝したいのは、宮本と渋沢という人物をいずれも丸のみにして描くことで、今日誰もが切実に必要としている〝友情〟を蘇生させてくれたことであった。

私事を少しいう。私は大学の卒業前後、友人たちと都市研究に熱中した。対象は上野のアメ横であった。その調査を認め、交流の手をさしのべてくれたのは、宮本が晩年、教鞭をとった武蔵野美術大学の、同世代の学生たちである。彼らは佐渡の漁村を調査していた。佐野のインタビューのなかにも数人、知っている名が出てきて懐しかった。が、私は彼らとの研究会に出席しなかった。宮本の名も聞いたが無視した。その後、私は友人と一年半ほど羽田空港脇の漁師町を調査した。聞き書きもしたが、どう聞いてよいのか方法もわからず満足な成果はなかった。

宮本の著作に触れたのはその後である。フィールドワークの深さを知った。なぜ、あの頃、宮本の本を読まなかったのか、宮本に会わなかったのかと悔んだ。しかし、その後悔の浅さを佐野の労作であらためて悟った。

宮本から学ぶに遅きに失することはないのである。宮本は学生たちに「人生は寄り道や道草が大事じゃ」と語っている。宮本の生涯は大いなる道草であった。が、彼が道端にまいた種は本書の読者の心にも確実になにかを芽生えさせるはずである。

（一九九七年三月号）

## 夏の記憶、心の虫歯

**『子どもの替え歌傑作集』** 鳥越信 著 **平凡社・一九〇〇円**
**『めにはさやかに』** 八木幹夫 著 **書肆山田・二六〇〇円**
**『1941年。パリの尋ね人』** パトリック・モディアノ 著　白井成雄 訳 **作品社・一八〇〇円**
**『同潤会アパート生活史』** 同潤会江戸川アパートメント研究会 編 **住まいの図書館出版局・二三〇〇円**

今年の夏は雨と曇りの日が続き、蒸し暑いばかりで、「これが夏だ」と強い陽射しがカンカン照りつける日は少なかった。私の記憶では終戦記念日の翌日だけだった気がする。

にもかかわらず怪談じみた、というよりも怪談より奇怪な、ドロッとした感触が残る事件が続いて起きた。和歌山の毒入りカレー事件と新潟の毒入りポット事件である。この手の事件は憎悪感が先に立ち、新聞ですらきちんと読まないのだが、それでも活字が眼に入り、ラジオから嫌でも耳に入る。

その癖、私は毒入りカレー事件が起きたとき、不謹慎だろうが、「ソーダァ村のぉ、村長ぉさんがぁ、ソーダァ飲んで死んだぁソーダァ、葬式饅頭でっかいソーダァ」という歌が頭のなかで繰り返し出てきて困った。

子どもの頃によく唄った歌である。鳥越信著『子どもの替え歌傑作集』は、児童文学者である著者が、一九七〇年頃から子どもが唄う歌を蒐め、解説したものである。「ソーダァ村……」もあるか、と思いつつ読んだが収録されていなかった。考えれば「ソーダァ村……」には元歌らしき歌もない。歌というより言葉遊びの範疇に入るのかもしれない。

「ソーダァ村……」は見当らなかったが、鳥越の蒐めた子どもの替え歌には、じつに死に、直結しているものが多い。

「菜の花畠に入日落ちて／まわりにいた人はみんな死んだ／どこに行ったのか天国か地獄／あたりまえのことをいわすな」もあれば、「あかりをつけたら　消えちゃった／お花をあげたら　枯れちゃった／五人ばやしは　死んじゃった／今日は悲しい　お葬式」もある。前者は「朧月夜」の、後者は「うれしいひな祭り」の替え歌である。

鳥越は葬式にまつわる言葉は替え歌のなかで、時代を超え最も頻度が高いと指摘している。子どもにとり死は最も不思議な、未知の何かだ。だから死に繋がる言葉がよく出てくるのは理解できる。しかし鳥越は「特に『死ぬ』『殺す』といった直接的な表現は、ここ二、三十年の替え歌に集中している観がある」と付け加えている。替え歌は時代の波のなかで、詞を変化させるのだから、その詞が「残酷で殺伐としたものやマイナス志向のものが増える傾向にある」ことは、それだけ時代が残酷で殺伐となったのだろう。あらためて毒混入事件を思えば納得せざるを得なくなる。

またスコールだ／赤道に近い　この国の蒸し暑い空気は／渦巻きながら熱帯低気圧となって／日本の八月へとどく／台風（神風）／沖縄／長崎の浦上天主堂／広島の原爆ドーム／終戦の詔勅／（タエガタキヲタエ、シノビガタキヲシノビ……）

八木幹夫の詩集『めにはさやかに』のなか、「南方の虫歯」の一節。詩人はシンガポールへ旅行し、蒸し暑さのなかで日本の夏を連想する。彼は「終戦の翌々年に生まれた」。私は、といえば終戦の詔勅が発せられた、ほぼ一ヵ月前に生まれている。ほぼ同世代だから詩人が日本の夏を思い出し、そこから沖縄や浦上天主堂、広島の原爆ドームへ思いを伸ばす感性はよくわかる。

もちろん私も生まれてすぐだから、実際には戦争末期のことは知らない。しかし子どもの頃から夏になれば、戦争のことを聞かされ続けてきた。だから刷り込まれた痛みとして甦る。詩人は敬愛する先達の言葉を引いている。「私たちはおたがいに心の虫歯をもっていたほうがよい。ズキズキと虫歯がいたむたびに、心のおくの一番大切なところが目ざめてくる」（丸山豊『月白の道』）

記憶の痛みが虫歯どころではない人もいる。私と同じ年の同じ月、一九四五年七月に生を享けたパトリック・モディアノは「私は占領下の汚物から生まれた」と語っている。彼の父親はナチス占領下のパリで闇のブローカーをして生き延びた。ユダヤ人だ。

モディアノの『1941年。パリの尋ね人』は、記憶の痛みを直截語らず、わざと迂回を重ね、私たちの記憶を幾重にも呼び戻そうとしている。

八木幹夫の言葉を引けば「目にはさやかに見えぬものが想像の水面を漣をたててかすめていく」ことを、少しずつ見きわめようとしている。

モディアノは偶然、自分が生まれる四年前の一九四一年十二月、ナチス占領下のパリで発行された新聞に載った「尋ね人広告」を見つける。父母が行方不明となった十五歳の少女を探す、数行の短い広告文。これが心の底に残る。おそらく「心の虫歯」のように。

誰も知らない、この少女の姿を追ってモディアノはパリを歩く。といって性急なことはしない。やがて明らかになって行くのは、少女はユダヤ人であり、父母と共にアウシュヴィッツへ送られた一人だったということだ。

逃げ惑う一人の少女。そこに同じくユダヤ人であり、逃げ、生きのびた父親の姿と、彼から生を享けた自分の姿とが重なって行く。こうしてわかる限りの少女の短い、あまりに短い生涯を再現して行く。

素っ気ないほど抑制を利かした文章。時折、挟み込まれる警察の記録と対峙するように、削ぎ落した言葉によって、しかし無名の少女の像はくっきりと浮かんで来る。そして最後に少女の乗った列車がアウシュヴィッツへ向かう情景が描かれるとき、読者は「心の虫歯」の激しい痛みに襲われるはずだ。

日本人の、モディアノより二歳下の八木幹夫は日本の夏のなかで、こうも語っている。

炎はめくれあがる書類の縁を／赤々と　鬼神の目のように輝かせて燃えた

（あの時と同じだ　人が燃えていく時）

わたしは／あなたの目で／世界を見ることは遂にない

当たり前のことだが／あなたが／此の世の最期を見届けた瞬間から／あなたのメッセージは／わたしの方へ届かない（「炎、やわらかな灰」）

詩人が呼びかける「あなた」とは誰か。おそらくモディアノが追い、求め、しかし一言も自分の肉声を発する手段さえ禁じられた、無名の者たちなのだろう。

モディアノが歩くパリも、なかに添えられた写真を眺めると戦前戦中の姿から大きく変貌しているらしい。しかし記憶を留める建物はそこそこ残っているようだ。

もう一冊、同潤会江戸川アパートメント研究会編『同潤会アパート生活史』を読んだ。江戸川アパートは昭和九年に完成した、東洋一を謳う鉄筋コンクリート造による、当時最も新しい集合住宅であった。このアパートも戦火をくぐり抜けた。その直後、昭和二二年から二十五年の間に、居住者たちが自主的に発行した「江戸川アパート新聞」の主要記事がこの本一冊に再録されている。

驚くほど多彩なメンバー、著名人が記事を書き、戦後になって獲得した新しい共同体を守り、作り上げようとしていることが伝わってくる。しかし私の記憶を揺らすのは、記事の端々に現われる子どもたちの笑い声だ。アパートの中庭で「面子」、「べー独楽」「針さし」「ビー玉」「鬼ごっこ」「かくれんぼ」「水雷艦長」などの遊びに日が暮れるまで興じる子どもの顔だ。ああ、私も彼らと同じようにして遊んだ、私も戦火から生きのびた一人の餓鬼だった、と思い出す。

「ソーダァ村……」をがなり、大人たちに縁起でもないと叱られた餓鬼だったことを思い起す。

そして不意に小学校四、五年生の頃、担任の先生宅をクラスメートと共に訪ねたことが記憶に戻った。あの日も暑い夏だった気がする。江戸川アパート同様、古びたコンクリート造のアパートだった。場所は高輪だったか。はっきりしない。古びて、その上戦災に遇ったのだろう、建物全体がくすんで見えた。

しかし驚いたのは、先生の家族が住むアパートの一室はじつに狭く、いまでいえばワンルームマンションほどの広さで、しかも玄関のドアがなかったことだ。ドアの替りに毛布のような布がだらりと下げられていた。

貧しかった。本当に誰もが貧しかった。しかし解放感に溢れていた。あれはどこへ行ったのか。あの先生の住んでいたアパートはいまはない。江戸川アパートも取り壊され、再建される。担任のあの先生がすでに亡くなられていたことは、今年の春にクラスメートから聞いた。

今年の夏は夏らしい陽射しはなかった。鳥越信は子どもの替え歌がいかに残酷になろうと、替え歌を生む「エネルギーの中に、私たちは子どもの未来を見いだしたい」と語る。たしかにそうだと思う。詩人もこう記している。

歌が消えたというけれど／歌は一度だって絶えたことはなかった／人の命が永遠ではないのだから／人は歌わずにいられない（「炎、やわらかな灰」）

いつの間にか、夏を知らぬうちに秋の気配を感じる。陽が落ちると虫の音が響く。「秋来ぬと目にはさやかに見えねども風の音にぞおどろかれぬる」（『古今集』一六九・藤原敏行）。

蒸し暑いだけの夏。私はカーッと照りつける夏を思い出して新刊本を読んだ。「背中に流れる汗を感じながら／夏の炎を見ていた／青い空に溶けこむ／煙を見ていた」（「炎、やわらかな灰」）

（一九九八年一〇月号）

# 自虐、嗜虐、苛烈な諧謔

## 『靖国』

新潮社・一七〇〇円

坪内祐三著

坪内祐三の新著『靖国』を読了して、ふとしばらく前に読んだエッセイを思い浮べた。

「靖国神社には学校行事などで昼間行くとかならず付属の遊就館を見せられた。二万数千点を収納するという武具のことはもうよく憶えていないが、玄関前に古い大砲がごろごろしていたのは憶えている。招魂社は、もともと靖国神社が明治初年には東京招魂社と呼ばれていたのだから、私の小学生の頃は春秋の例祭が特にそう俗称されていたのだろう。一般の人間には、しかし鎮魂の儀式そのものよりは神社の境内に小屋掛けした、見るも俗悪なおどろしい見世物の方がお目当てで、聖をもっとも遠ざかった地平に現れるその無惨なスペクタクルが『招魂社』と思われていたのではなかったであろうか。」

種村季弘の『書物漫遊記』にある「九段の怪談　内田百閒『遊就館』」の一節。種村は百閒の短篇を語りながら、自分が子どものころに見た靖国神社境内の見世物に触れる。

「蛇娘、丹波の山の奥で獲れた因果な熊女、お化け屋敷、玉乗りの曲芸……」。

これが本来聖なる場である靖国に現れた「無惨なスペクタクル」などだが、種村から半世紀後に生まれた坪内は『靖国』をさらに「無惨なスペクタクル」から語りはじめる。

彼は靖国神社の駐車場にある案内板に眼を止める。「強い気持ちも持たず、その案内板を目にし、そこに書き記されてあった言葉を追っていった私は、驚いた。案内板は『招魂斎庭跡』と題されていた」。「招魂斎庭」、神霊を招き奉る斎場である。それが駐車場に変わってしまっている。「酷いと思った。まったく反射的に」。

この反応はよくわかる。終戦記念日になると必ず閣僚及び政治家の、この神社への公式参拝について是非を問うニュースがマスコミに流れる。なぜなら靖国神社を祀ることは戦前の国家施策を認め、ひいてはアジア侵略の元凶を認めるとする意見が一方にあり、またそれを自虐史観だとする意見もあるからである。ところがそんな左右のイデオロギー論議など関係ないかの如く、死者を祀るべき核となる場所がアスファルトで固められ、タイヤの下にあれば、私であっても「酷い」と感じるはずである。

いや、私なら案内板は見逃すだろう。実際、何度か境内に寄ったものの案内板には気づかなかった。もし眺め、驚いたとしてもそこで終りにする。靖国思想だの、自虐だの、嗜虐だのといった論がわずらわしく、そんな領域に足を踏み入れるのが面倒なのだ。

ところが著者は、「共産主義や反ユダヤ主義、政治的カトリシズムと並べて平和主義も一種のナショナリズムであると喝破したのはイギリスの作家ジョージ・オーウェルである」と小気味良く啖呵を切って、この面倒臭い場に大胆に足を踏み込む。

踏み込んでみれば、私たちが自明と思っている靖国思想の場とは違った空間がぞろぞろといった具合に現われたのである。ここで冒頭に私が引いた種村の文を思い出していただきたい。著者が調べ上げたのは、種村少年が眺めた「見るも俗悪なおどろしい見世物」が並ぶ靖国なのだ。

著者は種村の文にある通り、明治二年東京招魂社として創建された神社の歴史を、なぜ九段坂上に立地されたのかという問題から辿る。立地された場所は、いまでも坂の途中から上下を眺めればわかるが、当時江戸っ子が集って暮らしていた下町を見下す。いうなれば招魂社は江戸を睥睨するという政治的な意図をもっていた。

ところがこの政治的な意図は、たとえば「古い大砲がごろごろしていた」遊就館の建設から少しずつズレる。なぜなら遊就館こそ当時、最もハイカラな建物であり、設計者はそこに日本古来の聖地のイメージを託すよりヨーロッパの広場を作ろうとしていたからである。事実、境内というか広場ではサーカス、競馬、相撲、見世物の興行が行われた。

遊就館そのものも美術館としての機能をもつ「一種のアミューズメントパーク」として計画されたのである。著者によれば戦後になって、靖国神社はGHQの指導で、本当にアミューズメントパークになる計画があり、また靖国のイメージとはほど遠いプロレス興行まで行われたのである。

こうした歴史を私たちはすでに忘れてしまっている。著者が本書で述べようとしたのも、靖国が日本古来からの歴史を重く背負っているように見えて、それは「創られた伝統」に過ぎず、はじめからハイカラで俗悪で祝祭的な場であったということだ。一つ一つ事実を掘り起し、私たちが靖国に抱いているイメージを揺り動かし、見事につき崩すのである。

この論述の根拠を著者はいくつもの、著者流にいえば「シブい本」を学ぶことから得たようである。

しかし私には、たとえばプロレス興行を語るときに、力道山が刺殺された事件にまで話題が進んでしまうような語り口に魅力を感じた。イデオロギーで靖国を捉えるならば決して見えて来ず、無駄話として刈り取られるだろう。だが、その無駄話にこそ明治からの日本人の驚き、喜び、恐怖といったウキウキした感情がつまっている。それを刈り取ったとき、招魂斎場が駐車場へと変わったのだ。

著者は、戦後すぐに柳田國男が靖国神社で、日本の小さな神様を守ろうと呼びかけた講演（「氏神と氏子」）に注目する。それは種村の、「聖をもっとも遠ざかった地平に現れるその無惨なスペクタクルが『招魂社』と思われていたのではなかったであろうか」という疑問への解答である。決して一般の人々は見世物を誤解していなかった。驚きと喜び、そこに小さな神々がいたのである。

くどいようだが、種村の文の先を読むと、彼は「見世物といえば、私の場合、招魂社のそれと同じ位こわかったのは原宿の東郷神社のパノラマ館である」と続け、そこがいまではファッショナブルな空間に変わろうとも、やはり暗い見世物の怖い記憶は消えないと語り、こう述べる。「闇を人工照明で明るませたのでは一向に鬱が散じなくて、苛烈な諧謔で爆砕してしまうのでなければどうにも腹にこたえないような気がするのだ」。

諧謔者はしばしば無駄話に韜晦する。表を見て裏も傍も底も見えてしまうからだ。坪内祐三は諧謔の眼をもって靖国神話を爆砕しただろうか。最も苛烈な諧謔は本書の最後にある。これはいわぬが花だ。

（一九九九年四月号）

# 舗石の感触、心の軌跡

## 『時のかけらたち』

須賀敦子 著

青土社・一六〇〇円

フォン・ヤイゼル神父は私が日本に帰って数年後に亡くなったが、たとえば電車の窓から雑然とした街並を眺めていて、よくひびく彼の声が東京の空にとどろきわたるような気のすることがある。こんな思想のない建物ばかりの街に暮らしていたら、きみたちはこれっぽっちの人間になってしまうぞ。

須賀敦子は拙書『百年の棲家』が文庫になった折、私の求めに応じて解説を寄せてくれた。私の書いたものは、明治以降における日本人の居住環境の変容をテーマにしたから、彼女には馴染みの薄い対象であり、かなり面倒な仕事であったに違いない。

ところが彼女は、自分が大学時代にフォン・ヤイゼル神父からヨーロッパの教会建築史を学んだことから書き出し、いかにも彼女らしいエッセイにまとめてくれた。右はそのエッセイの締め括りの言葉である。神父は彼女ら学生に一所懸命、ヨーロッパの教会はどれほど天井が高いか説明しようとする。それに比して日本では大学の教室でさえ天井は低い。そこで神父はこう叫んだという。「こんなちっぽけな、こんな思想のない建物で暮らしていたら、きみたちはこれっぽっちの人間になるぞ。建物が人間を造るということを、よくおぼえておきなさい」。

「建物が人間を造るということ」。これは私の書きたかったテーマの一つでもあったから、彼女はこのエピソードを披露してくれたのだろう。しかし、あらためて考えると、須賀敦子にとり、このエピソードはかなり重要な事実に思えてならない。

彼女は神父の声が教室中に響いた後に考える。「とくに、《思想のない建物》という表現には、かなり動揺した。じつをいうと、その時点でこのことばをちゃんと理解したとはいえないのだが、わからない分だけ、すごいことのように思えた。そして、考えた。じぶんも、思想のある建物みたいな人間になりたい」。

大学で教会建築史を教えられた神父の叫びだけで、須賀敦子が渡欧したとは思えない。しかし敗戦直後の打ち拉がれた日本にあって、「《思想のある建物》を自分の眼で確かめたい」と考えたのは、その直後に彼女がフランスへ渡り、イタリアで十数年暮らすことになった動機の一つではないかと私には思えてならない。

須賀敦子という人物を私は早過ぎる晩年になって知ったに過ぎない。けれど、たしかに何事であれ「自分の眼で確かめたい」という強い性格が彼女にはあった。ところが彼女は『ミラノ　霧の風景』であざやかに読者の前に現われて以来、かえって自分が、なぜヨーロッパに向かったのか、そこでなにをはじめて体験し、なにに衝撃を受けたのか、そうした経験を語ることは少なかった。むしろ『コルシア書店の仲間たち』、『トリエステの坂道』など一連の仕事から私たちが受ける印象は、下世話にいえばヨーロッパ人も日本人と同じように心が細やかで、内気で、友情に篤いという親しさではなかったろうか。私たちはあのゆったりとした、柔らかな文章により彼女の友人、仲間をまるで自分の友であるかのような印象を抱いた。

しかし本当にそうだろうか。いや、須賀敦子が友情を得、それを育んだ人々との交流を否定するつもりなどない。忘れ得ぬ彼女の友人たちは彼女が描いた人物像に近い存在であったに違いない。ただ私たちは彼女が十数年に亘ってフランスとイタリアで暮らし、その長い生活のなかで一つ一つの努力を積み重ねて、異国人のなかに入り込み、溶け込んで、それらの友情を得たという単純な事実を見失いがちになる。彼女はイタリアから日本に帰国し、三十年後、遠い記憶の彼方から、かけがえのない友人たちの姿を呼び戻した。友人が溜め息をつけば彼女も息を吐き、友人がためらいを見せればそれに反応し、友人が怒れば彼女も叫び、友人が絶望すれば彼女も心を砕くというように、彼らの姿を描いた。

その結果、私たちは彼女の友人たちを、本当に私たちの身近な存在として認識してきた。しかし、友情を得るまでには彼女の何事であれ「自分の眼で確かめたい」という行動力があり、彼女の大いなる努力があったことをつい見逃してしまう。

＊

『時のかけらたち』は「ユリイカ」誌に一九九六年一月号から連載している。須賀は病魔に侵され、入院した時期とも重なっているから、途中に連載を中断したこともあり、それだけに最後のまとまった作品となった。

ところで『時のかけらたち』は彼女の没後、連載の際に発表された順序ではなく、単行本になった際は、組み替えて並べられ、また同時期に雑誌「スパツィオ」に発表した二篇が付け加えられた。連載時のタイトル「石の軌跡」も文中の言葉を採って「時のかけらたち」に変えられている。

没後に単行本としてまとめられた作品集だけに、この処理にどれほど須賀の意図が反映されたものか否かは、私には知り得ない。だからといって連載時の順序が組み直されたことにも、二篇が加えられたことにも異論がある訳ではない。二篇が加わり厚味が増したのはたしかである。

ただこの作品集を連戦時の発表された順序に戻し、さらに須賀敦子ならではの友人との交流をいささか冷淡であるが取り敢えず外して読み直すとき、彼女が「《思想のある建物》を自分の眼で確かめたい」と考え、ヨーロッパに渡り、自分の眼で直に確かめ、その《思想のある建物》をいかに自分の内面まで消化して行ったか、その過程が鮮明に息づくような気がしてならない。この最後となった連作は、彼女がヨーロッパで出会った《思想のある建物》、いいかえれば《思想》そのものに対峙した衝撃を、直截に語った稀な文章になっている、と考える。

まず須賀は、まだパリで勉学中であった一九五四年の春、寮仲間たちと共にローマへ旅行した折に、出会った《思想のある建物》から語りはじめる。

世界最大の高さを誇る、石造の半球ドームであるパンテオンである。この巨大なドームの内部の高さに驚くが、より彼女が驚きを発したのは、ドームの頂点である。「そこには、視線そのものが上昇するにあたってての論理も、半球形の穹窿がごく自然に求める最頂部に到達したよろこびをも、根底から無視するような美しい円形の『穴』――開口部――が天に向って開いていた。私は、自分がその穹窿をかたちづくっている石の一部になりはてたように、ぼんやりと立っていた」。

そして彼女はこう呟く。「こんな建築の思想があってよいのだろうか」。

こう考えるところがいかにも彼女らしい。というのも通常ならば穹窿の頂点に開かれた天窓は光を射し入れるために案出されたと考え、納得するだろう。古代から人間は建築に高さと大きさ、そして広い内部空間とを求めてきた。しかし同時に厚い石積みによる構造が作り出す内部はどうしても暗くなり易い。だからいかに外側から光を採り入れるかが難問となる。パンテオンの天窓も単純化してしまえば、その解決策である。

しかし須賀はそう考えず、むしろ上昇する喜びこそヨーロッパ建築の思想であり、パンテオンはその思想を反転したと捉える。だから「こんな建築の思想があってよいのだろうか」と呟く。

彼女はそしてさらに次のように考える。

石を積んで建物を造る。そこまでは、これまでに重ねてきた大小の経験が納得させてくれた。だが、ここでは、石は、「内面を造る」ためだけに積まれているらしかった。いや、内面の緊張感そのものが、世界最大といわれるあの穹窿を支え、またそれと並行して、この内面を覆う外壁を積ませている、そう私には思えた。

彼女が「内面を造る」とわざわざカッコで括ったのは、むろん巨大なドームの内面と、この巨大な建築を作り上げた人間の内面とを重ねて捉えようとするからである。

彼女は石の建築をそのように考えずにはいられない。パンテオンを紀元前に建設したのはアグリッパだが、それは火災で焼け落ち、紀元一二五年に再建したのは、ハドリアヌス帝であった。はじめてパンテオンを眺めてから四十年を経て、その事実を知ったとき、「私は、ほとんど声をあげて叫びそうになった」と記している。

なぜなら彼女はマルグリット・ユルスナールの『ハドリアヌス帝の回想』により、この皇帝に惹きつけられていたからである。「非凡といってよい独創性とこれを支える暗い火のようなエネルギー」とハドリアヌスの魅力を書いている。皇帝の内面を「暗い火のようなエネルギー」としたのは、長い時を経ていようが、パンテオンをはじめて眺めたときの衝動からさして変らない、彼女の受けとめ方ではないだろうか。

ヨーロッパの建築、美術を見つめ、心惹かれるとき彼女の場合、どうしてもそれを創り出した人間の内面へと結びつく。いや彼女はヨーロッパの石の文化を通じて、自分の内面を見つめざるを得なくなる。いってみれば『時のかけらたち』、というよりは連載された「石の軌跡」は、石の文化に触発された、彼女自身の心の軌跡を追っている。連載時に発表された順に、私は気になる文章を採り出してみたい。

ローマの構築者たちは、全体の印象をかろやかに仕上げるという美学的な要素をすでに意識していたにちがいない。私のこの疑問への答えが否定的な場合、すなわち、橋を構築したひとたちが美学を意識していなかったとすると、若いころどこかで読んだ、もうひとつの厳粛で基本的な概念が浮上する。すなわち、ぎりぎりまで計算しつくされた構造は、心を打つような造形と必然的に合致するはずだという考えだった。（「ガールの水道橋」）

ローマ皇帝が建設した水道橋、三段に積み上げられたアーチの、下部二段のアーチの寸法がばらばらであったことへの感想である。こう述べる前に、寸法が異なるのは「雨の多い季節に流れが深く激しくなる部分にはアーチを広く取り、浅瀬には小さいアーチに造られているという。この変化は、工事を軽減する目的でえらばれたのかもしれないが」と断わりを付けている。断わりの部分はいわば水道橋の機能的な説明である。ところが彼女は決して機能的な、合理的な解釈では満足できず、その水道橋が人に訴える美しさに眼を向けている。そしてその美しさを作り出した人間の内面と結びつけて彼女は考えざるを得ない。

これ（レデントーレ教会）を設計した建築家パラディオは、もしかしたら、完璧なかたち以外に、人間の悲しみをいやすものは存在しないと信じていたのではなかったか。しかし、同時に、完璧な世界、すなわち、当時パラディオもふくめたこの島の知識人たちにもてはやされたユートピアの思想さえ、虚構を守ってくれるはずの石を海底でひそかに侵蝕しつづける水のちからには、いつか敗退する運命にあるという意識が、どこかで彼らを脅かしていたからではなかったか。（「ヴェネツィアの悲しみ」）

十六世紀イタリアを代表する建築家パラディオの作品のなかでも、代表作の一つで優美なファサードで知られるレデントーレ教会についての記述。この教会はペストの災厄からの平癒を祈願して献堂された。須賀はここで建築史上の知識をひけらかすことなく、ルネッサンス建築の理念であるヒューマニズム（このヒューマニズムは今日の甘ったるい、感傷的な人間中心主義とは異なる）に触れている。これは先の水道橋を眺めたときに頭に浮かんだ彼女なりの一つの解答、「ぎりぎりまで計算しつくされた構造は、心を打つような造形と必然的に合致するはずだ」という考えをルネッサンスのユートピア思想から捉え直している。にもかかわらず、パラディオ設計の完璧なファサードにかえって「人間の悲しみ」を見る。だから美しい建築も人間が作り上げた「虚構」として考える。もとよりこの「虚構」は意味のないものではない。むしろ彼女が求めた《思想のある建物》なのだ。が、彼女はそこに自然に絶えず脅かされる人間の悲しみを見てしまう。完璧な故にその建築は「虚構」であり、人間が不在であることを悟ってしまう。

しかしこの「虚構」はスペイン広場の大階段（スカリナータ）から人間を見出したとき、次の認識の段階を迎える。

スカリナータには、群衆が似合う。そんなフレーズが夕立雲のように私のなかに湧いて、私は立ち止まった。設計者が故意に計算したとはとても思えないのだけれど、ひとつの空間に人間が（それも、「なにかをしている人間」ではなくて、ただ、彼らが「人間であるままでそこにいる」

ことだけで）参加することによって、はじめてその空間が完成にいたる建造物。その発見は、私にとって衝撃的だった。群衆といっていい数のひとたちがそこにはいたのだが、まるで肌色のトラヴェルティーノに散らした模様みたいに無意識のままな彼らが、階段ぜんたいの定義を完了していた。（「アラチェリの大階段」）

あるいは「おそろしく雑多な、ほとんど猥雑といってよい庶民」が暮らすナポリの記述。

よれよれの服をまとった彼が、がらんとした玄関の大きな石のベンチに寝ているあの恰好は、ナポリの人たちが、石でつくった家とうまく折り合って生きているかたちのひとつであるようにも、私には思えた。石をまるでゴムのように柔軟に使っている人たち。彼らのそのやり方に、ほとほと感心し、ときにはたとえようのない苛立をおぼえる。それが多くの非ナポリ人が、この町のとりこになる罠のようにも思えた。（「スパッカ・ナポリ」）

では、かくも人間臭いナポリは須賀敦子を満足させただろうか。ナポリのなかでも最も俗で祝祭的な通り「スパッカ・ナポリ」を通過した後、「あとを追うエウリディケもいないのに走りつづけて、見てはならぬものを見てしまった、間のぬけたオルフェオ、かもしれない」と自己を評している。

オルフェオ。蛇に噛まれて死んだ妻エウリディケを冥界にまで迎えにいったものの地上に連れ帰る途中で、見てはならぬはずとされた妻を眺めた故に、恋しい妻を永遠に失った男。このギリシャ神話に託して、いささか自嘲的に茶化して、ナポリのあまりに陽気な人間臭さとの違和感を語っている。個人的な私の思い出からすれば、須賀敦子はナポリのような祝祭的な空間が嫌いではなかったし、心から愉しむ余裕もあった。しかし彼女は愉楽をいま一度、心のなかで反芻し、内省化せずにはいられない。たとえ群衆であろうとも、その一人ひとりに自己を見てしまう。これが彼女の本質、生きる姿勢なのだ。

舗石の道が恋しいのは、ああいった道が伝えてくる、しっかりとした抵抗感のせいではないだろうか。その証拠、というのもすこし変だけれど、路面に足が慣れて痛さを忘れるのとほぼおなじ時期に、私という人間ぜんたい、からだぜんたいが、ヨーロッパの国で生きるときの感覚をとりもどしている。それはまた、こちらから意志を表明しないことには、だれも自分の欲しいものを察してなんかくれない土地柄に向って立つ力のようなものであるかもしれない。(「舗石を敷いた道」)

石が、しっかりと都市の概念につながっていた石の街並の思想に、たとえすべてが「やわらかいもの」に傾いていく現代であっても、私は深く惹きつけられる。石をじっと見つめてきたローマの街並には、じぶんを支えてくれるなにか、エッセンスのようなものがあるし、靴底を通してのぼってくる舗石の感触は、私に生きることの力みたいなものを教えてくれる。(「舗石を敷いた道」)

このヨーロッパの舗石の道について語った文章は、連載された「石の軌跡」全体のなかで、パルテノンや水道橋から受けた驚きを「起」とし、パラディオの教会、スペイン広場、ナポリの街路で人間的なものに触れた件りを「承」とするならば、あきらかに「転」に相当する。

つまり、ここで「《思想のある建物》を自分の眼で確かめたい」と考え、ヨーロッパに渡った彼女は、日本に帰り、あらためて記憶のなかから、《思想のある建物》ではなく、「建物が人間を造るということ」を見つめ直し、自己そのものを対象化した契機を語っている。舗石の感触は「あの個であることの心細さ」を思い出させると同時に「私に生きることの力みたいなものを教えてくれる」のである。

この個人の自立を時には促し、時には強制するヨーロッパ人の感性こそが、須賀敦子の求めた「思想」であろうか。とすれば、しかしその思想は人間の孤独と直接に結びつき、ただひたすらその厳しさに耐えなければならなくなる。

しかし彼女は舗石の感覚が呼び戻す思想を必ずしも是認してはいない。この「舗石を敷いた道」という文章は、ミラノで暮らしはじめて三年ほど経った後、東京からやって来た青年が「こんな石ばかりの街で、あなたはよく生きていられますねえ」と発した言葉に、三十年以上の時を隔てながらも応じるように「あのころすでに私は、舗石を敷いた道に、そして、石を粘土細工のように使って遊んでしまうあの国の人たちの思想に、とりかえしがつかないほど、深く侵蝕されていたにちがいない」と結ばれるのである。

では、須賀敦子が摑んだ思想とはなんだろうか。

＊

孤独に強く惹かれる人たちがいる。

「ベッドを降りて、ドアを開けたとたんに、なにもかもが霧のように消えて、はだしのまま、私は冷たい風の吹く野原に立っているのではないか。だれかが起きて呼びにくるまで、ぜったい固いベッドを離れないほうがよさそうだった」（「チェザレの家」）と綴る須賀敦子も人間の孤独に強く惹かれていた。

誰かが起きるまでベッドを離れまいと念じつつ、彼女はどうしてもドアの向こうに「冷たい風の吹く野原」があれば立ってしまうような性格だったからだ。なに事であれ「自分の眼で確かめたい」という衝動は当然ながら、孤独を代償にしなければならない。

その孤独は老いを感じれば、より強まる。

記憶のなかに建物の外壁や、薄暗い閲覧室に行くまでの廊下を探りあげようとすると、色も形態も、まったく見あたらないのだ。人は、年齢とともに、外側から、あるいは大きいものから記憶を失っていくのだろうか。恐ろしい考えがあたまに浮かんで、板ばさみになった私は二重に落ちこんでいた。（「図書館の記憶」）

久しぶりに訪ねたパリの図書館。暗い電灯の下の本や木の床のきしむ音には覚えがあるのに、外観や廊下の記憶は抜け落ちている。

親しんだはずの図書館ですら、記憶から消えて行く。これは「恐ろしい考え」に違いない。

しかし彼女は、じつはこの恐ろしさを鮮やかに逆転する。人間の記憶をおぎなうもの、つまり書物、その本を蒐集した図書館、そして図書館の歴史に貢献した人物に思いを馳せる。「書物は個人の財産として眠らせてはならない、『公共のもの』であるという思想が生まれたのは、人文主義者たちの功績だったと、ガレンは書いている」。思想は個に閉じ籠らず、広く人々に開かれて現れる。

そしてまた彼女は、シエナ市庁舎にあるフレスコ画「フォリアーノのグイドリッチョ」について語る。長らく彼女は、大画面に小さく描かれた騎士グイドリッチョの姿に惹かれた。「シエナを訪れる機会にめぐりあうたびに、私はこの孤独な騎士の旅姿を見るのを大きな愉しみにしてきた」。

「孤独な騎士の旅姿」。こう記しているのは、異邦人としてヨーロッパに生きなければならなかった彼女の共感からである。ところが、このフレスコ画が騎士の孤独な姿を描いたものではないことに、やはり長い時を隔てて気づいてゆく。

「空の色のひろがりに対するグイドリッチョの姿があまりにも小さく思えたから、そのため彼が淋しそうに見えたから、私は、この絵が好きになったのである」。が、「グイドリッチョ氏には孤独の気配などこれほどもないばかりか、荒涼たる自然のなかを、と私が記憶していた山々は、それぞれが意味を濃くもたされていて、感傷を容れてはくれない」。

彼女が「孤独な騎士の旅姿」に替わって、絵のなかで認めるのは、殺風景な戦場を描いたはずの画面に、「まるでお愛敬のように描かれた、ふたつの小さい、でも緑したたる、丈低く栽培したぶどう畑だ」。

細部が、とくに、シエナで見ていたときには目にもとまらなかった、緑に茂るふたつのぶどう畑が、いまはしっかり私を支えてくれる。そして、シモーネ・マルティーニの作であるかどうかとも関係なく、ぜんたいに比して小さく描かれたグイドリッチョのいのちの重みのようなものが、硬直した彼の姿勢に滲み出ていて、やはりこの絵はすばらしいと思わずにはいられない。

広々とした青い空の下で、緑したたるぶどう畑。そして矜持をもち、誇り高く、背筋を伸ばし前を進む騎士。その姿勢に「いのちの重み」を感じる須賀敦子がいる。

「《思想のある建物》を自分の眼で確かめたい」、「じぶんも、思想のある建物みたいな人間になりたい」と希んだ女子大生は、五十年近くをそのように生き、そして最後まで背筋を伸ばし前を進んでいた。いや、画面の細部にある、ささやかなぶどう畑に「いのちの重み」を見る視線こそ、彼女の長いヨーロッパ体験、古い日本に対する郷愁、そして孤独に戦《おのの》いた経験、さらにその孤独を自己の内面に溶し込んだ姿勢が摑み、達成した彼女独自の「思想」ではなかったか、と私は思う。

連載時の最終章「ファッツィーニのアトリエ」で彼女は呟くように書いている。

出会いは、音もなく、ふいにおとずれる。それまで本質を秘めていた垂幕がはらりと落ちて、対象と自分をつなげる根源のつながり、まるで地下トンネルで結ばれたふだんは見えない網の目のようなつながりが、そのとき、地上にかたちをあらわし、対象と自分が、あたらしい、いきいきとした関係で結ばれていることに気づくのだ。

この出会いは至福である。「対象と自分が、あたらしい、いきいきとした関係で結ばれていること」への覚醒。いいかえれば、自己と他者との信頼の回復。人間と自然とを結ぶ、涯しなく高く、しかしささやかで身近なことへの目覚め。

この言葉が重い病の進行のなかで書かれたことを思えば、それは「祈り」と呼ぶべき彼女の精神の在り方だった、と私は今にして気づいたのだった。

（一九九九年五月号）

## 二十世紀への弔詞を読む前に

**『金子光晴全集』全十五巻**　　**中央公論社・各三二〇〇円**

こんな話を聞いた。ここ数年、よく聞いた。世界は二十世紀で終りになる、二十一世紀は結局、到来しないだろうといった話。質の悪い冗談とは考えない。

あたり前のことながら、西暦二〇〇〇年がはじまるとどのような事象にも「二十世紀最後の」という惹句が枕詞のようについてまわった。どうやら人はこの惹句にある終りを期待し、はしゃいでいたようだ。しかしこんな惹句よりも、二十一世紀はやって来ないという話の方が私にはよほどまともな言葉に響く。

二〇〇一年がはじまれば、むろん二十一世紀はやって来る。しかしながら二十世紀が百年の間に否応もなく抱え込んでしまった難問はいささかの終りも見せず、なし崩しのようにしてだらだらと先送りされる。二十世紀への弔詞を読むのはまだ早い。

それでも私もいろいろと二十世紀への弔詞を思い浮べてみた。浮んだのは次の詩句だ。

「すべて、腐爛《くさ》らないものはない!」

金子光晴の「大腐爛頌」の冒頭の一節。詩人は一九一九年にはじめてヨーロッパの土を踏み、詩作にはげみながらも、大半の詩作ノートは捨て去り、『こがね蟲』とこの「大腐爛頌」の草稿ノートだけを残し帰国したことはよく知られている。一九二一年二十六歳のときだ。

くさつてゆく。くさつてゆく。
萌黄に、
紅に、
虹色に、

わが地球も、林檎のやうに熟れて、
にほひかんばしくくさつてゆく。

二十世紀の終りが近づくにつれ、世界のいたるところで、あらゆる事象が「にほひかんばしくくさつてゆく」と感じるのは決して私一人ではないだろう。子どもたちのなかで多発するいじめ。少年犯罪。急増する自殺者。加えて原発の臨界事故など巨大科学への過度の信頼が生んだ災禍。環境破壊は世界中で進み、民族紛争、難民問題……、とこう記しているうちに馬鹿馬鹿しくなったので止めるが、ともかく「すべて、腐爛らないものはない！」という詩句は、八十年近く前に生まれたにもかかわらず、二十世紀への弔詞にも適うと私には思えた。

しかしあらためて「大腐爛頌」を読み直してみると、詩人は「私にとつて、腐臭も、血泥も、濃汁も、／あの人を愛着するはじめから／計算のなかに入つてゐるのだ」と詠んでいるように、腐爛を否定的に捉えているわけではない。むしろ腐爛はすべて生命があればこそ起きるのである。腐爛の行きつく果てに詩人は世界の再生を希っている。

ところが、二十世紀末に私が感じる腐爛はその先に蘇生を見ることはできない。なぜならどのような事件、事故が起きようと人々はすぐにそれを忘れてしまうからだ。腐った根を見つめることもなく、腐臭を嗅ぐこともなければ、もはや「すべて、腐爛らないものはない！」ということにも気づかないはずだ。

嚔《くさめ》をするやつ。髯のあひだから歯くそをとばすやつ。かみころすあくび、きどった身振り、しきたりをやぶったものには、おそれ、ゆびさし、むほん人だ、狂人《きちがひ》だとさけんで、がやがやあつまるやつ。そいつら、そいつらは互ひに夫婦《めうと》だ。権妻だ。やつらの根性まで相續《うけつ》ぐ悴どもだ。うすぎたねえ血のひきだ。あるひは朋党だ。そのまたつながりだ。そして、かぎりもしれぬむすびあひの、からだとからだの障壁が、海流をせきとめるやうにみえた。（「おっとせい」）

この詩はたとえば昨今の、日本の政治家の茶番劇を描写したわけではない。金子は一九二八年に長崎から再び出立し、東南アジアからパリにいたるまで五年間におよぶ放浪生活を送り、五・一五事件が起きるちょうど前日に帰国する。帰国し、狭い島国の中でなれ合い、群れ合って戦争へと無批判に進む日本人の姿を「おっとせい」になぞらえて描いた。一九三七年の詩である。

その六十三年前の日本人の姿が現在でもさして変らぬものと見えるのはどうしてだろうか。事態は「腐爛らないものはない！」のではなく、むしろ凍結したままではないのか。

こんな話を聞いた。築地の魚市場でマグロを扱う人の話である。彼はマグロの冷凍技術の開発にたずさわった。その開発でなにより難しかった点は、冷凍することより、鮮度を保ちながら解凍することであり、その技術を見つけたとき、マグロばかりでなく生鮮食糧の流通に革命が起きたと語った。

この革命は私にもよくわかる。生まものを冷凍することにより、自在にそれを移動させ、季節とは無関係にそれを食卓に上らせることは、いまでは日常化した。それだけ冷凍技術は私たちの生活を大きく変えたに違いない。

この話をいま思い出すのは、二十世紀は戦争の世紀とか、情報の世紀とか、群衆の世紀だとかさまざまな名を背負って語られてきたが、じつは腐るものを冷凍する技術を得た時代ではなかったと思いついたからだ。

戦争であれ、情報であれ、群衆であれ、それは本来生まものである。ところが、その生まものを私たちは冷凍することを覚えてしまったのだ。逆にいえば、マグロを冷凍し、季節を忘れたように、私たちは戦争も情報も群衆の起した事件もすぐさま冷凍し、それを忘れる技術を手に入れてしまったのではないだろうか。

空宙を走る重量と、
機械の記録だけの
じつにとんでもない形態と
とんでもない意力が横行して、
もはや、人類の歴史ではなく、
なにか、全く別なものだ。（『わが生に與ふ』）

詩人は半世紀以上前の戦時下にこう詠んでいる。むろん私にはその時代を実感として理解することはできない。

こんな話を聞いた。もう十数年前のことだ。

都心のビルの屋上から一人の女（もしかしたら男だったのかもしれない）が夜間、飛び降りた。彼女はビル前の広場にある植え込みのなかに落下し、そのまま死に絶えた。広場は昼間、人で溢れる。植え込みの周りのベンチでは、昼食を摂る人があり、歓談する人たちがあり、昼寝をする人があった。けれど彼女は気づかれることがなかった。数ヵ月して植え込みの手入れをしたときに、彼女の遺体は発見された。

私はこの広場に何度か出かけたことがあった。しかしこの話を聞いたからといって驚いたわけではない。私もまた多くの人たちと同様に腐臭を嗅ぐ能力に欠けてしまったのだろう。「すべて、腐爛らないものはない！」ということを忘れてしまっているのだろう。

自殺者が飛び降りたビルの管理コンピューターが、屋上に出たまま帰ってこない人間を正確に「1」と記録していたことに妙な感触が残り、金子の「わが生に與ふ」を思い出した。私が驚いたのは自殺事件でも管理者が気づかなかったことでもなく、人間が白々とした画面のなかの一つの数字によってのみ表される事態であった。しかしこのようなことは今や日常、どこにでも溢れている。日々、表示される交通事故による死者数といったことばかりではなく、私自身がたとえば役所に出向けばそこでは私という一人の人間は、いくつかの記号と数字に還元され、いわば保存されているに違いない。これは別段、驚くことではない。

すでに腐臭などあるはずもなく、すべては、腐爛ることもなく、冷凍されているのだ。

どつからしみ出してくるんだ。この寂しさのやつは。／夕ぐれに咲き出たやうな、あの女の肌からか。／あのおもざしからか。うしろ影からか。（「寂しさの歌」）

詩人は一九四五年五月五日、戦争末期の「端午の日」にこう綴った。この寂しさは果して半世紀後の私たちの時代に通用するだろうか。

こんな話を聞いた。一年ほど前のことだ。いまの若者たちに親友の数についてアンケートをとったところ、二十人近い数を挙げた若者たちが多かったという。なぜ、二十人もの親友がいるかといえば、ケイタイデンワとメールのおかげである。親友といっても会ったことのない相手が大半である。その顔も息づかいも知らぬ親友に、さまざまな悩みを打ちあける。ある親友には恋の悩みを、ある親友には旅行の相談を、ある親友には、勉強のわからぬことを、ある親友にはいくつかの愚痴を、というように、別々に語りあう。

この話が本当なのか、私にはわからない。しかしリアルな話として迫ってくる。リアルなのは、寂しささえも増幅する手前で画面に表示し、自ら冷凍しなければ解消できないという状況を示しているからだ。この半世紀に何かが変わってしまったのだ。

もつと大きな失望がある。それは、誰もがひそかにたのしみにして待つてゐた／地獄のみせものが、なくなつたことだ。

地獄が廃止になつたわけは、人の所業に償ひがいらなくなつたからで、／そんな仕儀にいたつたのも、どの罪も、人間や、人間のつくつた神佛では裁きがつかぬほど、はてしもしらずこみいつて、その底がふかく、大きくなるばかりだからだ。（「ひとりごと」）

一九六六年、金子はこう詠んでいる。しかし地獄は、今やたとえば次の詩句のようでもなく、白々と静かに現れるのだ。

　どこへいつても人数《ひとかず》が多すぎて、／二酸化炭素が／いやな體臭が
　人を窒息させるばかりか／良心までも／くされ豆腐《どうふ》にしてしまふ。（「ANGEへのLOUANGE」）

こんな話を読んだ。つい最近の新聞記事だ。

「森林や土壌などの森林生態系は現在、地球の温暖化をもたらす大気中の二酸化炭素（$CO_2$）の吸収源とされているが、二〇五〇年ごろを境にむしろ排出源に転じる、とする予測を英国の研究機関がまとめた。土壌に蓄えられた有機物の分解が進むなどして、大気中への$CO_2$放出量が増えるためだ。九日付の英科学誌ネイチャーに発表された」（二〇〇〇年十一月九日　朝日新聞夕刊）。

二〇五〇年ごろから、気温の上昇と土壌の乾燥により、森林はさらに減少し、結果、木々は二酸化炭素を吐き出し続けるのである。

泥の詩人、水の詩人、大腐爛の詩人金子光晴も一九七五年、最後に綴った長篇詩「六道」のなかでこう詠まざるを得なかった。

地球の終りをおもうとき、すでに廃墟の透明に　白蠟化した紐育《ニューヨーク》は、／大小竜巻の踊り廻る砂漠の下はるかにねむり／海という海は　ことごとく涸れ　そこここにかたまった塩が／雪よりも　金属よりも鋭く　太陽のひかりを眩ゆく照りかえす。

これを詩人の妄想と片づけるのは「屁のやうな」た易さだ。しかし人間にとり、もっとも乾燥し涸れるのは、人が詩人たるべき妄想ではないか。かつて「良心」とか理想とか希望とか、青臭い匂いをまき散らし、腐り易いものがあった。しかしいつの間にやら、良心や希望や理想は青臭い匂いさえ立てず、干からびてしまった。せめて冷凍してあるのなら、解凍して欲しい。

二十世紀への弔詞を読む前に、いま一度、「すべて、腐爛らないものはない！」という、あの豊穣をとりもどしたい。地獄をとりもどしたい。それだけだ。「大腐爛頌」のおしまいの詩句を引く。

おゝ。日夜の大腐爛よ。／私が目をふさぐと、腐爛の宇宙は、／大揚子江が西から東にみなぎるやうに／私達と一緒にながれる腐爛の群の方へ、／轟音をつくつてたぎり立ち、／目をひらけば、光洽《あまね》く、目もくらみ、／生命の大氾濫となつて、／戦ひの旌旗《せいき》のやうに、天にはためくのだ！

（二〇〇一年一月号）

# ナンセンスに遊び続ける覚悟

## 『有栖川の朝』

久世光彦 著

文藝春秋・一五〇〇円

本篇を読了した後、しばらくは切ないほどの懐しさが私の肌から離れないなと感じた。その懐しさはなにかを思い出させる。

読みはじめるとすぐにわかるが、この小説は二年前に話題となった「有栖川宮事件」を下敷きにしている。大正期に断絶した有栖川宮の名を騙り、結婚披露宴を挙行し、招待客から祝儀を集めた詐欺事件である。この詐欺が発覚した後、テレビのワイドショーなどで繰り返し報道されていた。もっとも私はテレビを所持していないから、その当時も今も、この事件については詳しく知らない。それでも、戦後六十年近く経ってもなお、宮家の名は詐欺ができるほど高価なブランドなのだとあらためて感心した記憶がある。

現代は日々奇怪な事件が起きているから、二年前に話題を集めた事件でさえすぐに褪色する。だから私は読みはじめて懐しい話だと思ったのかもしれない。たしかにそれもあるだろう。しかし本篇から受けた懐しさは、たとえば夏休みに夕暮れまで遊び呆け、自分の長い影にハッとし、周りを見渡せば、独りぽっち、そんなことを思い出させる切なさを伴っている。

この懐しさを作り出すのが、久世光彦の文章力だとしても、まず私は彼の不敵さにじつは感嘆した。色褪せたとはいえ、わずか二年前の事件だから多くの人がいまだに記憶している。詐欺のトリックもすっかり知られている。詐欺師たちの計画も一旦は成功したかに見えて、結局はトリックを暴かれ、警察に逮捕された結末も了解されている。もしノンフィクション作家ならば、犯人たちの屈折した人生を探り、かつだまされた人たちの感情もルポし、そこに現代社会の落し穴を見るといった作品を描くことはできる。

社会学者なら、あの詐欺事件は、華族制度が戦前には存在していたことさえすでに忘れてしまったから起きたとか、戦後政治の理念であった平等社会は、金銭であらゆることが処理される不公平社会を生み出し、その不公平感があの事件を支えたのだといった分析も可能だろう。しかし久世はノンフィクション作家でも社会学者でもない。

それでも久世があの事件に惹かれたことはよくわかる。たとえば代表作『聖なる春』の主人公を、クリムトの贋作ばかり描く画家としたように、久世にとっては、ニセモノ、カタリ、ダマシは小説の主要なモチーフなのだ。それどころか、創作を支える根拠だといっても過言ではないだろう。

ペナペナの薄っぺらな、いかがわしいニセモノに人がだまされるなら、そこにはホンモノを超える真実があるはずだ。いや、現代にホンモノなんてあるのか。どれもコピーにすぎず、たまさか生じた金銭価値をホンモノと誤解しているだけではないのか。もしあるとすれば、それは仮りそめの、夢のなかにしかないのではないのか。夢こそ真実。

久世の小説に親しんでいる読者なら、こうした呟きや問いはおなじみだろう。となれば『有栖川の朝』で久世がやるべきは一つしかない。現実の詐欺事件より、もっといかがわしいニセモノで、ドラマをデッチ上げ、演出することとなのだ。いってみればこの作品で彼はニセモノの事件にもう一盛、嘘と遊びを盛って、ニセのニセはホンモノという逆説的な試みに挑戦したのである。

大筋は変らない。宮家を騙るというアイデアは変えようもない。だから筋は計画を練り、結婚披露パーティーを実行するまでという単純な過程でしかない。そのため本来なら退屈な物語になりかねないのだが、そうはならない。ニセのニセはホンモノという逆説的な遊びが随所に仕掛けられているからである。

少し内容に触れれば、ニセの披露宴を発案し、演出するのは「穴太月」という七十に近い老女。この「お月さん」に選ばれ、有栖川識仁になるのは、京都撮影所の大部屋にくすぶっていた「安間安間」という四十男。いまどき珍らしい、のっぺりした「華族顔」だったからである。女の方はちょうど三十になったばかりの「華ちゃん」。驚くほど美人にもかかわらず、眼に光がなく、姿勢も悪く自身も他人も彼女の美貌に気づかない。お月さんはこの二人と「田園調布」とは名ばかりの、「袋小路のドン詰まり」の家に共に暮らし、旧宮家らしいニセモノへと調教してゆく。

こう紹介しただけでも、登場人物の名前への作者のこだわりに気づく。他にも「京丸」やら「懐」やら由緒ありそうな名の人物も登場するが、いずれも金に誘われて群がっただけの人物。作中の名前は田園調布も含め、「有栖川」と同じく実体のない記号であり、言葉遊びなのだ。ついでにいえばお月さんら三人は、毎夜九時九分になると精神修養と称して「ジンムスイゼイアンネイイトク……」と歴代天皇の名を唱和する。

九時九分にもさして意味はない。お月さんが昭和十一年十一月十一日生まれとあるのも、数並べの遊びにすぎない。しかしこの子どもの思いつきそうな遊びが、繰り返されると催眠術にかけられたようで、懐しい夢をもう一度見ている感じだ。じつは冒頭からそうなのだ。お月さんは「川獺みたいな老女」として現われるが、まるでいつか聴いた童話のように「一匹の川獺が露地に現われ、おばあさんに化けました」とはじまった印象なのである。

披露パーティーの件りで、作者はエロチックなドンデン返しを用意するが、それとてもいつの間にか、いかがわしくもなく健康的な祝祭に思えてくる。全篇がコトコトと廻り続けるメリーゴーランドのようだ。なにしろ最後も数遊びである。作者は子どものように遊び続ける。

しかしニセのニセはやはりホンモノにはならない。だからこそ俺はナンセンスに遊び続けるぞとナイーブだが、したたかな作者の声が、夏の夕暮れのように切なくも懐しく、いまも耳許に響いて消えない。

（二〇〇五年九月号）

## ❖その他の雑誌1985年—2011年

# 世紀末の「不安」—都市と探偵小説

**『一国の首都』**

**岩波文庫・五二〇円**

**幸田露伴** 著

幸田露伴は明治三十年（一八九七）に一篇の住居論を書く。それから三年後の三十三年（一九〇〇）、つまり十九世紀最後の年に短い探偵小説を発表する。そしてその翌年、二十世紀最初の年に長大な都市論を完成する。

明治三十年の住居論とはその年の十月、十一月に雑誌『新小説』に発表した「家屋」のことである。

今の人民の労働は烈しくなりぬ。今の工業は徳川氏時代の工業と其設計を異にして其組織を異にし、其の労作の万法手段を異にし、古に無かりし種類の工業は幾千となく生じぬ。（略）

徳川氏の泰平によりて生じたる「安楽椅子の如く愉快なれども惰気を含める家屋」に、身心共に忙はしき明治の有望なる人民を住はしめんことは相応することなりや否や、甚だ疑はし。

露伴の説く家屋像は明解である。一つの家屋の中で労働と安息を両立させることが不可能になった。もし、併立させていたのならば労働に追いまくられ人は安息を摂ることができる筈がない。そこで家屋を労働のためのものと安息のためのものとに分離せよという主張である。二つの家屋をもつことで、

労作のための家屋は即ち義の国たるべく、安息のための家屋は即ち美の国たるべく、充実せる精神、雅正な感情、物質的にも心象的にも高度な繁栄開明の光明を揚ぐる時来るなるべし。来らんかな専門的家屋の時代、去らんかな間色的家屋の時代。

露伴の主張は先駆的であり、予見的である。労作のための家屋を「義の国」としたのは、工業の進展によって労働が分業化し、共同して働かねばならぬ仕組みを義と捉えたのであろう。それに対し一家団欒の場を提供する家屋を「美の国」とし、この家屋が今後優先的に必要であることを説いたのである。この主張は先駆的である。現在、私たちの大半が住居を仕事場から切り離して生活し、露伴のいう「専門的家屋の時代」に至ったことを考えると予見的である。

しかし、今日、専門的家屋が「美の国」たり得ているかとなると疑問である。同時に労働の場が「義の国」となったかといえばこれにも疑問が多い。労働の場は共同して働くというよりも競争の場

であり、住居はその労働力を養うための場、再生産の場になってしまったからである。露伴が怖れたのは実はこのことではなかったか。家庭が仕事というドライな世界で踏み込まれていくことを怖れ、二つに分離することで相互の領土＝「国」を明確化し互いに干渉し合わぬ筈の方法を説いたのである。

ところが彼の予見がいわば現実となってしまった現代の住居の在り様を考えれば分る通り、専門的家屋は産業社会の中で最小限の「美の国」を確保しようとするあまり、自閉化した密室となってしまっている。住居の中に露伴の言葉を借りれば「義」という社会化された場所がないのである。つまり、「家屋」は世紀末にあって密室の登場したことを捉えていると読むことが可能なのである。

この点について露伴は気づかなかった訳ではない。むしろ同時代人の心理が自閉化し、密室化して行くことを見つめていたと思われる。その心理を三年後に探偵小説の形式で発表する。

露伴が明治三十三年五月、「家屋」と同じ雑誌『新小説』臨時増刊号に発表した「不安」はある種の探偵小説である。ここである種のとことわったのは、「不安」には探偵も犯人も登場しないからである。筋は単純。フランスへ留学することになった蓮田法学士のために盛大な送別会が上野精養軒で開かれる。会が終った後、気の置けない友達五人が蓮田と残る。蓮田は友人たちに向かって次のような冗談をいう。

「まだ日本などは、文明の度が進まない為か、但しは人の気風が元来淡白な為か知らんが、探偵小説などを見るやうな疑獄と云ふべきものの有つた例《ためし》はない。ところが彼の仏蘭西と来ると探偵小説の本場と云ふべき国ぢやないか。して見ると善い事も非常に進歩して居るだらうが、悪い事も非常に進歩して居るに違ひない」

蓮田はフランスへ行ったらドレーフュス事件のような事件が起きたら知らせるつもりだという。友人たちは彼の意見に肯き、「大疑獄を起れかしといふ空想」を抱く。ところが一人、「人の談話の腰を折る癖」のある横尾が異を唱える。

「待ち玉へ〳〵。蓮田君の言ではあるがね、僕は日本をそんなに見くびることは無いと思ふよ、何様して日本も進歩したからね。遠い仏蘭西のことは擱《さしお》いて、我日本にもどんな不思議なる疑獄が起らんとも限らない。昔と違つて何事によらず総て進歩した世の中だからな。少くとも罪悪は進歩した世の中だからな、何のやうな巧妙の犯罪の方法が案出されるか知れたものではない。」

こういって横尾は言葉を裏付けるように自分が考えたという犯罪の方法を話す。例えば、

「洋燈の心《しん》に毒を仕込んでも好いので、また象牙の箸にも仕込める。銀の股引に穿いた箸などは御跳へむきといふものだ。蠟燭をつける、飯を食ふ、いづれにしても月日の重なる中《うち》に毒が廻つて死んで仕舞ふといふのだ。まことに造作は無いわけさ、又或る薬品を塗つた壁紙を主人の平生居る室の壁に張つて置けば、室内の温暖の度合の変化に伴つて其毒が空気の中に混じる。其空

気を呼吸すれば長い間には死んで仕舞ふ。或いは一本のサイホンラムネを夫婦して飲む妻は死なゝいで夫はやがて……』

横尾はさらに犯罪方法の幾つかを語る。この完全犯罪を仲間の中に語るという筋は、後に乱歩が書いた「赤い部屋」を思わせる。しかし露伴がこの短篇を書いた動機は別の所にある。横尾が示した犯罪方法はいかにも幼稚であるけれど、露伴ならばこの中の一つのトリックを用いて探偵少説を書き上げることもさほど難しくはなかったと思われる。にもかかわらず、それを作らなかったのは彼がスケッチしようとしたのは完全犯罪の可能性を示すことではなかったからである。

横尾が話す犯罪はすべて密室殺人の方法だが、露伴は密室殺人よりも、同時代人の心理が密室化していくことに興味を覚えたのである。

筋の先を追えば、横尾が「我日本の法律で罰せられない殺人法、また何人にも発見されない殺人法を僕は知つてゐる」と語るのを聞いて、蓮田をはじめ五人がそれぞれそのような殺人と何らかの関係をもつ可能性のあることに内心驚くのである。驚きは不安を生む、ここにこの短篇のテーマがある。

蓮田は自分の妻の美しさが彼の留学中に禍いをもたらさぬかと、立野は弁護士として訴訟に勝ち大金の報酬を得たが、そのため敗訴人から横尾のいうような方法で復讐されないかと思う。上岡は自分の家作にいる貧しい借家人の医者が急に羽振りが良くなったのを、もしかして好からぬことをしたのではないかと、下条は自分の浮気がバレ、年上の妻が愛人に対し殺意を抱くのではないだろうかと考える。中山にいたっては、あくどい高利貸に悩まされているが、高利貸を恨む誰かが完全犯罪によって殺されたなら自分が疑われ、無実の罪を負わされると思い「悲惨極まる牢獄の苦楚を嘗めるなどあり難くない、ア、早く返金して仕舞ひたいものだが、心を悩」ますのである。

五人が不安を感ずる根拠は明確ではない。曖昧であるからこそ不安が生ずるのだが、露伴はたわいのない犯罪話ですら不安に思う同時代人の心理を皮肉っているのである。結末は、各人が不安を抱いたため、せっかくの送別会が気まずくなってしまったのを感じ、留学する蓮田が次のように述べる。

「僕のみならず諸君に診ても仮染ながら今一種の不愉快の感を覚えたらしく見えるのは、蓋し他人の身に降り掛つた禍殃《わざはひ》、或は他人が泣き悲しむべき悲惨なる凶変に遭ふといふやうなことを聞いて、其を興味ある事として楽しまんといふが如き不道徳極まる発言と思想とに得た罰であつたらう。」

蓮田は自分が最初にフランスで疑獄事件を覗き見しようと口を切ったことを恥じ、それに友人たちが同意する所でこの短篇は終る。

「不安」には探偵も犯人も登場しない。けれど、各自が抱いた不安の犯人を探し出す話でもある。犯人は、各自の心理の中にあると見出し、それを露伴は罰しているのである。となると、この短篇は探偵小説というよりも反《アンチ》探偵小説とも言うことができる。なぜなら、探偵小説とは、何を考えているのか判らない他人の心理を探る所に妙味がある。「他人の身に降り掛つた禍殃、或は他人が泣き悲しむべき悲惨なる凶変に遭ふといふやうなことを聞いて、其を興味ある事として楽しまん」という心理によって成立するのである。露伴は「不安」の中で、先ず密室犯罪の成立を語り、それが誰にも起きる可能性があること、つまりは探偵小説の世界が同時代において成立したとするにもかかわらず最後にこれを断罪しているのである。

ところで、露伴には探偵小説の体裁をもっている作品が「不安」以前には幾つかある。塩谷賛は『露伴と遊び』の中で「是は〳〵」、「あやしやな」「白眼達磨」、「自縄自縛」を「不安」と共に探偵小説に属する仕事としている。これらの作品は謎ときの要素が強いものである。さらに言えば、もともと露伴の処女作「露団々」が謎ときの面白さを備えた作品である。明治二十二年二月、『都の花』に連載されたこの長篇は実に謎ときばかりで構成されている。少し筋立てを紹介すれば、冒頭はニューヨークの富豪ブンセイム（この名は紀ノ国屋文左衛門に因っている）が娘の結婚相手を募集した新聞記事である。この書き出しからして読者に謎を仕かけている上、第一章の「古池や蛙とび込む水の音」から最終章の「あら尊青葉若葉の日の光り」まで章題をすべて芭蕉の句によっているのも人をくっている。探偵小説仕立てなのである。文中でも魔法陣が解説されたり、あぶり出しの手紙が使われたり、娘の花嫁試験に「不愉快とは何か」といった質問を用意したりで、読者に常に謎を呈示している。筋はさほど複雑ではない、というよりも荒唐無稽としていい。つまり読者は筋よりも作者との知恵比べを楽しむものである。この小説の構造はそのまま探偵小説の基本といえるものではないか。

処女作は必ずその作家のこだわりを顕わにするという言廻しがあるが、もしそれを信ずるならば露伴は「露団々」以後探偵小説へ更に接近しても不思議ではなかったのである。ところが彼は塩谷賛が指摘するように「不安」の後は探偵小説と読める仕事を絶ってしまう。

「不安」は、同時代人に他人の不幸を覗き込もうとする心理が生まれたことを明らかにし、それを否とした小説である。ただし、その心理がなぜ生じ、否とした後の解決まで示すことはしていない。けれども、この短篇が書かれた前後に露伴が発表した都市論は、その謎に挑み、迫っているのである。

露伴の都市論「一国の首都」は四六判の印刷で一六八頁に及ぶ長大なものである。前後二回に分れて発表される。発表誌はやはり『新小説』。前半は明治三十二年十一月、十二月号、後半は三十四年二月、三月号で「一国の首都続稿」と題されている。二篇は十九世紀末と二十世紀初頭に発表されたことになり、その間に「不安」が書かれたことになる。

「一国の首都」は日本の首都である東京を「漫然たる人間集会所たらしむべきか、古のいわゆる野の市たらしむべきか」、それとも「対世界の首都たらしむべきか」の問いかけから始まっている。現在のまま野放しにして置けば、東京は単なる「野の市」や「人間集会所」となってしまうという危機感から露伴は首都を「良好ならしめる条件」を立論して行く。道路の改良、保育園・幼稚園の設置、私娼の廃止などを説いている。露伴によれば大都とは、その面積が大きいことをいうのではなく、その都市の有する有形、無形の富の大なることをいうのである。東京が広がって行くのを喜ぶことはできない。むしろ家屋を高層化し、都市と郊外とを明瞭に分つべきだとしている。これは卓見というべきであろう。なぜなら、郊外を都市と分ちそこを緑地として保存すべきだという論は大正十三年（一九二四）にいたってヨーロッパの都市行政家たちによって検討されたのである。（第八回の「国際田園都市及び都市計画会議」は都市がいたずらに膨張することを防止する計画手法として母都市の周囲に緑地帯《グリーンベルト》を設けることを決議している。この緑地帯計画は昭和二年になって日本に紹介されている）また、保育園や幼稚園を重視した都市計画論も後に多くの都市で実践されている。

「一国の首都」は、その書き出しを「一国の首都は譬へば一人の頭部の如し。各種の高等の機関こゝに備はりて、各般の経営運動の発するところなり、又帰するところなる。此故に全国に対する首都の勢力は甚だ大にして、首都の状況の善悪は忽ち全国の状況の善悪となること、譬へば頭部の状況の善悪は直ちに全身の状況の善悪をなすが如し」としたように、都市を身体のアナロジー、或いは体の病いのアナロジーとして捉えている。同様の都市論もその後かなりの都市計画家が主張している。

幼稚園を重視するのも、「清浄無垢なる人の児」を保護するためであり、寄席や興行、娼妓や芸者も一定の制約、囲いの中で許しているのである。「一国の首都」の最後は、

芸娼妓の市内に横行するを禁ずることは猥褻絵を市中に曝露するを禁ずるが如くすべき也。良民に不必要なる種類の待合茶屋は遊廓内に逐ふべき也。大にして堅固なる塵芥溜《ごみだめ》を造るは即ち清潔を保つ所以也。

とまで記している。体の病んだ部分は切り離し、伝染することは避けるべきだという発想である。このことだけを抜き出して読むと露伴は公序良俗の化け物に見えてくるが、彼がゴミ溜を作れとまで言い切るには背後に強い彼の憤りを感じざるを得ないのである。

「一国の首都」は先見的な都市への提言を露伴が披瀝したものであった。ところが、当時この論に

対して反応は実に少なかったといわれる。わずかに鷗外が半年後に弁護するのみであった。それは、露伴の論が余りに予見的であり、理解し得なかったからであろうか。それもあるだろうが、同時代人がこの論を冷やかに見たのは露伴が「一国の首都」を書いた憤りと擦れ違っていたからではないだろうか。

鷗外はその弁護（「心頭語」）で次のようにことわりを書いている。

露伴の一国の首都をあらはしてより、ほとんど半年なり。しかして、俗間人士のたまたまこれに言ひ及ぶもののあるを見れば、ただその文章の字句、雅俗を選ばざること、濁水の横流の如しといふのみ。

「一国の首都」の文章にはその「字句、雅俗を選ばざること」の一面があることは確かなことであろうが、それは露伴の憤りの激しさをそのまま伝えているのである、それでは露伴をしてこの長大な都市論を書かせた憤り、パッションとはなにか。それは東京に住む人々の「自己は都府の一分子なり」という「自覚」の無さなのだ。

飽まで自己等即ち都府の一分子たることを認めて自己等の感情言語及び挙動が都府に及ぼす力の偉大にして且つ敏速なることを自覚せんこそ、自ら重んじ自ら任ずる美しき態度なるべけれ。都民は実に都府の所有者たり、都府といへる大きな流蘇《ふさ》を成せる細糸たり。

自覚なる哉、自覚なる哉、将来に於て世界第一流の大都たるべき運命を担へるに疑ひ無き我が帝国の首都は、実に都民及び国民の深重なる自覚に待つある也。

蓋し都府の堕落の真の原因は必ず、常に消極的観を抱きて常に自然の力を過重する萎縮せる人士と、常に全般に対しては無意識の態度を保ちつゝ一身に対しては執着強き、自己中心主義の人士の増加に基づく。

この都府民に自覚を促した文章は「一国の首都」の前篇にある。つまり「不安」が書かれる以前の文章である。「不安」は「一国の首都」の論旨を裏返しにして書かれたものであり、都府民の無自覚さ、「全般に対しては無意識の態度を保ちつゝ一身に対しては執着強き、自己中心主義の人士」の心理の陰にある不安を暴くことにある。いわば、「不安」の中で明らかにされていない犯人、集い合った友だちを不安に陥れたものは都府民としての無自覚さなのである。露伴の中で「不安」と「自覚」とは対照化されているのである。主人公蓮田がフランスへ留学し「他人の身に降り掛った禍殃」を楽しもうとする心理は次の「一国の首都」の文章と対応する。

明治の運命の寵与となつて東京に入りたる地方人の一群は、今日に於ても猶自己中心に過ぐる傾きを有せざる歟、凡てに冷淡なる傾きを有せざる歟、所謂町内の交際をも蔑視する傾き無き歟、土地神の祭典にも同情せざるが如き傾き無き歟、都会はたゞ功名を漁すべき地なるのみといへるやうなる刻薄の考の胸底に潜める如き傾き無き歟、都府に対して自己は何らの義務をも負はざるものの如く感じ居る傾き無き歟、是れ亦予が聡明なる新来の都人士に自ら省察せんことを乞ふところ也。

露伴はやがて東京が「地方人の一群」、出郷者によって形成され「都会はたゞ名を漁すべき地」となることがはっきりと見えていたのである。「家屋」を書いた年の明治三十年は日本が日清戦争の賠償金によって金本位制を実施した年でもある。言い換れば西欧諸国に伍して資本主義国としての地位を日本が獲得した年である。資本制度は個々の家屋にも入り込み、家庭の安楽が崩されていくことを露伴は明瞭に見ることができたのだ。彼には、この流れを防ぎとめることができ得ぬこともはっきりと見えていたのではないだろうか。東京はますます資本を吸収し出郷者を吸収して膨脹し、その反面市内の到る所に春を売る娼妓が横行し、その脇に幼児が歩くという無秩序な都市となることがはっきりと見ることができたのである。

しかしながら、この流れに抗するべきものは何もない。そのために露伴は都府人に自覚を叫んだのである。

当然のことながら露伴が予測した通り「家屋」、「一国の首都」、「不安」の中で彼が否とした事態を現実が追いかけて一致させるのである。

例えば「不安」の中で、横尾はフランスのみならず日本でも疑獄事件が起るとするが、翌年にその予言はあたってしまう。明治三十四年六月に起きた星亨暗殺事件は、露伴の論をいわば逆立ちして証明してしまう。

星亨は逓信大臣を務め、東京市会議長からさらに東京市の上部機関である東京市参事会の参事となっていた。「押シ通ル」と呼ばれたほどの強引さで明治の政界にのしていった人物であり、東京市議会に大きな勢力をもつようになっていた。そしてこの時期、星が関与すると思われる汚職事件が幾つか起きた。すべて東京市の利権にからんでいる。一つは市の道路改修に使う石のために伊豆の業者から賄賂をとった事件。続いて市の塵芥処理に関する不正事件。いずれも星の配下が検挙されている。さらに東京市に走らせる電車の経営について、星一派は民営の市街鉄道会社を設立、後に市が買収するという事件が起きた。これらの事件の背後に星がいることは誰の眼にも明らかであった。この星の動きに義憤を感じた伊庭想太郎が市の参事室で六月二十一日星を襲ったのである。伊庭は幕末の剣客として知られた幕臣伊庭八郎の弟、彼自身も剣術で知られ、また私利私欲に走らない人格者としても知られていた。星も伊庭も江戸生れである。四谷区の学務委員を勤める伊庭には星が東京に君臨し、市教育会会長までも務めていることを許すことができなかったのである。

この事件は「不安」の筋書きばかりか、「一国の首都」の論旨をいわば逆立ちして証明したことになる。星が関係した疑獄事件は、すべて東京が「一国の首都」として仕立て上げられて行く過渡期故に起きたものであった。伊庭想太郎の義憤は、露伴が都民に向かって「都会はたゞ功名を漁すべき地なるのみといへるやうなる刻薄の考の胸底に潜める如き傾き無き歟」と問いかけた憤りと通底していた。伊庭は星の政敵でもなければ、なんらの利権をももたなかった。しかし、伊庭の行動に対して市民は賛美しなかった。東京が首都として成り上るために星のような存在は必要悪と思われていたからである。「伊庭想太郎の義挙は、古い武士の道徳が、明治三十年代の日本では、もはや通用しなくなったことを身をもって証明したことになった。」（加太こうじ『明治大正犯罪史』）露伴の「自覚」を叫ぶ声が冷淡視されたのも当然であった。

さて、露伴が世紀末に書いた「不安」にはもう一つ注目すべきことがある。それは露伴の作品にしては今日の読者にも読みやすいことである。この作品は露伴が口授し、神谷鶴伴が筆記したものであるため平易な口語体で書かれている。明治二十年代から起きた言文一致の動きに対する露伴なりの実験と思われるのだか、口授して作った作品が「不安」の他に「幻談」があるのみであり、しかも大正三年に書いた次の文章を読むとこの言文一致の実験に別の意味があったようにも思われてくるのである。

我が邦は言語と文章と相一致せる国にあらず、其の使用する文字には声音の符号と心象の象徴とあり、文章も亦自ら二元にして一元にならず。（略）言語は多く突発的にして洗練せられず、文章は推敲せられ、錬磨せられ、準備せられ、結晶せられて発する所なるを以て、作者の言章と一致せず。或は雄弁家の言語の自ら洗練琢磨せらるゝが如きは、往〻発して文章に近きものなることあるも、彼の文章家の如きは自ら文章家にして遂に談論家たる能はず、其の文章と言語との間隔相遠きものあるや明なり。故に進歩せる文章は寧ろ言語に遠かる可くして近づく可からず、進歩せる文章と言語との間隔は益〻相離るべきの理あり。」（「文章及言語の向上」）

「不安」の筋立ては、一人の男のたわいのない言葉が五人の男の現実と重なることで不安を抱くというものである。この筋は露伴は二年前に「自縄自縛」で既に展開したものであった。「自縄自縛」はうそつきの名人のついた嘘が事実と一致してしまうという話である。露伴は「一国の首都」の論旨が逆立ちして現実と一致するように、やがてたわいない言葉が眼に見える文字に直ぐさま一致してしまう事態が手にとるように見えたのである。しかし、それは文章家としての自身の存在そのものを危うくするものであった。同様に虚構をして現実と重ね合せようとする探偵小説の構造にも疑念を抱いたのである。大きな不安も抱いたはずである。やがて彼は「不安」の三年後「天うつ浪」を中断しそれ以後短篇はともかくも長篇小説には手をつけなかった。無論、探偵小説の趣きのあるものは「不安」が最後である、それが彼自身の自覚であった。

露伴は後に馬琴に仮託して「時代は猶徳川氏を謳歌して居るのであります。併し馬琴は心中に将軍政治を悦んでは居りませんでした。誰が馬琴の俠客伝などを当時の反映だと云ひ得ましやう。（略）馬琴は実に時代と直角的に交叉して居たのであります。」（「馬琴の小説と其当時の実社会」）と講演している。露伴は十九世紀と二十世紀の分岐点にあって、二十世紀に背を向け、文章による「一国の首都」を築こうと自覚したのである。

「不安」から三十六年後、もう一度だけ露伴は口述によって短篇を作る。水死体から手に入れた釣り竿で釣りに行くと、再び水死体に同じ竿があるのを驚き水の中に返すという「幻談」である。昭和十三年、国民総動員法が公布された年である。時代はもう一つの終末に近づいていた。この作品にもはや死んだ時代と国からは何を得ることもかなわぬという皮肉を言文一致という方法で露伴は描いたと見るのは、いささか深読みが過ぎるであろうか。

（「言語生活」1985年8月号）

# のっぺらぼうになる都市への異議申し立て

＊紹介図書、著者、出版社は文中に掲載

都市に関する本がブームになって久しい。東京をテーマにした本が流行っている。私自身都市について、東京について書いているのに何処か違和感がある。論というより現象だと思っているからである。

私は東京論ブームなるものが明治以降、ほぼ三〇年ごとに四回起きていると思っている。最初は一九〇〇年前後、つまり明治三〇年代で条約改正に応じて、東京が西欧の都市をすべからく模倣していた時代である。二回目は関東大震災後に復興していった一九二〇年代、三〇年代。三回目は東京オリンピックを目指した一九六〇年前後、そして四回目が現在である。

いずれも東京の骨格に大きな変化があった時であり、その変化に対応して数多くの東京をめぐる本が刊行されたのである。ここで明治以降の東京論を追いかける訳にもいかないが、まず東京オリンピックの頃の東京論と現在のものを比較して見るだけでもかなりの違いがあることが分かるだろう。

たとえば一九六三年の一一月末、『週刊朝日』に書き始められた開高健の『ずばり東京』（文春文庫四〇〇円）は、映画の題名の話から、犬の学校や墓地、予備校、トルコ風呂、動物園、ネリカン、競馬の予想屋、スリに至るまで当時の東京にうごめく人間の生態を、開高ならではの語り口でルポしている。丁度オリンピック直前の、なにやらエネルギッシュで掴みどころのない東京の世相が饒舌な開高の筆とよく合って浮かび上がる。妙な職業が現れた半面、昔ながらのスリや縁日が減りつつある状況もきちんと見ている。

このルポの最後は、東京オリンピックの開会式当日で、式の見物が終わった後に、開高は銀座の焼き鳥屋へ出かけ、一年がかりで世界中をヒッチハイクしてきた三人の若者に話を聞く。彼ら三人は異口同音に、オリンピック騒ぎで日本人が狂ってしまったのではないか、という。ここでルポは終わっているのだが、ヒッチハイクの若者たちの意見は単なる若さによる悲憤として開高は聞いたのだろうか。

それから丁度二〇年後、三人と同じようにアジアの放浪から帰ってきた男ははっきりとこの二〇年の間に日本は狂ってしまったのだと主張してやまない。藤原新也の『東京漂流』（情報センター出版局・一五〇〇円）は『ずばり東京』の後に続けて読むと、その違いと関連性が良く分かるだろう。藤原が八〇年代の東京で見たのは、開高がかつて見ることのできた猥雑さやエネルギーはもはやなく、清潔で奇妙に管理された都市の姿であった。

この変化は東京をルポした二作品だけに現れている訳ではない。オリンピック前夜の東京を舞台にした小林信彦の小説『夢の砦』（新潮社・一六〇〇円）と八〇年代が始まる直前に書かれた田中康夫の『なんとなく、クリスタル』（河出文庫・三二〇円）の違いでもある。この二つはおのおの舞台となる時代の風俗を巧みに取り入れた作品で、レストランやホテル、映画やテレビ、ブティックなどが実名で折り込まれ、一種の東京案内の趣がある。しかし、それぞれの主人公を取り巻く環境はかなり異なる。『夢の砦』の主人公は貧しい生活から這い上がり夢を実現しようとするのに対し、『なんとなく、クリスタル』の主人公である女子大生ははじめから豊かでなにもかもが自由にもかかわらず、その豊かさに倦み、しばしば「アイデンティティがない」と呟く。

都市をどのように位置付けるかにも二〇年の間の違いはある。かつて羽仁五郎『都市』（岩波書店・八〇〇円）や『都市の論理』（勁草書房・四〇〇〇円）でアテネやローマ、ベネチアやフィレンツェ、ハイデルベルクやハンブルクといった都市の歴史を語り、都市を自立させ、市民の都市を形成しろ、と訴えたが、理念はともかく現実性がまったく乏しくなってしまったのは否めない。

『都市は、発狂する。』（光文社・六九〇円）という栗本慎一郎の本のタイトルが時代の推移を物語る。それは東京に限っても、以前には考えられぬほど情報や機構の一点集中が進んでしまったからで、むしろ拙書『まぼろしのインテリア』（作品社・一四〇〇円）で明らかにしたように、都市は自主独立のシンボルではなく、その管理システムを露骨に見せはじめている。

ベストセラーに限っても、高度成長期に書かれた都市論、東京論には明るさがあるのに、八〇年代に書かれたものは、高度成長期に失ってきたものを追い求めているといった印象がある。この特徴をより端的に表しているのは、七〇年代の半ばから建築史や都市史の分野からの発言が際立って多くなったことであろう。建築界からの発言は都市の未来図を示すものに限られていたのだが、建築史家たちは、むしろ都市を構成している歴史的建物や場所に注目せよと語り始める。それだけ経済成長を通じて急激に都市の遺産が消えていったのである。

歴史的建築へ視点を合わせたのは、長谷川堯である。彼の『神殿か獄舎か』（相模書房・一九〇〇円）、『都市回廊』（中公文庫・六八〇円）などの著作は、それまで注意を払われなかった大正期の建築作品への注視にあり、都市空間を形成する建築、川や坂に目を向けさせた。この仕事に連なるものは藤森照信の『明治の東京計画』（岩波書店・三九〇〇円）、『建築探偵の冒険・東京篇』（筑摩書房・一六〇〇円）がある。また開発が進むと時として奇妙な空間と奇妙な本を生み出す。赤瀬川原平の『トマソン』（ちくま文庫・七六〇円）は都市の再開発の動きの中で本来の意味を失ったままオブジェとして残っている物を採集、収録して話題を呼んだ。この辺りから建物ばかりでなく東京の町を歩くこと、いわゆる路上観察が流行りだす。

この手の本が続々と刊行されたことが、現在の東京論ブームの背景となったといっても過言ではない。泉麻人『東京23区物語』（新潮文庫・三二〇円）や中森明夫『東京トンガリキッズ』（JICC出版局・八八〇円）などはナウい都市の顔を探索しているが、すでに『東京漂流』の如き問題意識はない。

論とはいえず、そのまま都市現象となっている。二番、三番煎じのものが多いのも、情報すら都市が丸呑みに消化してしまうせいである。

その中で歩くことに徹しているのは、荷風の『日和下駄』（『荷風随筆集・上』所収・岩波文庫・四五〇円）の後を追い続けた冨田均の『東京徘徊』（少年社・九八〇円）と敗戦時の地図をもって歩いた西井一夫＋平嶋彰彦『昭和二十年　東京地図』（筑摩書房・二五〇〇円）及び『続・昭和二十年　東京地図』（同・二六〇〇円）であろう。また写真家たちの仕事も見逃せない。内藤正敏の『東京』（名著出版・三九〇〇円）や宮本隆司『建築の黙示録』（平凡社・四九〇〇円）……こちらもきりがないほど多い。

いま一つこの時期に登場したのは、近代文学の作品を都市の状況の中に置いて解読しようとする試みがなされたことである。前田愛の『樋口一葉の世界』（平凡社・一八〇〇円）や『都市空間のなかの文学』（筑摩書房・三二〇〇円）、磯田光一の『思想としての東京』（国文社・二〇〇〇円）、『戦後史の空間』（新潮社・八八〇円）、奥野健男の『文学における原風景』（増補・集英社・二二〇〇円）また拙著『乱歩と東京』（パルコ出版・二〇〇〇円）、『都市という廃墟』（新潮社・一三〇〇円）などをあげることができる。このように近代文学を素材にして都市を読み取ろうとする動きも、これまでの文学空間では捉えられぬほど現実の都市が広がってしまったからにほかならない。単なる懐古ではなく、都市の原形を追うことであまりに均質化してしまった現実の都市への異議を見出そうとしている。すなわち、八〇年代に入って書かれた東京論には、なによりも今後ますます都市空間は平板でのっぺらぼうになるだろうという危機意識が背後にある。

当然、これは批評のみならず文学そのものにも影響を与えている。もともと都市とは地縁的な世界が薄い空間である。だから都市を主題とした作品に登場する人物たちは人間関係が希薄であるのが特徴だが、八〇年代以降の文学には家族の繋がりすら薄い人物を主人公にしたものが増えてきている。日野啓三の『夢の島』（講談社・一二〇〇円）、『きょうも夢みる者たちは……』（新潮社・一一〇〇円）、池澤夏樹の『スティル・ライフ』（中央公論社・九五〇円）などはその好例だろう。いや、もし都市小説という分野があるとすれば千葉シティを舞台にしたウイリアム・ギブスンの『ニューロマンサー』（ハヤカワ文庫・五六〇円）のようなサイバーパンクSFなのかもしれない。人々は遅かれ早かれ、希薄となった人間関係や家族関係を、電子回路によって結びつけるだろうという予測があるからだが、そうなると都市はさらに実感のない曖昧な世界になり、都市論自体がより断片化してしまうだろう。

（「朝日ジャーナル」1989年7月5日号）

# 園のゆくえ

## 『寝園』

講談社文芸文庫・九一三円

横光利一著

横光利一が生きた時代は戦前にもかかわらず、彼の作品には戦後、生み出されたかと思わせるものが多い。
「文学史的な流れにとらわれずに『寝園』を読んでみても、昭和前半期には経済的なゆとりの上にしか成立できなかったブルジョア風俗が、いまでは団地の内側の空間にまで浸透していることに、私は改めて驚きをおぼえずにはいられない」と故磯田光一氏が述べている。その通りで、たとえば「寝園」にでてくる、避暑地軽井沢のホテルやコテージ、クレー射撃や猪狩りなどの猟、乗馬、修善寺と湯が島の温泉、フランス語の練習、場所に応じて着替えられる凝った衣装、清元や歌舞伎の鑑賞会、室内にみられる籐の椅子やソファー、テーブル、料理とデザート、化粧品と化粧道具の数々、レコード、そして株投資までふくめて、これらの風俗がすでに一握りの限られたブルジョア層だけではなく、誰にとっても身近なものになっている。

それはこの作品に登場して現在では消えたものを見れば一層わかり易い。もしも、主人公たちにかしずく「女中」の存在を、あるいは主人公奈奈江の夫が、彼女の猟銃で瀕死の重症をおった際に猟に参加した者たちからではなく勢子や「付近の農夫」から血液を採るといった件を、消してしまえばこの小説は現代小説として通用するだろう。

しかしもとより、ここに描かれる世界は戦前の、一部にかぎられた上流サロン文化である。タイトルの「寝園」とは、主人公のひとり梶が倒産した後に思い出す通り、中国の天子ひとりが登ることのできた庭をさす。それは梶が子どもの頃から息をしていたサロン文化を喩えている。財産を失えば、いわば「豪華な一刻の夢」である。梶は倒産して売り払った築地の土地をまえにして、「近江からはるばる登つて来た彼の祖先が、艱難辛苦の末に初めて造つた土地なのだが、それを自分が一朝にして手放してしまった罪の深さを感じる」。とすれば「寝園」に描かれたサロン文化を、作者は近代日本が生み出したアダ花、地上から遊離した世界と見ているのは間違いない。

というのも、「寝園」に登場する人物たちは豊かさに倦んでいるかのように描かれているからである。三角関係というよりも幾重にも入り組んだ主人公たちの恋愛模様も、奈奈江があやまって夫を猟銃で撃ってしまうところで変わってくる。彼女はもともと梶に心惹かれているが、死に直面する夫を見て、夫への愛を確認する。ところが夫が死地を脱すると、彼女はふたたび梶への愛情に悩み、結局は夫とわかれて一人で生きてゆくことを決心する。

だから、この作品のテーマは愛が死の危機においてこそ成就し、危機が回避されると愛も希薄になるということであろう。寝園とはまた人間の深淵な心理の綾にもかけられた言葉でもあろうが、それは危機によって高まり、危機が失われることで弛緩しほぐれてしまう。実はこのテーマはしばしば横光の作品に見られるものである。

ここで私は「寝園」と同様に横光利一には、「園」という言葉がタイトルに含まれている作品が五篇あることに注目したい。

発表された順序にしたがえば、「園」（大正一四年四月）、「花園の思想」（昭和二年二月）、「寝園」（昭和七年一一月）、「春園」（昭和一三年五月）、「鶏園」（昭和一六年一二月）の五作品は、ほぼ三年から五年の間をおいて書かれている。「寝園」はその真ん中に位置している。そして「寝園」に先立つ「園」と「花園の思想」もまたそのおなじテーマがより明確に打ち出されている。

まず最初の「園」は肺結核に冒された兄妹の心理を兄の目を通して描かれている。二人は結核をすでに亡くなった兄から感染され、もはや死を迎えるばかりである。兄のほうは病ゆえに恋人にふれることができない。しかし彼は「愛しないと云ふことが、常に、最も愛すると云ふことに変るのだ」と考える。死の影により愛は完成する。

一方「花園の思想」は愛妻を結核で失った横光の個人的な体験が問題にされる通り、いわば病妻ものである。結核療養所での妻との愛情の交換が綴られている。最後にこうある。「そうして、終に、死は、鮮麗な曙のやうに、忽然として彼女の面上に浮き上つた。／――これだ」。愛は妻の死によってまっとうされるのである。

もちろんこれだけのことであれば、この作品は自意識の酔った私小説でしかない。作者の意図はべつのところにもある。

「花園の思想」にも「寝園」で上流社会の閉鎖的な世界を逆説的にとらえている眼は働いている。「食花園とは結核療養所を直接的には指す。ここは表面上はじつに健康そのものの装いをしている。「食物は海と山との調味豊かな品々が時に従つて華やかな色彩で食欲を増進させた。空気は晴れ渡つた空と海と山との三色の緑の色素の中から沸き上つた。物音とてはしんしんと耳の痛む静けさ……さうして、愛は？　愛は都会の優れた医院から抜擢された看護婦達の清浄な白衣の中に、五月の微風のやうに流れてゐた」。確かに花の薫りにつつまれている花園である。が、院長は「死を宣告された腐つた肺臓を持」ち、看護婦たちには恋愛は許されていない。「ここの花園では愛恋は毒薬であつた。」とされている。妻を抱きあげると「花束」のように軽い。この花園の花は精気をもたぬ、いずれ枯れるしかない切り花にすぎない。丘の上にある花園は、麓の漁村と対比される。漁村は血液を送り出す心臓にたとえられる通り、荒々しい肉体と生活をもつ。それゆえ時にそこから発せられる煙は花園を脅かす。花園には肉体と生活は見えないのだ。

花園は病に冒されているために、死にむかっているために、すべてがあたかも一見健康で美しい世界であるという逆説の上になりたっている。

「園」は「頭ならびに腹」に続き、後に新感覚派と呼ばれる、若い文学者たちが集って創刊した同人雑誌「文芸時代」に書かれたものである。また「花園の思想」は「文芸時代」発行中に発表されている。この「文芸時代」創刊号において、創刊の意義を同人の中河与一は「時代の病気をどのやうに作品の上に明るく溶かし、又どのやうに希望的な冗談に仕組むか」といい、川端康成は「我々を乗せて明日の岸に生残させるノアの箱舟の一本の擢である」と記している。このように「時代の病気」をいかに表現するかという意識は同人横光にとっても共通のものであったはずである。

とすれば、「園」にしても「花園の思想」にしても、また「寝園」にしても、そこに用いられた「園」という言葉には、時代の病気に隔離されているようでいて、じつはもっとも病んでいるという逆説的な世界を託していたと思われる。つまり、作者は肉体や生活の見えぬ、反転した鏡の世界を描くことで現実の世界を映しだそうと試みたのである。

このことは当時の世相を見渡せば一目瞭然だろう。結核のみならず伝染病を治癒できる薬もなく、そのためにかなり怪しげな健康法、民間療法が流行っている。催眠術、圧迫療法、心身鍛練術、健脳鍛練法、大気療法、手のひら療法、石油療法、電気療法、化学療法……と切りがない。売薬広告も多く、有田ドラッグのような大規模な詐欺事件も起きている。日光浴が奨励されサンルームが人気となった。スポーツもそれまで以上に盛んになっている。この時期はことさらに「健康」が持て囃されたのである。明治三十年代の「不如帰」の時代に「病気」が発見されたとすれば、「花園の思想」の時代は「健康」が発見された時代である。

健康がことさらに賞揚されたのは、いまひとつには震災後の先端的な文化、アメリカニズム文化の浸透がある。当時の新聞紙面を眺めると「有閑マダムの賭博故行為」といった記事は枚挙のいとまもないほどに見出しに踊っている。エロ・グロ・ナンセンスの時代であった。

こうした世相を「園」も「花園の思想」も「寝園」も左右逆の鏡として映し出している。それでは、以降の作品ではどのように世相は映されているか。

昭和一三年五月に完結した「春園」の舞台も一見健康そのものである。主人公の泰太郎がパリから帰り、都会の雑踏から離れた東京の郊外に一軒の住宅を建てようと考えるところから始まっている。選んだ雑木林の土地にはやがて電車は通るとされている。この辺りの記述は当時の東京の凄まじい膨張ぶりをうかがわせる。ここもいってみれば、漁村の生活に脅かされる花園と同様である。いずれ新興住宅地に変ることが予測されている。が、ともかくも舞台は今のところ清浄な自然に満ちている。しかも泰太郎が建てる住宅は、「十二畳の一室だけは豆腐のやうなコルビージェ式の白い洋館にして、渡り廊下で母屋の日本建に続かせたその周囲を、雑木がぐるりと取り包んでゐた」。ここでフランスの建築家というより二十世紀を代表する建築家コルビュジエの建築についてさしたる説明はいらないだろう。彼の建築観は「住宅は住むための機械である」という言葉に端的に表されている。装飾よりも機能と健康を重視したものである。陽がふりそそぐ雑木林のなかに建つ合理的な設計による白い洋館、いかにも健康そのものの世界である。

ところが、「春園」の登場人物たちは「寝園」よりも一層、時代の病気に罹患しているように見える。描かれるのはおなじくブルジョアの世界に起きる恋愛関係である。泰太郎は家督を弟に譲った代わりに、父親から十万円を貰ってパリへゆく。しかし外国での生活にも希望をもてず、珍しい切手を売り買いして暮らそうと考える。そのために人里離れた郊外に家を建てるのである。

敷地の隣には友人の松下速男の父、林太郎が住んでいる。彼はまるで世棄て人の生活をしている。金はあるが骨董道楽に明け暮れるだけで自分の世界に閉じ籠もっている。庭も人が住んではいないかのように荒れはてている。父親ばかりではない、息子速男も娘の耶奈子、弥生にしてもパリで遊んで暮らしている。彼らは速男の病気のために帰国するがなにひとつ生産的な仕事をすることはない。父親をふくめて彼らはパリからの帰朝者というエリートでありながら一様に生きることに飽きている。それは泰太郎にしても同様である。切手蒐集という仕事がそれを証している。

泰太郎は林太郎に息子の病気にふれ、「病気がどんなであらうと、日本に帰らない限り日本人の病気は癒らない」と勧めるが、むろんこの病気とは単純に速男の肺病だけを問題にしているのではない。彼は西欧文化が日本人を病気へと追いやったと見ている。これは世界周遊を体験した横光自身の感慨でもあろう。

この頽廃した生活を建て直すのは速男がかつて女に産ませた娘美紀子である。彼女は養父母に育てられ家族の愛情を知らずに成長したが、苦労にもめげず明るく素直で理知的な少女として登場する。彼女が松下家に入ることで林太郎をはじめ家族は蘇ってゆく。最後に泰太郎は彼女と結婚することが暗示され、廃園は春園へと変わるのである。

この作品が昭和一二、三年のものであることを再確認すると、明らかに横光には日本的な世界に回帰することで自己を、さらに日本を立て直そうとした意図がある。

だからこそ、パリも知らない不遇な娘を登場させたのである。彼女はことさらに健康そのものである。がこの意識は横光ばかりではない。たとえば、「春園」発表の三年ばかり後の昭和一六年一月、「新女性美創定第一回研究会」なるものが、「翼賛型美人」をまとめている。「(一) 顔や姿の美しさは飾らぬ自然の美しさ (二) 清く明るく朗らかに (三) 顔色艶々陽焼け自慢…… (九) 言動優しく (十) 眠れぐつすり夢みずに」という十の条件を上げている。この女性像は「春園」の美紀子そのものである。

健康美がこの頃になってさらに語られるようになったのは、病気予防というよりも来るべき戦争に向けて国家が「人的資源」を確保するためである。横光の描いた女性像はこの流れに一致する。最後の「鶏園」は、この「春園」の美紀子のような女性が社会のなかでどのように生き抜くかがテーマである。ここではじめてそれまでの作品とは異なり、主人公は社会生活を営んでいる。

主人公俊子は「背がすらりと高く幾らか浅黒い皮膚だつた。髪も多く、勝気な強い眼の整つた美しい顔立をしてゐた」と描写されるから、美紀子と同じタイプに属する女性である。彼女は大学を一番で卒業し、一流企業に入り「多くの社員のうち手腕抜群である上、また品行から容貌の末に至るまで他の模範とすべき」三村と結婚し子供までももうけた。ところが、三村は若い女をつれてきては美紀子の前で同衾するような「異常心理」の持ち主であり、彼女はたまらず家を出て、得意の刺繡を糧にして自活している。彼女は自分で刺繡をするというよりもすでに多くの弟子をとり、顧客も多く、刺繡塾は「小さな工場といふべき所もあり……技術を教へる学校でもあつた」。彼女はデザイナーであり経営者である。タイトルの「鶏園」は若い娘たちで溢れた騒がしい美紀子の塾が鶏の園に見えることからとられているが、これには彼女が生きる騒がしく、忙しい世間の意味が重ねられている。

俊子は自分の不幸な結婚経験から、時には弟子たちに向かって、「むかしの婦人が縫物をしたり刺繡をしたりしましたのは、婦道といふ道徳や忍耐心を錬へるためであつたのです。わたくしもこの塾の主意を婦道の実践道場といたしたい考へであります」と語る。彼女は夫と子を棄てたとはいえ、こうした言葉を吐くのだから「鶏園」が書かれた昭和一六年にあっては模範的な日本婦人といえるだろう。

ただここで気をつけたいのは彼女がどうして自活しえたかという点である。彼女の塾は忙しくなり、同じように夫と子供とに別れている女学校時代の友、三千子に手伝ってもらっているが、この三千子はやがておなじアパートに住む年下の山岡と結婚を考えはじめる。山岡は貧乏法学士で満足に本さえ買えない。ところが三千子は、仕事の丸帯の刺繡を刺しながら「これを仕上げればあたし百円は入るんですのよ」といい、「月に二本は、こんなの造作もありませんわ」と付け加える。山岡にとって二百円は大金である。「自分が二百円の月給を得るやうになるまでには、学校を出て二十年は勤め励まねばならないのだ」と考える。

どうしてこのようなアンバランスなことが生じるのか。わかり易くするため、昭和一七年一二月二五日の新聞記事を上げてみよう。記事は、戦時中にもかかわらず警視庁の調べによると、暮れの買い物では「衣服、織物地では高級品、道具類では箪笥、台所用品」と高級品が売れる傾向にあることを伝えている。そしてさらに一般的な傾向の他に次のような事態を報道している。

一部階級に七・七によって製造禁止された一枚八百円もする金糸、銀糸入りの絵羽織、裾模様を、某百貨店呉服部店員数名と染物屋とが結託して闇で取引きし、女優山田五十鈴はじめ軍需成金の夫人、舞妓など四十余名の不届な虚栄心を満足させていたのが発覚。

俊子や三千子が自活できたのは軍需景気によるためである。とすれば彼女たちの塾、鶏園もまた一部のブルジョアによって裏打ちされていることになるのだが、果たしてここにも横光はひとつの皮肉と逆説を与えていたのか、それはわからない。この作品には表面上、戦争の影さえ描かれていないからだ。しかし、じつは戦争という捩じれた、常識が崩れた時点で女性の自立が語られたことは注目して良いだろう。

この事態は当然、女性も生きるために働かねばならなかった戦後の状況に結びついている。戦時と戦後の混乱がなければ果たして女性解放は成り立ちえたであろうか。

いまひとつ付け加えたい。「園」という文字のついた横光の作品に登場する人物にはいずれも家族が変則なことである。「園」では兄妹だけである。「花園の思想」は結婚していても子供はいない。「寝園」の主人公奈奈江にも子供はいない。「春園」の登場人物の大半は独身者である。自分の娘のような年齢の女性との結婚が暗示されているのも奇妙と見えなくもない。友人は義父となる。そして最後の「鶏園」の倅子は子を棄てた離婚経験者である。
「園」という文字の入った横光作品を発表順に並べて眺めた時、最後の「鶏園」を戦後の折り返し点において、あたかも逆に、戦後の家族像を遡行しているかの印象をもつのは私だけだろうか。私たちの時代には独身も離婚も通常のことである。横光の作品が戦後に書かれたかの印象を受けるのは、単に避暑地や趣味やモノで表せるブルジョア風俗が一般化したというだけではない。逆説的に描かれた鏡の世界が反転して、通常の世界となってしまったためである。それだけ日本人がいままた自由で健康に見えて、何かから隔離され自閉している証のようにも考えられる。

（「國文学」1990年11月号）

# 誰でも仙人になれる、か

## 『抱朴子　内篇・外篇』

平凡社「内篇」二七八一円・「外篇」二五七五円

葛洪《カツコウ》著（本田濟訳注）

過日、大学の同窓会に出かけた。十一月末というのに、珍しく台風が襲ってきた日の夕方で、集まりも悪いと思っていた。それにもかかわらず五十人ほどの同窓生が上野公園内の料理屋に集合していた。広間のガラス窓の向こうは広い庭である。普段なら木々の紅葉が照明に映えて眺められるはずなのに、風が強く葉を揺らし、雨のために庭全体が黒々としていた。

ゲストの講演が一時間ほどあって、その後は酒になった。私はこの手の集まりにはあまり出席したことがない。嵐の日に出てきたのは、二週間前、たまたま会の幹事をしている先輩と出会い、強く誘われたためである。

しばらく会わなかった同級生がいる。卒業以来の先輩後輩の顔もある。私の出た大学の建築科は学生数が少ない。そのせいで在学中に三年上の先輩まで顔なじみになる。当時と変わらない方もいれば、さすがに髪が白くなったり薄くなったりした方もいる。懐かしい話も出たが、ほぼ全員、建築設計を仕事にしているから、どうしても建築のことに向かう。聞いていると、建築の世界がいかに好景気なのかはよくわかる。仕事の大きさを話す者もあれば、人手がないとぼやく者もいる。海外の仕事をしている者もいた。事務所を広げたという話は何人からも聞いた。出席しなかった者のうわさも出る。あいつは日本で三台しかないベンツに乗っていて……。へえっと感心したが私にはそれがどのような車なのか、想像もつかない。

お前は何やってるの、と先輩が私に向かって真面目な顔で訊く。私は上手く答えられない。建築の設計を今はしていないと説明するのが面倒なのだ。まあ、一人でのんびりとやっています、というしかない。傍にいた私の同級生が、モノ書きになったんだ、と説明している。すると再び、その先輩は私の方に顔を向けて、そうなのか、俺心配してたんだ、あの時、お前はひどい恰好だったもの、と話しかけてきた。あの時……、そういえば彼には二年前の冬に街角で会った。お前はバラバラ頭でドテラを羽織ってサンダル履きでさ、仕事がなくて困っていると思っていた、と繰り返す。いい先輩である。たしかにドテラにサンダル姿では、建築家としては失格だろう。笑いが起きた。

それで、お前さ、どんなもの書いているの、儲かるのか。この問いにも困った。いや、確実に儲かりません、というしかない。同級生がまた助け船を出してくれた。もともと拗ねた性格だし、御隠居さんみたいだったから、といった。そうだな、お前は霞でも喰っているようなところが学生の時からあったものな、と先輩は妙な納得をしていた。

まさか、俺は仙人じゃないよ、第一仙人の道は難しいもんだよ、と私は反論したかったが、ともかくも話の矛先を私から別のことへとかわすために口を噤んだ。私はその時、鞄のなかに、新刊の『抱朴子』を入れていた。そこには仙人への道、不老不死と錬金術の方法が書かれてある。だから仙人について少し知識を得ていたのだが、そんなことをひけらかせば、お前はやはり妙だ、といわれかねない。黙っていた。


ところで、『抱朴子《ほうぼくし》 内篇外篇』が書かれた四世紀のはじめには、半ば仙人の存在は信じられていたらしい。少なくとも著者の抱朴子こと葛洪は仙人が実在し、不老不死の術があると繰り返し述べている。「神仙道は学ぶことができる! だからこそ古人は記録に残し、識者に伝えてくれたのだ。もし心に理解できたら、これを信じて修行せよ。猜疑心が胸に残るようなら、それも自分の運命（仙人になれぬという運命）とあきらめよ。なぜ古人だけは悟って、自分には真意がつかめないのか、などとなじってはならぬ」と語っている。

こう紹介しても縁日の香具師のように、前口上だけ長くて、結局はその方法を教えてはくれないのではないか、といぶかるかもしれない。私もそう考えた。が、抱朴子は不老不死の薬をいとも簡単に紹介している。彼が何千巻の書物をしらべあげた結果、不老不死の薬は丹薬と金液（液化した金）の二つが骨子になっているという。丹には幾つも種類と作りかたがあって、全部飲む必要はない、すきなものを選べばよい。たとえば、金丹には一転から九転の練成法があるが、一転の丹華を飲めば七日で、二転の神丹を服用すれば百日で、仙人になれる。仙人には自分だけでなく家族もなれる、神女がやってくるから顎で使ってよいといっている。足に丹薬を塗ると水の上を歩け、手に塗れば好きな物が手に入る、金銭に塗ってやれば幾ら使っても戻ってくる。実に便利だ。

本当だろうか。抱朴子は信じない者はいつまで経っても仙人になれないという。では信じましょう。彼の描く仙人像も俗っぽい私にぴったりだ。仙人は不老不死だから、薬を半分飲んで好きなだけ地上にいることができる。一説によると、「旨いものを食い、軽くて暖かい着物を着、男女の交わりをし、高禄を食み、耳目はいつまでもはっきり、体の節々はしっかり、顔色はつやつやして、老いても衰えない」。私は仙人とは古木のような枯れた老人しか思い浮かべていなかったから、これには驚かされたし、納得もした。このような生臭い仙人像でなければ、人は仙人になろうとはしないだろう。

丹薬はそのまま錬金術に通じている。少しの丹を水銀に混ぜて加熱すると金になるからである。ここまで読んで、私は丹薬の作り方を学ぼうと考えた。抱朴子はそれも調べている。ところが、ここからが難問である。

材料については図まで入れて教えてくれる。丹砂、五玉、雲母、石桂、石英、天門冬、黄精、五芝などなど。しかしながら、これらの材料は特定のきわめて険しい山にだけ採れ、しかも山に入るにはいろいろと決まりがある。長い間、徳を積み、精進をしないと見つけることができない。山には猛獣がいるから護符も必要。呪文も知らなければならぬ。入っても良い日と悪い日がある。抱朴子は若い頃から山に入ろうとして研究し、みずから六十巻の本『嚢中立成』にその法をまとめている。ハンドブックだ。が、抱朴子自身が山に入って仙薬の材料を手に入れ、仙人になったかというと、「内篇」を読む限り無理だったようである。自分は貧乏だから実験ができないと愚痴をこぼしている。

矛盾が多い。誰でも仙人になれるという前置きとは逆に、誰も仙人にはなれない気になってくる。これを鵜のみにして生半可のまま酒席で私が喋れば、たちまち反論されるに決まっている。しかし私は少し抱朴子を擁護したい。仙人になれなかったとしても信じてもいいのではないか。私にしても、大学に入った時は大建築家になれるような気がしていたし、そのために勉強をしようとした。だが、やがて自分ではそんな建築家にはなれないことに気づいた。ただ、それでも希望をもつことは決して間違いではないだろう。抱朴子もそんな気持ちではなかったか。

「外篇」を読むと、彼が仙道を熱心に説く志の根拠が何処にあったかが分かってくる。「内篇」が仙人になる方法を述べたのに対し、「外篇」は社会世相を語ったものだ。五十巻に別れているが、内容には繰り返しが多い。隠者、逸民のように世に隠れ住む者を評価し、世俗の乱れに憤慨している。国がよく治まるために、君子の道を説き、賢人を採用せよなどと語っている。いかにも儒家らしい言葉が続く。「内篇」ほどのユニークさはないが、巻二十二「行品」で、人間を聖人、賢人など偉い方からランクづけしているのは面白い。武人、益人、謙人、朴人と次第にランクを下げ、悪い方には虐人、暴人、姦人、淫人、闇人、損人、惑人、愚人、小人、偽人、刺人などが挙げられている。良い方はともかくも悪い方なら現在でも切りがない。同窓生にも聖人、賢人がいるとは思えない。私も淫人、闇人、損人、惑人、愚人、小人、偽人あたりだろう。いつの時代でも人間模様は変わらないものだ。この世相が嫌で彼は一層、仙人になろうと考えたのだろう。

葛洪は最後に「自叙」を記している。こどもの頃は貧しく、薪を売って紙と筆を買い、遠くまで蔵書家を尋ねて本を写して勉強した。家系に仙人の高弟がいたために彼は仙道に興味を沸かしたようだ。ところが戦乱が起き、彼も従軍する。手柄を立てるが、郷里にもどって仕えなかったという。自叙には「今、私はまさに素志を遂げ、故郷を捨てて嵩山に登ろうとする」と書いている。「内篇」だけ読んで、彼は仙人になれなかったと考えたのは早呑み込みだった。訳者の解説によると、軍参謀にまで出世したが、老年を理由に引退し、広川の羅浮山に登り、丹薬を練り、最後は、「庇護者の広州刺史に死期を予告、坐したまま眠るように死んだ。葬ろうとして棺を持ち上げるとひどく軽い。尸解《しかい》（死んだと見せて屍衣だけ残して脱け出す）したと評判され」たという。素志をまっとうした人なのだ。

同窓会が終わって外へ出ると雨は上がっていた。風も穏やかになり、気のせいか夜更けなのに暖かい。

私は友人たちに久し振りで会って酔ってしまった。少々の遠慮も消えて、すぐに学生時代の気分に戻ってしまった。池之端でもう一軒廻り、帰りの途中でまた飲んだ。おそらく、私が梯子酒を強要したのだろう。そこまでは記憶しているが、あくる朝、気がつくと鞄が見当たらない。傘も忘れている。

鞄を落としたと交番に届けたが、未だ拾い主が現れたという連絡はない。仕方なくもう一度『抱朴子』を買って読む。

「外篇」にこんな言葉があった。「大小の失敗もすべて酒による。しかも俗人はこれを楽しみこれにひたる。酒宴の始まりは控え目で整然として、口数も少なく行儀もよい。……それがまだいくらも時間が移らないのに、体がふわふわとして耳が熱くなると、琉璃や法螺貝の器を杯に代え、これを飲み乾さぬ者は罰として芸をやれ、などとしつこく言いだす。客が酔っぱらっても退出させない」（巻二十四酒誡）。私の様子を何処からか見ていただろうか。「酒による失敗は、筆舌に尽くしがたい」といっている。

私はとても仙人にはなれない。


（「新潮」1991年2月号）

## 2＋2＝5

### 芥川龍之介の作品

高校生のころに読んでも、さして面白いとは感じなかった文章が、歳を経るにつれてぴったりとしてくることがある。と同時に、そのころ判った気になっていたものが、逆にいまではつまらなく感じることもある。たとえば、次のような言葉を私は高校のころ、判った気になって諳んじていた。

人生は一行のボオドレエルにも若かない。

よく知られた芥川のアフォリズム。がいま、この言葉をどう思うかと聞かれたら、つまらないと答える。それは自分の人生、他人の人生がボードレールの一行に若かないほど小さくはない、といいたい訳でも、芥川の芸術至上主義をとやかくいいたい訳でもない。それはそれなりの意味も力もあるだろう。私がつまらないと思うのは、むしろこの言葉に私自身がうっとりとしてしまう気分が、いまでは嫌だからだ。

この言葉を覚えたころ、ボードレールの詩など読んではいなかった。名前は知っていた。だから読まずとも、なにやらボードレールの一行に絶対的な価値があることは理解した。つまり高校生の私にとって、ボードレールにせよ、人生にせよ、きわめて抽象的で、曖昧で、記号でしかなかった。そうして曖昧な記号に還元された言葉ゆえに私はうっとりしてしまうのだ。判らないために、判ったふりをして得意気になった。こんな気分にさせるのは、じつは芥川の言葉そのものに得意気なところがあるからである。

おなじくアフォリズムを書くとはいえ、たとえば二世代前の斎藤緑雨なら、人生といった抽象的な言葉は使わないだろう。ボードレールなどという権威を持ち出すこともないだろう。それが明治と大正に生きた人間のちがいといえば、それまでだが、芥川のアフォリズムが人に納得させてしまうのは、抽象的な言葉を駆使し、それをあたかも数式に置き換えて、解いてしまうからではないだろうか。人生をLとし、ボードレールの詩をBとすれば、その答えはL＜Bというようにである。

よく知られているものにその例が多い。彼の「侏儒の言葉」を挙げてみよう。「道徳は常に古着である」「軍人は小児に近い」「人生は一箱のマッチに似てゐる」……。いずれも数式を解くことに似ている。むろんアフォリズムは、もともと初等数学的な、いってみれば算術の方法をとることが多い。それは単純に文章が短いためではなく、二つの世界のそれぞれ一面を採り出して、足し算引き算して、一つの答えを出すことを前提としているからだ。

もちろん芥川に限らないといえるのかもしれない。ただ、芥川の場合、この算術的な思考が彼の作品全体に及んでいるように感じられる。彼の小説はしばしば国語の読本に載せられる。私が彼の作品にはじめて触れたのも、教科書だったと思う。文章が判り易いというばかりではなく、彼の小説、特に短篇の流れが年少の読者にとって判り易いためだ。なぜ判り易いのか。小説が算術的な構造によって作られているからである。

これもアフォリズムに属するが、「十本の針」の補輯のなかに「人間」という文章がある。「神は未来の人間たちの為に薔薇色の学校を開いてゐた。この学校の授業課目は一に算術、二に算術、三に、――三も算術だつた。しかし二三人の怠けものは滅多に教室に出たことはなかつた」という一節からはじまる。神は彼らに算術を教えようとするが、彼らは拒否し、神にむかって『いやです！　あすこを御覧なさい』という。

「あすこ」とは即ち人間界だつた。そこには頭の禿げた卒業生たちが大勢、或大きい紙の上へ一しよにかう云ふ式を作つてゐた。

2＋2＝5

よく判る話だ。人間の世界は単純な2＋2＝4という数式ではなく、一つ多い。つまりプラス・アルファの部分、余りの部分が人間の暮らしの妙味ということである。判り過ぎて物足りない。彼もそう感じたのだろう。別稿では最後の一節を「2＋2＝4」にしている。どちらか迷ったが、プラス・アルファの方を採ったのである。このアフォリズムが面白くないのは、答えがいかに人間の生を算術では割り切れぬとしていても、じつは作者の算術へのこだわりがあからさまだからである。いわば図式的なのだ。そのせいか雑誌に発表したものの単行本には収録していない。

にもかかわらず、彼の小説には、人間世界を「2＋2＝5」という図式で捉えたものが少なくない。というよりも、プラス・アルファの部分に彼の視点が置かれて、作品は書かれている。私も高校時代に読んだ「鼻」「芋粥」といった短篇は、自分の身にありあまるものに出っくわして困惑する話である。「蜘蛛の糸」も同様である。

おなじころ読んだ「トロッコ」はどうだろう。少年はトロッコに乗るという滅多にないチャンスに恵まれるが、その反動でそれまでにない恐ろしさを体験しなければならない。つまり、喜びが10ならば、その後に来る怖さも10。差引ゼロなのだが、少年は大人になって「塵労に疲れた」彼の前にあいかわらず、目の前におなじような恐ろしい光景が浮かぶというのが、プラス・アルファである。「杜子春」にせよ、「地獄変」にせよ、「奉教人の死」にせよ、「或日の大石内蔵之助」「袈裟と盛遠」「手巾」にせよ、彼の短篇はいずれも答えは差引ゼロになり、その後にプラス・アルファを加えた話に思えてならない。

芥川はじつに多くの文体を駆使した。また彼には多くの古典を自分のものにすることも可能だった。その秘密はこの数式的な物語の構成にあったのである。

それではプラス・アルファとは何だろう。近代人の意識。なぜなら近代とはマルクスが発見したように、モノとモノの取引において、2＋2＝4という数式は成り立たず、かならずプラス・アルファが生まれ、それを目的にしてモノは取引され、循環してしまうからである。しかも、この関係は人と人との社会的関係にも及ぶ。すなわち社会関係の物象化である。なにも難しいことはない。本来、等価であり得るはずもない、人間関係をも商品取引の関係になぞってしまうということだ。そして人間関係ですら、どちらかにプラス・アルファが生じると考える。つまり儲けを考えざるを得ない。これが近代人の意識である。ところが、この儲けなるものがじつに不安定だ。市場経済のなかに取り囲まれている人間は、常にこの儲けがどうせいつかは他の取引によって、消え去ることに脅えなければならない。もしも、この取引によって自分にとり、過分の儲けを得たと思うならば、よけいにそう思うだろう。ここに近代人の不安の根がある。

芥川の描いた物語の主人公は、この過分な儲けに不安を感じる。そこで、儲けをゼロにしたいと考える。「芋粥」の五位も、「或日の大石内蔵之助」の内蔵之助も、「トロツコ」の少年もそうである。

いってみれば、彼が描いた人物は一様に2＋2＝5という数式に不安なのだ。だからこそ芥川流にいえば、近代人の「神経」はこの儲けの部分に否応もなく集中されるのである。

芥川には関東大震災の直後書かれた文章が幾つかある。彼は震災で焼け跡となった丸の内を歩く。そのなかで彼は突然、壕の中から歌声を聴く。歌は「懐しのケンタッキイ」である。「歌つてゐるのは水の上に頭ばかり出した少年である。僕は妙な興奮を感じた。僕の中にもその少年に声を合せたい心もちを感じた」。彼は少年が無心に歌う声に感動するのだ。なぜ、そこまで興奮するのだろう。「歌は一瞬の間にいつか僕を捉へてゐた否定の精神を打ち破つた」からである。芥川らしいのは、その後に付け加えた言葉である。

芸術は生活の過剰ださうである。成程さうも思はれぬことはない。しかし人間を人間たらしめるものは常に生活の過剰である。僕等は人間たる尊厳の為に生活の過剰を作らなければならぬ。更に又巧みにその過剰を大いなる花束に仕上げねばならぬ。生活に過剰をあらしめるとは生活を豊富にすることである。

この言葉は一見「人生は一行のボオドレエルにも若かない」と矛盾しているように思える。あるいは人間関係のプラス・アルファに神経をすり減らしているかの、彼の小説の主人公たちと相反しているようにみえるかもしれない。が、芥川が感動したのは、少年の歌声が計算で生ずるプラス・アルファを超克してしまったからに他ならない。

彼は震災後に流行した天譴論、つまり大地震は軽薄に流れた世相に対して下した天の鎚であるという論に反発している。

この大震を天譴と思へとは渋沢子爵の云ふところなり。誰か自ら省れば脚に疵なきものあらんや。脚に疵あるは天譴を蒙る所以、或は天顔を蒙れりと思ひ得る所以なるべし。されど我は妻子を殺し、彼は家すら焼かれざるを見れば、誰か又所謂天譴の不公平なるに驚かざらんや。不公平なる天譴を信ずるは天譴を信ぜざるに若かざるべし。……

自然は人間に冷淡なり。されど人間なるが故に、人間たる事実を軽蔑すべからず。人間たる尊厳を抛棄すべからず。人肉を食はずんば生き難しとせよ。汝とともに人肉を食はん。人肉を食うて腹鼓然たらば、汝の父母妻子を始め、隣人を愛するに躊躇することなかれ。その後に尚余力あらば、風景を愛し、芸術を愛し、万般の学問を愛すべし。

(「大震に際せる感想」「改造」第五巻第十号　大正十二年十月一日発行)

この文章はアフォリズムを駆使した芥川にしては、異様と思えるほど希求的な文章である。続けて叫ぶように、「同胞よ。冷淡なる自然の前に、アダム以来の人間を樹立せよ。否定的精神の奴隷となること勿れ」と記している。

芥川が地震を天譴として、すべてを差引ゼロとする論に反発するのは、なにも彼が主張を変えたからではない。ゼロとなっても、かならず人間はプラス・アルファをもち、それを糧として生きるといいたかったのである。が、こう述べるのは、芥川の心のなかにプラス・アルファをどう処理してよいのか判らないからである。

交換しても、余ってしまうプラス・アルファ。ところが芥川は結局のところ、この交換できぬものを彼の主張とは裏腹に生とは結びつけずに、死に結びつける。いや、彼ははじめから、交換できぬ世界、剰余の世界を差引できるのは死と考えていなかったか。デビュー作「老年」は放蕩を繰り返した男の老いを描く。残りすぎた剰余の世界。死に至るまで男はかつての放蕩を演じる。「きりしとほろ上人伝」は死によって浄化される話である。「藪の中」は一見、剰余の答えがいろいろあって混乱させるが、死がその混乱に終止を打つ。彼は古事記の世界にまで、この「神経」を敷衍して素戔嗚命の心理を解いてしまうから、武田泰淳が記紀のもつ直截的なエネルギーが失われていると断じたのも当然なのである。

彼が語る以上に、時代は天譴論の流行を簡単に乗り越えてしまう。ゼロとなった焼け跡に生まれたのは、円本文化であり、モボ・モガの登場であり、エロ・グロ・ナンセンスのはじまりである。世間は彼の思惑通りには行かない。地震と交換して現れた「生活の過剰」は「大いなる花束」ではなかったのだ。いや、そうではない。彼が思っていた通り、人々は巨大な地震のもたらした剰余に倦み始める。倦みが咲かしたのは死の花束であった。

芥川が震災後に書いた、というよりも自殺前に書いた作品、「歯車」「河童」「或阿呆の一生」などは、彼自身の人生の剰余部分を描くことに費やされている。ここで彼の生いたちに踏み込めば、彼は子どものころに母を失い、伯父の家に養子に出されていることも常から彼の心理に影を落としている。養子、交換された子ども。が、この交換をなにによって購えばよいのか。この意識を明治の人間ならば、恩と感じただろう。また、それを自らの宿命と感じ、それによって生きただろう。たとえば彼の師である漱石のように。が、芥川は数式から逃げられない。

いっそ芥川が、2＋2の答えを5ではなく、4にしていたら、どうだったろうか。人間の生活は神の目からみれば、どれも似たりよったりで、平々凡々でしかないと。平凡であっても数式は2＋2ばかりではなく、1＋3もあれば、5－1もある。そこからはじめるべきではなかったか。が、どちらにせよ、答えは4、つまり死。ここから彼は抜け出せなかったようだ。

（「國文学」1992年2月号）

# 孤独という「ふるさと」

＊紹介図書と著者は文中に掲載

〈戦後特に子に捨てられる親が多くなった一因として、親の方にヒガミやヤケが生まれ、忍従やアキラメを失った事実を指摘しうるという点に於て、これこそは戦争の生んだ特異現象の一ツであり、あるいは確かにアプレゲールと称してよろしいものではないかとも思う。〉「親が捨てられる世相」

昭和二十七年、坂口安吾はこう書いている。安吾らしい眼を感じるのは、戦後の老人を疎む事態を、親をないがしろにする若者たちが増えたという一般論を退け、老人たち自身の心のなかに大きな変化があったためだと捉えていることである。戦争により生活設計が崩れ、価値観が変われば、老人であれ、いや老いの身なればこそ、ヤケを起こすに違いない。

この安吾の指摘を、私は老いをテーマにした、戦後の小説作品の方向と重ねてみたい気が起きた。老いをテーマにした小説は多いが、たとえば川端康成の『眠れる美女』や谷崎潤一郎の『瘋癲老人日記』はどうだろう。小説はむろん作家個人の内面に属する。が、この二つの作品がセンセーショナルにうけとられたのは、戦後の老人たちは「ヒガミやヤケ」を募らされ、またやがて老人となる者も来るべき日には、そうなるだろうといった気持ちと呼応したのではないか。両作品とも、老人の性を扱っている。老いてなおも性に妄執する姿が露呈されている。そこに作者は、人間の奇怪なまでの生への執着と孤独を見た訳だが、それまでの老人像から、大きくネジクレている。そのネジクレは「忍従やアキラメを失った」戦後の人々のなかにこそあると思われるのである。

川端や谷崎の作品をあまりに単純化して考えているといわれるかもしれぬ。では、もう一つ、センセーショナルな話題をもって登場した小説をあげよう。

深沢七郎の『楢山節考』が多くの読者に衝撃を与えたのは、子どもが歳老いた親を山に捨てたからでない。まだまだ元気である母親おりんが、若い息子たちが生き延びるために自ら進んで、死を受け入れる気持ちに打たれたのである。その気持ちは、むろん「ヒガミやヤケ」ではなくて、また単なる

「忍従やアキラメ」でもなかった。忍従やアキラメを徹底した先に生まれる、人間の生と死は繰り返すという輪廻観である。この古来の日本人が抱いてきた、生死観に触れ、あらためて戦後の日本人は驚いたのだ。

ということは、老いて死をおりんのように受け入れる心理が、もはや戦後の日本人には稀になっていることを証している。

こうした戦後に起きた、老いに対する人々の心理の変化は、必ずしも老人にばかり生じた訳ではない。

〈「弱さというのは体の中で腐っていくものなんだ。まるで壊疽《えそ》みたいにさ。俺は十代の半ばからずっとそれを感じつづけていたんだよ。だからいつも苛立っていた。自分の中で何かが確実に腐っていくというのが、またそれを本人が感じつづけるというのがどういうことか、君にわかるか。」〉

村上春樹の『羊をめぐる冒険』のなかで、登場人物の「鼠」が「僕」に語る言葉だ。彼らはいまだ若い。若者が死を思うことは、むろんいつの時代にもある。が、「確実に腐っていく」という心理は、死を生の昂揚のバネとしたものではない。むしろ、その心理は谷崎の『瘋癲老人日記』にこそ求められる。死を前にして、死んでもなおも若い女の足に踏まれたい、「痛イケレドモ楽シイ、コノ上ナク楽シイ」と叫び「モット踏ンデクレ、モット踏ンデクレ」と叫ぶことを夢想する心理にこそある。

つまり、若者が死を思い、生の糧とする心理は老人のものとなっている。逆転したのか。そうではない。老いのなかに生ずる「ヒガミやヤケ」が戦後の日本人の心理に大きく影を落しているのである。

〈◎「五十四年度厚生行政年次報告書」（五十五年版厚生白書）

六十五歳以上の老年人口比率
一九七九年　八・九％
一九九〇年　一一％（予想）
二〇〇〇年　一四・三％（予想）
〈国連が定義した、「高齢化した社会」とは老年人口比率が七％の場合を指す）〉

これは厚生白書の一節である。日本の社会が益々、高齢化社会に進むという予測である。この文章を私は厚生白書から引いた訳ではない。じつは一九八〇年代初頭に書かれた田中康夫の『なんとなく、クリスタル』の最後の文章である。女子大生の軽やかな身振りを描いた、この小説も話題になった。話題になったのは、小説の後につけられた四百余りの注である。大半は若者の華やかな風俗についての脚注だが、その注の最後に、先の厚生白書の文が引かれているのである。

女子大生の生活は、クリスタルで「忍従やアキラメ」とは無縁に見える。が、その軽やかさの背後にも、やがて確実に訪れる、老いへの不安が影を落している。「なんとなく、クリスタル」な気分の背後には、「アキラメ」が忍び込んでいる。

戦後の日本は、高齢化社会へと進み続けた。が、それは誰をも幸福にしたとはいえない。老いてもなおも生き続ける不安を若者にも与えた。死は突然やってくるものではなく、「確実に腐っていく」ものとなり、老いと若さの境目は曖昧になったのである。結果、老いも、その先にある死も見えにくくなったのである。

山田風太郎が『人間臨終図巻』上下を八〇年代末に著したのも、死が見えにくくなったためではないか。九〇年代に入ると、自殺マニュアルだとか、宗教本が売れるのも、読者の側に死と生の境目がよく判らなくなってしまったからではないかと思われる。

しかし本当に老いや死は見えなくなったのか。そうではあるまい。確実にやってくる老いや死への不安が、緩慢で「腐っていく」ような感じであるのならば、人はやがて忘れようとする。それは本当に忘れたということではない。老いや死を迎えたとき、ことさら驚いてみせるということだ。『人間臨終図巻』は十五歳から百二十一歳まで、古今東西の著名人の臨終間際の姿を記している。じつに千差万別だが、私は死に行く人よりも、周囲の反応に興味が湧いた。時代が新しくなればなるほど、老いや死への人々の反応は事大主義的なのである。

この老いや死についての、事大主義的な反応は今後さらに強くなるだろうし、私自身もそのように反応するだろう。

どのような老いを迎えても、もはや人は無自覚に、あっさり片づける訳にはいかなくなっている。とすれば、そのとき人はどのように自覚するか、が試されるはずである。

私は、これからも何度か繰り返して読むであろう老いをテーマにした小説を、比較的近年に書かれたものからあげてみたい。藤枝静男の『悲しいだけ』『虚懐』と深沢七郎の『秘戯』である。

藤枝と深沢の作品をどのように紹介していいのか、じつはまだ私には判らない。老いを迎えて、なおも何かに拘泥しているようでいて、じつに透明な印象が残るのである。

私の言葉よりも、もっと適切に彼らの小説の何たるかを語っている坂口安吾の言葉がある。それを引いてみる。

〈この暗黒の孤独には、どうしても救いがない。我々の現身《うつしみ》は、道に迷えば、救いの家を予期して歩くことができる。けれども、この孤独は、いつも曠野を迷うだけで、救いの家を予期すらもできない。そうして、最後に、むごたらしいこと、救いがないということ、それだけが、唯一の救いなのであります。モラルがないということ自体がモラルであると同じように、救いでないということ自体が救いであります。

私は文学のふるさと、或いは人間のふるさとを、ここに見ます。文学はここから始まる——私は、そう思います。〉「文学のふるさと」

（「本の話」1995年8月号）

# 捨てられたサル

## 『身体の文学史』

養老孟司 著

新潮社・一二九六円

五、六年前になるのだろうか、あるいはもう少し前のことか、『裸のサル』とか『パンツをはいたサル』とか、「サル」という言葉が書名に入った本が次々と刊行されたことがある。私はその幾冊かを読んでみたはずだが、いま記憶に残るのは内容よりも書名である。

これらの本の書名にある「サル」とは、むろん人間のことである。人間は猿から進化したという俗流進化論を丸呑みして信じているわけではないが、たとえば動物園で猿の姿を眺めるとその行動に知っている人の姿を思い浮かべ、猿は人間の先祖なのだろうと納得させられる。他の見物客も猿を眺め、じつは見知った人間の行動を見て笑い、飽きないのだろうと思う。

それだけに書名につけられたサルという二文字は強い印象を私にも与えたのであろう。読者の多くもまた納得したはずである。

ところで私の家の近く、歩いて二分もかからぬ距離の所に猿寺と呼ばれる寺がある。

正式の名はもちろんある。が土地の者は猿寺という通称だけを知っている。私も同様で通りがかって寺の正式の名を眼にするのだが、家に帰ってみるとすでに忘れている。猿寺と呼ばれるからには、それなりの由来もあるのだろうが、そのことを私は知らない。おそらく土地に住む多くの人も同様だと思う。

由来など知らなくとも、子どもにもその寺が猿寺であることはよく理解できた。というのも通りに面した御影石の門柱の上に一対の猿の像が置かれていて格好の目印になったからである。猿の像には、多分盗まれたり破損されたりすることを防ぐためだろう金網が冠せられていたが、あるときつくづく見ることがあった。高さは二十五センチ程度で、向かって右の猿は頬を膨らませて敵を威嚇するかの表情を見せていた。雄猿なのだとわかった。左側の門柱の上にいる雌猿は小さな桃の実を子どものようにして懐に抱いていた。

私の家の近所には寺が多い。増上寺や青松寺などの古刹はともかく大半の寺の名を私は知らない。猿寺も格別に大きな寺ではない。にもかかわらず猿寺がよく知られているのは、その特異な名称の他にいま一つ理由がある。

過日、猿寺の前を通ると、猿像が置かれていた門柱は取り外され、代わりに門柱の倍の高さもある冠木門が造られていた。塀も新たに塗りなおされていた。随分の繁盛だな、と思った。繁盛という言葉は不適切かもしれないがそう思った。それから境内のなかを覗くと、一対の猿像は本堂の前に、ほぼ半分の高さに切られた門柱の上に安置されているのが見えた。そして門を入ってすぐ右側に四十体ほどの小さな地蔵がきちんと並んでいるのも見えた。水子供養なのだとすぐにわかり、繁盛の理由もこれなのかと私なりに納得してしまった。

水子供養の地蔵群は子どもの頃には見ていない。新築された冠木門の左横の塀にはいま一つ見慣れぬ金属製の看板が嵌め込まれていた。「都史跡　杉田玄白の墓」と記されている。

猿寺がよく知られる、もう一つの理由は玄白の墓があるためである。玄白の業績をおぼろ気ながら知ったのは小学高学年の頃であろうが、名前だけは近所に墓があるため低学年の頃からよく馴染んでいた。

玄白の墓は本堂横の脇道にある。高さは一メートルほどで三つの切り石を重ねただけの簡潔な墓である。科学者らしく装飾もないと思ったのは冠木門が建てられ、あらためて興味をもち墓石の前に立ったときである。

だいたい私は玄白の『蘭学事始』ですらきちんと読んだ記憶がない。たしか中学のとき近くに墓がある縁で、書店の棚から文庫本の『蘭学事始』を抜き出してページをめくったが、文語体の文章に怖れを抱いてすぐに棚へ返してしまった。

それでも玄白や前野良沢、加えて中川淳庵らが千住の小塚原刑場で腑分けを見分し、その衝撃からオランダ語の解剖書『ターヘル・アナトミア』を訳すことを決心し、後の翻訳の苦闘を知っていた。おそらく教科書に出ていた物語かテレビのドラマかで知ったのだろう。

杉田玄白の墓という看板を眺め、あらためて『蘭学事始』を読んでみた。じつに面白い。たとえば腑分けを見る件り。「良沢と相ともに携《たづさ》へ行きし和蘭図に照らし合せ見しに、一《ひとつ》としてその図に聊か違ふことなき品々なり。古来医経に説きたるところの、肺の六葉両耳、肝の左三葉右四葉などいへる分ちもなく、腸胃の位置形状も大いに古説と異なり」。

それまで学び、真実と信じてきた世界が実見により、一瞬にして瓦解したのだから、その衝撃は私の想像をはるかに超える。それ以上に想像を超えるのは、一語一語オランダ語を検討し、根気よく日本語に定着させて行く件りである。

私は彼らの翻訳の苦心譚をある程度知ってはいたもののあらためて読むまでこれほどのことを成したとは思わなかった。彼らは単にオランダ語を日本語に直したわけではない。それまで学んだことが事実と反すれば、まったく知識にない言葉ばかりである。いや、相応する言葉すら日本語にはない。この事態が頻出する。つまり彼らは人体という新たな謎の前で困惑しつつ、新たな言葉の生成に立ち会っていたことになる。

このことに強い感銘を受けた。解説によると後年、福沢諭吉は『蘭学事始』を繰り返し読み、

『ターヘル・アナトミア』を前にして、玄白が「艫舵なき船の大海に乗り出せしが如く」と記した文章に出会うたびに感涙したという。福沢が涙するほど感動したのは洋学を志した先人たちの苦労を偲べばこそであろう。自ら咸臨丸に乗り込んで太平洋を渡った体験と同調させたとも考えられる。

けれど私が感銘を受けたのは福沢とは同じようでいて少々ニュアンスが異なる。私には「艫舵なき船」で「大海に乗り出せしが如く」という比喩を実感として受けることはできない。同じ様に私には未だない言葉を新たに生成させ、定着させるような体験をもつことはできない。いや、そうしたいと思っている。言葉を使う仕事を選んだ以上、自分自身で言葉を発見し、それを普遍化させることができたらと夢想する。

要するに自分が納得し、他人も納得できる言葉を生み出すことに飢えている。ところがもはや玄白らが体験したように言葉が事物と出会い、闘い、スパークして浮上することは稀れになっている。それどころではない。そのようにして生まれたであろう言葉も今日ではた易く消えて行く。

たとえばある事件がある寺で起き、以来、土地の者はその寺を猿寺と呼ぶ。呼ばれれば寺も門柱の上に通称通りに猿の像を置く。やがて謂れは知らなくとも、猿寺という名称は定着する。ところが現在では猿の像は路往く人には見えない。見えなければ人は猿寺とは呼ばなくなる。こうして不思議な、はじめて聞く人にとっても親しみ易い名は消えるであろう。

こんなことは大したことではないといわれるだろう。が、一つの言葉は単純に生まれたわけではない。土地の記憶と人々の記憶をも包含する。だから私にはこの事態はいささかシャクなのである。

しかし猿寺の例などは本当に大したことではない。境内に入れば誰もが猿像を認めうる。私が『蘭学事始』を読みつつ気にしていたのは、言葉が生成されないのではなく、逆にあまりに言葉が作られ過ぎていることだ。居酒屋へいってビールを注文する。すると途端に様々なビールの名をいって、どれが良いかといわれる。どれも大して味は変わらない。製法も違わないだろう。が、名前だけが溢れている。そして数ヵ月すれば、その名は消える。

いってみれば新しい言葉は瞬時に生まれ、瞬時に消えてしまう。このことも日常化しているから、私は別段困るわけではない。しかし言葉の衝撃力も、知識を得たという満足感もなく、ツマラナイ。ツマラナイ上にゴマカサレテイルといった気分になる。

＊

私は解剖学という学問を知らない。が、『蘭学事始』を読み、人体の組織を探究し、その機能を明らかにし、それを言葉によって定義する学問だと理解した。そう理解して言葉が解剖により人体ときちんと対応して成立することを羨しいとも考えた。

ところが現代の解剖学者もそれほど幸福ではないらしい。

ある特定の統御条件を満たすものとして、社会は「見なし」を作り上げる。身体に衣服を着せることは、典型的な身体の「見なし」である。それによって、自然としての身体は「人工身体」と「見なされうる」。社会は、その内部に存在せざるを得ない自然に対して、かならずそうした統御可能の「見なし」を行なう。胎児の記憶などというものはそこでは「存在しない」。そうした「自然性」が事実存在するなら、ただちに「見なし」が必要となるからである。もちろん、あるかないかもまた典型的な「見なし」である。それには、脳という器官が、そのなかにないものを存在しないと「見なす」という性質を持つことが、重要な背景になっている。

養老孟司氏は『身体の文学史』のなかでこう記述している。この文章は私が曖昧に考えていたことをより根本に遡って捉え直している。「見なし」とは単に言葉だけではない。衣服もまた一つの「見なし」である。養老氏が問題にしていることは「見なし」が正確に事物と対応することよりも、人間にとって未知なる世界を封印してしまうことである。

もう少しわかり易くいえば、この文章は胎児の記憶について記している。このことについて、私は猿寺で小さな地蔵が水子供養のためにずらりと並んでいる光景を眺めたからよく理解できる。

胎児は人間である。しかし人間として完全か否かは私たちにはよくわからない。もし胎児に記憶があるとすれば、それは独立した人間ということになる。このことをさらに問えば養老氏のいう通り、いろいろな面で「社会の禁忌」に触れる。そこで地蔵を建立し、供養という「見なし」を行う。ということは「見なし」は「社会的に定まる」のである。

先の文章はもう一つ重要なことを語っている。「見なし」は「脳という器官」の「性質」が大きく干与しているというのである。このことも納得できる。といって私があらかじめ人間が脳によってすべてを認知するということを理解したからではない。むしろ『蘭学事始』を読み、この常識のない状況を知ったからである。

その文章を引いてみる。

　その中にもシンネンなどいへること出でしに至りては、一向に思慮の及びがたきことも多かりし。これらはまた、ゆくゆくは解すべき時も出来ぬべし。先づ符号を付け置くべしとて丸の内に十文字を引きて記し置きたり。その頃知らざることをば轡《くつわ》十文字と名づけたり。毎会いろいろに申し合せ、考へ案じても、解すべからざることあれば、その苦しさの余り、それもまた轡十文字、轡十文字と申したりき。

玄白らはまったく理解できぬオランダ語に出会い、㊉と印をつけ、その記号を叫んでは苦しんでいる。これこそ「見なす」ことの、本質的な凄まじい脳の闘いがあると思えるのだが、問題は彼らが悩んだ、オランダ語の「シンネン」という言葉である。

緒方富雄校註による岩波文庫版『蘭学事始』では「シンネン（精神）」と文中で訳がふられている。彼らは「精神」という言葉がわからなかったのである。

ではこのシンネン＝精神という言葉が原本である『ターヘル・アナトミア』のどこに登場したのかと、小川鼎三・酒井シズ校注による『解体新書』を読んでみた。「巻の二」のなかに二ヵ所、登場する。訓み下し文を並列して引用する。

○それ頭は、円にして一身の上に居す。意識の府なり。

〇それ脳髄は、その形稍〻にして軟。盈《み》ちて頭蓋の内にあり。その属する者、微細の脈管及び機里爾《キリイル》なり。意識をここに蔵す。故に一身の宗とする所なり。

文中にある「機里爾《キリイル》」とは「腺」のことで、玄白らは翻訳できず、そのまま漢字を当てている。問題となる「シンネン」とは二つの引用文のなかで「意識」と訳されている。意識は脳が司どり、それ故に脳こそが身体の中枢であると『ターヘル・アナトミア』は説明している。このことが玄白らにはまったく理解できなかった。

小川鼎三の解説によれば「脳が精神の座であり、末梢神経を介してその作用がおこることの常識は日本では『解体新書』をもって出発点とする」のである。玄白らが脳についてまったく無知であったのは当然である。

このことを知って私は脳が「見なし」を行うということがよく理解できた。いまでは脳が意識を統制することは子どもでも知っている。あるいはそう信じている。ところが、たかだか二百余年前には、日本人は誰もそのことを知らなかった。この落差を考えるとき、妙ないい方だが、脳が身体のすべてを司るということをどれほど脳によって「見な」され続けてきたか、その強さを知るのである。

いまでは脳こそ身体の中枢であることを誰も疑わない。このことの方が不思議だ。養老氏によれば「江戸以降の世界では、身体は統御されるべきものであり、それ自身としては根本的には存在しない」のである。

この指摘は逆に江戸人はすでに脳の働きを知っていて、身体を統御していたかに読める。がそうではないという。「万物に当てはまるべき尺度、すなわち神が不在だとすれば、尺度はどこに置かれるべきか」という問いに応える形で述べている。

神不在の社会では、尺度は「人」にしかないはずである。だからこの国では、それはおそらく暗黙のうちに、人に置かれる。ところが、江戸はその人を、心によって構成される、と見なした。

養老氏によれば江戸以来、日本人は「心理主義」によって万物を解き明そうとした。そうであれば玄白らが、脳により心理、知覚が統御されることには気づかなかった。彼らにとって「シンネン」つまり精神や意識はそれ自体上位にある概念であった。だからこそ脳の下位に置かれる「シンネン」という言葉に彼らは途方に暮れたのである。

この心理主義は脳の機能の発見で覆えされたかというとまったく違うと養老氏は説く。文明開化を通じてむしろ心理主義はさまざまな形で日本人を支配してきたという。ここからもう一つ別な問題へと論は進む。

しかもそれは、いまにして思えば、やがて軍隊を支配するようになる「精神主義」と、明らかに無縁ではない。心理主義の一つの極が精神主義であろう。文学と軍とが対立するように見えるのは、一種の内ゲバに過ぎなかったことは、戦争中の軍と文学者の「客観的な」協力関係を見ればわかる。私はその是非を問おうというのではない。そうした協力の枠組みを作ったのは、われわれの伝統的社会であり、伝統的思想だったはずである。その枠組みとはなにか。それを吟味している。

ここに養老氏の問題の所在は明らかである。日本人を覆ってきた心理主義の証左として、吟味する対象は日本の近代文学が身体をどのように扱ってきたかである。

解剖学者が身体を問題にするのは当然だろう。と同時に文学者も身体という謎を追いつめてきたはずだ。人間の生死、生理、生理から発する欲望、それらは人間が統御しようとしてもままならぬ。ままならぬからこそ文学者は身体という身近な、しかも普遍的な謎を考え続けてきたはずである。そうであれば解剖学者が『身体の文学史』を綴ろうとも不思議ではない。むしろ文学者によってこのテーマが書かれなかったことの方が不思議である。

*

話はどんどんと進んでいるようだが、そうではない。言葉と事物との対応を私はまだ考えている。養老孟司氏の『身体の文学史』を骨子だけにすれば、日本の近代文学は社会がそうであったように心理主義にどっぷりと浸り、身体つまり心理では図ることのできない未知の部分を消去してきたということである。

以下、解剖学者による近代文学の俯分けを要約してみる。

まず芥川を採り上げる。芥川には今昔物語、宇治拾遺物語など中世の説話を題材にした作品が多い。

彼は今昔物語に「美しい生まなましさ」「野性の美しさ」を発見する。なぜ発見なのかといえば、芥川の時代はすでに身体を意識しない時代だったからである。彼は『鼻』『芋粥』を発表するが、これらの作品は「今昔物語を心理劇に編纂しなお」したものである。たとえば『羅生門』について。

芥川の話では、下人は老婆の着物だけを剝ぎ取って持って行く。原文では、この盗人は、老婆の着物、死体の着物、さらに「老婆が抜いた髪の毛」を盗んでいくのである。（略）芥川のこの改変によって「死体の髪の毛を抜く」行為は、盗みという反社会的行為を誘発する、より根源的な反倫理的行為に、いわば「昇格する」。

芥川は今昔の世界では当然至極な行為に心理を導入し、倫理を浮上させる。この芥川の短篇をほめた漱石もまた同様である。漱石は心理主義から免れ得なかったし、彼も作品において読者に倫理を要請した。

この心理主義、あるいは倫理主義は自然主義、白樺派を通過して私小説へと繋がる。自然主義の自然とは外在的な自然ではない。「描かれるのは生活すなわち人事だから、それが人工社会でのできごとであれば、自然主義とは、つまり『ありのままに人工を描く』ものとなる」わけである。

倫理主義は私小説によりさらに深化する。

明治・大正の文学が、どういう意味で倫理道徳の教科書だったかと言えば、それが、社会的自己ではなく、「自己の考える自己」についての倫理の開発だった、ということなのである。もちろんそれは、五倫五常のように、あらかじめ社会に固定されたものであっては「ならない」。それはもう、とり壊す予定である。しかし、人間が社会生活を営むものである以上、どこかに倫理がなくてはならない。その倫理は、むしろ個人的生活の方法論として、見出されるはずのものである。だから、小説家は、すべて倫理の実践家になってしまった。だから私小説なのである。

戦後になってもこの枠組みは崩れない。崩れぬどころか身体＝自然はより徹底して排除される。この状況を体現したのは三島由紀夫である。三島はいかにも肉体を鍛え、誇示し讃美した。が、それは脳が統御した人工の肉体である。「唯一絶対神のいないこの社会で、われわれの先輩はだから型を重視したのであろう。その身体がグニャグニャでは、モノサシとして機能しようがない。身体のその機能をことばで補うこと、三島はそれが不可能であることを、身をもって証明して見せたのではないか。ことばのあの天才にして、ことばは身体を置き換ええないのだ、と」。

以上が養老氏の『身体の文学史』の要点である。私は納得せざるを得なかったが、殊に注目したのは、「身体のその機能をことばで補うこと」が不可能であるという指摘である。

こういわれるとその通りという他はないが、言葉が事物との対応によって生成する現場を得たいと願う私はこの指摘に困るのである。

近代文学のなかで例外があると養老氏はいう。深沢七郎である。

主題に一貫しているのは、まさしく脳化社会から一歩外れた著者の感性である。これもほとんど中世的と呼んでいいものであろう。直接に生老病死を描かないものでも、身体に対する言及が著しい。さらに「魔」の場合には、予測と統御が行き届いた現代社会のなかで、そこから外れた状況をわざわざ取りあげているのである。これはもちろん、偶然のはずがない。深沢七郎の目は、現代社会が排除するもの、しかもかれ自身が持っているものを、きわめて明確に把握していたのである。後の「風流夢譚」の事件は、そこから起こるべくして起こる。

これまた、こういわれれば首肯せざるを得ない。養老氏は現代文学に身体への視座が欠如していることを告発しているわけではない。社会がそうであるなら、文学もまた同じようなものだといっているのである。

したがって『身体の文学史』を読み、身体について言及し、それを浮上させることが新しい文学への可能性であると先走りの結論を出しても仕方のないことであろう。養老氏ならば、それこそ脳化社会のなかでの反語的な解決にすぎぬというであろう。「明治以降、われわれは身体表現を消し、言語表現を肥大させてきた。それに対して、三島は身体表現へ向かう時代の必然性を、自己の内に体現していた。なぜなら両者は、どうしても相伴うしかないからである。そう思えば三島は戦後の日本文化そのものであり、三島を悪し様に言おうが、称揚しようが、それは自己言及に過ぎないのである」。

どうやら解剖学者は、肥大した言語表現はばっさりと切り捨てる気らしい。『身体の文学史』の最後に問うのは身体表現である。「失われた型を嘆いても、仕方がないであろう。われわれがあらためて創り出さねばならない表現は、おそらく身体の表現である」と。

この結論に異論はない。異論はないし、サッサと文学に見切りをつけるに等しい解剖学者の結論に、私はむしろ爽快な小気味良ささえ味わったのである。

*

ところが私はまだ言語表現について考えている。もう少しいえば倫理を小説家が説いてなにが悪いとも考える。自己探究をしてなにが悪いともウジウジと思っている。

むろん養老氏は倫理や自己の探究が悪いなどといっているわけではない。日本の近代文学の限界をきっちりと指摘してみせたのである。そうはいっても、やはり気持ちは相変わらず宙づりなのである。

養老氏の『身体の文学史』は見事な腑分けである。従来の文学史にはない批評行為だとも考える。とすれば、私たちが考えねばならぬのはその成果ではなく、むしろなぜ解剖学者がこのような文学史を綴らねばならなかったのかということではあるまいか。

ここで私は当初考えていたことに戻らざるを得ない。言葉は溢れるほど作られ、消費される。養老氏のいう通り言語表現は肥大化し過ぎた。言葉もまた水膨れの身体の状況に陥っているのであろう。

そうであれば、私たちはもっと言葉を捨てるべきではないかと夢想する。養老氏がいうように言葉も「見なし」である。が、かつて言葉は、養老氏が説くように中世以前、身体や自然との交渉交流のなかで生成した。その交渉の回路が断たれた「脳化」した現在にあって、むしろ言葉をあたかも受験用英単語集のごとくに二万語ぐらいに少なくして用いれば、倫理であれ自己探究であれより明瞭になり、その限られた語彙を超えて表現するとき言葉は救出されるのではないだろうか。蘇生した言葉はおそらく日々消費される言葉の群れと対立するはずである。

と、結論じみたことを書くのは易しいが、行うは難しである。そこで私は出口も見つからぬまま、猿寺の因縁について図書館で調べてみた。区の史跡に関する本で簡単な記述を見つけた。

猿寺という名は、猿廻しの男が泥棒をしたが、改心して猿を寺に預けたことから由来する。私は身体を揺ぶられるような伝承があるのではないかと期待したが、その予測は外れた。泥棒の改心、いかにも倫理的な話だ。

しかしこうも考えた。泥棒となった猿廻しから見れば倫理話となる。が、猿から話を作ればどうだろうか。これはわからぬ。人間の心理ではないからだ。けれど、そんな人間の心理なぞ捨て、猿の身振りを描いてみたらどうか。そこに新たな物語が、言葉が、生まれるか。ただキャッキャッと鳴くばかりか。餌を求めて身を揺ぶるだけか。

しばらく考えたがやはりわからない。なにやら操られたサルのようでも、捨てられたサルのようでもある。そう思ってむしろそれで良いのだ、それで良いのだと気づいた。答えを怖れず考えるだけだと。

猿寺の境内を覗くと四十体ほどの地蔵の、赤いよだれ掛けがいやに眼についてならない。私はただ人差し指で丸を描き、そのなかに十字を引く動作を繰り返した。

（「新潮」1997年5月号）

# ガリを切る父がいて

## 『東京セブンローズ』

井上ひさし著

文藝春秋・二三八一円

とりあえずいっておけば、井上ひさしさんが十七年という長い時間をかけた千五百枚に及ぶ長篇小説『東京セブンローズ』は、はじめから終りまで日記体で綴られている。

はじまりは四月二十五日。いつの年かはわからない。まず眼につくのは日記が旧かなで、しかも「團扇《うちは》」とか「五百圓」とかいうように、漢字も旧字で書かれていることだ。現代であれば、相当の年配であろうと見当がつく。いや、そんな見当をつける前に、日記の文章は旧かな旧字が気にならぬほど読み易く、さりとて候文ではないから明治まで遡ることはない文中の風俗から、自然とこの日記は現代ではないらしいと読者はおのずと感得する。

その日一日分の日記から、どうやら日記の書き手は団扇製造店の主人で、しかも娘が近々結婚を控えている中年男だとわかる。

翌二十六日に進むと、商売である団扇製造は材料不足で、中年男は配達に使っていたオート三輪一台で運送業をすでにはじめていること、彼の家が東京の根津にあること、そしてなにより時代は、太平洋戦争末期の昭和二十年の四月であることがわかってくる。

してみると作者は戦時から敗戦、アメリカ軍による占領に至るまでの、日本人にとって未曾有の動乱期の物語を日記という手法によって描こうとしているのだと理解できる。しかし、そう理解してもこの小説はじつにつましい一家の日常からはじまる。

長女の結納から結婚までを軸にして、主人公五十三歳の山中信介の周りにはいろいろな人物が現われる。十歳下の妻、長女の下に二人の娘。三人とも根津では評判の美少女たちである。末っ子は旧制中学二年生で生意気盛りの男の子。それに加えて近くに住む信介の兄。彼は弟に比べ要領が良く、家業の団扇屋は弟に継がせ、自分はいろいろ事業に手をつけた揚句に金貸しをしている。事業ばかりか、引きとった妻の姪である芸者に手をつけ、妻妾同居。にもかかわらずノンシャランをきめ込んでいる。

長女の嫁ぎ先である肥料や農耕具の問屋の一家。戦時下でいずこも食糧不足だが、ここには農家から物資が廻ってくる。いってみれば戦争成金で羽振りがいい。隣人は新聞社のカメラマン。この人はインテリでしかも常識人で信頼できる友人だが、逆に信介に無理を押しつける者もいる。軍部や警察の権力を笠に着て、町内の人々に訓練やら調達を命ずる町会長。他にも町内に暮らす人の良い仕立屋や医者など、さまざまな人物が入れ替り立ち替り、信介の日記に登場する。

こう紹介すると、まるでNHKテレビの朝の連続ドラマではないかと思われるだろう。そう、この小説の冒頭はいたって連続ドラマに似ている。しかしじつは後半になって公序良俗を宗とするNHKの番組ではとても放送し得ない場面が現われる。いや、前半であってもテレビの演出ではカットせざるを得ないほどの大量の情報量を含んでいる。これがじつに面白い。

その理由は、作者が主人公に与えたキャラクターにある。至極真面目で、正字を知るほどのインテリでありながら、手先が器用で家業の団扇作りも好きである。家業を継ぐ前に謄写版印刷所に勤めたことがあり、ガリ版切りが得意である。そしていまはオート三輪で運送業をしている。

ガリ切りが得意であるために、町内の人に通達する印刷物は彼の許に集まる。運送業をするから東京どころか農村へも足を延ばす。なにが起きるか。彼の許には戦時下の様々な噂を含めた情報が意図しないうちに集まって来る。新聞を読み、ラジオを聴き、それも日記につける。根が真面目だから、それについて考える。彼の家族、近所の人、出先で出会った人たちの声も、罹災者の姿も日記に記載する。

こうして一人の中年男の日記という体裁を採りながら、この物語には多彩な声や情報が盛り込まれることになる。むろんそれは作者の綿密な下調べによるのだが、一人称の日記でありながら当時の人々の生活が微に入り細にわたって浮かび上がる。

私たちはしばしば戦時中の生活をただ悲惨とのみ捉え勝ちである。しかし敗戦間近であっても、いやそうであればこそ、空襲警報や警戒警報が連日連夜、発令されるなかで、芝居や相撲見物を愉しみにする普通の人たちがいる。乏しい食糧事情のなかで、流行歌を口ずさみ、映画や寄席や野球の話をする人たちがいる。作者は、どれほど悲惨な時代にあっても、人は幸福を願って生きると、つましい一家の生活と世相とを濃《こま》やかに描き出しながら、はじめに読者に語りかけるのである。

ところが物語はこのまま進まない。嫁いで幸せになるはずの長女が、相撲見物のチャンスを得たために空襲に遇い、亡くなる辺りからこの一家の話は慌しく動き出す。信介自身もオート三輪で荷を運んだ折に、アメリカ戦闘機P51に追いかけられ、九死に一生を得る危機にも出遭う。

しかしじつの所、これはこの大きな物語の序の口に過ぎない。

信介の息子と隣家の麻布中学一年の息子とが共謀して、町会長を揶揄した漢詩を書き、町会事務所へ投げ入れる。これが発覚してちょっとした事件になる。このときはなんとか収拾するものの、六月に入り、再び町会長は少年たちが詠んだ俳句の紙片を手に「危険思想の匂ひがある」といってやって来る。信介はそれは芭蕉の句のもじり、遊びだと応じる。町会長は納得しないまま去るが、さてこれからどうなるのかと思っていると、いきなり日記は九月二十八日まで記述が飛んでしまう。

つまり原爆の投下、ソ連参戦、そして日本が連合国側のポツダム宣言を受諾し、無条件降伏した前後の、日記の記述は空白なのである。これはどうしたことか。信介は町会長の密告により、空白の間の四ヵ月近く、思想犯として千葉刑務所に収監されていたのである。

信介が家に戻ると、彼は戦死したことになっていた。これに驚くが、それよりも数日経って、家族の様子が以前と違うことに気づく。戦争に敗けたせいかと納得するものの、どうやら信介には知らされていない家族の秘密があるらしい。

この先、物語は二転三転どころか五転六転する。信介は昭和二十一年四月に日記が閉じられるまでさらに三回も刑務所に入る破目に陥ることになる。この小説の後半はミステリー仕立てである。だから、ここからの筋を追うことはしない。

ただ一言いえば、信介の運命が大きく変わるばかりでなく、後半部は日本人の運命を左右する大問題とぶつかり、やがてタイトルの「東京セブンローズ」という意味も明らかになって行く。この大問題のテーマだけは明かそう。

山、森、林、里山、川、そして水田があって、日本語が話されている所。もちろん海辺も都会もあっていいんですが。（略）日本語も大事にしている人たちと、その人たちが生活を営んでいる場所。それらを引っくるめて、僕には「日本」です。しかし「国のことはもういいんじゃない」には賛成です。肩から荷が下りた。これからは日本語と田園と都市と海をどういうふうにして行くかを考えればいいんです。

作者井上ひさしは佐高信との対談（「バブルと日本人」『頓智』一九九六・七）のなかで、「愛している国とは」という質問に応じてこう答えている。

この言葉には「日本」と「国」という通常重ねて考える二つの概念が語られているからわかり難いが、要は国家とか政治といった「国」とは切り離して、日本語や自然から「日本」を考えなおしたいということだ。

『東京セブンローズ』では殊に日本語をどうするべきかという問題が登場する。読者は主人公信介と共に話し言葉と書き言葉の違い、漢字は難しいか、その難しさが戦前の閉じた社会を生んだのか、日本語をローマ字化すればどういった事態が起きるかなどを考えることになる。

こう述べるとなにやら論文のようだが、もとよりこれは井上ひさしの小説である。大事なことは、このテーマを難しく語ることなく、むしろ小説のはじめから漢語まじりの難しい通達があるかと思えば、そのパロディが登場し、短歌や俳句があればそのもじりもあり、シャレもあれば漢字による当て字もあるといった具合で、虚と実を巧みに交錯させ、読者を笑いや驚きへ誘うことだ。そうしてこうした多様さこそが日本語であり、ひいてはそれが日本なのだ、言葉、文章の力が制度である国家や政体を揺り動かすのだと、そう笑いに託して作者は主張をこめている。

ところで私は読了後、いま一つ作者が以前、語った言葉を思い出した。二年前に出版した『本の運命』のなかで井上さんが父上について語った部分だ。

井上さんの父上は小説家志望であり、また郷里山形で農地解放を目指す運動家であった。「謄写版の印刷機をいくつもの部品に分解して一つは自室の天井裏に、一つは小作人甲の仏壇のうしろに、また一つは小作人乙の田んぼの小屋にという具合に隠しておいて、印刷するときは墓地や田んぼに持ち寄って組み立ててアジビラを刷る」。これが問題化してお父さんは検挙される。

むろん本篇の主人公とは性格も立場も違う。井上さんの父上はしかも敗戦を知らず、戦後を知らず亡くなっている。

それでも私にはこの本篇の主人公、日々日記を綴り続け、篤実で一家を思い、日本の将来を考えればこそ戦後の日本人の変容について行けず、事件に巻き込まれる山中信介に作者の父の姿が重なる。ガリ版刷り、検挙、遺された小説の原稿。

さらにつけ加えるならば、『東京セブンローズ』を書きはじめたのは、作者が五十歳近くになったときである。私にも覚えがあるが、男が五十に近づくと父親のことが妙に気になるものである。

当然ながら作者は自身を主人公に投影させる。作者の分身である。しかし小説家志望だった父が愛した日本語、小作農を救おうとした父の考え方、ガリを切る父の姿、その姿こそ井上さんが十七年かけて仕上げた本篇の原動力であることは間違いないと思う。

（「本の話」1999年4月号）

# 「愚」という貴い徳に触れる

## 『金谷上人行状記　ある奇僧の半生』

**平凡社・二〇〇〇円**

**横井金谷 著・藤森成吉訳**

私が読んだ東洋文庫は実に僅かでしかない。その狭い読書量のなかで語るのはおこがましい気もするが、もし東洋文庫中、最も面白い本はなにかと問われたら、ためらわずに横井金谷《きんこく》著・藤森成吉訳『金谷上人行状記　ある奇僧の半生』を挙げる。

横井金谷自身の半生記である。本好きの友人に勧められたが、読む前は坊さんの自叙伝なぞ面白くはないだろうと、さして期待していなかった。第一に私は金谷上人がなに者なのかもまったく知らなかった。それが最初のページから笑いころげ、読み了えるまでの間、なん度か腹をかかえて笑い、且つ呆れ続けた。

この印象を伝えるのは、たとえば冒頭の上人誕生の記を引いた方が手っ取り早い。彼の母が「ある晩、大きなマツタケを呑む夢を見て、〔これは金谷流の洒落で、マツタケが男の性器のシンボルであることは言うまでもあるまい〕首尾よく身ごもった」。この可笑しさは、自分の誕生をこのように語る上人自身のアケッピロゲの性格と、藤森成吉の現代語訳文と藤森による〔 〕内の注記にある。

いま少し引用すると、三ページ目にある少年期の記述。寺に預けられた上人の行状である。「ある時は木魚に小便をひっかけ、ある時は花瓶に糞を仕込んで、師の房の折檻を受けたが、それしきの目には少しも屈せず、さらに師の留守に仏殿の本尊をおろしてそのゆかに上ってみたり、花籠で池の魚をすくって閼伽桶《あかおけ》を生簀代わりにしたり、日暮れにはムクゲの葉でヒキガエルを釣ったりはおろか、夜は寝小便をたれて夜着をよごすなんぞと、およそ善事は一つもしない（略）そんなのはなお序の口。十一歳になると、伏見屋九兵衛の娘りさと結縁《けちえん》に及んだとは、何たる早熟さ！」。

驚かされるのはしかし、子どものころの悪ガキぶりではない。上人流にいえば、「そんなのはなお序の口」なのである。上人は、衒いもないヌケヌケとした調子で半生を語り続ける。女と駆け落ちする。願人坊主になる。女郎屋通いをする。バクチにうつつを抜かす。彼はまた一ヵ所に留まることができない。思いついて長崎に向かい、天草へ渡る。この間に「カキの樹の御難」とか「疥癬の御難」「天草の御難」とかに遇うが、その一つ一つが可笑しい。たとえば「天草の御難」とはなんのことはない、船に乗ると水夫十二人がすべて女、しかも大半が十六、七歳で彼は全員からいい寄られるという話。災難というよりも自慢話なのだ。

赤穂では小艇を作り、自ら船頭となり近辺の子ども十一人を乗せて船出。妻を得ると、共に今度はブタを連れて旅に出る。なんとも人を喰った行動である。こう紹介するとまったくの破戒坊主に思われるかもしれないが、一途に経典を学んだ時期もあり、沼地を整地する工事を勧進し、貧しい者に仕事を作り、白米を分けるといった事業も行っている。ただこれらの記述は短いし、面白くない。

行状記のクライマックスは、上人四十九歳の春、三宝院門主の大峰山入りに随行する件りだ。七十五里の難所を見て歩きたいと思いつき、山伏の修行もしていないにもかかわらず、五貫目の大斧の持ち役として強引に参加する。この修験道の難所踏破の話は大峰、葛城、熊野の秘境の様子も生き生きと描写され、いかに厳しい登山であったかがよくわかる。その後、上人は息子と共に、七月二十四日で山留《どめ》という古来の法を無視し、八月に富士登山を敢行。台風のなか登頂に成功したところで、この行状記は幕を閉じている。

こう少し紹介しても、次になにをしでかし、どこへ行くのか見当がつかない。上人のハチャメチャぶりが理解できるだろう。と同時にこの行状記の魅力は、原文にどこまで添っているのかは知りえないが、藤森成吉の現代語訳が金谷上人の、常に笑いを含ませた語りを伝えた点にある。藤森の注も破格で、たとえば「犬神」を説明するのに当時放映されたテレビのドキュメンタリー番組の内容をこと細かく説明し、それだけで原稿枚数四枚強。つまり文中の注記は補足説明というよりも、藤森自身の関心事への語りとなり、ときには本文からかけ離れてしまうことさえある。

この『金谷上人行状記』を読了し、私は同じような感触をかつてうけた本があることに気づいた。思い出したのは、小学生のころに読み耽った『真田十勇士』『岩見重太郎』『左甚五郎』『荒木又衛門』といった、講談を子ども向けに書き直した〝少年講談のシリーズ〟であった。

私は剣豪や豪傑が敵をバッタバッタとなぎ倒したり、名人左甚五郎の彫った水仙が生きている如く花を咲かせたという物語に興奮した。忍術遣いが水上を歩いたり、屋根まで飛び上がる話も信じ、その修行法を真似したこともある。もっともやってみれば、自分の運動能力のなさを実感し、馬鹿馬鹿しい挫折を味わって、荒唐無稽な講談本から離れることになった。しかしあの読書がもたらした、恍惚ともいえる快感は忘れがたい。いや、ますます忘れられぬ記憶になるような気がする。

では、『金谷上人行状記』が、かつての快感をもたらしたかといえば、そこまでは進まない。理由はむろん私が読書にスレていて、忍術を信じていた無垢さからはるかに遠くなってしまったからである。それでも私に子どものころの喜びを甦らせただけでも、この本は十二分な価値をもっている。

東洋文庫のなかで同じような感興をうけたのは、伴蒿蹊・三熊花顛『近世畸人伝・続近世畸人伝』である。この本には百八十余名の人物が「畸人」として紹介されている。なかには中江藤樹、貝原益軒、池大雅、石川丈山、本阿弥光悦ら著名な人物が多い。しかし、私はこれら著名人物に関するエピソードでは、さして気持ちを高ぶらせることはなかった。私が『金谷上人行状記』と同じように、子どものときの快感さえ思い出させたのは、記載も少ない、むしろ無名の人々についての話だった。

たとえば大蛇に呑まれた夫を救うため、鎌を手にし、わざと自分も大蛇に呑まれ、蛇を口から腹まで切り裂き、夫までも救出した「樵者七兵衛妻」の話。あるいは円空の件りで、附録として僅かに語られる「僧俊乗」の話。俊乗は嘘というものを知らず、人から坂を登るには、牛馬のように這って登ると苦しくないといわれ、八丁の坂を這って登っていったという。

正直いえば、これらの話は本当かと疑う。しかし同時に本当だと信じたい気持ちが強く湧き起るのを感じた。

そして私が思い出したのは、谷崎潤一郎の「刺青」の書き出しだ。「其れはまだ人々が『愚《おろか》』と云う貴い徳を持って居て、世の中が今のように激しく軋み合わない時分であった」。といって「刺青」の内容と重なるわけではない。ただ東洋、いや西洋のものであろうと古典を読むことは、この「愚」という貴い徳に触れることだと私は考えている。

（月刊百科　2000年10月号）

# 無垢への希求

## 『龍宮』

文藝春秋・一二三八円

川上弘美 著

一日に何回私はさみしくなるのだろう。嬉しくなるのと同じ回数だけ、さみしくなる。嬉しいとさみしいはいつもセットになっていて、律儀なくらいそれらは時間差でやってくる。（「ある日」）

川上弘美は『センセイの鞄』で谷崎潤一郎賞を受賞した際、「ある日」というエッセイを「中央公論」二〇〇一年十一月号に発表した。右はそのエッセイの終り近くに出てくる言葉だ。

「ある日」とはタイトル通り、朝起きてから寝るまでの一日に自分がなにをし、なにを思ったかを綴っている。ゴミを出す、洗濯をする。本を読む。納豆でご飯を食べる。買い物をする。電話をする。帰ってきた子どもの声を聴く。だらだらと寝そべる。こんな些事ばかりが登場する。たぶんその前日も、次の日も同じように「ある日」はくりかえされる、そんな思いを一行の改行もなく記している。なんてこともないエッセイと思われるかもしれないが、私の気持ちに強く響いた。このエッセイが発表された当時は、九月十一日以降、「正義だ」「平和だ」と大義を振りまわした大声ばかりが聴こえてきたからだ。川上弘美があの緊張した空気を意識して「ある日」を書いたのか、どうかはわからない。それはどちらでもかまわない。ただ私には、殊に「子供の声は心地よい。自分でない人間の声は心地よい」という言葉は気持ちの底に沈んで残った。この件りで私は子どもたちの遊ぶ声を切実な気分で聴いていたからだ。

ところであらためて「ある日」を読むと、以前の印象は変らないものの、この文章は同時に彼女の小説への思いを語っていると考えた。なによりこのエッセイは受賞への返礼なのだ。

しばしば川上弘美の小説は民話風、あるいは説話風と評される。理由はいろいろある。『蛇を踏む』『神様』『おめでとう』に収められた諸短篇には、人間ならざる生きものがひょっこりと登場し、さしたる違和感もなく人間と会話をはじめる。『センセイの鞄』の一つのエピソードともいうべき、先ごろ刊行された『パレード』にも、天狗やらあなぐまやらロクロ首やら砂かけばばあが現われ、子どもたちにとりつく。『溺レる』や『センセイの鞄』には、こうした人間ならざる生きものは登場しないものの、民話風というよりもどこか童話風なトボケた雰囲気がある。現代の話にもかかわらず、現代離れした舞台が与えられ、しかもさしたる心理描写などはなく物語はどんどん進行するからである。

さて最新作『龍宮』には八篇の短篇が収められているが、いずれも民話風の色彩はさらに濃い。第一話「北斎」は会社勤めに失敗し、なすこともなくなった男が、海辺で元は海にいた蛸だと自称する五十男に出会い、酒をおごらされ、しまいにはなけなしの金のすべてを失う話。こう要約してしまうと、作者の思うところとは異なる印象はあるが、筋はいかにも民話風だし、その趣きを強めるのが蛸男の語り口だ。蛸男は「おもってくれよ」と卑俗ないい方をするかと思えば、突然に「おれはその昔蛸であった。蛸の人冒険の話をしてやろう」と演説口調に変わる、この可笑しさ。しかも語り終えると「また聞かせる機会もあるだろう。心するように」と諭す。この「心するように」はなん度もくり返され、その調子の外れたリズムによって、読者は蛸男の話が本当だか嘘なのか疑わなくなる。民話のリズムだ。

第二話の「龍宮」になると土俗的な匂いが深まる。独り暮らしの女の許に、死んだはずの曾祖母が現われるのだが、二人のやりとりの間に、十四歳で霊言を口にするようになったと親戚の間で伝えられる曾祖母の行状が語られる。曾祖母は信者とまじわり、やがて物乞いとなる。家にいつけばその家は栄えるが、彼女が狂えば没落する。その間に父のわからぬ子どもを次々と産む。これはいってみれば民話を通りこして中世以前の神話の世界である。こうした土俗的な世界への注視は、深沢七郎などの例外はあったものの、現代文学において看過されてきた。しかしだからといって「龍宮」が丸のまま土俗的であるわけでもないし、「北斎」は単なる蛸男の冒険といった民話でもない。

ではなぜ川上弘美は、現代を舞台にしながら、民話風の話や土俗的な物語をはさみこむのか。それは「嬉しいとさみしいはいつもセットになっていて、律義なくらいそれらは時間差でやってくる」からではないか。「龍宮」のなかで、曾祖母は曾孫に向かって「あんたは、生まれて、食べて、知って、つがって、忘れて、眠って、死ぬんだよ」と話す。これはだれの人生にも起きる当り前のことだ。じつのところ昔から語り継がれていた民話や説話が教えるのは、この当り前のことがいつの世でもくり返されるということだ。いつの時代でも、どのように生活が進歩しても「嬉しいとさみしいはいつもセットになっていて」くり返されると民話は教える。

一日は些事でできていて、私の書く小説やら何やらも些事からできている。些事の一つ一つを極まりまで考えたり体験したりすることができればそれは凄いことであるが、できない。というこれも、たぶん言葉のもてあそびだ。

先に引いた「ある日」の文章の続きだ。ここだけを取り出すとまるで私小説家の文章のようだが、私にはいかにも川上弘美ならではの発言に思える。

この作者は小説のなかの登場人物に決して特別な地位にある者は選ばない。むしろ社会の片隅で生きている者に眼を注ぐ。それは小説の技法上の問題にとどまらないだろうし、わざわざ地位のない、無名の者を選んで社会派をきどっているわけでもない。どのような人間であろうとも、人間の一生ないているからだ。

ど長い時のなかに置いてみれば、大して変らず、人生を作るのは日常の些事だと思う独特の感性が働いているからだ。

些事を見つめるからこそ私たちに、たとえ一日であろうと「嬉しいとさみしいはいつもセット」で「やってくる」。だからこそ「些事の一つ一つを極まりまで考えたり体験したりすることができればそれは凄いことである」。川上弘美が民話調の物語を紡ぎながらも、民話そのものや土俗的な神話に引っ張られず、いまの日常を手離さない理由はここにある。

第三話「狐塚」と第四話「荒神」に描かれるのは、どちらも現代の女の日常である。「狐塚」の主人公は二度結婚したものの、いまは独身で年寄りのヘルパーで生活している五十三歳の女。一方「荒神」の主人公は、社宅暮らしの子どものいない主婦である。彼女はときどき身を売ったり、万引きをするが、さして特徴のある女ではない。

彼女たちは掃除をし、料理を作り、洗濯をする。といって些事をそのままクソリアリズムで描くわけではないし、そのようなことは「できない」。「些事の一つ一つを極まりまで考えたり体験したり」しようとすれば、当然ながら「嬉しいとさみしい」がやってくるのに応じ、その些事もときには大きなことに思えたり、ぼんやりと見えたりする、この変化こそ世の不思議なのだ。

作者はこの不思議を充分に自覚している。はかなく、ともすれば忘れ去られ、消えてしまう些事に焦点を合わせようとするなら、その不思議をいっそう強調しなければならない。そのとき些事の描き方のテンポをずらし、一気にその振れを増幅させるために、日本人の記憶の底に脈打つ民話や説話のもつ、のどかな味つけを加えるのだ。

「狐塚」は主人公が通っている相手の男が妙だ。九十三歳でアブラゲが好物で、ときどき「ケーン」となく。狐じみている。もともと主人公の女も狸なのかもしれない。「荒神」の方は主人公の主婦が台所の神さまである荒神さまが動き廻っているのが見える。妙といえば妙だが、それで日常が大きく狂うわけではない。起きることはすべて些事である。

第五話の「鼹鼠《うごろもち》」はそれこそ朝起きたときから寝るまでの中年男の一日を描いている。ところが主人公は鼹鼠なる人間に非ざる生きものである。しかし男は、人里離れて暮らしているわけではなく、サラリーマン生活を送っている。この設定でわかる通り、狐であろうと狸であろうと鼹鼠であろうと、人間の化身なのである。とはいえ鼹鼠という人に非ざる生きものを主人公にしたのには理由があるだろう。彼は日々、生きる意志を失った人間を拾ってきては、地下の家で飼っている。説話風の設定だが、この物語のテーマは鼹鼠が人間についていろいろ評するところにある。「なぜ人間たちはあんなによそよそしくしあうのかと、私はときおり不思議に思う」「人間たちは愉快だから笑っているのでもなさそうだ」「死にもせず、生きもせず、ただそこにあって、周りを浸食する者。そしてまた、自身をも浸食する者」「人間たちは、壊れた機械みたいな言葉しか喋らない。ただコワイコワイと繰り返したり、オウオウ叫んだり」。

ここでは人間の方が化けものなのだ。なぜなら彼らには日常を作る些事そのものの輪郭を失い、存在が曖昧になっているからだ。この物語を現代の日本への批評と読むこともできるが、この苦い人間世界への眼は作者自身の内的体験ではないだろうか。

夜が更けて、私は近しい天井を眺めあげる、今日何回めになるのだろう。さみしさがまたやってくる。

先の言葉に続く「ある日」の締め括りの言葉だ。眠る前に襲ってくるのは、嬉しさではなく、さみしさなのだ。なぜ天井を眺めあげるとさみしさがやってくるのか。彼女は「ある日」のなかでこう呟いている。「天井はまっ白で、小さいでこぼこがある。小さいでこぼこを見ていると、茫洋とした心もちになる。茫洋として、遥かなものに思いをいたしそうになるが、ほんとうはそんなことはできない。遥かなものを思えるのは、ただ書いている最中ばかりである。天井を三十分ほど眺める。しりとりのように過去のこまかな事々にかんする光景や会話をたぐり寄せながら、眺める」。この「過去のこまかな事々」がどのようなことなのかは他人が知ることではない。しかし誰でも身に覚えはある。生きていればこそ過去のこまかな事は、嬉しさよりもさみしさを思い出させる。

第六話「轟《とどろ》」は、要約すれば母に疎まれた少年が、次々と七人の姉の許で成長し、さまざまな人間の知恵を得る物語といえるか。この物語には定かな時空間など存在しない。「茫洋として、遥かなもの」としかいいようがない。ただ感触に残るのは、人間が生きて行く上で否応もなく身につけるヒリヒリとしたさみしさだ。七代前の先祖に出会ってひとめぼれし、欲情を抱くという話からはじまる第七話「島崎」にしても筋そのものよりも、読み了えて残るのは、「先祖が死んだら、かなしいだろうかと思った。かなしくないような気がした。かなしくて気が狂うかもしれないという気もした。自分が死ぬときよりは、きっとかなしいだろう。どちらにしても」という女のさみしさだ。もし単純に「かなしくて気が狂」えば楽だ。しかし生きて行く人間ならば「かなしくないような気」にもなる。それがさみしいのだ。

最後の第八話「海馬」はこのテーマがよりはっきり打ち出される。人間の男に誘われ、海から上がった雌の海馬は、次々と別の男たちに囚われる。もはや人間の暮らしに慣れ、海の記憶さえ失いかけている。むろん海馬をどこにでもいる主婦だと見てもいいだろうし、生きるのに精一杯で生きていく喜びさえ忘れかけた男だと考えたところで一向にかまわないだろう。それでも天井を見上げれば「過去のこまかな事々」を思い出すように、なにかの拍子で海馬には海の匂いが甦る。それがさみしい。このさみしさはなにも「轟」「島崎」「海馬」だけに感じるのではない。色調は変化しながらもこの『龍宮』の八篇から受ける感触なのだ。

人間は生きている限り、嬉しさもあるがさみしさという殻を否応もなく身につける。それを無理矢理剝ぎとることは死でしかあり得ない。だが、そんな「遥かなものを思えるのは、ただ書いている最中ばかりである」。いいかえれば、小説を通じてこのさみしさを消しさる夢を見ることはできる。それは「北斎」の主人公のようにすべての金を失ったスカンピン男かもしれない。「龍宮」の曾祖母のように「何かを知ることがなかった」人生なのかもしれない。「狐塚」の主人公が最後に吐く「どうせ死ぬんだ」という呟きかもしれない。「荒神」の主婦が荒神さまに託す祈りなのかもしれない。あるいは「鼹鼠」に描かれる生きる気力さえ失った人間どものあさましい姿、あるいは人間どもをアッケラカンと見つめる鼹鼠の眼なのかもしれない。さみしさもなにもない空虚。しかしポカンとあいた空虚の穴から、天井の向こうに「遥かなもの」は見える。
「轟」「島崎」「海馬」に共通して現われるのは水である。「轟」で主人公が最後に向かうのは人間がひしめく下界を眺める滝の上である。「島崎」で最後に主人公と先祖が辿りつくのは、夕焼けに染まる海が望める島の突端である。「海馬」では「海から出《い》でたものは、いずれ海に帰る」とあるように、主人公の海馬は海へ戻る。滝、海。水は私たちが生きていれば身にまとうさみしささえも浄化させるだろう。

人間は汚れなき無垢の姿では生きることはできない。日常を作る些事に「嬉しいとさみしい」をくり返し感じながら生きるしかない。しかし無垢を夢みることはできる。『龍宮』の八篇から私が強く感じたのは、作者の、この無垢への希求の声であった。

（「本の話」2002年7月号）

---

## 『チェスの話　ツヴァイク短篇選』　みすず書房・二八〇〇円

シュテファン・ツヴァイク 著
辻瑆、関楠生、内垣啓一、大久保和郎 共訳

私はツヴァイクの短篇をこれまで読んだことがなかった。ツヴァイクといえば、『ジョゼフ・フー

シェ』であり、『マリー・アントワネット』であって、伝記文学の作家だとすっかり思いこんでいた。だから今、彼の小説を読んでこなかったことを悔やんでいる。

四篇が収められる。いずれも室内や街路、登場人物の仕草や衣服、それぞれの描写が的確で緊迫感があり、人物の性格、心理がくっきり浮かび上がる。しかも筋の展開が凝っていて、あっといわせる面白さも見せる。しかしそれ以上にどれも結末が見事だ。

結末の趣向をあえて他の作家になぞらえれば、冒頭の「目に見えないコレクション」（辻瑆訳）にはO・ヘンリーを思わせる優しい温かみがあり、「書痴メンデル」（関楠生訳）にはナボコフのような人生の苦み、消えて行く世界への切々たる思いがあり、さらに「不安」（内垣啓一訳）ではR・ダールの驚きと奇妙さを感じさせる。つまりツヴァイクはどのような物語であれ、結末だけでも、じつに多彩な味付けのできる手練の物語職人といってもいい。

しかし、これぞツヴァイクだと感嘆したのは、表題作「チェスの話」（大久保和郎訳）。まず物語は二転三転する。天才的なチェスの打ち手の話だけでも十分に面白いのに、もう一人、異常な打ち手が登場し、物語は一段と緊迫感を増す。しかも卓抜な結末を用意し、二人のチェスの打ち手の特異で痛苦な半生を、もう一度、読者に一気に思い出させる。

だが、これだけで驚いたわけではない。この短篇の背後には、ツヴァイク自身が生きた二十世紀の闇、時代が生む不気味さを見つめ続けてきた、彼の眼が冷徹に光る。彼は単なる作家ではなく文明を厳しく凝視した巨人だと改めて思い知らされた。四氏の訳も素晴らしい。

（中央公論・2011年12月号）

# あとがき

一昨年、二〇〇八年から八年間も続けてきた読売新聞の読書委員を辞めた。（読書委員とは書評を書く者を読売新聞では、そう呼んでいるが、他の新聞では書評委員と呼称する。）その際に思い出したのは、それ以前にも二回、読売新聞で読書委員を務めた記憶である。調べてみると、最初は一九八七年から一九八九年の三年間。次は二〇〇三年から二〇〇五年の二年間。こう振り返ってみると、各々の時の出会った人や事件を思い出し、同時に折々の時に、自分が書いた書評を改めて読んでみたいと思った。

というのも、読書委員を辞めた昨年の五月、急に左脇腹が痛み、眠ることさえ出来ず、病院に駆けつけ、診察を受けると、大腸ガンと診断された。直ちに入院し、その後、手術ということになった。手術は成功し、抗ガン剤の服用もなく、退院後の体調も良い。それでも私にとっては初めての大病であり、その後、直ぐに自分なりにテーマを見つけて、新しい仕事に取り掛かる、といった気力が湧いてこない。そこで何かをしなければ、とあれこれ考え、まだ単行本として纏めていない、私が長い間に書き続けてきた書評の束を再読してみたら、どうだろう、新たな仕事への意欲も湧くのでは、と思い付いた。

振り返ってみれば、初めて書評という文章を書いたのは『カメラ毎日』である。実に一九八三年のことで、私はまだ三十八歳だった。あの当時、大学時代からの親友と私は、大学卒業以来、十数年、建築事務所を続けてきたものの上手く行かず、結局、私は建築デザインから文筆業に転身しようと考えていた頃だった。そうはいっても、友人の伝手で『朝日ジャーナル』にコラム記事を書く仕事しかなかった。その頃に『カメラ毎日』の編集長、西井一夫と知り合い、ともかく『學藝諸家』という濱谷浩氏の写真集を手渡され、書評を書くように頼まれた。

今となって振り返れば、初めて書く書評の本が『學藝諸家』であったのは僥倖だった。

何しろ一九三七年に撮った滝口修造の姿から始まり、最後は一九八二年撮影の開高健で終わる、学問と芸術を追い求めた人物を、四十五年の時間と考えられぬエネルギーをかけて撮り続けた写真集で、実に面白く、強い感銘をうけた。それだけに気どった文章で評することは出来ないと感じた。そこで自分なりに素直な文で書評を書いたし、その原稿を西井に見せると彼は、次はこれといってヌードの写真集二冊を手渡した。一回だけと思っていたら、結局、『カメラ毎日』が経営悪化で休刊する前号まで写真集の書評を私は続けた。ついでにいえば、休刊号では私は巻頭にアメリカの写真家ダイアン・アーバス論を書いた。西井の気遣いだったと思う。残念ながら西井一夫はその後、私より一つ年下にも拘らず、五十代の若さで亡くなった。

この写真集の書評を毎月書いている間に、私は初の単行本『乱歩と東京』を書き上げ、それが認められて、読売新聞の読書委員になり、新聞で書評を書くようになった。

新聞の書評欄は各紙とも日曜日に掲載されるが、当時も今も、書評をする委員を決め、委員に交代で書評を書かせているのは、朝日、毎日、読売の三紙である。委員は各分野を論じるに相応しい人物がなる。私の場合、まずは建築や都市、広く芸術関係の本を書評するために選ばれたと思う。つまり委員会には、文学、政治、経済、社会、歴史、美術、音楽、映画、演劇など各分野の新刊本を論じることが出来る人たちが選ばれ、書評をする本を論じ、紙面のバランスを考えて、書評の書き手を決めてゆくのである。そのため二週間に一度、委員たちは集まり、論じ合うのである。各委員を担当し、書評原稿を受ける記者も、各分野を専門にしている者がなるのが常で、当時も今もこの形態はさほど変わっていないと思う。

私はこの三紙で委員となったが、思い出すのは委員会の後に、気の合った委員たちが場所を変えて酒を酌み交わす二次会のことだ。その席を通じて実に多くの友人や知己を得た。

ただ、出会った人々を語り始めると切りがないので、既に鬼籍に入った方たちで強く記憶に残る諸先輩の名前だけでも挙げておきたい。読売新聞では文芸評論家の川村二郎、作家の日野啓三、哲学者の木田元、フランス文学者の出口裕弘の各氏、そして毎日新聞で屋台での二次会でも共に語り合った須賀敦子と高田宏のお二人、更に朝日新聞ではテレビディレクターで作家でもあった久世光彦氏である。この方たちのおかげで私の人生は深くなり、思いもかけぬ経験も、難しい仕事もこなせたと思っている。

そして川村二郎氏が亡くなられた二〇〇八年の四月に、私は読売新聞で三度目の読書委員となった。川村二郎という無類の文学の読み巧者の代わりが務まるとは思わなかったが、私はともかく一昨年末まで文学を軸に書評を綴って来た。しかし読書委員を辞めようと考えた理由の一つに、今の日本の小説が私には面白く感じられなくなったことがあげられる。

すべての小説を読んでいるわけでもないから、的外れだろう。いや、だからこそ現代の文学を論じるべきかもしれないが、改めて三十年以上書いてきた書評を読んで、自身が元気になることをもくろんだが、ただただ懐かしい記憶が次々に蘇って来てしまったのが、正直な感想である。それはそれで、最期の最期まで自分の仕事を続けていた諸先輩のことを思い出し、気力を取り戻す契機にはなった。

改めていえば現代は、本も売れなければ新刊さえ一ヶ月も書店に置かれることがない時代である。こうした時代にあって、面白い、楽しい、笑った、泣いた、感動したなど心を揺さぶられる新刊本を書評する意味はますます大きいと思っている。

　本書は私が三十年以上の間に、心を動かされた本を選び、論じた本である。読者の皆さんが本書を読み、そのなかの一冊でも図書館などで探し、読んでみたいと考えるならば、ともかくも嬉しい。

　実は私が書いた書評は他にもあると思う。自分の書いた書評を読むと、その当時のことを幾つも思い出し、別の書評まで記憶に蘇り、それを書いた新聞や雑誌まで思い出し、本書に集めた以外の書評に気づくことが多かった。つまり本書に集めた書評以外にもおそらく幾つもの書評を私は書いていると思う。

　それにしても過去の書評を探す作業は大変な労力が必要である。その苦労が多い探索をし、このような大部な一冊にまとめてくれた西田書店の日高徳迪氏、関根則子氏、装丁を担当してくれた桂川潤氏、そして各書評の編集担当者だった多くの新聞記者と雑誌編集者の方々に深く感謝したい。

二〇一八年　桜が満開の日に

松山　巖

## 書名索引（サブタイトルは省略）

〈ア行〉



〈カ行〉

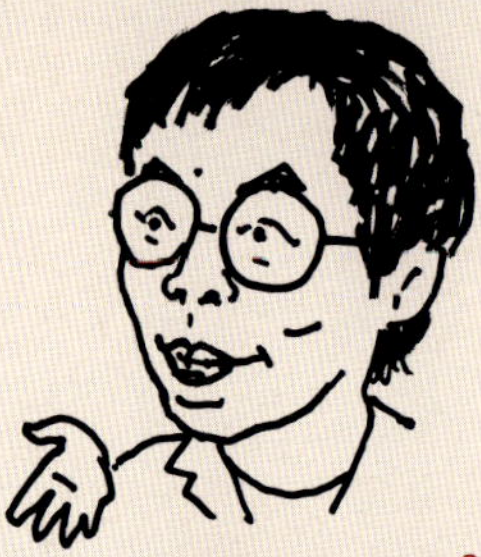

井上ひさし(いのうえ　ひさし)

1934年(昭和9)、山形県生まれ。

上智大学外国語学部フランス語科卒業。

主な著書『道元の冒険』(芸術選奨文部大臣新人賞受賞)『手鎖心中』(直木賞受賞)『しみじみ日本・乃木大将』(『小林一茶』とあわせ紀伊国屋演劇賞個人賞、読売文学賞)『吉里吉里人』(日本SF大賞)。

2009年、恩賜賞・日本芸術院賞受賞。

2010年(平成22)4月9日没。

# 三人よれば楽しい読書

子(いだ　まきこ)
昭和31)、神奈川県生まれ。
文学部哲学科卒業。
『プロレス少女伝説』(大宅壮一ノ
ション賞)『小蓮の恋人』(講談社ノ
ション賞)『もうひとつの青春 / 同
ち』『井田真木子著作撰集1・2』
平成13)3月14日没。

## 1995–1997
あの頃の本。あの頃のお喋り。
## よみがえる鼎談書評

**4月10日発売**

四六判／ソフトカバー／296頁　定価(本体1600円＋税)
装丁・イラスト：桂川潤


田書店
東京都千代田区神田神保町2－34山本ビル
Tel 03-3261-4509　Fax03－3262-4643

# 注文書

帖合

三人よれば楽しい読書

井上ひさし
松山巖
井田真木子

西田書店

〒101-0051 東京都千代田区神田神保町2-34山本ビル
TEL 03-3261-4509
FAX 03-3262-4643

ISBN978-4-88866-626-8
C0095 ¥1600E

定価（本体1600円＋税）

●お名前

●ご住所

●お電話

ご注文は左記の注文書をお近くの書店へ提出下さい（直接小社宛ての注文も可です）

松山巖（まつやま　いわお）
1945年（昭和20）、東京都生まれ。
東京芸術大学美術学部建築科卒業。
主な著書『乱歩と東京』（日本推理作家協会賞）『うわさの遠近法』（サントリー学芸賞）『群衆』（読売文学賞）『闇のなかの石』（伊藤整賞）『建築はほほえむ—目地、継ぎ目、小さき場』

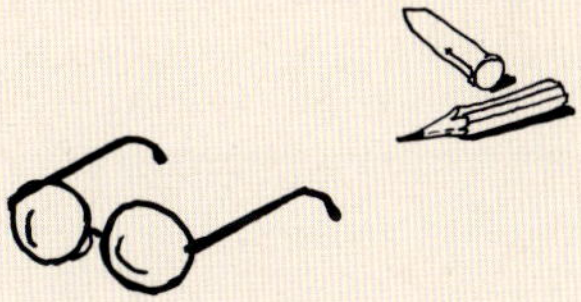

松山巖
井田真木子

■私は、井上さんの没後三年目の二〇一三年四月に県立神奈川近代文学館が〈井上ひさし展〉を開催した際、編集委員として手伝った。その際、井上ひさしは自身を小説であれ、戯曲であれ、歴史のなかを生きた人々の望みや近い過去に生きた人々の思いを、読者や観客に伝える《中継走者》でありたいと強く意識していたことを知った。おそらく本書の鼎談書評の際も、井上さんは、書評とは小説であれ詩集であれ、科学書や歴史書であれ、それを読み、解釈し、新たな読者へと伝えるのが役目なのだ、と自覚していたに違いない。そして井田さんも同様の思いであったろうと、私は改めて強く感じている。（松山巖／本書「あとがき」より）

井田真
1956
慶応
主な
ンフ
ンフ
性愛
2001

'18

〈マ行〉

# 著者名索引

〈ア行〉

〈マ行〉

松山巖著書一覧

『乱歩と東京─1920都市の貌』（1984年　PARCO出版　日本推理作家協会賞）
『まぼろしのインテリア』（1985年　作品社）
『世紀末の一年──一九〇〇年　大日本帝国』（1987年　朝日新聞社）
『都市という廃墟』（1988年　新潮社）
『ミステリー・ランドの人々』（共著　1989年　作品社）
『うわさの遠近法』（1993年　青土社　サントリー学芸賞）
『うその学校』（共著　1994年　筑摩書房）
『肌寒き島国─「近代日本の夢」を歩く』（1995年　朝日新聞社）
『闇のなかの石』（1995年　文藝春秋　伊藤整賞）
『百年の棲家』（『まぼろしのインテリア』改題　1995年　ちくま文庫）
『群衆─機械のなかの難民』（1996年　読売新聞社　読売文学賞）
『銀ヤンマ、匂いガラス』（1996年　毎日新聞社）
『偽書百選』（著者名：垣芝折多　1997年　文藝春秋）
『日光』（1999年　朝日新聞社）
『松山巖の仕事　1路上の症候群』（2001年　中央公論新社）
『松山巖の仕事　2手の孤独、手の力』（2001年　中央公論新社）
『ラクちゃん』（2002年　偕成社）
『くるーり　くるくる』（2003年　幻戯書房）
『建築はほほえむ　目地　継ぎ目　小さき場』（2004年　西田書店）
『住み家殺人事件─建築論ノート』（2004年　みすず書房）
『猫風船』（2007年　みすず書房）
『須賀敦子が歩いた道』（2009年　新潮社）
『ちょっと怠けるヒント』（2010年　幻戯書房）
『須賀敦子の方へ』（2014年　新潮社）
『ちちんぷいぷい』（2016年　中央公論新社）
『三人よれば楽しい読書』（共著　2018年　西田書店）

**著者略歴**

**松山巖**（まつやま　いわお）

1945 年（昭和 20）東京都生まれ。

東京芸術大学美術学部建築科卒業。

2012 年、建築学会文化賞受賞。

（著書は前頁に記載）

本を読む。

松山巖書評集

2018 年 6 月 20 日初版第 1 刷発行

●著者……………松山《まつやま》 巖《いわお》

●発行者…………日高徳迪

●装丁……………桂川潤

●印刷……………平文社

●製本……………誠製本

---

発行所　株式会社西田書店

〒 101-0051 東京都千代田区神田神保町 2-34 山本ビル

Tel 03-3261-4509　Fax 03-3262-4643

http://www.nishida-shoten.co.jp



ISBN978-4-88866-625-1 C0095

＊乱丁・落丁本はお取替えいたします（送料小社負担）。